IM SPIEGEL
DER ZEIT

Die vier Kurzfassungen in diesem Band erscheinen
mit Genehmigung der Autoren und Verleger.
Dies gilt auch für Briefe, Zitate und Dokumente, die
in leicht gekürzter Form wiedergegeben sein können.

Projektleitung „Im Spiegel der Zeit“: Almuth Stiefvater

630

Printed in Slovakia

ISBN: 978-3-95619-267-8

Besuchen Sie uns im Internet:
www.readersdigest.de | www.readersdigest.ch | www.readersdigest.at

IM SPIEGEL DER ZEIT

Erlebtes · Erfahrenes · Erforschtes

Reader's Digest

INHALT

CHRIS BARNS Seite 274

Ein Herz für Kängurus

Als Reiseführer fährt Chris Barns eines Abends Touristen zum Sonnenuntergang am berühmten Berg Uluru im Outback Australiens, doch kurz vor dem Ziel findet er ein totes Känguruweibchen auf der Straße. Er hält an und entdeckt in seinem Beutel ein noch lebendes Baby. Er rettet das Kleine, den Sonnenuntergang verpasst seine Gruppe. Es ist das erste Junge, dem Chris Barns hilft; von da an setzt er sich für Känguruwaisen ein. Der Australier mit dem großen Herzen erzählt von seiner Liebe zu den kleinen Wesen, davon, wie er sie aufpäppelt und darauf vorbereitet, eines Tages wieder allein in der Wildnis überleben zu können.

BETTINA TIETJEN Seite 388

Unter Tränen gelacht

Die bekannte TV-Moderatorin Bettina Tietjen erlebte an ihrem Vater, wie die Demenz allmählich von einem geliebten Menschen Besitz ergreift. Und wie weder der Betroffene noch die Angehörigen zunächst wahrhaben wollen, was die häufiger werdenden Erinnerungslücken und Orientierungsprobleme bedeuten, ehe man lernt, die Krankheit zu akzeptieren. Einfühlsam und humorvoll zugleich beschreibt Tietjen die Wesensveränderung ihres Vaters, wie sie dabei eine ganz neue Nähe zueinander entwickelten und immer wieder auch komische Momente erlebten und fröhlich miteinander lachen konnten.

DAVID GOOD

mit Daniel Paisner

Meine Dschungel-mutter

Wie ich bei den Yanomami-Indianern meine Wurzeln fand

Meine Mutter lächelte versonnen. Ihr Lächeln drückte weder Glück noch Zufriedenheit aus. Ich deutete es so, dass alles richtig und gut war. Sie war furchtlos. Was sie betrachtete, was sie dachte, blieb mir verborgen, aber ich konnte nur denken: Das ist meine Amazonas-Mutter, Yarima. Und mich erfüllte ein großer Stolz, ein überwältigendes Staunen, dass ich aus dieser Gegend, von diesen Menschen abstammte.

David Good

9. September 2011, 5:43 Uhr

Oberer Orinoko, Yanomami-Gebiet

Wir kämpften uns durch dichten Dschungel, vorbei an unserem ehemaligen Dorf. Das verlassene Shabono stand zwar noch, doch das Gras und Buschwerk, das seit über einem Jahr nicht ausgelichtet worden war, hatten es inzwischen fast ganz verschluckt. Damit war natürlich zu rechnen gewesen. Denn in diesem Teil des Regenwalds, tief im Herzen des Territoriums, kann die Regenwaldflora eine Lichtung in null Komma nichts vollkommen überwuchern.

Im Vorbeigehen entdeckte ich hier und da Überbleibsel des Dorflebens: Steine, die jemand zusammengetragen hatte, Wäscheleinen, verwaiste Kochstellen, zerbrochenes Geschirr, einzelne Kleidungsstücke im westlichen Stil. Einst hatte hier rege Betriebsamkeit geherrscht, das Dorf war der Lebensmittelpunkt eines Volkes gewesen – meines Volkes –, doch nun war nichts geblieben als diese Geisterstadt.

Irokai. *Hier habe ich gelebt und gespielt, das hat meine Mutter mir erzählt. Nicht in exakt diesem Shabono, aber jedenfalls hier in dieser Gegend. Damals habe ich oft in der Hängematte meiner Mutter gelegen und viel gelacht. Ich schloss die Augen und malte mir aus, wie das Gebiet meiner Familie wohl vor vielen Jahren ausgesehen haben mochte, doch ich konnte beim besten Willen kein Bild heraufbeschwören. Immer wieder blickte ich mich um, fand aber keine Anhaltspunkte, die mich mehr als zwanzig Jahre zurückversetzt hätten – etwas, irgendetwas, woran ich hätte erkennen können, dass ich schon einmal einen Fuß auf diesen Boden gesetzt hatte.*

Irokai-teri – *das Volk der Irokai. Das Volk, in das ich hineingeboren worden bin. Viele Yanomami, die nun überall im Regenwald verstreut lebten, hatten in meinem Heimatdorf und in der näheren Umgebung gewohnt. Es war ihr Zuhause gewesen. Das Dorf meiner Mutter, meiner Cousins und Cousinen, meines Stammes …*

Die Yanomami sind ein halbnomadisches Volk. Wird ein Dorf verlegt, müssen sie häufig zurückkehren, um die Pflanzungen abzuernten, die sie zurückgelassen haben, während die neu angelegten noch gedeihen.

Wir waren bei Tagesanbruch in dem Dorf am Fluss aufgebrochen. Wie sollte ich meiner Mutter verständlich machen, dass ich unser ehemaliges Dorf besuchen wollte? Alles, was ich konnte, war „Irokai-teke-prahawe“ *(Irokai, weit weg) sagen und dazu mit den Fingern eine Bewegung wie beim Gehen machen.*

Irgendwie verstand meine Mutter das. Es war ohnehin an der Zeit, dass sich eine Gruppe zu der Anbaufläche aufmachte. Irokai-teke, der Garten von Irokai, wo es Arbeit zu verrichten gab.

Wir blieben mehrere Tage fort. Unsere Gruppe, die aus ungefähr fünfzehn Personen bestand, teilte sich unterwegs in Kleingruppen auf – wobei die Männer meist vorneweg gingen.

Die Entfernung war beträchtlich, aber wie lange wir brauchten, kann ich nicht sagen. In diesem Teil der Welt gibt es die Yanomami-Zeit sowie die Zeitrechnung von allen anderen. Außenstehende, darunter sogar einige mit der Region durchaus vertraute Missionare, konnten einen ganzen Tag für eine solche Strecke benötigen. Aber unsere Gruppe pflügte durch den Regenwald, als sei das gar nichts, während sie einfach einen neuen Pfad dort hineinschnitt, wo der alte vermutlich gewesen war. Sie bewegte sich fort, als würde sie in einer Stadt auf dem Gehweg marschieren. Barfuß natürlich. Ich trug Turnschuhe, die mich, sobald sie nass und von Schlamm durchtränkt waren, eher behinderten, doch meine Fußsohlen waren schlicht nicht abgehärtet genug, um dem Regenwaldboden standzuhalten.

Ich ging als Letzter in unserer Gruppe, hinter meiner Mutter und ein paar Frauen, die offenbar Mitleid mit mir hatten und ihr Tempo drosselten, damit ich nicht den Anschluss verlor. Es war längst nicht nur die harte Erde, die meinen Füßen zu schaffen machte. Nein, hinzu kamen Wurzeln und herabgefallene Äste, Felsen und unheimliches Krabbelgetier – all die Widrigkeiten, die man im Regenwald so erwarten kann. Ganz zu schweigen von Dornen, schlammigen Abhängen, aus dem Boden ragenden Stöcken, blutsaugenden Parasiten, Schlangen und Spinnen. Ich hätte ein zweites Paar Augen gebraucht, um immer im Blick zu haben, wo ich hintrat, während das erste Augenpaar nach oben und vorne gerichtet blieb.

Die direkt hinter dem einstigen Wohngebiet gelegene Pflanzung brachte nach wie vor Früchte hervor, sodass die Irokai-teri das verlassene Stück Land noch immer von Zeit zu Zeit besuchten. So viel wir schleppen konnten, würden wir in unser Dorf bringen. Die Frauen hatten zu diesem Zweck mehrere leere Körbe dabei.

Ich fand es beachtlich, dass der so lange vernachlässigte Garten immer noch gedieh. Es erschien mir wie ein Ausdruck für die Kraft und die

Widerstandskraft meines Volkes, das ebenfalls in diesem Dschungel auf sich allein gestellt war, ohne dass jemand sich darum kümmerte.

Die Kleingruppe, in der ich unterwegs war, bestand aus mir, meiner Mutter, meinen zwei „Ehefrauen" und einer weiteren Frau aus dem Dorf, die ihr Kleinkind auf die abenteuerliche Reise mitgenommen hatte. Selbst die Frau mit dem Kind war schneller als ich. Die Männer waren uns weit voraus, doch sie trugen auch viel leichteres Gepäck – nur Pfeil und Bogen. Sie sollten schnell und flexibel reagieren können und sofort die Waffen zücken, sobald ein Tier auftauchte, das ein passables Abendessen abgeben würde, oder für den Fall, dass ein Angriff durch feindlich gesinnte Räuber drohte. Die Frauen hingegen waren schwer beladen mit Körben voll Kleidung und Feuerholz.

Es war heiß – nicht brütend heiß, wie manchmal um die Mittagszeit, aber immer noch heiß genug. Ich war hundemüde. Zwar war ich erst vierundzwanzig und relativ fit, aber meine Mutter und die anderen Frauen hängten mich gnadenlos ab. Ich schleppte mich hinter ihnen her wie eine lahme Ente. Irgendwann merkte eine meiner Ehefrauen, dass ich nicht mehr mitkam, und blieb stehen, um auf mich zu warten. Sie deutete auf meinen Rucksack, als wollte sie ihn mir abnehmen. Ich reagierte mit einem Wutausbruch: „Yanomami keya!" *(Ich bin ein Yanomami!) Als müsste ich irgendetwas beweisen – mir selbst, den Leuten aus meinem Dorf, meiner Mutter.* „Yanomami keya!"

Auch die anderen merkten nun, dass ich zu kämpfen hatte, und so wurde beschlossen, dass unsere kleine Gruppe an einem schmalen Flüsschen eine Pause einlegen sollte. Während wir unser Marschgepäck absetzten, erinnerte meine Mutter mich in gebrochenem Englisch und mithilfe der typischen, universellen Handbewegungen, die schnell zu unserem wichtigsten Verständigungsmittel geworden waren, daran, dass ich mich nicht zum ersten Mal an diesem Ort befand. Sie deutete zuerst auf mich. Dann wies sie auf den Wasserlauf. Schließlich lächelte sie und deutete erneut auf mich und wieder auf das Wasser. Da begriff ich, dass ich als Kind darin geplanscht hatte. Nun wurde mir auch bewusst, dass ich bereits Bilder von diesem Ort gesehen hatte, auch Amateurfilme, aufgenommen von meinem Vater, als ich erst ein knappes Jahr alt gewesen war. Aber ich konnte mich nicht daran erinnern, genau hier schon einmal gestanden zu haben.

Und doch konnte ich sagen, dass ich gern hier gewesen war, damals. Als ich meinen Rucksack abstellte, um neben dem schlammigen Flussbett eine Pause zu machen, überkam mich ein überwältigendes Gefühl von Zufriedenheit. Mehr war es nicht, einfach nur Wohlbehagen – aber in diesem Augenblick zählte allein das. Zu wissen, dass ich als kleiner

Junge diese Luft geatmet und in diesem Wasser geplanscht hatte; zu wissen, dass ich nun an dem Ort angelangt war, an dem mein Leben begonnen hatte, nach über zwanzig Jahren vereint mit meiner Yanomami-Mutter und wieder eingegliedert in das weitverzweigte Geflecht ihrer Familie (meiner Familie!). Es genügte, einfach nur am Wasser zu liegen und den lebhaften Geräuschen des Regenwalds zu lauschen.

Ich rief mir ins Gedächtnis, was ich über den ersten Besuch meines Vaters in diesem Teil der Welt wusste. Er war 1975 als Doktorand mit einem Stipendium der Pennsylvania State University in Höhe von 250 000 US-Dollar hergekommen, um den Eiweißkonsum der Hasupuwe-teri *zu untersuchen – ausgerüstet mit Überseekoffern, Medikamenten, Lebensmitteln, Handelsgütern und genügend Gegenständen, um einen Outdoorladen zu eröffnen. Ich hingegen hatte nicht viel mehr bei mir als einen Rucksack und ein paar Tausend US-Dollar, die ich mit Aushilfsjobs verdient hatte. Ich hatte eine Machete, eine Hängematte, eine Tube Wundsalbe. Verständlicherweise war mein Vater um meine Sicherheit besorgt. Ich sei verrückt, mich so dürftig ausgerüstet so weit in den Dschungel zu wagen. Ich hätte ja keine Ahnung, erklärte er mir.*

Natürlich hatte er damit recht, aber ich hatte einfach nicht das Geld, um eine groß angelegte Expedition auf die Beine zu stellen. Mein Bauch sagte mir, dass es meine Bestimmung sei, diese Reise zu unternehmen – und mein Herz ebenfalls. Ich habe alles, was ich brauche, dachte ich trotzig und machte mich auf den Weg. Klar, ich war der Sache nicht gewachsen, aber ich hatte schon früh beschlossen, allen Hindernissen und Unwägbarkeiten zu begegnen, indem ich die Angst einfach verdrängte und die Klippen irgendwie umschiffte: Augen zu und durch. Meine ungeteilte Aufmerksamkeit sollte der Mission gelten, meine Mutter zu finden und meine indigenen Wurzeln wiederzuentdecken. Und nun war ich hier, mitten im dichtesten Regenwald, und tat genau das.

Wie ich hierhergekommen bin

Meine Geschichte beginnt im Süden Venezuelas, aber sie beginnt nicht mit mir. Es war zunächst die Geschichte meines Vaters – und dann natürlich auch die meiner Mutter –, und lange Zeit war es eine Geschichte, die ich nicht hören wollte.

Ich sah in mir einen ganz gewöhnlichen US-amerikanischen Jungen. Ich spielte Baseball. Ich trug Zeitungen aus. Ich machte Quatsch und brachte mich in Schwierigkeiten, geriet mit meinem Vater aneinander, tyrannisierte meine kleine Schwester und meinen kleinen Bruder, ließ meine dreckigen Klamotten und Handtücher auf dem Boden liegen.

Ich wünschte mir auch, ein ganz gewöhnliches US-amerikanisches Kind zu sein, mich nahtlos einzufügen. Aber in meinem Hinterkopf lauerte die Gewissheit, dass die Welt, wenn sie mich ansah, etwas anderes erblickte, etwas Abweichendes. Meine Lehrer, meine Mitschüler, unsere Nachbarn ... sie alle kannten meine Geschichte. Journalisten, Wissenschaftler, Sozialwissenschaftler ... immer wieder einmal nahm einer von ihnen mit uns Kontakt auf, denn auch sie wussten Bescheid. Jahrelang lief ich mit dem Gefühl herum, die Leute würden über mich und meine Familie tuscheln, nach dem Motto „Kannst du dir das vorstellen?" oder „Schau dir bloß mal diese armen Kinder an", nur um dann plötzlich zu verstummen, wenn ich den Raum betrat. Wegen meiner *Herkunfts*geschichte fühlte ich mich unterlegen, *weniger wert.* Also blendete ich meine Geschichte aus, so gut es ging.

DOCH ICH KONNTE sie nicht für immer und ewig ausblenden, also, hier ist sie: Mein Vater Kenneth Good studierte Anthropologie und Ethnologie an der Pennsylvania State University. Sein damaliger Mentor Napoleon Chagnon war bekannt für seine Forschungsarbeit an einer isoliert lebenden indigenen Bevölkerungsgruppe am Amazonas, die wahlweise Yanomamo oder Yanomami oder Yanomama genannt wurde – aus phonetischer Sicht sind alle drei Bezeichnungen nicht ganz korrekt, also entscheide ich mich einfach für eine Schreibweise: Yanomami. Chagnon war damals wie heute eine kontroverse Figur, galt aber Mitte der 1970er-Jahre als Koryphäe für diese Region und die dort lebenden Menschen, und es gelang ihm wie keinem anderen Wissenschaftler seiner Zeit, die Aufmerksamkeit der Welt auf den Stamm der Yanomami zu lenken. Seine ethnografische Bestandsaufnahme der Yanomami ist – zunächst unter dem Titel „The Fierce People" (Das wilde Volk) – zum Bestseller geworden.

Ein anhaltender Kontakt der westlichen Welt zum Stamm der Yanomami besteht seit Anfang der 1950er-Jahre, als protestantische Missionare die ersten Missionssiedlungen in der Gegend errichteten, bald gefolgt von einer Gruppe katholischer Missionare (Salesianer). Die protestantische Mission war unter dem Namen „New Tribes" (Neue Stämme) bekannt und stellte die Basisstation für Chagnons Forschungsarbeit dar. Schon bald weckten seine Berichte großes Interesse an den Yanomami und zogen verschiedene Sozialwissenschaftler an, die sich begeistert auf die Gelegenheit stürzten, eine vom europäischen Kolonialismus relativ unberührte Kultur aus nächster Nähe zu studieren und die Interaktion von Mensch und Natur zu beobachten, wie sie sich wohl im Laufe etlicher Jahrhunderte eingespielt hatte.

Auf diesen Seiten ist schlicht nicht genug Raum, die Feinheiten von Chagnons Theorien und all die Kontroversen zu diskutieren, die sich aus seiner Arbeit ergaben, also komme ich gleich zur Sache. Die wesentliche Erkenntnis für mich war: Chagnons Darstellung der Yanomami als einer Art „wildes" Volk stellte die vorherrschende Lehrmeinung zu diesem Eingeborenenstamm dar, der verteilt auf Hunderte Dörfer im Einzugsgebiet des Orinoko, entlang der Grenze zwischen Venezuela und Brasilien, lebte – eine isolierte, im Flachland angesiedelte Bevölkerungsgruppe, die zu langwierigen Kriegen neige.

Eine Zeitlang teilte mein Vater diese Sichtweise – bis er 1975 als Mitglied von Chagnons Forscherteam selbst die Region besuchte. Was er dort vorfand, war eine *Offenbarung.*

1975, ALS MEIN VATER erstmals in den Dschungel aufbrach, hatte der Südosten Venezuelas den Status eines Bundesgebiets, heute hingegen ist er unter dem Namen Amazonas ein offizieller Bundesstaat. Das Yanomami-Territorium, das knapp 99 000 Quadratkilometer umfasst, befindet sich in der Grenzregion von Venezuela und Brasilien und erstreckt sich über den westlichen Teil des sogenannten Guyana-Schilds. Dieses unentwickelte Gebiet, in dem die ungezähmte Wildnis den sich stetig ausbreitenden Kräften der Globalisierung trotzt, beherbergt nach wie vor eine der intaktesten Regionen des Planeten mit einer enormen Artenvielfalt – ein herrlich weiträumiger Landstrich, quasi unberührt von der industrialisierten Welt. Das einzigartige Ökosystem des Regenwalds hat die Yanomami-Kultur über Jahrhunderte geprägt. Für die meisten Yanomami erwies sich der Urwald als eine Art grüne Glocke, die sämtliche kulturellen Anpassungsprozesse außen vor bleiben ließ; manche Gegenden waren so abgelegen und unzugänglich, dass Außenstehende nur schwer dorthin gelangten. Aufgrund dieser „chronischen Isolation" – ein Begriff, den ich von dem US-amerikanischen Anthropologen Jared Diamond übernommen habe – konnten sich weder Technologien noch fremde Denkweisen in den entlegenen Yanomami-Dörfern ausbreiten, sodass es Eroberern, Entdeckern und Wissenschaftlern, die seit Jahrhunderten dort unterwegs waren, nie wirklich gelang, das Territorium in Besitz zu nehmen.

Das Ergebnis war, dass viele Yanomami weiterhin so lebten, wie sie es von jeher gewohnt waren. Sie besaßen keine Schriftsprache. Sie zählten nur bis zwei – es gab lediglich Worte für „eins", „zwei" und „viele". Sie kannten keinen Kalender. Die Yanomami taten Dinge und gingen miteinander auf eine Art und Weise um, wie sie es immer getan hatten – Jahr um Jahr, Generation um Generation, Jahrhundert um Jahrhundert.

Mitte des 20. Jahrhunderts, als Ethnologen und Missionare dauerhaften Kontakt zu den Yanomami in Venezuela aufbauten und ihre Bräuche zu untersuchen begannen, sah die Welt genauer hin. Was es bei den Yanomami zu lernen gab, so die weitverbreitete Meinung, würde Wissenschaftlern vereinfacht gesagt dabei helfen, eine Epoche in der Evolution des menschlichen Verhaltens zu verstehen. Abgesehen davon war es ganz schlichtweg faszinierend, sich quasi auf eine Zeitreise zu begeben – wobei nicht immer besonders feinfühlig darüber gesprochen wurde. In den 1960er- und 1970er-Jahren war man schnell zur Hand mit Begriffen wie „primitiv", „Steinzeit" und „Indianer", um die Yanomami zu beschreiben, während wir heutzutage weit zutreffender von „indigen" und „traditionell" sprechen.

Als Doktorand in Ethnologie an der Pennsylvania State University hatte mein Vater die Aufgabe, die Ernährung des Yanomami-Stammes zu erforschen und insbesondere festzustellen, ob ein Zusammenhang zwischen Eiweißmangel und der angeblichen Tendenz zum „Kriegführen" bestand. Da Chagnon die Doktorarbeit betreute, lag meinem Vater, auch wenn er das nicht laut sagte, daran, dessen Theorien zu bestätigen, doch im Grunde war er schon vor seiner Forschungsreise skeptisch. Konnte es wirklich sein, dass ein Volk „von Haus aus" regelrecht auf Aggression gepolt war?

Von Anfang an zweifelte mein Vater am Sinn der Unternehmung, aber seine Forschungsarbeit war seine Eintrittskarte in das Territorium und Voraussetzung für seinen Doktortitel, also ließ er sich darauf ein – und wenn man ihn heute fragt, dann erklärt er, er sei völlig unvoreingenommen an die Sache herangegangen. Er reiste mit Chagnon und zwei anderen Doktoranden in die Region, wo man sich auf verschiedene Dörfer aufteilte. Es stand genügend Geld zur Verfügung, und jede Gruppe führte reichlich Medikamente, Handelsgüter und Forschungsausrüstung mit sich.

Es genügte, nicht aufzumucken, das Protokoll einzuhalten und die Daten zu sammeln, die er brauchte, um die These seines Doktorvaters zu bestätigen. Ein Kinderspiel, oder?

So brachte mein Vater also Monate damit zu, pflichtbewusst alles zu notieren, was die Yanomami in Hasupuwe zu sich nahmen, einem kleinen Dorf, in dem kaum hundert Menschen sowie Hunderte von Fröschen lebten. Das war tatsächlich das Erste, was meinem Vater auffiel, als er dort ankam – das unaufhörliche Quaken der Frösche, von denen die

Hasupuwe-teri auch ihren Namen haben. *Hasupuwe* ist das Yanomami-Wort für Frosch – sie waren also die Froschmenschen des Regenwalds.

Während seines Aufenthalts im Dorf wog mein Vater alles genau ab, was die Hasupuwe-teri aßen – nicht nur Fleisch und Fisch, sondern auch Beeren, Nüsse und Kochbananen. Die Dorfbewohner wussten zunächst nicht, was sie von meinem Vater mit seiner großen Waage und seinen gewissenhaften Aufzeichnungen halten sollten. Ihre unstillbare Neugier hatte zur Folge, dass mein Vater zu Anfang keine Privatsphäre und keine ruhige Minute hatte. Als man sich irgendwann an die Anwesenheit eines Fremden gewöhnt hatte, ließ man ihn schließlich ziemlich ungestört seiner Arbeit nachgehen, doch irgendwann beschlich meinen Vater das Gefühl, dass er auf der Stelle trat. Er merkte rasch, dass seine Feldstudie wenig aussagekräftig sein würde, wenn er nicht ein besseres Verständnis der Yanomami-Kultur in einem breiteren Kontext entwickelte. Man kann nicht einfach bloß die Proteinaufnahme beziffern und versuchen, aus ein paar Zahlen Theorien über menschliches Verhalten abzuleiten, wurde ihm klar. Entsprechend wollte er die größeren Zusammenhänge erkennen und wandte seine Aufmerksamkeit daher den Dorfbewohnern selbst zu – nicht nur dem, was sie aßen. Er lernte ihre Sprache. Er analysierte ihren Alltag.

Zunächst wohnte er in einer Lehmhütte, die zu bauen die Dorfbewohner ihm geholfen hatten, doch sie lag etwas abseits vom Mittelpunkt des dörflichen Lebens. Also zog er, sobald sich die Möglichkeit ergab, mit seiner Hängematte etwas näher an das *Shabono* heran, den Rundbau, der das Zentrum des Dorflebens bildete. Es gab keine Wände, keine Türen, keine Privatsphäre – nur einen offenen Raum, wo die Dorfbewohner um einen nicht überdachten Innenhof herum aßen, schliefen, lachten und spielten. Mein Vater schlug sein Lager schließlich im Shabono auf, an seiner eigenen Feuerstelle – ein guter Beobachtungsposten inmitten des bunten Treibens.

Die Yanomami hatten meinen Vater bei seiner Ankunft zunächst einmal misstrauisch beäugt. Mit seiner Größe von gut 1,80 Meter überragte er die übrigen Männer im Dorf. Der erwachsene Yanomami-Mann ist durchschnittlich nicht viel größer als 1,50 Meter. Es waren bereits Missionare und Mitarbeiter von Hilfsorganisationen in der Gegend gewesen, sodass die Dorfältesten ein wenig Erfahrung im Umgang mit den *Nabuh* – Männern und Frauen aus der Außenwelt – gesammelt hatten. Doch im Laufe der Monate gewöhnten sie sich an die Gegenwart des Mannes, der zunächst als zurückhaltender Eindringling betrachtet worden war, und begannen ihm zu vertrauen. Er wiederum entdeckte keine Hinweise auf ein Volk, das aus biologischen Gründen zu „chronischer Kriegsführung" neigte. Stattdessen fand er eine größtenteils friedliche Zivilisation vor, die frei war von den Leiden und Stressfaktoren des modernen Lebens, das sich in solchen Dingen manifestiert wie Rechnungen, Steuern, dem Erklimmen der Karriereleiter … Selbst die Zwänge des Familienlebens wirkten im Regenwald gelockert. Er kam zu dem Schluss, dass die pauschale Behauptung, der Stamm sei kriegerisch, eine grobe Fehleinschätzung darstellte.

Dessen ungeachtet wurde mein Vater in seiner Zeit im Regenwald sehr wohl Zeuge von Gewalt. Dennoch konnte er die Unterstellung, die Yanomami seien von Natur aus ein wildes Volk, nicht akzeptieren. Die gewalttätigen Vorfälle traten meist vereinzelt auf, als Ausnahmen eines ansonsten anständigen, kollegialen und kooperativen Verhaltens.

Wenn mein Vater in meiner Kindheit von seinen Erfahrungen im Regenwald erzählte, verglich er die gelegentlichen Gewaltausbrüche unter den Yanomami mit Überfällen in Manhattan. Es sei schlicht unfair und falsch, deshalb einfach alle New Yorker in Bausch und Bogen als gewalttätig einzustufen – und genauso unfair und falsch sei eine solche Verallgemeinerung mit Blick auf die Yanomami.

Die Yanomami leben in einer komplett offenen Gesellschaft. Ihre gemeinschaftlichen Wohnstrukturen, ihr Alltag, ihr Umgang miteinander verschleiern nichts. Alles ist im wahrsten Sinne des Wortes offensichtlich, sodass die gelegentlich auftretenden Gewaltausbrüche auf Außenstehende wohl erschütternd gewirkt haben müssen.

Mein Vater war schon immer nur bedingt gesellschaftsfähig gewesen; bereits als Kind merkte ich, dass er sich bei bestimmten gesellschaftlichen Anlässen irgendwie seltsam verhielt. Doch hier bei den Yanomami war er mehr er selbst, wie er mir sagte. Er verliebte sich in das Volk, die Kultur und den Rhythmus eines einfacheren, saubereren, umweltverträglicheren Lebensstils.

Als seine Feldstudie sich allmählich dem Abschluss näherte, wurde meinem Vater klar, dass er nicht fort wollte – also begann er nach Gründen zum Bleiben zu suchen. Und er fand sie.

Als mein Vater in Hasupuwe eintraf, nannten ihn die Menschen dort *Aka porebi* – „Geisterzunge" (eigentlich ein Ausdruck für Yanomami-Kinder, die noch nicht sprechen können). Doch schon nach kurzer Zeit verständigte er sich mühelos und sprach fast fließend Yanomami. Mein Vater war äußerst sprachbegabt. Er lernte, wie ein Yanomami zu handeln, sich wie ein Yanomami zu verteidigen, wie ein Yanomami zu scherzen, wie ein Yanomami zu necken.

Über diesen Wandel schrieb mein Vater in seinem Buch „Into the

Heart", das 1991 erschien und zum Bestseller wurde (in Deutschland erschienen 1993 und 1996 unter dem Titel „Yarima" beziehungsweise 2002 unter dem Titel „Im Urwald des Orinoco", wobei dafür die spanische Schreibweise des Flusses gewählt wurde). Es ist nicht an mir, seine Geschichte zu erzählen – aber wie gesagt bereitet sie den Boden für meine Geburt, und darum möchte ich hier ein paar wichtige Stationen erwähnen.

Schon während der ersten Etappe seiner Regenwald-Odyssee gewöhnte sich mein Vater an das Leben bei den Yanomami. Aber auch als er schon recht gut in das Dorfleben integriert war, bewahrte er sich den Blick des Außenstehenden. Als studierter Ethnologe war er darauf konditioniert, sich zumindest ein klein wenig abseits zu halten.

Eines Nachmittags dann prallten seine zwei Rollen als Beobachter und als Beteiligter ungebremst aufeinander – ein Moment, den er ebenfalls in seinem Buch beschreibt. Mein Vater wurde geweckt, als er gerade ein Schläfchen hielt. Der größten Mittagshitze versuchten viele Yanomami zu entgehen, indem sie im Schatten lagen und vor sich hin dösten. An besagtem Nachmittag wurde mein Vater aber durch Geschrei geweckt – ein entsetzliches, qualvolles Schreien. Soweit er es ausmachen konnte, waren es die Schreie einer Frau, begleitet von lauten Geräuschen wie bei einem Kampf. Er stand aus seiner Hängematte im Shabono auf, um nachzusehen, was los war, und ging dabei an Frauen und Kindern vorbei, die der Störung überhaupt keine Beachtung zu schenken schienen. Am anderen Ende des Shabono angekommen, bot sich meinem Vater eine beängstigende Szene: Es sah aus, als zerrten zwei Gruppen junger Männer brutal an den Armen und Beinen einer jungen Frau, als sei sie ein menschlicher Knallbonbon. Die Frau kreischte vor Angst, und auf meinen Vater wirkte es, als habe sie auch Schmerzen.

An dieser Stelle ist es wichtig zu erwähnen, dass die Yanomami Vergewaltigung oder Gewalt gegen Frauen in keiner Weise billigen. Wir müssen uns aber ebenso klarmachen, dass diese Dinge auch in unserer Kultur inakzeptabel sind und trotzdem vorkommen. Meinem Vater zufolge verließen einige Yanomami-Frauen sehr wohl ihren Platz an der Feuerstelle oder in der Hängematte, um dieser Frau zu helfen. Was meinen Vater aber eigentlich am meisten erschreckte, war, dass sich diese Szene in aller Öffentlichkeit abspielte.

Als mein Vater sich der furchtbaren Szene näherte, merkte er zu seinem großen Schrecken, dass er diese Frau, die ganz offensichtlich Höllenqualen litt, kannte. Sie hatte ihm vor gar nicht langer Zeit, als er ein Nachbardorf besuchte, geholfen und war erst kürzlich nach Hasupuwe gekommen, weil sie Schutz vor ihrem Ehemann suchte.

Mein Vater näherte sich vorsichtig und bemerkte erstaunt, dass die Frau eigentlich kaum Widerstand leistete. Sie war inzwischen wie willenlos und harrte dem, was das Schicksal für sie bereithielt. Wie sich herausstellte, zerrte auf der einen Seite eine Gruppe von drei oder vier jungen Männern, die mein Vater aus dem Dorf kannte, wie besessen an der Frau, während drei oder vier ältere Frauen, die er ebenfalls kannte, versuchten dagegenzuhalten.

Lange Zeit stand mein Vater nur starr vor Entsetzen da. Er hatte keine Ahnung, was er hätte tun können, was von ihm erwartet wurde. Schließlich bemerkte er eine andere Frau, die mit ihrem Kind von einem der Gärten zurückkam. Er kannte sie gut genug, um sie herbeizuwinken und zu fragen, was da vor sich gehe.

„Ach, das", meinte die Frau, als sei es nichts weiter. „Diese Jungs versuchen, sie in den Wald zu schaffen, um sie zu beschlafen. Und die Frauen versuchen, sie daran zu hindern."

Sie sagte das in völlig sachlichem Ton, doch meinen Vater machte es trotzdem zornig. Er lebte inzwischen seit mehreren Monaten bei diesen Leuten und wusste, dass sie freundlich, mitfühlend und sogar großherzig waren. Ein solches Verhalten hatte er noch nie zu Gesicht bekommen. Eine schutzlose Frau – das heißt, eine alleinstehende Frau, die ihre erste Periode schon hinter sich hatte, oder eine „verheiratete" Frau, deren Ehemann für längere Zeit dem Dorf fernblieb – war angreifbar. Er fand es abscheulich, aber so war es eben im Dschungel.

Mein Vater stand still und regungslos da, als ein weiterer Teenager sich ins Getümmel stürzte, um seinen Freunden zu helfen, sodass es ihnen schließlich gelang, die arme Frau den älteren Frauen zu entreißen, die versucht hatten, sie vor diesem Unheil zu bewahren. Die jungen Männer schleppten sie also tiefer in den Regenwald hinein.

Mein Vater folgte ihnen, unsicher, wie er sich verhalten sollte.

„Ich weiß, ich kann diese jungen Kerle verscheuchen", schrieb er später, als er diesen Moment noch einmal Revue passieren ließ. „Sie haben sowieso etwas Schiss vor mir. Andererseits bin ich ein Anthropologe und kein Polizist. Ich sollte nicht Partei ergreifen, Werturteile fällen und ihr Verhalten maßregeln. So was kommt immer wieder vor. Wenn eine Frau ihr Dorf verlässt und woanders allein auftaucht, besteht die Möglichkeit, dass sie vergewaltigt wird. Sie weiß es, und die anderen wissen es auch. – Was soll ich tun, ihnen meine eigenen Moralbegriffe aufzwingen? Ich bin nicht gekommen, um diese Leute zu verändern oder weil ich glaubte, ich könnte alles, was sie tun, gutheißen. Ich bin hier, um sie zu studieren."

Was tat er also? Nichts. Nach einiger Zeit trat er schließlich den Rückzug zum Shabono an – angewidert von sich selbst, weil er nicht eingeschritten war. Gleichzeitig fragte er sich, ob das hier in dieser Welt überhaupt von ihm erwartet wurde. Lange Zeit nagte diese Frage an ihm. Es sollte Monate – sogar Jahre – dauern, bis er seine westliche Geisteshaltung ganz und gar abgelegt und gelernt hatte, mit dieser Art von Verhalten klarzukommen.

Unterdessen machte er einen Malaria-Schub durch, der ihn beinahe das Leben kostete. Anschließend geriet er ein weiteres Mal in Lebensgefahr, als ihn die Stromschnellen Raudal de Guaharibos aus einem Einbaum in die reißende Strömung katapultierten. Doch es gelang ihm, sich anzupassen und einzugewöhnen. Langsam wandelte er sich, und diese kulturelle Wandlung bereitete die Grundlage dafür, dass meine Mutter in das Leben meines Vaters treten konnte.

ZUM ERSTEN MAL kehrte mein Vater im Juni 1977 in die USA zurück, nach gut zwei Jahren im Regenwald. Gleich nach seiner Ankunft suchte er die Pennsylvania State University auf, um seine Zusammenarbeit mit Napoleon Chagnon zu beenden, fest entschlossen, sein Studium bei dessen akademischen Erzfeind Marvin Harris an der Columbia University fortzusetzen, wo er als Doktorand angenommen worden war.

Bevor er nach New York fuhr, um seine Arbeit an der Columbia University aufzunehmen, machte mein Vater allerdings einen kleinen Abstecher zum Max-Planck-Institut in Seewiesen in der Nähe von München, das ihm die Möglichkeit eröffnete, seine Feldstudien bei den Yanomami fortzusetzen. Die Stelle beim Institut erlaubte es ihm, praktisch umgehend an den Amazonas zurückzukehren. Auch Harris war der Ansicht, so biete sich meinem Vater eine gute Gelegenheit, seine Kontakte in der Region auszubauen.

Zu diesem Zeitpunkt tauchte meine Mutter auf der Bildfläche auf, auch wenn das Gesamtbild vorerst ziemlich verschwommen blieb. Sie war damals noch ein Mädchen – elf oder zwölf Jahre alt vielleicht, genau lässt sich das nicht sagen, weil die Yanomami weder Geburtstage noch Kalender kennen. Im Regenwald wird Zeit nicht in Jahren gemessen. Anders als die westliche Welt sind die Yanomami nicht von Zahlen besessen. Man braucht nicht achtzehn zu sein, um rauchen zu dürfen, oder einundzwanzig, um Alkohol zu trinken, und man muss keine bestimmte Durchschnittsnote erreichen, um einen akademischen Grad zu erlangen. Und es gibt auch keinen Stichtag, an dem man seine Steuern bezahlen müsste.

Es weiß also niemand, wie alt meine Mutter wirklich war, als mein Vater sie kennenlernte. Sie saß mit ihrer Mutter eines Nachmittags an der gemeinsamen Feuerstelle, etwa eine Woche nachdem mein Vater ins Dorf zurückgekehrt war. Er war in ein angeregtes Gespräch mit einem Mann vertieft, dessen Yanomami-Name frei übersetzt in etwa Langbart bedeutete – und bei dem es sich um den Häuptling der Hasupuwe-teri handelte.

„Shori", sagte Langbart zu ihm und benutzte dabei die unter den Yanomami geläufige Verwandtschaftsbezeichnung, die frei übersetzt so viel wie Schwager heißt, die aber auch für enge Freunde oder verlässliche Gefährten verwendet wird. „Du lebst nun schon lange bei uns. Du bist fortgegangen, und nun bist du wieder zurückgekehrt. Du bist jetzt einer von uns. Es ist an der Zeit, dass du dir eine Frau nimmst."

Zunächst glaubte mein Vater, er hätte sich verhört. Das Leben im Dschungel war auch ohne Beziehung herausfordernd genug. Sein Geschlechtstrieb war ohnehin so gut wie nicht existent, denn sein Organismus hatte mit der drückenden Hitze, dem ungewohnten Essen, den ständig umherschwirrenden Moskitos und der fehlenden Privatsphäre zu kämpfen. Also wehrte er das Ansinnen strikt ab und versuchte, das Gespräch in andere Bahnen zu lenken, doch Langbart ließ sich nicht beirren. Wenn mein Vater unter den Hasupuwe-teri leben wolle, müsse er heiraten. So sei das eben.

Nun ist es in der Yanomami-Kultur so, dass man, um sich eine Frau zu nehmen, einfach nur seine Hängematte neben die Hängematte einer „unverheirateten" Frau zu hängen braucht. Damit ist die Sache abgemacht. Es kann aber auch bedeuten, dass man sich eine Frau mit einem anderen Yanomami-Mann teilt – was, wie mein Vater beobachtet hatte, durchaus zu Komplikationen führen kann. Obgleich die Yanomami vorwiegend monogam sind, ist es keineswegs unüblich, dass Männer zwei Frauen haben. Noch seltener erlebt man, dass eine Frau zwei Männer hat, doch auch das kommt hin und wieder vor. Es kann sich aber auch bloß um ein rein formelles Eheversprechen handeln, denn bei den Yanomami führt ein „Verlöbnis" sehr oft einfach zu gar nichts.

Ist ein Mann erst einmal mit einer Yanomami-Frau verlobt, beginnt er, Zeit mit ihr und ihrer Familie zu verbringen. Sehr häufig werden derartige Arrangements zwischen Familien getroffen. Ist die Verlobung beschlossen, ändert sich nichts. Die junge Frau lebt weiter bei ihrer Familie und geht nach wie vor ihren gewohnten Tätigkeiten nach. Der junge Mann tut das Gleiche. Die Verlobungszeit kann bei den Yanomami Monate oder gar Jahre dauern, und manchmal beginnt sie, bevor die betreffende Person überhaupt geboren ist.

Romantik ist der Yanomami-Kultur völlig fremd – jedenfalls alles, was unserer westlichen Idealvorstellung davon nahekommt. Yanomami-Frauen geraten nicht ins Schwärmen über ihre Männer oder verzehren sich vor Sehnsucht nach ihnen, wenn sie unterwegs sind. Das Band zwischen Eheleuten beruht mehr auf Kameradschaft, Vertrautheit und Familie als auf Liebe und dem „gewissen Etwas“ oder irgendwelchen sonstigen westlichen Mustern. Wenn zwei Menschen einander nicht mögen, nicht zusammenpassen, dann wird natürlich auch nicht geheiratet, aber im Großen und Ganzen ist eine Ehe eine rein pragmatische Angelegenheit. Der Mann braucht eine Frau, damit sie angelt und kocht und Kinder bekommt. Die Frau braucht einen Mann, damit er auf die Jagd geht und die Familie beschützt.

Der erste Impuls meines Vaters war, Langbarts Vorschlag einfach lachend abzutun, aber er wollte dem Dorfhäuptling Respekt erweisen. Er wusste seine Freundschaft mit Langbart zu schätzen und war bemüht, nichts zu tun, was seinen Platz in der Gemeinschaft gefährdete. Trotzdem fand er den Gedanken absurd. Sein „Einsatz“ war diesmal auf einige wenige Monate begrenzt, an eine langfristig angelegte Beziehung war also gar nicht zu denken.

Und doch blieb Langbart beharrlich. Egal welche Einwände mein Vater brachte, Langbart wischte sie beiseite wie lästige Fliegen. Am Ende warf mein Vater die Arme in die Höhe, eine Geste, die besagte „Was soll's“, und erklärte: „Na schön, ich werde mir eine Frau nehmen.“

„Beschlossene Sache“, entgegnete Langbart, und im gleichen Moment fiel sein Blick auf meine Mutter und Großmutter, die gerade am Feuer kochten. Er deutete auf meine Mutter und sagte: „Nimm sie.“

Zufällig kannte mein Vater meine Mutter und ihre Familie bereits. Er hatte einen guten Draht zu ihrem älteren Bruder, sie gingen oft zusammen angeln. Zu ihrer Mutter hatte er ein freundschaftliches Verhältnis, sie kochte oft für ihn. Und sogar mit meiner Mutter verband ihn eine Art Freundschaft. Sie leistete ihm oft Gesellschaft, wenn er seine Notizen durchging, und in letzter Zeit hatte sie ihm häufiger Essen gebracht, das ihre Mutter zubereitet hatte. So hatten sie schon viele vergnügliche Stunden miteinander verbracht. Manchmal begleitete meine Mutter meinen Vater und ihren Bruder auch auf ihren Angelausflügen. Sie kletterte dann auf den breiten Rücken meines Vaters, schlang die Arme um seinen Hals, und er trug sie huckepack durch den Urwald.

Es war Freundschaft, mehr nicht. Außerdem war meine Mutter bereits einem anderen Mann versprochen, doch unter den Yanomami war das nicht unüblich – man hielt sich eben alle Optionen offen.

MEIN VATER nannte meine Mutter Yarima, obgleich das nicht ihr richtiger Name war. In der Yanomami-Kultur wird der Name selten laut ausgesprochen – das gilt als Tabu, ja sogar als schlimme Beleidigung.

Jemanden bei seinem wahren Namen zu nennen macht ihn, so der Glaube, verletzlich für Angriffe böser Geister.

Die meisten Yanomami-Eltern geben ihren Kindern erst nach Monaten einen Namen, und wenn sie es schließlich tun, hat das Kind bereits irgendeine Eigenschaft oder einen Charakterzug entwickelt, der sich für einen Spitznamen eignet. Bei diesem Spitznamen wird das Kind dann gerufen. Bevor es einen Namen bekommt, wird es von Eltern, Großeltern, Onkeln und Tanten einfach „mein Neffe“ oder „meine ältere Schwester“ genannt. Nach der Namensgebung wird es von den Familienangehörigen weiterhin mit diesen Verwandtschaftsbezeichnungen angesprochen. Hat man aber einen Spitznamen erhalten, so ist man unter diesem bekannt.

Yanomami-Spitznamen sind nicht immer schmeichelhaft. Als mein Vater die Sprache erlernt hatte und ziemlich fließend sprach, änderte sich sein Name von Geisterzunge, wie er zu Beginn genannt worden war, in *Hukopata* – Große Stirn.

Da wir gerade bei Namen sind, möchte ich auch ein paar Worte zu meinem eigenen verlieren, bevor ich zur Geschichte meiner Eltern zurückkehre. Im Regenwald wurde ich oft Davi genannt – eine hübsche Abkürzung meines US-amerikanischen Namens. Meine Mutter nannte mich Moka, ein Kosename, den Mütter oft für ihre Söhne verwenden oder Frauen für ihren Mann – wobei mir die wörtliche Übersetzung davon gewisse Probleme bereitet. Meinem Vater zufolge kann Moka auch den Kopf beziehungsweise die Spitze des Penis bezeichnen.

Die jetzigen Dorfbewohner kannten mich unter dem Yanomami-Namen *Ayopowe*, was grob übersetzt so viel heißt wie „Rundgang“ oder „Umweg“. Den Namen gab mir der Bruder meiner Mutter, ein Onkel, den ich Shoape nannte. Er war einer der wenigen Menschen im Dorf, die sich zwanzig Jahre später noch an meinen Vater erinnerten. Als ich in Hasupuwe ankam und die erste Nacht im Regenwald bei meiner Mutter verbrachte, begrüßte mich Shoape höchst emotional. Er war inzwischen, selbst an westlichen Standards gemessen, ein alter Mann – und für hiesige Verhältnisse beinahe schon ein Greis. Zur Zeit meines Vaters war er Häuptling der Hasupuwe-teri gewesen, und jetzt wurde ihm als Ältestem großer Respekt entgegengebracht. Er näherte sich mir äußerst feierlich und ausgesprochen freundlich. Da ich nicht wusste, wie ich reagieren sollte, spiegelte ich sein Verhalten. Alles, was er tat, tat ich ebenfalls. Legte er mir die Hand auf die Schulter, legte ich ihm die Hand auf die Schulter. Lächelte er, so lächelte auch ich. Klopfte er mir auf den Rücken, so klopfte ich ihm auf den Rücken. Und die ganze Zeit über redete er in Yanomami auf mich ein. Ich hatte Vokabeln und Sätze auswendig gelernt, doch so schnell, wie er sprach, verstand ich rein gar nichts.

Hortensia Caballero, eine Ethnologin aus Caracas, die meine Rückkehr ins Dorf meiner Mutter organisiert hatte, und Sor Antonietta, eine katholische Missionarin, die uns auf dieser Etappe der Reise begleitete, halfen abwechselnd bei der Übersetzung.

Wie sie mir erklärten, sagte Shoape: „Das ist die Wahrheit. Du bist ein Yanomami. Du bist Teil dieses Dorfes. Du bist ein Irokai-teri. Du bist mein Neffe. Du bist Teil dieses Dorfes, Neffe. Du bist ein Yanomami." Die Yanomami neigen zu Wiederholungen, stellte ich fest.

Der Häuptling wurde bei der Begrüßung so von Gefühlen überwältigt, dass selbst eine dschungelerprobte Wissenschaftlerin wie Hortensia zu Tränen gerührt war – ein Anblick, der mir überdeutlich vor Augen führte, wie stark die Bindungen waren, die mein Vater in dieser Gegend aufgebaut hatte, und welch eine reiche Geschichte uns alle verband.

Shoape ging dazu über, mich Ayopowe zu nennen, und erinnerte mich daran, dass ich einen langen Umweg gemacht hatte, denn ich stammte aus diesem Ort und war nun dorthin zurückgekehrt – eine Reise, die viele Jahre gedauert hatte.

Der Name passte: Umweg. Das Drehen großer Ehrenrunden ist tatsächlich die Geschichte meines Lebens. Ich brauche immer eine Zeitlang, um dorthin zu gelangen, wo ich hinmöchte, aber schließlich finde ich meinen Weg.

MEIN VATER hielt Langbart gegenüber Wort und willigte in die Verlobung ein. Es würde eh nichts dabei herauskommen, davon war er überzeugt.

In der Zwischenzeit stand die Brautzahlung im Raum. Bei Yanomami-Ehen bietet der Mann der Familie seiner zukünftigen Frau Geschenke und Dienste an, um die Abmachung zu besiegeln. Also lieferte mein Vater Töpfe und Pfannen, Macheten und Angelhaken. Er hatte den Dorfbewohnern als Gesamtheit schon im Austausch für ihre vielen Gefälligkeiten Handelsgüter solche zur Verfügung gestellt, doch nun überreichte er sie der Familie meiner Mutter ganz direkt.

Mit der Zeit wurde die Beziehung zwischen meiner Mutter und meinem Vater tiefer. Wie üblich war die ganze Familie einbezogen.

Mein Vater kam und ging – er kehrte in die Vereinigten Staaten zurück, um sein Studium abzuschließen und seine nächste Reise vorzubereiten. Manchmal war er mehrere Monate am Stück abwesend, manchmal jahrelang, und während er immer mehr Zeit in der Ferne verbrachte, ertappte er sich dabei, dass er immer öfter an Yarima dachte, die zu einer schönen jungen Frau heranwuchs.

Fühlte er sich zu diesem Zeitpunkt in romantischer Weise von ihr angezogen? Solche Fragen wurden in meiner Jugend bei uns zu Hause nicht besprochen, und die Bücher meines Vaters bieten keine konkreten Anhaltspunkte dafür, aber ich denke doch, dass er sie gern hatte. Wenn er lange Zeit abwesend war, verbrachte mein Vater viel Zeit damit, Fotos zu betrachten.

Auf einer seiner Reisen zurück ins Territorium fuhr mein Vater den Orinoko hinauf, und in ihm wuchs der Verdacht, die Hasupuwe-teri lebten nicht mehr am Fluss, sondern wären weiter landeinwärts gezogen. Es herrschte eine Stille auf dem Wasser, die mein Vater sich zunächst nicht erklären konnte. Als Erstes machte er im Dorf Patahama halt, einerseits, um sich für die nächste Reiseetappe auszuruhen, andererseits, um sich nach den Hasupuwe-teri zu erkundigen. Immer öfter dachte er an Yarima und ihre engste Familie, die mehr und mehr zu seiner Familie geworden war. Er sehnte sich danach, sie wiederzusehen, und stellte zu seiner eigenen Überraschung fest, dass er sich um ihr Wohlergehen sorgte. Und was er in Patahama vorfand, beunruhigte ihn: Das Dorf war von der Malaria heimgesucht worden, von den Yanomami *prisi-prisi* genannt. Viele Patahama-teri lagen sterbenskrank in ihren Hängematten. Jene, die noch die Kraft hatten zu gehen, waren dünn, völlig ausgemergelt und bewegten sich nur ganz langsam.

Mein Vater konnte nur hoffen, dass sich die Hasupuwe-teri nicht auch mit Prisi-Prisi angesteckt hatten. Ihm war bewusst, was es in diesem Teil der Welt bedeutete, wenn solche Krankheiten wie Malaria sich in einer Gemeinschaft ausbreiteten. Er wusste, dass eine Weise der Yanomami, mit Epidemien umzugehen, darin bestand, sozusagen das sinkende Schiff zu verlassen – also das Shabono hinter sich zu lassen und sich im Regenwald zu verteilen. Diese gesellschaftliche Puffermaßnahme sorgte dafür, dass eine Krankheit sich nicht weiter ausbreiten konnte.

Mein Vater hatte selbst schon heftige Malaria-Anfälle durchgemacht. Er war in Sorge und hatte es sehr eilig, endlich zu Yarima zu gelangen – doch als er schließlich das Shabono der Hasupuwe-teri im Binnenland erreichte und erfuhr, dass sie nicht erkrankt waren, suchte er sie und ihre Familie nicht sofort auf. Er erblickte sie zwar auf der anderen Seite des Weges, aber sie sprachen erst einmal nicht miteinander. Es war einfach nicht die Art der Yanomami, einander nach einer langen Reise groß zu begrüßen, nicht einmal nach einer Trennung von acht Monaten. Stattdessen hängte er seine Hängematte auf, packte seine wenigen Habseligkeiten aus und kümmerte sich um die Dorfbewohner, die sich angesteckt hatten. Erst spät in der Nacht begrüßten sich er und Yarima und machten sich langsam wieder miteinander vertraut.

Im Laufe der nächsten Wochen fanden meine Eltern Wege, ihre Freundschaft wiederherzustellen – denn mehr als eine bestenfalls zaghafte Freundschaft war es zu diesem Zeitpunkt nicht. Die Tatsache, dass viele Dorfbewohner schwer krank waren und mein Vater fortfuhr, seine Medizinvorräte zu verteilen, während die Dorfschamanen sich tagtäglich versammelten, um die Prisi-Prisi-Geister zu verjagen, verlieh ihrer Beziehung in dieser Phase eine gewisse Intensität. Wahrscheinlich bemerkte mein Vater auch, wie die anderen jungen Männer im Dorf meine Mutter ansahen, doch er konnte nicht in dieser Weise an sie denken oder sich ausmalen, eine neue Art der Beziehung mit ihr zu führen, weil er kurze Zeit später selbst einen zweiten Malaria-Schub erlitt. Dummerweise hatte er sein gesamtes Chloroquin fortgegeben. Also schluckte er stattdessen eine hohe Dosis Fansidar – ein relativ neues Malaria-Mittel, das unter dem Verdacht stand, schwere Nebenwirkungen hervorzurufen.

Aus seinen Symptomen schloss er, dass er sich mit *Plasmodium falciparum* infiziert hatte, einem besonders gefährlichen Malaria-Erreger. Dabei lösen sich Phasen von Krämpfen mit hohem Fieber und Erschöpfung ab. Dann plötzlich stellt sich das Gefühl ein, man habe sich auf wundersame Weise erholt, doch zwei Tage später schlägt die Krankheit nur umso schlimmer zu. Das ging über Wochen so, auch bei meinem Vater. Manchmal konnte er arbeiten, dann wieder hatte er das Gefühl, im Sterben zu liegen. Während dieser Wochen versorgten Yarima und ihre Mutter meinen Vater gemeinsam mit dem Dorfschamanen. Doch auch in den Momenten, in denen mein Vater sich relativ stark fühlte, war er zu nicht viel mehr fähig, als sich ganz auf seine Genesung zu konzentrieren.

Glücklicherweise überlebte mein Vater auch diesen zweiten Malaria-Schub, und als er gesund genug war, um zu reisen, bereiteten die Hasupuwe-teri ihm ein Lager in einem Kanu und schickten ihn mit einem Führer flussabwärts, damit er das Territorium verlassen konnte. Yarima kam in Begleitung ihrer Mutter und ihres Bruders, um sich zu verabschieden, aber es gab keine großen Abschiedsszenen. Wie gesagt, das war nicht die Art der Yanomami. Er verließ sie, und er würde bald zurückkehren. Oder auch nicht.

9. September 2011, 8:04 Uhr

Oberer Orinoko, Yanomami-Gebiet

Wir setzten unsere Reise fort – während meine Mutter sehr oft an der Spitze marschierte, bildete ich ebenso oft das Schlusslicht. Ich strengte mich sehr an, um mitzuhalten. Doch von Zeit zu Zeit fiel ich so weit zurück, dass ich die Person vor mir nicht mehr sehen konnte –

dann wurde ich nervös, weil ich nicht immer sicher war, in welche Richtung ich weitergehen musste.

Wer vorausging, schlug sich mit einer Machete durch das Buschwerk, und die anderen folgten, aber bis ich an der Reihe war, schien der Regenwald den frischen Pfad oft schon wieder verschluckt zu haben und stellte mich vor Rätsel. Manchmal erkannte ich nur anhand der Geräusche, welche Richtung ich nehmen musste.

Nach einer Weile lichtete sich der Urwald ein wenig – wieder ein Flüsschen. Zwei riesige Felsen ragten aus dem Wasser. Zwei Frauen hatten bereits angefangen, von dort oben aus zu angeln – eine riskante Sache, denn die Felsen waren moosbewachsen und ziemlich glatt und schlüpfrig. Eine der Frauen war die Schwester meiner Mutter – meine Tante. Ein paar Jahre älter als meine Mutter, zählte sie nach Yanomami-Maßstäben bereits zu den Dorfältesten.

Als Köder wurden Würmer verwendet, die wir im Flussbett sammelten. Ich hatte weiterhin mit der Sprache zu kämpfen und musste mich meist mithilfe von Gesten verständigen. Ich war gerade mal seit ein paar Wochen im Dschungel und immer noch dabei, mich an die Region und die Gebräuche zu gewöhnen. Echte Erfahrung mit der Wildnis fehlte mir. Ich konnte ohne Streichholz oder Feuerzeug kein Feuer entfachen, und ich hatte schreckliche Angst vor den Insekten. Und was die Geduld angeht, die das Angeln erfordert – damit war ich auch nicht gerade gesegnet.

Als ich auf einem der moosglatten Felsen stand und darauf wartete, dass ein Fisch anbiss, spürte ich eine kleine Spinne über meinen Knöchel krabbeln und gab mir größte Mühe, nicht aufzuschreien. Ich schüttelte den Fuß, um das Tierchen loszuwerden, aber die Spinne klammerte sich fest. Also wandte ich mich an eine der Frauen, die in unmittelbarer Nähe standen. Ich deutete auf die Spinne und fragte ängstlich: „Wai-teri?“ Das bedeutet so viel wie „böse“, und ich hoffte, wenn ich es immer wieder sagte und dabei jedes Mal wie bei einer Frage die Stimme hob, würde es als Frage verstanden werden, ob dieser Achtbeiner gefährlich sei.

„Wai-teri! Wai-teri?“ Etwas Besseres fiel mir nicht ein, und zur Antwort zeigte man bloß kichernd mit dem Finger auf mich. Als die anderen genug über mich gelacht hatten, wandten sie sich wieder der Angelei zu, und in diesem Moment fiel mir auf, dass meine Mutter nirgends zu sehen war. Bestimmt war sie einen Moment weggegangen, um eine andere Aufgabe zu verrichten, von der ich nichts wusste. Die Übrigen plauderten und waren beschäftigt wie zuvor, also konzentrierte auch ich mich auf die Angelschnur in meiner Hand, bemüht, auf dem schlüpfrigen Felsen nicht das Gleichgewicht zu verlieren.

Urplötzlich verdunkelte sich der Himmel. Die Bäume begannen zu rauschen. Der Regenwald sah nicht mehr üppig aus, sondern unheilschwanger. All das ließ die Alarmglocken läuten – bei mir zumindest. Die anderen waren diese Gewitter gewöhnt, die den Regenwald mit einer solchen Gewalt erschütterten, dass es sich einige schreckliche Momente lang anfühlte, als ginge die Welt unter. Ein paar Unwetter hatte ich bereits miterlebt, jedoch immer im Schutz des Missionsgebäudes oder des Shabono.

Genau in dem Moment, als der Himmel noch schwärzer wurde und der Wind noch mehr auffrischte, hörte ich die Stimme meiner Mutter. Sie schien aus dem Dickicht jenseits des Bachs zu kommen. Zunächst war sie nur schwach zu hören. Es war weniger ein Schrei als ein Triller, aber er durchdrang den Sturm. „Twee!"

Es war kein Wort, das ich mit meinem begrenzten Yanomami-Wortschatz wiedererkannte, aber da erklang es erneut: „Twee!"

Ich drehte mich in die Richtung um, aus der die Stimme meiner Mutter erklang, und genau in diesem Moment erschien sie am anderen Bachufer inmitten der Vegetation, die sich wie ein Vorhang teilte. Sie rannte, die Hände in die Luft gereckt. „Twee! Twee!"

Ich hatte nicht die geringste Ahnung, was los war.

Wiedersehen und Hochzeit

Mein Vater konnte nicht sagen, wann er wiederkommen würde. Es gab sehr viele persönliche, berufliche und finanzielle Probleme zu lösen. Zum Beispiel musste er sich eine Einkommensquelle sichern, etwas Zeit in den Vereinigten Staaten verbringen und in München sein (zunehmend angespanntes) Verhältnis zum Max-Planck-Institut klären. Vor allem aber stand ein Treffen mit Marvin Harris an, der inzwischen von der Columbia University an die University of Florida in Gainesville gewechselt hatte.

Mein Vater saß mit sechsunddreißig Jahren immer noch an seiner Doktorarbeit; seine Karriere plätscherte vor sich hin. Inzwischen war am ehesten Harris sein Mentor; es schien also ratsam, ihm nach Florida zu folgen. Und während mein Vater sein Leben in der Industriegesellschaft in Ordnung brachte, dachte er an seinen letzten enttäuschenden Besuch im Dorf meiner Mutter zurück. Er war nur drei Monate lang dort gewesen, und die meiste Zeit hatte er im Fieberdelirium in seiner Hängematte gelegen. Dass er zu geschwächt gewesen war, um Zeit mit meiner Mutter zu verbringen, machte ihm schwer zu schaffen, als er sich wieder auf US-amerikanischem Boden befand. Offensichtlich hegte er inzwischen tiefere Gefühle für sie.

Es dauerte fast zwei Jahre, bis er in den Dschungel zurückkehrte, und während dieser Zeit herrschte bei ihm ein großes Durcheinander. Yarima sah er erst im Dezember 1980 wieder. In ihrem Teil der Welt hatte sich viel verändert; und doch war auf einer persönlichen Ebene vieles beim Alten geblieben. Meine Mutter war noch nicht erwachsen (das heißt, ihre Menstruation hatte noch nicht eingesetzt), also kam eine sexuelle Beziehung nicht infrage. Was auch für die Zukunft galt, wenn es nach meinem Vater ging, obwohl er die Beziehung zu Yarima allmählich als eine der wichtigen in seinem Leben ansah – eine Freundschaft, die ihn mit dem Volk der Yanomami verband und ihn mit einem Teil seiner Persönlichkeit bekannt machte, der ihm bisher fremd gewesen war. Mit Yarima konnte er lachen wie nie zuvor in seinem Leben; er konnte mehr er selbst sein und weniger der ernste, zurückhaltende, erfolgsorientierte Doktorand, der zu sein er vorgab.

Trotzdem verstand er nicht, wie es kam, dass er für Yarima einen Platz in seinem Herzen reserviert hatte. Natürlich war sie exotisch und schön, aber er dachte im Zusammenhang mit ihr weder an romantische Liebe noch an Sex. Wenigstens glaubte er, nicht daran zu denken, obwohl er sich zu Yarima auf seltsame Weise hingezogen fühlte.

In der fast zweijährigen Abwesenheit meines Vaters war es im Dorf Hasupuwe zu einer Spaltung gekommen. Hintergrund der Geschehnisse war ein Zerwürfnis zwischen den beiden wichtigsten Familien der Hasupuwe-teri, die fortan getrennte Wege gingen. Die Kontrahenten in einem eskalierenden Konflikt hatten sich schlicht darauf geeinigt, dass sie sich nicht einigen konnten. Worum auch immer es bei diesem Streit gehen mochte, er wurde mit einer einvernehmlichen Trennung beigelegt, so wie bei einer Scheidung in aller Freundschaft. Eine der beiden Gruppen zog tiefer in den Regenwald und baute dort ein neues Shabono. Natürlich gab es unauflösliche Familienbande zwischen den beiden Gruppen. Häufig besuchten Mitglieder der einen Gruppe Freunde und Verwandte in der anderen Gruppe – für einen Tag, eine Woche oder länger –, aber in jeder anderen Hinsicht bildeten sie nicht länger eine eingeschworene Gemeinschaft, die fest zusammenhielt.

Dieser Situation sah sich mein Vater also gegenüber, als er endlich wieder in die Region zurückkehren konnte. So schnell wie möglich begab er sich nach Hasupuwe, doch meine Mutter und ihre nächsten Angehörigen waren mit mehreren anderen Gruppen der Großfamilie weitergezogen, um in einigen Kilometern Entfernung ein neues Dorf zu gründen. Er ließ sie unmittelbar von seiner Ankunft in Kenntnis setzen.

Für Yarima und ihre Verwandten stellte die kurze Strecke überhaupt kein Problem dar, also machten sie sich aus dem nahe gelegenen Dorf Irokai auf den Weg nach Hasupuwe, um meinen Vater dort zu treffen.

Wieder umkreisten meine Eltern einander. Und wieder fiel das Wiedersehen alles andere als tränenreich und emotional aus.

Es sollte einer der kürzesten Aufenthalte meines Vaters in dem Gebiet werden – er blieb nur wenige Wochen. Denn in dieser Zeit kam es für meinen Vater zu einem Zerwürfnis mit Professor Irenäus Eibl-Eibesfeldt vom Max-Planck-Institut. Schon vor dieser Reise hatte es Missverständnisse zwischen den beiden gegeben. Entscheidender Streitpunkt war der Ansatz, den Eibl-Eibesfeldt bei der Forschungsarbeit verfolgte. Letztlich gelangte mein Vater zu dem Schluss, er könne mit dem Professor nicht mehr zusammenarbeiten; also stieg er aus dem Projekt aus, was wiederum bedeutete, dass er sich auch vom Regenwald verabschieden musste, weil er dort schließlich auf Kosten des Instituts tätig war.

Der Abschied vom Regenwald war die eine Sache, doch der Abschied von Yarima … Die Trennung machte ihm zu schaffen. Anders als früher war seine Abreise diesmal von emotionaler Unsicherheit begleitet. Die ganze Zeit über war es ihm schwergefallen, sich über seine Gefühle für meine Mutter klar zu werden. Sie befand sich an der Schwelle zum Frausein, und doch konnte er nicht sagen, ob seine Zuneigung zu ihr freundschaftlicher Natur war oder darüber hinausging. Auch sorgte er sich um Yarimas Sicherheit. Diese Sorge stand in direktem Zusammenhang mit der Verlobung, denn Yarima war ihm zwar versprochen, doch dieses Versprechen würde seine Bedeutung verlieren, sobald sie zur Frau würde und er nicht zur Stelle wäre, um sie zu beschützen.

Diese Vorstellung versetzte meinen Vater in Panik. Darüber hinaus war ihm klar, dass seine bloße Anwesenheit nicht reichte, um zu verhindern, dass Yarima in die Fänge junger Yanomami-Männer geriet. Er musste anwesend *und* wachsam sein. Er musste sie behüten und beschützen, wenn sie badete, wenn sie Nahrung sammelte, wenn sie Feuerholz schlug. Immer wenn sie den geschützten Raum des Dorfes verließ, musste er über sie wachen. Er durfte in seiner Wachsamkeit niemals nachlassen – bis sie ihm ein Kind gebar.

Dennoch, überlegte er, wenn er und Yarima verheiratet wären – richtig verheiratet –, würde sie, aus Respekt vor seiner Stellung in der Gemeinschaft, vielleicht verschont bleiben. Es war also an der Zeit zu handeln, und zwar jetzt, bevor er das Gebiet verließ. Doch diese Gewissheit bedeutete noch nicht, dass mein Vater auch wusste, wie er nun vorgehen sollte, daher bat er seinen Freund Roter um Rat. Roter war wohl sein engster und vertrauenswürdigster Freund im Dorf. Mein Vater hatte ihn bereits zu Anfang seines ersten längeren Aufenthalts kennengelernt; er nannte ihn Roter, weil er am Tag ihrer Begegnung ein rotes T-Shirt getragen hatte. Mehr als jeder andere hatte Roter meinem Vater dabei geholfen, die Sprache und Bräuche der Hasupuwe-teri zu erlernen. Genau genommen war Roter sein Berater in allen Yanomami-Lebenslagen, und im Laufe der Jahre vertraute mein Vater ihm blindlings, wenn es darum ging, Aspekte des Dorflebens richtig einzuschätzen.

Roter riet meinem Vater, vor dem ganzen Dorf eine *Patamou*, das heißt eine Rede, zu halten, in der er seine Absichten deutlich machte und jeden wissen ließ, dass Yarima seine Frau werden sollte. Das leuchtete meinem Vater ein, der inzwischen Dutzenden solcher Reden gelauscht hatte. Wann immer jemand etwas Wichtiges zu sagen hatte, stand er auf und verkündete es – mit lauter Stimme und großer Überzeugungskraft.

Die beiden arbeiteten gemeinsam an der Rede; mein Vater übte, was er sagen würde, und Roter hörte zu und riet ihm, welche Teile er weglassen und welche Teile er beibehalten sollte. Am Abend vor seiner Abreise stand mein Vater im Innenhof des Shabono, in dem zentralen Bereich, der normalerweise für die Reden des Häuptlings reserviert war – der Ort entsprach einer Bühne oder einem Dorfplatz. Alle lagen in ihren Hängematten. Und dann legte mein Vater los – während er sprach, geriet er geradezu in Rage und schlug sich immer wieder mit den Fäusten in die Seite.

Hier ist seine Ansprache, wie er sie in seinem Buch wiedergegeben hat:

> Heute gehe ich weg ... Aber ich komme wieder. Ich komme wieder. Ich komme wieder. Keiner von euch soll mir in meine Vorratskammer einbrechen. Wenn einer es macht, werde ich böse sein, sehr böse, wenn ich zurückkomme. ... Und sie [deutet auf Yarima]. Keiner soll sie anrühren. Keiner soll sie anrühren! Keiner! ... Sie ist mir gegeben worden! Sie ist meine Frau! Ich habe nie eine eurer Frauen angerührt! ... Ihr rührt meine Frau nicht an! Ihr rührt meine Frau nicht an! ... Wenn ich wiederkomme und feststelle, dass sie jemand angerührt hat, werde ich herauskriegen, wer es war! ... Ich selbst habe sie nie angerührt! Und es wird auch sonst keiner tun! Keiner!

Mein Vater hatte seinen Standpunkt klargemacht, zumal er das klassische Yanomami-Stilmittel der Wiederholung einsetzte.

Es dauerte fast ein ganzes Jahr, bis mein Vater zurückkam. Gegen Ende 1981 bot man ihm an, im Auftrag der venezolanischen Regierung eine Volkszählung bei den Yanomami durchzuführen. Es handelte sich dabei zwar um eine wenig aufregende Routinetätigkeit, dafür bot sich ihm aber die Chance, in das Gebiet zurückzukehren, diesmal im Rahmen eines Projekts, das ein Budget, ein Gehalt und Hubschrauberflüge vorsah – ein echter Luxus, der es ihm erlaubte, den gesamten venezolanischen Regenwald zu bereisen. Er würde für ein Gebiet des Yanomami-Territoriums zuständig sein, das als „Sektor 6“ bekannt war – eine weitläufige Region, die sich zwischen dem Orinoko und dem Rio Siapa erstreckte und zu der das Dorf meiner Mutter sowie zahlreiche Nachbardörfer gehörten, die mein Vater bereits besucht hatte. Auch das war ein Argument, das dafür sprach, den Auftrag anzunehmen.

Eins machte ihm allerdings Sorgen: Er war viel zu lange von meiner Mutter getrennt gewesen. Der Gedanke, sie könnte vielleicht mit einem anderen Mann leben, vielleicht ein Kind mit ihm bekommen haben, erschien ihm unerträglich. Doch die Vorstellung, niemals wieder bei diesen freundlichen Menschen zu leben, die er ins Herz geschlossen hatte, war genauso deprimierend. Also ließ er sich auf ein weiteres Amazonas-Abenteuer ein.

Das Zensusbüro übertrug meinem Vater die Aufgabe, alle Dörfer in den Stammesgebieten aus der Luft zu erfassen und dann in jedem Dorf einige Zeit zu verbringen, um die Bewohner zu zählen und zu kategorisieren. Eine seiner ersten Stationen war das Dorf Patahama, das er zuletzt während der verheerenden Malaria-Epidemie besucht hatte. Wie mein Vater mir erzählte, erledigte er seine Arbeit dort im Eiltempo, zählte rasch die Bewohner, um dann weiter landeinwärts nach Hasupuwe zu reisen.

Wie zu erwarten waren Yarima und ihre ganze Großfamilie weitergezogen. Meinen Vater verließ der Mut. Sein Freund Roter war zwar noch im Dorf, doch seltsamerweise schwieg er sich über Yarima aus, und mein Vater wollte nicht nach ihr fragen. Mein Vater ging seiner Arbeit nach und gewöhnte sich wieder an die vertraute Umgebung. Er war drei Tage dort.

Dann endlich traf meine Mutter im Dorf ein. Es war eine große und willkommene Überraschung. Jeder im Dorf unterbrach seine Tätigkeit, als sie das Shabono betrat. Natürlich wussten die anderen von ihrer Verlobung mit meinem Vater, und auch dass Yarima inzwischen ihre Periode bekommen hatte – die Yanomami sprechen von *yiipimou*. Es gibt eine eigene Zeremonie hierfür, durch die jeder es mitbekommt. Setzt bei einer jungen Frau zum ersten Mal die Menstruation ein, wird sie in ein eigens für diesen Anlass erbautes Haus verbannt. Die Frauen ihrer Familie bringen ihr etwas zu essen, während sie sich in diesem Haus aufhält. Sobald ihre Periode vorbei ist, kommen die Frauen wieder und legen ihr ein zeremonielles Gewand an, während die anderen im Dorf sich um die Feuerstelle der Familie versammeln und sie wieder in der Gemeinschaft willkommen heißen.

Diesmal umkreisten meine Eltern einander nicht verlegen. Diesmal ging meine Mutter direkt auf meinen Vater zu. Sie hielt dabei eine Art Blumenstrauß in der Hand – eine Handvoll Wurzeln. Und sie weinte.

Sie umarmten einander nicht – das ist nicht Brauch bei den Yanomami. Aber es war ein freudiges, tränenreiches Wiedersehen. Dann hängte meine Mutter ihre Hängematte neben der meines Vaters auf, und sie waren verheiratet. So einfach war das.

Es dauerte noch eine Weile, bis die Ehe vollzogen wurde – doch auch in dieser Hinsicht ist mein Wissen ein wenig lückenhaft. Mein Vater wollte sichergehen, dass Yarima und er sich miteinander wohlfühlten und sie nicht den Eindruck hatte, irgendwo hineingedrängt zu werden. Yanomami-Eheleute schlafen nicht gemeinsam in einer Hängematte oder gar in einem Bett wie die Paare in westlichen Gesellschaften. In einer typischen Yanomami-Hängematte findet kaum ein Erwachsener Platz, deshalb kommen sie gar nicht erst auf die Idee, dass hier zwei Menschen schlafen könnten. Das zählte zu den großen Innovationen, die mein Vater damals im Regenwald einführte: Er reiste mit einer geräumigen Baumwollhängematte, also gewöhnten sich meine Eltern daran, gemeinsam darin zu schlafen – ein Novum in diesem Teil der Welt. Sie taten es bereits, bevor die Ehe vollzogen war, und diese Form der Nähe und Intimität war ein wichtiger Schritt hin zu einer körperlichen Beziehung.

Dass man im Regenwald am helllichten Tag Sex hatte, war auch ein Aspekt von Yanomami-Ehen, den mein Vater gewöhnungsbedürftig fand. Roter riet meinem Vater, er solle mit meiner Mutter schwimmen gehen oder zum Fischen oder Sammeln. Dabei kam man dann offenbar zur Sache.

Zu guter Letzt lebten mein Vater und meine Mutter also als Mann und Frau zusammen. Endlich waren sie verheiratet, und zwar in jedem Sinne, doch ihr Alltag unterschied sich erheblich von dem anderer Yanomami-Paare. Die offenkundigste Besonderheit war, dass mein Vater das Dorf immer mal wieder verlassen musste, um an dem Zensusprojekt zu arbeiten. Ein solches Verhalten wich so weit von der Norm ab, dass die Yanomami in ihrer Sprache nicht einmal Worte dafür hatten, um es zu beschreiben. Ein-, zweimal musste mein Vater sogar in die Vereinigten Staaten, um einen Aufsatz abzuliefern oder an seiner Dissertation zu arbeiten. Für meine Mutter gab es im Dorf kein Vorbild für eine derartige „Ehe“, an dem sie sich hätte orientieren können. Mit Ausnahme kurzer Sammel- und Jagdausflüge ins Landesinnere oder flussaufwärts blieben Eheleute zusammen. Daher hatte sie Schwierigkeiten, diese langen Trennungen zu verstehen. Und auch für meinen Vater stellten sie ein Problem dar, denn Yarima galt als Freiwild, bis sie ein Kind zur Welt brachte. Dementsprechend achtete er darauf, seine Reisen möglichst kurz zu gestalten und sich jedes Mal deutlich bemerkbar zu machen, wenn er abreiste und wenn er wiederkehrte – so ähnlich wie ein Tier, das sein Revier markiert.

Bald rückte diese Sorge zumindest teilweise in den Hintergrund, weil Yarima im Frühjahr 1983 schwanger wurde. Doch noch bevor jeder Zweifel ausgeräumt war, musste mein Vater nach Caracas reisen. Nachdem nun ein Baby unterwegs war, überlegte er, wie er es anstellen könnte, auf unbegrenzte Zeit im Dorf zu leben. Er dachte in rein westlichen Kategorien über solche Dinge nach, wie er etwa für seine junge Familie sorgen und eine Zukunft für sie aufbauen sollte. Für die Yanomami hingegen gab es so etwas wie das Aufbauen einer Zukunft nicht. Es gab nur die Gegenwart: Ein Kind bedeutete einfach, dass man weiterlebte wie zuvor, nur mit einem zusätzlichen Esser.

War Yarima schwanger, musste sich mein Vater nicht mehr um ihre Sicherheit sorgen, wenn ihn berufliche Pflichten riefen. Dennoch bedeutete die Schwangerschaft lediglich, dass eine Sorge durch eine ganze Menge anderer Sorgen verdrängt wurde. Die eine ständige Sorge, mit der alle weiteren Schwierigkeiten zusammenhingen, war die Arbeit. Als sich das Zensusprojekt seinem Ende näherte, bekam mein Vater alle möglichen Probleme mit seiner Arbeitserlaubnis – deshalb musste er wieder nach Caracas. Für die Laufzeit des Projekts hatte er eine Sondergenehmigung bekommen, ausgestellt vom Büro des Präsidenten; mit dem Projekt lief aber auch diese Genehmigung aus. Beim Büro für Indianische Angelegenheiten konnte er sich um eine Verlängerung bemühen, doch das war mit großem bürokratischem Aufwand und allerhand unsinnigen Auflagen verbunden. Es konnte Monate dauern, bis der Papierkrieg erledigt war – oder der Antrag schließlich abschlägig beschieden wurde.

Wochenlang saß er in Caracas fest und schlug sich erfolglos mit der Regierungsbürokratie herum.

TRAURIGERWEISE erlitt meine Mutter im sechsten Monat eine Fehlgeburt, so die Vermutung meines Vaters. Es handelte sich wohl eher um eine Totgeburt, da die Schwangerschaft ja schon recht weit fortgeschritten war, das Ergebnis war jedoch das Gleiche: Es gab nun doch kein

Kind. Mein Vater war am Boden zerstört. Die Reaktion meiner Mutter auf den Verlust des Kindes hingegen war typisch für die Yanomami. Sie sagte schlicht: „Wir werden noch ein Baby machen."

Das taten sie schon bald, und dieses Baby war ich. Es passierte ungefähr ein Jahr später, etwa einen Monat nachdem mein Vater vom Büro für Indianische Angelegenheiten Bescheid bekommen hatte, dass er seine Arbeit in der Region für weitere zwölf Monate fortsetzen durfte. Mein Vater trauerte um sein totgeborenes Kind und nahm große Mühen auf sich, um im Territorium bleiben zu können; dazu erhob noch das Büro für Indianische Angelegenheiten skandalöse Beschuldigungen gegen ihn, er habe angeblich die Frau eines Yanomami-Mannes „gestohlen". Soweit mein Vater es ermitteln konnte, gingen die Anschuldigungen auf einen akkulturierten Yanomami zurück, der es darauf anlegte, von Außenstehenden einen „Zoll" zu kassieren, sobald sie das Territorium betreten oder verlassen wollten. Als mein Vater die Zahlung verweigerte, ließ sich der Mann allerhand einfallen, um ihm Knüppel zwischen die Beine zu werfen – und dabei unterstützte ihn ein Beamter des Büros, der ebenfalls mit meinem Vater im Streit lag. Das war nur eine der Methoden, mit der Regierungsbeamte meinem Vater das Leben so schwer machten, dass er letztlich das Land verließ. Bei all diesen Unterstellungen konnte man zwischen den Zeilen den Vorwurf lesen, mein Vater sei ein Eindringling, ein Nabuh, der sich in eine Gemeinschaft dränge, zu der er nicht gehöre.

Unterdessen erhielt meine Mutter einen Personalausweis, den sie nach Ansicht meines Vaters brauchte, um sich ungehindert im Land bewegen zu können. Sie ging mit meinem Vater und ihrem älteren Bruder nach Puerto Ayacucho und anschließend nach Caracas, um eine bürokratische Hürde nach der anderen zu nehmen. Der Kontrast zwischen diesen Metropolen und ihrem einfachen Shabono in der Wildnis am Orinoko konnte gewaltiger kaum ausfallen. Man kann ihn sich gar nicht krass genug vorstellen. Meine Mutter hatte den Regenwald niemals verlassen – für sie war der Regenwald die ganze Welt. Sie hatte schlicht und ergreifend keinen Bezugsrahmen für das, was sie in Puerto Ayacucho sehen und erleben würde: Wolkenkratzer, Fahrstühle, bewaffnete Polizisten (und Polizistinnen!), Verkehr, ein Gewimmel von Menschen …

Beim Anblick all der Menschen auf den belebten Straßen im Zentrum von Caracas sagte sie zu meinem Vater: „Da gibt es so viele von ihnen wie die durch den Wald wandernden Ameisen."

Am schwersten zu begreifen war für meine Mutter und ihren Bruder, dass es so eine Fülle und Vielfalt an Lebensmitteln gab. So viel brauchte man doch überhaupt nicht!

Während ihres kurzen Aufenthalts in Caracas lieh ein Freund meinem Vater ein Motorrad, damit er in der Stadt zu Anwaltsterminen fahren, die Bearbeitung seiner Aufenthaltsgenehmigung vorantreiben und die verschiedenen Vorwürfe gegen ihn ausräumen konnte. Außerdem musste er wegen der diversen Fördermittel, die er beantragt hatte, verschiedene Wissenschaftler und Umweltschützer aufsuchen. Nachdem meine Mutter die Furcht vor dem Motorrad abgelegt und begriffen hatte, wozu es diente (sie dachte erst, es sei ein wildes Tier!), stieg sie hinter meinem Vater auf und klammerte sich an ihm fest. Was für ein merkwürdiges Bild muss das gewesen sein! Und doch war es ein klares Zeichen für die Offenheit und den Mut meiner Mutter, dass sie einen solchen Sprung aus ihrem gewohnten Alltag wagte – und ein beredtes Zeugnis für das Vertrauen, das sie in meinen Vater setzte.

Bei der ersten sich bietenden Gelegenheit kehrten meine Eltern gemeinsam mit meinem Onkel in ihr Dorf zurück. Eine Weile führten sie ihr vorheriges Leben weiter – einfach, naturverbunden, friedlich. Bald wurde eine kleine Fördersumme bewilligt, die es meinem Vater erlaubte, noch einige Monate im Regenwald zu bleiben. Kurz darauf erhielt er eine weitere Genehmigung. Das Leben durfte weitergehen – von Genehmigung zu Genehmigung.

9. September 2011, 8:32 Uhr

Oberer Orinoko, Yanomami-Territorium

Meine Mutter stürzte aus dem Unterholz, als hätte ihr Haar Feuer gefangen. Sie fuchtelte mit den Armen, schrie und rannte hin und her. Es sah schon beinah komisch aus, wie sie so wild umherflatterte, aber so eindringlich und zielgerichtet, wie sie auftrat, war klar, dass wir alle in Gefahr schwebten. Ich sah, dass die anderen nicht lachten.

Bald fand ich heraus, was meine Mutter zu sagen versuchte. Sie zeigte auf die Zweige der hohen Bäume, bedeutete mir, aus dem Weg zu gehen, und rief ein Wort, das sie aus ihrer Zeit in den Vereinigten Staaten zwanzig Jahre zuvor in Erinnerung hatte:

„Twee! Twee!“ – Das sollte „tree“ – Baum – heißen!

Ihre Warnung war natürlich nicht nur für mich bestimmt, aber sie bediente sich einer Sprache, die ich, wie sie hoffte, verstehen würde, selbst wenn in der Übersetzung etwas verloren ging. Ihre Körpersprache tat ihr Übriges, und so schloss ich mich den anderen an, die in dem schmalen Raum zwischen zwei riesigen Findlingen Schutz suchten. Die Felsbrocken waren ungefähr drei Meter hoch. Sie berührten sich oben an den Spitzen und bildeten so einen natürlichen Unterstand, unter dem ich mit meiner Mutter, meinen beiden Ehefrauen, der anderen Frau und ihrem Kind in Deckung ging. Wir hockten dicht an dicht auf engstem Raum – so dicht, dass ich meine Mutter atmen hörte. Ich nahm ihren Geruch wahr, spürte ihre Körperwärme. Sie war keineswegs außer Atem, wie ich es wohl nach einem solchen Sprint durch den Regenwald gewesen wäre. Sie lächelte zufrieden, und als der Himmel seine Schleusen öffnete und es schüttete wie aus Kübeln, berührte sie zärtlich mein Handgelenk.

Eine ganze Weile harrten wir schweigend aus und warteten darauf, dass der Sturm abflaute – ich war schlichtweg verängstigt, was man von den anderen allerdings weniger behaupten konnte. Unser Behelfsunterstand schützte uns nicht wirklich vor dem Regen, der uns von der Seite unerbittlich peitschte, aber vor herabfallenden Ästen und anderen Trümmern waren wir sicher.

Ein solches Unwetter hatte ich noch nie erlebt; mit den Gewittern zu Hause war es jedenfalls nicht zu vergleichen. Es brach schlagartig über uns herein und währte nur ein paar Augenblicke. Einige angstvolle Momente lang verwandelte sich das sonst so stille Wasser des Baches vor uns in reißende Stromschnellen, die dünnen Bäume neigten sich im Wind hin und her wie Scheibenwischer, Äste krachten und stürzten auf den Urwaldboden. Die Angst packte mich, aber ich sah ununterbrochen in die Augen meiner Mutter. Sie berührte nur mein Handgelenk und lächelte. Die ganze Zeit über gab es nichts zu sagen.

Ich nahm meine Umgebung überdeutlich wahr, erstarrte in Ehrfurcht vor der rohen Gewalt des Regenwalds. Die anderen blieben ruhig und gelassen. Ich zog mein Hemd aus und wickelte es um meine Kamera, in dem Glauben, sie so vor dem Regen schützen zu können. Doch als ich nach unten schaute, drehte ich beim Anblick des Getiers, das zu meinen Füßen nur so wimmelte, fast durch.

Ich betrachtete meine Yanomami-„Familie", die mit mir hier Schutz suchte. Die Frauen waren alle oben ohne. Ihre Gesichter waren mit verschiedenen Stammesabzeichen geschmückt, ihre Nasen mit den sogenannten Hii-hi-Stäbchen gepierct. Das Kind war splitternackt.

Trotz der Unterschiede in Kleidung und Verhalten sowie unseres unterschiedlichen Umgangs mit Widrigkeiten sahen wir uns ziemlich ähnlich. Ich starrte in diese Gesichter, die sich alle irgendwie glichen, und hatte den Eindruck, in einen Spiegel zu blicken. Vor allem wenn ich meine Mutter ansah. Es bestand kein Zweifel, dass wir alle zusammengehörten.

Als das Unwetter seinen Höhepunkt erreichte, sah ich meine Mutter an, die gerade in den Wald hineinschaute. Ich überlegte, was ihr wohl durch den Kopf ging – ob ihr überhaupt etwas durch den Kopf ging. Ich nahm ihren Stoizismus wahr, ihre innere Ruhe. Selbst hier draußen im Regenwald beschäftigte ich mich hingegen im Geiste mit banalen Fragen wie meinem Studium oder Rechnungen, die sich zu Hause stapelten. Ich dachte an die Gefahren des Sturms. Und ich spielte ein Dutzend Szenarien durch, die uns womöglich daran hindern würden, in die relative Sicherheit des Shabono zurückzukehren, und ebenso viele Möglichkeiten, wie wir mit etwas Glück in einer Regenpause unseren Weg würden fortsetzen können.

Meine Mutter lächelte versonnen. Ihr Lächeln drückte weder Glück noch Zufriedenheit aus. Ich deutete es so, dass alles richtig und gut war. Sie war furchtlos. Was sie betrachtete, was sie dachte, blieb mir verborgen, aber ich konnte nur denken: Das ist meine Amazonas-Mutter, Yarima. Und mich erfüllte ein großer Stolz, ein überwältigendes Staunen, dass ich aus dieser Gegend, von diesen Menschen abstammte.

Und dann tat ich etwas, was mich selbst am meisten überraschte. Ich sprach – mit niemand Besonderem, vielleicht mit dem Regenwald – und sagte: „Yanomami keya!“ *– Ich bin ein Yanomami!*

Dschungelland

Während der Zeit, die mein Vater im Regenwald verbrachte, verspürte er stets den Sog, der von seinem Leben in den Vereinigten Staaten ausging. Es gab Geldprobleme, berufliche Probleme, Visumprobleme. Anfangs widerstand er dem Sog und suchte nach Möglichkeiten, im Dorf meiner Mutter zu bleiben, doch er mochte nach Yanomami-Ritus mit meiner Mutter „verheiratet“ sein, in den Augen der westlichen Welt gewährte diese Verbindung seiner Ehefrau weder Rechte noch Privilegien. Und auf indigenem Territorium wiederum sicherte die Ehe meinem Vater lediglich einen begrenzten Aufenthaltsstatus.

Anfangs dachte mein Vater, als Eheleute könnten sich meine Mutter und er ein gemeinsames Leben aufbauen und glücklich werden und es würde keine Rolle spielen, ob sie in ihrer Welt lebten oder in seiner, solange sie nur zusammen wären. Als meine Mutter jedoch zum zweiten Mal schwanger war, bekam die Frage des Wohnorts dann doch eine größere Bedeutung. Dad konnte die Vorstellung einfach nicht ertragen, womöglich noch ein Kind zu verlieren, sagte er mir später. Er wollte nicht, dass meine Mutter eine weitere Schwangerschaft ohne medizinische Begleitung durchstand – hier machte sich einfach die westliche

Geisteshaltung meines Vaters bemerkbar. Auch wollte er kein Kind in diese Welt setzen, ohne ein regelmäßiges Einkommen und eine gesicherte Berufslaufbahn vorweisen zu können.

Aus diesen Gründen, und vielen weiteren, überredete mein Vater meine Mutter, ihn in sein Nabuh-Dorf zu begleiten. Und für meine Mutter war es nicht mehr als das. Caraca-teri – so nannte meine Mutter Caracas. Wahrscheinlich dachte sie, Dad lebe einfach in einem anderen Teil des Regenwalds – in einem Teil, den sie nicht kannte und von dem sie noch nichts gehört hatte.

Bei ihrem Besuch in Puerto Ayacucho hatte Mom das Stadtleben schon kennengelernt. Aber das war nur ein schwacher Vorgeschmack dessen gewesen, was noch kommen sollte. Als die Geschichte meiner Eltern einer breiten Öffentlichkeit bekannt wurde, übersahen viele die Tatsache, dass sie zwischen dem Regenwald und den Vereinigten Staaten eine Übergangszeit in Caracas verbrachten. Dad bemühte sich um Fördergelder, aber es boten sich kaum Möglichkeiten, in Venezuela zu bleiben, und nach wie vor gab es Kräfte in der Regierung, die ihm das Leben schwer machten. Für die Vereinigten Staaten entschied sich mein Vater erst im letzten Moment, als ihm gar nichts anderes mehr einfiel. Erst als meine Mutter bereits hochschwanger war, hatte er das Gefühl, keine andere Wahl zu haben, als mit ihr in die USA zurückzukehren.

Trotz allem sah Dad es nur als Übergangslösung. Er würde sich neu organisieren, seine Doktorarbeit fertigschreiben, ein geeignetes Stipendium auftreiben und dann unbefristet in den Regenwald zurückkehren.

So jedenfalls stellte er sich das vor.

In den Vereinigten Staaten bezogen meine Eltern das Esszimmer meiner Großeltern in Pennsylvania. Kurze Zeit später heirateten sie im Gerichtsgebäude von Media, Pennsylvania – dem Verwaltungssitz von Delaware County in der Nähe von Philadelphia.

Mein Vater schildert die Trauung, die am 22. Oktober 1986 stattfand, in seinem Buch, und diese Schilderung spricht Bände. Natürlich musste er alles, was der Richter sagte, übersetzen, damit meine Mutter es verstand, und umgekehrt übersetzte er, was meine Mutter sagte, damit der Richter es verstand. Als der Richter die Frage stellte: „Versprichst du, [deinen Gatten] zu lieben und zu trösten, ihn zu ehren und zu schätzen?“, begnügte sich meine Mutter nicht mit einem Nicken, sondern hatte etwas zu sagen.

„*Pata*“, begann sie und richtete sich mit der respektvollen Yanomami-Anrede für einen „großen Mann“ an den Richter. Dann holte sie zu einer ausführlichen Antwort aus, die mein Vater folgendermaßen übersetzte:

„Sag dem Pata, ich bin deine Frau. Erzähl ihm, dass ich auch noch deine Frau sein werde, wenn du krank wirst. Wenn du unsere Hängematte nicht mehr verlassen kannst, werde ich zum Fluss runtergehen, um dir Wasser zu holen. Ich werde Bananen ernten und sie für dich über dem Feuer rösten. Sag dem Pata, ich werde für dich Obst und Honig sammeln. Ich werde dir Fleisch zubereiten. Ich werde mich um dich kümmern und all diese Dinge tun, auch wenn du alt bist. Selbst dann werde ich deine Frau sein."

Offenbar hatte der Richter Humor, denn er erwiderte: „Ich nehme an, das ist ein Jawort?"

Zu behaupten, meine Großeltern seien von der Braut, die mein Vater wählte, wenig begeistert gewesen, wäre eine glatte Untertreibung. Sie waren vollkommen entsetzt, sprachlos. Vielleicht schämten sie sich sogar ein wenig. Soweit ich weiß, hatte mein Vater ihnen nie die ganze Geschichte seiner Beziehung zu meiner Mutter erzählt, bis sie sich schließlich am Bahnhof von Philadelphia kennenlernten.

Die meiste Zeit hielten sich meine Großeltern jedoch mit Kommentaren zurück und taten, was sie konnten, damit sich meine Mutter in ihrem Heim wohlfühlte. Anderthalb Wochen nach der Trauung – am 2. November 1986 erblickte ich das Licht der Welt.

Schließlich fand meine Großmutter eine Ebene, auf der sie eine Beziehung zu meiner Mutter aufbauen konnte: einkaufen. Ihr gemeinsamer Lieblingsladen war ein Stoffgeschäft, in dem Mom meterweise Stoffe aussuchte, die sie mit nach Hause nahm und zu Kleidung verarbeitete. Im Regenwald bestand ein Modestatement in der Entscheidung, Kleidung zu tragen – egal welche. Aber in Delaware County gab es jede vorstellbare Farbe und Muster aller Art, also brachte Mom von allem etwas mit nach Hause. Meine Großmutter half meiner Mutter auch beim Einkaufen im Supermarkt und beim Kochen.

Wir drei blieben nicht so fürchterlich lang im Haus meiner Großeltern. Dad erhielt eine Menge Anrufe. Er hatte mit der Arbeit an seinem Buch begonnen, folglich telefonierte er häufig mit Agenten, Verlagen und Produzenten, die an seiner Geschichte interessiert waren. Sein Vater regte sich über die Anrufe derart auf, als wären sie der Tropfen, der das Fass zum Überlaufen brachte. Offenbar war es in Ordnung, eine Dschungelfrau mit nach Hause zu bringen, die im Esszimmer auf dem Fußboden schlief und dort ihr Dschungelbaby stillte – aber dass ständig das Telefon klingelte, war einfach nicht tragbar.

Bald zogen wir aus dem Esszimmer meiner Großeltern um in das Wohnzimmer von Joe Simoncelli, einem guten Freund meines Vaters in North Scranton, und schließlich nach Florida, wo mein Vater seine

Doktorarbeit abschloss und an seinem Buch weiterschrieb. Das Geld für die Filmrechte war der erste größere Betrag, den mein Vater in seinem Berufsleben für sich verbuchen konnte. Einen erheblichen Teil davon verwendete er darauf, seine Schulden zu bezahlen und den Lebensunterhalt seiner kleinen Familie zu bestreiten. Ein weiterer nicht unerheblicher Teil diente dazu, das Versprechen einzulösen, das er Mom gegeben hatte – so bald wie möglich in ihr Dorf zurückzukehren.

In Florida machten es sich die Ehefrauen der Kollegen von Dad zur Aufgabe, bei uns vorbeizuschauen und uns alles zu zeigen. Zum ersten Mal hatten meine Eltern so etwas wie einen Freundeskreis, obwohl diese Freundschaften wohl etwas einseitig gewesen sein müssen. Mom verstand ja nur ein paar Brocken Englisch, und die gesellschaftlichen Konventionen konnte sie nicht recht nachvollziehen.

NACHDEM wir unser Leben in den Vereinigten Staaten begonnen hatten, folgten mehrere Heimreisen in Moms Dorf, doch diese eine, von der ich erzählen will, fand ungefähr ein Jahr nach meiner Geburt im November 1987 statt. Mom war im vierten oder fünften Monat mit meiner Schwester Vanessa schwanger. Es war geplant, einige Monate im Regenwald zu verbringen und rechtzeitig wieder zurückzufahren, damit Mom in einem US-amerikanischen Krankenhaus entbinden konnte. Vanessa stellte sich das allerdings anders vor. Sie kam im Februar 1988 zur Welt, also ungefähr zwei Monate zu früh – und zwar auf einem Bananenblatt. Mann, war sie winzig! An Vanessas Geburt erinnere ich mich nicht, aber ich habe Bilder gesehen und Geschichten gehört. Sie war so klein, dass mein Vater fürchtete, sie würde nicht durchkommen. Wäre Vanessa in einem Krankenhaus geboren worden, hätte man sie wahrscheinlich für mehrere Wochen in einem Perinatalzentrum rund um die Uhr beobachtet, doch im Regenwald konnte man einfach nur hoffen, dass sie es schaffte – und glücklicherweise war das der Fall.

Ich denke, Vanessas Geburt war auch für mich ein traumatisches Ereignis, weil mir mit einem Mal die Brust meiner Mutter entzogen wurde. So läuft das im Regenwald – ein Kind wird so lange gestillt, bis das nächste da ist. Da gibt es keine allmähliche Entwöhnung. Keine Vorwarnung. Mein Dad erinnert sich, dass ich weinte und brüllte, um weiter gestillt zu werden, allerdings erfolglos. Mit Vanessas Geburt gab es für mich keinen Tropfen Muttermilch mehr.

Bei dieser Reise lebten wir ungefähr sechs Monate lang in Hasupuwe – lang genug für mich, um ein paar Brocken der Yanomami-Sprache aufzuschnappen. Doch ich war längst nicht alt genug, als dass davon etwas haften geblieben wäre.

MEINE ersten eigenen Erinnerungen? Sie drehen sich alle um das Haus in Rutherford, das wir bezogen, als Dad eine Stelle am Jersey City State College erhielt. Noch heute unterrichtet er dort, allerdings trägt die Institution inzwischen den Namen New Jersey City University. Wenn ich die Augen schließe und mir meine frühe Kindheit vorstelle, sehe ich mich und meine Schwester Vanessa im Erdgeschoss des Zweifamilienhauses, das wir dort gemietet hatten.

Ich erinnere mich, wie Mom uns in Rutherford fürs Bett fertig machte – sie sagte dann: „Geh Zähne putzen." Das sprach sie ganz schnell aus, als wäre es ein einziges Wort – *gehzähneputzen.* Diese Formulierung war nichts weiter als ein etwas vager Sammelbegriff, denn man kann nicht gerade behaupten, dass sie das Konzept „Schlafenszeit" gekannt oder gewusst hätte, was es heißt, ein Kind fürs Bett fertig zu machen. Im Regenwald bringt niemand „ein Kind ins Bett", doch sie lernte allmählich, sich an die westliche Welt anzupassen, und das gehörte halt auch dazu.

Vanessa und ich teilten uns ein Zimmer mit Etagenbett, und manchmal, vor allem wenn Dad nicht da war, machten wir es Mom zur Schlafenszeit alles andere als einfach. Welches Kind geht schon freiwillig ins Bett? Also gingen wir Mom auf die Nerven, und sie griff in ihre stetig wachsende westliche Trickkiste, damit wir schließlich kooperierten. Unter anderem brachte sie uns zur Raison, indem sie uns zu Boden drückte und Pfeffer in den Mund streute. Ich glaube kaum, dass sie Pfeffer aus dem Regenwald kannte, es sei denn, ein Nabuh-Besucher oder ein Missionar hätte zufällig einmal welchen dabeigehabt. In den Vereinigten Staaten jedenfalls benutzte sie ihn eher als Waffe denn als Gewürz. Er war unheimlich scharf und brannte höllisch auf der Zunge! Ich weiß noch, dass ich eines Nachmittags etwas anstellte, worüber Mom sich ärgerte, und wie sie mich dann quer über den Rasen vor dem Haus verfolgte, den Pfefferstreuer hoch über ihrem Kopf schwingend. Ich hatte Angst, als ich vor ihr davonlief, und Mom lief mir lachend barfuß nach, aber als sie mich schließlich eingeholt hatte, war es nicht mehr so lustig.

Bestimmte Dschungelbräuche legte sie nie ab und gab sie auch an uns Kinder weiter – zum Beispiel ihre Methode, Bananen mit den Zähnen zu schälen. Sie biss an einem Ende in die Banane, als würde sie einen Maiskolben abknabbern, und arbeitete sich dann seitlich voran. Das machte sie mehrmals, bis sich die Schale lockerte und abnehmen ließ.

Ich erinnere mich auch, wie ich mit Mom und Vanessa im Schnee herumtobte, und im Rückblick denke ich, dass es für sie hart gewesen sein muss, sich an den Winter zu gewöhnen. Doch irgendwie gelang es ihr, und es dauerte nicht lang, bis sie mit Stiefeln und Skianorak in

Entspannt auf dem Sofa in unserem Zuhause in Rutherford, New Jersey. Von links nach rechts: Mom, ich, Vanessa und Dad

Mom übt das Abc. Das Englischlernen war frustrierend für sie, besonders ab dem Punkt, an dem wir Kinder es besser konnten als sie.

Meine Mutter mit meinem kleinen Bruder Daniel auf dem Schoß. Links ist Vanessa zu sehen, der rechts bin ich.

unserem Viertel umherstapfte und sich im Schnee wälzte wie ein Kind am Weihnachtsmorgen. Sie fand den Schnee toll, so ganz anders als alles, was sie je erlebt hatte.

Und ich erinnere mich auch daran, wie wir die Hauptstraße zu „Dunkin' Donuts" hinuntergingen, was beinah zum täglichen Ritual wurde. Als Danny im Mai 1991 zur Welt kam, war ich viereinhalb und half Mom, meinen kleinen Bruder im Kinderwagen zu schieben. Dad gab Mom jeden Tag zwanzig Dollar, damit sie uns etwas zu essen, und was wir auf unseren Ausflügen sonst noch brauchten, kaufen konnte. Aber Mom hatte überhaupt keinen Bezug zu Geld. Für sie war es nichts weiter als ein Stück Papier, für das man etwas eintauschen konnte.

Auf unserer täglichen Route lag auch ein Burger King, bei dem wir ebenfalls häufig haltmachten. Mom liebte die Burger-King-Pommes – und wegen ihnen, den Donuts und all den anderen industriell verarbeiteten Lebensmitteln nahm sie stark zu. Wenn man sich unsere Familienfotos aus der damaligen Zeit ansieht, wird überdeutlich, wie sehr sich Mom in New Jersey veränderte.

Die Mutter, die ich aus der ersten Zeit in Rutherford in Erinnerung habe, lächelt glücklich und bestaunt die Wunder der Welt mit großen Augen. Äußerlich unterschied sie sich kaum von den anderen Müttern in der Nachbarschaft. Sie ließ sich sogar beim Friseur eine Dauerwelle legen, wie es damals Mode war. Doch hinter der äußeren Erscheinung verbarg sich der ruhelose Geist eines neugierigen Kindes. Stundenlang saß sie mit uns vor dem Fernseher. Außerdem fuhr sie unheimlich gern Karussell. Und wenn Dad nicht zu Hause war, drehten wir Gloria Estefan oder Michael Jackson richtig laut auf, und dann sprang sie zu der Musik mit uns auf dem Ehebett herum.

Dad war ziemlich oft nicht zu Hause – damals arbeitete er sehr viel, wie jeder junge Professor. Er stand in der Hierarchie der Fakultät noch ganz unten, das hieß, sein Unterrichtspensum war hoch und seine Bürozeiten lang. Und wenn er nicht gerade lehrte, Seminararbeiten korrigierte oder Besprechungen mit Studenten hatte, versuchte er, seine Forschungsarbeit voranzutreiben.

Mom war die Vorstellung, dass man zur Arbeit ging und dort den Großteil des Tages verbrachte, völlig fremd. Dad erklärte ihr, wenn er ans College gehe, um zu unterrichten, unterscheide sich das nicht so sehr davon, wie wenn sich ein Yanomami-Mann zur Jagd in den Regenwald begebe. Er müsse arbeiten, um Geld zu verdienen, damit sie sich etwas zu essen und andere Dinge kaufen könnten. Das sei die westliche Art zu jagen und zu sammeln. Natürlich war es nicht das Gleiche, aber auch die Analogie wollte Mom nicht einleuchten.

Im Lauf der Zeit – so erfuhren wir später – fühlte sich Mom ziemlich isoliert und einsam. Außer uns Kindern hatte sie niemanden zum Reden. Mein Vater holte zwar jemanden ins Haus, der mit Mom Englisch übte, aber sie war keine besonders eifrige Schülerin. Sie kam mit ein paar Worten und Redewendungen über die Runden, und wir Kinder konnten bald ganz gut Yanomami, doch allmählich sehnte sie sich nach dem aktiven Leben zurück, das sie im Regenwald geführt hatte.

Rückblickend denke ich, dass Mom einfach keinen Grund sah, ihr Englisch zu verbessern. Sie war von vornherein davon ausgegangen, dass sie nur kurze Zeit in den Vereinigten Staaten verbringen würde.

Als das Buch meines Vaters erschien, gab er sehr viele Interviews. Anfangs sprach mein Vater nur dann in der Öffentlichkeit über seine Situation, wenn er um ein Interview oder einen Vortrag gebeten wurde. Das änderte sich, als sein Buch herauskam. Von da an bemühte er sich aktiv um Auftritte. Er wollte sein Buch verkaufen. Häufig trat meine Mutter nun mit ihm vor die Kamera. Hin und wieder fragte ein Reporter Mom, wie es ihr in New Jersey gefalle, woraufhin sie höflich lächelte, wie um anzudeuten, es gefalle ihr sehr gut, doch gleichzeitig schüttelte sie verneinend den Kopf. Manchmal antwortete sie auf Englisch: „Nein", sagte sie dann – was so viel hieß wie: Ich lebe nicht gern in New Jersey. In solchen Fällen ergriff mein Vater schnell das Wort und erklärte einige der Schwierigkeiten, vor denen Mom stand, erinnerte noch einmal an die mühsame Eingewöhnungszeit, um schließlich zu dem Schluss zu kommen, dies sei kein unkompliziertes Abenteuer, aber alles entwickle sich zum Guten.

Ich glaube nicht, dass Mom etwas dagegen hatte, mit Dad Interviews zu geben – aber gleichzeitig vermute ich, dass sie gar nicht wirklich verstand, worum es dabei ging. Sie wollte einfach mit dabei sein.

ICH HALTE ES durchaus für möglich, dass meine Eltern zusammengeblieben wären, wenn es nicht diese Dokumentation für die National Geographic Society mit dem Titel „Yanomami Homecoming" (Heimkehr zu den Yanomami) gegeben hätte. Nichts gegen National Geographic – die Spannungen und Schwierigkeiten, die damals aufkamen, hätten bei den Dreharbeiten für jede andere Produktionsgesellschaft ganz genauso entstehen können.

Die Produzenten von National Geographic redeten meinem Vater ein, es sei eine gute Idee, wenn die ganze Familie sich in den Regenwald aufmache, damit Filmmaterial für eine geplante Dokumentation über meine Familie und das Leben in unserem Regenwalddorf gedreht werden könne. Der Film, der damals entstand, stellte einen bedeutenden

Einschnitt in unser Familienleben dar. Er erzählte die Geschichte der einzigartigen Beziehung meiner Eltern und zeigte der Welt, wie es war, wenn sich in einer Familie zwei völlig verschiedene Kulturen miteinander vermischten.

„Yanomami Homecoming“ erhielt hervorragende Kritiken, obwohl einige Szenen falsch interpretiert oder aus dem Zusammenhang gerissen wurden. Die Dokumentation löste darüber hinaus kontroverse Diskussionen über meinen Vater aus – zumindest unter seinen Fachkollegen, von denen viele dachten, mein Vater habe meine Mutter nur geheiratet, um seine Karriere irgendwie voranzubringen. Damit lagen sie falsch. Wenn überhaupt, hatte die Ehe mit meiner Mutter meinem Vater berufliche Nachteile gebracht. Sie hatte seinem Ansehen in akademischen Kreisen geschadet und es ihm erschwert, in den einschlägigen Fachzeitschriften zu veröffentlichen. Das war ihm aber gleichgültig. Wichtig war ihm meine Mutter – ihr dabei zu helfen, sich an das Leben in New Jersey zu gewöhnen, ihr etwas beizubringen, ihr beim Aufziehen von drei Kindern zu helfen.

Dennoch stellten die Dreharbeiten für den Dokumentarfilm, jedenfalls in der Erinnerung meines Vaters, einen Wendepunkt dar. Der Film entstand fast vier Jahre nach unserer letzten Reise in den Regenwald, bei der Vanessa zur Welt gekommen war. Die ganze Familie flog also nach Venezuela, um an dem Film mitzuwirken. Die Vorbereitungen dafür liefen zwar bereits seit Monaten, doch für Mom und uns Kinder kam trotzdem alles ganz plötzlich. Mein Vater besprach die Reise natürlich mit uns, doch von der logistischen Planung, die zweifellos viel Zeit in Anspruch genommen haben muss, bekamen wir nichts mit. Zu Mom sagte er, sie würde nach Hause fahren. Und uns Kindern erklärte er einfach, wir würden zu einem großen Abenteuer in den Regenwald aufbrechen, um Moms Familie zu besuchen.

WIR HIELTEN UNS nur fünf Tage in Moms Dorf auf, und doch gelang es dem Team von National Geographic, unser Leben im Regenwald auf fesselnde Weise einzufangen und den Eindruck zu erwecken, als hätten sie uns über Wochen oder gar Monate begleitet. Es wurden unter anderem Aufnahmen von Vanessa und mir gemacht, wie wir mit anderen Yanomami-Kindern im schlammigen Wasser des Bachs spielten – und bis heute fühle ich mich, wenn ich diese Bilder sehe, in diese Schnappschuss-Idylle zurückversetzt, in der ich völlig sorglos herumplanschte, als würde ich dazugehören. Die Dorfkinder unterschieden sich kaum von den Kindern in meiner Vorschulklasse daheim, jedenfalls in den Augen eines Kindes, außer dass sie weitgehend nackt waren und ich vieles von dem, was sie sagten, nicht verstand. Wir spielten Ball und Fangen im Schlamm und im Regen, rauften, hielten Händchen, lachten, fanden also einen Weg, gleich zu sein anstatt verschieden. In der Dokumentation sieht man, wie meine Mutter Feuerholz sammelt, mein Vater bei Reparaturen am Shabono hilft oder mit einem der Dorfältesten ins Gespräch vertieft ist. Man sieht uns um das Gemeinschaftsfeuer versammelt, lachend, spielend, essend. In der Zusammenstellung wirkt das alles wie eine dieser Montagesequenzen in Spielfilmen, in denen verschiedene Szenen aneinandergereiht werden, um zu zeigen, wie quasi im Normalbetrieb die Zeit verstreicht.

Und dann, als die Kameras alles eingefangen hatten, was an Bildmaterial benötigt wurde, hieß es plötzlich wieder Abschied nehmen. Meine Mutter rechnete nicht ansatzweise damit, wieder abreisen zu müssen. Wir waren doch gerade erst angekommen.

Es war keineswegs so, dass mein Vater unseren Reiseplan vor meiner Mutter geheim gehalten hätte, es gab nur einfach keinen geeigneten Weg, ihn ihr begreiflich zu machen. Zudem sah er schlichtweg keine Alternative: Sein Arbeitgeber gewährte ihm nur einen kurzen Urlaub. Sein Stundenplan an der Uni sowie die Termine der Produzenten ließen nur dieses kleine Zeitfenster für den 5-Tage-Dreh im Regenwald zu. Außerdem besuchte ich bereits die Vorschule, und mein Vater meinte, ich könne nur relativ kurze Zeit dem Unterricht fernbleiben.

Als Mom klar wurde, dass wir so schnell nach unserer Ankunft wieder unsere Sachen packen und ihr Dorf verlassen würden, erwachte ihr Zorn. Dass Mom sauer oder beleidigt war, hatte ich noch nie erlebt, geschweige denn, dass sie vor Wut kochte. Vermutlich konnte ich diese Emotion gar nicht richtig einordnen. Doch selbst als kleines Kind begriff ich damals, dass sie entsetzt war, völlig außer sich, und ich konnte sehen, wie tieftraurig und unglücklich sie sich fühlte.

Es gibt noch einen weiteren Grund, weshalb mein Vater dieses Erlebnis als Wendepunkt betrachtet, denn während der fünf idyllischen Tage im Regenwald wurde unser Familienleben mit einem Gift infiziert, das ein einheimischer Dolmetscher versprühte, der zum National-Geographic-Team gehörte. Ich werde seinen echten Namen an dieser Stelle nicht nennen, weil der Mann im Territorium bekannt ist und ich nicht möchte, dass meine Familie irgendwelche Schwierigkeiten bekommt. Also nennen wir ihn Armando und halten fest, dass er ein Problem darstellte.

Wie Armando es im Einzelnen geschafft hat, in dieser kurzen Zeit, die er während der Dreharbeiten mit uns verbrachte, unsere Familiendynamik zu stören, lässt sich schwer sagen. Jedenfalls fand er ganz offensichtlich einen Draht zu meiner Mutter. Heute glaube ich, dass er sich damals die plötzlich aufflammende Wut meiner Mutter zunutze machte und ihr alle möglichen Ideen einflüsterte. So redete er ihr unter anderem ein, sie würde von meinem Vater in den Vereinigten Staaten schlecht behandelt und irgendwie ausgenutzt.

Armando war kein Yanomami, er gehörte zu einem anderen Stamm im Territorium, den Ye'kwana, dennoch stellten die Produzenten ihn zur Unterstützung vor Ort an. Er sollte dazu beitragen, dass die Filmarbeiten reibungslos über die Bühne gingen, sowie beim Transport und Dolmetschen helfen. Armando kannte das Territorium, zudem arbeitete er als Fremdenführer und sprach Spanisch, das machte ihn für das National-Geographic-Team zu einem wertvollen Mitarbeiter, der allem Anschein nach seine Aufgaben zufriedenstellend erledigte. Trotzdem war er meinem Vater suspekt, irgendwie hatte er etwas Hinterhältiges an sich. Mein Vater nahm uns daher öfter beiseite und sagte: „Haltet euch von Armando fern."

Inzwischen habe ich mir zusammengereimt, dass Armando in dem Kontakt zu meiner Mutter wohl eine Chance sah, selbst ein wenig ins Rampenlicht zu rücken, schließlich war sie im Territorium keine Unbekannte. So läuft es im akkulturierten Regenwald, wie ich später herausfand. Ureinwohner, die über ein bisschen Bildung verfügen, die mit der modernen, entwickelten Welt, wenn auch nur ein ganz klein wenig, in Kontakt gekommen sind, neigen anschließend oft dazu, die eigenen Leute als Erste auszunutzen. Jeder sieht die Dinge aus seinem Blickwinkel, doch welche Perspektive Armando hatte, war damals noch nicht klar. Ich halte es durchaus für möglich, dass Mom über unseren überstürzten Aufbruch auch deshalb so sichtlich empört war, weil Armando ihr eingeflüstert hatte, sie könne sich ja auch von meinem Vater trennen und einfach im Dorf bleiben.

Wir verabschiedeten uns von Armando, als wir das Territorium verließen, um nach Caracas zu fahren. Wir Kinder hatten den Eindruck, dass Mom traurig war – und zwar die ganze Zeit. Sie lachte nicht mehr, dabei hatte sie doch früher ständig gelacht. Sie lächelte nicht mal mehr. Sie kümmerte sich zwar um uns, half beim Packen und stillte den kleinen Danny, doch in Gedanken war sie völlig woanders. Und im Herzen erst recht. Als wäre sie innerlich zerbrochen.

In Caracas verbrachten wir noch einige Tage bei Freunden meines Vaters. Jahre später gestand mir Dad, dass er einfach nicht gewusst hatte, wie er Mom begreiflich machen sollte, dass die Familie in sein Nabuh-Dorf zurückkehren musste. Es sei nicht die Sprachbarriere gewesen, meinte er, sondern vielmehr eine kulturelle Barriere – von der Art, die sich nicht immer überwinden lässt.

Seine Freunde machten ihm einen Vorschlag, wie er damit umgehen könnte. Heute kann ich kaum glauben, dass er sich darauf eingelassen hat. Jedenfalls meinte jemand, meine Mutter müsse einfach noch eine Weile im Regenwald bleiben. Dads Freunde betonten, Mom sei vier lange, verstörende Jahre von ihrer Familie getrennt gewesen. In ihrer Familie hatte es während unserer Abwesenheit viele Geburten und Todesfälle gegeben, und auch sonst hatte sich einiges getan. Dieser Kurzbesuch konnte Mom ja gar nicht genügt haben, um sich an die neue Wirklichkeit in ihrem Dorf zu gewöhnen. Natürlich sah Dad das genauso. Er liebte meine Mutter, und es war ihm zuwider, dass sie durch das Leben, das sie in den Vereinigten Staaten führen musste, in einen Konflikt geriet. Weil Danny noch gestillt wurde, beschloss man also, er solle mit meiner Mutter in ihr Dorf zurückkehren.

Während diese Pläne Gestalt annahmen, erzählten die Freunde meinem Vater von einer deutschen Familie in Caracas, die sie kannten. Die Familie habe drei kleine Mädchen, ungefähr in Vanessas Alter. Die Familie kenne die Geschichte meiner Eltern und sei bereit, Vanessa vorübergehend bei sich aufzunehmen. So wäre Dad in der Lage, mit mir nach New Jersey zurückzufliegen, wo er bis zum Ende des Semesters seiner Arbeit nachgehen und ich die Vorschule besuchen könnte.

Immerhin bot sich auf diese Weise eine Möglichkeit, Mom zu geben, was sie brauchte. Für Dad handelte es sich dabei um eine vorübergehende Regelung. Am Ende des Semesters würden Dad und ich nach Caracas fliegen, Vanessa abholen und anschließend dorthin gehen, wo auch immer die Hasupuwe-teri dann leben mochten. Dort würden wir die Weihnachtsferien mit Mom und Danny verbringen. Bis dahin wäre Mom wieder auf der Höhe, und die ganze Familie könnte gemeinsam nach New Jersey zurückkehren. Und dann endlich wäre in unserer kleinen Welt wieder alles in Ordnung. Jedenfalls war das der Plan.

DOCH SO LIEF ES NICHT, und genau hier kam Armando wieder ins Spiel. Obwohl mein Vater tiefes Misstrauen gegen ihn hegte, engagierte er Armando als Begleiter, der meine Mutter zurück ins Territorium bringen sollte. Sie brauchte einen Führer für ihre Reise zurück ins Yanomami-Gebiet, und Armando mit der Aufgabe zu betrauen war naheliegend. Vielleicht wollte er Mom auch in der Obhut eines Menschen lassen, den sie kannte, selbst wenn er, Dad, ihm nicht traute – das klassische Dilemma zwischen einem bekannten und einem unbekannten Übel. Weder standen ihm besonders viele Optionen offen, noch hatte Dad viel Zeit, die Heimreise meiner Mutter zu organisieren.

An den Rückflug mit meinem Vater in die Vereinigten Staaten erinnere ich mich genauso wenig wie an das Leben ohne meinen Bruder, meine Schwester und meine Mutter. Ich weiß nur noch, dass Dad sich in die Arbeit stürzte, als wir wieder zu Hause waren, und dass der Alltag weiterging wie vorher, nur dass riesige Lücken in unserem Leben klafften.

Vanessa gewöhnte sich unterdessen nur schwer ein. Bis heute ist ihr diese Zeit als traumatisierend in Erinnerung geblieben, wobei es mir nie gelungen ist, ihr Einzelheiten zu entlocken. Allerdings glaube ich, das Hauptproblem war, dass diese Menschen ihr die eigene Familie natürlich nicht ersetzen konnten, und wenn sie noch so warmherzig und freundlich gewesen wären.

Nachdem die Geschichte meiner Eltern zunehmend bekannt geworden war, sahen es einige venezolanische Regierungsbeamte mit Sorge, dass Vanessa in der Obhut dieser Familie zurückgelassen worden war. Die Gastfamilie erhielt Anrufe von Bürokraten, die in bedrohlichem Ton nach dem Kind von Yarima und Kenneth Good fragten. Daher glaubte die Familie, sie müsse Vanessa vor den Augen der Öffentlichkeit verstecken, was vermutlich zu Vanessas Gefühl der Isolation beitrug. Nach einigen Wochen rief Vanessas Gastvater schließlich meinen Dad an und sagte: „Das funktioniert nicht. Sie müssen kommen und Ihre Tochter holen. Ich kann nicht länger für ihre Sicherheit garantieren."

Der verzweifelte Anruf kam an einem Wochenende. Damals musste mein Vater montags, dienstags und donnerstags unterrichten, also brachte er seine Veranstaltungen an den beiden kommenden Tagen hinter sich, stieg Dienstagabend in einen Flieger nach Caracas und kehrte rechtzeitig nach New Jersey zurück, um sein Seminar am Donnerstag zu halten. Der straffe Zeitplan erlaubte es ihm nicht, auch noch im Regenwald nach Mom und Danny zu sehen.

Im Rückblick sind diese Entscheidungen meines Vaters teilweise nur schwer verständlich, aber er traf sie unter großem Zeitdruck und in dem verzweifelten Versuch, doch noch alles zum Guten zu wenden.

An die folgende Zeit kann ich mich gut erinnern – wenigstens aus der eingeschränkten Sicht eines Kindes. Ich weiß noch, wie Vanessa zurückkam und ich das Gefühl hatte, dass immerhin ein fehlender Teil unserer Familie wieder da war. Bei unserem Wiedersehen flossen keine Tränen (das war in unserer Familie nicht üblich). Aber nach Vanessas Rückkehr herrschte in unserer kleinen Familie eine etwas unbeschwertere Stimmung. Ich erinnere mich, wie es war, wieder eine Spielkameradin zu haben. Ich weiß noch, wie Weihnachten näher rückte und Dad plante, uns bei unserem Onkel zu lassen, während er nach Venezuela flog. Für mich hörte sich das völlig normal an.

Dad packte eine Menge Geschenke ein – für die Dorfbewohner und für Danny. Unsere Festtage sind für die Yanomami naturgemäß völlig bedeutungslos, aber mein Vater war vorweihnachtlich gestimmt und sah der Wiedervereinigung seiner Familie freudig erregt entgegen, also kaufte er den üblichen Vorrat an Töpfen und Pfannen, Macheten und anderen Handelsgütern und steckte sie in einen großen Sack, als wäre er ein Weihnachtsmann. Auch für Mom und Danny hatte er Geschenke im Gepäck, und die wickelte er sogar in Geschenkpapier ein. Mom kannte Weihnachten aus ihrer Zeit in New Jersey, und sie mochte es – die Lichter, das Spektakel, die gute Atmosphäre, die damit verbunden war.

Aber als er mit all diesen Dingen bepackt im Regenwald eintraf, wurde er nicht gerade mit offenen Armen empfangen. Jahre später erzählte er mir die Geschichte und versuchte, ihr eine lustige Note zu geben, dabei war sie eigentlich traurig. Er stieg also aus dem Boot und kam nach einer absurd langen Anreise in Hasupuwe an. Dort stieß er auf eine Gruppe spielender Kinder. Sie sahen meinen Vater, diesen riesigen Nabuh, beladen mit großen Plastiksäcken. Er muss furchterregend ausgesehen haben.

Unter den Kindern, die voller Angst vor ihm davonrannten, war ein nackter kleiner Junge, den Dad sofort als Danny erkannte. Dad hatte ihn seit Monaten nicht gesehen, und das in einem Alter, in dem Kleinkinder große körperliche Veränderungen durchmachen, aber Danny war nicht zu verkennen. Seine Haut war deutlich heller als die der anderen Kinder, aber er schrie aus Leibeskräften und nahm Reißaus, weil ihn der Anblick des eigenen Vaters wahnsinnig erschreckte.

Für meinen Vater muss das ein vernichtender Moment gewesen sein – da war er von so weit weg angereist, um seine Familie wieder zusammenzuführen, und dann erschrak sein eigener Sohn vor ihm. Doch als Dad davon erzählte, versuchte er, es mit einem Lachen abzutun.

Noch eine weitere niederschmetternde Erfahrung erwartete meinen Vater bei seinem Besuch: Armando war immer noch da. Oder, falls er nicht die ganze Zeit da gewesen war, so trieb er sich jedenfalls jetzt wieder hier herum, und das beunruhigte meinen Vater. Es erwachten nicht nur seine Zweifel wieder im Hinblick auf Armandos Pläne, sondern auch der Verdacht, es handle sich bei der Beziehung zwischen den beiden um die Regenwaldversion einer „Affäre“. Als Mom und Dad sich dieses Mal im Shabono umkreisten und schließlich begrüßten, war die Stimmung also entsprechend frostig.

Dann erschien auch schon bald der kleine Danny auf der Bildfläche. Als er ins Shabono kam, beäugte er meinen Vater zunächst vorsichtig, dann sprang er ihm in die Arme. Die Spannungen zwischen meinen Eltern ließen sich leider nicht so leicht auflösen.

Als mein Vater nach Hasupuwe kam, glaubten die Dorfbewohner, Yarima werde mit ihm in sein fernes Nabuh-Dorf zurückkehren. Wenn Armando sich mit Yarima und meinem Vater im Gemeinschaftsbereich aufhielt, appellierte auch er an sie, zurückzugehen und sich um ihre Kinder zu kümmern. Ob er dabei doppelzüngig oder intrigant war, ließ sich zur damaligen Zeit nicht so recht beurteilen. Wer wusste schon, wie er unter vier Augen mit meiner Mutter sprach; öffentlich ermunterte er Yarima jedenfalls, meinem Vater in sein Heimatdorf zu folgen.

Doch solange sich Dad in Hasupuwe aufhielt, wollte das Unbehagen zwischen meinen Eltern nicht weichen. Er hatte eigentlich nur ein paar Tage im Territorium bleiben wollen, gerade genug Zeit, um alles, was Mom und Danny gehörte, einzusammeln und sonstige Reisevorbereitungen zu treffen. Selbst unter den besten Bedingungen, wenn meine Eltern „sich verstanden" hätten, wäre es schwierig gewesen, weil auch Dad jedes Mal, wenn er das Dorf verließ, der Abschiedsschmerz packte. Aber diesmal fiel es ihm noch sehr viel schwerer zu gehen als sonst. Obwohl der Stamm ja inzwischen mehrmals erlebt hatte, dass Mom lange weg war, konnte Dad den Dorfältesten nicht recht erklären, wie viel Zeit bis zu ihrem nächsten Besuch vergehen würde.

Die Yanomami verstanden, was es heißt, sich zu begegnen, und sie wussten, was Abschied bedeutet. Der Zeitraum dazwischen hatte jedoch keine Bedeutung für sie. Mom aber wusste sehr wohl, was eine Trennung bedeutete, und ihr Herz war schwer. Sie half beim Packen, sie kümmerte sich um den kleinen Danny, aber mein Vater hatte das Gefühl, dass sie es ungern tat. Die düstere Stimmung war nicht verflogen – und wenn doch, so ergriff sie jetzt wieder Besitz von ihr. Dad hatte volles Verständnis dafür, wie er später erklärte, doch er glaubte, Moms Laune würde sich bessern, wenn sie ihre Kinder in den Vereinigten Staaten wiedersähe. An diesen Glauben klammerte er sich verzweifelt, so meinte er später, weil sie die Frau war, die er liebte, und sie sich gemeinsam dieses Leben aufgebaut und diese Familie gegründet hatten.

Sie brachen also auf und gelangten bald nach Platanal. Zu allem Überfluss heftete sich Armando an ihre Fersen. Dad begriff nicht, warum Armando sie verfolgte.

Schließlich landete ein Flugzeug auf der kleinen Piste von Platanal, um Mom, Dad und Danny nach Esmeralda zu bringen – einer kleinen Siedlung am Ufer des Orinoko und Treffpunkt für Militärpersonal, Ärzte, Missionare sowie Mitarbeiter von Hilfsorganisationen in der Region. Die Ankunft eines Flugzeugs sorgt im Regenwald immer für große Aufregung. Sobald der Motor zu hören ist, versammeln sich die Yanomami an der Landebahn; und wenn das Flugzeug über die Piste rollt, laufen Dutzende

Dorfbewohner nebenher. Immer herrscht reges Treiben, Kinder rennen herum, und so war es auch an diesem Tag. Dad kümmerte sich um die diversen Gepäckstücke. Unterdessen bewegte sich Mom langsam auf das Flugzeug zu. Ihre Schritte waren so klein und zögerlich, dass jedem, der sie dabei gesehen hätte, sofort sonnenklar gewesen wäre, dass sie nicht wirklich fort wollte. Mein Vater erinnert sich, dass es heiß war und überall hektische Betriebsamkeit herrschte. Mom und Danny waren auf dem kurzen Weg von dem Unterstand, wo sie neben der Piste gewartet hatten, vor ihm hergegangen. Er hatte ein-, zweimal umkehren müssen, um die restlichen Gepäckstücke zu holen, und die beiden dabei aus den Augen verloren.

Als er beim Flugzeug anlange, traute er seinen Augen nicht. Da saß Danny ganz allein auf der grasbewachsenen Landepiste und brüllte aus Leibeskräften. Er reckte dabei seine kleinen Händchen in die Luft, als würde er nach etwas greifen. Mom war nirgends zu sehen.

Dad schaute erst nach rechts und links, dann guckte er sich rundherum um, doch von meiner Mutter keine Spur. Der arme Danny war in heller Panik, und Dad verstand einfach nicht, was gerade passiert war, was es zu bedeuten hatte und was er nun machen sollte.

Doch bald begriff er, dass meine Mutter ihr Heil in der Flucht gesucht hatte. Sie wusste, dass er Danny auf der Landebahn finden und ihn nach Hause in unser Dorf in New Jersey bringen würde. Jetzt musste mein Vater entscheiden, ob er meine Mutter suchen sollte oder nicht. Noch komplizierter (oder wenigstens verwirrender) wurde die Lage durch Armandos Anwesenheit, der vorgab, meinen Vater trösten zu wollen, ihm sogar riet, meiner Mutter nachzulaufen und sie zurückzuholen. Der Mann machte ihm etwas vor, was mein Vater aber nicht durchschaute.

Mein armer Dad hatte nicht besonders viele Optionen – und es blieb ihm auch kaum Zeit, sie in Gedanken durchzuspielen. Er hatte das Gefühl, das ganze Dorf sei gegen ihn. Das Flugzeug sollte gleich wieder starten. Er hatte zwei kleine Kinder, die auf seine Rückkehr warteten, eine Arbeit, der er nachgehen musste, und vor Ort eine Regierung, die ihm seit Jahren die Hölle heiß machte. Er fürchtete, es könnte bekannt werden, dass Yarima ihn verlassen hatte, und dass die Regierung Mittel und Wege finden würde, das gegen ihn zu verwenden.

Was tat er also? Er nahm den kleinen Danny und ging an Bord. Wenn diese „Trennung" über den Urwald hinaus in der großen Stadt bekannt wurde, erwartete ihn Ärger in Caracas, so viel war ihm klar. Möglicherweise käme irgendein Bürokrat auf die Idee, Dad würde Danny entführen, das Kind mit Gewalt seiner Mutter entreißen, und dann würde man Dad inhaftieren, ins Gefängnis werfen oder Schlimmeres. Niemand konnte vorhersagen, wie die Behörden reagieren würden. Dads neuer Verzweiflungsplan sah also vor, auf schnellstem Weg nach Esmeralda zu fliegen, dort mit seinen Freunden in der Missionsstation zu sprechen, damit sie sich ein genaues Bild von der Situation machen konnten, und dann den nächsten Flug nach Caracas zu nehmen. In Esmeralda wandte er sich direkt an seine dortigen Freunde, ehe Gerüchte und Lügen an ihr Ohr drangen.

Der Zwischenstopp stellte Dads Nerven ohnehin schon auf eine Belastungsprobe, aber dann litt Danny auch noch unter Würmern. Er hatte fürchterlichen Durchfall, und es bestand die Gefahr, dass er zu viel Flüssigkeit verlor, was vor allem auf dem langen Heimflug von Caracas nach New York ein Problem geworden wäre. Die kurze Strecke von Esmeralda nach Caracas würde er allerdings schaffen, meinte Dad, also sprach er in Windeseile mit den maßgeblichen Leuten und reiste dann sofort weiter. In Caracas zog er sich mit Danny in ein Hotelzimmer zurück und hoffte inständig, der Durchfall würde sich legen, ehe am nächsten Morgen ihr Flug ging.

In dem Punkt hatten sie zwar Glück – doch kurz nach der Landung in den Vereinigten Staaten erlitt Dad eine schwere Nierenkolik. Auf der Fahrt zu meinem Onkel, wo er mich und Vanessa abholen wollte, wurden die Schmerzen so schlimm, dass er sich in die Notaufnahme eines Krankenhauses begab. Er schaffte es gerade noch, mit Danny auf dem Arm in die Notaufnahme zu stolpern, dann brach er zusammen.

Dad verbrachte nur eine Nacht im Krankenhaus, aber als er endlich bei meinem Onkel eintraf, blieb er uns eine Erklärung schuldig, was genau mit Mom passiert war. Wie erklärt man den eigenen Kindern, dass ihre Mutter nicht zu ihnen zurückkommt? Wie sagt man ihnen, dass die Liebe zu ihren Kindern nicht groß genug war, um den Schmerz der Trennung von ihrer Familie, ihrem Dorf, ihrer Lebensweise aufzuwiegen? Wie spricht man darüber, dass man an gebrochenem Herzen leidet, weil die Frau, die man liebt, die Frau, mit der man sich ein Leben aufgebaut hat, nicht mehr nach Hause kommen will? Und – lassen wir uns Kinder mal beiseite – wie gesteht man sich selbst all das ein?

Dafür gibt es keine Worte – weder auf Englisch noch auf Yanomami. Also sagte Dad einfach, Mom sei noch im Regenwald, und es sei geplant, dass sie noch eine Weile dort bleiben würde. Das war alles. Damals leuchtete mir das ein. Bedachte man die seltsamen Konstellationen und Trennungen der vergangenen Monate, passte diese Information ins Bild. Und keiner von uns – Dad eingeschlossen – wäre auf die Idee gekommen, „noch eine Weile“ könnte bedeuten, dass wir Mom nie wiedersehen würden.

IM NÄCHSTEN KAPITEL in Moms wie auch in unserem Leben als Familie ist einiges für mich etwas unklar, und ich fürchte, vieles wird ungeklärt bleiben. Soviel ich aus Interviews und Gesprächen mit Freunden weiß, besuchte Armando das Dorf immer wieder, und es gelang ihm, großen Einfluss auf meine Mutter auszuüben. Fest steht, dass er ihr weismachte, ihre Kinder seien in Caracas, und er könne sie zu ihnen bringen. Sie ging zwar freiwillig mit ihm, doch dort war sie dann von ihm abhängig. Armando brachte sie in einem Zimmer unter, in dem sie vergewaltigt und misshandelt wurde. Und für den Fall, dass sie während seiner Abwesenheit fortging, drohte er ihr Gewalt an.

Diese „Gefangenschaft" dauerte tagelang, und Dad erhielt währenddessen vereinzelte Anrufe von seinen Freunden in Caracas, die ihm berichteten, jemand habe gesehen, dass Armando Yarima grob behandelt oder zusammengeschlagen oder in aller Öffentlichkeit bedroht habe. Während dieser Zeit zwang Armando Mom, im staatlichen Rundfunk und Fernsehen aufzutreten und zu behaupten, sie sei von meinem Vater missbraucht und misshandelt worden – das Ganze gipfelte in der Aussage, sie sei zwangsweise in die Vereinigten Staaten verschleppt und dort gegen ihren Willen vier Jahre lang festgehalten worden.

Mir ist klar, dass Mom nicht wusste, wem sie glauben und was sie glauben sollte. Kein Wunder, dass sie praktisch durchdrehte.

Soviel ich weiß, glaubte mein Vater anfangs nicht, dass er aus der Ferne etwas unternehmen könnte, um Mom zu beschützen. Er wagte es nicht, venezolanischen Boden zu betreten. Ein Regierungsbeamter hatte meinen Vater zu Hause in New Jersey angerufen und ihn aufgefordert, er solle in das Territorium zurückkehren, um sich gegen mehrere aus der Luft gegriffene Vorwürfe zu verteidigen. Man teilte meinem Vater jedoch nicht mit, welche Anschuldigungen konkret gegen ihn erhoben wurden, nur dass er praktisch schon verurteilt war. Wäre er nach Venezuela zurückgekehrt, hätte man ihn vermutlich inhaftiert und gefoltert, und um uns Kinder hätte es wohl einen internationalen Sorgerechtsstreit gegeben.

Schließlich wurde bekannt, dass Yarima gegen ihren Willen in Caracas festgehalten wurde – was kein gutes Licht auf das Büro für Indianische Angelegenheiten warf. So mussten die Beamten wohl oder übel veranlassen, dass Armando seine wie auch immer geartete Beziehung zu meiner Mutter aufgab. Kurze Zeit später wurde sie in ihr Dorf zurückgebracht.

In den ersten Monaten danach, vielleicht auch im ersten Jahr oder noch etwas länger, ließ Dad uns regelmäßig kurze Nachrichten auf Band sprechen. Er hoffte, die Stimmen ihrer Kinder würden bei Mom den Wunsch wecken, zu uns nach New Jersey zurückzukommen. Dafür kaufte er eigens zwei Kassettenrekorder – und schickte einen davon an Mom, damit sie die Kassetten auch hören konnte.

Unsere Botschaften waren nicht gerade originell:

Wir haben dich lieb, Mommy.

Wir vermissen dich, Mommy.

Bitte komm heim zu uns, Mommy.

Dad hatte gute Freunde in Venezuela, die Dawsons. Ihnen schickte er die Kassetten in der Hoffnung, sie würden den Weg den Orinoko aufwärts ins Dorf meiner Mutter finden. Ob je eines dieser Tonbänder bei meiner Mutter angelangt ist, wissen wir nicht, aber so viele Jahre später kann ich mir heute kaum vorstellen, wie sie darauf reagiert hätte. Man stelle sich vor: Sie war traumatisiert und brutal behandelt und gezwungen worden, im staatlichen Fernsehen Lügen über ihren Mann und ihre Erfahrungen in den Vereinigten Staaten zu erzählen. Mittlerweile hatte sie solche Angst vor Außenstehenden, dass sie, sobald sich ein Nabuh dem Dorf näherte, in den Regenwald floh, um nicht ihrer Familie entrissen zu werden. Sie vertraute niemandem mehr – nicht einmal den Missionaren, die sie seit Jahren kannte. Man mag sich gar nicht vorstellen, wie sie diese Tonbänder abspielt und unsere Stimmen hört. Es hätte sie vermutlich völlig verstört.

Dennoch gaben sich die Dawsons unbeirrt alle Mühe – und wir schickten nach wie vor unsere Botschaften, aber als Monat um Monat verstrich und schließlich Jahre vergingen, ohne dass wir von Mom hörten, fanden wir uns allmählich mit der Tatsache ab. Mom war fort. Sie würde nicht zurückkommen.

9. September 2011, 9:21 Uhr

Oberer Orinoko, Yanomami-Territorium

Nach zehn Minuten war das Schlimmste ausgestanden, und als sich der Wind allmählich legte und der Regen nachließ, dachte ich auf einmal, dass ich in dieser Gruppe vielleicht eine eher traditionelle Männerrolle übernehmen sollte. Ich wollte diese Frauen beschützen, so gut ich konnte. Ich wollte wichtig sein, ich wollte dazugehören.

Natürlich konnte ich im Moment nichts tun, genauso wenig wie jeder andere männliche Dorfbewohner, aber davon ließ ich mich nicht aufhalten. Es regnete immer noch heftig genug, sodass wir weiter unter unserem Felsendach ausharrten, aber ich erinnerte mich, dass mir meine Freundin Hortensia Caballero erzählt hatte, die Männer des Dorfs würden bei Tropenstürmen gelegentlich spirituelle Hilfe suchen.

Hortensia, die venezolanische Ethnologin, hatte mich bei meiner Expedition flussaufwärts zu den Yanomami maßgeblich unterstützt, und auf unserer langen Reise in diesen Teil des Regenwalds hatte sie mir von Schamanen berichtet, die Gewitterwolken mit Tanz und Gesang vertrieben.

Wie ein Idiot dachte ich: Hey, das kann ich doch auch!

Obwohl der Sturm nicht mehr so schlimm tobte, bestand immer noch die Gefahr, dass Windböen Äste abrissen, deshalb hatten die anderen noch nicht vor, die Geborgenheit unseres Unterstands zu verlassen – ich aber sprang zwischen den Findlingen hervor und hüpfte mitten in den Bach hinein. Das Wasser war nur knöcheltief, also bewegte ich mich darin wie in einem Planschbecken. Ich tanzte ohne Anmut und ohne Skrupel. Und dabei sang ich – bedeutungslose Silben in einem Singsang, der in einer Art vorzeitlicher Beschwörung die Götter des Regenwalds dazu bewegen sollte, diesen Sturm abzuschwächen. Ich ging in die Hocke und bewegte mich dabei wie ein Sumo-Ringer – wahrscheinlich hatte ich so etwas einmal in einer Fernseh-Dokumentation gesehen. Dabei verdrehte ich meinen zusammengekauerten Körper, reckte mein Gesicht dem peitschenden Regen entgegen und streckte die Arme gen Himmel. Und schließlich legte ich die Hände um den Mund und versuchte, die Wolken vom Himmel zu pusten, wie Hortensia es mir beschrieben hatte.

Ich muss ziemlich blöd ausgesehen haben, aber damals dachte ich, so könnte ich auf die Geister einwirken, sozusagen geistige Kräfte kanalisieren, um mit ihrer Hilfe die Sturmwolken weit weg zu wünschen.

Einmal fing ich Blicke meiner beiden Ehefrauen auf, die mich vollkommen verblüfft und verständnislos beobachteten. So ein Verhalten hatten sie noch nie erlebt. Und meine arme Mutter, die noch vor wenigen Minuten heiter und gelassen das Wüten des Sturms verfolgt und auf ihre Weise diesen besonderen Moment mit ihrem lange verschollenen Sohn genossen hatte – wahrscheinlich schämte sie sich für mich, ihren Sohn, diese Karikatur eines Schamanen. Wer hätte ihr das übel nehmen können?

Die ganze Zeit über war mir klar, dass mein Herumhüpfen rein gar nichts bewirkte, aber so konnte ich wenigstens irgendetwas tun und Spannung abbauen.

Das ging eine ganze Weile so, bis eine der Frauen in lautes Lachen ausbrach. Die anderen stimmten ein. Bald konnten sich alle vier nicht mehr halten vor Lachen, deuteten mit dem Finger auf mich und gackerten wie wild. Diesmal blieb mir gar nichts anderes übrig, als mitzulachen.

Während der nächsten Woche war ich der Dorfdepp. Zurück im Shabono, konnte ich immer wieder beobachten, wie eine der Frauen – sogar meine Mutter! – mein Verhalten nachäffte.

Aber zu meiner Verteidigung muss ich vorbringen: Der Sturm legte sich schließlich. Und ich zog es vor zu glauben, dass ich daran meinen Anteil gehabt hatte. Zugegeben, ich war kein Schamane, aber ich war eben auch nicht bereit, tatenlos herumzusitzen.

Alles braucht seine Zeit

Bei uns zu Hause gab es, soweit ich mich erinnern kann, keine Fotos von meiner Mutter. Heute erscheint mir das seltsam, doch damals bemerkte ich es nicht einmal. Es war, als sei meine Mutter aus unserem Leben ausradiert. Irgendwann verdrängte ich alle Erinnerungen an meine Mutter so weit, dass es schien, als würde sie nicht mehr zu mir gehören. Ich war wütend, schätze ich. Durcheinander. Wahrscheinlich ein bisschen verängstigt. Wie geht man mit solch einem Verlust um, wenn man fünf oder sechs Jahre alt ist? Wie hilft man einem Kind, den plötzlichen, unwiederbringlichen Verlust seiner Mutter zu verstehen?

Als wir uns ein paar Jahre später an unsere neue Realität gewöhnt hatten, erzählte mir mein Dad davon, dass meine Mutter ihm damals beim letzten Treffen, während der Bootsfahrt nach Platanal, erklärt hatte, sie wolle *richtige* Yanomami-Kinder. Ziemlich happig, so eine Aussage – dass meine Mutter fand, ich sei nicht gut genug, um dazubleiben. Aber das war der „Erziehungsstil" meines Vaters. Er redete einfach mit uns, als seien wir erwachsen, und in diesem Fall gab er eine Bemerkung meiner Mutter wieder, als sei sie nicht weiter wichtig, ohne sich der schmerzhaften Ablehnung bewusst zu sein, die für mich aus diesen Worten sprach.

Mein Vater tat auf seine eigene, von seinem gebrochenen Herzen gezeichnete Weise sein Bestes, um uns Kindern die Situation begreifbar zu machen. Doch für mich waren das alles nur Worte. Natürlich war mir das alles im tiefsten Innern nicht wirklich egal, aber dazu hatte ich damals keinen Zugang. Da ich meine Gefühle nicht zeigen konnte, verstummte ich einfach. Ich zog einen Schlussstrich und löschte die Erinnerungen an meine Mutter aus meinem Gedächtnis. Ich war ein ziemlich willensstarkes Kind, also atmete ich tief durch, streckte die Brust raus und sagte mir, ich wolle nichts mehr mit ihr zu tun haben. Ich hasste meine Mutter damals.

Sobald mein Vater das Gespräch auf meine Mutter lenkte oder etwas über irgendeine Yanomami-Tradition oder unsere Zeit als Dschungelfamilie erzählte, schaltete ich ab. Bei meinen Geschwistern war es, glaube ich, eher der Effekt „aus den Augen, aus dem Sinn". Danny jedenfalls war noch zu klein, um sich mit dem Verschwinden unserer Mutter aus unserem Leben näher zu befassen, zu jung, um sich an die kurze Zeit zu erinnern, die er als Kind im Regenwald verbracht hatte. Und Vanessa ... Wer weiß, was sie dachte, woran sie sich erinnerte, was sie durchmachen musste, während sie bei dieser deutschen Familie in Caracas lebte? Seit wir drei erwachsen sind, sprechen wir von Zeit zu Zeit darüber, wie das alles für uns als Kinder gewesen ist, doch die Gespräche bleiben an der Oberfläche. Ich habe das Gefühl, nicht das Recht zu haben, hier über Dannys oder Vanessas Erinnerungen zu schreiben. Ich spreche hier nicht für sie.

Tatsächlich habe ich nie darüber nachgedacht, dass auch mein Vater all das erst verarbeiten musste, dass er trauerte. Ich sah die Situation nur auf mich bezogen. Kinder sehen die Welt auf der Grundlage ihrer eigenen Bedürfnisse.

Während meiner Kindheit und Jugend staute sich sehr viel Wut in mir an. Ich sagte mir, ich hätte keine Mutter. Ich weigerte mich, Yanomami zu sein. Ich würde schon bestens allein zurechtkommen. Ich würde meinen Weg gehen, in *dieser* Welt, in *meiner* Welt. In New Jersey.

IRGENDWANN verblasste die Erinnerung an unsere Mutter zunehmend. Ab und zu, das weiß ich noch, schlich ich mich in das Büro meines Vaters in unserem Keller und suchte nach Anhaltspunkten dafür, dass sie einmal da gewesen war. Ich habe ein paar konkrete Erinnerungen daran, wie ich am Schreibtisch meines Vaters saß, sein Buch durchblätterte, in seinen Aktenordnern stöberte und innehielt, um die wegsortierten Bilder meiner Mutter zu betrachten – halb nackt, in Stammesbemalung, Hii-hi-Stäbchen durch die Nase, sah sie so ganz anders aus als die Mütter aller meiner Freunde. Und das Bild, das ich noch im Kopf hatte, war das einer irgendwie amerikanisierten Mutter, die halbwegs normale westliche Kleidung trug, eine bei uns übliche Frisur hatte und bei Burger King Pommes aß.

Diese heimlichen Momente, in denen ich im Büro meines Vaters Bilder meiner Mutter anschaute, wurden immer seltener, und im Laufe der Zeit erschien mir meine Mutter immer weniger real. Und auch immer weniger wichtig. Meine Emotionen waren wohl einfach ein bisschen zu heftig, als dass ich mir hätte zugestehen können, sie zuzulassen.

Einmal, lange nachdem meine Mutter gegangen war, fragte mein Vater uns Kinder, ob wir „sogenannte gemeinsame Zeit" bräuchten. Er fragte das in einem Tonfall, der deutlich machte, so etwas sei Unsinn. Ich tat, als wäre ich mit ihm einer Meinung, und erwiderte: „Gemeinsame Zeit? Wir? Du machst Spaß, oder?“ Ich sagte meinem Vater praktisch das, was er mutmaßlich hören wollte, aber die traurige Wahrheit war, dass ich mich genau danach sehnte. *Gemeinsame* Zeit – mit meinem Vater, mit meiner Mutter, mit meinen beiden Eltern, zusammen, all das fehlte in meinem Leben, auch wenn ich das nicht bewusst wahrnahm.

Wie das alles für meinen Vater gewesen ist, kann ich nur vermuten. Er hatte seine Frau verloren, seine Partnerin, die Liebe seines Lebens. Das muss niederschmetternd gewesen sein. Es war keine Ehe aus Neugier gewesen, wie die Zeitungen es oft darstellten. Zwischen meinen Eltern bestand eine bedeutsame, fast schon spirituelle Verbindung. Und jetzt stand er da, als alleinerziehender Vater von drei kleinen Kindern, mit einem anspruchsvollen, intellektuell fordernden Job, und versuchte sein Bestes.

In den ersten paar Jahren schlichen wir alle auf Zehenspitzen um das Thema „Mutter“ herum. Irgendwann wurde uns Kindern klar, dass sie nicht wiederkommen würde, doch gesprochen wurde darüber nicht – zumindest nicht in einer unserem Alter entsprechenden Weise. Manchmal kam es vor, dass mein Vater einen Schwall Yanomami-Ausdrücke losließ. Das war für mich gewöhnlich ein Trigger, und dann brüllte ich zurück: „Hör auf mit dem blöden Dschungelgequatsche!“

Nach dem Verschwinden meiner Mutter schleppte uns mein Vater viele Jahre lang zum Jahrestreffen der American Anthropological Association mit. Als ich zwölf war, stand ich mit einer befreundeten Kollegin meines Vaters bei einer dieser Konferenzen im Flur. Wir kannten diese Frau seit vielen Jahren, und aus irgendeinem Grund hatte sie mich in ein Gespräch verwickelt. Die Konferenz fand gewöhnlich gegen Jahresende statt, im November oder Dezember, also ging es in unserem Gespräch um Weihnachten.

„Erzähl mal, was du dir dieses Jahr zu Weihnachten wünschst, David“, sagte die Frau.

Ich war schüchtern und wusste nicht, was ich antworten sollte.

„Egal was du dir wünschst, du bekommst es von mir“, sagte sie.

Total aufgeregt riss ich die Augen auf. „Ich wünsche mir einen Nintendo 64 mit Mario Kart!“, platzte ich heraus. Ein paar Sekunden lang machte mich der Gedanke, dass diese Frau mir meinen Herzenswunsch erfüllen würde, zum glücklichsten Zwölfjährigen auf dem Planeten – doch da sah ich schon ihr entsetztes Gesicht.

Sie schnappte theatralisch nach Luft. Dann erklärte sie: „David, ich wundere mich doch sehr über dich. Und ich bin sehr enttäuscht von dir. Du wünschst dir eine Videospielkonsole? Ausgerechnet du! Du bist offenbar genau wie jedes andere US-amerikanische Kind. Von dir hätte ich wirklich anderes erwartet." Ihre Stimme war voller Verachtung.

Das tat weh! Es war das gleiche Gefühl, wie auf dem Pausenhof der Schule von einem Kind gehänselt zu werden, das von meinen Familienverhältnissen erfahren hatte – nur dass diesmal eine erwachsene Frau vor mir stand. Noch dazu eine Freundin der Familie! Natürlich war ich genau wie amerikanische Kinder – schließlich war ich ganz genauso aufgewachsen! –, aber aus irgendeinem Grund war das nicht gut. Es war nicht die Rolle, die für mich vorgesehen war; in gewisser Weise war es mir nicht einmal *erlaubt*, diese Rolle zu spielen.

Unsere Familie war von den Normen unserer Gesellschaft so weit entfernt, dass zwangsläufig mit dem Finger auf uns gedeutet und getuschelt wurde – auch so etwas, wogegen ich aufbegehrte. Ich hasste die Art, wie wir als Familie unter die Lupe genommen wurden.

Eine Erfahrung der besonders schlimmen Art war, dass ich mich immer wieder gezwungen sah, mit meiner Kindergärtnerin Mrs M. zu sprechen, die versuchte, mit zuckersüßen Worten mein Vertrauen zu gewinnen. Ich weiß noch, dass ich dieser Frau nicht über den Weg traute. Sie nahm mich immer wieder mal beiseite und bombardierte mich dann mit viel zu persönlichen Fragen: „Vermisst du deine Mom? Liebst du deinen Vater? Schlägt er dich manchmal? Fasst er dich vielleicht an?"

Mit meinen sechs Jahren konnte ich darauf nur einsilbig antworten, aber schon damals war mir klar, was da ablief. Ich merkte deutlich, dass den Menschen unsere Lebensumstände merkwürdig erschienen, dass sie beunruhigt waren und meinten, ich und meine Geschwister müssten geschützt werden – vom Jugendamt oder ähnlichen Einrichtungen.

Dementsprechend war ich gerade mal in der Lage, reflexhaft auf ihre Fragen zu reagieren: „Ja, ich vermisse meine Mom. Ja, ich liebe meinen Vater. Nein, er hat mich noch nie geschlagen. Nein, er fasst mich nicht an. Lass mich in Ruhe, du böse Frau."

Meine Lehrer und andere Erwachsene konnten herumschnüffeln, so viel sie wollten. Sie konnten sich noch so sehr anstrengen, etwas Abscheuliches zu finden – es gab nichts Abscheuliches, rein gar nichts. So ziemlich das einzig Negative, was man über meinen Vater sagen konnte, war die Tatsache, dass er alle Anzeichen dafür übersah, dass ich mit dem Verlust meiner Mutter und einem erschütterten Identitätsgefühl zu kämpfen hatte. Ab und zu erklärte er mir, ich solle stolz auf mein Erbe sein, allerdings immer nur dann, wenn ich zuvor irgendeinen Wutanfall gehabt und zum Beispiel verkündet hatte: „Ich bin kein Yanomami", oder: „Ich hasse Mom!“, oder: „Wer will schon im Dschungel leben und Schlangen essen?“

Zu diesen Ausbrüchen kam es bisweilen, wenn mich Mitschüler oder die Nachbarskinder mal wieder wegen meiner Mutter gelöchert hatten. Sie stellten eine Menge Fragen. Dass unsere Familie sozusagen berühmt war, machte alles nur noch schlimmer. Es erschienen Artikel in der Zeitschrift *People.* Es gab Talkshows, Lesungen, Autogrammstunden. Es wurde über einen Film, eine Dokumentation gesprochen. Das meiste war nur Gerede. Also blendete ich es aus, so gut ich konnte, leugnete mein Yanomami-Erbe noch ein bisschen vehementer und war entschlossen, ein durch und durch US-amerikanisches Leben zu führen und keine Aufmerksamkeit zu erregen.

So wie ich es heute sehe, interpretierte ich das Weggehen meiner Mutter als Verlassenwerden, und vermutlich war das der Grund, warum ich diesen Teil meines Lebens ablehnte. Ich hatte das Gefühl, ich sei nicht gut genug, um ihr Sohn zu sein – als sei ich nicht *Sohn* genug gewesen, um sie dazu zu bewegen, zu bleiben oder mich bei sich im Regenwald zu behalten. Geäußert habe ich diese Gefühle nie, vielmehr war ich weit davon entfernt, sie überhaupt als solche anzuerkennen oder sie mir einzugestehen. Aus der heutigen Perspektive verstehe ich sie allerdings genau so. Ich war das Ergebnis einer außergewöhnlichen Ehe, der Sohn einer Yanomami-Frau. Und dieser charakteristische Unterschied trennte mich in gewisser Weise von den anderen – zu einer Zeit in meinem Leben, als es mein sehnlichster Wunsch war, einfach nur dazuzugehören.

Wenn ich heute über diese Jahre nachdenke, wird mir klar, dass dieses Gefühl, verlassen worden zu sein, auf meinen westlichen Idealen fußte. Ich verfügte natürlich weder über die Werkzeuge noch über das Weltbild, um Moms Handeln im Kontext betrachten zu können. Vom Verstand her begreife ich, dass meine Mutter das tun musste, um zu überleben, um atmen zu können, um zu *sein.* Und ich kann nachvollziehen, wie sehr sie gekämpft haben muss, als sie in den Vereinigten Staaten war und versuchte, mit dem Leben zurechtzukommen, das sie mit meinem Vater und ihren drei kleinen Kindern führte.

Aber all das denke ich mit dem Kopf, heute, als Erwachsener. Damals, als ich mich bemühte, meinen Platz in der Welt zu finden, konnte ich nur mit dem Herzen denken.

ALS ICH in der dritten Klasse war, zogen wir nach Long Valley, New Jersey – eine vornehme Gegend, in der ich mich noch mehr als Außenseiter fühlte. Dad glaubte, Long Valley sei ein guter Ort für Kinder, um groß zu werden, und in gewisser Weise traf das auch zu. Allerdings nahm ich dank der Tatsache, dass dort ausschließlich Weiße lebten, meine physischen Merkmale und meine Yanomami-Identität zwangsläufig überdeutlich wahr. Soweit ich mich erinnere, gab es nur drei farbige Kinder an der ganzen Schule. Ich stach absolut heraus – und fand es einfach nur grauenhaft. Es ist eine ermüdende, nie enden wollende Attacke auf das sich entwickelnde Selbstgefühl, zu wissen, dass man auffallen wird – egal was man tut oder wie sehr man sich anstrengt. Man wird bemerkt, man wird schikaniert. Und das passierte mir ständig. Die anderen beiden farbigen Schüler, meine Leidensgenossen, hatten ein bisschen mehr Glück. Immerhin hatten sie „normale" weiße Eltern – beide waren adoptiert –, also entsprach wenigstens ihr Zuhause absolut den Normen der Gemeinschaft.

Ich war ein Sonderfall, in jeder erdenklichen Weise, und jeden Abend überlegte ich mir neue Methoden, wie ich mein Geheimnis vor den Mitschülern geheim halten könnte. Soweit ich weiß, hat keiner meiner Freunde über meine Dschungel-Mom Bescheid gewusst, aber ich lebte in ständiger Furcht, es könnte herauskommen und ich deswegen auf dem Pausenhof gehänselt werden. Ich hatte Angst, man würde meine Mutter als „primitive Wilde" bezeichnen oder verkünden, sie lebe „nackt im Dschungel" mit „komischen Stäbchen in der Nase". Ich schämte mich zu sehr, fürchtete mich zu sehr, um mit meinem Vater darüber zu sprechen.

Doch meine Yanomami-Vergangenheit kam immer wieder ans Licht, vor allem in den höheren Klassen. Ich erinnere mich an einen kritischen Moment, als ich das Klassenzimmer betrat, in dem gleich Sozialkunde unterrichtet werden würde, und dort einen Stapel *Scholastic Journal*-Hefte liegen sah. Diese Zeitschrift kam etwa einmal im Monat heraus. Dann mussten wir während der ersten paar Minuten des Unterrichts jeder für sich das Magazin durchblättern, und anschließend leitete die Lehrerin Gruppendiskussionen über das Gelesene an. In der Regel ging es um aktuelle Ereignisse, die für Schüler als Zielgruppe aufbereitet worden waren.

Bis zum Unterrichtsbeginn waren noch ein paar Minuten Zeit, also nahm ich mein Exemplar zur Hand und begann es durchzublättern. Sofort hatte ich das Gefühl, mir bliebe das Herz stehen. Im Leitartikel jener Ausgabe ging es um die Abholzungen im Amazonasgebiet und inwiefern die Yanomami davon bedroht waren. Den Artikel ergänzte ein gutes Dutzend Fotos, darunter auch eine Aufnahme von mir! Entstanden war sie bei unserer letzten Reise in den Regenwald, als ich fünf Jahre alt war; auf dem Foto brachte einer meiner Onkel mir den Gebrauch von Pfeil und Bogen bei. Wahrscheinlich hätte keiner in der Klasse einen Zusammenhang herstellen können, aber da war es – unglaublich, vernichtend. Die Bildunterschrift lautete: „Yanomami-Junge lernt mit Pfeil und Bogen zu schießen." Panik ergriff mich.

Ich sah mich um und merkte, dass ein paar andere Schüler, die ebenfalls zu früh dran waren, den gleichen Artikel lasen, einige blätterten gerade genau die fragliche Seite um. Ich beobachtete ihre Mienen, konnte aber keine Anzeichen dafür entdecken, dass sie mich erkannt hätten. Es gab keinen logischen Grund, warum irgendjemand diese Verbindung herstellen sollte, trotzdem fürchtete ich genau das.

Ich überflog den Artikel und stellte zu meiner großen Erleichterung fest, dass mein Vater nicht namentlich erwähnt wurde. Dennoch war ich außer mir vor Angst, eines der anderen Kinder könnte die Wahrheit über mich herausfinden – dass ein Teil meiner Familie nackt im Regenwald lebte und dass ich der kleine Junge auf dem Foto war. Jedenfalls sagte niemand irgendwas, und die anschließende Diskussion in der Klasse verriet mich ebenso wenig.

Endlich war die Stunde zu Ende. Zum Glück! Ich stopfte meine Bücher in den Rucksack und versuchte, mich schnell zu verdrücken – doch bevor ich es zur Tür geschafft hatte, rief mich die Lehrerin zu sich.

Ich fühlte mich besiegt, ertappt, als würde mir die Luft ausgehen. Und so war es dann auch. Natürlich kannte die Lehrerin meine Geschichte – schließlich stand das alles in meiner Akte. Aber sie wusste auch, dass ich darüber Stillschweigen wahrte. Und in diesem Fall, das muss ich ihr immerhin zugutehalten, posaunte sie meine Geschichte nicht laut vor meinen Mitschülern heraus. Sie ergriff lediglich die Gelegenheit, mich unter vier Augen darüber auszuquetschen – und das war für mich damals schon schrecklich genug. Ich wollte nicht, dass jemand mich schwach sah, mich so sah, wie ich nicht gesehen werden wollte – niemand, auch nicht meine Sozialkundelehrerin. Aber ich konnte mich nicht wehren. Ich musste die Fragen beantworten.

In dieser Nacht lag ich wach im Bett und fühlte mich hilflos, hoffnungslos, erbärmlich, beschämt, deprimiert. Ich hätte gern geschrien – aber dann wäre bloß mein Vater gekommen, um nachzusehen, was los war. Schreien hätte mich nur gezwungen, über meine Gefühle zu sprechen, Gefühle, die ich noch gar nicht verstand.

ALS ICH ZWÖLF WAR, zogen wir nach Easton, Pennsylvania – wieder ein Neuanfang. Jetzt war ich alt genug, eigenständiger zu handeln. Dieses Mal schwor ich mir, dass *niemand* meine Geschichte erfahren sollte. Kein Lehrer, kein Freund, kein Tutor … niemand. Man würde mich nicht als den Sohn einer exotischen Frau vom Amazonas kennen. Nein. Man würde mich als den kennen, der ich *war.*

Diese Strategie funktionierte recht gut, aber sie hatte auch negative Folgen. Als ich in die Highschool kam, entfremdete ich mich zunehmend von meinem Vater. Wir hatten keine emotionale Bindung mehr.

Damals verbrachte ich auch immer weniger Zeit mit meinen Geschwistern. Wir hatten uns als Kinder sehr nahe gestanden, doch jetzt grenzte ich mich ab, und schon bald lebte jeder von uns sein eigenes Leben. Ich hatte inzwischen mehrere gute Freunde und war nur noch selten zu Hause. Ich trieb viel Sport, ging oft ins Kino, hing bei meinen Freunden in der Küche herum, sprach mit ihren Müttern. Wenn ich hörte, dass meine Freunde nach ihren Müttern riefen, wurde ich total eifersüchtig. Oft waren wir zu mehreren zu Hause bei einem Freund, und alle übrigen gingen dann in ein Zimmer, um dort fernzusehen oder Videospiele zu spielen – ich hingegen blieb in der Küche und half der Mutter dieses Freundes beim Kochen oder Abspülen und genoss auf diesem Umweg das Zusammensein mit einer Mutter aus zweiter Hand.

Ich ging in Deckung, passte mich an, gab mich als typisches US-amerikanisches Kind aus. In meiner Kindheit bot mir der Baseball eine geniale Zuflucht. Wahrscheinlich fühlte ich mich deswegen so von diesem Sport angezogen, weil er durch und durch US-amerikanisch war – *die* „nationale Freizeitbeschäftigung“. Baseball stand einfach für alles, was ich sehnlichst nach außen darstellen wollte, und außerdem war ich sogar gut darin. Ich war ein ganz passabler Sportler, und sämtliche Begabungen, die ich von Natur aus mitbrachte – Schnelligkeit, Wendigkeit, ein Gespür für die Flugbahn des Balls –, passten zu diesem Spiel.

Die zweite geniale Zuflucht, die ich mir schuf, war eine kühne, hasserfüllte Lüge: Ich begann den Leuten zu erzählen, meine Mutter sei bei einem Autounfall ums Leben gekommen. Ich war derart versessen darauf, meinen Dschungelstammbaum zu vertuschen, dass es fast an Wahnsinn grenzte. Heute ist mir klar, dass es durchaus andere Möglichkeiten gegeben hätte, die Aufmerksamkeit von der Wahrheit abzulenken – zum Beispiel einfach zu erzählen, meine Mutter sei aus Venezuela, und nicht weiter ins Detail zu gehen. Ich hätte sagen können, sie sei nach Hause gefahren, um einen Onkel oder eine Tante zu pflegen, was ihre Abwesenheit erklärt hätte. Aber ich entschied mich anders.

Das Beste an dieser kleinen Notlüge (okay, vielleicht war es auch eher eine große Notlüge) war, dass niemand weiterfragte. Was sagt man zu einem Kind, das so etwas herausposaunt? Jedenfalls erkundigt man sich ganz bestimmt nicht nach Einzelheiten. Man wechselt einfach das Thema. Ich glaube allerdings, dass für mich nicht nur wichtig war, dass das Gespräch in eine andere Richtung ging. Es spielte zweifellos auch Rache mit hinein. Im hintersten Winkel meines Kopfes gab es mir ein wenig Macht über diese Situation, der ich bis dato hilflos ausgeliefert gewesen war, und verlieh mir Kontrolle darüber, wie ich die Welt sah und wie die Welt mich sah.

Von Zeit zu Zeit gerieten meine beiden Zufluchtsmöglichkeiten allerdings miteinander in Konflikt: Kurz nachdem wir in diese neue Stadt gezogen waren, fand ein Abendessen mit meinem Baseballtrainer statt. Er interessierte sich für mich als Spieler und verbrachte sehr viel Zeit mit mir, und an diesem Abend lud er mich und meinen Vater zu den besten Cheesesteak-Sandwiches ein, die ich je gegessen habe. Mein Trainer erzählte Geschichten über seine Zeit als Spieler, gab mir jede Menge Tipps, wie ich noch besser werden könnte. Doch dann versuchte mein Vater, einen Witz zu machen – und im Handumdrehen versank meine Welt in Finsternis. An meinen Trainer gewandt, sagte er: „Mein David ist nicht wie die anderen Jungs, die Sie sonst trainieren. Die anderen Jungs werden von ihren Müttern zum Training gefahren und auch wieder abgeholt. Davids Mom jedoch läuft irgendwo nackt im Dschungel herum und ernährt sich von Taranteln."

Diese Aussage habe ich später geklaut und in Interviews verwendet – doch damals war ich tief getroffen. Am liebsten hätte ich mich unter dem Tisch verkrochen und wäre gestorben. Das Schlimmste daran war aber, dass mein Vater das ausgerechnet vor meinem Baseballtrainer sagte. Im Laufe der Zeit war dieser Sport für mich der einzige Ort geworden, an dem ich mich wirklich mit mir im Reinen fühlte, der Ort, wo ich hingehörte, und jetzt sprengte mein Vater diese Zuflucht sozusagen in die Luft.

Mein Trainer griff den Witz postwendend am nächsten Tag im Training auf und ermunterte mich, barfuß zu spielen. „Du kannst dein Volk repräsentieren."

Er meinte das wohl scherzhaft, doch ich fühlte mich nun entblößt und schämte mich vor einem Mann, den ich bewunderte, einem Mann, dessen wohlwollende Haltung mir unheimlich wichtig war. Ich versuchte es zu ignorieren, es mit einem Achselzucken abzutun, aber der Trainer fand die ganze Saison lang immer wieder Gelegenheit, das Thema aufzutischen.

Es ist schwierig für mich zu erklären, warum Baseball in meinem Leben diesen ganz besonderen Stellenwert einnahm. Ich kann mich, auch nach all dieser Zeit, immer noch im Geruch des Handschuhs verlieren, im Rhythmus des Spiels, das ich erstmals beim Ballfangen mit meinem Vater wahrgenommen habe – insofern hat mein alter Herr durchaus Wege gefunden, sich auch außer Haus mit mir zu beschäftigen. Dad war ein guter Sportler mit einem starken Wurfarm. Wenn er warf, landete der Ball mit einem wunderbar dumpfen Knall in meinem Handschuh – eines der unverkennbaren Geräusche meiner Kindheit.

Was mir vom Baseballspielen damals besonders lebendig in Erinnerung geblieben ist, ist der viele Platz, den ich da draußen im Center Field auf dem Spielfeld für mich ganz allein hatte. Das war meine Position, und ich war stolz darauf. Ich hatte dort einen weitläufigen Raum abzudecken, und das fand ich toll. Es war so ziemlich der einzige Ort in Easton, Pennsylvania, an dem ich wirklich das Gefühl hatte, am richtigen Fleck zu sein, wo ich die Macht hatte, alles zu tun, alles zu schaffen, alles zu *sein.* Es war dort so friedlich, so ruhig. Auch das zog mich magisch an. Baseball an sich ist eher ein Kopfspiel. Es gibt Momente großer Aktivität, unterbrochen von wunderbaren langen Pausen, in denen ich das gegnerische Team genau beobachtete.

Baseball hat mir geholfen, meinen Platz zu finden. Aber das sollte nicht lange so bleiben. Bald schon brachten mich Mädchen und Alkohol von meinem Spiel ab.

MIT VIERZEHN JAHREN trank ich zum ersten Mal Alkohol. Ich hatte das Versteck im Küchenschrank gefunden, in dem Dad Gin und Wein aufbewahrte. Wie viele Jugendliche hatte ich nur eingeschränkt Zugang zu Alkohol, deshalb hielt sich mein Konsum in Grenzen. Doch ich fand sofort Geschmack daran und wollte mehr. Ich erinnere mich an das erste Mal, als ich betrunken war. Ein paar Schlucke, und meine Fingerspitzen fühlten sich komisch an. Ein paar Schlucke mehr, und ich fing an zu kichern; plötzlich war alles nicht mehr schlimm. Diese magische Flüssigkeit nahm mir den Schmerz, verscheuchte meine Sorgen. Meine Probleme interessierten mich nicht mehr – wer ich war, wo ich herkam, wer das wusste oder nicht. Interessant war eigentlich nur noch, wo ich die nächste Flasche herbekam. Es war der Anfang eines dunklen, destruktiven Wegs, der mir fast zum Verhängnis geworden wäre.

Ablenkung gab es in meinem Umfeld reichlich – so viel, dass ich mir vormachen konnte, es sei alles in bester Ordnung. Schon bald hatte ich meine erste Freundin. Sie hieß Sarah. Mit ihr konnte ich über meine Gefühle und meine Familie sprechen. Damals erst begann ich die Lücke in meinem Leben, dort, wo meine Mutter hätte sein sollen, wirklich wahrzunehmen. Etwas fehlte. Etwas, von dem ich mir verboten hatte, es zu sehen oder zu fühlen, bis ich Sarah gegenüber alles auspackte. Bis ich zum ersten Mal betrunken war.

Wir hingen aneinander wie die Kletten. Ich war wie besessen von ihr.

Nachts stahl ich mich aus dem Haus und fuhr mit dem Fahrrad zu ihr, obwohl sie nicht gerade in der Nähe wohnte. Sie lotste mich dann unbemerkt in ihr Schlafzimmer, wo wir redeten und knutschten und noch mehr redeten.

Eines Nachts kamen Sarahs Eltern uns auf die Schliche. Ich versteckte mich zwar im Schrank, und sie sagten nichts, aber es war sonnenklar, dass sie wussten, was vor sich ging. Am nächsten Morgen bekam ich einen Anruf von Sarahs Mom, doch sie zerriss mich nicht in der Luft. Nein, sie verhielt sich wirklich toll. Sie erklärte mir, ich sei in ihrem Zuhause immer willkommen und sie und ihr Mann seien vor allem in Sorge, weil ich mitten in der Nacht durch die ganze Stadt radelte. Sie willigte auch ein, meinem Vater nichts zu sagen, damit ich daheim keine Probleme bekam. Aber irgendwie kam Dad doch dahinter und wurde fuchsteufelswild! Es störte ihn nicht so sehr, dass ich mich wiederholt davongestohlen hatte; was ihn viel mehr aufbrachte, war, dass Sarahs Eltern es gemeinsam mit mir vertuscht hatten. Aus Elternsicht kann ich seine Reaktion total verstehen … jetzt. Aber damals … eher nicht. Mein Vater verbot mir schließlich, Sarah zu Hause zu besuchen, was ich als eine Art Todesurteil empfand. Ich glaubte, ich würde dieses Mädchen heiraten, und entsprechend erschüttert war ich.

Ich versank in einer tiefen Depression, brachte viele Stunden allein in meinem Zimmer zu. Sarah steckte es leichter weg. Auch sie war traurig, aber nicht allzu lange. Während es um mich immer dunkler wurde. Das tiefe schwarze Loch – es war wieder da.

Die Sache mit Sarah hatte zur Folge, dass ich meinen Vater in der Rolle des Bösen sah, als sei er die Ursache all meiner Probleme. Damals hasste ich ihn. Er hatte mein Leben ruiniert. Und dabei hatte ich nicht nur diese letzte Sache mit Sarah im Kopf. Ich war stinksauer, dass er so wenig Weitsicht hatte walten lassen, als er mich in die Welt gesetzt hatte. Ich war anders, und ich fand es schrecklich, anders zu sein, und ich hasste ihn, weil er dafür verantwortlich war.

Ich fühlte mich leer, und mir fiel nichts ein, was ich hätte tun können, um das alles in Ordnung zu bringen – außer vielleicht zu verschwinden.

Als Sechzehnjähriger entwendete ich meinem Vater in einer kalten Februarnacht sowohl sein Auto als auch rund 1200 US-Dollar. Es war ein beigefarbener Toyota Camry, Baujahr 1999. Der Wagen war ziemlich gut in Schuss – zumindest bis zu dem Moment, in dem ich damit ungefähr fünfzehn Minuten von zu Hause entfernt in einer Wohngegend ein am Straßenrand parkendes Auto rammte. Der Außenspiegel auf der Beifahrerseite brach ab, was darauf hindeutete, dass vermutlich auch das andere Auto beschädigt worden war. Doch anstatt auszusteigen und mir ein Bild von dem Schaden zu machen, fuhr ich einfach weiter – meine erste Fahrerflucht, dabei war ich erst seit einer Viertelstunde unterwegs.

Ich nahm den Wagen meines Vaters zwar aus einer Laune heraus, trotzdem handelte ich dabei nicht unüberlegt; ich hatte es im Geiste oft genug durchgespielt und war mir sicher, dass ich damit durchkommen würde. Bisher hatte ich es einfach nur nicht in die Tat umgesetzt. Wochen bevor ich schließlich losfuhr, unternahm ich ein regelrechtes Täuschungsmanöver: Ich erzählte meinen Freunden, ich hätte vor, nach Kanada abzuhauen.

Allerdings hatte ich keinen Führerschein – ich hatte nicht einmal mehr als zwei, drei Stunden Fahrpraxis –, aber das hinderte mich nicht daran, meinem Impuls zu folgen. Ich startete in Richtung Philadelphia, fuhr bei einer Tankstelle raus und kaufte mir eine Straßenkarte. Ich hasste die Kälte im Winter, also beschloss ich, nach Florida runterzufahren.

Keine Ahnung, wie ich die ganze Strecke nach Florida bewältigt habe, aber ich schaffte sie. Ich sagte mir immer wieder, Angst würde alles nur noch schlimmer machen. Ich war schon immer gut darin gewesen, meine Emotionen, meine Probleme einfach von mir wegzuschieben.

Es war im Jahr 2003 – lange bevor Leute wie mein Vater GPS im Auto hatten. Allerdings besaß ich ein Handy, doch ich rief nicht zu Hause an. Schließlich wollte ich verschwinden.

Die Erste, die ich von Florida aus anrief, war Sarah. Ihr gehörte immer noch mein Herz. Sie erzählte mir, die Polizei würde sie verhören, und alle meine Freunde würden polizeilich vernommen. Es war ein Riesenchaos. An das Durcheinander, das ich hinterlassen würde, hatte ich überhaupt nicht gedacht. Zu allem Überfluss gab es auch einen Haftbefehl gegen mich. Ich war des schweren Autodiebstahls angeklagt – nicht weil mein Vater unbedingt Anzeige erstatten wollte, sondern weil jemand ihm erklärt hatte, der Haftbefehl würde es der Polizei erleichtern, mich aufzuspüren.

Sarah kannte jemanden in der Gegend von Tampa – den Freund eines Freundes eines Freundes – und stellte für mich den Kontakt her. Diese Person brachte mich wiederum mit einer anderen Person in Kontakt, die mir einen Schlafplatz anbot. Wie sich herausstellte, war diese Person Sozialarbeiterin und arbeitete mit gefährdeten Jugendlichen. Es war, als hätte mich das Schicksal auf die Schwelle dieser Frau geführt. Sie lebte in einer einigermaßen hübschen Wohnwagensiedlung am Stadtrand, und wir setzten uns hin und redeten. Sie versuchte, mir dabei zu helfen, meine Situation klarer zu sehen, und sie war dabei sehr freundlich und mitfühlend. Außerdem bemühte sie sich, bei mir Verständnis für die

Situation meines Vaters zu wecken. Aber ich war noch nicht bereit, auf sie zu hören. Nach einer Woche erklärte sie, ich müsse mir jetzt eine andere Bleibe suchen, sie könne keinen minderjährigen Ausreißer beherbergen, das sei eine Straftat. So viel war mir natürlich auch klar, aber ich hatte gehofft, sie würde mich nicht so schnell rauswerfen.

Mein Plan war eigentlich gewesen, nach Ohio weiterzufahren, wo ein anderer Freund eines Freundes angeboten hatte, mich aufzunehmen, aber bevor ich dort ankam, fasste ich einen neuen Entschluss und fuhr zurück nach Nazareth, Pennsylvania – gut fünfzehn Kilometer von unserem Haus in Easton entfernt. Ich war sauer. Da hatte ich es so weit geschafft, und dann landete ich doch wieder in der Nähe von unserem Zuhause. Doch so furchtbar viele Möglichkeiten boten sich mir nicht. Das Geld, das ich meinem Vater geklaut hatte, hatte ich verprasst. Ich brauchte einen Schlafplatz, und ich wollte untergetaucht bleiben – und so sah ich mich tatsächlich gezwungen, den ganzen Weg wieder zurückzufahren, nur um mich dann im Haus eines Fremden zu verkriechen, das ich genauso gut mit dem Fahrrad hätte erreichen können.

Kurz und gut, ich blieb sechs Monate lang verschwunden. Niemand aus meiner Familie wusste, wo ich war. Inzwischen war mir der Gedanke gekommen, dass die Polizei mein Handy orten konnte, also hatte ich es weggeschmissen, sobald ich in Florida angekommen war – und jetzt entledigte ich mich auch des Autos. Ich ließ es einfach auf dem Parkplatz eines Supermarkts in York stehen, einer für ihre Bandenkriminalität bekannten Nachbarstadt. Als die Polizei das Auto schließlich fand, ging man davon aus, ich sei getötet worden oder hätte mich einer Bande angeschlossen – das zumindest waren die Gerüchte, die unter meinen Freunden kursierten. Es war egoistisch und gemein, einfach unterzutauchen, während mein Vater vor Sorge außer sich war und meine Freunde ständig von der Polizei ausgequetscht wurden. Aber zu meiner Verteidigung: Ich war verzweifelt und konnte nicht klar denken. Es ging mir nur darum, von der Bildfläche zu verschwinden, und ich machte mir keinerlei Gedanken darüber, was das wohl für meinen Vater bedeutete, der schon mit dem Trauma fertigwerden musste, dass auch seine Frau einfach so aus seinem Leben verschwunden war – das war absolut egoistisch, unreif, gedankenlos von mir.

Als ich in Florida angekommen war, hatte ich mir als Erstes ein Netz Orangen gekauft – und diese Orangen lagen immer noch im Auto, als ich wieder in Pennsylvania ankam. Es war inzwischen erheblich wärmer, sodass diese Orangen, als ich den Wagen vor dem Supermarkt stehen ließ, anfingen zu stinken. Als mein Vater sein Auto schließlich zurückbekam, roch es einfach ekelerregend – und das verzieh er mir nie. Der

Seitenspiegel, die Kratzer und Dellen, die sich auf meiner Reise angesammelt hatten, waren ihm nicht weiter wichtig. Es war der Gestank, der ihn aufregte – und zwar so sehr, dass er mich bei unserem Wiedersehen als Allererstes fragte: „Warum hast du bloß diese Orangen nicht aus dem Auto genommen?" Er sagte es im Scherz, und mit der Zeit ist es zu einem Running Gag in unserer Familie geworden, aber ich weiß noch, dass ich damals dachte, wir hätten diesen Moment in bedeutsamerer Weise nutzen können.

Der Gerechtigkeit halber muss gesagt werden, dass mein Vater sehr wohl versucht hat, mit mir über mein Verschwinden zu reden, doch er tat es in seiner typischen, nicht gerade zupackenden Art und Weise. Die Frage, die noch am ehesten zu einem *echten* Gespräch hätte führen können, lautete: „Hat es irgendwas damit zu tun, dass Mom weggegangen ist?" Er wollte wirklich wissen, was mit mir los war, was mich bewegt hatte, einfach so für sechs Monate abzuhauen, und irgendwie hing das ja auch alles mit dieser einen schlichten Frage zusammen.

Ich erwiderte: „Ja." Das ist alles, nur dieses eine Wort. Da nichts in meinem Tonfall oder meinem Verhalten darauf hindeutete, dass ich gern ausführlicher darüber gesprochen hätte, wechselten wir das Thema.

So war das zwischen uns, so war es immer gewesen. Während ich weg war, vermisste ich meinen Vater schrecklich – ich hätte alles gegeben, um all die Meilen zurückzuspulen und mich in seine Arme zu werfen, damit er mich umarmte wie in meiner Kindheit. Aber mein Vater fand keine Möglichkeit, Kontakt zu mir aufzunehmen, und ich fand keinen Grund, nach Hause zurückzukehren.

Und jetzt, wo ich endlich wieder da war … Nun, es war, als wäre ich nie fort gewesen.

VIELE EINZELHEITEN, die mit meinem Verschwinden damals zu tun haben, müssen selbst jetzt nach all der Zeit ein Geheimnis bleiben, weil eine ganze Reihe von Menschen mir geholfen, mich aufgenommen, mir Ratschläge gegeben haben, und ich möchte sie nicht in Schwierigkeiten bringen. Schließlich haben sich einige von ihnen strafbar gemacht, als sie meinen Aufenthaltsort nicht der Polizei gemeldet haben. Ich bin ihnen allen dankbar, und diese Dankbarkeit kann ich nur zeigen, ihre Freundlichkeit kann ich nur vergelten, indem ich die Details aus diesem Bericht ausspare und gleich den Sprung zu dem Moment vollziehe, in dem ich beschloss, wieder in das Leben zurückzukehren, das ich hinter mir gelassen hatte.

Ich verabschiedete mich also von meinen „Gastgebern" und begab mich zur nächstgelegenen Polizeistation. Dort erklärte ich der Frau hinter dem Schalter, ich sei ein durchgebrannter Jugendlicher und es gebe einen Haftbefehl auf meinen Namen. Sie schrieb meine Aussage nieder und rief einen Beamten herbei. Das Nächste, woran ich mich erinnere, ist, wie ich in der Arrestzelle meinen Vater wiedersehe.

Ich hätte weinen können, tat es aber nicht. Er hätte weinen können, tat es aber auch nicht. Allerdings schüttelten wir einander verlegen die Hand. Dann zog er die Anklage wegen Autodiebstahls zurück, sodass ich wenigstens nicht als jugendlicher Straftäter in der Kartei gespeichert wurde. Damit war die Episode abgehakt.

Während meiner Abwesenheit erlebte ich eine Art emotionales Erwachen. Ich verbrachte viele Tage allein in einem Zimmer, meditierte und las Selbsthilfebücher. Dabei wurde mir eines klar: Auch wenn ich noch so deprimiert, meine Zukunft noch so ungewiss war – heraushelfen konnte ich mir nur selbst. Also beschloss ich, an die Highschool zurückzukehren und den Schlamassel zu beseitigen, den ich hinterlassen hatte. Allerdings tat ich das erst nach ein, zwei weiteren Ausrutschern, die ich mir zuvor noch leistete. Tatsächlich zog ich auch erst Monate später wieder bei uns zu Hause ein. Davor wohnte ich bei Freunden, zeltete im Wald. Überhaupt mied ich meinen Vater, wahrscheinlich hing es mit all dem zusammen, was zwischen uns ungesagt blieb.

Einen Tag bevor die Schule wieder losging, rief er mich an. Ich hatte inzwischen ein neues Handy, gekauft von dem Geld, das ich mit meinem ersten Job in einem Geschäft für gebrauchte Sportartikel verdient hatte.

Er sagte: „David, hier ist dein Vater. Hast du für heute Nacht schon einen Schlafplatz?"

„Nein, aber ich finde schon einen", erwiderte ich.

„Hast du einen Ort, an dem du lernen kannst?"

„Nein, aber ich finde schon einen."

„Hast du was zu essen?"

„Normalerweise findet sich immer was."

Schließlich sagte er: „Also, morgen wirst du ja wohl wieder mit der Schule anfangen. Warum kommst du nicht einfach nach Hause zurück?"

Und das war's dann. Wenn ich heute zurückblicke, kann ich mir nicht ansatzweise vorstellen, was mein Vater meinetwegen durchmachte, als ich so mir nichts, dir nichts verschwand, mich schließlich freiwillig der Polizei stellte und dann trotzdem noch meinem Zuhause fernblieb.

Dass ich wieder zur Schule gehen wollte und das Bedürfnis nach so etwas wie Normalität verspürte, war allerdings Grund genug, wieder zu Dad, Vanessa und Danny zu ziehen. Da ich die zweite Hälfte des zehnten Schuljahrs verpasst hatte, kam ich im Herbst zwar in die elfte Klasse, musste aber parallel dazu alles Versäumte nachholen. Mein Stundenplan war rappelvoll, doch ich war ein guter Schüler und hatte es im Griff.

Ich hatte geglaubt, jetzt auch den Rest meines Lebens auf die Reihe zu kriegen, doch sobald ich wieder daheim wohnte, fiel diese Illusion rasch in sich zusammen – das war der Punkt, an dem ich richtig zu trinken anfing. Anfangs beschränkte es sich auf die Wochenenden, doch dann wurde es stufenweise mehr. Ich begann auch unter der Woche zu trinken – sogar während des Schultags. Meine Noten gingen rauf und runter wie auf einer Achterbahn – die Höhen und Tiefen hatten etwas Gefährliches und Aufregendes an sich. Ich wusste nie, wie es laufen würde, und eigentlich war es mir auch egal.

Die meisten meiner Freunde tranken nur, um Spaß zu haben. Sie ließen sich volllaufen, hingen herum, ließen Dampf ab. Bei mir hatte es hingegen immer auch eine emotionale Komponente. Ich merkte bald, wenn ich viel trank, dann kamen all die dunklen Gedanken völlig unkontrolliert hoch – Gedanken, die ich tief in meinem Innersten vergraben hatte und die bloß darauf warteten, dass ich mit ihnen umgehen konnte. Bloß war ich damals noch nicht so weit – und so versank ich, je öfter ich über meine Mutter nachdachte, immer tiefer in dem dunklen schwarzen Sumpf der Depression. Und wenn ich mir über meinen Vater Gedanken machte, der mir verboten hatte, Sarah weiter zu treffen, dem ich diesen Dschungelhintergrund zu verdanken hatte und der so gut wie nicht vorhanden war, als ich mühevoll versuchte, meinen Weg zu finden, wurde mein Bedürfnis überwältigend, diese Gedanken fortzuspülen.

Letzten Endes flog ich von der Highschool. Ich begann Vollzeit in einem Telekommunikationsladen zu arbeiten, und in dieser Zeit schaffte ich es irgendwie, ein paar Kurse zu belegen und auf dem zweiten Bildungsweg meinen Abschluss zu machen – fast gleichzeitig mit meinen Freunden, die an der Highschool geblieben waren. Alles in Butter sozusagen.

Doch je älter ich wurde, desto größer schien mir die Kluft zwischen dem Leben, das ich führte, und meinem Selbstbild zu sein. Ich war außer Kontrolle, soff wie ein Irrer.

IRGENDWANN in dieser Zeit lernte ich ein Mädchen kennen, das ich im Folgenden Karen nennen möchte. Wir begegneten uns kurz nach meiner Rückkehr von meiner Florida-„Reise“. Insgesamt waren wir fast vier Jahre lang zusammen, und ich war bis über beide Ohren in sie verliebt. Es war wirklich erstaunlich, dass Karen so lange bei mir blieb und meine Trinkerei sowie meine emotionalen Zusammenbrüche ertrug.

Ich glaube, Karen hat mich wirklich geliebt. Ihre Mutter hingegen machte sich ernsthafte Sorgen. Sie begann zu begreifen, dass ich kein guter Partner für ihre Tochter war, und lud mich eines Nachmittags zum Essen ins „Olive Garden" ein.

Über die Jahre war eine große Nähe zwischen Karens Mutter und mir entstanden. Sie war wie eine Mutter für mich. Während wir aßen, nahm das Gespräch eine ernste Wendung. Karens Mom wirkte verletzt und als habe sie große Angst.

„Ich liebe dich, als wärst du mein Sohn, David", sagte sie. „Und ich weiß, dass Karen dich liebt. Aber ich sehe auch, wie viel du trinkst. Karen erzählt mir nicht alles, aber ich weiß genug, um sicher zu sein, dass du ein Problem hast. Ich fürchte wirklich um das Leben meiner Tochter, wenn sie bei dir bleibt."

Ich sackte auf meinem Stuhl zusammen. Natürlich, ich wusste, dass ich eine Gefahr für mich selbst war, so wie ich trank – und wenn ich eine Gefahr für mich selbst war, stellte ich auch für Karen eine Gefahr dar. Ich befand mich auf einem destruktiven Weg, und ich wollte sie auf gar keinen Fall mit mir in die Tiefe ziehen – doch genau das tat ich.

Wahrscheinlich hätte ich eine Therapie anfangen und versuchen können, mich zu ändern. Doch ich war Alkoholiker genug, um zu wissen, dass ich nicht mit dem Trinken aufhören würde. Und ich war Romantiker genug, um zu wissen, dass ich Karen keiner solchen Prüfung unterwerfen durfte, also trat ich einfach den Rückzug an. Ihre Mutter hatte recht, ich war eine Gefahr – und das fand ich selbst mehr als fürchterlich. Trotzdem fiel es mir schwer, loszulassen. Wir waren uns so lange Zeit so nah gewesen, dass mir schien, meine gesamte Identität hänge davon ab, Karens Freund zu sein. So sah ich mich selbst, auch wenn ich tief im Innersten nie das Gefühl hatte, gut genug für sie zu sein. Ehrlich gesagt fühlte ich mich nie gut genug für irgendjemanden – als wäre ich sogar für das Leben an sich eine Enttäuschung.

EINES TAGES, während ich verzweifelt versuchte, irgendetwas auf die Reihe zu kriegen, kaufte ich einen Kasten Bier und sperrte mich in meinem Zimmer ein. Ich wohnte damals immer noch zu Hause, hielt jedoch Distanz zu meinem Vater – und auch zu meinen Geschwistern.

Nun wollte es der Zufall, dass ich eines Nachmittags allein zu Haus war. Mein Plan war, mich ganz allein bis zur Bewusstlosigkeit zu betrinken. Nach der Hälfte des Kastens stand ich mit dem Rücken an der Wand meines Zimmers und ließ mich zu Boden sinken. Dort hockte ich eine ganze Weile, die Beine weit von mir gestreckt. Durch den biergetränkten Nebel, der mich umgab, blickte ich auf mein verpfuschtes

Leben. Nichts schien zu funktionieren, nichts schien zu passen. Ich war unglücklich, deprimiert, verzweifelt, ratlos.

Wahrscheinlich wusste ich auf irgendeiner Ebene schon immer, dass die inneren Dämonen, mit denen ich kämpfte, mit dem Fortgehen meiner Mutter zu tun hatten. Aber mir war nicht klar, wie ich dieses Thema angehen oder hinter mir lassen sollte. Vielleicht war es nicht fair, alles auf das Weggehen meiner Mutter zu schieben, aber so reimte ich es mir damals zusammen.

Ein paar Bier hatte ich noch vor mir, und als der Kasten fast leer war, überfiel mich eine bodenlose und totale Traurigkeit, auch Hilflosigkeit und Hoffnungslosigkeit und Entsetzen. Der Gedanke beschlich mich, ich hätte es nicht verdient zu leben – und auch, dass vielleicht alles viel einfacher wäre, wenn ich nicht mehr leben würde. Einfacher für mich und für meinen armen Vater, der nicht die leiseste Ahnung von meinem inneren Aufruhr hatte.

Zutiefst verzweifelt, entschied ich, dass ich dem Tod ins Gesicht sehen wollte. Ich meinte, es würde mir helfen, ein bisschen mit dem Tod zu spielen, ihn mal auszuprobieren, zu erleben, wie er sich anfühlte.

Und dann hörte ich auf zu denken. Ich schnappte mir eine Schere mit hochwertigen, präzisionsgeschliffenen Edelstahlklingen. Ich spreizte die Klingen und drückte mein Handgelenk gegen eine der scharfen Schnittkanten. Während ich den Stahl in meine Haut drückte – langsam, weil ich es spüren, miterleben wollte –, begann ich zu schluchzen.

Die Schnitte, die ich mir zufügte, waren nicht tief genug, um eine Ader zu verletzen. Letztlich wollte ich wohl nicht wirklich sterben. Ich leistete so miserable Arbeit, dass ich die Schere irgendwann angeekelt wegwarf, und dabei fiel mein Blick auf einen Kronkorken, den ich hatte fallen lassen. Ich schnappte ihn mir und grub die Zacken in die Innenseite meines linken Unterarms, dicht am Handgelenk. Junge, Junge, tat das weh! Ich drückte immer stärker drauf, drehte das Ding in meine Haut hinein, bis ich spüren konnte, dass die Zacken die oberste Hautschicht durchdrangen und die oberflächlichen Blutgefäße verletzten. Von Schmerz überwältigt, kippte ich vornüber und stellte mir vor, wie das Blut nur so aus meinen Handgelenken schießen und den Teppich tränken würde.

Ich nahm den Kronkorken und rammte ihn noch tiefer in meine Haut, schrammte mit ihm über die gesamte Länge meines Unterarms und drehte ihn dabei. Bei jeder Umdrehung, jedem Blutstropfen und jedem Schmerz, der mich durchzuckte, spürte ich Adrenalin durch meine Adern schießen, Energie, fast ein Wiederaufleben. Es war total eigenartig und fast schon gruselig! Und doch hatte mich dieses Unheimliche so fest im Griff, dass ich nicht dagegen ankam. Ich konnte nicht anders, als weiterzumachen, die letzten Biere hinunterzustürzen und mir alles zu schnappen, was mein Zimmer hergab, um mich in jeder erdenklichen Weise selbst zu verletzen.

Als ich später im Lauf der Jahre in Therapiestunden daran arbeitete, diesen Moment zu begreifen, wurde mir klar, dass es sich für mich damals besser anfühlte, diesen heftigen Schmerz zu spüren, als gar nichts zu empfinden.

Irgendwann wurde ich ohnmächtig – vom Bier und vom Weinen. Ich hatte nicht genug Blut verloren, um meinem Leben ein Ende zu setzen, und ehrlich gesagt glaube ich, dass ich das auch gar nicht wollte. Es war nichts als ein blödsinniger Versuch, zu dem zurückzufinden, was es bedeutet, lebendig zu sein. Über die Konsequenzen machte ich mir wieder einmal keinerlei Gedanken.

ICH WAR LANGE ZEIT so weit unten, dass ich gar nicht mehr weiß, wann der absolute Tiefpunkt erreicht war – in diesem Moment war ich jedenfalls ganz nah dran. Karen und ich waren seit mehreren Monaten getrennt. Ich studierte am Northampton Community College Biologie und wohnte nach wie vor zu Hause. Von außen betrachtet, sah es vielleicht aus, als hätte ich endlich alles halbwegs auf die Reihe gekriegt, doch das entsprach nicht der Realität. Ich war immer noch voller Wut, immer noch auf der Suche. Inzwischen war ich einundzwanzig und trank jetzt, wo es „legal" war, noch häufiger und noch aggressiver.

Es passierte auf einer Privatparty am Delaware River mit ein paar College-Freunden. Der Abend begann wie jede andere Party auch. Ich war gut drauf, wild und ausgelassen. Ich flirtete, machte Unsinn, unterhielt meine Kameraden. Gegen Ende der Nacht bröckelte dann meine unbekümmerte Fassade, und die dunklere Seite kam ans Licht. Die anderen feierten weiter – lachten, sangen, während ich, je mehr ich trank, umso tiefer in eine Depression versank, ähnlich wie ein paar Monate zuvor in meinem Zimmer.

Ich erlitt häufig heftige Panikattacken, allerdings wusste ich nicht, dass es welche waren. Ausgelöst durch den Alkohol und angesichts der wachsenden Distanz zu meinem Vater und der bangen Frage, wie es mit meinem Leben weitergehen sollte, wenn ich ganz auf mich allein gestellt wäre, waren meine Ängste im Lauf der Zeit immer schlimmer geworden. Mein Puls begann dann schlagartig zu rasen, meine Atmung wurde flacher und mühsamer. Mehrere Stunden lang hatte ich dann das Gefühl, einen Nervenzusammenbruch zu erleiden. Anschließend wurde ich dann entweder ohnmächtig, oder aber der schwarze Sumpf löste sich ein wenig auf, und mir war, als sei das Schlimmste vorbei. Ich wusste nie, wann ein solcher Anfall kommen würde – nur dass ich machtlos dagegen war.

Nun waren wir also im Haus der Eltern eines Freundes außerhalb von Belvidere, New Jersey, und tranken und tranken. Es war ein schönes Haus, ein Feriendomizil direkt am Fluss. Es war geplant, dass wir alle dort übernachten sollten, also brauchte auch niemand darauf zu achten, es nicht zu übertreiben. Wir mussten ja nirgends mehr hin. Die Leute bildeten Paare, schleppten einander ab, bauten Mist, verloren das Bewusstsein. Irgendwann am frühen Morgen, noch vor der Dämmerung, fand ich mich allein im Badezimmer wieder. Zusammengerollt wie ein Fötus, ich weinte und rief nach meiner Mutter.

Ich weiß noch, dass ich mich irgendwann aufgerafft und meinen Platz am Feuer verlassen hatte, weil ich gespürt hatte, dass ich abglitt. Anders kann ich es nicht beschreiben. Ich wollte mich nicht blamieren und vor meinen Freunden weinend zusammenbrechen und eine Szene machen. Also verdrückte ich mich in ein Badezimmer und schloss die Tür ab.

Etwa eine Dreiviertelstunde später kämpfte ich mich hoch und wusch mir das Gesicht. Ich war erschöpft und wollte einfach nur in mein Bett kriechen. Diese Leute waren meine Freunde, trotzdem wollte ich so nicht gesehen werden. Also schlich ich mich davon.

Ich war nicht ansatzweise fahrtüchtig, aber ich konnte auch nicht mehr klar denken. Immerhin gelang es mir, halbwegs geradeaus zu meinem Auto zu gehen – das genügte mir. Ich schaffte es, die Tür zu öffnen und hineinzukrabbeln, den Schlüssel herauszukramen und den Motor anzulassen.

Damals fuhr ich einen zehn Jahre alten Toyota Camry. Es war ein solides, zuverlässiges Auto, aber es hatte einen Spurfehler. Wenn man geradeaus fahren wollte, zog der Wagen nach rechts, und man musste gegenlenken. Ich hatte schon lange vor, das mal reparieren zu lassen, kam aber nie dazu.

Ich brach auf, ohne mich von irgendjemandem zu verabschieden. Es muss gegen drei oder vier Uhr morgens gewesen sein. Auf den Straßen – insbesondere auf den Nebenstraßen – war nicht viel los. Ich fuhr in nördlicher Richtung, um auf die Route 22 zu kommen, die mich zum Haus meines Vaters in Easton gebracht hätte – eine Fahrt von etwa einer halben Stunde. Sobald ich auf dem Fahrersitz saß, sobald die Räder über den Asphalt glitten, ertappte ich mich dabei, dass ich einnickte, doch ich riss mich zusammen und fuhr weiter. Und dann bin ich wohl doch kurz eingeschlafen und nicht gleich wieder aufgewacht. Keine Ahnung, wie viele Sekunden ich weg war, jedenfalls kam ich von der Straße ab. Und an dieser Stelle kommt der Spurfehler ins Spiel. Ich glaube, er rettete mich, denn ich kam rechts von der Fahrbahn ab auf den Seitenstreifen, anstatt in den Gegenverkehr zu geraten.

Als ich wieder zu mir kam, holperte ich schlingernd über eine Wiese, Bäume zogen an mir vorbei, als wäre ich mit einer Million Stundenkilometer unterwegs. Es war dunkel, und ich konnte rein gar nichts erkennen außer den Schatten, die sich wahnsinnig schnell bewegten. Ich fuhr einfach weiter, bis irgendetwas mir sagte, ich sollte mal lieber auf die Bremse steigen, also tat ich es. Genau in diesem Moment tauchte vor mir ein Graben auf. Die Schnauze des Camry kippte in voller Fahrt hinein, und er kam mit einem lauten Krachen zum Stehen.

Die Airbags lösten aus. Wenn diese Dinger sich unvermittelt mit Luft füllen, entsteht ein ekliges Geräusch – wie von einem röchelnden Staubsauger, bei dem irgendetwas im Schlauch steckt und rattert. Es klingt unheimlich und fremd. Als der Lärm aufhörte, merkte ich, dass ich Schmerzen hatte. Ich stöhnte laut auf, als hätte man mir einen Schlag in die Magengrube versetzt. Dann fiel mir ein Brennen an beiden Armen auf – es kam von dem Gas, das beim Auslösen der Airbags ausgetreten war. Wie sich herausstellte, war mein Brustbein-Schlüsselbein-Gelenk ausgerenkt. Ich schälte mich unter dem Airbag hervor, stieß die Tür auf, krabbelte aus dem Wagen und lief ein bisschen herum, um einen klaren Kopf zu kriegen.

Nach ein paar Minuten kam ein Lkw vorbei. Allem Holpern und Schlingern zum Trotz hatte ich mich nicht allzu weit von der Straße entfernt, sodass der Fahrer meine Scheinwerfer sehen konnte und angehalten hatte. „Alles okay, Kumpel?“, rief er und fragte sich wohl, wie es sein konnte, dass ich hier herumlief.

„Ja, Mann, alles klar“, sagte ich, als könnte ich das beurteilen.

„Ich sollte dich besser ins Krankenhaus bringen“, meinte er.

„Nee“, sagte ich, „passt schon. Ein Freund ist unterwegs.“

Das war natürlich glatt gelogen. Ich konnte nicht klar denken. Ich hatte eine Gehirnerschütterung und stand unter Schock. Nachdem ich dem Lkw-Fahrer eingeredet hatte, ich sei Herr der Lage, holte ich mein Handy heraus und rief meinen Freund Jeff an, der noch auf der Party war.

Er erkannte meine Nummer: „Dave! Was ist los, Mann?“

Ich erzählte ihm, dass ich mein Auto zu Schrott gefahren hätte.

Nach seinem Zustand bei meiner Abfahrt zu schließen, hatte Jeff zu diesem Zeitpunkt wahrscheinlich noch immer einen kapitalen Vollrausch. Er glaubte, ich sei noch auf der Party, und kapierte deshalb nicht recht, was passiert sein sollte. Doch schließlich schnappte er sich einen anderen Kumpel, um mich abzuholen und zum Haus zurückzubringen.

Meine Freunde dort machten sich Sorgen um mich. Jemand schlug vor, einen Krankenwagen zu rufen. Jemand anderes meinte, ich sollte mich im Krankenhaus untersuchen lassen.

Schließlich kamen wir überein, dass wir den Unfall der Polizei melden sollten und dass jemand mich zur Polizeiwache begleiten würde, damit ich aussagen konnte. Dann ging ich ins Krankenhaus, um mich behandeln zu lassen.

Anschließend wanderte ich ziellos durch die Stadt, ich fühlte mich vollkommen hilf- und hoffnungslos. Schließlich setzte ich mich auf eine Bank und starrte hinauf in den Himmel. Ich hatte solche Schmerzen, innerlich wie äußerlich, dass ich weder ein noch aus wusste. Also saß ich einfach nur da, bis ich irgendwann einen Freund anrief und ihn bat, mich abzuholen. Sobald er da war, brach ich zusammen und weinte.

Später, als der Nebel sich lichtete, wurde mir klar, dass ich mich um ein Haar umgebracht hatte, dass ich auch jemand anderen hätte umbringen können. Ich überlegte, ob ich noch tiefer fallen konnte.

Ich hörte immer noch die Stimme des einen Polizisten, der den Unfallort inspiziert hatte. Am Telefon hatte er mir erklärt: „Junge, ich weiß nicht, wie du das geschafft hast, aber es ist dir gelungen, jedem einzelnen Baum und jedem einzelnen Telegrafenmasten auszuweichen." Er hatte die Bremsstreifen zurückverfolgt, die entstanden waren, als ich von der Straße abgekommen war. So konnte er den Weg rekonstruieren, den mein schlingerndes Auto genommen hatte, und dabei sah er ungefähr ein Dutzend Hindernisse, gegen die ich hätte prallen und dabei ums Leben kommen können.

Das erklärte auch die furchterregenden vorbeiflitzenden Schatten.

So sah also damals mein Leben aus. Ich trank bis zur Besinnungslosigkeit, kam immer gerade noch so davon, rappelte mich wieder auf und machte irgendwie weiter. Dann trank ich wieder, und die ganze Geschichte begann von vorne.

EIN PAAR MONATE vor meinem schlimmen Unfall, ein paar Monate nach meiner Trennung von Karen, lernte ich ein Mädchen namens Daisy kennen. Sie war schön, zurückhaltend, hochintelligent. Bei unserer ersten Begegnung wusste ich sofort, dass sie ein reines Herz voller Mitgefühl hatte. Sie strahlte eine solche Sanftheit und Freundlichkeit aus, dass ich intuitiv ihre Gesellschaft suchte.

Daisy begriff, wie kaputt ich innerlich war. Sie half mir, meine Identität und meine Familiengeschichte zu akzeptieren. Ja, sie half mir, mich selbst zu akzeptieren. Vor Daisy schämte ich mich nicht, um meine sonderbare Familie zu weinen, wegen meines Gefühls, verlassen worden zu sein, wegen des Emotionschaos, in das ich damals verstrickt war.

Mit zunehmender Vertrautheit öffnete ich mich Daisy immer mehr. Gemeinsam sahen wir uns die National-Geographic-Dokumentation über meine Familie an und lasen das Buch meines Vaters noch einmal – sowie alles, was wir im Internet über die Yanomami finden konnten.

Langsam, aber sicher begann ich, mich in meiner Haut wohler zu fühlen und Neugier zu entwickeln. Schritt für Schritt akzeptierte ich, wer ich war und wie ich dazu geworden war.

Daisy machte mir klar, dass meine Zusammenbrüche und mein destruktives Verhalten Hilfeschreie waren, Schreie nach Zuwendung. Sie brachte mir bei, dass es in Ordnung war zu weinen, verletzlich zu sein, über das zu sprechen, was in meinem Leben fehlte. Sie akzeptierte mich als einen trauernden jungen Mann, der seine Mutter verloren hatte – und als ich mich mit ihren Augen betrachtete, meine Familie mit ihren Augen sah, gab ich mir selbst endlich die Erlaubnis zur Heilung.

Ich musste mit der Entscheidung meiner Mutter, sich von uns zu trennen, die sie vor all diesen Jahren getroffen hatte, ins Reine kommen. Ich musste verstehen, dass der pure Selbsterhaltungstrieb sie veranlasst hatte, in den Regenwald zurückzukehren. Jetzt, nachdem Daisy mich mit der Nase darauf gestoßen hatte, konnte ich das auf einmal in aller Klarheit erkennen. Als ich mich eingehender mit der Yanomami-Kultur beschäftigte, leuchtete mir ein, dass Mom nicht für die westliche Welt geschaffen war. Auch wenn sie lange versucht hatte, in ihr zurechtzukommen.

Und so vergab ich ihr. Sie brauchte meine Vergebung nicht und hätte auch gar nichts damit anfangen können, selbst wenn ich einen Weg gefunden hätte, sie ihr anzubieten – aber für mich selbst war es ein wichtiger und gewaltiger Schritt, der mir half, mich des Mühlsteins zu entledigen, den ich all die Jahre mit mir herumgeschleppt hatte.

Am liebsten hätte ich sie über all die Kilometer, all die Jahre hinweg in die Arme geschlossen und geflüstert: „Es ist okay, Mom. Ich verstehe dich." Obwohl ich keinerlei Ahnung hatte, wie ich das anstellen sollte.

UNGEFÄHR zur gleichen Zeit, in meinem zweiten Studienjahr am College, belegte ich bei einem Professor namens Alan Spevak ein Seminar in Anatomie und Physiologie. Ab und zu besuchte ich ihn während der Bürozeiten. Ich begann gerade, mich selbst zu entdecken, lernte mehr und mehr über den Stamm meiner Mutter – über *meinen* Stamm – und konnte mich immer besser damit arrangieren, was und wer ich war. Bei einem Gespräch mit Alan Spevak kamen wir auf die Anthropologie. Das war nicht sein Spezialgebiet – er war eigentlich Biologe –, aber er war Wissenschaftler, befasste sich mit der menschlichen Natur, und ich wusste aus Diskussionen im Seminar, dass seine Interessen breit gefächert waren. Irgendwann erwähnte er, dass er – ich glaube, im Grundstudium – ein Anthropologieseminar besucht hatte, woraufhin ich sofort mit meiner Geschichte herausplatzte. Nach all den Jahren, in denen ich meine „Herkunftsgeschichte“ verheimlicht hatte, brach sie nun aus mir heraus wie ein Wasserfall.

An dem Feedback, das Spevak mir gab, merkte ich, dass ihn wirklich interessierte, was ich zu sagen hatte, und das war für mich einfach wunderbar.

Irgendwann mitten in meinem Redeschwall gestand ich, dass ich in den Regenwald reisen wollte, um wieder Kontakt zu meiner Mutter zu bekommen – ein lange gehegter Traum, von dem ich nicht einmal gemerkt hatte, dass ich ihn in mir trug. Es sprudelte einfach aus mir hervor. Spevak sah mich keineswegs an, als sei ich nicht ganz bei Trost. Er erklärte mir nicht, dass die Suche nach meiner Mutter im Regenwald nach beinahe zwanzig Jahren der berühmten Suche nach der Nadel im Heuhaufen gleichen würde. Nein, er sagte einfach nur: „Wow!“ Das war alles. „Wow!“ Und in diesem kleinen Wort mit Ausrufezeichen lag eine gewaltige Kraft. Es eröffnete grenzenlose Möglichkeiten. Und über allem schwebte das Gefühl, einen Gedanken wie diesen in die Welt setzen und irgendwie verwirklichen zu können.

An diesem Tag also begann meine Suche, die mich mit meiner Mom wiedervereinen, den Kontakt zu ihr wiederherstellen sollte.

9. September 2011, 10:27 Uhr

Oberer Orinoko, Yanomami-Territorium

Sobald der Regen aufhörte, klarte es auf. Der Wind legte sich. Rasch kehrte die morgendliche Hitze zurück. Während der geschätzt fünfzehn Minuten hatte meine Mutter meist aus dem Spalt zwischen den Felsen zum Himmel hinaufgeblickt. Die ganze Zeit über war sie ruhig, gelassen, unbekümmert. Sie hatte die Führung unserer Gruppe übernommen. Die anderen orientierten sich an ihr, und ich weiß noch, dass ich dachte: Hey, das ist meine Mom. Sie kennt sich aus.

Als sie überzeugt war, dass es vorbei war, trat sie selbstbewusst aus unserem Unterschlupf heraus und sah sich um. Dann bedeutete sie uns Übrigen mit einigen Armbewegungen, uns wieder in Marsch zu setzen. „Let’s go“, *sagte sie. Wieder staunte ich über ihr Englisch. Es war ein Satz, den sie aus ihrer Zeit in den Vereinigten Staaten noch in Erinnerung hatte und den sie zweifellos bei meinem Vater aufgeschnappt hatte. Sie sprach es aus wie ein Wort –* „Letsgo“. *So wie „Hü!“ So als dürften wir uns nur auf ihr freundliches Kommando hin bewegen.*

Wir steuerten wieder das verlassene Shabono an, wohl um uns mit den anderen zu treffen. Seit dem Morgengrauen waren wir unterwegs – so ist das im Regenwald. Der Tag beginnt, wenn der Tag beginnt, also waren wir um fünf Uhr morgens aufgebrochen – eine willkürliche Zeitangabe, die in diesem Teil der Welt nichts bedeutete. Nun war es vermutlich ungefähr halb elf, und ich bekam langsam Hunger. Soweit ich es überblicken konnte, gab es keine festgelegten Essenszeiten; wir aßen, wenn es Zeit war zu essen. Wir fischten, wenn es Zeit war zu fischen.

Eine Zeitlang wanderten wir schweigend dahin, und ich dachte dabei an das Unwetter, das gerade abgezogen war. Überall war zu sehen, wie heftig der Sturm gewesen war – hier ein umgestürzter Baum, dort ein herabgefallener Ast. Mir war sofort klar, in welcher Gefahr wir gewesen wären, hätten wir keinen Unterschlupf gefunden. Einige aus der Gruppe holten ihre Macheten hervor und zerhackten die abgebrochenen Äste, um den Weg für die Nachfolgenden freizuschlagen. Als wir über die entwurzelten Bäume stiegen, wurde mir die unheimliche, urtümlich schöne Kraft des Regenwalds bewusst. Die urtümlich schöne Kraft des Yanomami-Volks. Meines Volks.

Wir verließen den Regenwald auf demselben Weg, auf dem wir gekommen waren. Ich war Yanomami genug, um den Pfad wiederzuerkennen, und US-Amerikaner genug, um mit Sorge daran zu denken, wie leicht wir durch das Unwetter hätten Schaden nehmen können. Ich dachte daran, wie ich mich in Pennsylvania vorbereitete, wenn ein Unwetter nahte. Zu Hause hörte man Nachrichten oder informierte sich online über das Wetter. War Regen angesagt, nahm man einen Schirm mit oder blieb im Haus. Doch hier im Regenwald stieg man im Morgengrauen aus seiner Hängematte und begab sich auf der Suche nach Nahrung in den Wald. Wie das Wetter sich entwickeln würde, konnte man einzig und allein vom Himmel ablesen. Und wenn ein heftiges Unwetter losbrach, verhielt man sich entsprechend. Man suchte Schutz.

Das tat man, ohne auch nur darüber nachzudenken.

Heimat

Es war eine Sache zu verkünden, dass ich meine Mutter finden wollte. Etwas ganz anderes war es jedoch, diesen Entschluss in die Tat umzusetzen. Aber immerhin, ein Anfang war gemacht. Alan Spevak war wohlwollend und machte mir Mut. Wir trafen uns mehrmals, um alles zu besprechen, und er wandte sich an Ethnologen, die er kannte.

Als ich mich in dieses Abenteuer stürzte, war ich unglaublich nervös, weil ich nicht wusste, wie die Leute reagieren würden. So lange Zeit hatte ich meiner Mutter ihren rechtmäßigen Platz in meinem Leben verweigert, hatte meine Yanomami-Wurzeln verleugnet. Doch schließlich wurde mir klar, dass es keine große Rolle spielte, was andere dachten. Es kam nur darauf an, dass die Menschen, die mir nahestanden und die mir helfen konnten, sich darauf einließen. Erstaunlicherweise griffen sie alle die Idee bereitwillig auf und boten mir ihre Hilfe an – Daisy, Spevak und meine Freunde.

Aus welchem Grund auch immer, dauerte es allerdings Wochen, bis ich meinen Vater einweihte. Ich lebte noch daheim, und die Beziehung zu meinem Vater war festgefahren wie eh und je.

Wir hatten gerade zu Abend gegessen und waren im Begriff, den Tisch abzuräumen. Nur wir beide waren da. Ich brachte es direkt auf den Punkt: „Dad, ich habe vor, Mom zu suchen."

Er war überrascht, klar. Auch ein bisschen durcheinander vermutlich. Ich saß am Tisch, während er stand, und ich erinnere mich, dass er sich von mir weg und den Küchenschränken zuwandte. Ich dachte, dass er vielleicht nicht wollte, dass ich seinen Gesichtsausdruck sehe – oder er wollte meines nicht sehen. Heute erkenne ich, dass ich ihn damals aus heiterem Himmel überfallen habe.

Nach einer Weile drehte er sich zu mir um und bedachte mich mit einem ratlosen Blick. Er fragte: „Warum? Du hast es doch immer schrecklich gefunden, Yanomami zu sein."

Ich konnte nur mit den Achseln zucken. Ich hatte keine passende Antwort auf diese Frage, aber er gab mir auch keine Zeit, eine zu finden. Sofort begann er zu erklären, was alles in Erwägung gezogen und berücksichtigt werden musste, falls ich das wirklich durchziehen wollte.

Jedenfalls muss ich ihm Folgendes zugutehalten: Entmutigen wollte er mich an diesem ersten Abend nicht. Ob er *ermutigend* auf mich einwirkte, kann ich gar nicht so genau sagen, aber er wimmelte mich auch nicht kurzerhand ab.

Letztlich redeten wir die ganze Nacht. Zum ersten Mal sprachen mein Vater und ich offen über meine Mutter. Er erzählte mir, dass Mom entführt und in einer heruntergekommenen Wohnung in Caracas als Geisel gehalten worden war und dass man sie schließlich gezwungen hatte, in den Medien Lügen über meinen Vater zu erzählen. Als Kind hatte ich nichts davon geahnt, umso mehr erschütterte es mich nun. Es war, als hätte mein Vater gerade ein komplett neues Kapitel aus unserem Familienleben aufgeschlagen – und zwischen den Zeilen nahm eine neue Geschichte Gestalt an. Endlich erkannte ich, dass unsere Mutter sehr wohl versucht hatte, mit uns Kindern in Kontakt zu kommen. Sie *hatte* sich Mühe gegeben. Aber sie war von den Ereignissen so traumatisiert gewesen, hatte sich so sehr um ihre und unsere Sicherheit geängstigt, dass sie letztlich zurück ins Dorfleben entschwunden war.

Wenn überhaupt, dann bestärkte diese neue Perspektive auf Moms Leben meinen Entschluss, sie zu suchen. Im Laufe dieser langen Nacht wandte sich das Gespräch irgendwann logistischen Fragen zu. Mein Vater stellte mir haufenweise Fragen – Fragen, auf die ich keine Antwort hatte. Er wollte nur sichergehen, dass ich diese und jene Eventualität bedacht, dass ich mir ernsthafte Gedanken gemacht hatte. Er sorgte sich ganz einfach um meine Sicherheit.

Er erinnerte mich auch an folgende Tatsache: „Du fürchtest dich vor Insekten, David."

Das hatte ich vorausgesehen. Und ich antwortete: „Ja, die werde ich wohl überwinden müssen."

Es war ganz bestimmt nicht geringschätzig von meinem Vater gemeint, nur praktisch gedacht. Aber diese praktische Herangehensweise ließ mich meinen Plan noch einmal überdenken. Und doch war ich wild entschlossen. Meine Sehnsucht war einfach zu groß. Ich würde mich auf den Weg in den Regenwald machen. Ich würde meine Mutter finden. Irgendwie.

MEIN VATER wollte mir zwar helfen, doch er hatte keine Kontakte mehr in Venezuela. Es frustrierte ihn, das feststellen zu müssen – aber immerhin waren zwanzig Jahre vergangen. Trotzdem wusste er natürlich einiges mehr über die Region und über Expeditionsvorbereitungen als ich. Wir beschlossen, dass ein Anruf bei Dr. Robert Carneiro, dem Direktor des American Museum of Natural History, ein guter Anfang wäre. Carneiro war ein bekannter und respektierter US-amerikanischer Ethnologe. Vor vielen Jahren hatte er gemeinsam mit meinem Vater die Yanomami besucht. Zudem war er ein langjähriger Freund der Familie und kannte unsere Geschichte.

Ich schickte ihm eine E-Mail, denn es war mir wichtig, meine Worte gewissenhaft zu wählen. Ich schrieb:

> Ich bin ein Sohn, der seine Mutter sucht. Allerdings weiß ich nicht recht, wie ich das anfangen soll. Ich habe meinem Vater davon erzählt. Wir haben stundenlang darüber gesprochen, welche Umstände dazu führten, dass meine Mutter uns verließ. Ich bin zu dem Schluss

> gekommen, dass mein Vater noch immer mit den schmerzhaften Vorwürfen lebt, die seinerzeit gegen ihn erhoben wurden. Ich will nicht, dass er all das noch einmal durchmachen muss. Ich liebe meinen Vater und will nicht, dass er noch mehr leiden muss.

Ich glaube, ich wollte erst einmal eine Konfrontation vermeiden und Carneiros Interesse wecken, bevor ich mich einem Gespräch stellte. Und falls seine erste Reaktion auf mein Anliegen negativ ausfiel, hatte er wenigstens Zeit, seine Haltung zu überdenken.

Doch es zeigte sich, dass meine Sorgen unbegründet waren. Carneiro antwortete praktisch sofort und sprudelte nur so vor Enthusiasmus:

> Zweifelsohne wird die Suche nach deiner Mutter eine reizvolle und aufregende Odyssee! Ich habe volles Verständnis für deinen Wunsch, deine Mutter zu finden. Mit Sicherheit wird es ein höchst emotionales Erlebnis, wenn ihr euch endlich wieder gegenübersteht. Bestimmt bist du dir völlig im Klaren darüber, dass es kein leichtes Unterfangen wird, doch ich bin davon überzeugt, dass du dich nicht durch etwaige Hindernisse aufhalten lassen wirst.

Nach seiner begeisterten E-Mail konnte ich es kaum erwarten, ihn persönlich zu treffen. Zwar hatte Carneiro die Hasupuwe-teri nur ein Mal für einige Monate besucht, seine Forschung hatte sich im Wesentlichen mit einem anderen Stamm befasst. Aber er besaß viele Kontakte im Amazonasgebiet, sein Name öffnete Türen und verlieh meinem Unterfangen eine gewisse Legitimität. Sofort machte er sich an die Arbeit, um mir seine Kontakte zu vermitteln. Als ich ihn in seinem Büro im Museum besuchte, erkannte er auf Anhieb alle positiven und negativen Aspekte meiner Reise – aber im Großen und Ganzen fand er die Idee großartig.

Einer der ersten Anrufe, die er für mich tätigte, galt dem Instituto Venezolano de Investigaciones Científicas – das Venezolanische Forschungsinstitut oder kurz IVIC. Dieser Anruf löste eine telekommunikative Kettenreaktion aus, an deren Ende ein Telefonat mit Dr. Hortensia Caballero stand, einer Ethnologin aus Caracas, die meine Familie von einer unserer früheren Reisen kannte. Damals war sie noch Studentin und ich ein Kleinkind gewesen. Ich konnte mich zwar nicht mehr an diese Begegnung erinnern, Hortensia aber sehr wohl – und glücklicherweise wollte sie hören, was ich zu erzählen hatte.

Dass ich unsere Familiengeschichte so öffentlich ausbreitete, schien meinen Vater ein wenig zu verunsichern, auch wenn er es nicht offen ansprach. Immerhin wäre ihm diese Geschichte damals beinahe zum Verhängnis geworden, und er konnte nicht einschätzen, welche Konsequenzen sich nun ergeben würden, wenn ich daran anknüpfte. Er bot mir jede erdenkliche Hilfe an, doch uns beiden wurde rasch klar, dass ich die Hauptarbeit übernehmen musste. Er würde mich wichtigen Leuten vorstellen, mir hinter den Kulissen Ratschläge erteilen, aber meinen Pfad zurück in den Regenwald musste ich schon selbst schlagen.

In der venezolanischen Regierung gab es immer noch genug Leute, die ganz und gar nicht damit einverstanden waren, dass mein Vater eine Yanomami-Frau geheiratet hatte – er galt deswegen nach wie vor als eine Art Persona non grata. Noch Jahre nach seiner Rückkehr in die Vereinigten Staaten musste er sich mit der Anschuldigung herumschlagen, er hätte meine Mutter und ihr Volk ausgenutzt. Jahrelang attackierte ihn die regierungstreue venezolanische Presse, weil er ihrer Ansicht nach gegen die Interessen der indigenen Bevölkerung im Regenwald verstieß – bis sich um meine Familiengeschichte ein Netzwerk aus Lügen und Missverständnissen rankte, das einige Venezolaner, die es nicht besser wussten, für bare Münze nahmen.

Außerdem, da bin ich mir sicher, vermisste er meine Mutter aufs Schmerzlichste. Immer noch.

Und dann, nach all den Jahren, zerrte ich alles wieder an die Oberfläche – natürlich versetzte das meinen Vater in große Unruhe. Zweifellos befürchtete er, dass ich für Aufruhr sorgen und er am Ende wieder als der Bösewicht in diesem Drama dastehen würde. Verübeln kann ich ihm das nicht, ich hätte an seiner Stelle ganz genauso empfunden.

Natürlich wollte ich meinem Vater das alles nicht antun – und eigentlich hatte ich vor, diesen Abschnitt des Weges so unauffällig wie möglich zu gestalten, doch es erwies sich als unmöglich, eine solche Expedition vorzubereiten, ohne ein gewisses Aufsehen zu erregen. Die ethnologische Gemeinschaft war eine relativ kleine und eng vernetzte Gruppe. Jeder kannte jeden, und als sich die Nachricht verbreitete, dass Kenneth Goods Sohn zurück in den Dschungel wollte, um seine Mutter zu suchen – da horchten die Leute auf. Entwicklungshelfer, Missionare, Ethnologen – jeder war gespannt, wie unsere allseits bekannte Familiengeschichte wohl weitergehen würde.

TEILWEISE waren die Reaktionen wirklich überwältigend. Schon zu einem frühen Zeitpunkt machte mir etwa ein Produzent von National Geographic das Angebot, meine Reise komplett zu finanzieren, wenn ich im Gegenzug die Rechte für eine Dokumentation abtrat – was natürlich einen kompletten Zugriff und eine gewisse Zensur eingeschlossen hätte. Zunächst war ich begeistert, denn schon früh hatte sich Geld als eine meiner Hauptsorgen erwiesen – im Grunde war ich völlig mittellos. Aber National Geographic, schon der Name allein, bedeutete mehr als nur Geld, denn genau wie Carneiros Segen schenkte er meinem Unterfangen eine gewisse Legitimität und verhieß die Chance, die Yanomami in positiverem Licht erscheinen zu lassen.

Mein Vater kochte vor Wut. Kurz nach Erscheinen der Dokumentation „Yanomami Homecoming" hatte er sich mit seinen Kontaktpersonen bei dem Sender überworfen. Seiner Meinung nach war er während der Dreharbeiten schlecht behandelt worden, außerdem fand er die Interview-Methoden teilweise skrupellos, insbesondere bei der Befragung meiner Mutter. Darüber hinaus, so glaube ich, machte er den Leuten auch zum Vorwurf, dass sie den Verräter Armando engagiert hatten – auch wenn er selbst es gewesen war, der Armando nach Abschluss der Dreharbeiten erneut in unser Leben gelassen hatte.

Freilich wollten einige der Leute, die an der ersten Dokumentation mitgewirkt hatten, auch an diesem Homecoming-Projekt teilnehmen. Mein Vater sträubte sich energisch dagegen, dass ich mich mit diesen Leuten einließ. Aus Respekt vor meinem Vater beschloss ich also, meine Reise ganz ohne Begleitung irgendwelcher Medien anzutreten.

Als meine Pläne nach und nach Gestalt annahmen, erzählte ich meiner Schwester davon. Sie freute sich für mich. Vanessa war verheiratet, hatte ein kleines Kind, und das zweite war unterwegs. Ich fragte sie, ob ich unserer Mutter ein Andenken von ihr oder eine Nachricht überbringen sollte. Sie dachte darüber nach, dann antwortete sie: „Ich habe Mom eigentlich nichts zu sagen. Versteh mich nicht falsch, David. Ich bin ihr überhaupt nicht böse. Ich wünsche dir alles Gute und hoffe, dass du sie findest." Sie war nicht wütend, hegte keinen alten Groll, diese Reise hatte für Vanessa einfach eine völlig andere Bedeutung als für mich.

Und was Danny anbelangte .... Wie bei Vanessa spielte unsere Mutter in seinem Denken eine ganz andere Rolle als in meinem. Er war noch zu jung, um echte Erinnerungen mit den wenigen Fotos zu verknüpfen, die ihm wohl im Lauf der Jahre untergekommen waren, oder mit den Bildern der Dokumentation, die er bestimmt einmal gesehen hatte.

Er stand in der Küche und briet Eier. Natürlich hatte er die Gespräche über die Reisevorbereitungen mitbekommen, wir lebten ja in einem gemeinsamen Haushalt, aber er hatte sich bisher nicht dazu geäußert. Jetzt legte er den Arm um meine Schulter und meinte: „Wie ich höre, machst du dich also auf den Weg zum Amazonas, auf der Suche nach deinen Wurzeln."

„So was in der Art", antwortete ich. „Ich versuche, Mom zu finden."

Er zog mich in eine warme, brüderliche Umarmung und wünschte mir Glück. „Was auch immer du suchst, Dave, ich hoffe, du findest es."

Als wir uns aus der Umarmung lösten, schubste er mich kumpelhaft und scherzte: „Du bist vielleicht ein verrückter Mistkerl."

Ich ertappte mich bei dem Gedanken, wie es sein konnte, dass meine Geschwister in dieselben Umstände hineingeboren wurden wie ich, aber die Anziehungskraft des Dschungels nicht spürten. Fürs Erste war ich aber mit ihrem Segen und ihrer Unterstützung zufrieden.

HORTENSIA CABALLERO schickte mir bald nach unserem ersten Gespräch eine wirklich nette E-Mail, in der sie mir ihre volle Unterstützung zusicherte und anbot, vor meiner Anreise vor Ort so viele Formalitäten wie möglich zu erledigen. Dass sie mir den ganzen Papierkram abnehmen wollte, war eine enorme Hilfe. Außerdem sicherte sie mir zu, mich unter ihre Fittiche zu nehmen und mir die wichtigsten Leute in der Region vorzustellen. Es war eine glückliche Fügung, dass Hortensia an der nächsten alljährlichen Versammlung der American Anthropological Association in Philadelphia teilnahm, also verabredeten wir uns.

Wir trafen uns in einem Café in der Innenstadt, unweit des Hotels, in dem sie abgestiegen war. Ich war sehr aufgeregt, doch es lief super. Wir tauschten Geschichten über verloren geglaubte Verwandte aus – sie erzählte, dass sie im Westen der USA nach einem Familienangehörigen geforscht hatte und sich deshalb meiner Suche sehr verbunden fühlte. Schließlich verbrachten wir den ganzen Nachmittag zusammen, und die ganze Zeit dachte ich: Heiliger Strohsack, das hier passiert wirklich! Es war fast, als hätte ich dieses Treffen mit Hortensia gebraucht, um überhaupt zu realisieren, dass mein Traum nun wahr wurde.

Das war der Anfang einer bemerkenswerten Freundschaft – und einer unschätzbar wertvollen Arbeitsbeziehung. Ohne Hortensias großartige Unterstützung hätte ich dieses absolut gewagte Unternehmen nie verwirklichen können – sie ist eine außergewöhnliche Frau, eine wahrhaft gute Seele und den Yanomami und ihrer Art zu leben tief verbunden. Auf einer rein praktischen Ebene spielte sie eine Schlüsselrolle. Sie sprach fließend Englisch, und sie hatte viele Freunde innerhalb und außerhalb des Yanomami-Territoriums. Vor allem aber vertraute ich ihr.

Im Anschluss an unser Treffen in Philadelphia brachte mich Hortensia immer wieder auf den neuesten Stand – und sie schickte mir die Papiere, die ich brauchte, um ins Land zu dürfen, sowie die Reiseroute, der wir nach Puerto Ayacucho folgen würden. Außerdem erklärte sie mir, welche Ausrüstung auf so einer Reise unverzichtbar war. Sie arbeitete alles gewissenhaft aus und unternahm sogar eine kleine Aufklärungsreise in den Regenwald, um Anhaltspunkte über den Aufenthaltsort meiner Mutter zu finden. Sie hörte sich um – zuerst bei den Missionaren in der Gegend und bald schon bei den Stämmen, die sie entlang des Orinoko antraf.

Es stellte sich heraus, dass jeder Yarima kannte. In ihrem Heimatdorf ebenso wie in den Nachbardörfern oder tief im Urwald – die Geschichte meiner Mutter war allseits bekannt. Also war es für Hortensia nicht allzu schwierig, ihren Aufenthaltsort in Erfahrung zu bringen.

Schließlich folgte sie ihrer Spur nach Koripi-wei, einem Dorf, das nicht sehr weit entfernt flussabwärts lag. Wieso meine Mutter unter den Koripi-wei-teri lebte, blieb ein Geheimnis, aber dort war sie.

Hortensia schrieb mir umgehend. Begeistert berichtete sie, dass meine Mutter am Leben und wohlauf sei – worüber wir ohne Hortensias gründliche Recherchen natürlich niemals Gewissheit gehabt hätten.

Die gute Nachricht von Hortensia hatte ich gebraucht – obwohl ich mich ehrlich gesagt geweigert hatte zu glauben, dass es Mom womöglich nicht gutgehen könnte, auch wenn alle versucht hatten, mich darauf vorzubereiten, dass ich meine Mutter womöglich niemals finden würde.

Hortensia ließ mich außerdem wissen, meine Mutter habe gelächelt, als sie hörte, dass ich sie sehen wollte. Sie fragte einzeln nach jedem von uns. Laut dem Mittelsmann, einem Missionar, konnte meine Mutter meine Ankunft plötzlich kaum mehr erwarten. Einem Übersetzer zufolge bat sie Hortensia: „Sag ihm, er soll ein Boot nehmen und herkommen."

Natürlich war das nicht ganz unproblematisch. Man kann nicht einfach so ins Yanomami-Territorium marschieren. Zuvor gilt es, eine Menge Papierkram zu erledigen, Impfungen vorzuweisen und den Kampf gegen die Regierungsbürokratie zu gewinnen, um eine Sondererlaubnis zu erhalten. Und dann stellte sich noch das Problem der Finanzierung. Allein der Flug würde über tausend Dollar kosten. Hinzu kamen Handelsgüter für die Yanomami, also Macheten, Töpfe, Angelhaken und alle möglichen Eisenwaren. Ich musste Verpflegung, lebensrettende Medikamente und Ausrüstung besorgen, inklusive Hängematte, Moskitonetze und Insektenschutzmittel. Alles in allem würde die Reise mehrere tausend Dollar kosten – Geld, das ich nicht hatte.

Mithilfe desselben Übersetzers beschaffte Hortensia in weiser Voraussicht einen Einladungsbrief von meiner Mutter, der die Rechtmäßigkeit meines Besuchs unterstreichen sollte. Der Brief war auf Yanomami geschrieben und ins Spanische übersetzt worden. Er lautete wie folgt:

> Davi, wir wollen, dass du uns im Dorf Koripi-wei besuchst. Ich bin deine Mutter. Du musst deine Familie, deinen Großvater, deine Groß-

> mutter und deinen Schwager besuchen. Natürlich wollen wir, dass du kommst und uns besuchst und Sachen mitbringst. Wir brauchen Macheten, Schalen, Angelhaken, Textilien und Stoffe und Perlen. Diese Dinge sollst du uns als Geschenke mitbringen. Davi, du kannst deinen Bruder und deine Schwester mitbringen. Wir wollen ihre Gesichter sehen. Ich bin eure Mutter, Yarima. Ich schicke dir diesen Brief. Natürlich warte ich im Dorf Koripi-wei auf dich. Natürlich musst du kommen und deine Familie besuchen. Davi, du kannst natürlich im August kommen und deinen Neffen mitbringen. Ich will das Gesicht meines Enkels sehen.

Dieser Brief war bemerkenswert. Ich freute mich wahnsinnig. Natürlich handelte es sich um eine doppelte Übersetzung – und das Englisch war so gebrochen, dass es mir nur süß und lustig vorkommen konnte. Seit zwanzig Jahren waren das die ersten Worte, die mich von ihr erreichten. Das ist wirklich eine Ewigkeit, und als ich den Brief ein zweites und ein drittes Mal las, versuchte ich mir vorzustellen, wie es klingen mochte, wenn sie diese Worte sprach. Es brachte mich schier um, dass ich nicht mehr wusste, wie ihre Stimme klang, und ich sehnte mich danach, sie zu hören. Dann schloss ich die Augen und malte mir aus, wie sie wohl aussah, überlegte, was wir zueinander sagen würden, wenn ich endlich wieder bei ihr war.

Bei dem Gedanken daran (und ich dachte weiß Gott sehr oft daran) wurde mir klar, dass dieser Brief das erste und einzige Indiz dafür war, dass meine Mutter nach ihrer Rückkehr in ihr Dorf überhaupt noch an mich und meine Geschwister gedacht hatte – insgeheim hatte ich befürchtet, sie hätte uns vergessen.

MEIN VATER unterstützte mich nach besten Kräften. Mein Flugticket – das um die zwölfhundert Dollar kostete – zahlte ich zwar selbst, aber er lieh mir seine teuren Peli-Koffer – bruchfest und wasserdicht – für meine elektronische Ausrüstung. Außerdem kaufte er mir auch Dinge, die ich im Regenwald brauchen würde, wie einen Trekking-Rucksack mit Rahmen und Mückenschutzkleidung. Er stattete mich auch großzügig mit allerlei Werkzeug und nützlichen Utensilien aus, darunter die richtigen Angelhaken und -schnüre, im Grunde mit allem, was die Dorfbewohner brauchten – oder vielleicht auch als Geschenk erwarteten. Er wusste, mit welchem Garn die Yanomami-Frauen gerne ihre Röcke nähten, also kam auch das in den Einkaufswagen.

Heimlich hoffte ich, mein Vater würde mir irgendwann den Arm um die Schulter legen und sagen: „Mein Junge, ich bin stolz auf dich.“ Aber wie ich wohl schon klargemacht haben dürfte, ist das einfach nicht seine Art, also setzte er sich auf andere Weise für mich ein. Und ich wusste auch so, dass er stolz auf mich war.

Am 24. Juli 2011 brach ich Richtung Newark auf. Etwas unbeholfen verabschiedete ich mich von meinem Vater. Er gab mir seinen Segen, und ich dankte ihm für seine Hilfe.

IN CARACAS, wo sich mir Hortensia anschloss, nahm ich ein Flugzeug nach Puerto Ayacucho, in Samariapo stiegen wir dann in ein Boot. In knapp zwei Wochen erreichten wir die Stromschnellen Raudal de Guaharibos. Jahrhundertelang hatten die frühen europäischen Entdecker geglaubt, dass diese Stromschnellen die Quelle des Orinoko wären, was erklärt, weshalb der Fluss jenseits dieses Punkts nie erforscht worden war und die Yanomami in dieser Gegend so lange in völliger Abgeschiedenheit gelebt hatten. Natürlich wusste ich das, aber nun selbst in diese Gewässer vorzudringen und die Isolation zu erfahren, machte all die ethnografischen Geschichten, die ich gelesen hatte, erst lebendig.

Nun war es an mir, die heimtückischen Stromschnellen zu überwinden. Unser Aluminiumboot mit Außenbordmotor wurde von einem Einheimischen namens Jacinto gesteuert, dessen einzige Qualifikation, soweit ich das beurteilen konnte, darin bestand, dass er diese Gewässer bereits befahren hatte.

Doch Jacinto verstand sein Handwerk. Er wusste genau, wann er wenden musste, wann es Zeit war zu bremsen und wann es sich empfahl, den Motor ausgehen zu lassen. Er kannte die Strömungen.

Am Fluss stießen zwei Missionare zu uns. Als wir die Raudal de Guaharibos endlich hinter uns ließen, war das Jubelgeschrei groß. Alle klatschten sich ab, und erst jetzt bemerkte ich, was für ein seltsames Bild wir abgeben mussten – ein katholischer Pfarrer, eine Nonne, ein US-amerikanischer Yanomami, eine venezolanische Ethnologin und ein einheimischer Führer, vereint in diesem emotionalen Abenteuer.

Als wir noch tiefer in den Regenwald vordrangen, flogen Schwärme von wunderschönen Papageien auf, als würden sie uns willkommen heißen. Es war magisch. Das Blattwerk wurde dichter, satter und einladender. Die Bäume ragten hoch über uns auf. Wir hatten inzwischen herausgefunden, dass meine Mutter nicht mehr bei den Koripi-wei-teri lebte, sondern in ihr Heimatdorf zurückgekehrt war.

Bald erblickte ich die Yanomami, die am Ufer unsere Ankunft erwarteten. So gespannt ich darauf wartete, meiner Mutter wiederzubegegnen, so sehr irritierte mich auch der Anblick all dieser kaum bekleideten und ursprünglich wirkenden Menschen, die das Ufer säumten. Ich konnte mir nur schwer vorstellen, dass ich einer von ihnen war. Sie wirkten so anders, so fremd, mir so unähnlich – und doch bemerkte ich beim genaueren Hinsehen, dass die Gemeinsamkeiten die Unterschiede überwogen.

ALS JACINTO den Motor abstellte und wir uns dem Ufer näherten, wurde mir klar, dass es eine Sache war, Bilder zu betrachten, ein Buch zu lesen oder eine Dokumentation anzuschauen, aber etwas ganz anderes, einer so großen Schar fremd wirkender Menschen gegenüberzustehen. Tausendmal hatte ich mir diesen Augenblick ausgemalt, doch ihn nun tatsächlich zu erleben war unglaublich, und ich dachte unwillkürlich: Bin ich wirklich einer von ihnen?

Die Hasupuwe-teri waren an das Flussufer gekommen, um uns zu begrüßen, weil sie das Geräusch unseres Motors kilometerweit gehört hatten – das Geräusch des Fortschritts. Das Geräusch der eindringenden Außenwelt. Missionare, Ethnologen, Regierungsmitarbeiter. Ich betrachtete die Menschenmenge – *meine* Leute. Die Frauen waren barbusig, viele trugen Röcke, die aus Lianen oder ausrangierter westlicher Kleidung gefertigt waren. Die Männer hatten T-Shirts und kurze Hosen an, viele davon zierten Logos und Sprüche, die ich von zu Hause kannte – wahrscheinlich die Ausbeute aus Spendensammlungen für die Region. Vielleicht hatten sie die Sachen aber auch als Handelsware erworben. Alle waren barfuß. Die Kinder rannten nackt am Ufer entlang und quietschten vergnügt.

Das waren die Hasupuwe-teri – die Menschen, unter denen mein Vater so lange gelebt hatte. Das Volk meiner Mutter, Yarima.

Mein Volk.

Jacinto sprach als Erster. Ich hatte die Yanomami-Sprache gepaukt und verstand trotzdem kein Wort. Und doch erkannte ich am Tonfall, der Körpersprache und den entsprechenden Gesten, dass meine Mutter nicht mehr bei den Hasupuwe-teri lebte. Das war eine Wendung, die mich entmutigte – damit hatte ich nicht gerechnet, doch wie sich immer wieder zeigen sollte, war in diesem Teil der Welt gar nichts so, wie ich es mir vorgestellt hatte.

„Natürlich warte ich auf dich", hatte sie ausrichten lassen.

Aber sie war nicht da.

Ich hätte heulen können – wirklich. Hortensia hatte zuletzt vor einigen Monaten mit meiner Mutter gesprochen, als sie unerklärlicherweise bei den Koripi-wei-teri gelebt hatte – also weit, weit weg von ihrem Heimatdorf am oberen Orinoko. Bei unserer Ankunft hier in der Region hatte es geheißen, sie sei wieder bei ihrem Volk, aber wie verlässlich diese Information war, wussten wir nicht.

Wie sich schließlich herausstellte, war sie nicht besonders weit weg. Sie lebte bei einer kleineren Gruppe in einem anderen Dorf, das Irokai hieß – nur dreißig Minuten zu Fuß entfernt.

Jacinto, Hortensia und ich steckten die Köpfe zusammen, um uns zu beratschlagen, doch als wir gerade mit dem Motorboot wieder abfahren wollten, erhob sich ein Trillern, und die Dorfbewohner winkten, als wollten sie meine Aufmerksamkeit auf sich lenken.

„Was ist los?“, fragte ich Hortensia.

„Sie wollen dich ansehen und berühren“, meinte sie. „Sie haben sich lange gewünscht, dich kennenzulernen.“

Auch wenn Yarima weitergezogen war, die beiden Dörfer standen ja noch immer in Kontakt. Sie waren eng miteinander verflochten. Sie waren eine Familie. Tatsächlich winkten mir vom schlammigen Ufer aus viele Tanten und Onkel und Cousins zu – sogar ein Halbbruder, wie ich bald erfahren sollte.

„Was mache ich jetzt?“, wollte ich von Hortensia wissen.

„Runter vom Boot“, antwortete sie.

Also befolgte ich ihren Rat, und als ich ans Ufer stieg, verschluckte mich diese fröhliche Menschenmenge förmlich und hieß mich willkommen. Ich war unfassbar nervös – aber auch grenzenlos begeistert.

Auf die Yanomami muss ich gewirkt haben wie aus einer anderen Welt mit meiner westlichen Kleidung – Khakihose, Hemd in die Hose gesteckt, Gürtel, Schuhe. Die Frauen und Kinder kamen auf mich zu und legten ihre Hände auf mich. Sie kicherten und machten „Oooh!“ und „Aaah!“ Sie zupften an meinem Haar, an meinen Ohren, an meinen Kleidern. Sie berührten meine Nase und meinen Dreitagebart – für sie etwas Ungewohntes, da Yanomami-Männer nur eine sehr spärliche Gesichtsbehaarung haben.

Zu Hause hätte ich es gehasst, so im Zentrum der Aufmerksamkeit zu stehen. Aber hier im Urwald genoss ich es, weil es für mich bedeutete, dass sie wussten, wer ich war, und dass ich dazugehörte.

Es wurde beschlossen, dass wir hier auf meine Mutter warten würden. Einer ihrer Söhne (mein Halbbruder!) würde sich aufmachen, um sie zu holen. Derweil luden wir die Ausrüstung aus dem Boot und liefen auf einem kurzen Pfad bis ins Dorf, wo ich auf sie warten sollte.

Bevor er sich auf den Weg machte, stellte Hortensia mich meinem Halbbruder vor, der nach meiner Rechnung mindestens sieben Jahre jünger sein musste als ich – also um die achtzehn Jahre alt. Er sah gut aus mit seinem dichten Haar, das an den Seiten abrasiert war – eine klassische Undercut-Frisur. Ich fragte mich, was so ein Haarschnitt mitten im Regenwald auf dem Kopf meines Yanomami-Halbbruders verloren hatte. Dann bemerkte ich, dass er ein rot-grünes Fußballtrikot, schwarze Shorts und um den Hals bunte Perlenketten trug. Ansonsten war er barfuß wie alle anderen. Eine seltsame Mischung.

Ich wusste nicht, welche Begrüßungsformel bei den Yanomami angemessen war, wenn man seinen Halbbruder zum ersten Mal traf, also streckte ich ihm die Hand entgegen. Das war die erste von vielen hirnlosen Aktionen, die ich bei diesem Besuch noch bringen sollte. So eine nichtssagende Geste! Was habe ich mir bloß dabei gedacht? Die Yanomami schütteln einander nicht die Hand, das hätte ich wissen müssen.

Hortensia stellte ihn mir als Micashi vor, und während ich unbeholfen meine Hand wieder zurückzog, wiederholte ich seinen Namen.

Mein Halbbruder legte mir eine Hand auf die Schulter und meinte: „Nein, nein." Er schien mich umgehend korrigieren zu wollen. Dann zeigte er auf sich und sagte mit einem starken Akzent: „Ricky."

„Ricky?", wiederholte ich, nur um sicherzugehen.

Er sprang ein wenig auf und ab – als Zeichen der Begeisterung und Anerkennung. Es schien ihm zu gefallen, dass ich ihn verstanden hatte.

„Ricky", sagte er wieder. „Ricky Martin."

Das war wirklich alles mehr als kurios.

Später erfuhr ich, dass „Ricky Martin" vor Kurzem in Esmeralda gewesen war – einer kleinen Siedlung am Orinoko, Treffpunkt für Militärangehörige, Ärzte, Missionare und Entwicklungshelfer. Dort hatte er die Kleidung und den Haarschnitt her, schlussfolgerte ich. Wahrscheinlich hatte er dort auch einen Song des puerto-ricanischen Popsängers Ricky Martin gehört oder ein Video von ihm gesehen. Unsere Popkultur kennt keine Grenzen, dämmerte mir langsam. „Ricky Martin", wiederholte ich.

Er lächelte, dann zeigte er auf mich und gab bekannt, er werde mich Herman nennen, wegen des spanischen Worts *hermano* für „Bruder".

Ich lächelte ebenfalls. Schon hatte ich einen Spitznamen.

Inzwischen war Ricky Martin unterwegs, um meine Mutter zu mir zu bringen. Ich war angekommen.

Ich platzte fast vor Vorfreude, versuchte meine Aufregung aber im Zaum zu halten. Was, wenn meine Mutter mich nicht erkannte? Was, wenn ich sie nicht erkannte? Wir sprachen nicht einmal dieselbe Sprache, was sollten wir einander also sagen? Ich überlegte, wie unsere Begegnung wohl ablaufen würde. Ich war nervös und aufgewühlt.

Auf unserem Weg zum Dorf kam eine ältere, halbnackte Frau auf mich zu und redete wie ein Wasserfall auf mich ein. Natürlich verstand ich kein einziges Wort, aber was mich wirklich beunruhigte, war der

Umstand, dass ich nicht ausmachen konnte, ob ich ihre Aufregung als freundlich oder aggressiv einordnen sollte. Ihre Stimme klang eindeutig sehr gefühlvoll, aber das entsprach keineswegs ihrem Gesichtsausdruck. Im einen Augenblick wirkte sie streng und ablehnend, im nächsten herzlich und freundlich. Sie blickte finster drein, sie lächelte. Sie schrie, sie flüsterte. Es war merkwürdig – und ziemlich verwirrend. Doch dann tat sie etwas Überraschendes, Wundervolles. Sie griff nach meinem Gesicht und zog mich zu sich heran, als wollte sie mir etwas ins Ohr flüstern. Dann drückte sie mir ihre Nase an die Schläfe und rieb sie energisch über meine Wange. Dies war, wie ich später herausfand, die traditionelle Geste, um Liebe und Freundschaft auszudrücken. Ich wäre wirklich ergriffen gewesen und hätte mich für diesen Willkommensgruß völlig begeistert, hätte sie nicht eine zähflüssige Spur aus Speichel und Tabaksaft in meinem Gesicht hinterlassen.

Übrigens: Jeder im Dorf kaut Tabak – nicht, wie wir in den USA ihn kennen, sondern ein zusammengerolltes Tabakblatt, das man sich in die Backentasche steckt. Das soll im Grunde gar nicht so ungesund sein. Allerdings gehört deshalb ein sanfter Sprühregen aus Tabaksaft hier anscheinend zum Reden dazu.

Wir gelangten zum Eingang des Shabono. Plötzlich war ich umgeben von Bildern und charakteristischen Gegenständen, die ich von den Fotos meines Vaters kannte. Es war, als wäre ich schon einmal hier gewesen – nur waren meine Erinnerungen an die Fotos gebunden, die ich betrachtet hatte, und nicht an die Zeit, die ich tatsächlich vor vielen Jahren in so einem Bauwerk verbracht hatte. Es waren die Erinnerungen meines Vaters, nicht meine.

Mir fiel auch eine Neuerung auf: eine Hütte, die die geschlossene Struktur des Shabono aufbrach. Und in der Mitte des Bauwerks befanden sich Grasflächen. Ich sah darüber hinaus eine Menge Kleidung – teils westlicher Herkunft, teils selbst gemacht –, die an Querbalken hing. Außerdem gab es diverse Töpfe und Pfannen. Offenbar waren im Lauf der Jahre etliche Besucher in diesem Dorf vorbeigekommen.

Ich hängte meine Hängematte auf und packte meine Sachen aus, und während ich mich einrichtete, war ich wieder von Frauen und Kindern umgeben. Sie saßen zu meinen Füßen auf dem Boden und beobachteten mich auf Schritt und Tritt. Sie lächelten. Sobald meine Hängematte befestigt war, hüpften ein paar Kinder hinein. Es wurde viel gelacht. Die Männer des Dorfs standen im Halbkreis um uns herum und behielten das Geschehen schweigend im Blick. Vielleicht wussten sie nicht, was sie von mir halten sollten.

Die Frauen und Kinder redeten pausenlos auf mich ein, als Antwort

Nachdem ich in Hasupuwe meine Hängematte aufgehängt hatte, wartete ich auf Moms Eintreffen. Die Frauen und Kinder aus dem Dorf versammelten sich um mich und bestaunten mich.

Wenige Augenblicke nach meinem Wiedersehen mit Mom. Wir waren beide sehr ergriffen.

Gelegentlich überraschte mich Mom mit einem Schwall englischer Worte. Hier streckte sie mir eine gesäuberte und ausgenommene Boa constrictor entgegen und fragte: *„Want some snake?"*– Möchtest du etwas Schlange?

konnte ich nur lächeln. Aus den Tiefen meiner Kindheitserinnerungen konnte ich nur zwei Yanomami-Sätze ausgraben: *ya-ohi* („Ich habe Hunger") und *ya-posi-shiiti* („Mein Po juckt"). Der erste traf zweifellos zu. Aber ich sagte nichts – dafür war ich zu aufgeregt. Bald würde ich meine Mutter wiedersehen, nach so langer Zeit. Es gab nichts zu sagen.

SCHLIESSLICH kam meine Mutter im Dorf an, ein wenig außer Atem. Ich konnte mir nur ausmalen, was sie für ein Gesicht gemacht hatte, als Ricky Martin ihr mitgeteilt hatte, dass ich endlich hier war. Bestimmt war sie aufgeregt gewesen, hatte stehen und liegen lassen, was sie gerade getan hatte, und war zu ihrem Sohn geeilt, ihrem lange verschollenen Sohn. Abruptes Schweigen kündigte ihr Kommen an. Das Lachen, das Geplauder, das wasserfallartige Reden verstummten, als meine Mutter das Shabono betrat. Alle Blicke richteten sich erst auf sie und dann wieder auf mich.

Ich schaute auf und erkannte sie sofort.

Meine Mutter kam auf mich zu, auf dem Rücken einen traditionellen Yanomami-Korb, der von einem Band an ihrer Stirn gehalten wurde. Ich hatte Bilder von solchen Körben gesehen – dieser war bis über den Rand mit Maniok gefüllt. Sie war traditionell gekleidet, das hieß, sie hatte kaum etwas an. Sie war barfuß, oben ohne und trug einen roten Rock. Außerdem waren ihre Nase und ihre Unterlippe mit Hii-hi-Stäbchen gepierct, ein bei Frauen im Regenwald beliebter Schmuck. Um den Hals hatte sie Ketten aus blauen Perlen, ihre Ohren schmückten tropische Blumen. Ihr Haar trug sie kurz, in dem typischen Topfschnitt, und ihr Gesicht war mit dekorativen roten Streifen bemalt.

Ich hatte gewusst, dass mir meine Mutter so entgegentreten würde. Auf einer intellektuellen Ebene hatte ich es gewusst. Trotzdem war ich ein wenig verdattert – ich erstarrte förmlich vor Ehrfurcht und Bewunderung.

Sie löste das Band mit dem Korb von ihrer Stirn und stellte ihn ab. Ich erhob mich von meiner Hängematte und ging auf sie zu, und während ich das tat, dachte ich: So ein Mist, was mache ich jetzt? Jede meiner Bewegungen war mir bewusst, wahrscheinlich weil so viele Augenpaare uns beobachteten. Ich spulte in meinem Kopf alles ab, was ich über die Region und ihre Menschen gelesen hatte. Wie begrüßt man eine Yanomami-Frau, die zufällig die eigene Mutter ist? Wir hatten einander seit über zwanzig Jahren nicht gesehen. Ich wollte *unbedingt* alles richtig machen.

Doch für diesen Augenblick gab es kein „Protokoll". Wir standen einfach da, ein, zwei Meter voneinander entfernt, und ich hätte so gern die Hand nach ihr ausgestreckt, sie in die Arme genommen, aber die Yanomami umarmen einander nicht. Das kommt in ihrer Kultur nicht vor. Sie küssen einander auch nicht – ebenso wenig wie sie sich die Hand geben, das wusste ich ja jetzt. Verglichen mit dem Theater, das wir westlichen Menschen veranstalten, wenn wir kommen und gehen, machen die Yanomami zur Begrüßung und beim Abschied ziemlich wenig. Jedenfalls *normalerweise.* Meine Mutter ging nun die letzten Schritte auf mich zu und legte mir die Hand auf die Schulter. Ich konnte spüren, dass ihre Hand zitterte. Dann fing sie an zu weinen. Erst waren es nur ein paar Tränen, aber bald schluchzte sie heftig und stöhnte vor Trauer und Glück.

Sofort wurde ich von Kindheitserinnerungen überflutet – wie meine Mutter und ich auf dem Boden im Wohnzimmer rauften, wie wir auf dem Bett herumsprangen, wie wir Achterbahn fuhren, wie wir Pommes aßen. Ich weinte mit ihr. Die Frauen, die uns beobachteten – die Yanomami ebenso wie Hortensia und einige Missionarinnen –, weinten ebenfalls. Eine Zeitlang waren wir alle schlicht überwältigt. Schließlich legte ich meiner Mutter den Arm um die Schulter, schaute in ihre dunkelbraunen Augen und staunte, wie schön sie waren. Wie schön *sie* war. Ihre Hand lag immer noch auf meiner Schulter, sie berührte mich immer wieder, zog mich aber nicht an sich. Ihre Finger streichelten meine, als wollte sie sehen, ob ich echt war.

Ich wusste nicht, was ich sagen sollte. „Mom, ich bin's. David", brachte ich schließlich heraus.

Ich wollte einfach irgendetwas von mir geben und meinte deshalb: „Mom, ich bin's, David. Ich bin heimgekommen."

9. September 2011, 11:12 Uhr

Oberer Orinoko, Yanomami-Territorium

Auf dem gesamten Weg zu dem verlassenen Shabono war meine Mutter ununterbrochen in eine Singsang-Unterhaltung mit den anderen Frauen vertieft. Sogar als wir unter den Findlingen kauerten und das Ende des Sturms abwarteten, redeten sie ohne Unterlass. Was sie sagten, verstand ich nicht. Ich lauschte der trällernden Stimme meiner Mutter und stellte mir vor, sie erzähle, wie sehr sie sich freue, dass ich zu ihr zurückgekehrt war. Wahrscheinlicher war, dass sich ihr Gespräch gar nicht um mich drehte.

Als wir jetzt zum Rest unserer Gruppe zurückkehrten, nach einem Unwetter, bei dem westliche Menschen um unsere Sicherheit gebangt hätten, schaute niemand von seiner Beschäftigung auf. Niemand rannte uns entgegen, um uns zu begrüßen oder auch nur beim Abladen der Bananen und der Fische zu helfen, die wir mitgebracht hatten. Und auch wir jubelten nicht vor Glück beim Anblick der anderen, die wir wohlbehalten dort antrafen, wo wir sie verlassen hatten, dabei hatten doch auch sie denselben Tropensturm durchlebt wie wir.

Stattdessen ging jeder einfach seinem Tagwerk nach, machte sein Ding, also versuchte ich das auch. Es war inzwischen später Vormittag, und am Gemeinschaftsfeuer tat sich etwas. Ich legte die Kochbananen ab, die ich getragen hatte, und ging zum Feuer hinüber, um zu sehen, ob ich helfen konnte. Es gab Fisch, Reis, etwas Fleisch. Während ich nach einem leeren Topf suchte, fiel mir ein, dass ich in meinem Rucksack Spaghetti hatte. Ich wusste nicht mehr, warum ich sie auf diesen kurzen Ausflug mitgeschleppt hatte, aber sie waren nun mal da, und ich beschloss, sie zuzubereiten, sozusagen als Überraschung für die anderen. Ich war noch dabei, mich in der Gruppe zurechtzufinden, mich zu integrieren, und ein Nudelgericht konnte man sicherlich als Beitrag gelten lassen.

Bestimmt hatten die Yanomami schon einmal Spaghetti gegessen, dachte ich bei mir – sei es, dass Missionare sie mitgebracht hatten oder sogar mein Vater, also kramte ich sie hervor. Zwei Packungen, genug für alle.

Was die Yanomami von solch einem Essen hielten, wusste ich nicht so recht. Doch sie waren begeistert. Wir kochten sie einfach in Wasser mit ein bisschen Salz. Es war ein netter kleiner Imbiss, und nach einer Weile ging ich zu meiner Hängematte, die neben der meiner Mutter hing, um meinen Teller zu säubern. Es war die heißeste Tageszeit, mein Bauch war voll, und ich wollte mich ein bisschen ausruhen, bevor ich mich den Arbeiten widmete, die am Nachmittag anstanden. Aber bald näherte sich eine Gruppe plaudernder, kichernder junger Mädchen. Sie wollten mit mir reden, nur verstand ich sie nicht. Sie sprachen zu schnell, und sie redeten alle durcheinander. Mom war gerade nicht in der Nähe, konnte mir also nicht helfen.

Es stellte sich heraus, dass die Mädchen wollten, dass ich mit ihnen sang und tanzte – oder, besser gesagt, so tanzte wie sie. Eine von ihnen zerrte mich förmlich aus meiner Hängematte und bedeutete mir, es ihr gleichzutun. Nur konnte ich den traditionellen Yanomami-Tanzstil, den sie vorführte, nicht recht nachahmen. Meine Bewegungen waren ungelenk. Die Übrigen sangen und klatschten zur Begleitung, und sie freuten sich diebisch über meine offensichtliche Unfähigkeit, mich so zu bewegen wie die anderen.

Nach einer Weile war ich es leid, dauernd ausgelacht zu werden. Schließlich hatte ich mich schon lächerlich gemacht, als ich alberner-weise versucht hatte, stampfend und singend wie ein Dorfschamane das Unwetter wegzupusten. Und ich hatte bereits reichlich Aufmerksamkeit und Gekicher geerntet – weil ich die Sprache oder die Bräuche nicht verstand oder was auch immer sonst von mir erwartet wurde.

Also beschloss ich, den Spieß umzudrehen und meiner Yanomami-Familie zu zeigen, wie wir daheim tanzten und feierten. Ich legte also einen Moonwalk aufs Parkett. Ich präsentierte meine beste Michael-Jackson-Nummer, und was mir an Geschicklichkeit und Anmut fehlte, ersetzte ich durch Mut und Entschlossenheit. Wieder einmal zeigte sich, dass ich zwei linke Füße hatte, aber diese Mädels hatten ja keinen Vergleich. Sie beobachteten mich bass erstaunt! Ihre Mienen spiegelten gleichermaßen Ratlosigkeit und Entsetzen wider.

Und dann fingen sie, eine nach der anderen, zu lachen an.

Trotzdem konnte ich bald ein paar von ihnen überzeugen mitzumachen. Für die nächsten ein, zwei Stunden boten wir wohl einen höchst seltsamen Anblick. Aber zum ersten Mal bewegte ich mich völlig unbekümmert, fröhlich und selbstvergessen. Ich tanzte absolut sorglos. Ich tanzte, als würde ich nirgends sonst hingehören.

Mein Leben als Yanomami

Ich war müde von der Reise, erschöpft. Das Wiedersehen mit meiner Mutter hätte nicht besser laufen können, und doch war es auch eine seelische Belastung, nach all den Jahren wieder Kontakt zu meiner Familie aufzubauen.

Mein Verstand raste, mein Herz raste. Mom wich mir nicht von der Seite, und ich hatte das Gefühl, das gesamte Dorf stünde ganz dicht um meine Hängematte herum. Mom schien wie betrunken von dem überwältigenden Gefühl, dass sie ihren Davi zurückhatte. Ich selbst war eher kaputt als aufgekratzt, erleichtert, dass alles gut gegangen war, das schon, aber vor allem freute ich mich auf das, was nun kommen mochte.

Während ich im Begriff, war anzukommen und mich an die neue Umgebung zu gewöhnen, fiel mir immer wieder etwas ein, was mir mein Vater über das Volk der Yanomami gesagt hatte. „Dave, einiges von dem, was du dort sehen wirst, wird dir vielleicht nicht gefallen."

Und tatsächlich, kaum war ich aus dem Boot gestiegen, sah ich mich schon mit diesem Dilemma konfrontiert.

Während ich neben meiner Mutter in meiner Hängematte saß, trieben zwei Yanomami-Jungen Unfug im Shabono. Sie mochten vielleicht acht, neun Jahre alt sein. Der eine Junge schubste den anderen, der daraufhin zu weinen begann und den anderen dann seinerseits anrempelte – keine große Sache, könnte man meinen. Doch bald hatte sich quasi das ganze Dorf am Schauplatz versammelt. Eine Frau nahm einen der Jungen beiseite und gab ihm einen Knüppel. Dann tauchte eine andere Frau, vielleicht die Mutter oder Tante des zweiten Jungen, auf und stattete ihn ebenfalls mit einem Knüppel aus. Man gab den Jungen Anweisungen, was sie mit ihren Knüppeln machen sollten. Diese hatten etwa die Größe von Polizei-Schlagstöcken und waren aus massivem Holz.

Von ihren Eltern dazu genötigt, begannen die Jungen mit ihren Knüppeln auf den Kopf des jeweils anderen zu zielen. Inzwischen weinten sie alle beide. Keiner von ihnen wollte diese Schläge austeilen oder einstecken, aber das erwarteten ihre älteren Verwandten von ihnen. Es war wie ein Übergangsritus, und er kam mir einfach nur abschreckend und brutal vor.

Mein Vater hatte recht: Einiges von dem, was ich dort zu sehen bekam, mochte ich nicht – und schon jetzt, wo ich noch nicht einmal ausgepackt hatte, war ich empört.

Einer der Jungen war viel größer und stärker als der andere, wirkte aber auch nervöser als sein Gegenüber. Die Jungen waren blutverschmiert, schluchzten und taumelten, weil es so anstrengend war und es sie so viel Kraft kostete, diese Schläge auszuteilen. Es war entsetzlich, man konnte es kaum mit ansehen – und irgendwann, als ich mitbekam, dass der eine Junge durch einen Schlag eine regelrechte Platzwunde davontrug, erhob ich mich erzürnt. Ich war stinksauer!

Doch sobald ich stand, hielt ich inne und sagte mir, ich müsse mich wie ein Ethnologe verhalten und beobachten; ich dürfe mich nicht einmischen. Einen Augenblick lang meinte ich, auf diese idiotischen Gedanken hören zu müssen. Doch dann merkte ich, was für ein Unsinn das war. Bei dem Kampf zwischen diesen beiden Jungen ging es nicht um den Sieg, so viel wurde mir klar – es war vielmehr eine Prüfung auf Herz und Nieren, die sie auf die Möglichkeit vorbereiten sollte, dass sie in einen echten Kampf gerieten.

Ich hatte absolut keine Ahnung, was ich tun sollte. Einerseits wusste ich genau, dass dies ein Aspekt dieser Kultur war – einer Kultur, zu der ich nur ansatzweise gehörte. Wenn ich einschritt, würde ich mich selbst als Außenseiter positionieren, wo ich mich doch eigentlich anpassen wollte. Ich wollte keine Aufmerksamkeit auf mich lenken, konnte aber auch nicht untätig zusehen, wie diese beiden Jungen einander zusammenschlugen. Es war ein Kulturschock.

Wie erstarrt muss ich eine gute Weile dort gestanden haben – in der Zwischenzeit schien der Kampf ein wenig abzuflauen. Schließlich ertrug ich es nicht länger, nicht einmal bei diesem gedrosselten Tempo, also zog ich ein T-Shirt aus meinem Gepäck – ein leuchtend orangefarbenes, das ich mitgebracht hatte, um es den Dorfbewohnern zu schenken – und ging damit auf den Jungen zu, der bei der Schlägerei mehr abbekommen hatte. Es ist mir wichtig zu erwähnen, dass nicht ich es war, der den Kampf beendete. Er war schon vorbei. Aber dieses Kind war wirklich übel zugerichtet. An seinem Kopf klaffte eine Wunde, und ihm liefen das Blut und die Tränen in Strömen übers Gesicht. Ich handelte, ohne zu denken, und spulte die Handgriffe ab, die ich daheim im Erste-Hilfe-Kurs gelernt hatte.

Während ich mich dem Jungen näherte, zerriss ich das T-Shirt der Länge nach. Das T-Shirt war nagelneu, und der Stoff gab beim Zerreißen mit einem klaren, scharfen Knirschen nach. Die Menge, die sich versammelt hatte, um den Kampf zu verfolgen, schnappte kollektiv nach Luft. Plötzlich begannen sie, mich anzuschreien – ganz offensichtlich fanden sie mein Verhalten empörend. Am allermeisten schien sie zu stören, dass ich soeben ein tadelloses T-Shirt ruiniert hatte. Sie sahen das Ganze eindeutig aus einer anderen Perspektive.

Ich nahm ein wenig Wasser und schüttete es dem Jungen über den Kopf, um rasch die Wunde zu säubern. Ich setzte ihn hin – um ihn zu beruhigen, wie ich zunächst dachte, bis ich merkte, dass ich derjenige war, der Beruhigung nötig hatte. Dann wickelte ich ihm einen abgerissenen T-Shirt-Streifen um den Kopf, um die Blutung zu stoppen. Die ganze Zeit über sahen die Leute bloß zu. Es war, als verfolgten sie neugierig, was ich tat – selbst der Junge mit dem blutigen Kopf war verdutzt. Sie alle wussten inzwischen, wer ich war, ich war also kein vollkommen Fremder für sie. Sie nahmen mir zwar nicht übel, dass ich mich einmischte, aber sie verstanden es auch nicht. So einen Verband, wie ich ihn dem Jungen angelegt hatte, hatten sie noch nie gesehen.

Dann kehrten die Jungen zu ihren Familien in ihren jeweiligen Teil des Shabono zurück, und anschließend wurde über diesen seltsamen jungen Mann mit den merkwürdigen neuen Verhaltensweisen getuschelt, der die Bräuche im Regenwald nicht kannte. Hortensia übersetzte mir, was die Leute sagten. Im Kern lief es auf eines hinaus: Ich hätte wissen müssen, dass diese Schläge auf den Kopf gut für die Kinder waren, dass sie das stark machte, dass es ihre Köpfe abhärtete. Alles in allem wurde der Kampf positiv bewertet. Und ich wurde als sonderbarer Nabuh-Eindringling betrachtet, der ohne Not ein makelloses Shirt ruiniert hatte, das man sehr viel sinnvoller hätte verwenden können.

Ich beschäftigte mich wieder damit, meine Sachen auszupacken, doch der Vorfall ließ mich nicht los. Einerseits sagte ich mir, ich sei da, um zu beobachten und zu lernen, nicht um mich einzumischen, und andererseits sah ich, dass dies meine Familie war, mein Dorf, mein Volk. Schon an meinem ersten Nachmittag im Regenwald hatte ich mich von dem Ethnologenideal verabschiedet. Ich war nicht hier, um diese Leute *bloß* zu studieren. Ich war hier, um eine *Bindung* zu ihnen aufzubauen, und so fühlte ich mich schließlich versöhnt mit meinem Eingreifen. Zum Teufel mit den Erwartungen an mich. Ich war Yanomami und würde meine Zeit im Dorf auf meine eigene Weise erleben.

Der Junge, der in dem Kampf mehr abbekommen hatte, der mit dem knallorangefarbenen Druckverband, fühlte sich durch meine Fürsorge übrigens fast so etwas wie blamiert. Als wäre die Lektion, die er hätte lernen sollen, nun irgendwie umsonst gewesen. Er entledigte sich des Verbands nach kürzester Zeit, als stelle er ein Riesenärgernis dar.

Nach diesem Fiasko stand ich also als der Dumme da – eine Rolle, die zu spielen ich in den folgenden Tagen und Wochen noch reichlich Gelegenheit bekommen sollte.

NUN WAR ICH erst seit ein paar Stunden im Dorf, und schon war so viel passiert. Ich war wieder mit meiner Mutter vereint, hatte meinen Halbbruder Ricky Martin, meinen Onkel Shoape und so viele Tanten, Cousinen und Cousins kennengelernt, dass ich mir unmöglich merken konnte, wer wer war.

Als Nächstes brachte meine Mutter noch jemanden zu mir, den ich kennenlernen sollte. Mom konnte es offenbar nicht erwarten, die anstehende Begegnung einzuleiten, als hätte sie nur auf diese Gelegenheit gewartet, mich mit einem Willkommensgeschenk zu beglücken.

Das Geschenk? Eine wunderschöne junge Frau, die – nach meinen westlichen Maßstäben geschätzt – vielleicht achtzehn oder neunzehn Jahre alt sein mochte. Sie trug den typischen Topfschnitt der Yanomami-Frauen und schmale Hii-hi-Stäbchen in Unterlippe und Nasenscheidewand. Ihr Oberkörper war nackt, geschmückt mit einer bunten Perlenkette, und sie hatte einen roten Rock an. Diagonal um ihre Schultern war ein Band aus Lianen drapiert – was mich auf seltsame Weise an die Schärpe einer US-amerikanischen Schönheitskönigin erinnerte. Das Mädchen sah atemberaubend aus, und ich war geradezu sprachlos, als sie sich näherte. Sie kam auf mich zu und legte den Arm um meinen Oberkörper – eine Geste der Vertrautheit, die mir für diesen Teil der Welt ungewöhnlich erschien, denn es war nicht üblich, dass sich Männer und Frauen in aller Öffentlichkeit körperlich annäherten. Sie kicherte und lächelte, sodass ein dickes, nasses Tabakknäuel zum Vorschein kam, das an der Innenseite ihrer Unterlippe ruhte.

Ich lachte nervös, lächelte ebenfalls und tat, was jeder Möchtegern-Yanomami in dieser Situation getan hätte – ich legte meinen Arm um das Mädchen und tätschelte ihren Kopf.

Wohlgemerkt, bis zu diesem Moment hatte ich keine Ahnung, ob das Mädchen meine Halbschwester, eine Cousine oder vielleicht sogar eine Tante war. Ich hielt sie aber auf jeden Fall für ein Familienmitglied. Sie war von exotischer Schönheit, selbst mit dem Tabak im Mundwinkel und dem Stäbchen durch die Nase; allerdings war ihr Körper vielfach gezeichnet von Narben, Moskitostichen, teils schwer entzündeten Stichen größerer Insekten und anderen Anzeichen des harten Lebens im Regenwald. Als sie sich an mich schmiegte, konnte ich die zeremonielle Onoto-Farbe riechen, die ihre Wangen zierte.

„Hey", sagte ich. Das war zwar nicht gerade die angemessene Antwort auf eine so warmherzige Begrüßung, aber etwas Besseres brachte ich beim besten Willen nicht heraus.

Die ganze Zeit über lächelte meine Mutter – sie strahlte geradezu, und dann sagte sie etwas zu mir, das ich nicht verstand. Ich machte ein ratloses Gesicht, und sie wiederholte es. Schließlich schaltete sich Hortensia ein, um mich aufzuklären. „Das Mädchen ist deine Frau."

Natürlich hatte ich im Hinterkopf gehabt, dass etwas in der Art während meiner Zeit im Regenwald passieren könnte. Allerdings hatte ich eher damit gerechnet, dass mich einer der Häuptlinge nach ein paar Wochen beiseitenehmen und mir nahelegen würde, mir eine Frau zu suchen.

Ihren Namen habe ich nie erfahren – das war bei den Yanomami nicht üblich –, aber insgeheim nannte ich sie Layla. Man sagte mir, ich solle sie mit dem Yanomami-Wort für Frau anreden, *sua,* was ich auch tat; aber sie hatte irgendetwas an sich, was geradezu nach „Layla" schrie wie in dem großartigen Song von Eric Clapton.

Dann, bevor ich auch nur anfangen konnte, darüber nachzudenken, was aus dieser Beziehung zu „Layla" werden sollte, wanderten alle Augen zu einer anderen jungen Frau, die sich im Schlepptau der ersten genähert hatte. Auch sie war bildschön, wirkte allerdings ein bisschen jünger. Und sie war weniger direkt, zog weniger Aufmerksamkeit auf sich, bewegte sich weniger selbstbewusst und weniger zielstrebig. Sie trug eine gelbe Caprihose, dazu eine bunte Kette.

Wie sich herausstellte, sollte auch dieses Mädchen meine Frau werden. Sie kam nicht mit der gleichen Selbstverständlichkeit auf mich zu wie meine „erste" Frau, sondern war schüchtern und vorsichtig – was ich ihr nicht zum Vorwurf machen konnte.

Meine Ehefrau Nummer 1, die ich „Layla" nannte, war freundlich und geduldig und brachte mir eine Menge über die Lebensweise der Yanomami bei.

Ein Selfie mit Ehefrau Nummer 2, „Lucy". Wir kamen gut miteinander aus, obwohl ich meinen ehelichen Pflichten keineswegs nachkam.

Hier sind wir auf dem Weg zum Angeln. Layla trägt ihre Tochter Paula auf traditionelle Weise auf dem Rücken.

Ehefrau Nummer zwei wurde mir ebenfalls als Sua vorgestellt, doch ich beschloss, sie heimlich Lucy zu nennen.

Meine beiden Ehefrauen waren Schwestern. Mir war es wichtig, die zweite genauso herzlich zu empfangen wie Ehefrau Nummer eins, also wandte ich mich an „Lucy“ und begrüßte sie ebenfalls mit einem: „Hey.“

Es zeigte sich außerdem, dass jede meiner beiden Ehefrauen bereits einen Ehemann hatte – und eine von ihnen sogar ein Kind!

Mom war vor Begeisterung kaum zu halten, als sie mich mit diesen beiden Frauen verkuppelte. Sie stellte sich vor, dass ich diese Ehen vollziehen und anfangen würde, Yanomami-Babys zu produzieren. Auf diese Weise sollte ich hier Wurzeln schlagen und meine Verbundenheit zum Dorf sollte wachsen, sodass ich niemals in das „Dorf“ meines Vaters in New Jersey zurückging. Es war ein Versuch, mich im Regenwald zu halten – aber gleichzeitig auch eine Möglichkeit, dafür zu sorgen, dass ich mehr zum Yanomami wurde als durch einen Initiationsritus.

SPÄTER an diesem Nachmittag entspannten einige von uns sich in ihren Hängematten, während die Missionare ein leckeres Willkommensmahl mit Reis und Fisch vorbereiteten. Sie machten auch Kaffee. Ich genoss die Eindrücke, die Gerüche, die Geräusche um mich herum, versuchte, alles in meiner neuen Umgebung gleichzeitig aufzunehmen. Es wurde viel geredet, aber ich verstand so gut wie nichts.

Es war eine sanfte, friedliche Szenerie – besser hätte ich mir meinen ersten Nachmittag und Abend nicht träumen lassen. Doch dann sprang ganz plötzlich ein Mann, den ich schon vom Boot und von der ersten Begegnung mit meinen beiden Frauen kannte, aus seiner Hängematte und marschierte direkt auf mich zu. Seine Stimme, seine Haltung, sein Gebaren, alles wirkte aggressiv, bedrohlich. Während er näher kam, wandte ich mich rasch an Hortensia und fragte: „Wer ist das?“

„Das ist der Ehemann der Frau“, erklärte sie.

„Welcher Frau?“

Sie deutete auf Frau Nummer zwei und sagte: „Dieser Frau.“

Ich dachte nur: Was zum Teufel …?!

Ehefrau Nummer zwei – die jüngere, schüchterne von beiden – hatte anscheinend diesen Brutalo geheiratet, einen Typen, mit dem ich mich ganz sicher nicht anlegen wollte. Er hatte etwas Wildes an sich und wirkte, als könnte er mich mit ein paar Fußtritten niederstrecken, wenn er denn wollte. Er war eindeutig stärker als ich, sah brutaler aus als die meisten anderen Männer im Dorf und hatte ordentlich Speck um die Hüften.

Im Näherkommen brüllte er etwas. Dann baute er sich nur wenige

Zentimeter von mir entfernt auf und brüllte erneut. Nach einer Weile hielt er inne, als würde er darüber nachdenken, ob er noch etwas zu sagen habe. Schließlich machte er kehrt und ging zu seiner Hängematte zurück. Innerhalb weniger Schritte wandelte sich sein Auftreten von drohend zu passiv-aggressiv.

Überall um uns herum lachten die Leute fröhlich, als hätten sie gerade die Pointe eines subtilen Witzes verstanden. Alle hatten diese seltsame und überraschende Episode mitverfolgt, und jetzt wandten sich alle Augen mir zu, um zu sehen, wie ich reagierte.

Meine Mutter hatte die ganze Zeit einfach nur neben mir gesessen.

Wieder wandte ich mich hilfesuchend an Hortensia. „Was war *das* denn?“, fragte ich sie.

„Er wollte dich wissen lassen, dass er der Ehemann deiner Frau ist. Du sollst vorsichtig sein, denn er kann sehr eifersüchtig werden.“

„Und warum haben dann alle gelacht?“, erkundigte ich mich.

„Weil er es sich am Ende anders überlegt und erklärt hat, du bräuchtest dir keine Sorgen zu machen, er werde nicht eifersüchtig werden.“

Trotzdem merkte ich mir lieber mal: „Vorsicht mit der Frau von diesem Kerl!“

In der ersten Nacht schlief ich nicht allzu gut. Mom erwartete, dass ich mich von Anfang an als Vollblut-Yanomami erwies. Sie wollte, dass ich mich wie ein Yanomami bewegte, schlief, atmete, aß und handelte. Das bedeutete, dass ich ohne Moskitonetz am Feuer schlafen sollte. Es bedeutete, dass ich Käferlarven und Affenfleisch und alles, was sie mir sonst noch vorsetzte, essen sollte. Und es bedeutete auch, dass ich nichts tragen sollte außer meiner Unterwäsche – denn ich war zwar wirklich gewillt, mich kamikazemäßig und auch mit Haut und Haaren auf das Yanomami-Dasein einzulassen, aber ich war nicht bereit, nackt herumzulaufen oder mit einer traditionellen Penisschnur, wie sie offenbar von allen Männern im Dorf getragen wurde. (Der Name ist gewissermaßen Programm – man bindet die Vorhaut an eine Schnur, die um die Taille gewickelt wird. Sieht nicht gerade schmeichelhaft aus und ist auch alles andere als bequem.)

Meine Mutter deutete auf meine Sportschuhe und erklärte: *„Zapatos, shami!“* – Schuhe, schlecht! Den gesamten ersten Nachmittag und Abend versuchte ich, barfuß zu gehen, weil es mir wirklich wichtig war, meiner Mutter zu gefallen. Doch meine Fußsohlen waren einfach nicht abgehärtet genug, um dem Boden des Regenwaldes standzuhalten.

Dass mein Vater in den ersten Nächten im Regenwald eine Taschenlampe und ein Messer mit in die Hängematte genommen hatte, wusste ich nicht mehr – aber genau das Gleiche tat ich nun auch. Diese Parallele fiel mir erst auf, als ich wieder in den Vereinigten Staaten war und sein Buch noch einmal las. Da lag ich nun also, Taschenlampe und Messer an die Brust gedrückt, und lauschte den Geräuschen der Nacht, verscheuchte die Insekten, versuchte, es mir behaglich zu machen, fragte mich, wie ich mich an diesen wilden, wundervollen Ort gewöhnen sollte. In dieser Nacht schwang ich meine beiden Überlebenswaffen viele, viele Male, so wie in den folgenden Nächten auch.

Ich war zu aufgeregt, um zu schlafen, aber ich hatte auch Angst. Ich war vollkommen abgeschnitten von der Welt, die ich kannte. Auch wenn ich hellauf begeistert war, meine Mutter endlich wiederzusehen und an meine Yanomami-Wurzeln anzuknüpfen, als die Dunkelheit hereinbrach und die Nacht voranschritt, fühlte ich mich komplett überfordert. Ich muss zugeben, dass mir, während ich schlaflos in meiner Hängematte lag, all die Geschichten über Gewalt und Stammeskriege in den Sinn kamen, die jahrelang das Bild von den Yanomami geprägt hatten.

Wenn man mitten in der Nacht von Dutzenden schlafenden, schnarchenden Fremden umgeben ist, die nicht recht wissen, was sie von einem zu halten haben, unter einem Baldachin von Dschungelgefahren, die man nicht mal zu benennen weiß – dann kann die Fantasie schon mal mit einem durchgehen.

Da ich mich durch nichts ablenken konnte, erschienen mir die nächtlichen Geräusche des Regenwalds wie verstärkt, und ich überlegte die ganze Zeit, was ich mir bloß dabei gedacht hatte, mich auf dieses Abenteuer einzulassen.

Wenn ich irgendwo in der Ferne einen Zweig knacken hörte, hob ich den Kopf und richtete den Strahl meiner Taschenlampe in die Richtung, aus der das Geräusch kam. Was war das? Ein Angreifer aus einem Nachbardorf? Ein Jaguar? Der Lichtkegel enthüllte nichts. Warum hörte denn niemand sonst diese Laute?

Mom schlief tief und fest in ihrer Hängematte, gleich neben mir. Ricky Martin schnarchte friedlich auf der anderen Seite des Shabono.

ALS DAS ERSTE MORGENLICHT die Dunkelheit langsam aus dem Shabono verbannte, kam alles in Bewegung. Meine Mutter stand als eine der Ersten auf und verfiel sofort in rege Betriebsamkeit.

Noch bevor ich aus meiner Hängematte klettern und mich über die Planung informieren konnte, hatten Mom und Sor Antonietta schon alles arrangiert. Wir gingen fischen, hörte ich.

Wie Hortensia kannte Sor Antonietta meine Familie schon seit den alten Zeiten – bloß hatte ich nicht daran gedacht, sie vor meiner Reise zu kontaktieren. Doch sie erwies sich als Wahnsinnsnonne. Sie hatte seit Jahrzehnten für die Mission im Yanomami-Territorium gearbeitet. Meiner Einschätzung nach war sie inzwischen ungefähr sechzig Jahre alt, allerdings hätte man das nicht geglaubt, wenn man sie in Aktion beobachtete. Sie war energisch, stark und verstand es ebenso, mit der Machete umzugehen, wie weise, warmherzige Ratschläge zu erteilen. Außerdem konnte sie Wild ausweiden, Piranhas angeln und ein Motorboot lenken. Bei einer Gelegenheit behandelte sie eine Infektion an meinem Fuß mit einem Eimer heißen Wassers, in das sie Salz und Mangoblätter rührte – keine Frage, sie wusste sich im Regenwald zu helfen. Sie war unendlich liebevoll und lächelte viel. Ihr herzerwärmendes Lachen, das ich oft zu hören bekam, war im wahrsten Sinne des Wortes liebenswert.

Voller Vorfreude zog ich mich an. Zum ersten Mal würde ich im Amazonasgebiet fischen! Zuletzt war ich angeln gewesen, als ich noch ein kleiner Junge gewesen war. Mir blieb nicht einmal Zeit, Fragen zu stellen – wir zogen einfach los. Einmal im Boot, mussten wir nicht sehr weit fahren – nur ein paar Minuten flussaufwärts, zu einem kleinen Mündungsgebiet, wo ein Nebenfluss in den Hauptfluss mündete. Jacinto dirigierte das Boot ans Ufer, und Mom sprang ohne ein Wort ins Wasser.

Schon bald war sonnenklar, was sie vorhatte – sie begann nämlich mit ihrer Machete am Flussufer herumzugraben. Das heißt, es war allen klar außer mir.

„¿Qué está haciendo?“ – Was macht sie da?, fragte ich Sor Antonietta.

„Está sacando gusanos“ – Sie holt Würmer raus, erwiderte Sor Antonietta.

Das leuchtete selbst einem Dummkopf wie mir ein. Und in jenem Moment schien es mir auch sinnvoll, ebenfalls aus dem Boot zu springen und ihr zu helfen. Allerdings konnte ich nicht wirklich mit Mom kommunizieren, sondern einfach nur nachahmen, was sie machte, sie anlächeln und in ihrer Nähe bleiben. Also hüpfte ich mit Turnschuhen und allem ins Wasser, schnappte mir eine Machete und begann zu graben. Ich stellte mich nicht besonders geschickt an, Mom hingegen war äußerst erfolgreich. Sie bohrte die Schneide in den nassen Schlamm und holte dutzendweise glitschige Würmer heraus, während ich mehr oder minder erfolglos versuchte, es ihr gleichzutun. Immer wenn sie mir das Gesicht zuwandte, lächelte ich. So saß ich also direkt neben meiner Mutter am Ufer, und Seite an Seite taten wir unsere Arbeit – Frauenarbeit, was im Boot dann auch einige Besorgnis auslöste, wie ich später erfuhr.

Ich war also sehr damit beschäftigt, jede Bewegung meiner Mutter zu imitieren und zu lächeln wie ein Irrer, während ich mich bemühte mitzuhalten. Außerdem merkte ich, sobald ich neben ihr hockte, dass sie weinte. Ich wusste nicht, wie ich regieren sollte, wie ich sie hätte trösten können und ob ich es überhaupt versuchen sollte. Also buddelten wir schweigend weiter.

Ich fühlte mich vollkommen hilflos – ich war ihr so nah und gleichzeitig so weit weg. Wir waren auf uns gestellt, niemand dolmetschte für uns, also konnten wir einfach nur füreinander da sein. Einerseits fand ich, dass es ein schöner, lieblicher Moment zwischen einer lang verschollenen Mutter und ihrem lang verlorenen Sohn war, doch andererseits fühlte es sich an wie eine peinliche Situation zwischen zwei Fremden.

Nach ein paar Minuten nahmen wir unsere Würmer und angelten eine Zeitlang. Als wir kurz darauf zum Camp zurückkehrten, ging ich zu Hortensia. Sor Antonietta war schon bei ihr gewesen, und Hortensia wusste bereits von den Würmern, dem Angeln und dem Weinen. Sie fragte: „Du weißt, warum deine Mutter geweint hat, oder?"

„Nein, eigentlich nicht", sagte ich ehrlicherweise.

Da erwiderte Hortensia: „Sie hat geweint, weil sie Zeit mit ihrem Sohn verbrachte."

„Was hat sie gesagt?", bohrte ich nach. „Hat sie etwas zu Antonietta gesagt? Erzähl es mir."

Und Hortensia wiederholte, was meine Mutter zu Sor Antonietta gesagt hatte: „Das wird mir für immer im Gedächtnis bleiben."

SCHON BALD hatte sich unser Tagesablauf eingespielt. Wir standen mit der Sonne auf, um uns irgendeiner Aufgabe zu widmen. Die Zeit flog nur so dahin. Es gab im und um das Shabono so viele Arbeiten zu verrichten, dass ich am Ende eines langen Tages einfach erschöpft einschlief.

Nach ein paar Tagen beschloss ich, meiner Mutter Fotos zu zeigen. Sie hatte mithilfe eines Dolmetschers gefragt, wie es meinem Bruder, meiner Schwester und meinem Vater ging und was sie so machten, und ich dachte, es wäre bestimmt hilfreich, ihr zu zeigen, wie sie inzwischen aussahen. Auf meinen Laptop hatte ich sowohl Fotos neueren Datums als auch alte Aufnahmen aus unserer Zeit als Familie im Regenwald hochgeladen. Ich hatte sogar eine chronologisch aufgebaute Diashow vorbereitet, die die gesamte Zeit von Mutters Fortgehen bis zur Gegenwart umfasste. Als der richtige Moment gekommen war, setzten wir uns zusammen hin, und ich öffnete die Datei.

Für meine Mutter waren dabei gleich zwei Wunder im Spiel – erstens, dass auf der seltsamen Maschine, die ich auf dem Schoß hielt, ein brillantes Farbfoto nach dem anderen auftauchte; zweitens, dass sie Bilder ihrer so weit entfernten Nabuh-Familie sah, dass ihre Kinder jetzt erwachsen waren und ihr Ehemann ein älterer Herr war. Ich konnte mir nicht einmal ansatzweise vorstellen, was ihr durch den Kopf ging, aber es freute mich zu sehen, wie ihre Augen jedes Mal aufleuchteten und ihr breites Lächeln noch breiter wurde, wenn auf dem Bildschirm eine neue Aufnahme auftauchte.

Als Nächstes zeigte ich ihr ein paar ältere Familienfotos aus ihrer Zeit in den Vereinigten Staaten. Es ist erstaunlich, aber Mom gewöhnte sich blitzschnell an die Technik. Zunächst hatte sie den Laptop misstrauisch beäugt, doch schon kurze Zeit später war es, als hätte sie bereits ihr ganzes Leben lang Computer bedient.

Wir hatten so viel Spaß dabei, dass ich auch einen Ordner mit Fotos der Hasupuwe-teri von vor zwanzig Jahren öffnete. Ich wollte die tolle Stimmung unbedingt noch länger genießen. Ein großer Fehler, aber ich hatte mich vom Strudel der Erinnerungen mitreißen lassen. Bei den Yanomami herrscht, was Tod und Begräbnisse angeht, eine Vielzahl abergläubischer Vorstellungen und Rituale, deren Kern die Überzeugung bildet, es solle von den Toten nach ihrem Ableben keine Spur zurückbleiben. Sämtliche Besitztümer des Verstorbenen werden verbrannt, ebenso der Leichnam. Kein Andenken, keine kleinste Spur bleibt zurück. Das alles wusste ich. Aber auf einem der Bilder, die ich durchlaufen ließ, war einer meiner Onkel zu sehen. Ich hatte ihn als freundlich und geduldig in Erinnerung. Er hatte mir den ersten Bogen gebaut und die ersten Pfeile geschnitzt, als ich ein kleiner Junge gewesen war. Ich wollte unbedingt hören, was aus ihm geworden war, konnte mich aber einfach nicht an seinen Namen erinnern. Also fragte ich nach ihm. Noch ein großer Fehler.

Während das Foto meines Onkels auf dem Bildschirm zu sehen war, drehte ich mich zur Seite und blickte in das Gesicht meiner Mutter. Ihr breites Lächeln war verschwunden und einem Ausdruck überwältigender, tiefster Trauer gewichen. Ich wusste sofort, was ich getan hatte, nahm ihre Hand und begann mich zu entschuldigen, doch mir fehlten die Worte. Das Einzige, was ich herausbrachte, war: „Es tut mir so leid." Immer und immer wieder. Sie umklammerte meine Hand und zog mich sanft an sich, um mir den Namen des Onkels ins Ohr zu flüstern. Ich sah sie an und wollte ihn schon wiederholen, um sicher zu sein, dass ich ihn richtig verstanden hatte, doch Mom hob den Zeigefinger an ihre Lippen und machte *pssst* – ich sollte schweigen. Dann begann sie zu weinen – leise, herzerweichend.

Auch ich weinte – weil Mom weinte; weil mein geliebter Onkel tot war; weil ich so ein Trottel war, sie mit diesem Foto und den Erinnerungen an ihn zu konfrontieren.

Lange saßen wir so beieinander und trauerten. Und in diesem Moment, wenige Tage nach meiner Ankunft, war ich in der Lage, wirklich wahrzunehmen, wie weit die beiden Hälften meiner Familie auseinanderlagen. Ja, meine Mutter mochte in Rutherford, New Jersey, eine Zeit lang Hausfrau gewesen sein. Das mochte das bleibende Bild von ihr gewesen sein, das ich in all den Jahren der Trennung in mir getragen hatte. Aber tief im Grunde ihres Herzens war sie eine Dschungelfrau vom Amazonas geblieben.

WENN ICH HEUTE auf meinen ersten Besuch im Regenwald zurückblicke, habe ich das Gefühl, dass Erinnerungen aus einer ganzen Lebensspanne an mir vorbeiziehen – verdichtet auf diese wenigen Wochen. Ich führte natürlich Tagebuch, doch meine Notizen sind hauptsächlich als Stichworte nützlich, die mir helfen, die Erinnerungen in einen Kontext zu bringen. Insgesamt haben sich diese Augenblicke zu einem Zugehörigkeitsgefühl verwoben, zu einer Betrachtungsweise, die einige Aspekte der Yanomami-Kultur in Beziehung zu meinen eigenen Erfahrungen setzt. Doch ein paar wenige stechen heraus.

Nach ein paar Nächten in Hasupuwe und einem kurzen Besuch in Irokai kehrten wir noch einmal in die Mission zurück. Hortensia musste wieder nach Caracas, und so beschlossen wir, zusammen zur Missionsstation zu fahren, um uns dort zu verabschieden. Mom begleitete uns auf dieser kurzen Reise; vorerst wollte sie nicht von meiner Seite weichen.

Ungefähr eine Woche zuvor, auf dem Weg ins Territorium, hatten wir auch schon in Boca Mavaca haltgemacht. Ich war gar nicht angetan davon, Moms Dorf so kurz nach unserer Ankunft schon wieder zu verlassen, aber so war es vereinbart. Die Missionare hielten es für besser, wenn ich mich nach und nach an das Yanomami-Leben gewöhnte – und als meine Reise sich noch im Planungsstadium befand, konnte ich ihnen nur zustimmen. Doch nun, wieder in Boca Mavaca, hatte ich plötzlich das Gefühl, mich selbst um die volle Yanomami-Erfahrung zu betrügen. Schon jetzt bemerkte ich gewaltige Unterschiede zwischen den Anschauungen und dem Auftreten der „Missions"-Yanomami, die seit Jahrzehnten der westlichen Kultur ausgesetzt waren, und den Yanomami aus dem Dorf meiner Mutter, die kaum Fremde zu Gesicht bekamen.

Und doch bot das Missionsleben Vorteile, die ich nicht bedacht hatte – darunter die Satellitenschüssel, die die katholischen Missionare inzwischen installiert hatten. Außerdem lieferte ein Dieselgenerator Strom. Was bedeutete das alles für einen technikaffinen Yanomami-Amerikaner? Skype!

Ich hatte auf dem Weg ins Territorium bereits ein paarmal via Skype mit meinem Vater gesprochen. Die Offenbarung lag in dem Gedanken, meine Eltern auf diese Weise wieder miteinander in Kontakt zu bringen. Also nahm ich meine Mutter bei der Hand und führte sie in einen kleinen Raum, in dem ich einige meiner Ausrüstungsgegenstände aufbewahrte. Es war bloß eine winzige Zelle mit einem Blechdach und einem Zementboden. Zunächst hatte Mom keine Ahnung, wo ich sie hinführte, doch dann deutete ich auf meinen Laptop, den ich auf einem provisorischen Tisch bereitgestellt hatte.

Sie kannte den Laptop ja bereits – darauf hatten wir uns schließlich die Familienfotos angesehen. Es war für sie eine Art Zauberkasten. Ich deutete auf den Laptop und sprach den Namen meines Vaters aus: „Kenny."

Sie sah erst den Laptop und dann wieder mich an, vollkommen ratlos. Verständnislos wiederholte sie den Namen meines Vaters: „Kenny?"

Ein Fragezeichen hing über ihrem Kopf.

„*Waiha*", sagte ich. Warte.

„*Waiha*", wiederholte Mom.

Ich setzte mich an den Computer und loggte mich ein. Es erschien mir wie eine Ewigkeit, bis der Skype-Anruf durchging, und die ganze Zeit über ertönte das nervige Tuten, das Mom gleichermaßen fasziniert wie verblüfft zur Kenntnis nahm. Mir fiel auf, dass es besser gewesen wäre, vorher einen Termin mit meinem Vater auszumachen.

Doch dann nahm er den Anruf endlich an, und sein Gesicht füllte den kleinen Bildschirm meines Laptops.

Ich sagte: „Dad, neben mir sitzt Mom. Willst du mit ihr sprechen?"

Natürlich wollte er das. Auf der Stelle. Er brauchte ein wenig, um die Yanomami-Sprache wieder hervorzukramen, doch schon bald unterhielten sich die beiden miteinander, als wäre es das Natürlichste der Welt, sich auf diese Weise auszutauschen.

Mom konnte den Blick gar nicht vom Bildschirm abwenden – obwohl sie über den Anblick meines Vaters zunächst ein wenig erschrocken schien. Er hatte seit ihrer letzten Begegnung fast sämtliche Haare verloren, und bei den Yanomami gibt es keine Glatzen. Ihn so zu sehen machte ihr, so mein Eindruck, ein bisschen Angst. Sie hatte zwar in der Diashow, die ich zusammengestellt hatte, Fotos von ihm gesehen – trotzdem muss es befremdlich gewesen sein, ihn so in Echtzeit zu erleben. Sie ließ ihn eine Mütze aufsetzen – eine Penn-State-Baseballkappe, die zufällig neben seinem Schreibtisch lag. Dann fühlte sie sich schlagartig wohler.

Es war ein zutiefst berührendes, mitreißendes, erstaunliches Erlebnis. Und auch ein bisschen seltsam – Mom und Dad zu hören, wie sie miteinander sprachen, als wären sie zusammen in New Jersey. Es war, als wären wir in eine Zeitmaschine gestiegen. Wie sie miteinander umgingen, selbst über Skype, war so natürlich und unverkrampft. Und Dad sprach, nachdem er wieder hineingefunden hatte, perfekt Yanomami – zumindest klang es für meine unerfahrenen Ohren so. Trotz all der Meilen, all der Jahre, trotz des riesigen Abstands, der zwischen ihnen lag, war für mich klar, dass meine Eltern sich immer noch liebten. Sie waren einander immer noch sehr verbunden.

Wie gesagt, es war ein seltsamer Moment, aber es war auch wunderbar – wirklich, wirklich wunderbar. Als der Anruf dann zu Ende war und der Bildschirm schwarz wurde, näherte sich Mom vorsichtig dem Laptop. Sie berührte ihn voller Ehrfurcht, als sei er eine Art Talisman aus der Nabuh-Welt. Einer Welt, die sie einst gekannt hatte.

HIER NOCH eine weitere Erinnerung aus dem „Sammelalbum", das ich von meiner Zeit im Regenwald im Kopf erstellt habe. Wie viele andere Erinnerungen hat auch sie mit einer kulturellen Beobachtung zu tun, die sich diesmal auf eine typische Frauenarbeit bei den Irokai-teri bezieht: das Sammeln von Feuerholz.

Als ich in Moms Dorf eintraf, befremdete es mich sehr, dass diese Aufgabe bei den Yanomami generell den Frauen zufiel – immerhin war es harte, anstrengende Arbeit. Eines Morgens, kurz nach der Rückkehr aus Boca Mavaca nach Irokai, ging ich mit Mom und ein paar anderen Frauen mit, einfach nur so zum Zuschauen. Da ich mich immer noch in der Eingewöhnungsphase befand, war ich darauf eingestellt, mich zurückzuhalten und bloß zuzusehen, wie Mom arbeitete.

Schon nach den ersten Minuten war ich vollkommen fassungslos angesichts der Kraft und Ausdauer dieser Amazonas-Frauen. Meine Mutter ist klein und, nach Yanomami-Standards, auch schon in die Jahre gekommen, doch nichtsdestotrotz schlug sie Bäume und schleppte Holz, unermüdlich wie der Duracell-Hase, stark wie ein Gewichtheber. Und noch dazu ging sie sehr geschickt vor. Die Yanomami-Frauen transportieren das Feuerholz ähnlich wie die Kochbananen, die Körbe sind bloß größer. Sie werden aber ebenfalls an einer Schnur befestigt, die um die Stirn gelegt wird, um das Gewicht zu verteilen. So wird der Korb dann in leicht gebückter Haltung auf dem Rücken getragen.

Ich fühlte mich nutzlos, während ich Mom, meinen Tanten und meinen Ehefrauen bei der Arbeit zusah, also beschloss ich mitzuhelfen. Ehefrau Nummer zwei – „Lucy" – stand mir am nächsten, als ich mich dem Arbeitsbereich näherte, also nahm ich ihren Korb, den sie am Boden abgestellt hatte, und begann ihn mit Holz zu beladen.

„Ich mache das", sagte ich auf Englisch. Als hätte meine junge Frau auch nur den blassesten Schimmer gehabt, was das bedeutete – nicht

Eine meiner Tanten schleppt eine Ladung Feuerholz. Ich war erstaunt, wie stark und geschickt diese Frauen sind.

Dies ist der Onkel, der mir den Yanomami-Namen Ayopowe gab. Er war mit meinem Vater während dessen Zeit im Dorf gut befreundet gewesen. Selbst als alter Mann war mein Onkel noch stark, beweglich und voller Leben.

Nachtaufnahme des Shabono in Irokai. Als ich das Bild meiner Mutter zeigte, schien es ihr Angst zu machen. Wahrscheinlich konnte sie nicht nachvollziehen, wie ich in vollkommener Dunkelheit ein solches Foto hatte schießen können.

nur in Bezug auf die Worte, denn die meisten dieser Frauen sehen kaum je einen Mann diese Art Arbeit verrichten.

Trotzdem wich Ehefrau Nummer zwei zurück und sah zu, wie ich versuchte, den Korb anzuheben. Kichernd stand sie mit den anderen da, als ich mir den Riemen um die Stirn legte, in die Knie ging wie ein Sumo-Ringer und versuchte, mich mit dem beladenen Korb aufzurichten. Heiliger Strohsack, war das Ding schwer! Ich musste meine gesamte Kraft und meine ganze Würde einsetzen, um nicht vornüberzufallen – und dann hieß es, diese Last zum Gemeinschaftsfeuer im Shabono zu transportieren, unter den günstigsten Umständen ein Marsch von zwanzig Minuten. Während die Frauen mehrmals hin- und hergingen, entlastete ich sie nur bei einer einzigen Strecke – und war hinterher dennoch fix und fertig.

Ich reihte mich hinter einer Gruppe von drei Frauen ein, die sich auf den Weg zurück ins Shabono machten, und dabei fiel mir auf, dass sie es selbst mit der schweren Last auf dem Rücken noch schafften, sich äußerst anmutig zu bewegen. Ein wenig sah es aus, als trippelten sie auf Zehenspitzen über den Waldboden – während ich nur außer Atem hinter ihnen hertrampeln konnte und immer wieder über Ranken und Wurzeln stolperte oder auf dem schlammigen Bachufer ausrutschte. Irgendwann strauchelte ich tatsächlich und fiel hin, sodass sich das von Ehefrau Nummer zwei gesammelte Feuerholz überall verteilte – was mir natürlich erneutes Gekicher eintrug.

Mom wollte mir helfen, das Holz wieder einzusammeln, doch ich winkte ab. Wenn diese Frauen das schaffen, dann schaffe ich es auch, dachte ich. Dabei hielt ich alle nur auf. Hätte ich nicht den großen Korb geschleppt, hätten Mom und die anderen noch eine weitere Ladung fertig machen und ein zweites Mal zum Shabono gehen können, aber sie drosselten mir zuliebe ihr Tempo. Selbst wenn ich es schaffte, auf den Beinen zu bleiben und ein Stück voranzukommen, versetzten mich die tiefhängenden Äste und losen Lianen, die ich auf dem Weg zurück permanent streifte, in Angst und Schrecken. Jeder Ast, jede Ranke war voller Feuerameisen – Hunderte von ihnen. Und jedes Mal wenn ich gegen einen Ast stieß, landeten Ameisen in meinem Nacken, und ich schrie vor Schmerz und Überraschung auf. Diese Ameisen waren winzig, kaum zu erkennen, aber es brannte wie verrückt, besonders wenn man von einem ganzen Pulk angegriffen wurde. Ich klatschte mir also auf dem ganzen Rückweg immer wieder ins Genick und an die Stirn, um sie zu vertreiben, wodurch ich noch ein-, zweimal aus dem Gleichgewicht geriet und samt meinem Holzkorb schwerfällig zu Boden ging.

Irgendwie schaffte ich es zurück ins Dorf und stellte meine Ladung neben dem Feuer ab. Insgesamt hatte ich mich vielleicht eine Stunde auf diese Weise „nützlich gemacht“, wobei ich nicht nur keine Hilfe dargestellt hatte, sondern deshalb auch noch beschämt, erschöpft und wütend auf mich selbst war. Ich dachte nur: Okay, Dave, du bist zwar weit weg von zu Hause, aber auch genauso weit davon entfernt, ein Yanomami zu sein.

AM ANFANG war die Kommunikation mühsam. Damit meine ich nicht nur, dass es mir schwerfiel, Yanomami-Wörter und -Sätze aufzuschnappen – nein, das war sogar noch die einfachere Übung. Seltsam und bizarr wurde es hingegen, wenn es darum ging, *wie* etwas gesagt wurde und was *ungesagt* blieb. Auf viele Feinheiten musste ich mich erst einstellen. Zum Beispiel nicken die Yanomami nicht, wenn sie Ja sagen wollen, oder schütteln den Kopf, um Nein zu signalisieren – man merkt gar nicht, wie oft man das in der westlichen Welt macht.

Ja heißt auf Yanomami *awei.* Es dient als Antwort auf praktisch alles, solange man mit dem Gesagten übereinstimmt. Oft wird es in einseitigen Gesprächen als Füllwort benutzt, so wie wenn wir „m-hm“ sagen. In diesen Fällen ist es eher ein Platzhalter, der nichts zu bedeuten hat.

Das war mir schon in meiner Kindheit aufgefallen, und schon damals hatte es mich immer wieder verwirrt. Als ich heranwuchs, konnte ich mich vage an eine entsprechende Geschichte erinnern, die mir wieder voll zu Bewusstsein kam, als ich unter den Hasupuwe-teri lebte. Ich war fünf Jahre alt und planschte mit anderen Kindern im Bach. Ich hatte diese Szene auf ein paar selbst gedrehten Filmen gesehen, bevor ich mich wieder in den Regenwald aufgemacht hatte, und einiges davon hatte auch Eingang in die National-Geographic-Dokumentation über unsere Familie gefunden, die Bilder waren mir also vertraut. Ich erinnerte mich an die anderen Kinder, an ihre Gesichter, ihre Art zu lächeln und zu lachen. Für mich unterschieden sie sich in nichts von den Kindern, mit denen ich daheim im Kindergarten spielte, abgesehen davon vielleicht, dass ich meist Kleidung trug und sie meistens nicht. Wir redeten nicht direkt miteinander, aber wir orientierten uns aneinander, ahmten Bewegungen nach, rannten sorglos herum. Wer wir waren oder wo wir herkamen, war unerheblich. Wichtig war nur, dass wir vier, fünf, sechs Jahre alt waren und der Regenwald unser Spielplatz.

Jedenfalls beherrschte ich die Yanomami-Sprache damals nur ganz rudimentär – das ist heute immer noch so! –, doch ein paar einfache Wörter und Sätze verstand ich schon. Einige davon hatte ich aufgeschnappt, als Mom bei uns in New Jersey lebte, andere hier im Regenwald, einfach durch aufmerksames Zuhören. Zumindest konnte ich irgendwie folgen.

Einmal spielte und planschte ich also mit einem etwa gleichaltrigen Mädchen herum, und wir hatten jede Menge Spaß. Irgendwann im Laufe des Tages trennten wir uns vom Rest der Gruppe und liefen zurück ins Shabono. Wir waren wie Cousin und Cousine, rannten zusammen durch den Regenwald. Nach einer Weile begann das kleine Yanomami-Mädchen zu reden und zu reden und zu reden, so schnell, dass ich mit meinen dürftigen Sprachkenntnissen nicht mitkam. Ich verlor den Faden. Aber ich wusste genug, um irgendeine Art von Reaktion zu zeigen. Also sagte ich: „Awei."

Wir schlenderten einen Pfad entlang, und sie redete und redete, und ich antwortete mit Ja. Immer wieder.

Das ging eine ganze Weile so, ich würde sagen, rund zwanzig Minuten, und irgendwann beschlossen wir, eine Pause einzulegen. Dies geschah ohne Worte und funktionierte prima. Die ganze Zeit bis zu diesem Moment hatte ich immer, wenn ich es für passend hielt, das eine und andere Awei eingeworfen. Als wir stehen blieben, streckte das kleine Mädchen in einer spielerisch-aggressiven Weise die Hand nach mir aus. Sie kam mir zu nahe, und ich schubste sie weg. Sie zerrte an meinem Shirt; ich hielt dagegen. Sie sagte etwas, das ich nicht verstand; und ich antwortete das Einzige, was mir einfiel: Awei.

Ich sendete widersprüchliche Botschaften aus, denn das kleine Mädchen hatte die ganze Zeit um mein Shirt gebeten. Und ich hatte ihr, ohne es auch nur zu merken, gesagt, sie könne es haben. Doch als es Zeit war, das Versprechen einzulösen, brach ich, ohne es zu merken, mein Wort.

Sie näherte sich erneut. Ich schubste sie wieder weg.

Sie zerrte wieder an dem T-Shirt. Ich wehrte sie ab.

Schließlich stieß ich das kleine Mädchen zu Boden und ließ sie weinend im Dreck liegen, und als ich wieder bei meinem Vater war, erzählte ich ihm die Geschichte. Zumindest wollte ich es ihm erzählen, doch er wusste schon Bescheid – noch eine harte Wahrheit über das Yanomami-Dorfleben, in dem es keine Geheimnisse gibt und alles, was passiert, so ziemlich jedem bekannt ist. Zu meiner Verteidigung muss ich sagen, dass ich die Sprache damals nicht beherrschte. Zuhören hätte nichts genutzt.

Übrigens, wo ich schon dabei bin: *„ma"* ist das Yanomami-Wort für Nein. Und offenbar braucht es mehr als ein einziges Ma, um einen ganzen Nachmittag voller Aweis zurückzunehmen, denn während des ganzen Gezerres hatte ich auch immer wieder Ma gesagt.

So hatte am Ende des Tages ich mein T-Shirt behalten und das kleine Mädchen aufgeschürfte Knie – und beide konnten wir die Transaktion unter Sprachkurs verbuchen.

ALS ICH zwanzig Jahre später in den Regenwald zurückkehrte, funktionierte die Kommunikation mit den Yanomami-Frauen immer noch eher schleppend. Die Sache mit meinen beiden Ehefrauen war zunächst irgendwie lustig, machte mich dann aber nervös. Ich wollte niemanden im Dorf beleidigen und auf keinen Fall meine Mutter enttäuschen, aber an einer „Ehe" mit einem dieser schönen Mädchen hatte ich keinerlei Interesse.

Mein erster Gedanke war, mich mit einer List aus diesen beiden Beziehungen davonzustehlen. Eines Morgens, wenige Tage nach meiner Ankunft, badeten wir alle im Orinoko – meine zwei Ehefrauen sowie etliche andere, darunter Hortensia, die für mich dolmetschen konnte.

Nachdem wir eine Weile im Fluss geplanscht hatten, holte ich Hortensia und watete mit ihr zu Ehefrau Nummer eins. Folgendes bat ich sie zu übersetzen: „Ich habe bereits eine Frau in meinem Heimatdorf. Dort, wo ich herkomme, kann man nur eine Frau haben. Ich darf keine zweite haben."

Ich dachte, wenn ich einfach nur erklärte, ich sei bereits „vergeben", würde das ganze Thema Heirat sich von selbst erledigen. Aber ganz so problemlos lief es dann doch nicht.

Ehefrau Nummer eins – „Layla" – erwiderte leicht angesäuert: „Du bist ein Yanomami. Ich bin deine Yanomami-Frau. Jetzt bist du hier, in meinem Dorf. Jetzt werden wir viele Kinder zusammen bekommen!"

So viel dazu.

Meine beiden Frauen waren gute Gefährtinnen. Ich begann, mich auf sie zu verlassen – und ich genoss unsere gemeinsame Zeit. Tatsächlich waren sie eine große Hilfe bei dem Versuch, mit den Anforderungen und Eigenheiten des Dschungellebens zurechtzukommen. Beispielsweise sorgten sie stets dafür, dass ich genügend Essen und Wasser hatte, dass meine Hängematte richtig aufgehängt war, dass an meiner Angel ein Wurm in der passenden Größe hing und dass ich frische Tabakblätter zur Verfügung hatte. Wenn wir unterwegs waren, wiesen sie mich auf schlüpfrige Steine oder andere Gefahren hin. Sie wurden zu guten und getreuen Freundinnen, und ich muss zugeben, dass ich allmählich eine Bindung zu ihnen aufbaute – wenn auch nicht in romantischer oder sexueller Hinsicht. Es war eher eine tief empfundene Freundschaft, doch im Hinterkopf wusste ich, dass sie um mich warben.

Einer der intimsten Momente, den ich mit Ehefrau Nummer zwei erlebte, begann damit, dass sie, die Beine um mich geschlungen, hinter mir saß. Sie schickte sich an, meine Haare langsam mit den Fingern zu durchkämmen und sorgfältig meine Kopfhaut zu inspizieren. Zunächst konnte ich mir keinen Reim darauf machen, doch dann wurde mir klar:

Sie suchte nach Flöhen! Unter den Yanomami ist das ein selbstverständliches Ritual, eine Geste der Freundschaft, der verwandtschaftlichen Verbundenheit, die über eine bloße Hygienemaßnahme hinausgeht. Es hat mehr mit einem Gefühl der Nähe zu tun, man tut etwas füreinander.

Nach einer Weile tauschten wir die Plätze, und ich erwiderte die Gefälligkeit. Ehefrau Nummer zwei trällerte vor Lachen, als ich ihre Bewegungen nachahmte und so tat, als würde ich Flöhe auszupfen. Und während wir diese seltsam intime Nähe erlebten, wurde mir plötzlich bewusst, dass das die Yanomami-Version des Händchenhaltens und Flirtens zwischen jungen Paaren war. Ein solches Signal hatte ich nicht aussenden wollen, aber nun war es schon geschehen.

Sehr schnell kam ich Ehefrau Nummer zwei näher. Ehefrau Nummer eins hingegen – „Layla" – quälte mich ständig, setzte mich unter Druck, erinnerte mich an meine Pflichten als Ehemann, weil ich keinen Sex mit ihr haben wollte. Sie war ein klein wenig fordernder. Ehefrau Nummer zwei – „Lucy" – war entspannter, gelassener. Ich glaube, sie begriff, dass ich eigentlich gar nicht heiraten wollte, und schien es zu akzeptieren. Wir wurden gute Freunde.

Nach ungefähr einer Woche machte man mir unmissverständlich klar, dass ich eine dieser jungen Frauen zu schwängern hatte. Die Botschaft bekam ich immer wieder von meiner Mutter und meinen Tanten. Es war der einzige Weg, um meine Position in der Gemeinschaft zu festigen. Aber wie gesagt, das brachte ich einfach nicht über mich.

Trotzdem stellten mir meine beiden Ehefrauen auf verspielte Weise unermüdlich nach. Eines Nachmittags, ziemlich zu Anfang meines Aufenthalts, öffnete ich das Moskitonetz meiner Hängematte und kuschelte mich hinein. Es war die heißeste Zeit des Tages, und alle ruhten sich von der Arbeit aus. Sobald ich es mir gemütlich gemacht hatte, merkte ich, dass Ehefrau Nummer zwei zu mir herüberschlenderte. Sie ergriff das Seil, an dem meine Hängematte aufgehängt war, und lächelte mich an. Sie war wirklich bildschön. Ich erwiderte das Lächeln.

Ich konnte mir bildhaft vorstellen, dass Mom „Lucy" zu diesem neuerlichen Annäherungsversuch losgeschickt hatte. Ich blickte hinüber zu Moms Hängematte und stellte fest, dass sie tatsächlich herüberspähte.

Ich wollte den Erwartungen, die meine Mutter an mich stellte, wirklich gerecht werden. Vor allem wollte ich sie nicht enttäuschen. Ich erlaubte Ehefrau Nummer zwei, sich auf meine Hängematte zu setzen, indem ich beiseiterutschte und Platz machte. Schon bald saßen wir nicht mehr, sondern lagen, eng aneinandergeschmiegt – das erzwingt schon allein die Schwerkraft, wenn man sich zu zweit eine Einmannhängematte teilt. Ihr Arm ruhte auf meinem Brustkorb, und sie begann mit den Fingern über meinen Arm zu streichen – genau so, wie ein Mädchen daheim es machen würde. Ich spürte ihre Brüste an meinem Körper.

Eigentlich war es wirklich schön, so zusammen dazuliegen. Ich muss zugeben, dass ich ziemlich erregt war. Wie oft liegt man schließlich mit einer barbusigen Amazonas-Schönheit in einer Hängematte? Aber die interkulturelle Barriere blieb unüberwindbar. Ich geriet in Panik und spielte die lahmarschige Ich-bin-so-müde-Karte aus, tat, als würde ich einschlummern, und hoffte, sie würde sich gelangweilt verziehen.

Aber Ehefrau Nummer zwei ließ sich nicht so leicht ins Bockshorn jagen. Sie begann ihre Lippen an meinen Arm zu pressen und arbeitete sich hoch bis zur Schulter. Als sie daran zu knabbern begann, hatte ich das Gefühl, mich nicht länger beherrschen zu können. Aber wie gesagt, ich konnte nicht über meinen Schatten springen, also hüpfte ich aus der Hängematte und ließ einen der wenigen Yanomami-Sätze los, die ich inzwischen auswendig kannte: *„Pehekiyarimou!“* – Komm, gehen wir schwimmen.

Als hätte ich das Buch meines Vaters nie gelesen! Schließlich war „gehen wir schwimmen“ eine Umschreibung, mit der Yanomami-Männer ihre Ehefrauen einluden, mit ihnen zum nächsten Bach oder Flussbett zu verschwinden, um dort relativ ungestört Sex haben zu können. Doch in jenem Moment war mir dieser Zusammenhang nicht bewusst – und Ehefrau Nummer zwei bemerkte offenbar meine Verwirrung oder mein Desinteresse. Also gingen wir einfach nur schwimmen – kein Grund, zwischen den Zeilen zu lesen. „Eskortiert“ von ein paar anderen Frauen und Kindern machten wir uns auf zum nächsten Abenteuer – und zu mehreren ist man bekanntlich sicherer.

Noch mal davongekommen, dachte ich auf dem Weg zum Fluss.

DIE YANOMAMI, die ich kennen- und lieben gelernt habe, verfügen über eine sehr einfache, sehr intuitive Weltsicht. Sie sind wahrhaftig, in ihrer Kultur gibt es keinen Raum für Unaufrichtigkeit.

Manches darüber hatte ich schon gehört, als ich mich in den Regenwald aufmachte, aber man muss unter diesen gütigen Menschen leben, um ihrem Denken wirklich nahezukommen. Ihr Umgang miteinander ist auf das Wesentliche reduziert, elementar, ehrlich und ungekünstelt. Wenn jemand wütend ist, wird er dich in einfachen Worten wissen lassen, dass er wütend ist. Wenn er traurig ist, wird er traurig sein, und du wirst merken, dass er traurig ist. Es gibt kaum Gründe, die einen Yanomami daran hindern könnten, seine Emotionen auszudrücken. Nichts wird zurückgehalten, nichts ist privat. Das gesellschaftliche

Drehbuch, dem wir in unserer westlichen Welt folgen, hat im Regenwald keine Entsprechung.

In der entwickelten Welt sind wir darauf konditioniert, unsere Emotionen vor anderen zu verbergen. Männern wird zum Beispiel häufig beigebracht, nicht in der Öffentlichkeit zu weinen. Im Regenwald drückt ein Mann, der traurig ist und seinen Sohn vermisst, diese Traurigkeit offen aus; er weint ohne Scham oder Sorge, wie er dadurch auf andere wirken könnte. Verletzlichkeit und das Gefühl, verurteilt oder im Nachhinein kritisiert zu werden, derlei Dinge haben im Leben der Yanomami keinen Platz. Die Yanomami sind extrem gesund, ausgeglichen und optimistisch: Sie kennen kein Gehabe – alles ist so, wie es scheint. Ich bin bei ihnen einem reinen, absoluten Zielbewusstsein begegnet, das die gesamte Kultur durchdringt, bar der Leiden und Konflikte unserer sogenannten zivilisierten Welt. Es gibt weder Bluthochdruck noch posttraumatische Belastungsstörungen, kein ADHS. Depression? Chronische Erschöpfung? Das sind Gebrechen westlichen Stils, die bei den Yanomami einfach nicht vorkommen.

Die Yanomami *sind* einfach, ohne darüber nachzugrübeln.

Es dauerte ein paar Tage, vielleicht sogar eine Woche oder länger, doch bald begann ich zu verstehen, warum mein Vater sich im Regenwald so zu Hause gefühlt hatte und warum er diese Menschen und ihr natürliches Leben so anziehend gefunden hatte. Es ist ein Leben, das auf wechselseitigem Geben und Nehmen basiert. Man gibt, und man bekommt, und die Transaktion ist für beide Seiten selbstverständlich.

Der Lebensstil der Yanomami hat überhaupt nichts Künstliches. Es gibt keine starre Trennung zwischen Natur und Mensch – sie sind verbunden, sie sind eins. An den Leuten in meinem Dorf war überhaupt nichts „Wildes" – zumindest nicht, soweit ich das hätte erkennen können. Selbst die scheinbare Wildheit der beiden Jungen, die man kurz nach meiner Ankunft dazu gebracht hatte, mit Knüppeln aufeinander loszugehen, entsprach nicht annähernd der Kriegermentalität, die vorzufinden ich fast erwartet hatte. Ja, es sah brutal aus, aber es war eine Tradition, die diese Jungen auf das Mannsein vorbereiten und sie lehren sollte, Streitigkeiten beizulegen, ohne tödliche Waffen einzusetzen – eine Lektion, die ihre Väter vor ihnen durchgemacht hatten und deren Väter ebenfalls.

Mein Yanomami-Dorf scheint eine ziemlich egalitäre Gesellschaft zu sein, auch wenn es eine Art Führung gibt. Diese ist allerdings verglichen mit Regierungen im westlichen Stil viel weniger starr. Entscheidungen werden nicht von oben herab, sondern kollektiv getroffen. Einzelne handeln mit der Autorität, die ihnen Alter, Weisheit und Stammeslinie verleihen. Und selbst die sogenannten Häuptlinge der Yanomami-Gesellschaft werden keineswegs auf ein wie auch immer geartetes Podest gestellt. Sie bewegen sich weder auf einem anderen Niveau, noch pflegen sie eine andere Lebensweise als die anderen Männer im Dorf. Auch sie müssen immer noch jagen. Und fischen. Auch der beste Schamane im Dorf muss seinen Alltagspflichten nachgehen.

Zwar gibt es strikt definierte Geschlechterrollen, doch diese sehen ein bisschen anders aus, als man es erwarten würde. So obliegt es etwa allein den Frauen, nach Krebsen zu fischen – eine Exkursion, auf der sie sich unterhalten und Klatsch austauschen können. Nur die Männer gehen auf die Jagd – in meiner gesamten Zeit im Regenwald habe ich kein einziges Mal eine Frau mit Pfeil und Bogen hantieren sehen. Fischen hingegen ist eine Tätigkeit, die sowohl Männer als auch Frauen ausüben, während das Kochen wiederum meist die Frauen übernehmen. Es ist nicht so, dass die Männer hier nicht selbst für sich sorgen könnten – also einfach noch ein paar zusätzliche Kochbananen aufs Feuer legen –, aber das Kochen gilt als Frauenarbeit. Sehr oft habe ich gesehen, wie meine Mutter, die in ihrer Hängematte ruhte, aufstand, sobald sie merkte, dass die erschöpften Männer nach einem Treck in das Shabono zurückkamen. Dann bereitete sie schnellstmöglich etwas zu essen für sie zu.

Das Schamanentum und damit die Verwendung der halluzinogenen Epena-Pflanze ist fast ausschließlich den Männern vorbehalten – doch auch von dieser Regel gibt es seltene Ausnahmen. Für die Yanomami ist das Inhalieren halluzinogener Substanzen Teil eines heiligen spirituellen Rituals. Aus meiner westlichen Perspektive ist es ein regelrechter Bewusstseinstrip, doch im Regenwald dient er höheren Zwecken. Er gilt als männliche Domäne, weil Frauen, wie man glaubt, nicht auf diese Weise mit den Geistern in Kontakt stehen.

Das Ritual wird aufwendig vorbereitet. Zunächst sammelt man Samen des Epena-Baums. Sechs oder acht Stück davon befinden sich in einer langen, schmalen Schote. Die Samen fühlen sich klebrig an, wenn sie aus der Schote entfernt werden, also lässt man sie zunächst in der Sonne trocknen. Anschließend werden sie mit Speichel sowie der Asche aus der Rinde des Hisiomi-Baumes vermischt und fein gemahlen. Das entstehende graue Pulver wird in einem kleinen Topf getrocknet und dann in einen hohlen Bambusstab von etwa einem Meter Länge – *mokohiro mo* genannt – gefüllt. Dabei wird ungefähr ein Teelöffel von dem Pulver in das eine Ende gestopft, während sich einer der Schamanen das andere Ende ins Nasenloch steckt. Der Mann an dem „geladenen" Ende bläst nun das Pulver in die Nasenhöhle des Empfängers … und bumm! Der Bewusstseinstrip beginnt.

Für die Yanomami gab es nichts Heiligeres, und ich lernte es zu respektieren. Ich muss gestehen, dass es auch ein bisschen aufregend war zu beobachten, wie diese Männer auf ihre Epena-Dosis reagierten, tanzten und sangen. Sie verfielen in die rituellen Schamanengesänge und bedienten sich dabei einer anderen Sprache – einer Art Turbo-Yanomami. Selbst mein Vater und einige der Missionare in der Gegend, die fließend Yanomami sprachen, verstanden längst nicht alles, was die Schamanen, versunken in ihre *henimou* genannten Epena-Gesänge, von sich gaben.

Manche tanzten und sangen unermüdlich; manche wirkten benommen und auf ihre eigene spirituelle Reise entschwunden; und manche waren so platt von der schlaffördernden Wirkung der Pflanze, dass ich sie am liebsten mit einem Stock angestupst hätte, um zu prüfen, ob sie noch lebten.

Recht bald nach meiner Ankunft wurde ich mehrmals eingeladen, an diesem Ritual teilzunehmen, doch ich lehnte stets ab. Ich verstand das Angebot als große Ehre, blieb aber dennoch skeptisch.

ICH WUSSTE, dass meine Zeit im Regenwald begrenzt war, aber es gab eine wunderbare Zeitspanne, in der ich weder an den Kalender noch an meine Verpflichtungen daheim dachte. Ich will nicht behaupten, dass meine innere Uhr sich vollkommen auf Yanomami-Zeit umgestellt hätte, aber es ging in die Richtung. Wären noch weitere schöne Tage gefolgt, hätte das Verstreichen der Zeit seine Bedeutung komplett verloren.

Aber der Tag meiner Abreise rückte mit jedem Sonnenaufgang näher, und dann war er plötzlich da. Father Nelson, ebenfalls katholischer Missionar, tauchte eines Abends im Dorf auf, um mich abzuholen. Begleitet wurde er von einer Nonne, Sor Yarmila. Ich wusste, dass sie kommen würden, aber nicht genau, wann. Als sie eintrafen, war es schon dunkel, also schlugen sie ihr Lager auf und planten, am Morgen mit mir zurückzufahren.

Mir wurde das Herz schwer. Lange saß ich in meiner Hängematte. Ich rührte mich nicht, sagte nichts – ich war wie gelähmt vor Traurigkeit. Um mich herum hörte ich meine Freunde und Verwandten flüstern, während sich im Shabono herumsprach, dass Ayopowe, wie sie mich nannten, seine Abreise vorbereitete. Die Kinder, die tausend Ausreden fanden, um sich meiner Hängematte zu nähern, schnieften.

Nach einiger Zeit begann ich meine Habseligkeiten zu packen, nur um irgendetwas zu tun zu haben. Während ich packte, kam Ehefrau Nummer eins herübergeeilt zu meiner Hängematte und kletterte hinein. So saßen wir einen wunderbaren Moment lang beisammen. Sie hatte ihre Tochter Paula dabei.

Als wir so zusammensaßen, sah ich meine Mutter aus ihrer Hängematte zu uns herüberblicken. Auch sie hatte geweint. Wahrscheinlich steckte sie hinter dem hastigen Abschiedsbesuch von Ehefrau Nummer eins. Mom ist klug und besitzt eine gute Intuition, und sie kennt die Gepflogenheiten der westlichen Welt. Ich glaube, sie wollte, dass die Missionare Zeugen dieses bittersüßen Besuchs meiner Frau und ihres Kindes wurden – sie sollten mitbekommen, dass ich hier in Irokai eine Familie hatte, dass ich ein Irokai-teri war.

Natürlich hatten weder Father Nelson noch Sor Yarmila darüber zu entscheiden, ob ich blieb oder ging. Ich selbst hatte es Wochen zuvor arrangiert. Schließlich hatte ich ein Leben in Pennsylvania. Ich wollte mein Studium fortsetzen und ein Aufbaustudium anhängen, Ethnologie vielleicht oder Biologie. Vor allem aber gab es finanzielle Verpflichtungen, denen ich nachkommen musste – einen Großteil der Kosten dieser Reise hatte ich mit meiner Kreditkarte bezahlt, also musste ich nach Hause fahren und anfangen, die Schulden abzutragen. So gern ich auch gewollt hätte, ich konnte nicht hier im Territorium bleiben und für immer untertauchen. Das verstand auch jeder, aber gleichzeitig wurde es nicht wirklich in Betracht gezogen.

Ich hatte Ehefrau Nummer eins nicht viel zu sagen, aber wir saßen eine Weile da und schaukelten hin und her. Ich legte ihr den Arm um die Schulter und drückte sie zum Abschied. Es war ein bisschen peinlich. Ich spürte die Augen aller Dorfbewohner auf uns, auf *mir*.

Nach einer Weile kam Mom und löste Ehefrau Nummer eins auf dem Platz neben mir in der Hängematte ab. Jetzt saßen *wir* beide da und schaukelten schweigend. Wir wussten beide, was dieser Moment bedeutete. Nach einer Weile nickte ich ein – das Packen konnte bis morgen warten. Das Abschiednehmen ebenfalls.

Rückblickend kann ich mir nicht vorstellen, was meine Mutter in diesem Moment dachte. Sicher war es eine große Enttäuschung für sie, dass die Trennung so bald kam, nachdem sie ihren Sohn so lange vermisst hatte.

AM MORGEN wachte ich mit der Sonne auf und packte weiter. Ich bewegte mich schweren Herzens durch das Shabono. Das Dorf war ungewohnt still. Einige Kinder begannen zu weinen.

Schließlich war meine gesamte Habe verstaut. Nur meine Hängematte hing noch. Father Nelson kam zu mir und verkündete, es sei Zeit zu gehen, also schnappte ich mir das Seil meiner Hängematte. Sie war mit einem Laufknoten aufgeknüpft, an dem ich sanft zog. Als sie zu Boden fiel, war das Shabono plötzlich von einer Melodie des Weinens erfüllt.

Die Kinder, die Frauen, alle weinten. Manche Männer schluckten ihre Tränen hinunter; der einzige erwachsene Mann, der sie hemmungslos laufen ließ, war mein Bruder Ricky Martin. Er war am Boden zerstört über meine Abreise – und als ich seinen Schmerz so deutlich sah, überkam auch mich große Wehmut.

Ich ging zu ihm, nahm meine Baseballkappe ab und setzte sie ihm auf den Kopf – es war bloß eine weiße Kappe, die mir zu einem früheren Zeitpunkt der Reise einer der Missionare geschenkt hatte.

Er lächelte. Ich lächelte ebenfalls – tätschelte dann scherzhaft den Mützenschirm und sagte: „Wir sehen uns, Bruder. Ich komme wieder. Versprochen." Auf Englisch.

Father Nelson merkte, dass ich Schwierigkeiten hatte, mich von den Dorfbewohnern loszureißen. Er kam zu mir und gab mir einen Rat. „Am besten ziehst du es schnell durch. Je länger du bleibst, desto schwieriger wird es für alle."

Natürlich hatte er recht.

Ich wandte mein Gesicht der kleinen Menschenmenge zu, die sich in meinem Bereich des Shabono versammelt hatte. Dann streckte ich den Arm aus und winkte. *„Ya-ko"*, sagte ich. Ich gehe.

Am Flussufer angekommen, wandte ich mich an meine Mutter. Eigentlich wollte ich sie ganz fest umarmen, aber wie gesagt, das ist bei den Yanomami nicht üblich. Trotzdem, ich wollte sie in den Arm schließen, sie berühren, also wurde es letztendlich eine halbe Umarmung.

Dann verabschiedete ich mich von Ehefrau Nummer eins und Ehefrau Nummer zwei, und als ich wieder aufblickte, hatte sich Mom schon wieder in die Menge zurückgezogen.

Ich drehte mich um, sah meine Regenwaldfamilie ein letztes Mal an und sagte: *„Ya-ko!"*

Die zweite Reise

Solange meine Mutter in den Vereinigten Staaten gewesen war, hatte mein Vater eine Menge Interviews gegeben. Für meinen Vater war es gut gewesen, weil es ein Schlaglicht auf seine Arbeit geworfen und geholfen hatte, die Kritik zu entkräften, die sich an seiner Beziehung mit meiner Mutter entzündet hatte. Die Leute hatten gar nicht genug kriegen können von unserer Geschichte – ein US-amerikanischer Ethnologe, der mit seiner Yanomami-Braut aus dem Amazonasregenwald zurückkehrte und mit ihr in der Vorstadt eine Familie gründete. Das war eine Geschichte wie aus einem Film. Kurz bevor das Buch meines Vaters erschien, wäre unsere Familiengeschichte beinah tatsächlich verfilmt worden.

Unter anderem war mein Vater damals von einem jungen Rundfunkjournalisten namens Steve Hartman interviewt worden. Mein Vater hatte einen guten Draht zu Steve gehabt. Er hatte auch uns Kinder interviewt, hatte Mom getroffen, war zu uns nach Hause zu Besuch gekommen. Jahre später erzählte mir Dad, Steve hätte unsere Familie besser verstanden als jeder andere Reporter, der über uns berichtet hatte. Steve war uns fair, mit Respekt und gut gelaunt begegnet. Seine Berichte waren wahrheitsgetreu und berührend, großherzig und persönlich gewesen. Eine Zeit lang hatte Steve gehofft, er könnte aus diesen Interviews eine Dokumentation oder eine Art Miniserie machen – aber aus diesem Projekt war nichts geworden. Zu der Zeit hatten sich nämlich die National-Geographic-Produzenten an meinen Vater gewandt, und Dad hatte sich aus dem Projekt mit Steve zurückgezogen, um diese, wie er gemeint hatte, prestigeträchtigere Chance zu ergreifen.

Als ich zwanzig Jahre später von dem Wiedersehen mit meiner Mutter im Regenwald nach Hause kam, nahm Steve Kontakt zu mir auf. Er habe meine Familie nie vergessen, erklärte er mir. Er sei enttäuscht gewesen, als mein Vater damals absprang, aber er habe seine Entscheidung auch nachvollziehen können – ein Angebot von National Geographic schlug man nicht aus.

Mittlerweile arbeitete Steve als Produzent beim Nachrichtensender CBS News. Er hatte einen Artikel über mich im *Pocono Record* gelesen, der von Associated Press aufgegriffen worden war – eine Chronik meiner Reise in das Dorf meiner Mutter. Das Seltsame war, dass Steve gerade zufällig online nach mir suchte, als er auf den Artikel stieß. Er hatte irgendwie an meine Familie gedacht und überlegt, dass Vanessa, Danny und ich inzwischen junge Erwachsene sein müssten, woraufhin er seinen Assistenten gebeten hatte, uns drei zu googeln. Diese Recherche führte ihn dann ausgerechnet zu besagtem Zeitungsbericht – ein Zufall von Weltklasseformat. Und weil ich gerade erst aus dem Regenwald zurückgekommen war, wo meine Yanomami-Familie an Geister und das Schicksal und all diese schönen Dinge glaubte, war ich geneigt anzunehmen, dass die Vorsehung Steve und mich zusammengeführt hatte.

Dank dieser Fügung kamen wir also ins Gespräch. Das sei eine Story, meinte Steve, vielleicht sogar eine Story für „60 Minutes“. Ich sah zwar nicht viel fern, aber sogar ich wusste, dass „60 Minutes“ der Ferrari unter den amerikanischen Nachrichtensendungen war. Steve legte sich bei der Produktionsleitung ins Zeug und erhielt tatsächlich grünes Licht. Und von da an sprachen wir über eine zweite Expedition ins Dorf meiner Mutter. Ich hatte ohnehin vor, sie früher oder später wieder zu besuchen, aber das Geld war knapp. Ich befand mich mitten im Masterstudium und hatte Mühe, meine Miete, die laufenden Kosten und die Studiengebühren zu berappen. Die Starthilfe von „60 Minutes" kam also mehr als gelegen.

Die Gespräche mit Steve und einigen anderen Journalisten, die mich nach meiner Reise befragten, brachten mich dazu, über die Veränderung nachzudenken, die ich auf dieser Reise durchgemacht hatte. Die Reise zwang mich, meine Vergangenheit, meine Gegenwart, meine Zukunft und mich selbst aus einem völlig neuen Blickwinkel zu betrachten.

ICH MUSS SAGEN, dass ich eine Weile brauchte, um mich wieder an den US-amerikanischen Lebensstil zu gewöhnen. Verglichen mit den ersten Expeditionen meines Vaters in den Regenwald war ich nicht allzu lange weg gewesen, nur ein paar Monate, aber in dieser Zeit hatte ich mich, hatte mich der Regenwald total verändert. Körperlich war ich ein anderer Mensch geworden; ich hatte über zehn Kilo abgenommen und fühlte mich stark und gesund. Monatelang hatte meine Ernährung aus den reinsten Lebensmitteln bestanden, die uns die Erde schenkt, frei von Konservierungsmitteln, Chemie und Zusätzen. Ich aß hauptsächlich Kochbananen und Fisch, hin und wieder frisches Obst und Fleisch. Abgesehen von den Spaghetti, die ich mitgebracht hatte, gab es keine Nudeln. In diesem überschaubaren Zeitraum stellte sich meine Verdauung komplett um, und als ich wieder in die Vereinigten Staaten kam, konnte ich meine früheren Hauptnahrungsmittel – Burger, Pommes, Chips, Limonade –, den ganzen Mist, den ich in mich hineingestopft hatte, weil es schnell ging und billig war, kaum mehr bei mir behalten. Das Einzige, was ich vertrug, waren Lachs und Kochbananen, eine Mahlzeit, die ich mit Bier hinunterspülte. Meine Fähigkeit, Bier zu trinken, war durch den Aufenthalt im Regenwald nicht beeinträchtigt worden.

Aber die Transformation beschränkte sich nicht nur auf meinen Körper: Weder mich selbst noch die Welt sah ich so wie früher. Doch ich nahm mir einfach nicht die Zeit, diese Veränderungen zu verarbeiten. Ich kehrte kurzerhand in mein altes Leben zurück – zur Uni, zu meinen Freunden, ohne Geld und klare Vorstellungen, was aus mir werden sollte. Doch unter der Oberfläche war ich ruhelos, auf der Suche. Das Leben mit Mom und meiner Yanomami-Familie hatte mir das Gefühl gegeben, ich sollte etwas anderes, etwas *Größeres* aus meinem Leben machen.

Wo ich hingehörte, wusste ich immer noch nicht, aber immerhin war ich von dieser Reise mit der Gewissheit heimgekommen, dass ich wenigstens *irgendwo* ein Zuhause hatte.

Ich weiß, es klingt abgedroschen, aber im Regenwald habe ich mich lebendig gefühlt – wahrhaft und absolut und voll und ganz lebendig. Meine Sinne waren aufs Äußerste geschärft und mein Selbstbewusstsein gesteigert. Nie hatte ich mich mit meiner Umwelt und meinem Platz darin stärker im Einklang gefühlt als in Moms Dorf, also überlegte ich sofort nach meiner Abreise, wie ich wieder zurückkehren und dieses gesteigerte Lebensgefühl weiter erforschen könnte. Irgendwie, das weiß ich noch, entbehrte es in meinen Augen nicht einer gewissen Ironie, dass die Lebensweise der Irokai-teri, verglichen mit den von Hektik geprägten Wundern der modernen Welt, so bescheiden erschien, aber es war gerade das Bescheidene, das mir all diese anderen Möglichkeiten eröffnete.

Und es passierte noch etwas: Meine Beziehung zu meinem Vater war nach dieser Reise eine völlig andere. Plötzlich hatten wir eine ungeheuer große gemeinsame Basis – Erfahrungen, die wir austauschen, und Bezugspunkte, die wir gemeinsam erforschen konnten. Ich konnte die Arbeit, die er im Regenwald geleistet hatte, ganz anders würdigen, ebenso die Schwierigkeiten, vor denen er gestanden hatte, als er sich in Mom verliebt hatte, und den Schmerz, den er empfunden hatte, als die magische Anziehungskraft des Regenwalds unsere Familie zerrissen hatte. Er wiederum konnte mich nun ebenfalls ganz anders wertschätzen, so mein Eindruck – denn ich hatte mich von einem verkorksten Kind zu einem gewandten Weltreisenden und angehenden Ethnologen entwickelt, und zwar ausschließlich dank dieser einen Reise.

Ich war in den Regenwald gezogen, um meine Mutter zu finden, um mich zu finden, und ganz nebenbei kam ich auch meinem Vater näher.

All diese Gedanken schwirrten mir durch den Kopf, und gleichzeitig ergab es sich, dass meine Verbindung zu Steve Hartman genau zum richtigen Zeitpunkt wieder auflebte. So kam es, dass ich umgehend meine Rückkehr in den Regenwald erwog – vielleicht für einen weiteren kurzen Aufenthalt oder diesmal für einen ausgedehnten Besuch. Bei einer Art Vorgespräch zu einem Interview ertappte ich mich dabei, wie ich in Betracht zog, für immer im Regenwald zu leben – jawohl, zu *leben*, dort also auf Dauer daheim zu sein. Ich glaube nicht, dass ich zuvor schon solche Gedanken gehegt hatte, und jetzt sprach ich sie laut aus, öffnete mich jemandem, den ich gerade erst kennengelernt hatte. Doch ich hatte es noch nicht ganz ausgesprochen, da packte mich schon die Begeisterung, ich konzentrierte mich nur noch auf diese Idee, und sie wurde mein erklärtes Ziel.

MANCHMAL spielt einem das Leben einen genialen Pass zu, und man muss spontan reagieren. In den Monaten nach meiner ersten Reise in den Regenwald lernte ich ein Mädchen namens Chrissy kennen. Es funkte, und eine Zeit lang lief es gut mit uns. Ich mochte Chrissys Temperament, ihren Lebenshunger, und sie fand meine Abenteuerlust attraktiv. Chrissy hörte gern meine Geschichten aus dem Regenwald, und ich erzählte sie gern – wir verstanden uns prächtig und fühlten uns sofort zueinander hingezogen. Aber dann machte ich wie üblich einen Rückzieher und schaffte es, alles zu vermasseln. Ich dachte lange, meine verkorksten Beziehungen hätten etwas damit zu tun, dass ich immer das Gefühl hatte, nicht dazuzugehören. Das war einer der Gründe, warum ich überhaupt in den Regenwald gegangen war.

Aber jetzt kannte ich meine Geschichte, hatte mein Erbe akzeptiert, meine Mutter wiedergesehen und die Sache in Ordnung gebracht. Jetzt hätte es also anders sein müssen. Alte Gewohnheiten über Bord zu werfen ist anscheinend nicht so leicht, also einigten Chrissy und ich uns darauf, in aller Freundschaft getrennte Wege zu gehen – bis sich herausstellte, dass Chrissy schwanger war. (Das war übrigens der geniale Pass, nur für den Fall, dass das untergegangen sein sollte.)

Chrissy wollte das Baby unbedingt bekommen, und ich war absolut einverstanden – aber auch überhaupt nicht darauf vorbereitet. Sie war ungefähr in der 20. Woche, als meine Pläne, mit „60 Minutes" in den Regenwald zurückzukehren, Gestalt annahmen. Daher richtete ich mich darauf ein, dass ein erheblicher Anteil der wertvollen Batterieladung meines Satellitentelefons dafür reserviert sein würde, mich darüber auf dem Laufenden zu halten, wie es Chrissy ging.

Ich konnte es kaum fassen, dass ich im Begriff war, Vater zu werden. Ein wirklich beängstigender Gedanke. Auch aufregend – aber hauptsächlich beängstigend. Der Gedanke an unser Baby – ein Mädchen, wie wir nun wussten! – stand im Mittelpunkt, als ich meine Reisevorbereitungen traf. Einerseits fuhr ich ungern, andererseits aber war ich noch auf der Suche, wollte den Yanomami-Teil meines Lebens zurückerobern. Ich glaubte nicht, dass ich einen guten Vater für meine kleine Tochter abgeben würde, wenn ich nicht noch einmal die Reise in den Regenwald antrat.

Bei CBS News läuft es wie bei jedem anderen großen Medienkonzern, das heißt, sie „zahlen" nicht für Geschichten – also würde CBS meine Reise nicht finanzieren. Steve Hartman zufolge lag das daran, dass die Nachrichtenabteilung des Senders über Nachrichten berichtete, jedoch keine Nachrichten machte. Dabei ging es um ethische Fragen und die Glaubwürdigkeit ihrer journalistischen Arbeit, im Grunde um eine Art selbst auferlegten Pressekodex, wie Steve mir auseinandersetzte. Dennoch gab es in dem sendereigenen Pressekodex keine Klausel, die mich daran gehindert hätte, innerhalb von Venezuela mit dem „60 Minutes"-Team zu reisen, vorausgesetzt, ich kam selbst für meinen Flug nach Caracas auf. Von da an würden sie mich auf dem restlichen Weg meiner Reise filmen. Um die Kameras die ganze Zeit auf mich richten zu können, mussten sie ihr Kamerateam ohnehin ins Landesinnere befördern – da war es okay, wenn sie mich quasi per Anhalter mitnahmen.

Eine weitere wichtige Vorbesprechung mit Steve drehte sich darum, dass ich von ihnen erwartete, meine Yanomami-Familie mit Respekt zu behandeln. Ich erklärte ihm, er und sein Team seien angehalten, eine beachtliche Menge an Handelswaren mitzubringen – Töpfe und Pfannen, Macheten, Perlen, Nähgarn, alles Mögliche, für das ich sonst selbst hätte sorgen müssen. So konnte ich die Kosten für diese Dinge in meinem Budget einsparen.

Steves Interesse gab meinen eher vagen Plänen für eine zweite Reise einen konkreten Zeitrahmen vor – nicht zuletzt weil die Beteiligung von CBS News es mir leichter machte, das Geld aufzutreiben, das ich brauchte: schätzungsweise 6000 Dollar. Das war natürlich keine Riesensumme, für mich war es trotz alledem enorm viel Geld. Schließlich war ich Student.

Inzwischen konnte ich an das große Interesse, das die Medien für meine erste Reise gezeigt hatten, anknüpfen. Es war auf NPR, dem BBC World Service, Outlook Radio und in unzähligen Lokalblättern darüber berichtet worden – und zwar ausschließlich positiv. Überdies hatte ich eine Menge E-Mails von Dokumentarfilmern bekommen, die mich gern auf meiner nächsten Fahrt begleiten wollten. Zudem gab es Anfragen von Hilfsorganisationen, gemeinnützigen Organisationen und Interessenverbänden, die Verbindungen in die Region hatten – und sie alle ermunterten mich, eine weitere Reise zu unternehmen und auf dem aufzubauen, wofür ich bereits den Grundstein bei der ersten Reise gelegt hatte.

Auch wenn mich das Rampenlicht nur streifte, machte es mir doch Mut, die Non-Profit-Organisation zu gründen, die mir vorschwebte. Ich taufte sie „The Good Project", weil mir die Doppeldeutigkeit dieses Namens gefiel (wörtlich übersetzt: „das gute Projekt", und darin war ja mein Nachname gleichzeitig enthalten). Mein erklärtes Ziel bestand darin, eine Brücke zwischen der entwickelten und der unentwickelten Welt zu bauen. Meine Mission beschränkte sich auf ein paar niedergeschriebene Worte, ohne dass ich irgendeinen Aktionsplan hatte, aber ich hatte eine Idee, nämlich diese neue Plattform zu nutzen, um auf die bedrängte Lage der Yanomami aufmerksam zu machen und generelles Interesse für die indigenen Völker in aller Welt zu wecken.

Von Anfang an zeigte die East Stroudsburg University (ESU) Interesse an meiner nächsten Reise und erbot sich, meine neu gegründete Organisation im Gebäude ihres Innovation Centers unterzubringen. Bisher habe ich die Schilderung meines akademischen Erwachens zugunsten meiner Regenwaldabenteuer vernachlässigt, also ist jetzt vielleicht der richtige Zeitpunkt, um zu erzählen, was geschah, nachdem ich die Highschool abgebrochen hatte. Irgendwie schaffte ich es, mein Tief zu überwinden und meine Ausbildung fortzusetzen – und nachdem ich mich richtig ins Zeug gelegt hatte, konnte ich mich an der East Stroudsburg University einschreiben für Kurse in Biologie, Immunologie, Anatomie und so weiter. In der Regel erzielte ich gute Noten, doch zu Beginn meines Studiums trank ich immer noch ziemlich viel, also gab es hin und wieder einen Ausreißer – eine Drei, wo eigentlich eine Eins hätte stehen sollen, solche Sachen.

Kurz bevor ich 2011 in den Regenwald aufbrach, legte ich an der ESU meine Bachelorprüfung ab, hatte jedoch keine konkreten Pläne, wie es danach weitergehen sollte. Auf dem Rückweg vom Territorium machte ich dann Zwischenstation bei der katholischen Mission und bewarb mich online für den Masterstudiengang in Biologie an der ESU. Das geschah aus einer Laune heraus, während ich im Internet surfte und überlegte, was ich als Nächstes machen sollte.

Ich hatte also etwas zu tun – und als sich nun das positive Medienecho einstellte, machte die Universität einen riesengroßen Schritt auf mich zu. Ich hatte kaum angefangen, Veranstaltungen für meinen Masterstudiengang zu besuchen, als Vertreter der ESU mir Unterstützung für meine „The Good Project“-Initiative anboten. Das war ein unverhoffter Glücksfall, nicht nur für mich, denn auch die Hochschule profitierte davon. Die ESU-Vertreter glaubten daran, dass ich in der Lage sei, wirklich gute Arbeit in der Region zu leisten, aber mehr noch witterten sie wohl eine PR-Chance. Weil jeder Medienbericht über mich unweigerlich erwähnen würde, dass ich an der East Stroudsburg University eingeschrieben war.

Als die Reise nun in den Bereich des Machbaren rückte, besuchte ich die zuständigen Leute im Innovation Center der ESU. Ich bat um 6000 Dollar – damals hatte ich keine Ahnung, wie man Geld beantragt, und kam nicht auf die Idee, den Betrag etwas höher anzusetzen, um letztlich das benötigte Geld aushandeln zu können. Die beantragten 6000 Dollar entsprachen den mir tatsächlich entstehenden Kosten, sofern CBS News für meine Reise im Landesinneren aufkam.

Zunächst meinte die ESU, Geld sei kein Problem, aber dann wurde es doch eins. Wir hatten unsere Unterlagen zur Gründung einer gemeinnützigen Organisation noch nicht beisammen, und die Universität war nicht erpicht darauf, eine Reise zu finanzieren, solange wir kein eingetragener Verein waren. Allerdings versicherten sie mir ständig, sie würden das Geld auftreiben, sei es über ein Stipendium oder eine offizielle Mittelzuteilung aus dem Budget des Innovation Centers. Sie gaben mir ihr Wort und ermutigten mich, die Zusammenarbeit mit „60 Minutes" mit Volldampf voranzutreiben. Ich sollte die nötigen Vorbereitungen treffen und alles regeln, als hätte ich das Geld bereits in der Tasche.

Am Ende hatte ich gar nichts in der Tasche. Und wenn ich „am Ende" sage, ist das ziemlich wörtlich gemeint. Die Reise sollte in zehn Tagen losgehen, mein Ticket musste bezahlt, verschiedene Dinge wollten besorgt werden, aber das Geld ließ weiter auf sich warten. Die ESU-Leute vertrösteten mich immer wieder, bis ich sie schließlich zur Rede stellte. Letztlich gaben sie zu, dass das Geld nicht da war.

Ich war baff – und, offen gesagt, aufgebracht. Ich hätte die Reise um ein paar Monate verschieben können. Ich hätte „60 Minutes" noch eine Weile hinhalten können, aber jetzt waren alle Räder in Bewegung gesetzt. CBS News hatte für seine Mitarbeiter bereits einen Flug von New York nach Caracas gebucht, einen Flug, den auch ich nehmen musste – weil mich das Kamerateam ja auf dem Weg zurück zu meiner Mutter filmen sollte. Was tat ich also? Ich haute Freunde und Verwandte an, bat um Beträge, die sie entbehren konnten. Hier zwanzig US-Dollar, dort fünfzig US-Dollar ... und dann steuerte mein Vater natürlich einen ordentlichen Batzen bei. Mary Francis, die Leiterin des Innovation Centers, hatte ein derart schlechtes Gewissen, dass ihr Team die Finanzierung nicht auf die Beine gestellt hatte, dass sie meinen Flug nach Caracas, der rund 1400 Dollar kostete, aus eigener Tasche bezahlte.

Auf diese Weise kam die Reise zustande – aber wir kamen nur bis Puerto Ayacucho, Ausgangspunkt für sämtliche Expeditionen in das indigene Territorium. Das „60-Minutes"-Team bestand aus Steve Hartman und seinem Assistenten Miles Doran, drei südafrikanischen Kamera- und Tontechnikexperten und Anna Real, der stellvertretenden Leiterin der Auslandsabteilung von CBS News. Außerdem stellte uns die venezolanische Regierung einen Fotografen, vier bewaffnete Soldaten und einen Arzt zur Seite – mit mir waren es 13 Personen. Wir waren eine Art kleine Invasionsarmee.

Ich stellte mir die seltsame Szene vor, wie wir alle auf einmal in das Dorf meiner Mutter einbrechen würden. Und dachte dabei nur: Meine arme Familie.

Über die Missionare vor Ort hatte ich mein Kommen angekündigt. Wann genau ich eintreffen würde, wusste Mom nicht, und von dem Wanderzirkus, den ich im Schlepptau hatte, ahnte sie noch viel weniger, aber wenigstens würde meine Ankunft sie nicht völlig unvorbereitet treffen.

Wir hatten die Zustimmung mehrerer Ministerien *und* des Präsidenten – unsere Reiseplanung schritt also dementsprechend voran. Dennoch passierte in Puerto Ayacucho etwas Unvorhergesehenes, als wir von dort aufbrechen wollten: Irgendein Regierungsbeamter weigerte sich, das Kamerateam ins Territorium zu lassen – die offizielle, vollkommen an den Haaren herbeigezogene Begründung lautete, die Yanomami wollten nicht, dass Kameras und Reporter ihre Lebensweise auf Film festhielten. Der inoffizielle Grund, der schon eher Substanz hatte, war die Sorge, wie die venezolanischen Kommunalwahlen, die gerade anstanden, in aller Welt wahrgenommen würden. Wie in vielen Ländern Südamerikas – und eigentlich weltweit – konnten die dortigen Kommunalwahlen nicht immer einer genaueren Überprüfung standhalten. Aber das sollte nicht Thema unserer Dreharbeiten sein, und wir versicherten, dass unsere Kameras andere Bilder einfangen würden.

Das „60-Minutes"-Team saß in der Patsche. Für mich gab es kein Problem. Die Regierung konnte mich nicht daran hindern, das indigene Territorium zu betreten – schließlich war ich Yanomami und damit durch die venezolanische Verfassung geschützt. Die Papiere für meine Staatsbürgerschaft hatte ich zwar noch nicht – mein Antrag war in Bearbeitung –, doch ich hatte Beweismittel in Hülle und Fülle, die zeigten, dass ich in das Territorium reisen durfte. Ich war Yanomami, der Sohn einer Yanomami, und per Gesetz durfte mich die Regierung nicht davon abhalten, meine Mutter zu besuchen.

Dennoch wurde der Versuch unternommen, einen der bekannteren politisch aktiven Yanomami zu einer Aussage gegen mich zu bewegen, aber der Mann stand für mich ein. Er sagte: „Davi ist Yanomami, genau wie ich. Er hat auf jeden Fall das Recht, seine Familie zu besuchen, genau wie ich. Ich sage nichts gegen andere Yanomami."

Das ging mehrere Tage so. Zuerst dachten wir, wir könnten uns irgendwie aus der Sackgasse herausmanövrieren. Also flogen Anna Real, Steve Hartman und ich zurück nach Caracas, um das Durcheinander dort zu klären. Das Team blieb in Puerto Ayacucho und machte unterdessen im Hotel eine ordentliche Zeche.

Ein paar Tage später kehrten wir nach Puerto Ayacucho zurück. Unsere Bemühungen waren gescheitert. Bei meiner ersten Reise hatte ich mich anonym und ziemlich unbekümmert im Land bewegt. Auf dieser zweiten Reise war ich in die Mühlen der Bürokratie geraten. Das venezolanische Militär wusste über meine Mission Bescheid und unterstützte sie voll und ganz. Dennoch gab es in der Regierung gewisse Kreise, die ebenfalls im Bilde waren und mit aller Kraft dagegenarbeiteten.

Durch diese Pattsituation war der „60 Minutes"-Beitrag erst einmal gestorben.

ICH NAHM in Puerto Ayacucho Abschied von Steve und seinem Team. Anna Real hatte im Vorfeld arrangiert, dass uns eine Militärtransportmaschine nach Esmeralda bringen sollte, und es wurde beschlossen, dass ich trotzdem mitfliegen durfte. Unsere Mission wurde von einem hochrangigen Oberst unterstützt, der dieses Arrangement abgesegnet hatte, und die Papiere waren allem Anschein nach in Ordnung. Doch bevor ich an Bord gehen konnte, wurde ich auf der Startbahn von einer *diputada* aufgehalten. Ich sah der Regierungsbeamtin an, dass sie nervös war und sich in ihrer Machtstellung nicht wirklich wohlfühlte. Im Grunde wollte sie mich nicht fertigmachen, aber ihr blieb nichts anderes übrig. Sie tat einfach ihre Arbeit.

Sie stellte mir mehrere Fragen, deren Antwort sie schon kannte.

„Welche Angelegenheit führt Sie ins Territorium?"

Ich erklärte, ich wolle meine Mutter besuchen.

„Welche Pläne haben Sie nach Ihrem Besuch bei Ihrer Mutter?"

Ich erwiderte, ich wolle bei meinem Volk leben und die Bräuche der Yanomami erlernen.

In dem Augenblick war ich unfassbar wütend auf diese Frau – und auf das Ministerium, das sie angeblich vertrat. Die ganze Zeit wollte ich der Welt zurufen, wie stolz ich darauf war, Venezolaner zu sein, und dem US-amerikanischen Fernsehpublikum zeigen, was es bedeutete, Yanomami zu sein – in Irokai ebenso wie daheim in Pennsylvania. Aber die Chance dazu wurde mir vorenthalten – jedenfalls diesmal.

Aus dem „60-Minutes"-Bericht wurde nichts, aber ich überwand die Hürde dieses Frage-und-Antwort-Spiels und konnte das Flugzeug besteigen. Und als wir in Esmeralda ankamen, wurden wir keineswegs von einer protestierenden Yanomami-Menge empfangen. Da waren nur ein Dutzend katholische Missionare, die ich zum großen Teil von meiner ersten Reise her kannte. Wir umarmten einander zur Begrüßung. Sie wussten um all die bürokratischen Kräfte, die gegen mich in Stellung gegangen waren, und erklärten mir, es wäre ein kluger Schachzug, erst einmal ein paar Tage in aller Stille auf dem Missionsgelände zu verbringen, bevor ich die Fahrt flussaufwärts antrat. In der Mission traf ich auch meinen Freund Andrew Lee, Sohn protestantischer Missionare im Territorium, der die Fahrt zu meinem Dorf arrangiert hatte. Andrew und ich hatten uns auf meiner ersten Reise in Boca Mavaca kennengelernt und Freundschaft geschlossen, und jetzt, ungefähr anderthalb Jahre später, unterstützte er mich maßgeblich auf meiner zweiten Fahrt.

Andrew gehört zu den stillen Helden des Regenwalds und ist ein echter Streiter für die Yanomami. Er ist mit einer Yanomami-Frau verheiratet und hat Yanomami-Kinder. Für mich war die erste Begegnung mit ihm eine Offenbarung, weil ich in Andrew eine Chance für jemanden wie mich erblickte: Man konnte aussehen wie ein Gringo und gleichzeitig sinnvoll im Territorium tätig sein. Er hatte den Yanomami sein Leben geweiht, aber wichtiger noch, ihnen gehörte sein Herz – so wie ihnen jetzt auch meines gehört.

An jenem Punkt meiner Reise nahm Andrew die Sache in die Hand, und ich muss zugeben, dass ich mich beim Aufbruch ins Territorium ohne meine neuen CBS-News-Kameraden, ohne die Kraft und Zuversicht von Hortensia Caballero, die mir zu Beginn meiner ersten Reise die Hand gehalten hatte, irgendwie verletzlich, ein bisschen einsam, ein wenig ängstlich fühlte. Auf dieser Reise hatte ich das Gefühl, als hätte sich die Welt, als hätte sich die venezolanische Regierung gegen mich verschworen und als wäre ich ganz auf mich allein gestellt.

Es waren annähernd drei Wochen vergangen, seit wir mit großen Hoffnungen vom New Yorker LaGuardia Airport gestartet waren, und ich hatte es immer noch nicht flussaufwärts zum Dorf meiner Mutter geschafft. In unserer letzten Nacht am Fluss kamen wir nicht so recht zur Ruhe. Wir kampierten direkt unterhalb der Stromschnellen Raudal de Guaharibos. Ruben, der Bootsführer, hatte mir gezeigt, wie man eine Hängematte an einer Dreipunktstruktur befestigt, die er mithilfe von Lianen, einer horizontalen Stange und der Astgabel eines gut platzierten Baums zurechtgebastelt hatte. Erstaunlicherweise hielt mein Nachbau.

Die Nacht blieb unvergesslich wegen der prägnanten Zischlaute eines rattenartigen Wesens, das direkt über uns im Laub der Bäume raschelte, und – Pardon – wegen einer Erleuchtung, die ich hatte, als ich mich in die Büsche verzog, um mein Geschäft zu erledigen. Ich will nicht vulgär werden, aber mein Magen hatte mir die ganze Woche Probleme bereitet, deshalb war es eine große Erleichterung, als meine Verdauung endlich in Gang kam, und während ich auf dem Waldboden kauerte, dachte ich an einen ähnlichen Moment vor gut zwanzig Jahren zurück. Seltsam, wie irgendeine Kleinigkeit, ein winziger Augenblick, eine Direktverbindung weit zurück in die Kindheit herstellen kann. In diesem Moment hatte ich ein klares Bild von mir selbst an einem solchen Fleck im Wald vor Augen, wie ich als kleiner Junge mein Geschäft verrichtete. Damals wie jetzt fühlte ich mich unheimlich befreit – und in ebendiesem Moment wurde mir klar, dass ich absolut keine Sorgen hatte. All diese Nöte wegen Geld, als ich aus Pennsylvania aufbrach, die Kopfschmerzen, die uns die Bürokratie auf dem Weg ins Territorium bereitete, das Unwohlsein, das mir mein Magen seit Tagen verursachte – alles löste sich in Wohlgefallen auf. Zum ersten Mal seit dem Abflug aus LaGuardia war ich völlig entspannt. Mein Dasein war absolut stressfrei, und als ich mich mit einem Blatt säuberte, überkam mich eine vollkommene Ruhe, ein grenzenloses Glücksgefühl. Natürlich besaß ich noch nicht die notwendigen Fähigkeiten, um ein selbständiges Yanomami-Leben zu führen, aber ich war durchaus „bereit für den Dschungel", und zwar in dem Sinne, dass ich geistig empfänglich und offen für alles war, das mir begegnete.

Geistig hatte ich meine Heimat gefunden, das wurde mir nun klar.

Es war Zeit zu leben.

AM NÄCHSTEN MORGEN ging es mir wie einem Hund, der am Ende einer langen Autofahrt den Kopf aus dem Fenster streckt und sein Zuhause erschnüffelt. Auf dem Weg erkannte ich vertraute Landmarken – die Biegung des Flusses, die Größe und Form der Bäume, das Schattenspiel des Laubs am Ufer, alles führte mich heim.

Beim Klang unseres brummenden Motors strömten die Irokai-teri zum Fluss – doch viele waren es nicht. Andrew erklärte mir, die Irokaiteri seien weiter landeinwärts gezogen, es dauerte also eine Weile, bis die Nachricht von unserer bevorstehenden Ankunft ins Dorf vordrang.

Ich gebe zu, dass ich ein bisschen enttäuscht war, als wir ans Ufer tuckerten. Außerdem waren wir 2011 zur Trockenzeit eingetroffen, der Fluss hatte also viel weniger Wasser geführt. Diesmal war es erheblich schwieriger, am Ufer zu navigieren, vor allem als ich aus dem Boot stieg und versuchte, meine Siebensachen herauszuholen. Glücklicherweise waren einige kräftige Yanomami-Männer zur Stelle, die mein Gepäck ohne große Anstrengung an Land hievten – und das war gut so, denn das Flussufer war bedeutend weicher und sandiger, als ich es in Erinnerung hatte. Es war schwierig, über die Lichtung bis zum Dickicht des Regenwalds vorzudringen – und zwar nicht nur für mich, wie ich bald sah, sondern auch für die Irokai-teri.

Sogar mit der Hilfe meiner einheimischen „Träger" war es anstrengend, unsere Sachen aus dem Boot hochzubringen, aber als wir das letzte Gepäckstück absetzten, fühlte ich mich unendlich lebendig. Kaputt, aber lebendig. Es war, als wäre ich nur ein paar Tage weg gewesen.

Wir brauchten auf einem feuchten, kühlen, schlammigen Weg ungefähr dreißig Minuten, bis wir das Dorf erreichten. Mom kam uns auf halbem Weg entgegen. Sie hatte von unserer Ankunft gehört und war zum Fluss geeilt, um mich zu begrüßen, und sobald ich sie um die Kurve kommen sah, ließ ich meine Tasche fallen und lief zu ihr. Wie beim letzten Mal war ich ein bisschen verlegen, weil ich sie an mich drücken und ihr einen Kuss auf die Wange geben wollte, was sie aber gleich zu Anfang dieses Besuchs vor den Kopf gestoßen hätte.

Ihr Mienenspiel verriet glückliches Traurigsein. Oder ein trauriges Glücksgefühl. Und ich sah, dass sie den Tränen nahe war.

„Hi Mom. Ich bin wieder da", sagte ich auf Englisch.

Sie lächelte. Dann deutete sie auf meine Tasche, als hätte sie vor, sie für mich zu tragen.

Zugegeben, sie war viel stärker als ich und kannte diesen Pfad in- und auswendig, aber ich winkte ab und sagte: *„Hute."* Die ist schwer. Welcher Sohn würde seine Mutter seine Tasche tragen lassen?

Quasi sofort fanden wir in den Lebensrhythmus zurück, wie ich ihn von meiner letzten Expedition kannte. Auch Ricky Martin kam uns entgegen und hieß uns willkommen. Er war seit meinem letzten Besuch Vater geworden. Mit im Schlepptau hatte er meine beiden Ehefrauen, die während meiner Abwesenheit Mutter geworden waren – Ehefrau Nummer eins bereits zum zweiten Mal. Da waren meine Tanten, meine Onkel, meine Cousins und Cousinen, meine beherzte kleine Nichte, alles vertraute Gesichter.

Aber für ein ausgedehntes Wiedersehensfest war keine Zeit. Wir hatten zu tun.

DIE GROSSE SCHLAGZEILE seit meinem letzten Besuch? Das alte Shabono war niedergebrannt – jemand hatte das Gemeinschaftsfeuer unbeaufsichtigt gelassen, während die Irokai-teri auf einem Treck waren, der Wind frischte auf und zerstörte ihr Zuhause. Also bauten sie weiter landeinwärts ein neues Shabono – bei flotter Gangart ungefähr eine halbe Stunde vom Fluss entfernt.

Als ich ankam, war das Dorf noch damit beschäftigt, das Land rund um den neuen gemeinsamen Wohnbereich zu roden. Die Irokai-teri fällten Bäume, brannten das Unterholz ab, legten eine neue Pflanzung an. Es gab viel zu tun, und weil ich auf dieser Reise vorhatte, mich verstärkt in das Yanomami-Leben einzugliedern, packte ich mit an. Als Erstes hängte ich meine Hängematte neben dem Feuer auf, das ich mit meiner Mutter teilen würde. Das letzte Mal hatte ich eher am Rand des Shabono geschlafen, doch diesmal wollte ich nicht so weit von meiner Familie entfernt, sondern mitten im Geschehen sein.

Bei den Irokai-teri ist jede Familie dafür zuständig, den Abschnitt des Regenwalds zu roden, der sich hinter ihrem Bereich des Shabono erstreckt – man mäht sozusagen den Rasen vor dem Haus. Die Rodung wurde weitgehend von den Männern durchgeführt, also hielt ich mich an Ricky Martin.

Eine Machete in der Hand, wollte er sich gerade an die Arbeit machen, als ich eines Morgens auf ihn zukam. Ich deutete auf die Machete und meinte, das würde erklären, dass ich helfen wollte. Tat es nicht. Als Nächstes versuchte ich es mit einem spanischen Ausdruck, der vielleicht in seinem begrenzten spanischen Wortschatz vorkam.

„*Trabajo*" – Arbeit, sagte ich.

Er begriff immer noch nicht, was ich wollte, also griff ich in den Köcher meiner Yanomami-Sprachkenntnisse. „*Kihami*" – da drüben, sagte ich.

Ich deutete auf den Bereich, den er roden sollte, und probierte es mit einem Sprachmix: „*Trabajokihami.*"

Endlich verstand er mich. „Okay", erwiderte er.

Ricky Martin gab mir eine Machete, und ich machte mich fertig – mit fertig machen meine ich Schuhe anziehen. Ich trug Boxershorts, kein T-Shirt, dafür Schuhe und Socken, sah also ziemlich lächerlich aus, aber ich hackte munter drauflos. Im Grunde machte es Spaß. Wir fällten Bäume, links und rechts, während Kinder uns auf den Fersen folgten, die Äste wegräumten und zu einem kleinen Stapel aufschichteten.

Es dauerte eine Weile, bis ich den Dreh raushatte. Ich benutzte eine Dschungelmachete, die aus hartem Stahl geschmiedet und viel schwerer war als die Macheten, die Dad und ich als Handelsware mitbrachten. Das zusätzliche Gewicht bedeutete sehr viel mehr Schlagkraft, aber man musste auch ordentlich ausholen.

Allmählich kam ich rein und geriet ins Schwitzen, als ich auf einen umgestürzten Baum stieß, der schon gefällt war, jedoch in einem ungünstigen Winkel an einem anderen Baum lehnte, der ebenfalls wegmusste. Also begann ich diesen anderen Baum zu bearbeiten. Es war ein stattlicher Baum, seine Zweige ragten in alle Richtungen, und um die Äste, den Stamm und den umgestürzten Baum am Boden wanden sich schier endlose Lianen.

Sie waren teilweise so eng gewickelt, dass sie beim Reißen mit Wucht zurückschnellten, sodass man besser aufpasste – doch ziemlich bald passte ich nicht gut genug auf. Ich zerrte gerade an einer Liane, als der dazugehörige Zweig mir plötzlich ins Gesicht schlug und mein linkes Auge traf. Ich schrie auf, eine für mich nicht gerade typische Gefühlsäußerung, weshalb Ricky Martin sich zu mir umdrehte und wissen wollte, was passiert war. Ich hielt mir die Hand aufs Auge und war nach der schweißtreibenden Hackerei so mit Adrenalin vollgepumpt, dass ich abwinkte. Einen Schlag aufs Auge hatte ich schon ein paarmal abbekommen. Halb so schlimm, dachte ich. Ich nahm an, der stechende Schmerz würde bald nachlassen, und alles wäre in Ordnung.

Ich versuchte weiterzuarbeiten, aber ich bemerkte einen großen schwarzen Fleck in meinem Gesichtsfeld. Und der Schmerz wurde so schlimm, dass ich das Auge nicht mehr aufmachen konnte, also ließ ich die Machete fallen und taumelte umher, die Hände instinktiv nach vorne gestreckt. Die anderen wurden aufmerksam und eilten herbei. *„¿Qué pasó?“* – Was ist passiert?, fragte Ricky Martin.

Es tat so weh, dass ich nicht antworten konnte, stattdessen stolperte ich wimmernd über unsere schmale Lichtung, bis es meinem Bruder und ein paar anderen gelang, mich zu meiner Hängematte im Shabono zu führen. Ich konnte die Augen nicht öffnen, und mir fiel nichts ein, womit ich den Dorfbewohnern hätte begreiflich machen können, was passiert war. Schließlich deutete ich auf mein linkes Auge und sagte: *„Hii hi, nini.“* Damit wollte ich andeuten, dass ich mich mit einem Zweig am Auge verletzt hatte. Wieder wies ich auf mein Auge und hoffte, Ricky Martin würde den Zusammenhang herstellen, und das tat er auch. Er rief den anderen etwas zu, und bald fanden sich Dutzende Irokai-teri an meiner Hängematte ein. Die Leute nahmen mich in Augenschein, stupsten mich an, versuchten, mein Augenlid zu öffnen. Ich fühlte mich wie das Unterrichtsobjekt in einem Dschungelhospital.

Der Schmerz war grauenhaft – sodass ich nicht besonders klar denken konnte. Mir ging nur immerzu durch den Kopf, dass etwas in meinem Auge steckte – ein Stock oder vielleicht ein Stein –, und es dauerte eine Weile, bis mir aufging, dass meine Schmerzen von einem Kratzer auf meiner Hornhaut herrühren könnten.

Mit derlei Verletzungen hatten die Yanomami Erfahrung, und jemand entdeckte etwas Schmutz in meinem Auge, also beschlossen sie, ihn zu entfernen, indem sie ihn wegpusteten. Sie wechselten sich ab. Ricky Martin übernahm eine Schicht. Die anderen Männer, die mit uns gearbeitet hatten, übernahmen je eine Schicht. Inzwischen hatte jemand meine Mutter gerufen, und sie sprach liebevoll mit mir, während sie sich über meine Hängematte neigte und ebenfalls in mein Auge blies.

Ich konnte überhaupt nichts sehen, nur einmal schaffte ich es, mein rechtes Auge kurz zu öffnen, und da erblickte ich zwei Dorfbewohner, die sich mit einem winzigen Stäbchen näherten, fast wie ein kleiner Strohhalm, der spitz zulief und in einer feinen Faser endete. Mit diesem Werkzeug schürften sie etwaigen Schmutz aus meinem Auge, der sich durch Blasen nicht hatte entfernen lassen. Währenddessen schrie und wimmerte ich ununterbrochen. In der Ferne hörte ich, wie einige Yanomami-Frauen mein Wimmern nachahmten, fast als würden sie sich darüber lustig machen.

Auch mit meinem „heilen" Auge konnte ich nicht gut sehen – wenn ich versuchte, es zu öffnen, zuckte auch mein linkes Augenlid, was wiederum grausam wehtat, ich war also praktisch blind.

Als Nächstes kam jemand mit einer Feder und strich damit über mein Lid – wahrscheinlich wollten sie so mein Auge zum Tränen bringen, was womöglich verbliebenen Dreck herausgespült hätte.

Es wurde so unerträglich, dass ich alle fortscheuchte, die Augen geschlossen hielt und dachte: Das war's jetzt, meine Zeit hier ist vorbei. So eine Augenverletzung konnte gefährlich werden. Was sollte werden, wenn ich mir eine Infektion holte? Was, wenn die Schmerzen schlimmer wurden? Schon jetzt waren sie nicht auszuhalten.

Schmerzumnebelt, wie ich war, fiel mir ein, dass ich ein Satellitentelefon besaß. Aber erst einmal musste ich es finden. Ich konnte die Augen ja höchstens für den Bruchteil einer Sekunde öffnen und auch dann nur ganz verschwommen sehen. Also kramte ich blind in meinen Sachen, bis ich das Telefon in der Hand hielt. Anschließend bedeutete ich Mom und einer meiner Tanten, sie sollten mich in den offenen Bereich des Shabono führen, wo ich vielleicht ein Signal empfangen konnte. Zu diesem Zweck fuchtelte ich wie ein Verrückter mit den Armen und machte Gehbewegungen mit den Fingern.

Während wir dahinstolperten, rief ich mir das Design des Telefons in Erinnerung, die Menüfunktionen, um mit geschlossenen Augen telefonieren zu können. Die letzte Nachricht, die ich verschickt hatte, war an Chrissy gegangen, meine schwangere Exfreundin, die auf dieser Reise meine Verbindungsfrau war. Wir hatten vereinbart, dass ich Chrissy schreiben und sie meine Nachricht über Facebook an Andrew Lee weiterleiten sollte, meinen Missionarsfreund, der mich im Dorf abgesetzt hatte und am Ende meines Aufenthalts wieder abholen würde. Nun wollte ich ihn von meinem Unfall in Kenntnis setzen, konnte ihn aber in der protestantischen Mission nicht per Satellitentelefon erreichen. Die einzige Methode, mit ihm Kontakt aufzunehmen, führte über das Karussell Chrissy – Facebook – Andrew.

Wie ein Blinder rief ich aus dem Gedächtnis das Textprogramm des Telefons auf, und es gelang mir, eine kurze SOS-Botschaft an Chrissy zu tippen – nur abschicken konnte ich sie nicht. Ich hatte keinen Empfang. Das Blätterdach des Regenwalds war zu dicht und zu hoch. Von meinen kurzen Exkursionen wusste ich, dass die nächste Lichtung zehn bis fünfzehn Minuten entfernt war. So weit würde ich auf keinen Fall mit geschlossenen Augen kommen, selbst wenn Mom mich führte. Der Schmerz war einfach zu stark. Ich schaffte es ja kaum zurück zu meiner Hängematte. Ich ließ mich hineinfallen und dachte, es wäre am besten, wenn ich die Verletzung schlafend auskurierte.

Ich hatte noch Ibuprofen im Gepäck, kam aber nicht auf die Idee, es zu nehmen. Irgendwie überstand ich diese erste Nacht. Mom kümmerte sich um mich – aber nicht so, wie sich bei uns eine Mutter um ihren verletzten Sohn kümmern würde. Sie kam alle paar Stunden zu mir, berührte meine Stirn und murmelte ein paar Worte, die ich nicht verstand. Diese Besuche an meinem Krankenbett hatten aber überhaupt nichts Linderndes an sich. Dennoch war es irgendwie beruhigend zu wissen, dass Mom in der Nähe war und sich mit meinem Fall beschäftigte – auch wenn sie nicht viel tun konnte, um mir zu helfen.

Die ganze Nacht über spürte ich, dass andere sich Irokai-teri meiner Hängematte näherten. Ich hörte auch, dass leise Gespräche geführt wurden. Wenn überhaupt, verschlimmerte sich der Schmerz im Lauf der Nacht – es fühlte sich an, als hätte ich einen winzigen scharfkantigen Stein im Auge. Ich hatte Angst davor, die Augen zu öffnen, deshalb wusste ich nicht so genau, wann die Nacht zu Ende ging. Doch dann begann das morgendliche Geklapper rund ums Gemeinschaftsfeuer, begleitet vom Kommen und Gehen auf leisen Sohlen.

Kurz darauf fand neben meiner Hängematte eine weitere Beratung statt. Alles, was ich verstand, war das Wort Sua – Frau. Immer wieder hörte ich das Wort, dann wurde es still. Ich spürte die Hände mehrerer Menschen auf mir. Jemand versuchte, mein Lid hochzuziehen, wieder durchfuhr mich ein stechender Schmerz. Alles, was ich sah, war Nebel, ich konnte nicht einmal Umrisse wahrnehmen. Dann merkte ich, wie sich jemand über mich beugte – als würde ein Schatten auf mich fallen –, und spürte, wie zwei Tropfen einer Flüssigkeit sanft in mein Auge fielen. Fast sofort stellte sich die Wirkung ein. Ich konnte das Auge sogar einige Zeit offen halten, ohne dass es wehtat. Zwar sah ich nach wie vor alles nur verschwommen und war extrem lichtempfindlich, aber immerhin war ich schmerzfrei.

Ich war mehr als erstaunt, denn die lindernden Tropfen ließen mich vermuten, dass es im Dorf einen Medikamentenvorrat gab. Das stellte eine ungeheure Erleichterung dar, und zwar nicht nur wegen der Schmerzen, sondern auch, weil sie meine Sorge wegen der Infektionsgefahr zerstreuten.

Den restlichen Tag verbrachte ich mit geschlossenen Augen in meiner

Hängematte, um mich auszuruhen, bevor der Schmerz wieder einsetzte, wie ich befürchtete. Leute kamen vorbei und fütterten mich mit Kochbananen. Mom gab mir eine Art Brühe, und auch mein Onkel teilte sein Essen mit mir, das er mir direkt auf die Brust legte. Ich tastete auf meinem T-Shirt nach verschiedenen Dingen, die sich vertraut anfühlten, und steckte sie in den Mund. So bekam ich auch einige Käferlarven zu fassen, die nach Form und Beschaffenheit vertraut wirkten. Ich hatte schon Larven gegessen, mochte sie sogar, aber als mir bewusst wurde, was ich da im Mund hatte, musste ich würgen. Momentan war mir nicht nach Larven.

In der folgenden Nacht schlief ich unruhig.

Am nächsten Morgen waren die Schmerzen im Auge wieder da, und während ich in der Hängematte lag, hörte ich wieder dieses Wort: Sua.

Erneut spürte ich Hände auf mir. Wieder zog jemand mein linkes Augenlid zurück, und ich bemerkte den Schatten, der auf mich fiel. Nur erkannte ich diesmal die Silhouette einer jungen Frau, die sich über meine Hängematte beugte, wie um mir die Augentropfen zu verabreichen, und als sie sich näherte, sah ich, dass es meine Ehefrau Nummer zwei war. Als sie noch näher kam, fiel mir auf, dass sie kein Medikament in der Hand hatte. Auch keine Pipette. Stattdessen hielt sie ihre nackte Brust wie eine Waffe auf mich gerichtet. Dann drückte sie auf ihre Brustwarze und presste ihre Brust zusammen, sodass sich ein kräftiger Milchstrahl auf mein linkes Auge ergoss.

Sie zielte allerdings nicht sonderlich gut – keinesfalls so exakt wie am Tag zuvor. Es ist aber auch genauso gut möglich, dass ich die erste Dosis von einer anderen stillenden Yanomami-Frau erhalten hatte. Jedenfalls muss sie doch einigermaßen getroffen haben, denn ich verspürte eine sofortige Erleichterung. Zwar hatte ich nun überall Muttermilch im Gesicht, aber das war mir egal.

Hundert Fragen schossen mir durch den Kopf, als ich die Augen schloss und darauf wartete, dass die Muttermilch ihre Wirkung tat: Würde diese Art der Behandlung mich tatsächlich heilen oder nur vorübergehende Linderung bringen? Wie zum Teufel waren die Yanomami darauf gekommen? In meinem Kopf ging es drunter und drüber, doch sobald der Schmerz nachließ, konnte ich auch meine Sorgen vergessen.

Die Behandlung mit Muttermilch wurde fortgesetzt. Nach drei Tagen konnte ich schließlich die Augen öffnen, wenn ich auch noch nicht besonders gut sah. Das Sonnenlicht bereitete mir zwar Beschwerden, aber immerhin konnte ich nun mit meinem gesunden rechten Auge die Welt betrachten, während sich das linke wieder ans Licht gewöhnte.

Nach einer Woche war ich wieder hergestellt, und wahrscheinlich brauchte es tatsächlich ein ganzes Dorf, um mich durch dieses Martyrium zu begleiten, aber ich weiß nicht, wie ich es ohne meine Mutter überstanden hätte.

Sie war mein Schmerzmittel, meine Hoffnung, meine Reha.

ICH HATTE dann doch noch Gelegenheit, das Satellitentelefon auf dieser zweiten Reise sinnvoll zu nutzen.

Das Telefon war schon Luxus, aber sobald ich mich im Regenwald befand, war nichts kostbarer als die Akkulaufzeit. Ich rechnete mit einer Betriebszeit von rund drei Stunden, und da es keine Möglichkeit gab, das Ding außerhalb der protestantischen Mission aufzuladen, zählte wirklich jede Minute. Das Problem war nur, dass man selten einen vernünftigen Empfang hatte. Abgesehen davon, dass ich das Telefon brauchte, um mich zu erkundigen, wie es Chrissy in ihrer Schwangerschaft ging, stellte es auch eine Art Rettungsanker dar. Zu diesem Zweck hatte ich die etwas kompliziert anmutende Telefonkette eingerichtet.

Nebenbei erfüllte das Telefon noch eine ganz wunderbare Aufgabe, es bot nämlich die Möglichkeit, meine Eltern wieder zusammenzubringen – diesmal in Moms Dorf, wo sie sich, wie ich meinte, wohler fühlte und mehr sie selbst sein konnte als in der katholischen Mission in Boca Mavaca.

Eines Nachmittags – meine Augenverletzung war inzwischen geheilt und ich hatte ein besseres Gefühl dafür entwickelt, wo man ein brauchbares Satellitensignal bekam – holte ich das Telefon aus dem Gepäck und zeigte es Mom, die in ihrer Hängematte saß. Ich deutete auf das Telefon und sagte: *„Talk Kenny."*

Sie lächelte, um zu zeigen, dass sie mich verstanden hatte, und erwiderte: *„Teléfono, Kenny."*

Wir versuchten, gleich hier im Shabono eine Verbindung zu bekommen, doch der Empfang war miserabel. Dann gingen wir mit dem Telefon in die nahe gelegene Pflanzung, aber auch dort bekamen wir kein stabiles Signal. Im und um das Dorf war entweder die Wolkendecke zu dick oder das Blätterdach zu dicht. Nach einer schier endlosen Signalsuche sah ich mich gezwungen, die Idee ad acta zu legen. Ich fürchtete, zu viel Akkulaufzeit zu verschwenden, ohne überhaupt ein Gespräch führen zu können. Also deutete ich auf das Telefon, schüttelte den Kopf und sagte: *„Batería."* Als würde das für meine Mutter irgendetwas erklären.

In den nächsten Tagen holte ich, wenn ich gerade nichts zu tun hatte, immer mal wieder das Telefon heraus, richtete es himmelwärts und suchte ein Signal. Meist tat ich das, nachdem Mom mich eine Weile mit der Forderung „Teléfono, Kenny. Talk Kenny“ verfolgt hatte. Sobald sie sich etwas in den Kopf gesetzt hatte, ließ sie nicht mehr locker – ein Charakterzug, der mir viel eher typisch US-amerikanisch als Yanomami vorkam.

Schließlich wanderten wir eines Tages zu einer neuen Pflanzung am Flussufer, und mir fiel auf, dass es hier keine hohen Bäume gab. Wir hatten freien Zugang zum Himmel. Zum Shabono waren es zwanzig Minuten, aber diese Gelegenheit wollte ich mir nicht entgehen lassen, also lief ich zurück, um das Telefon zu holen. Als ich zurückkam, war Mom schon ganz aufgekratzt. Sie wusste, was es bedeutete. Mom lächelte, kicherte, hüpfte auf und ab und sagte: „Teléfono, Kenny. Talk Kenny.“

Als die Verbindung stand, nahm mein Vater sofort ab, und Mom strahlte hell wie ein Stern. Nie hatte ich sie oder jemand anders so breit, so allumfassend lächeln sehen. Sie war überglücklich. *„Kenny, ha-po. Kenny, ha-po“* – Kenny, komm. Kenny, komm, sagte sie.

Sie wünschte sich nichts sehnlicher, als dass mein Vater nach all den Jahren zu ihr zurückkehrte – allerdings spielten vermutlich nicht nur Gefühle, sondern auch praktische Gründe eine Rolle, denn sie zählte ihm alles auf, was er in ihr Dorf mitbringen sollte. Und zwar Angelhaken, Stoffe, Töpfe und Pfannen. Ja, sie wollte ihren Kenny sehen, aber die Sachen, die er ihr mitbringen konnte, waren ihr noch wichtiger.

Sogar mein Onkel griff nach dem Telefon, um eine Bitte loszuwerden. Es war wirklich erstaunlich zu beobachten, wie die Irokai-teri rasch und übergangslos dieses kleine Stück Nabuh-Technik verstanden, wie sie sich nicht damit aufhielten, die Neuheit zu bestaunen, sondern sie sogleich für ihre Zwecke nutzten.

„Shori“, sagte mein Onkel. *„Shori, yahoriprou.“* Schwager, ich bin arm. Dann zählte er auf, was mein Vater ihm mitbringen sollte: Macheten, einen Motor, Benzin …

Auch das war typisch für die Yanomami – sie akzeptierten den Ansturm der Veränderung, das Herannahen der modernen Welt, und fanden Möglichkeiten, daraus Nutzen zu ziehen. Als ich nach dem Gespräch mit meinem Vater das Telefon weglegte, dachte ich: Okay, wieder eine Lektion gelernt. Am Ende diente das Telefonat nur dazu, an ein paar Töpfe und Pfannen, etwas Nähgarn und Angelschnüre zu kommen. Die Bitten meiner Mutter und meines Onkels taten der Zuneigung, die sie für meinen Vater empfanden, und der Beziehung, die sie zu ihm hatten, keinen Abbruch. Aber trotzdem wollten sie auch diese Töpfe und Pfannen haben.

Bei meinem Besuch 2011 unterhielt Mom sich in der katholischen Mission Mavaca via Skype mit meinem Vater. Zum ersten Mal nach zwanzig Jahren hatten meine Eltern Gelegenheit, sich zu sehen und miteinander zu reden.

Das Gesicht meiner Mutter zeigte reine Freude, als sie bei meinem Aufenthalt 2013 mit meinem Vater telefonierte.

Auch mein Halbbruder Ricky Martin sprach mithilfe des Satellitentelefons mit meinem Vater.

Auf meiner Reise 2013 übte ich mit den Jungs Bogenschießen.

UNTERRICHTEN gehört nicht zu den Stärken der Yanomami – Lernen geht bei ihnen anders. Die Kinder beobachten die Erwachsenen von sich aus. Sie sehen zu, sie sind aufmerksam. Ihre Fähigkeiten erwerben sie spielerisch, indem sie Rituale und die Welt um sie herum nachahmen. Es gibt kein bestimmtes Alter, kein Stadium, in dem eine bestimmte Fähigkeit erlangt werden muss. Jungen werden Jäger, wenn sie so weit sind. Mädchen werden Mütter, wenn sie so weit sind. Jungen werden Schamanen, wenn sie so weit sind. Mädchen sammeln und ernten, wenn sie so weit sind. Es gibt weder Gesetze noch Zertifikate, die eine bestimmte Betätigung erlauben oder erworbene Fertigkeiten bestätigen.

Es geschieht einfach, wenn es geschieht – nur ich war eine Ausnahme, ich brauchte jemanden, der mich bei der Hand nahm. Und das erkannte mein Bruder Ricky Martin. Er entwickelte großes Geschick darin, mir bestimmte Dinge zu zeigen, die man im Regenwald zum Überleben braucht – wie man einen Baum fällt oder Feuer macht oder einen Tapir jagt oder eine bestimmte Frucht aufbricht. Er brachte mir sogar bei, wie man *ta-te* zubereitet – ein Getränk aus Bananen, für das ich bald eine große Vorliebe entwickelte.

Bei meiner zweiten Reise wurden Ricky-Martin-Micashi und ich Freunde, und er spielte die Rolle des Informanten für mich, wie Ethnologen das nennen. Das heißt, er nahm mich unter seine Fittiche, zeigte mir, wie eine Art Bergführer, wie man in diesem Teil der Welt überlebt. Er brachte mir bei, wie man mit Pfeil und Bogen schießt. Außerdem zeigte mein Bruder mir, wie man Epena einnimmt – oder *yopo*, wie es auch oft bezeichnet wird.

Eines Tages erklärte er mir, als Mann aus dem Dorf sei es für mich an der Zeit, es zu probieren. Mein Gott, tat das weh. Das Pulver, das mir durch dieses Rohr in die Nasenhöhle geblasen wurde, schlug ein wie eine Bombe. So etwas hatte ich noch nicht erlebt. Ein höllischer Schmerz. Ich dachte, gleich platzt mir der Schädel. Danach befand ich mich in einer Art Nebel, und sobald der Schmerz nachließ, war es, als würde mein Kopf auf noch ganz andere Weise platzen. Es war wirklich ein Psychotrip, aber ich war noch klar genug, um zu beobachten, was um mich herum vor sich ging. Es war, als befände ich mich direkt an der Grenze zur Welt der Geister – so nah dran, dass ich über den weiten Raum hinwegspähen konnte, der unsere Wirklichkeit von dieser höheren Realität trennt, aber gleichzeitig immer noch so weit Herr der Lage, um mich zurückzuhalten und ihn nicht zu überqueren. Über diesem lieblichen Abgrund verweilte ich eine, wie mir schien, ziemlich lange Zeit.

Auf Yopo werden die Klänge auf schöne, nahezu melodische Weise verstärkt. Halluzinationen stellen sich ein – nur anders als erwartet.

Meine Halluzinationen wurzelten in der Realität, in einer westlichen Realität allerdings. Zum Beispiel bemerkte ich plötzlich wieder, dass alle Frauen oben ohne herumliefen, was einem nicht mehr auffällt, sobald man sich ein paar Tage im Regenwald aufhält.

So weit wie möglich versuchte ich meinerseits, für Ricky Martin ein guter, geduldiger Lehrer zu sein. Er war darauf erpicht, Englisch zu lernen. Er wollte mich tatsächlich in mein Nabuh-Dorf in den Vereinigten Staaten begleiten und dort zur Schule gehen. Was Schule und Ausbildung bedeuten, wusste er aus seiner Zeit in Esmeralda, wo er einen Vorgeschmack von Akkulturation bekommen und einige Bräuche der Nabuh kennengelernt hatte. Eines Abends blieben wir lange auf, und ich lehrte ihn, bis sechzig zu zählen. Ein ehrgeiziges Projekt – zweifellos angetrieben durch einen weiteren schmerzhaften Yopo-Rausch.

Bei dieser zweiten Reise lernte ich, mehr Yanomami zu sein – nicht nur hinsichtlich der Sprache, sondern auch in Bezug auf die Bräuche, die Rhythmen, den Takt und den Zweck des Lebens im Regenwald. Ich lernte viele praktische Dinge: wie man jagt und fischt und einen erlegten Tapir zerlegt. Und ich lernte zu denken wie die Yanomami, ein bisschen wenigstens.

Das beste Beispiel dafür ist wohl, dass ich während meiner Zeit im Regenwald völlig klar im Kopf war, wenn ich morgens aufwachte. Dafür gibt es in unserer westlichen Welt keine Entsprechung, aber in meiner kurzen Zeit mit Mom gelangte ich an jenen Ort in meinem Denken, an dem es nichts mehr zu denken gibt.

Wenn ich Hunger hatte, machte ich mich auf zur Nahrungssuche. Wenn ich müde war, ruhte ich mich aus. Wenn ich den Elementen ausgesetzt war, baute ich einen Unterschlupf. Wenn mir das Feuerholz ausging, zog ich los und sammelte welches.

Es ist wie eine gigantische Nike-Werbung – *just do it*! Mach es einfach! Es gibt kein Denken, nur Tun. Es gibt keine Sorgen, nur Tun. Es gibt kein Rätselraten, nur Tun. Es dauerte eine Weile, aber schließlich kam ich in meinem Denken – oder Nichtdenken – an diesen Punkt.

War ich endlich ein Yanomami?

NACH DREI WOCHEN im Dorf beschlich mich der Gedanke, die Rodungsarbeiten rund um das Shabono würden niemals zum Abschluss kommen. Der Regenwald war so tief, so dicht, er schien die ständigen Bemühungen der Holzfäller zu vereiteln. Ich überlegte, ob das wohl immer so war, ob die Männer permanent damit beschäftigt waren, den Dschungel zurückzudrängen – eine nicht enden wollende Aufgabe.

Sobald mein Auge geheilt war, beschloss ich, wieder bei dieser Sisyphusarbeit mitzuhelfen. Meine Zeit im Territorium neigte sich dem Ende zu, und ich wollte so viel mithelfen wie möglich, bevor ich Abschied nahm.

Tag für Tag stellte ich mich beim Roden ein bisschen geschickter an – das heißt, meine Anstrengungen waren ein bisschen weniger peinlich, ein bisschen kompetenter. Als ich jedoch nach meinem Unfall zum ersten Mal wieder zur Machete griff, warf mir Mom einen langen, mütterlich besorgten Blick zu. Fast als wäre sie eine von den Müttern meiner Freunde, die mich in meiner Kindheit ermahnten, nicht mit einer Schere in der Hand herumzurennen. Sie sagte nichts, aber ich konnte ihr vom Gesicht ablesen, dass sie befürchtete, ich würde mich wieder verletzen.

Also beschwichtigte ich ihre Sorge auf Englisch. „Ist schon okay, Mom", sagte ich. „Ich werde die Bäume einfach so fällen." Dabei legte ich mir die eine Hand wie eine Augenklappe schützend über das linke Auge und schwang mit der anderen pantomimisch die Machete.

Sie lachte – und alle anderen stimmten ein.

Ricky Martin jedoch nahm sich extra ein wenig Zeit für mich, half mir, wieder in meinen Rhythmus zu finden. Er sagte mir, wo ich fällen, wann ich fällen, wie ich fällen sollte. Wie gewohnt, erwies er sich als guter, geduldiger Lehrer, und während wir uns immer weiter vom Dorf entfernten, kam er richtig auf Touren. Bald lehrte er mich nicht nur, wie man die Machete richtig schwingt, sondern auch, wie ein richtiger Yanomami bei der Arbeit heult.

Das Heulen stellt nämlich einen wichtigen Aspekt dabei dar – fast wie ein Schlachtruf, der einen bei der Arbeit inspiriert. Der Regenwald war erfüllt von den fröhlichen, ausgelassenen Rufen der Yanomami, die das Unterholz rund um das Shabono lichteten – mit den Rufen, die das Vorankommen ebenso begleiten und verkünden wie das Sich-Einsetzen, das Sich-Verausgaben und das Loslassen.

Anfangs war Ricky Martin nicht mit meinem Rufen zufrieden. Yanomami-Männer heulen in einer hohen Tonlage, in einem schrillen Singsang sozusagen. Meine Stimme traf den Ton nicht recht.

Jedes Mal wenn ich rief, korrigierte mich Ricky Martin.

Jedes Mal wenn wir hinauszogen und die Rodungsarbeiten fortsetzten, ließ er mich mein Heulen üben. Er wollte mich so weit bringen, dass ich es richtig machte – und wenige Tage vor meiner Abreise gelang es mir tatsächlich.

Das war auch deshalb gut, weil Ricky Martin allmählich die Geduld mit mir verlor – er war zwar nicht verärgert, aber ich hatte das Gefühl, es fehlte nicht mehr viel. Plötzlich traf ich genau den richtigen Ton, genau den richtigen Tonfall, genau den richtigen Mix aus Freude und Ausgelassenheit. Es war, als würde es aus meinem tiefsten Innern kommen, aus einer Quelle, über die ich nicht mehr nachdenken musste. Und ich brauchte von Ricky Martin nicht zu hören, dass ich es geschafft hatte, weil ich es spürte.

Mit jedem Ruf aus vollster Kehle erlebte ich einen regelrechten Rausch von purer Energie, und wenn ich die Machete schwang, durchschnitt sie die dicke Regenwaldluft wie nichts.

Hätten Sie mich dabei gesehen, wie ich diese Bäume fällte, wie ich dabei sang, wie ich dazu über den Regenwaldboden tanzte, Sie wären überzeugt gewesen, dass ich ein Yanomami bin.

Das Good Project

Nun sitze ich also hier in meiner Wohnung in Pennsylvania und gebe diesem Buch den letzten Schliff, während im Nebenzimmer meine Tochter Naomi schläft – für mich ein schöner Rahmen, um über die Bedeutung dieser letzten Jahre und den Platz nachzudenken, den ich mir offenbar unter den Yanomami geschaffen habe.

Die gemeinnützige Organisation, von der ich seit meinem ersten Besuch am Amazonas geträumt habe, ist inzwischen Wirklichkeit geworden. Noch funktioniert nicht alles reibungslos, aber das Good Project ist im Begriff, eine kraftvolle Stimme zugunsten der indigenen Bevölkerung der Welt zu werden. Die Irokai-teri nehmen dabei eine besonders herausgehobene Stellung ein, doch wir werden unsere Aufmerksamkeit auch anderen Dörfern, anderen Stämmen, anderen Regionen widmen.

Hinter dem Good Project steht der Gedanke, Geld zu sammeln, Bewusstsein zu wecken, damit wir einander auf einem höheren Niveau in die Augen sehen können. Mein Wunsch besteht darin, etwas von dem Interesse, das meine Geschichte geweckt hat, umzulenken, damit die Menschen sich etwas einfallen lassen, um für die Sache dieser im Regenwald und anderswo in Abgeschiedenheit lebenden Stämme einzutreten. Es gibt unterschiedlichste Wege, diese guten Menschen an den Segnungen der modernen Welt teilhaben zu lassen, ohne zu verlangen, dass sie ihre althergebrachten Bräuche oder ihre Lebensweise aufgeben. Wir können dazu beitragen, indem wir ihnen Technik zur Verfügung stellen und darauf achten, dass diese behutsam integriert wird, indem wir neue Bewässerungsmethoden zugänglich machen, indem wir dringend benötigte Medikamente, Kleidung und Hilfsgüter zu ihnen bringen. Wir werden uns einem Projekt nach dem anderen widmen, denn eine Wandlung des großen Ganzen ist nur durch eine konsequente Aneinanderreihung kleiner Schritte möglich. Wenn wir sehen, wo Hilfe gebraucht wird, packen wir mit an.

Einen Vorstand gibt es bereits, ebenso wie ein unterstützendes Netzwerk von Organisationen, die in einigen sehr entlegenen Ecken des Planeten gute Arbeit leisten, und in den kommenden Jahren hoffe ich, eine Brücke zwischen der entwickelten und der unentwickelten Welt bauen zu können. Wie das gehen soll? Nun, das finden wir unterwegs heraus und sehen uns gleichzeitig nach „guten" Projekten um, hinter die wir uns stellen können.

Fürs Erste kann ich nur meine Familiengeschichte erzählen und darauf vertrauen, dass sie Verständnis für die Yanomami von heute weckt. Ich bin zwar kein Experte, dennoch halte ich mich für in einzigartiger Weise qualifiziert, hier meine Meinung einzubringen. Das also ist der Plan: einfach loslegen. Das Buch, das Sie in Händen halten, ist Teil dieser Bemühungen, und darum möchte ich es mit ein paar abschließenden Gedanken über das sich wandelnde Gesicht meines Volkes – und zunächst das sich wandelnde Gesicht meiner Familie – beenden.

WENN ICH über meine Zeit im Regenwald nachdenke, freut mich besonders, wie es mir gelungen ist, meine Eltern nach all der Zeit wieder in Kontakt miteinander zu bringen. Schön, es war nur eine Verbindung über Skype, aber als ich zurückkam, erzählte mein Vater mir, diese Anrufe hätten ihm das Gefühl vermittelt, dass dadurch etwas zum Abschluss komme – ich bohrte nicht nach, was er damit meinte, genauso wenig wie ich Mom zu einer Erklärung drängte, warum sie Danny seinerzeit auf der Landepiste zurückgelassen hatte und im Wald verschwunden war. Ich bin der Überzeugung: Die Vergangenheit ist vergangen. Sie kümmert mich nicht. Von Bedeutung ist für mich nur die Gegenwart, und hier in der Gegenwart ist es uns allen gelungen, einander wiederzufinden. Das ist für mich eine richtig gute Sache, eine Win-win-Situation.

Als ich zum Amazonas reiste, um meine Mutter zu finden, ging es mir auch darum, meine indigenen Wurzeln zu finden. Und darum, mich selbst zu finden. Doch meine Selbstfindungsreise war noch nicht zu Ende, als ich den Regenwald wieder verließ. Sie geht hier in den Vereinigten Staaten weiter. Ich bin meiner Familie gegenüber jetzt offener, und wir stehen uns näher. Mag sein, dass ich meine Mutter gesucht habe, aber in mehr als einer Hinsicht musste ich Mom suchen, um meinen Vater zu finden. Dad und ich sind nach meiner Reise Weggefährten und enge Freunde geworden. Natürlich verfüge ich nicht annähernd über seine Erfahrung, seinen Einblick – aber zumindest arbeiten wir am selben Puzzle. Manchmal bringen wir Stunden über Stunden damit zu, unsere Geschichten und Beobachtungen zu besprechen. Im Gegensatz zu früher ist mir heute jede Gelegenheit hochwillkommen, um über Mom zu sprechen. Ich möchte alles erfahren – und zum Glück ist mein Vater eine nie versiegende Quelle.

Wie ich erkennt auch mein Vater die dramatischen Veränderungen, die seit seiner Zeit unter den Yanomami im Regenwald stattgefunden haben. Er steht rückhaltlos hinter meiner Mission, indigene Völker zu unterstützen, die sich standhaft gegen die moderne Welt wehren, die mit zunehmender Macht über sie hereinbricht.

Natürlich weiß er, dass Veränderung unausweichlich ist und Fortschritt unvermeidlich. Sein Missfallen gilt der Tatsache, dass er schon so lange „draußen" ist. Eine Zeit lang zählte er zu den führenden Experten für die traditionelle Yanomami-Kultur – und auch heute ist er noch eine wichtige Autorität auf diesem Gebiet, obwohl die Yanomami-Kultur sich mittlerweile radikal verändert hat.

Auch die Beziehung zu meinen Geschwistern ist durch meine Reise tiefer geworden. Mein Bruder Daniel – wir nennen ihn nicht mehr „Danny" – hat kürzlich an der West Chester University in Pennsylvania seinen Abschluss in Ernährungswissenschaften gemacht. Jetzt, wo ich wieder Zugang zu Mom und damit auch zu Dad gefunden habe, sind Daniel und ich uns ebenfalls näher gekommen. Schon bald nach meiner Rückkehr von meinem zweiten Besuch im Regenwald haben wir uns bei einem Bier zusammengesetzt und geredet. Natürlich kam die Sprache auch auf Mom – und wenn ich sage *natürlich*, muss man bedenken, dass wir zuvor nie wirklich über sie gesprochen haben. Was also in anderen Familien normal sein mag, war bei uns vollkommen neu.

Daniel fand es großartig, dass ich nach Venezuela gereist und irgendwie bis zu Mom vorgedrungen war. Ich sagte ihm, dass ich mich unheimlich freuen würde, wenn er mich auf einer meiner nächsten Reisen begleiten und diesen Weg selbst gehen würde, und zwar sobald er dazu bereit sei. Der Gedanke gefiel ihm – also stießen wir darauf an.

Auch mit Vanessa habe ich in letzter Zeit immer öfter über Mom gesprochen. Jetzt, wo sie selbst Mutter ist, hat sie das Bedürfnis zu verstehen, was damals in Mom gefahren war, als sie in den Regenwald zurückgerannt war. Ich glaube, Vanessa hat die Trennung als Kind zwar irgendwie verarbeitet, sieht die Sache aber heute aus einem anderen Blickwinkel. Und ich weiß, dass sie schrecklich gern einen Weg finden würde, über die vielen Meilen, über die riesigen sprachlichen und kulturellen Barrieren hinweg mit Mom in Verbindung zu treten und mit ihr darüber zu sprechen. Sie hat sogar vor Kurzem Interesse daran bekundet, mich auf einer meiner nächsten Expeditionen zu begleiten – auch eine ganz tolle Entwicklung. Allerdings müssen wir uns angesichts der Tatsache, dass sie selbst zwei kleine Kinder hat, einiges einfallen lassen, um eine solche Reise überhaupt Wirklichkeit werden zu lassen.

Und dann ist da noch meine wieder aufgelebte Beziehung zu meiner Mutter – eine Beziehung, die im Mittelpunkt dieser Odyssee steht. Ich merke, dass ich sie schmerzlich vermisse. Wenn ich zur Arbeit fahre, überlege ich oft, was sie wohl genau in diesem Moment tut. Sammelt sie Feuerholz? Ist sie auf Krabbenfang mit den anderen Frauen? Erntet sie Kochbananen? Hin und wieder sehe ich sie vor mir, wie sie am Bach sitzt und den Stapel Familienfotos hervorholt, den sie in einer kleinen Tasche sicher verwahrt immer mit sich herumträgt. Ich sehe sie Bilder von mir betrachten, von Vanessa, von Daniel. Ich sehe sie Bilder meines Vaters betrachten. Ich sehe, wie ihr Tränen in die Augen steigen – während sie sich vielleicht fragt, wann ich wohl wieder zu ihr komme.

Es macht mich traurig, auf diese Weise an sie zu denken – doch gleichzeitig, ganz egoistisch, erfüllt es mich mit einem überwältigenden Gefühl der Verbundenheit. All diese Jahre über habe ich nie gewusst, ob sie überhaupt an uns dachte, als sie dort irgendwo im Regenwald ihr eigenes Leben führte. Jetzt weiß ich es. Es gibt einen Platz für uns in ihrem Herzen.

Es gibt einen Platz für *mich.*

Und noch etwas ist traurig: Ich ertappe mich immer öfter bei dem Gedanken, wie die Zeit vergeht. Mom wird langsam alt – diese bittere Wahrheit lässt sich nicht leugnen. Nein, die Yanomami zählen die Lebensjahre nicht, aber das Dschungelleben ist hart. Es betrügt einen um eine ganze Anzahl Jahre, und im Hinterkopf habe ich die Frage, wie oft ich Mom überhaupt noch wiedersehen werde. Ich frage mich, und ich sorge mich. Das Schlimme an meinem gegenwärtigen Leben ist, dass ich mich nicht einfach so, ganz frei, zwischen Regenwald und daheim hin- und herbewegen kann. Doch die Existenz in der sogenannten zivilisierten Welt ist kompliziert. Ich muss arbeiten, um Geld zu verdienen. Ich muss mir eine berufliche Grundlage schaffen. Ich muss für Essen, Benzin, Kleidung, Krankenversicherung sorgen, all die Kleinigkeiten, die man in der Wildnis Pennsylvanias zum Überleben braucht. Und jetzt habe ich schließlich auch noch eine Tochter, um die ich mich kümmern muss, ich kann also nicht einfach in den Regenwald abhauen – bei dem Gedanken, von meiner wunderschönen Naomi getrennt zu sein, bleibt mir fast das Herz stehen.

BIS ICH in den Regenwald zurückkehren kann, bleibt mir nichts anderes übrig, als das Gebiet im Auge zu behalten und auf den Erfahrungen aufzubauen, die ich mit meiner Yanomami-Familie machen durfte.

Seit ich mich mit der Region befasse und auch auf meinen beiden ausgedehnten Besuchen im Territorium ist mir ein Problem besonders aufgefallen: Menschen aus der westlichen Welt tendieren dazu, die Yanomami für einen homogenen Stamm zu halten. Außerdem steht die Exotik für uns im Vordergrund – das heißt, wir malen mit einem romantischen Pinsel und stellen uns *alle* Yanomami unverdorben, nackt, ursprünglich, primitiv vor, genau so, wie sie uns in den westlichen Medien in den 1950er-Jahren präsentiert wurden.

In Wirklichkeit sind sie ein dynamisches, in der Entwicklung begriffenes Volk, das bereits ein hohes Maß an Akkulturation durchlaufen hat. Und doch – die Tendenz, die Yanomami als exotisch zu betrachten, lässt uns westliche Menschen oft vergessen, dass sie menschliche Wesen sind. Sie sind keine Zootiere hinter undurchdringlichen Mauern. Sie sind keine Kreaturen, die studiert oder bewertet werden müssen. Nein, sie sind eine warmherzige, gefühlvolle, temperamentvolle Gruppe eigenwilliger, stolzer Menschen, die mit anderen Stämmen und Leuten aus dem Westen interagieren und sich dabei neue Fähigkeiten, Technologien und Weltanschauungen aneignen.

So gesehen sind sie also genau wie Sie und ich. Okay, vielleicht ein bisschen mehr wie *ich* und ein bisschen weniger wie *Sie*, aber Sie wissen schon, was ich meine …

HEUTZUTAGE leben viele Yanomami in Lehmhütten mit Metalldächern, einige auch in Ziegelbauten. Und ja, eine große Anzahl lebt weiterhin in den althergebrachten Shabonos ihrer Vorfahren. Der Grad der Akkulturation ist höher, je näher ihr Wohnort an einer der übers ganze Territorium verteilten Missionszentren oder an einer der kleinen Städte wie Esmeralda liegt. Viele Yanomami sprechen inzwischen Spanisch und haben ein gewisses Maß an Bildung im westlichen Stil erhalten; manche engagieren sich in der Lokalpolitik und wirken an politischen Entscheidungen mit. Es gibt Yanomami, die eigene Boote mit Motor besitzen. Immer mehr Yanomami-Dörfer haben Zugang zu Elektrizität und ein paar wenige Glückliche sogar zu fließendem Wasser. Und es gibt viele Dörfer mit einer eigenen Schule, in der nicht selten Yanomami-Lehrer den Unterricht abhalten.

Es lässt sich wohl mit Fug und Recht sagen, dass die Akkulturation bei den Yanomami heute schneller voranschreitet, als sie es in ihrer reichen Geschichte je erlebt haben, und auf einer bestimmten Ebene muss ich wohl glauben, das sei wunderbar. Und doch bin ich in Wahrheit nicht ganz überzeugt, dass alle diese Veränderungen ausschließlich positiv sind. Absolut gesehen, also in einem Vakuum, bringt jede Entwicklung aufregende Perspektiven mit sich. Zugang zu Bildung, zu moderner Technologie (wie Laptops und Handys), die durch neue Transportmittel verbesserte Mobilität – all das eröffnet enorme Chancen, wirft aber gleichzeitig bedrückende Fragen auf: Können die Yanomami mit diesen rasanten Veränderungen mithalten? Wissen sie überhaupt, was das bedeutet? Können sie sich vorstellen, was alles möglich ist?

Das Dorf meiner Mutter ist von dieser Ära des Wandels relativ unangetastet geblieben, doch in Nachbardörfern sind die Einflüsse des 21. Jahrhunderts überall sichtbar. Die postmoderne Yanomami-Jugend ist bekleidet, hört Musik, lernt Mathe, liest Bücher. Die Kluft zwischen den Generationen wächst also stetig. Daraus ergibt sich, dass viele junge Yanomami mit einer ganz eigenen Identitätskrise zu tun haben. Wer sind sie? Welcher Welt gehören sie in Wirklichkeit an?

Leider haben viele Yanomami mit all diesen Fragen zu kämpfen – und viele lehnen in der Folge ihr Erbe ab. Oft wollen sie nicht einmal mehr als Yanomami bezeichnet werden, sondern lieber als Venezolaner.

Ich beobachte diese Entwicklung schweren Herzens – doch andererseits, wer bin ich, um ein Urteil zu fällen? Ausgerechnet ich? Ich, der ich so lange bereit war, meine Yanomami-Wurzeln abzulehnen. Ich habe fast mein ganzes bisheriges Leben damit zugebracht, vor meiner indigenen Vergangenheit wegzulaufen. Jetzt laufe ich zu ihr hin, und es macht mich traurig, dass so viele Mitglieder meines Stammes in der Gegenrichtung unterwegs sind.

Ich konnte das während meiner Zeit in Esmeralda ganz deutlich beobachten. Insgesamt verbrachte ich auf dem Weg ins Territorium oder zurück mehrere Wochen in der Siedlung. Dort habe ich mich erholt, nachgedacht und meine Batterien aufgeladen – im wörtlichen wie im übertragenen Sinne. In Esmeralda begegnete ich anderen jungen Yanomami, etwa in meinem Alter. Ich streifte dort viel herum, nahm alles in mich auf, machte eine Menge Fotos und sprach mit möglichst vielen Leuten. Es war mir wichtig, mir ein Bild von diesem Ort zu machen – nicht als Tourist oder Außenseiter, sondern als Yanomami auf der Durchreise.

Es war erstaunlich, so viele Yanomami-Jungen und -Mädchen in Schuluniformen zu sehen, wie sie zur Schule eilten, um vor dem Klingeln im Klassenzimmer zu sein – ein großer Kontrast zu meinen Erinnerungen an die Yanomami-Kinder in meinem Heimatdorf, die nackt durch den Regenwald rannten, im Bach planschten und dabei alles erlernten, was ihre Eltern und Großeltern konnten.

Überall im Territorium gibt es Hunderte postmoderner Yanomami, vor allem junge Leute, die sich nicht mehr auskennen – und das versetzt mich in Angst und Schrecken. Ich denke, je mehr die Veränderungen um sich greifen, desto deutlicher wird für diese jungen Menschen, worauf sie so lange verzichtet haben. Wenn sie zunehmend der entwickelten Welt ausgesetzt sind, macht sich Verzweiflung breit, und sie bekommen das Gefühl, sie seien vom wahren Leben abgeschnitten. Mit der Zeit, so meine Einschätzung, kann dies zu einer Ablehnung ihres Yanomami-Lebensstils führen, und zwar bei einer ganzen Generation. Die jungen Leute hassen womöglich sogar das Blut, das durch ihre Adern fließt. Ich weiß, wie das abläuft. Aus eigener Erfahrung. Sie stürzen in eine tiefe, dunkle Hölle, und die Folge sind Depression, Selbstzerstörung und Selbsthass.

Natürlich bewegt mich auch das. Weil die akkulturierten Yanomami genau wissen, wo sie sich befinden, nämlich ganz unten in der gesellschaftlichen Hierarchie. Sie wissen, dass viele der Menschen, die kommen, um sie zu „studieren", Handel mit ihnen zu treiben und sie in ihren Missionen und entwickelten Siedlungen „willkommen zu heißen", sie für rückständig und unintelligent halten. Trotz ihrer vielen Fortschritte bleiben sie in den Augen der Welt „primitive Wilde". Auf meinen Reisen im Territorium habe ich Ärzte getroffen – Wissenschaftler, die es besser hätten wissen müssen –, die meine Mit-Yanomami als faul und ignorant bezeichnet haben. Das macht mich wütend. Aber ich kann nur daran arbeiten, diese irrigen Annahmen zu verändern – nicht indem ich diese arroganten Ärzte, fehlgeleiteten Entwicklungshelfer und schmierigen Bürokraten ins Bewusstseinstraining schicke, sondern indem ich die majestätische Schönheit meines Volkes zeige, seine Weisheit, seine Charakterstärke.

Und noch etwas kommt dazu – ein relativ neues Phänomen, was die Mobilität der Yanomami betrifft. Viele verlassen nun ihr Territorium, ziehen von den Missionen weg und siedeln sich in Städten wie Puerto Ayacucho an. Sie lassen den Regenwald hinter sich und ebenso ihre alte Lebensweise. Manche werden in Wildnis- und Expeditionsmedizin ausgebildet, andere für Krankenhäuser in der Stadt angelernt oder in den Territorien als Dolmetscher engagiert. Leider scheitern viele von ihnen. Sie werden in Verbrechen verwickelt, kommen in Kontakt mit Drogen, Alkohol und Prostitution, all den Gefahren des modernen Lebens in der entwickelten Welt.

Gehört das einfach dazu, wenn Technologie und andere moderne Errungenschaften Einzug halten? Oder sind es Kollateralschäden angesichts der Verwestlichung der Yanomami – ein geringer Preis, den es für das höhere Gut zu entrichten gilt?

Ich weiß es nicht. Ich weiß nur, dass diese Dinge mich beunruhigen und dass ich finde, man muss sich darüber Gedanken machen. Das hektische Tempo der Veränderung, ich kann es nicht akzeptieren, während ich dieses Kapitel meines Lebens abschließe und dem nächsten entgegensehe. Hier bin ich also, ein frischgebackener Yanomami-US-Amerikaner, der zu seinen Regenwaldwurzeln zurückgefunden hat, von denen er sich ein halbes Leben lang abgewendet hatte, und als solcher kann ich jetzt nur um die Zukunft der Yanomami bangen. *Meiner* Yanomami. Ich fürchte, dass die gefährlichen, erniedrigenden Aspekte der westlichen Kultur tiefer und tiefer ins Territorium der Yanomami einsickern werden. Bis zu meiner Familie.

Während ich hier sitze und darüber nachgrüble, fällt mir die berühmte „Bedürfnispyramide" des Psychologen Abraham Maslow ein und wie wichtig es ist, ein Gefühl von Zugehörigkeit zu empfinden. Es steht an erster Stelle, es wiegt schwerer als andere körperliche und seelische Bedürfnisse und kann einen Menschen aus der Bahn werfen, wenn es nicht erfüllt wird. Ich selbst fiel, als junger Mann auf der Suche nach meiner Identität und meinem Platz im Leben, in eine tiefe, finstere Depression, geriet sogar bis an den Rand des Selbstmords. Das ist es, was ich für meine Yanomami-Brüder und -Schwestern befürchte.

Meine Hoffnung ist, dass die Yanomami von heute einen Weg finden werden, in ihrer sich verändernden Welt nicht nur zu überleben, sondern gut zu leben – dazu möchte ich beitragen, indem ich das Territorium in einem neuen Licht erscheinen lasse. Ich habe gerade erst begonnen, meine Yanomami-Seite zu erforschen. Ich bin stolz, Yanomami zu sein, stolz, Sohn einer Yanomami-Frau zu sein. Aber es ist eine neue Art von Stolz – man riecht noch die frische Farbe. Ja, ich bin ein Nabuh, aber irgendwann werde ich zusammen mit meiner Tochter Naomi ins Dorf meiner Mutter zurückkehren, und wir werden gemeinsam unter den Irokai-teri leben – so leben, wie unsere Vorfahren es getan haben und wie künftige Generationen es tun werden … so gut wir es vermögen.

VOLKER G. HEINZ

mit Regina Carstensen

Der Preis der Freiheit

Eine Geschichte über Fluchthilfe, Gefangenschaft und die geheimen Geschäfte zwischen Ost und West

Völlig außer Atem kam ich auf dem Bahnsteig an und drehte mich hektisch um. Hinter mir beobachtete ich zwei Männer in Lederjacken, die die Treppe zum Gleis herunterrannten. Eine U-Bahn war eingetroffen, noch waren die Türen offen. Schnell hinein. Geschafft. Im nächsten Moment schlossen sich die Türen. Meinen beiden Verfolgern gelang es nicht mehr, in den Zug zu springen. Die Bahn fuhr los. Mein Herz raste.

Volker G. Heinz

Prolog

Der Ostberliner Maihimmel verdunkelt sich. Erschöpft wische ich mir den Schweiß von der Stirn. Es ist ein langer, anstrengender Tag. Ich war, statt ins juristische Repetitorium zu gehen, frühmorgens mit meinem mattblauen Volkswagen von Bonn nach Köln-Wahn gefahren und von dort zum Westberliner Flughafen Tempelhof geflogen, wo ich meine Instruktionen erhielt. Ich betrat Ostberlin über die Grenzkontrollstelle Heinrich-Heine-Straße. Von dort aus fuhr ich mit der S-Bahn hinaus nach Köpenick, die restliche Strecke lief ich zu Fuß. Einen Moment lang blieb ich vor dem Haus der Familie Rittersberger stehen und sammelte mich, dann atmete ich einmal tief durch und klingelte. Dr. Max Rittersberger öffnete die Tür und ließ mich ein, mit ernstem Gesicht schüttelte er mir die Hand. Er sah aus, als hätte er schon sehr lange auf mich gewartet.

Der mittelgroße, schlanke Mann, bei dem sich im braunen Haar die ersten grauen Haare zeigten, führte mich ins Wohnzimmer, wo seine Frau mich ebenso erwartungsvoll anschaute wie seine drei fast erwachsenen Kinder. Stefan, Maximilian und Katharina. Das Nesthäkchen, ein etwa zwei Jahre altes Mädchen, schlief im Wohnzimmer. Ich setzte mich, eine Tasse Tee nahm ich dankend entgegen. Dann sprachen wir über den Ablauf der Flucht, die noch am selben Abend stattfinden sollte. Jedenfalls die erste mit den drei älteren Kindern. Morgen würden Vater und Mutter Rittersberger mit der Kleinen in einer zweiten Aktion folgen. Nie zuvor hatte ich Fluchtwillige zu Hause aufgesucht. Das heute war eine absolute Ausnahme. Normalerweise übernahmen Wolfgangs Kuriere die Planung der Einzelheiten und die Unterrichtung der Fluchtwilligen. Aber heute war das meine Aufgabe, und da saß ich nun und erklärte der Familie, wie sie in einem Kofferraum über die innerdeutsche Grenze Berlins gelangen sollte.

SEITDEM sind einige Stunden vergangen. Ich stehe mitten auf dem Alexanderplatz, schon von Weitem sehe ich die drei Geschwister ängstlich unter dem Fernsehturm stehen. Hoffentlich sind sie nicht ins Visier der

Stasi geraten, denn unauffällig ist nun wirklich etwas anderes. Sie sollten eigentlich in der Menge der anderen Passanten umherschlendern und ein Eis essen – die zentrale Lage des Alex war schließlich der Grund dafür, weshalb wir diesen Treffpunkt gewählt hatten.

„Ist hier in der Nähe ein Haushaltswarengeschäft?“, frage ich.

Unser vereinbarter Code, um ins Gespräch zu kommen.

Die drei nicken und antworten wie verabredet: „Hinter der Straßenbahnhaltestelle. Wir zeigen es Ihnen, wenn Sie wollen.“

Ich nicke ebenfalls. Zu viert machen wir uns auf den Weg. Aber unser Ziel ist nicht das Geschäft, sondern die Straßenbahn.

Wir steigen in eine von mir zuvor ausgesuchte Linie, wechseln in eine andere und fahren fast bis zur Endstation. Von dort geht es Richtung Marzahn-Hellersdorf, ein ländlich-dörfliches Gebiet weiter im Osten der Stadt. Es ist Frühjahr 1966, die Plattenbausiedlung, die hier später entstehen wird, ist bislang bestenfalls in der Planung.

Die drei Jugendlichen sagen kaum ein Wort. Immer wieder versuche ich aufmunternd zu lächeln, dabei könnte ich selbst eine kleine Aufmunterung gebrauchen. Ich weiß schon nicht mehr, wie viele Leute ich über die Grenze gebracht habe. Es ist ein anstrengender Job, der von seinem ursprünglichen Nervenkitzel mittlerweile ein wenig verloren hat. Jedes Mal spüre ich fast körperlich die Angst der anderen, muss sie gemeinsam mit der eigenen ertragen, zugleich kompensieren und auflösen. Häufig genug habe ich erlebt, wie unberechenbar die Flüchtlinge agieren. Von Mal zu Mal fällt es mir schwerer. Denn ich muss als souveräner Herr der Lage auftreten und vor allem eine Leistung erbringen: die lang ersehnte Freiheit. Diese Menschen verlassen sich auf mich. Und ich weiß: es ist bedeutsam, was ich hier tue. Ich bin auch weiterhin entschlossen zu helfen, bin überzeugt davon, dass es das Richtige ist. Aber es verlangt eine Menge Selbstdisziplin. Für meine Hilfe werde ich nicht entlohnt, und es ist mir sehr wichtig, dass das auch so bleibt. Erst vor Kurzem habe ich erfahren, dass bei diesen Fluchten viel Geld fließt.

Ich leide immer mehr unter meinem Doppelleben. Ständig muss ich ein Netz von Lügen spinnen, um meine Familie und Freunde zu täuschen. Keiner außerhalb des engen Fluchthelferkreises weiß von dem, was ich hier tue. Außer einer Person: Hanns Martin Schleyer, mein Corpsbruder. Ihm habe ich mich kürzlich anvertraut. Für ihn organisiere ich diese Flucht. Meine drei Begleiter gehören zu einer Ostberliner Arztfamilie, die er mir ans Herz gelegt hat. Die Mutter der Familie ist die Schwester eines weiteren Corpsbruders. Man hilft sich gegenseitig.

In diesem Teil von Marzahn ist kaum jemand unterwegs. Das Mädchen und die beiden jungen Männer folgen mir auf einer schmalen Landstraße. Links und rechts hohes Getreide am Wegrand, das uns vor unerwünschten Blicken schützt. Meine Gedanken kreisen um den nächsten Schritt. Hoffentlich geht alles gut, hoffentlich ist der Syrer da. Was, wenn er aufgehalten wurde? Um Mitternacht muss ich spätestens wieder im Westen sein. Bleibe ich länger, mache ich mich strafbar.

Längst ist die Dämmerung hereingebrochen. Je dunkler es wird, umso sicherer fühle ich mich. An der nächsten Kreuzung biegen wir nach rechts, dort müsste Kamal Hamdi langsam auf uns zufahren. Ein erster Blick um die Ecke lässt mich aufatmen – der weiße Mercedes ist gut zu erkennen. Erleichterung macht sich breit. Als der Syrer mich sieht, lässt er das Fernlicht aufblitzen. Aus meiner Jackentasche ziehe ich eine Taschenlampe hervor und signalisiere, dass alles in Ordnung ist.

Und dann geht alles sehr schnell. Ich dränge die drei Jugendlichen zum Kofferraum, klappe den Deckel auf. „Rein mit euch", flüstere ich, während ich mich hektisch umschaue. Hoffentlich nähert sich in diesem Moment nicht irgendein Auto. Ich spüre, wie sich Schweißperlen auf meiner Stirn bilden.

Als hätten sie es geübt, legen sie sich in „Löffelchen-Position" hin. Ich werfe einen letzten Blick auf die bleichen, angsterfüllten Gesichter. „Viel Glück", sage ich. Dann: Klappe zu. Tief atme ich durch. Der Syrer startet den Mercedes, er wird seine verborgene „Fracht" nun über den Grenzübergang Checkpoint Charlie bringen. Und morgen dann das Ganze noch mal. Es grenzt an Wahnsinn.

Unauffällig schaue ich mich um, als ich nach einem halbstündigen Marsch wieder in der Straßenbahn sitze. Niemand sieht aus, als hätte er mich im Visier. Aber die rundliche Frau mit der riesigen Einkaufstasche, könnte die nicht für die Staatssicherheit arbeiten? In der Tasche ließe sich ein Fotoapparat gut verstecken. Sehe ich schon Gespenster?

An der Heinrich-Heine-Straße stempelt der Grenzer mein Tagesvisum ab, ohne zu zögern. Ich bin wieder in Westberlin.

Ein paar Stunden später liege ich, vollkommen erschöpft, in einer Wohnung in Lichterfelde in den Armen von Gudrun, die zum Glück keine Fragen stellt, fast so, als wüsste sie von dem Geheimnis meiner unregelmäßigen, kurzfristig angekündigten Ausflüge nach Westberlin. Ihr Haar, in das ich mich verkrieche, riecht verführerisch. Aber meine Gedanken sind schon bei der morgigen Flucht. Geht alles gut, wird die Familie am Abend wieder vereint sein – in Freiheit. Und ich wieder bei Gudrun, für eine weitere Nacht. Wann kommst du morgen? Auch diese Frage stellt sie mir nicht.

Abenteurer mit Gerechtigkeitssinn

Die Märzsonne schien noch etwas blass, aber die Vorboten des Frühlings waren an den Rändern der Autobahn schon zu sehen. Hier und da lugten ein paar geöffnete Blütenköpfe aus dem sonst noch öden Randbewuchs heraus. Voller Vorfreude saß ich in meinem Volkswagen, vollgestopft bis unters Dach mit Büchern, Kleidung und Geschirr.

Hinter mir lagen drei ereignisreiche Semester Jura in Heidelberg – ich hatte im Kneipsaal unseres Corpshauses viel gesungen und viel getrunken, mit der blanken Waffe gefochten, schöne Reisen unternommen und kaum studiert –, aber nun, im Frühjahr 1965, wollte ich raus aus dem feuchtfröhlichen Umfeld, etwas anderes erleben, vor allem aber ernsthaft studieren. Wie so viele in dieser Zeit zog es mich nach Berlin. Berlin, das klang in meinen Ohren nach Abenteuer und Freiheit.

Ein Problem, mit dem ich nicht gerechnet hatte, verzögerte allerdings meine Ankunft in Westberlin. Ich verfuhr mich auf einer der DDR-Transitstrecken. Es ruckelte auf dem rissigen Straßenbelag, ich wusste bald nicht mehr, wo ich mich befand. Eine Straßenkarte hatte ich nicht dabei. Viel los war auf der DDR-Autobahn schon die ganze Zeit über nicht gewesen, doch plötzlich merkte ich, dass weit und breit kein anderes Gefährt mehr zu sehen war. Wo war ich nur gelandet? Unruhig umherblickend, entdeckte ich nach einer Weile auf einem Parkplatz ein Fahrzeug der Volkspolizei. Unerschrocken wie ich war, ging ich davon aus, dass mir die Polizisten sicherlich helfen würden.

Der Autor als Corpsstudent

Ich kam direkt hinter dem Lada zum Stehen, stieg aus und beugte mich zu den beiden Männern, die ihre Seitenfenster heruntergekurbelt hatten. „Guten Tag, meine Herren", begann ich das Gespräch munter. „Entschuldigen Sie die Störung, aber ich fürchte, ich habe mich verfahren. Wie komme ich denn von hier aus am besten nach Westberlin?"

Der Beisitzer verzog überrascht das Gesicht und erklärte dann barsch: „Sie haben kein Recht, auf dieser Straße zu fahren, junger Mann."

Ich blickte ihn verdutzt an, aber bevor

ich etwas erwidern konnte, folgte ein Schwall straßenverkehrsrechtlicher Belehrungen. Dann studierte er ausgiebig meine Papiere. Das Verlassen der Transitstrecken ohne schriftliche Genehmigung war streng verboten. Das wusste ich zwar – aber macht man sich strafbar, wenn man sich verfährt? Als der Polizist seine Ausführungen beendet hatte, fragte ich gespielt ahnungslos: „Danke, dann weiß ich ja jetzt Bescheid. Können Sie mir vielleicht auch erklären, wie ich zurück auf die richtige Straße komme?“

Es folgten erneut hoch komplizierte Erläuterungen, denen ich beim besten Willen nicht folgen konnte. Ich schaute die beiden Polizisten mit gespielter Verwirrtheit an: „Verzeihen Sie, aber wäre es nicht das Einfachste, ich drehe hier einfach um? Auf dieser Autobahn gibt es nur einen Grünstreifen zwischen den Fahrbahnen, das müsste doch gehen.“

Die beiden Uniformierten sahen zunächst mich und dann lange einander an. Schließlich sagte der Ranghöhere hinter dem Steuer: „Na gut, drehen Sie um. Aber achten Sie beim Überfahren des Grünstreifens auf den fließenden Verkehr!“

Fließender Verkehr? Am liebsten hätte ich laut gelacht, doch ich riss mich zusammen und bedankte mich ausgesucht höflich für die Hilfe. Als ich wieder in meinem Auto saß und auf dem Grünstreifen in entgegengesetzter Richtung davonfuhr, konnte ich mein Lachen nicht länger unterdrücken. Willkommen, du preußische, komische und doch humorlose DDR!

Die Grenzkontrolle in Marienborn kam mir vor wie ein Rachefeldzug der Polizisten – hatten sie mich etwa telefonisch angekündigt? Ich musste den gesamten Inhalt meines Autos zur gründlichen Inspektion Stück für Stück in eine etwa fünfzehn Meter entfernte Baracke schleppen – und dann wieder zurück. Der Zeitaufwand für das Verfahren: dreieinhalb Stunden. Ich zog daraus die Lehre: Im Umgang mit der DDR sind Geduld und Respekt gefragt – und darüber hinaus auch sehr hilfreich.

In der Argentinischen Allee 1 in Zehlendorf, nur eine kurze Autofahrt von der Freien Universität entfernt, bezog ich ein Pensionszimmer und sah mich in den kommenden Tagen und Wochen in der „Frontstadt“ Berlin um. Die Lage war nicht ohne politische Brisanz, sowohl die Sowjetunion als auch die USA sahen ihren Teil Berlins als Speerspitze im Kampf gegen das System des jeweils anderen. Von beiden Seiten wurde geschnüffelt, erpresst, intrigiert und eingeschüchtert. Die politisch angespannte Situation war überall zu spüren. Was für ein Kontrast zum beschaulichen Heidelberg.

Ich hatte mich an der Freien Universität für Volkswirtschaft und Jura eingeschrieben. Die noch junge Universität wurde im engen Zusammenhang mit dem beginnenden Ost-West-Konflikt als Gegenstück zur Berliner Humboldt-Universität gegründet und war von einer sehr politischen Studentenschaft geprägt. In Heidelberg, wo ich zuvor studiert hatte, gehörte ich der ältesten studentischen Verbindung an, dem Corps Suevia. Mich reizte als junger Mann die Zugehörigkeit zu einer Gemeinschaft, die Wert auf Solidarität und Geselligkeit legte.

Im Berliner Stadtteil Dahlem, in der Hammersteinstraße, befand sich das Haus einer Schwesterverbindung, der Lusatia Leipzig zu Berlin. Als Mitglied eines Corps konnte man das Netzwerk der deutschlandweit verbreiteten Schwestercorps in Anspruch nehmen. In der Lusatia schloss ich schnell Freundschaften, unter anderem mit Manfred Baum. Ich hatte allerdings keine Ahnung, welche außergewöhnlichen Folgen diese Begegnung für mein Leben noch haben sollte.

EINES TAGES, ich war gerade drei oder vier Monate in Berlin, saß ich bei Manfred, einem hochgewachsenen Mann mit dunkelblonden Haaren und wachen blaugrauen Augen, in seiner Studentenwohnung in der Köhlerstraße in Lichterfelde West. Manfred studierte Medizin. Ihn schien seit einiger Zeit etwas zu bedrücken, aber ich hatte noch nicht herausgefunden, was es war, und ich wollte ihn auch nicht bedrängen.

Während Manfred das Wasser für einen Kaffee zum Kochen brachte, griff ich zu einer Illustrierten, die auf dem Tisch lag. Es war der *Stern*. Ich schlug das Magazin auf. Vor mir sah ich eine Fotostrecke, die mich sofort fesselte. Die Bilder gehörten zu einem Artikel über eine spektakuläre Fluchtaktion. Ich konnte einen Lastwagen erkennen sowie eine riesige klappbare Leiter, die über eine Mauer geworfen war. Unverkennbar handelte es sich um den „antifaschistischen Schutzwall“, der seit August 1961 zum Grenzbefestigungssystem der DDR gehörte. 1965 waren Grenze und Mauer noch nicht durch Minenfelder und Stacheldrahtrollen fast unüberwindbar geworden, und auch der Schießbefehl lag noch in weiter Ferne (er wurde erst 1982 formell in ein Gesetz gefasst). Aus diesem Grund war an ausgesuchten Stellen eine Flucht, wenn auch mit hohem Risiko verbunden, noch möglich.

Aus dem Begleittext erfuhr ich, dass die Fluchtaktion auf einem verlassenen Friedhofsgelände stattgefunden hatte. In dem Artikel war von einer technischen Meisterleistung die Rede, da man eine drehbare Leiter auf dem Lkw befestigt hatte. Das war sensationell.

Ich war augenblicklich fasziniert von dieser kühnen Aktion und sah mir die Bilder ganz genau an. Wir lebten hier mitten im Kalten Krieg. Es gab damals niemanden an der Uni, der nicht darüber diskutierte, so unpolitisch er auch sonst sein mochte. Schon länger hatte auch ich darüber nachgedacht, ob es nicht eine moralische Pflicht gäbe, den Menschen, die aus der DDR fliehen wollten, zu helfen. Ich empfand es als eine große Ungerechtigkeit, dass die Menschen auf der anderen Seite der Mauer nicht das Recht hatten, sich frei zu bewegen.

Plötzlich stutzte ich. Das konnte doch nicht wahr sein. Ich hielt mir das Magazin direkt unter die Nase. Doch, kein Zweifel. Einer der Fluchthelfer war unverkennbar Manfred. Der Manfred, der mir jetzt gegenübersaß und uns beiden den frisch gebrühten Kaffee einschenkte. Das Foto war aufgenommen worden, als er einer Person beim Herunterklettern von der Leiter auf westlicher Seite half.

„Manfred, das bist ja du auf dem Foto!“, rief ich erstaunt aus.

Mein neuer Freund blickte mich forschend an, dann winkte er ab. „Was, ich? Quatsch.“

„Manfred, bitte! Mir kannst du nichts vormachen, ich bin doch nicht blind. Das da auf den Bildern bist du.“ So ging es noch eine Weile hin und her, bis Manfred schließlich ermattet aufgab. „Volker, du bist wirklich eine Nervensäge. Ja, der da auf dem Foto bin ich. Zufrieden?“

Von wegen zufrieden – nun bombardierte ich ihn erst recht mit Fragen: „Wieso hast du da mitgemacht? Was war deine Rolle?“

Manfred wirkte sowohl nervös als auch trotzig. „Ich bin Fluchthelfer“, erklärte mein Freund schlicht.

„Wie? Fluchthelfer? Das musst du mir genauer erklären.“

Manfred erzählte, dass er es als wichtige Aufgabe empfand, Menschen aus der DDR, die dort nicht mehr leben wollten, zur Freiheit zu verhelfen. Und nach einigem Zögern fügte er hinzu: „Ich hatte als Tunnelbauer angefangen, aber unser letzter Tunnel ist leider aufgeflogen.“

Ich war tief beeindruckt. Das klang alles nach einem einzigen großen Abenteuer, nach einem, bei dem Menschen geholfen wurde! „Jetzt sag bloß nicht, du hast bei diesem berühmten Tunnel 57 mitgemacht, der vor einigen Monaten entdeckt worden ist?“ Ich hatte in den Zeitungen darüber gelesen. Der Tunnel war nach der Anzahl der Menschen benannt worden, die am 3. Oktober 1964 durch ihn in die Freiheit gelangt waren. 57 Personen.

Er nickte. „Doch, genau so ist es. Ich war einer von denen, die gegraben haben, 35 Leute waren wir insgesamt. Unser Anführer war Wolfgang Fuchs, der ‚Tunnelfuchs‘, wie er in den Zeitungen genannt wurde.“

„Stimmt, den Namen habe ich schon mal gehört“, bestätigte ich aufgeregt.

„Der Fuchs ist in einschlägigen Kreisen bekannt, er hat auch mich rekrutiert. Und er hat sich die Geschichte mit der Leiter ausgedacht.“

Alles, was ich zu hören bekam, imponierte mir sehr. „Wie lang war denn euer Tunnel?“, fasste ich nach.

„145 Meter lang, 12 Meter tief.“

„Manfred, bitte, nun lass dir doch nicht alles aus der Nase ziehen.“

„Na ja“, sagte Manfred gedehnt, „vieles ist ja schon an die Öffentlichkeit gedrungen. Was ich dir auf jeden Fall erzählen kann: Wir fingen mit unseren Grabungen im Keller einer leer stehenden Bäckerei in der Bernauer Straße an, also auf der Westseite, und dann ging es unter der Mauer hindurch und endete schließlich im Hinterhof eines nicht mehr genutzten Toilettenhäuschens in der Strelitzer Straße 55. Leider eine Fehlplanung, denn eigentlich wollten wir in einem Keller rauskommen.“

„Wie lange habt ihr denn unter der Erde gewühlt, ihr konntet ja keine Maschinen einsetzen – und 145 Meter sind eine unglaublich lange Strecke!“

„Tja. Es hat fast sieben Monate gedauert, und es waren alles Freiwillige. Im April 1964 starteten wir mit Schaufeln und Eimern, und Anfang Oktober schafften es die ersten 57 Flüchtlinge, durch ihn in den Westen zu gelangen. Am nächsten Tag, gegen Mitternacht, war die nächste Aktion geplant, unter den Flüchtlingen befanden sich aber Mitarbeiter des Ministeriums für Staatssicherheit. Damit war die Sache erledigt.“

„Und wie kam die Stasi ins Spiel?“

Doch jetzt hatte ich den Bogen wohl endgültig überspannt. Manfred wechselte das Thema. Aber ich ließ nicht locker. Und was Manfred anfangs nicht verraten wollte, bekam ich dann doch noch heraus: Es hatte in der Strelitzer Straße einen Schusswechsel gegeben, an dem auch ein weiterer Tunnelbauer, später Westdeutschlands erster Astronaut, beteiligt war, Reinhard Furrer. In der Nacht vom 4. auf den 5. Oktober hatte er am Tunnelausgang gewartet, um Flüchtlingen beim Einstieg zu helfen. Ein vermutlich von einem reuigen Flüchtling oder einem Anwohner alarmierter Stasi-Mitarbeiter gab vor, noch schnell einen Freund zu holen, brachte aber stattdessen Grenzsoldaten mit. Als die Flüchtlinge die Gefahr bemerkten und davonliefen, schoss einer aus der Gruppe in Richtung der Soldaten und traf dabei einen von ihnen: Egon Schultz. Wieso war auf Egon Schultz geschossen worden? Wer hatte den tödlichen Schuss abgefeuert? Aller Wahrscheinlichkeit nach konnte es nur ein Fluchthelfer gewesen sein. Damals wussten wir noch nicht, dass ihn ein NVA-Grenzer im nächtlichen Kreuzfeuer getötet hatte, das wurde erst Jahrzehnte später aus geheim gehaltenen Autopsieunterlagen der Stasi ersichtlich. Ein Vierteljahrhundert lang hat der vermeintliche Todesschuss die Gruppe und den Schützen schwer belastet.

Ich begann, mich weiter mit dem Thema Fluchthilfe zu beschäftigen.

Die Idee mit dem Tunnel hatten vor Wolfgang Fuchs schon andere gehabt. 1962 wollte Hasso Herschel, der aus Dresden stammte und 1961 mit einem falschen Pass in den Westen geflohen war, seiner Schwester samt Familie zur Flucht verhelfen, wozu er mit rund 30 Mitarbeitern einen 120 Meter langen Tunnel grub, von der Bernauer Straße (West) in die Schönholzer Straße (Ost). Im September 1962 konnten durch den Tunnel 29 Menschen in den Westen entkommen, darunter Herschels Schwester. Es gab noch kleinere Tunnelfluchten, aber die Tunnel 29 und Tunnel 57 waren die größten Unternehmungen dieser Art.

Zu Manfreds Sorge kam ich so richtig in Fahrt. „Und wer hat all diese Grabungen finanziert? Oder haben es alle umsonst gemacht?"

Manfred rückte auch hier nicht so richtig mit der Sprache heraus. „Bekannt ist ja, dass Herschel und zwei italienische Studenten, die ihm geholfen haben, mit dem amerikanischen Sender NBC kooperiert haben, die haben denen die Filmrechte verkauft."

„War das beim Tunnel 57 auch so?"

Wieder druckste er herum. „Irgendwie schon. Ich weiß nicht genau. Es sind Gelder von Einzelpersonen geflossen, mehr weiß ich nicht, ehrlich."

„Aha", sagte ich nur.

Erst viel später fand ich heraus, dass diese Einzelpersonen der CDU nahestanden oder gar Parteimitglieder waren. Der größte gespendete Betrag betrug 30 000 DM, das war damals eine Menge Geld. Dahinter verbarg sich der sogenannte Geheimfonds des Bundesministeriums für gesamtdeutsche Fragen – bei ihm mussten bewilligte Gelder nicht gegenüber der Öffentlichkeit gerechtfertigt werden. Er wurde von der Regierung benutzt, um Fluchthilfeaktionen zu unterstützen. Natürlich nicht ohne Gegenleistung. Die Geldgeber hatten bestimmte Wünsche, was die Auswahl der Flüchtlinge betraf. Dennoch wurde darauf beharrt, und das erklärten mir später unabhängig voneinander mehrere Tunnelbauer, dass jeder Pfennig, der geflossen war, dem Projekt zugutegekommen war. Die Fluchthelfer selbst, so versicherte Manfred mir, seien nicht bezahlt worden. Das war eine Art Ehrenkodex: Man arbeitete nicht für Geld. Obwohl ich da meine Zweifel hatte. Aber diese Bedenken waren schnell vergessen, viel zu gut gefiel mir die Sache mit dem Ehrenkodex. Als Corpsstudent hatte ich ja auch den „Comment" akzeptiert, unsere Regeln. Verbindlichkeit auf freiwilliger Grundlage bedeutete mir schon damals viel – und tut es heute noch.

Es gab aber noch etwas, was mir durch den Kopf ging, und das sprach ich ebenfalls an. „Wenn die Tunnelunternehmungen nur bedingt zum Erfolg geführt haben, ist deren Zeit dann nun vorbei?" Immerhin dauerten die Grabungen Monate, so viele Personen, die im Dreck lagen und buddelten, waren in sie involviert. Es war zudem zu befürchten, dass nach jeder aufgeflogenen Aktion die DDR-Grenzer bestimmte Aktivitäten genauestens beobachteten.

Manfred zuckte mit den Schultern, während er einen Schluck von dem inzwischen kalt gewordenen Kaffee trank. „Ehrlich. So im Detail kann ich dir das wirklich nicht erzählen."

„Ich verstehe", sagte ich. „Aber ich finde es ganz großartig, was du da machst."

Manfred lächelte. Aber es stimmte. Für mich war das Zivilcourage par excellence.

Westberlin in den Sechzigerjahren war eine weitgehend isolierte Rumpfstadt, in der neben der subversiven Atmosphäre auch das ständige Gefühl einer Bedrohung lauerte. In Moskau war bis 1964 Nikita Chruschtschow an der Macht, und wenn ihm etwas nicht passte, ließ er Kampfflugzeuge in der Nähe von Berlin aufsteigen, die zur Einschüchterung der Bevölkerung wiederholt die Schallmauer durchbrachen.

Die Stimmung war angespannt, die Kuba-Krise von 1962 warf noch ihre Schatten. Auch als Normalbürger bekam man diese Anspannung an den Grenzkontrollstellen in Berlin zu spüren. Regelmäßig wurden Autos und Menschen durchsucht, das konnte Stunden dauern.

Manfreds Erzählungen beschäftigten mich sehr. Sein Handeln erforderte viel Mut. Mir fielen einige Parallelen zwischen Manfred und mir auf. Wie er kam auch ich aus einem konservativen Elternhaus, wie er war ich in einer schlagenden Verbindung, die grundsätzlich konservative Strukturen hat. Aber nie hatte ich politische Positionen einfach übernommen. Die Frage „Wo stehe ich eigentlich?" war ganz entscheidend für mich. Und ich handelte immer aus eigener Überzeugung heraus, gelegentlich zur Enttäuschung meines Vaters, der Technischer Direktor bei der Glanzstoff AG in Wuppertal-Elberfeld war und es sich gewünscht hätte, dass sein Sohn wie er Ingenieur wird. Aber nach dem Abitur, einem halbjährigen Praktikum in Schottland und England und zwei Semestern Maschinenbau in Karlsruhe entschied ich mich für das Jurastudium. Als Anwalt wollte ich mich insbesondere für andere Menschen engagieren, und dieser Anspruch sollte auch meine ersten Berufsjahre prägen. Eine Zeit lang wurde das Mietrecht mein Spezialgebiet, wobei ich immer nur Mieter, nie Vermieter, vertrat. Dieses Engagement für andere, das besaß ich seit Kindesbeinen. Wenn etwa eines meiner Geschwister benachteiligt wurde, musste ich sofort eingreifen und Gerechtigkeit herstellen, selbst wenn es nur um die Übervorteilung beim Essen ging. Ich trat später ebenfalls dafür ein, dass Verbindungen sich auch gemeinnützig engagieren sollten – ein Vorschlag, der nicht unbedingt auf Gegenliebe stieß.

Als ich in Westberlin lebte, war Willy Brandt Parteivorsitzender der SPD und Regierender Bürgermeister von Berlin. Ich war ein begeisterter Anhänger von Brandt. Im Nachhinein kann ich seiner Ostpolitik nur zustimmen, denn eine weitere Fluchthilfe beziehungsweise ein Freikaufen von DDR-Bürgern im großen Stil hätte nur dazu geführt, die DDR über kurz oder lang immer weiter zu entleeren. In meinen Augen waren die Ostverträge der Siebzigerjahre eine zutiefst humanitäre Angelegenheit.

Die politische Situation Westberlins beschäftigte mich sehr und ich hatte das Gefühl, am Puls der Geschichte zu leben. Und jetzt bot sich mir die Möglichkeit zu handeln. Gab es eine finanzielle Motivation? Nein. Von meinen Eltern bekam ich monatlich einen Scheck, und der reichte aus, um mein Studentenleben zu bestreiten. Eine humanitäre Motivation? Ja, die war unzweifelhaft gegeben, gemischt mit einer gehörigen Portion Abenteuerlust.

Ich war jung – und ich wollte etwas bewirken. Und dann hörte ich mich zu Manfred einen Satz sagen, der mein Leben verändern sollte: „Ich möchte bei euch mitmachen." Als die Worte über meine Lippen gekommen waren, war ich selbst etwas überrascht.

Manfred schwieg erst und sah mich dann eindringlich an. „Bist du dir über die möglichen Konsequenzen im Klaren?"

„Sicher doch", erwiderte ich mit fester Stimme.

„Man wird dich auf Herz und Nieren prüfen."

„Alles andere wäre auch unverantwortlich", gab ich zurück.

„Gut, ich wollte es dir nur gesagt haben."

„Und wie werde ich getestet?" Das fand ich nun spannender.

„Du wirst jemanden in Ostberlin aufsuchen, dem du dann eine chiffrierte Nachricht übermittelst. Das sind einfache Botengänge, auch Kurierdienste genannt."

„Weiß ich, was das für Nachrichten sind?"

„Meist nicht. Aber manchmal geht es auch nur darum nachzufragen, ob derjenige noch Interesse hat. Diese Aktionen haben ja einen langen Vorlauf, in der Zwischenzeit kann der ein oder andere seine Meinung geändert haben."

Viele der unerfahrenen Kuriere, erfuhr ich weiter, wurden bei ihrem ersten Einsatz gefasst. Professionelle Fluchthelfer, die dieses Geschäft aus rein kommerziellen Gründen betrieben, missbrauchten Studenten, die nicht oder nur unzureichend instruiert wurden. Und gerieten sie in eine schwierige Situation, mussten sie sie ohne Hilfe lösen. In Berlin und generell in der DDR gab es kaum öffentliche Telefone, von denen aus man in den Westen hätte anrufen können. Und die wenigen, bei denen es möglich war, wurden mit Sicherheit überwacht. Wer als Fluchthelfer in der DDR operierte, musste sich darüber im Klaren sein, dass er vollkommen auf sich allein gestellt war.

„Willst du mich abschrecken?", fragte ich.

„Nein", erwiderte Manfred. „Aber du sollst wissen, worauf du dich einlässt."

Verschlüsselte Botschaften

Lange hörte ich nichts. Ich war verunsichert. Hatte ich nicht klar und deutlich meine Bereitschaft geäußert? Ich studierte, besuchte gelegentlich Kneipen, spielte Schach, ging ins Theater und ins Kino, besuchte Konzerte und debattierte mit meinen Kommilitonen über die sich zuspitzende Krise an den Universitäten und die bedrohliche politische Lage Westberlins. Als ich längst glaubte, aus der ganzen Angelegenheit würde nichts mehr werden, kam doch noch Bewegung in die Sache.

„Volker, Wolfgang Fuchs will dich treffen", signalisierte Manfred eines Abends, als wir wieder einmal in der Kneipe saßen. „Noch heute Abend beim Dicken."

„Wer um Himmels willen ist denn der Dicke?"

„So nennen wir die Kneipe bei mir in der Straße. Heißt eigentlich ‚Zum Dicken'."

Der Name war gerechtfertigt, denn tatsächlich wurde sie von einem wohlbeleibten Wirt geführt. Das Lokal war eine Mischung aus Arbeiter- und Studentenkneipe mit Flipperautomat und preiswerten Getränken. Wer Hunger hatte, bestellte sich Soleier mit Kartoffelsalat. Jeder rauchte. Getrunken wurde hauptsächlich Pils, daneben kleine Gläser, gefüllt mit klarem Korn oder Persiko, einem rötlichen Schnaps.

In dieser feuchtfröhlichen Umgebung saß Fuchs an einem Tisch vor einem Glas Bier. Er hatte eine gewinnende Art. Er war etwa 1,85 Meter groß (ich selbst bin knapp 1,89), und sein mittelgroßer Bierbauch schüttelte sich, wenn er lachte. Das geschah häufig, denn er besaß viel Humor. Seine dunklen Haare trug er im Mecki-Schnitt; Eitelkeit schien für ihn kein Thema zu sein. Fuchs war ein Anpackertyp, jemand, der nicht ewig herumphilosophierte.

Bevor wir uns im Herbst 1965 trafen, vermutlich im Oktober oder November, hatte ich mich natürlich über ihn informiert. Wolfgang Fuchs, Jahrgang 1939, war ein gelernter Optiker aus Jena. Er und seine Frau Selina hielten sich beim Mauerbau in Westberlin auf, Selina ging aber zurück in die DDR zu den gemeinsamen Kindern, die sie nicht allein zurücklassen wollte. Fuchs sann darüber nach, wie er seiner Familie zur Flucht verhelfen konnte. Er hatte auch bald eine ungewöhnliche Idee. Mithilfe von Leitern schaffte er es, im März 1962 Selina und die beiden Kinder über die Mauer zu holen – Helfer lenkten die Berliner NVA-Grenzer derweil mit Molotowcocktails ab. Danach konzentrierte er sich zunehmend auf den Bau von Tunneln und holte weitere Familienmitglieder und Freunde in den Westen. Seine Motive waren für mich glaubhaft: Wie die meisten Fluchtorganisatoren war er in der DDR mit den Behörden seiner Heimat in Konflikt geraten. Sie alle hassten das kommunistische System und wollten nicht hinnehmen, was die staatlichen Stellen der DDR ihren freiheitshungrigen jungen Bürgern antaten.

Der Fluchthelfer Wolfgang Fuchs mit seiner Frau Selina, November 1964

Dabei war von Vorteil, dass sie alle Orts-, Milieu- und Systemkenntnisse hatten, also ungleich mehr Wissen als ein westdeutscher Student wie ich. Entscheidend war, dass Fuchs nicht nur selbst motiviert war, sondern auch motivieren konnte. Nach dem sensationellen Erfolg mit dem Tunnel 57 besaß er eine immense Reputation. Erkundigten sich Leute, wem man auf dem Markt der Fluchthilfe vertrauen konnte, stand sein Name vermutlich auf der Liste ganz weit oben.

Fuchs gefiel mir auf Anhieb.

„Wie kommst du eigentlich mit den Leuten in Kontakt, die fliehen wollen?“, fragte ich nach ein paar belanglosen Floskeln und nahm einen Schluck von meinem Pils. Wir hatten uns vom ersten Moment an geduzt – wer gemeinsam beim „Dicken“ saß, siezte sich nicht.

„Durch Rainer Hildebrandt. Der hat 1963 das Mausermuseum am Checkpoint Charlie gegründet, vielleicht sagt dir das was?“

„Klar“, erwiderte ich. „Aber wie kannst du dir sicher sein, dass er dich nicht verrät oder mit falschen Leuten in Kontakt kommt?“

„Wie ich mir sicher sein kann? Gar nicht. Aber ich stelle ihn nicht infrage, Rainer teilt meinen Zonen-Hass.“

„Reicht das wirklich?“

„Ich muss vielen Menschen misstrauen, aber wenn das für alle gilt, kann ich einpacken."

„Verstehe."

Wir tauschten uns über alle möglichen Aspekte der Fluchthilfe aus, wenngleich mit zunehmendem Alkoholkonsum auch alltäglichere Themen in den Vordergrund traten. Fuchs ging es in erster Linie darum, mich einzuschätzen. Schließlich sagte er: „Du gefällst mir. Ich glaube, du könntest gut in unsere Truppe passen."

Mit bereits etwas benebeltem Kopf saß ich da. „Heißt das etwa, ich habe den Test bestanden?", fragte ich vorsichtig nach.

„Richtig, Test bestanden. In den nächsten Tagen kannst du mit Kurierdiensten anfangen."

FUCHS übermittelte mir drei Tage später mündlich eine verschlüsselte Nachricht – „Rufen Sie Ihre Großmutter an" – und nannte mir einen Treffpunkt auf einem Bahnsteig der U-Bahn-Station Strausberger Platz in Friedrichshain, um sie dort einem Mann zu übermitteln. „Du erkennst ihn daran, dass er einen Band der blauen Werkausgabe von Karl Marx unter dem Arm trägt. Und komm bloß nicht auf die Idee, die Nachricht auf einem Stück Papier aufzuschreiben."

„Und was bedeutet die Nachricht?"

„Das musst du nicht wissen, der Empfänger weiß, was er damit anfangen soll."

Natürlich hätte ich gern mehr erfahren, aber ich vertraute Fuchs, und wenn ich hier mitmachen wollte, musste ich lernen, Zweifel zurückzustellen. Ich verstand, dass es zu dem Kurierjob gehörte, so wenig wie möglich zu wissen, um nicht selbst in Gefahr zu geraten oder andere zu gefährden.

„Gibt es irgendwelche Verhaltensregeln?"

„Nein, du wirst schon deinen eigenen Stil finden müssen. Sei einfach hellwach, beobachte scharf, aber lass es dir nicht anmerken."

Ich war noch nicht ganz zufrieden. „Und wieso Strausberger Platz und nicht Friedrichstraße? Dort wimmelt es von Menschen, da kann man doch unverfänglich auf den Zug warten."

Ein tiefer Seufzer war von Fuchs zu hören. „Die Friedrichstraße ist Grenzübergangsstelle, dieser Ort ist übervölkert von Stasi-Leuten, das wirst du noch schnell genug merken. Nicht umsonst wird die Ausreisehalle dort ‚Palast der Tränen' genannt. Vergiss bloß die Friedrichstraße, vergiss auch alle anderen Checkpoints."

Ich gab mich damit zufrieden. Dass Fuchs ein absoluter Profi war, daran zweifelte ich in diesem Moment nicht.

ÜBER DIE FRIEDRICHSTRASSE reiste ich mit einem Tagesvisum ein. Von dort aus wollte ich zu Fuß zur Karl-Marx-Allee, wo sich die U-Bahn-Station Strausberger Platz befand. Ich hätte die Bahn benutzen können, aber ich wollte Ostberlin besser kennenlernen. Meine Nerven waren angespannt. Ich war mir im Klaren darüber, dass ich mich möglichst unauffällig benehmen musste, aber mein Körper machte da nicht mit. Irgendwie hatte ich das Gefühl, einen Stock verschluckt zu haben, und ich war mir sicher, dass mir jeder aus zehn Metern Entfernung ansehen konnte, dass ich etwas im Schilde führte. Ich beobachtete die kleinsten Dinge, Details, die ein normaler Spaziergänger überhaupt nicht wahrnimmt. Ich lief überaufmerksam durch die Gegend, rechnete ständig mit einer Bedrohung. Ich sah Gespenster. Meine Gehirnzellen simulierten Gefahrensituationen, die objektiv nicht vorhanden waren, ich konnte meinen eigenen Sinnen nur begrenzt vertrauen.

In diesem Augenblick sah ich die U-Bahn-Station Strausberger Platz. Auf dem Bahnsteig entdeckte ich recht schnell den Mann mit einem Band von Karl Marx in der Hand. Sollte ich vielleicht auch mal lesen, dachte ich, als ich auf ihn zuging. „Rufen Sie Ihre Großmutter an“, sagte ich im Vorbeigehen.

Der Mann nickte, dann entfernte er sich in die entgegengesetzte Richtung. Das war's schon, dachte ich. Geht doch. Ich nahm die U-Bahn zurück zum Grenzübergang Friedrichstraße und fühlte mich erleichtert. Ich hatte es geschafft, sämtliche Verfolger, die ich mir eingebildet hatte, hatten sich in Luft aufgelöst. Entspannt saß ich am Fenster, draußen eilten Fassaden von Häusern vorbei. Was die Nachricht wohl bedeutete, die ich überbracht hatte?

„IN BESTIMMTE HÄUSER oder Wohnungen zu gehen“, sagte ich eines Tages zu Wolfgang, nachdem ich wieder einmal einen Kurierdienst für ihn übernommen hatte, „um Nachrichten abzugeben, halte ich für unklug. Das Ziel ist dann eindeutig identifizierbar und damit für alle Beteiligten nicht ganz ungefährlich.“

„Stimmt. Aber eine Begegnung in einem Lokal am Alexanderplatz ist auch nicht besser“, entgegnete Fuchs. „Da muss man immer damit rechnen, dass die Leute am Nachbartisch große Ohren haben.“

„Man kann die Person aber dort zu einem Kaffee einladen und anschließend mit ihr spazieren gehen und dabei die Nachricht übergeben. Ich finde das viel sinnvoller.“

Fuchs überlegte. „Vielleicht sollte ich dir anspruchsvollere Aufgaben übertragen“, sagte er schließlich.

Viele verschlüsselte Nachrichten überbrachte ich nicht, Fuchs hatte rasch den Eindruck gewonnen, dass er mich für andere Dinge besser gebrauchen konnte. Dinge, die mehr Mut erforderten: die Fluchthilfe selbst. Vielleicht hatte ich ihn aber auch nur mit meinen Vorschlägen genervt. Für mich war es einerlei. Ich hatte erreicht, was mir schon seit dem Gespräch mit Manfred durch den Kopf gegangen war: Auf der untersten Operationsebene wollte ich nicht stehen bleiben.

DAMALS war die große Zeit von Rudi Dutschke. Er gehörte zu den wichtigsten Personen der studentischen Protestbewegung in Westberlin nach dem Mauerbau, mit seiner großen Sprechtüte hielt er aufgeregte Vorträge. Er hatte eine sehr aggressive Stimme, und alles, was er von sich gab, klang in meinen Ohren parolenhaft. Der jahrelange Vietnamkrieg wurde von ihm besonders verdammt. Das konnte ich definitiv teilen. Aber die generelle Verdammung der Amerikaner gefiel mir nicht. Ich dachte: Was für eine Dummheit, Amerika ist die einzige Macht, die Westberlin wirklich nachhaltig schützen kann. Tausende US-Soldaten waren in der Stadt stationiert. Sie zeigten Präsenz, für jeden Bürger waren sie nicht zu übersehen. Als US-Präsident John F. Kennedy im Juni 1963 in Berlin war, hielt sich seine Kritik an der Mauer in Grenzen – besser die Mauer als ein erneuter Krieg, sagte er.

Ich fand es grotesk, wie Dutschke die Amerikaner verteufelte, ohne zu realisieren, dass er ohne deren Präsenz in Westberlin seine politische Meinungsfreiheit gar nicht erst hätte ausüben können. Ich erinnere mich an einen Tag, an dem ich auf dem Weg nach Ostberlin war. Ich fuhr an der FU vorbei, auf dem Vorplatz des Auditorium maximum redete Dutschke mal wieder hektisch in sein Megafon, und ich dachte, nicht ohne eine gewisse Befriedigung: Du redest, ich handle.

Wir Fluchthelfer wollten etwas bewegen, doch was? Nach dem Mauerbau gab es keine zwischenmenschlichen Begegnungen mehr zwischen Berlinern aus Ost und West. Nur Ausländer (über Checkpoint Charlie) oder Deutsche im Besitz eines im Westen ausgestellten Personalausweises durften einreisen. Fast zweieinhalb Jahre lang konnten sich Mitglieder aus getrennten Familien nicht sehen. Erst am 17. Dezember 1963 wurde ein zeitlich begrenztes Passierscheinabkommen unterzeichnet. Zum Jahreswechsel 1963/64 hatten rund 700000 Menschen einen solchen Passierschein beantragt. Bis 1966 sollten noch drei weitere solcher Abkommen folgen. Diese Abkommen wurden von Horst Korber, einem Unterhändler des Westberliner Senats, und Erich Wendt, DDR-Staatssekretär, ausgehandelt. Offizielle Kontakte zwischen der Bundesrepublik und der DDR gab es nicht, deshalb der Einsatz von Unterhändlern. Alles ging nur unendlich langsam voran.

Wir wollten keine gelegentlichen Begegnungen für alle erreichen, sondern Freiheit für konkrete Personen, die sich nach Freiheit sehnten. Was wir leisteten, war natürlich angesichts von 16 Millionen DDR-Bürgern nur Kleinstarbeit. Inwiefern war ich anders als Dutschke? Eigentlich hätte ich mich mit ihm auch identifizieren können. Ich war wie er in den Fünfzigerjahren zur Schule gegangen. Damals war ich aber noch nicht in der Lage, intelligente Kritik an meinen Lehrern zu üben, von denen einige ihre Nazi-Vergangenheit nicht ausreichend verbergen konnten. Meine Ablehnung drückte ich dadurch aus, dass ich mich als Rebell inszenierte. So zündete ich einmal den Adventskranz in der Schule an und riss ein Waschbecken aus der Wand heraus. Es war ein Ausdruck enormer Frustrationen. Der Direktor der Schule, der mich in Französisch unterrichtete, fragte mich mit leidvoller Miene: „Wie kann sich ein so intelligenter junger Mann bloß so grotesk verhalten?" Er hatte recht, ich wusste es selbst, sagte aber nichts.

Wenige Wochen vor dem Abitur musste mein Vater zur Schulbehörde nach Düsseldorf fahren, damit meine Entlassung von der Schule wegen schwerer disziplinarischer Verfehlungen in die Androhung des Verweises entschärft wurde – auf diese Weise wurde mein Abitur sichergestellt. Leicht war ihm das sicherlich nicht gefallen, vielleicht hat er es auch nur meiner Mutter zuliebe getan.

Meine Mutter hatte nach dem frühen Tod ihres im Ersten Weltkrieg schwer verletzten Vaters als Siebzehnjährige ihre Schulausbildung abbrechen müssen, um als Sekretärin zu arbeiten. Mit 22 heiratete sie 1940 meinen Vater. Er war zwölf Jahre älter als sie. Mein Vater war der Sohn eines Landwirts, der ihm nur unter großen persönlichen Einschränkungen ein Studium als Diplom-Ingenieur ermöglichen konnte. Danach war er Angestellter der Spinnfaser-Aktiengesellschaft in Kassel, wo ich auch zur Welt kam, dann Angehöriger der Dynamit-Nobel-Aktiengesellschaft. Kurz nach dem Krieg arbeitete er auf dem Hof seines Vaters, bis er in Wuppertal-Elberfeld bei der Glanzstoff-Aktiengesellschaft anfing und zum Technischen Direktor aufstieg. Unsere Familie lebte in relativem Wohlstand, und meine Eltern legten Wert darauf, dass wir unsere Ausbildung ernst nahmen. Ich war das zweite Kind, hatte eine ältere und eine jüngere Schwester und einen jüngeren Bruder.

Ich nahm nun weniger meine Ausbildung als meine Arbeit für Fuchs ernst. Dutschke winkte ich in Gedanken zu, als ich mich weiter Richtung Grenze begab.

„GLAUBST DU, dass ich observiert werde, wenn ich in Ostberlin bin?", fragte ich Manfred, als ich mit ihm und anderen Fluchthelfern eines

Abends in einer Kneipe zusammensaß. Alle Anwesenden hatten beim Tunnel 57 mitgewirkt.

„Natürlich können sie dich beobachten, aber das Problem ist, du weißt es nicht. Niemand weiß etwas wirklich Konkretes. Wir fühlten uns jedenfalls immer verhältnismäßig sicher, was die Westmächte und den Westberliner Senat betraf. Ich bin überzeugt, dass dem Senat und den westlichen Alliierten recht genau bekannt war, was da passierte, dass sie ihr Wissen aber nicht offiziell offenbarten."

„Eher ist das Gegenteil der Fall", warf ein anderer ein, Joachim Schreiber. „Nach der frühen Entdeckung des Tunnels gab der Senat zu erkennen, man solle, bitte schön, mit solchen Aktionen zumindest temporär aufhören, man würde sonst den Abschluss der nächsten Passierscheinverhandlungen gefährden. Wir waren stinksauer." Schreiber stand in einem engeren Kontakt zu Wolfgang Fuchs. Auch er war ein Jurastudent, der beim Bau des Tunnels 23 Jahre alt war. Er war klein und ständig in Bewegung. Nach den Vorlesungen und Seminaren an der FU hatte er stundenlang gegraben und dafür gesorgt, dass die Abstützbalken für den Tunnel unbemerkt in den Keller der Bäckerei kamen und entsprechend angebracht wurden. Eine immense Leistung.

„Und wegen der Aufforderung des Berliner Senats habt ihr Abstand von den äußerst mühsamen Tunnelbauten genommen, von wenigen eher unbedeutenden Ausnahmen einmal abgesehen?", fragte ich.

„So ist es. Einige von uns machen Pause, dazu gehöre ich, andere suchen nach Alternativen."

„Doch um beim Thema zu bleiben – Senat und westliche Alliierte, deren Standpunkt ist verständlich, aber wie sieht es aus der Sicht der DDR und der Sowjetunion aus?"

„Für die sind wir Kriminelle", sagte Manfred. Alle lachten.

„Das ist mir klar, aber ich will noch mal aufs Observieren hinaus."

Ulrich Bahnsen, ein weiterer Ex-Fluchthelfer, antwortete mir: „Alles, was ihnen verdächtig vorkommt, werden sie registrieren und sofort für ihre Propagandazwecke nutzen. Doch bleibt es still, kann man davon ausgehen, dass die NVA- oder Stasi-Leute nichts wissen."

Bahnsen gehörte auch zum inneren Zirkel und war wie Schreiber ein Student der Rechtswissenschaften an der FU, also Kommilitone. Bislang hatte ich Bahnsen nicht persönlich kennengelernt, weil er in der DDR in Haft gesessen hatte. Sein Verschulden: „Anschläge gegen die Staatsgrenze der DDR". Insgesamt hatte er fünf oder sechs Jahre bekommen, war aber nur ungefähr ein Jahr lang inhaftiert gewesen. Jetzt, im Januar 1966, war er gerade entlassen worden. Ulrich wurde einer meiner Freunde. Ein aufrechter, klar denkender Mann, humorvoll und

Rechtsanwalt Wolfgang Vogel (zweiter v. l.) am 26. April 1978 vor seinem Flug nach New York zu Verhandlungen über einen Gefangenenaustausch

sensibel, mit dichtem dunklem Haar und einem schmal geschnittenen Gesicht. Vom ersten Moment an schätzte ich ihn sehr.

„Oder sie warten auf den geeigneten Moment, um zuzuschlagen“, mischte sich Manfred ein. „Es gibt nur diese beiden Möglichkeiten.“

Im Verlauf des Abends konnte ich mich am Tisch noch etwas allein mit Ulrich unterhalten. „Du warst Tunnelbauer und auch Kurier?“, fragte ich.

Er nickte, sagte aber nichts weiter, wollte erst einmal herausfinden, mit wem er es da eigentlich zu tun hatte.

„War das nicht ein bisschen schwierig?“

Er zuckte nur mit den Schultern.

„Aber du bist festgenommen worden, als du in Ostberlin als Kurier tätig warst?“

Endlich sprach er: „Ja. Man konnte mir zum Glück nicht nachweisen, dass ich auch als Tunnelbauer tätig war, sonst hätte ich mit Sicherheit eine längere Haftstrafe bekommen.“

„Aber du bist trotzdem ziemlich rasch rausgekommen. Wieso?“

„Wolfgang Vogel hat dafür gesorgt“, erklärte Ulrich knapp und wischte sich Bierschaum von seinem Mund.

„Und wer ist das?“, wollte ich wissen.

„Ein DDR-Anwalt. 1962 hat er nicht nur den ersten Agentenaustausch zwischen den USA und der Sowjetunion organisiert, sondern sich als Unterhändler darum gekümmert, übrigens gemeinsam mit dem Westberliner Anwalt Jürgen Stange, inhaftierte Bürger der DDR und der BRD freizukaufen.“

„Was bei dir der Fall gewesen ist?“, hakte ich nach.

„Na ja …“ Ulrich stockte, bevor er sich dann doch entschloss, mit der Wahrheit herauszurücken. „Von mir hat man als Gegenleistung keinen Geldbetrag verlangt, sondern die Freilassung eines DDR-Bürgers, der bei uns in der Bundesrepublik in einem Gefängnis einsaß.“

Was ich da hörte, fand ich unglaublich spannend. „Lief das wie in einem echten Spionagethriller ab? In so einer Nacht-und-Nebel-Aktion auf einer Brücke?“

Ulrich lachte. „Du hast wohl zu viele Filme gesehen. Bei mir war es ganz profan. Aber auf eine gewisse Weise hast du schon recht. Vogel hat damals den ersten Agententausch initiiert, in Potsdam auf der Glienicker Brücke, das war, soweit ich mich erinnere, im Februar 1962.“

„Und wer wurde da von der einen Seite auf die andere geschickt?“

Ulrich erzählte mir, dass die Amerikaner einen KGB-Spion gefasst hatten, Oberst Rudolf Iwanowitsch Abel, und die Russen ihrerseits einen über dem Ural abgeschossenen US-Piloten. Francis Gary Powers hatte dort in großer Höhe einen Aufklärungsflug unternommen. Abel war einer der erfolgreichsten Spione der UdSSR, er hatte atomare Geheimnisse der Amerikaner verraten und noch so einige Dinge mehr. So einen Mann durfte man nicht hängen lassen, sonst würde keiner mehr sein Leben riskieren wollen. Mit diesem Tausch hat Vogel sich dann in einschlägigen Kreisen einen Namen gemacht. Wie hätte ich ahnen sollen, dass ich ihn tatsächlich noch selbst kennenlernen sollte?

„So jemand wie dieser Vogel muss starke Nerven haben, sonst kannst du solche Deals nicht aushandeln“, sagte ich, nachdem Ulrich seinen Bericht beendet hatte. Mich faszinierte der Mann.

„Starke Nerven sicher, aber man braucht auch gute Beziehungen. Und muss natürlich loyal dem Staat gegenüber sein. Ohne diese Voraussetzungen kannst du einen solchen Job als Anwalt in der DDR vergessen. Wenn es Vogel nicht gäbe, hätte man ihn erfinden müssen.“

Es stimmte. Der Jurist schien eine schillernde Figur zu sein.

„Wenn er dir geholfen hat, macht er anscheinend nicht nur Geschäfte mit den Amerikanern und den Russen, sondern auch mit unserer Regierung, oder?“

„So ist es. Aber diese Austauschgeschäfte sind nicht öffentlich bekannt, und deshalb möchte ich auch nicht mehr dazu sagen.“

„Das verstehe ich. Aber erzähl doch mal, wie du die Haft erlebt hast, das war für dich bestimmt nicht die angenehmste Zeit. Was läuft so in einem DDR-Gefängnis ab?“

Ulrich berichtete ausführlich vom Essen, den ewig gleichen Eintöpfen, den Schlafenszeiten, von der Gefängniskleidung, den wöchentlichen Duschen, den ständigen Verhören. Als ich später selbst in Haft kam und sich alles bestätigte, was Ulrich erzählt hatte, war der Schock seltsamerweise begrenzt. Als ob mich dieses Gespräch in gewisser Weise schon etwas vorbereitet hätte.

EINIGE TAGE SPÄTER diskutierte ich mit Wolfgang wieder einmal darüber, warum Tunnel keine Zukunft mehr haben. Das Gerücht lief um, dass die DDR inzwischen seismografische Geräte nutzte, mit denen sich unterirdische Bewegungen feststellen ließen. Wenn das stimmte, war es viel zu gefährlich, weiterhin Tunnel zu bauen. Doch nichts mehr zu tun, das kam auch nicht infrage.

Wie so oft standen wir auf einer der hölzernen Aussichtsplattformen in Kreuzberg, eingehüllt in dicke Mäntel und Schals, auf dem Kopf Mützen, und verfolgten alle Bewegungen auf der anderen Seite, in unmittelbarem Blickkontakt mit den Ostberliner Grenzsoldaten. Hin und wieder starrten sie uns durch überdimensionierte Ferngläser an, dann wollten wir am liebsten in Deckung gehen, so unheimlich war das. Aber die geniale Idee, vergleichbar mit den Tunnelaktionen, wollte Wolfgang einfach nicht einfallen.

„Eine sinnvolle Möglichkeit wäre vielleicht die Flucht über das sozialistische Ausland“, überlegte ich laut.

Wolfgang hatte sofort ein Gegenargument parat: „Wenn wir in Rumänien, Ungarn oder Bulgarien operieren sollen, ist das enorm aufwendig und viel zu unsicher. Und vergiss nicht, keiner von uns spricht nur ansatzweise die Sprache in diesen Ländern.“

„Und was schlägst du dann vor?“ Langsam wurde ich ungeduldig, ich wollte endlich etwas tun und so bald wie möglich mit den Kurierdiensten aufhören.

„Die alten Methoden: gefälschte Pässe und umgebaute Autos.“

„Aber von den Zahlen her ist das eher beschränkt“, konterte ich.

„Hast du einen besseren Vorschlag?“ Wolfgang zog an seiner Zigarette, was mich dazu brachte, mir auch eine anzuzünden.

Ja, ich hatte eine Idee, zumindest glaubte ich es in diesem Moment, denn gerade sah ich amerikanische Soldaten in einem Jeep über die Grenze fahren. „Mensch, warum versuchen wir es nicht einmal bei unseren alliierten Freunden? Die werden doch nie kontrolliert, wenn sie in den russischen Sektor fahren. Einige ihrer Jeeps haben Planen, da könnten sie doch glatt ein paar Leute mitnehmen.“ Die Abschottung der Sowjetischen Zone Deutschlands einschließlich Ostberlins war nicht von den drei Westalliierten ausgegangen, sondern eine einseitige Maßnahme der DDR mit ausdrücklicher Genehmigung der UdSSR. Die jeweiligen Verbindungswege blieben für alle alliierten Streitkräfte offen, insbesondere die Briten und Amerikaner machten Gebrauch davon und fuhren wiederholt demonstrativ in den russischen Sektor. Die Idee war einfach blendend. Fand ich jedenfalls.

Erwartungsvoll schaute ich Wolfgang durch den Zigarettendunst an, der sah wenig begeistert aus.

„Na ja", meinte er gedehnt, „um den Alliierten die ganze Sache zu erklären, müsste man die Sprache gut können, also Englisch oder Französisch. Ich persönlich hatte in der Schule nur Russisch. Da werde ich nicht viel beitragen können."

„Wenn du willst, kann ich das für dich übernehmen", sagte ich. Mein Vater hatte mich und meine Geschwister in den Schul- und Semesterferien regelmäßig ins Ausland geschickt, um Sprachen zu lernen, erst vor etwa einem Jahr war ich von einem längeren Aufenthalt aus Paris zurückgekehrt. Englisch und Französisch sprach ich recht passabel.

Wolfgang zögerte noch, doch dann rang er sich zu einem Entschluss durch. „Gut. Einen Versuch ist es wert."

Ich lächelte zufrieden. „Dann werde ich mal in die alliierten Kasernen marschieren." Schweigend rauchten wir eine nächste Zigarette, während ein Fernglas auf uns gerichtet war.

Kasernen und Teppichhändler

Verdammt. Es musste doch einen günstigen Augenblick geben. In Krimis gab es in solchen Situationen immer einen. Aber bislang zeigte er sich mir nicht. Vielleicht weil ich nicht der Held in einer Detektivgeschichte war, sondern mitten in der Realität des Kalten Krieges steckte. Vor der französischen Kaserne in Wedding stand ein Wachmann, der seine Aufgabe ernst nahm. Nichts entging seinen aufmerksamen Blicken. So konnte ich unmöglich ins Gelände hineinhuschen. Ich hatte mir für meinen ersten „Anwerbungsversuch" die französische Kaserne ausgesucht, die in der Nähe des heutigen Flughafens Tegel lag. Die Engländer waren im Spandauer Ortsteil Gatow stationiert, das lag etwas ungünstiger, weiter weg von der Mauer, das konnte ich immer noch probieren, wenn es bei den Franzosen nicht klappte. Als letzte Anlaufstelle hatte ich mir die Amerikaner vorgenommen.

Der militärische Komplex war riesig. In der Nazizeit war hier das Infanterieregiment „General Göring" untergebracht gewesen, nach Kriegsende zogen die Franzosen ein und benannten die Kasernen um in „Quartier Napoléon". 1995 wurde das Gelände nach dem Widerstandskämpfer Julius Leber in „Julius-Leber-Kaserne" umbenannt.

Jetzt oder nie! Gerade kam ein Lieferantenauto vor dem Eingang an, und der Fahrer unterhielt sich kurz mit dem wachhabenden Soldaten. Eine günstige Gelegenheit, im Blickschatten des Wagens einfach mitzulaufen. Und schon war ich drin, der Wachmann hatte nichts bemerkt. Schnell versuchte ich, mir einen Überblick über das Gelände zu verschaffen. Mein Ziel war die Kantine, weil ich dachte: Jetzt, um die Mittagszeit, sind die Soldaten hungrig, und sie werden in Scharen zur Kantine strömen. Ein Ort, an dem man leicht ins Gespräch kommen kann. Bald hatte ich auch schon herausgefunden, wo sie lag: Ich brauchte nur dem Geruch von gebratener Leber und Linsen nachzugehen.

Doch als ich die Kantine betrat, wurde mir klar, dass ich einen törichten Fehler begangen hatte. Hätte ich mich doch bloß kundig gemacht, was die einzelnen Uniformen zu bedeuten hatten. Welches Abzeichen stand für welchen Rang? An wen musste ich mich wenden, um unser Anliegen anzusprechen? Warum war mir das nicht vorher eingefallen? Vielleicht deshalb, weil ich absolut keine Ahnung vom Militär hatte. Die Musterung im November 1963 in Karlsruhe hatte zwar mit der Feststellung meiner Tauglichkeit geendet, doch da ich bereits studierte, wurde ich zurückgestellt. Mein Einschleichen in die Kaserne war vielleicht mutig, aber vor allem reichlich naiv. Das fiel mir leider erst jetzt auf.

Die Kantine war rappelvoll. Ich stellte mich einfach mit in die Schlange – und obwohl ich keine Uniform trug, schaute mich niemand komisch an. Französische Soldaten und die deutschen Zivilisten, die als Angestellte der französischen Armee arbeiteten, benutzten dieselbe Kantine, deshalb gab es auch keine merkwürdigen Blicke. Ich suchte mir einen freien Platz neben einem Franzosen, der eine recht stattliche Uniform trug. Mein Plan war, ihm eine mitleiderregende Geschichte zu erzählen. Meine Familie sei im Osten, die Trennung sei durch den Bau der Mauer verursacht worden und absolut furchtbar für uns alle, wir würden alles dafür tun, wieder zusammenzukommen, und ob er uns dabei nicht helfen könne.

Der Franzose, der mit mir am Tisch saß, war leider ein Offizier. Ich kam erst gar nicht dazu, ihm meine tränenreiche Geschichte weiter auszubreiten, er hatte sofort erkannt, dass ich nicht hierhergehörte.

„Lassen Sie Ihr Essen stehen, und verlassen Sie sofort die Kaserne!“, fuhr er mich scharf auf Französisch an, „sonst muss ich die Militärpolizei einschalten. Sie haben hier nichts zu suchen.“

Erschrocken eilte ich hinaus. Ich war enttäuscht, aber noch längst nicht entmutigt, der Offizier hatte schließlich nur seine Pflicht getan. Und es gab ja noch die amerikanischen und britischen Kasernen.

Doch trotz besserer Vorbereitung hatte ich auch bei den nächsten

Versuchen kein Glück. Bei den Engländern kam ich gar nicht erst aufs Gelände, sie fingen mich vorher ab. Die Amerikaner hielten mich gleich ein paar Stunden in ihrem Hauptquartier in der Clayallee in Dahlem fest. Zwei Offiziere stellten mir Fragen.

„Was hat Sie dazu bewogen, in unsere Kaserne zu kommen?"

Ich entschied mich für die Wahrheit. „Ich möchte gern mit Ihrer Hilfe Menschen aus dem Osten in den Westen holen – in die Freiheit." Das mit der Freiheit, so meine Erfahrung, kam bei Amerikanern eigentlich immer gut an.

„Das können Sie sich aus dem Kopf schlagen", war die ernüchternde Antwort. Was sie aber eigentlich sagen wollten, das konnte ich an ihren Gesichtern ablesen, war: Der Kerl ist ja vollkommen naiv!

Und sie hatten recht. Ich hatte vielleicht eine gute Idee gehabt, aber anstatt vorsichtig vorzugehen, die Soldaten zum Beispiel privat anzusprechen, in einer Kneipe etwa, war ich schnurstracks in die Höhle des Löwen marschiert. Durchdacht war anders.

Wolfgang und ich waren über das Scheitern meiner Kontaktversuche natürlich enttäuscht, und ich fühlte mich auch schuldig. Es musste dringend ein neuer Plan her. Aufgeben war für mich keine Alternative: Ich hatte ja noch gar nicht richtig angefangen. Ganz im Gegenteil, der Wunsch, etwas zu bewegen, war in den vergangenen Wochen durch mein eigenes Versagen nur noch stärker geworden.

Fuchs ließ sich sowieso nicht dauerhaft von Niederlagen beeindrucken, er strahlte schon bald wieder Optimismus aus. Und weil wir nicht den Mut verloren, hatten wir nicht lange nach dem Kasernenmissgeschick eine zündende Idee, ohne dass ich sagen kann, wer sie von uns zuerst formuliert hatte: „Ein Diplomat! Das ist es doch! Wir müssen einen vor Kontrolle und Verhaftung geschützten Diplomaten in Ostberlin finden!" Ein Auto mit Diplomatenkennzeichen, das war die Lösung!

Aber wie sollten wir an einen Diplomaten herankommen? Die Optionen waren nicht gerade zahlreich. Die DDR war diplomatisch weitgehend isoliert und nur von den Mitgliedern der kommunistischen Wirtschaftszone COMECON unter Führung der Sowjetunion anerkannt. Dazu kam noch eine Reihe linksgerichteter afrikanischer und arabischer Staaten. Aber weitere diplomatische Beziehungen gab es nicht.

„Es reicht schon, wenn ein Land mitmacht", sagte Wolfgang, der bei der Vorstellung, einen akkreditierten Diplomaten zu gewinnen, sofort Feuer und Flamme war. „Ich höre mich mal um. Ich könnte mir vorstellen, dass sich der ein oder andere locken lässt."

Ich vergaß zu fragen: „Und womit?"

Dann war es so weit. An einem kalten Tag Anfang Februar 1966 führte mich Fuchs zu einem syrischen Teppichhändler, der auf der nördlichen Seite des Kurfürstendamms, nicht weit vom Olivaer Platz, ein Geschäft mit Orientwaren betrieb. Wer den Kontakt zu dem Teppichhändler hergestellt hatte, konnte ich nie in Erfahrung bringen, es interessierte mich auch nicht.

„Ich bin der Dicke", stellte sich der Teppichhändler vor. „Sie können mich ruhig so nennen. Meinen arabischen Namen kann sowieso niemand aussprechen. Es ist auch besser, wenn er nicht überall kursiert."

Noch ein Dicker, ging es mir durch den Kopf, und ich dachte an unseren runden Wirt, aber auch dieser Mann trug diese Bezeichnung mit Grund, er war in der Tat recht füllig. Ich schätzte ihn auf ungefähr vierzig; eine schwere Hornbrille bestimmte sein Gesicht, sein Haar war schwarz und wirkte leicht fettig.

„Wir haben gehört, dass Sie Kontakt zu einem Diplomaten haben, der Ihr Land in Ostberlin vertritt?", fragte Wolfgang vorsichtig, nachdem einige belanglose Worte über den Handel mit Teppichen gefallen waren und der Bebrillte uns einen schrecklich süßen Tee serviert hatte.

Der Dicke bewegte bejahend seinen Kopf. „Ja, ich habe hervorragende Verbindungen in meine Heimat." Damit meinte er die Baath-Partei, die 1963 unter Hafiz al-Assad, dem Vater des heutigen Präsidenten Baschar al-Assad, in Syrien die Herrschaft übernommen hatte und die UdSSR als Vorbild betrachtete. Syrien war schon damals ein Überwachungsstaat, dessen konkurrierende Geheimdienste die Bevölkerung im Griff hatten.

„Vielleicht haben Sie mich nicht ganz verstanden", meinte Fuchs. „Wir benötigen einen Diplomaten in Ostberlin, der in seinem Pkw mit diplomatischem DDR-Kennzeichen kontrollfrei die Grenze nach Westberlin über den Checkpoint Charlie passieren darf."

„Ich hab Sie schon richtig verstanden", bemerkte der Dicke etwas von oben herab und rief irgendetwas auf Arabisch in einen Nebenraum. Kurz darauf trat ein schlanker Mann zu uns, vielleicht Mitte dreißig, mit ähnlich tiefschwarzem Haar, nur weniger fettig. Er hatte einen dunklen Teint, volle, aufgeworfene Lippen und eine stark ausgeprägte Nase.

„Das ist Kamal Hamdi, Konsul der Syrisch-Arabischen Republik in Ostberlin", stellte der Teppichhändler seinen Landsmann vor.

Was für eine Überraschung! So schnell hatten wir nicht damit gerechnet, einem leibhaftigen Diplomaten vorgestellt zu werden.

Der Konsul sagte kein Wort, er lächelte nur freundlich, das Reden überließ er weiterhin dem Dicken: „Allerdings gibt es ein kleines Problem. Mein Freund hat leider kein Fahrzeug", erklärte der nun. „Unsere Regierung hat ihm keins gestellt. Und sein Gehalt ist so schmal, dass er sich keins leisten kann."

Damit wurde mir das Motiv des Konsuls klar, sich auf eine so riskante Aktion einzulassen: Als schlecht bezahlter syrischer Diplomat ohne Fahrzeug wollte er seinen Status verbessern. Bis heute weiß ich nicht, wie viel er für seine Dienste bekam. Ich gehe aber davon aus, dass er nicht schlecht verdiente. Fuchs hat natürlich gewusst, welche Summen kursierten, aber ich habe ihn nie danach gefragt.

„Dann organisiere ich Ihrem Freund ein Auto", versicherte Fuchs.

Ich hörte mit Erstaunen, wie schnell Wolfgang auf das Problem eine Antwort wusste. Besaß er so viel Geld? Aber wie bei der Bezahlung des Diplomaten wollte ich nicht länger darüber nachdenken – vielleicht wären mir sonst doch Zweifel gekommen. Ich war froh, dass alles so rasch geklärt war.

WOLFGANG beschaffte dem syrischen Konsul einen weißen Mercedes 220 – wennschon, dennschon. Es war zwar ein Gebrauchtwagen, doch auch der kostete mehr Geld, als Wolfgang meiner Einschätzung nach besaß. Heute glaube ich, dass jene Berliner CDU-Quellen den Mercedes bezahlt haben – Wolfgang erwähnte wiederholt seine guten Kontakte zu den hiesigen Christdemokraten. Vielleicht hatten sie auch die Kosten für den Umbau des Wagens übernommen, denn die Hinterradachse musste verstärkt werden, damit das Fahrzeug nach Beladung nicht optisch auffiel. Der Kofferraum des Mercedes war nicht dafür ausgelegt, zwei oder gar drei Menschen mit einem Gesamtgewicht von etwa 150 bis 200 Kilogramm aufzunehmen. Damit die Last optisch nicht auffiel, war die Verstärkung der Achse unumgänglich.

Der Umbau erfolgte in der Werkstatt eines Bekannten von Wolfgang. Anschließend musste das Fahrzeug in Ostberlin ein diplomatisches Nummernschild erhalten. Das übernahm nach meiner Erinnerung Kamal Hamdis Stellvertreter, der in das Vorhaben eingeweiht war. Er erreichte schließlich die Zulassung als Dienstfahrzeug für den Daimler in Ostberlin. Am Wagen wurde ein CD-Schild befestigt, das Immunität garantierte, die CD-Registriernummer lautete 1471, das polizeiliche Kennzeichen: IU 02-36. Nach der Registrierung trafen Wolfgang und ich uns mit Kamal Hamdi, um alles zu begutachten, wobei mir auffiel, dass er nur gebrochen Deutsch sprach. Vielleicht war das nicht das Schlechteste, sollte er in eine Situation geraten, in der NVA-Grenzer ihn etwas fragten.

Langsam wurde es ernst. Wolfgang hatte klipp und klar gesagt: „Du machst die Sache mit dem Diplomaten."

„Ist das sinnvoll?“, fragte ich etwas skeptisch nach.

„Das ist mehr als sehr sinnvoll“, bekräftigte Wolfgang. „Ich kenne keinen, der geeigneter ist als du.“

Eindringlich sah ich mein Gegenüber an. „Liegt es vielleicht nicht eher daran, dass du im Moment einfach keine weiteren Kandidaten zur Hand hast?“ Irgendwie hatte ich damit den Nagel auf den Kopf getroffen. Viele ehemalige Helfer waren mittlerweile ausgestiegen.

Er hob die Augenbrauen. „Na gut, das stimmt schon ein wenig. Die Liste von Personen, die rauswollen, wird immer länger.“

Ich sah Wolfgang besorgt an. Er wirkte sehr angestrengt, und dabei hatte ich doch selbst noch so viele offene Fragen mit ihm zu besprechen. Wie und wo treffe ich die Flüchtlinge? Wie übergebe ich sie dem Diplomaten? Wer sucht die Einstiegsorte aus? Wie verstaue ich die Leute im Kofferraum? Wie stelle ich sicher, dass Fahrer und Flüchtlinge sich gegenseitig nicht erkennen? Wie läuft die Fahrt zum Checkpoint ab?

Wolfgang schien meine Gedanken erraten zu haben. „Du musst alles genau vorbereiten“, sagte er. „Du hast die Alleinverantwortung für den Osten. Ist es nicht das, was du wolltest? Mehr Eigeninitiative?“

Ich musste schlucken. Alleinverantwortung für den Osten – das klang nicht nach „etwas mehr“ Verantwortung, sondern nach verdammt viel Verantwortung.

„Die Sache liegt jetzt in deiner Hand.“ Wolfgang blickte mich aufmunternd an. „Und vergiss nicht, die Übergabeorte zu klären, und zwar lange, bevor es losgeht.“

„Und wie soll ich die finden?“

„Ganz einfach. Du musst voraussichtlich wiederholt nach Ostberlin einreisen und das Terrain erkundigen, ich kann es ja nicht tun, ich würde sofort verhaftet. Mein Name ist der Stasi bestens bekannt.“

„Kannst du mir nicht trotzdem noch den ein oder anderen Tipp geben?“ Erwartungsvoll sah ich Wolfgang an.

Nach kurzem Nachdenken sagte er: „Wichtig ist, dass du dich in der Gegend wohlfühlst. Prüfe vorher ganz genau, wie du am besten hin- und wieder zurückkommst. Außerdem solltest du die Flüchtlinge immer nur abschnittsweise begleiten. Zwischendurch solltest du sie allein laufen lassen, um zu sehen, ob sie beobachtet werden oder ob du beobachtet wirst. Und denk daran, dass du die Orte, die du dir aussuchst, bei jeder Flucht wechselst. Es darf keine Routine in deinen Ablauf kommen, du darfst kein Muster entstehen lassen, sonst hat die Stasi leichtes Spiel.“

All das hatte ich mir auch schon überlegt. Wolfgang hatte recht, es war wichtig, dass ich den Anschein erweckte, ich wäre in Ostberlin zu Hause. Und das galt auch für die Flüchtlinge. Vielleicht waren sie noch nie in der Stadt gewesen, vielleicht kamen sie aus Jena, Dresden oder Leipzig. Keine leichte Aufgabe, für alle Beteiligten.

Gleich nach dem Gespräch mit Wolfgang kaufte ich mir einen Stadtplan und schaute mir einige Randgebiete an, die meiner Einschätzung nach infrage kamen. Im Nordosten bot sich Marzahn an, im Südosten das Areal um den Müggelsee. Das waren Gegenden, die auch Kamal Hamdi leicht finden konnte. Eine Übergabe mitten in der Stadt kam nicht in Betracht, dort gab es viel zu viele Fenster, hinter denen viel zu viele Augen beobachten konnten, was wir da trieben. Je weniger Menschen, desto kleiner die Gefahr, entdeckt zu werden. Und das bedeutete: freies Gelände. Doch auch hier gab es einen Haken. Ein unmotiviert geparkter weißer Mercedes mitten im Nirgendwo war natürlich auffällig. Im Grunde musste die ausgesuchte Gegend deshalb so gut wie menschenleer und frei von Autos sein. Und das in einer großen Stadt.

Als Nächstes dachte ich über den konkreten Ablauf der Übergabe nach. Als Kommunikationsmittel fand ich Lichtzeichen sinnvoll, die ich mit einer kleinen Taschenlampe und Kamal Hamdi mit den Scheinwerfern abgeben konnten. Ich erarbeitete ein System: Dreimal kurz hintereinander blinken sollte der jeweils anderen Partei signalisieren, dass höchste Gefahr bestand. Einmal kurz, einmal lang und dann wieder kurz bedeutete, dass alles okay war, und dreimal lang, und das im Abstand von fünf Sekunden, dass die Aktion gestoppt werden musste. War es bei der Übergabe noch nicht dunkel genug, hatte ich vorsorglich entsprechende Armgesten verabredet.

„Versuch, möglichst im Dunkeln zu arbeiten“, hatte Wolfgang mir noch geraten. Jetzt im Frühling war das keine Schwierigkeit. Aber im Sommer wurde es erst spät dunkel, und spätestens um Mitternacht musste ich zurück im Westen sein, weil dann das Tagesvisum auslief.

Fuchs hatte auch dafür einen Rat parat. „Wenn es zu knapp werden sollte, setzt du dich einfach ins Auto neben den Syrer. Der kann dich dann an der nächsten öffentlichen Haltestelle absetzen.“ Das klang nach einem brauchbaren Vorschlag. Aber noch ein weiteres Problem musste gelöst werden: die Nummernschilder am Wagen. Die Flüchtlinge durften sie nicht erkennen, damit sie sie im Fall einer Befragung nicht preisgeben konnten. Hamdi sollte deshalb nach dem „Okay“-Signal vorn das Blendlicht einschalten. Für das rückwärtige Nummernschild war ich zuständig. Beim Heranfahren des Wagens bat ich die Flüchtlinge, sich umzudrehen, damit ich unbeobachtet den Kofferraumdeckel öffnen konnte. War er geöffnet, konnte niemand mehr das Nummernschild lesen. Nach dem Aufblenden zog auch der Fahrer einen Schal ins Gesicht, sodass er ebenfalls nicht von den Flüchtlingen gesehen wurde.

Ich hatte mich dazu entschieden, die Flüchtlinge im Zentrum der Stadt zu treffen und einzig die Übergabe an den Rändern durchzuführen. Das erschien mir am sichersten. Friedrichstraße oder Alexanderplatz waren in meinen Augen geeignete Orte, belebt und nicht zu verfehlen. Wie bei den Kurierdiensten musste ich mir nun für jedes Treffen eine Botschaft ausdenken, ein Erkennungszeichen. Es boten sich unverfängliche Sätze an wie: „Ich freue mich, Sie wiederzusehen." Jede dieser Floskeln durfte aber nur einmal benutzt werden, ich musste mir also eine ganze Liste zurechtlegen. Wolfgang, so hatte ich es mir überlegt, musste die Botschaften dann über Kuriere losschicken. Jetzt wusste ich, was „Rufen Sie Ihre Großmutter an" bedeuten konnte.

„Wir müssen noch etwas besprechen", sagte ich zu Wolfgang, als wir uns wieder einmal im Dicken trafen. „Ich will und muss zurück nach Bonn. Und von dort aus alles machen – der ganze Zeitaufwand, die Kosten –, ist das nicht ein wenig verrückt?"

„Vergiss es, falls du aussteigen möchtest. Du hast schon so viel vorbereitet, du kannst mich jetzt nicht hängen lassen."

Das stimmte. Ich konnte Fuchs nicht im Stich lassen. Vor allem wollte ich nicht „kurz vor dem Ziel" aussteigen. Nur waren meine beiden Berliner Gastsemester bald um. Und ich wollte in Bonn endlich mein Jura-Studium zu Ende bringen. In Berlin war ich gerade dabei, mein Vordiplom in Volkswirtschaft abzulegen, in einer kleinen Gewaltanstrengung. Das hatte besondere Gründe. Mein Vater, tief enttäuscht, dass ich nicht in seine Ingenieur-Fußstapfen treten wollte, hatte mir vorgeworfen, mich vor einem schwierigen Fach wie Mathematik nur zu drücken. Ich fand das unfair und wollte ihm mit dem Examen in einem Fach wie Volkswirtschaft, das viel mathematisches Wissen erforderte, beweisen, dass er sich geirrt hatte. Was mir dann auch gelang. In Bonn wiederum hatte ich mich bei einem bundesweit bekannten Repetitor eingeschrieben, Dr. Schneider. Er war ein begabter Praktiker, der das unübersehbare juristische Wissen aufs Wesentliche zu reduzieren wusste. Wer seinen Kurs besuchte, konnte kaum durchs Examen fallen.

„Na, dann mach halt am Rhein dein Examen", sagte Wolfgang, nachdem ich ihm erklärt hatte, dass ich trotzdem dabeibleiben wollte. „Das kriegen wir schon hin."

„Und die Flugkosten?"

„Bekommst du natürlich erstattet."

Mit Ausnahme dieses Satzes habe ich mit Wolfgang nie über Geld gesprochen. Aber natürlich musste er es von irgendwoher haben. Ich konnte mir nicht vorstellen, dass nur der Konsul eine attraktive Summe für seinen Fluchtbeitrag bekam. Fuchs hielt ich weiterhin für grundlegend selbstlos, und auch wenn er von Freunden oder Angehörigen der Fluchtwilligen etwas Geld bekam, schien mir das fair zu sein, denn er dürfte bei seinem Engagement kaum Zeit gehabt haben, einer normalen Erwerbstätigkeit nachzugehen; er musste allein von diesen Zuwendungen leben und seine Familie ernähren.

„Trotzdem solltest du einen Vertreter für mich auftreiben. Es kann immer mal sein, dass ich es nicht rechtzeitig nach Berlin schaffe."

„Jaja." Wolfgang machte eine wegwerfende Handbewegung. „Ich hab da auch schon einen in petto. Aber ich möchte, dass du ihn dir vorher mit mir ansiehst."

„Widerspricht das nicht deinen konspirativen Regeln?"

Fuchs zuckte mit den Achseln. „Bitte, Volker. Ich möchte, dass du mir dabei hilfst, die richtige Wahl zu treffen."

Ich erhob keine Einwände mehr. Irgendwie war es auch ein beeindruckendes Gefühl, dass Fuchs unbedingt meine Meinung einholen wollte.

Wir trafen Heiko Neumann abends in einer Gaststätte am Bahnhof Zoo. Jeder von uns verspeiste eine Currywurst, dazu tranken wir Bier. Heiko war von mittelgroßer, eher schmaler Figur, hatte braune Haare und war in meinen Augen eher blass. Ein unauffälliger Typ.

„Du bist Student?", fragte Wolfgang, der ein Stück Currywurst durch die rote Soße zog. Fuchs rekrutierte alle seine Leute aus dem universitären Umfeld. Das leuchtete auch ein, denn wer Beruf und Familie hatte, konnte es einfach nicht riskieren, bei der Fluchthilfe aufzufliegen.

„Ja", bestätigte Heiko Neumann. „Philosophie im achten Semester."

„Und warum möchtest du hier mitmachen?" Die Frage kam von mir.

Neumann sah uns ernst an. Dann sagte er: „Hilft man anderen Menschen nicht, die in einem System leben, das sie nicht akzeptieren können, dann lässt man das Menschsein hinter sich und wird zum Tier." So konnte das nur ein Philosophiestudent formulieren. Neumann redete noch eine ganze Weile über seine humanitäre Pflicht, zu helfen. Geld schien auch für ihn keine Rolle zu spielen, jedenfalls fragte er nicht, was für ihn dabei herausspringen würde.

Nachdem er gegangen war, saßen Fuchs und ich noch bei einem zweiten Glas Bier zusammen.

„Was hältst du von unserem jungen Humanisten?", fragte Fuchs und griente.

„Schwer zu sagen. Er hat irgendwie einen unsicheren Eindruck auf mich gemacht. Und das mit dem Tier- und Menschsein, na ja, das war mir viel zu abstrakt."

„Geht mir auch so, aber Leute wie dich oder Manfred gibt es eben nicht jeden Tag."

Manfred hätte ich gern an meiner Seite gewusst. Aber er wollte nicht mehr weitermachen. Er sagte, er fühle sich ausgelaugt, und zwar so sehr, dass er in Berlin nicht mehr mit seinem Studium vorankomme. Ich riet ihm: „Geh nach Heidelberg, geh zu meinem Corps, da findest du Ruhe. Heidelberg ist überschaubar, nicht so anstrengend wie Berlin." Und tatsächlich hatte er sein Medizinstudium nach einigem Zureden nach Heidelberg verlegt. Nicht lange danach bestand er das Examen.

„Lass uns einfach hoffen, dass Heiko eine gute Wahl ist", sagte ich zu Fuchs, etwas gedankenverloren.

Wenig später fuhr ich mit meinem treuen Käfer, wieder beladen bis unter das Dach, nach Bonn – ohne mich zu verfahren.

Die erste Flucht

Endlich. Da kam er, der lang ersehnte und zugleich befürchtete Anruf. „Volker, morgen steigst du in den Flieger. Es geht los." Genauere Angaben machte Wolfgang nicht. Es hieß zwar, dass Gespräche zwischen Westdeutschland und Westberlin von der DDR aus nicht abgehört werden konnten oder dort nur zerhackt ankämen, aber darauf verließen wir uns nicht.

Ich legte den Hörer auf, nachdem ich das Telefonat mit einem schlichten „Ja" bestätigt hatte. Das Herz hämmerte laut in meiner Brust. Es war mein erster richtiger Einsatz, und ich war unglaublich nervös. Diese Aufregung sollte sich auch in Zukunft nie gänzlich legen, wenngleich ich insgesamt routinierter wurde.

Morgen früh ging es also nach Westberlin. Ich würde die Stunden bei Dr. Schneider versäumen, ebenso die anderen Vorlesungen. Auf einmal wurde mir bewusst, was ich mir da zugemutet hatte. Examen und Fluchthilfe unter einen Hut zu kriegen, das würde nicht einfach sein. Dennoch war meine Abenteuerlust ungebremst. Auch mein Gerechtigkeitsempfinden war ungetrübt.

Am nächsten Vormittag machte ich mich auf den Weg zum Flugplatz Köln-Wahn und gegen Mittag landete ich auf dem Flughafen Tempelhof. Zuerst nahm ich in einem grenznahen Lokal eine Mahlzeit ein, denn ich rechnete nicht damit, schnell wieder etwas zu essen zu bekommen, und ich konnte mir keinerlei Konzentrationsschwäche erlauben.

Fuchs leistete mir beim Essen Gesellschaft, aber der eigentliche Sinn des Treffens bestand darin, mir weitere Instruktionen zu geben.

„Also: Die Leute wissen Bescheid“, sagte er. „Es sind zwei Personen. Treffpunkt ist neben dem ‚Ganymed‘.“ Das Lokal am Schiffbauerdamm, nahe der Friedrichstraße, war eine Gaststätte, die bei der Stasi ebenso beliebt war wie einige Zeit zuvor bei Bertolt Brecht und Helene Weigel. Das berühmte Berliner Ensemble, an dem die beiden Künstler gearbeitet hatten, lag direkt dahinter.

„Und woran erkennen sie mich?“ Ich stocherte nervös in meinen Bratkartoffeln herum, die Aufregung hatte mir doch den Magen etwas zugeschnürt, ein Phänomen, das ich von mir kaum kannte.

„Der Kurier hat ihnen beschrieben, wie du aussiehst. Bei deiner Größe wirst du nicht übersehen.“ Wolfgang aß mit großem Appetit seine Buletten mit viel Senf.

„Und wie erkenne ich sie? Auf dem Schiffbauerdamm ist viel los.“

„Einer von beiden hält so ein technisches Standardwerk unter dem Arm. Er ist Ingenieur. Das Erkennungsmerkmal muss ja aus der Sicht der Flüchtlinge akzeptabel sein. Es wird deshalb auch jedes Mal ein anderes sein. Ein Stadtplan, eine Blume oder was weiß ich.“

Wolfgang lehnte sich sichtlich zufrieden zurück. Sein Teller war völlig leer – bis auf einige Senfkleckse. Ich hingegen hatte nur die Hälfte des Koteletts und der Bratkartoffeln geschafft.

„Volker, hör mir zu: Flexibilität ist das Wichtigste bei unserem Tun. Sind wir nicht flexibel, kann man uns ganz schnell auf die Schliche kommen.“

„Muss ich noch etwas über die beiden wissen?“, fragte ich bemüht ruhig.

„Je weniger du weißt, desto besser. Aber die andere Person ist eine junge Frau. Die beiden sind jedoch kein Paar.“ Diesen letzten Satz betonte er auffällig. Nach einer kleinen Pause fügte er noch hinzu: „Viel Glück!“ Er klopfte mir über den Tisch hinweg auf die Schulter. „Die Rechnung übernehme ich.“

Ich erhob mich von meinem Platz, zog meinen Mantel an und knöpfte ihn bis zum Kragen zu – es war ein recht kühler Apriltag. Vor der Tür des Restaurants blieb ich kurz stehen, um einmal tief durchzuatmen. Zwei Personen, dachte ich. Na dann los. Auf dem Weg sann ich darüber nach, dass Wolfgang etwas unruhig gewirkt hatte, als er die junge Frau erwähnt hatte. Kannte er sie vielleicht? Erst Jahre später erfuhr ich, dass diese junge Frau Wolfgangs zweite Ehefrau werden sollte. Kein Wunder, dass er bei dieser Flucht besonders aufgeregt war.

DA MIR der Grenzübergang Friedrichstraße mittlerweile vertraut war, hatte ich ihn für meine erste Aktion gewählt, und das Ganymed war ebenfalls nur wenige Fußminuten davon entfernt. Westdeutschen standen noch drei weitere Grenzübertritte zur Verfügung: Heinrich-Heine-

Straße, Bornholmer Straße und Invalidenstraße. Gemäß der Devise, flexibel zu bleiben, wurden alle vier von mir in den nächsten Wochen und Monaten benutzt, wobei die Invalidenstraße geografisch am ungünstigsten lag.

Die Grenzbaracke kam nun immer deutlicher in mein Blickfeld. Ich wusste, was mich dort erwartete: ein muffiger Geruch und Grenzer, die einen auf eine Weise musterten, als wollten sie einen gleich verhaften. Das war Show, ich musste mir keine Sorgen machen, noch hatte ich nicht einen einzigen Flüchtling begleitet. Zum Glück konnten sie keine Gedanken lesen. Es lief alles glatt: Mein Tagesvisum wurde mit einer Ordnungsnummer und einem Stempel versehen, wie jedes Mal leuchteten mir Hammer und Sichel in kräftigem Tomatenrot entgegen. Nachdem ich den dicken, dunklen Filz beiseitegeschoben hatte, der die geöffnete Tür vor dem kalten Wind schützte, atmete ich auch schon Ostberliner Luft.

So unauffällig wie möglich schlenderte ich den Schiffbauerdamm hinauf und erkannte schon bald das Paar an dem riesigen Technikwälzer, den der Endzwanziger unter seinen Arm geklemmt hatte. Aufmerksam schienen beide die neben der Tür des Lokals angebrachte Speisekarte zu studieren. Zwischendurch drehte sich die Frau einmal um, es war eine hübsche Dunkelhaarige, mit Lippenstift und Puder zurechtgemacht, so als freue sie sich auf den Abend mit ihrem Begleiter. Die zwei gaben glaubwürdig ein Liebespaar ab. Das war gut.

„Ein hervorragendes Standardwerk“, sagte ich, als ich neben den beiden haltmachte, und wies auf das dicke Buch. Das war das Stichwort, das mir Wolfgang mit auf den Weg gegeben hatte.

Der Mann und die Frau nickten fast gleichzeitig. Ihre Augen zuckten nervös, sie waren mindestens genauso aufgeregt wie ich – mit dem Unterschied, dass ich meine innere Unruhe unter keinen Umständen zeigen durfte. Die Flüchtlinge sollten sich sicher fühlen.

„Alex. Haus des Lehrers. 15 Uhr“, sagte ich.

Erneutes Nicken. Wolfgangs Kurier hatte die beiden darüber informiert, dass wir an diesem Tag nicht ständig zusammenbleiben würden, sondern dass sie zu ihrer eigenen Sicherheit einen Teil der Strecke allein bewältigen mussten. Da ich nicht wusste, wie gut sich die beiden in Berlin auskannten, hatte ich den Alex gewählt. Den würde jeder finden.

Schweigend gingen wir auseinander, ich in die eine, das „Paar“ in die andere Richtung. Zum Alex gab es von hier aus mehrere Wege. Das „Haus des Lehrers“, das erste Hochhaus auf dem Alexanderplatz, war nicht zu verfehlen. Vom ersten Moment an hatte eine ganz besondere

Stimmung zwischen uns dreien geherrscht. Eigentlich waren wir füreinander Fremde, und dennoch waren diese beiden Menschen jetzt abhängig von mir. Eine solche Begegnung hatte nichts Alltägliches an sich. Ich selbst merkte es daran, dass sich meine Hände ganz klamm anfühlten und ich immer wieder schlucken musste, weil ich aus lauter Sorge, etwas falsch zu machen, das Atmen vergessen hatte.

Das Liebespaar, das ja keines war, war ein bisschen eher da als ich, das hatte ich aber auch beabsichtigt. So konnte ich besser beobachten, ob sie wiederum von irgendjemandem beobachtet wurden. Aber ich sah nichts. Nichts, was mich irritiert hätte.

Nachdem die beiden mich bemerkt hatten, gingen wir getrennt voneinander zu einer Straßenbahnhaltestelle, sie stiegen vorn im Waggon ein, ich hinten.

„Wenn ich Ihnen zunicke, steigen Sie aus", hatte ich das Paar zuvor noch flüsternd angewiesen, als wir uns am „Haus des Lehrers" getroffen hatten. „Das wird aber eine Weile dauern, erst kurz vor Endstation. Versuchen Sie, sich ganz normal zu unterhalten. Schauen Sie erst zu mir, wenn die Straßenbahn mindestens fünfzehn Haltestellen angefahren hat."

Die Fahrt ging durch das stark kriegsbeschädigte Zentrum Ostberlins hinaus Richtung Südosten. Wie verabredet nickte ich ihnen zu, und wir verließen den eierschalfarbenen Reko-Wagen, wie die Straßenbahn in der DDR genannt wurde. Wir befanden uns nun in der Nähe des Müggelsees, und keiner stieg mit uns aus, obwohl noch einige Passagiere in den Waggons saßen. Mehrmals war ich die Strecke abgefahren und hatte Ähnliches erfahren. Dieser Ort war perfekt für unser Vorhaben.

Wir folgten einem Feldrain. Jetzt hätten wir eigentlich miteinander reden können, aber wir taten es nicht. Ständig lauerte die Angst. Was, wenn wir doch beobachtet wurden? Die Furcht führte dazu, dass man auch im Feld schon Spione hocken sah. Ich dachte: Es sind für dich vollkommen fremde Menschen – und für die nimmst du jetzt all diese Risiken auf dich. Aber die Flüchtlinge nehmen ja auch enorme Risiken auf sich, verlassen all ihre Habe und ihr soziales Umfeld und verlassen sich auf dich! Der Gedanke war seltsam, aber einen gewissen Adrenalinschub vermochte ich nicht abzustreiten. Noch einmal wurde mir bewusst, dass sie mir bedingungslos vertrauen mussten, ohne mich zu kennen. Ich stellte mir das sehr schwierig vor. Es war wie ein Sprung ins kalte Wasser, für beide Seiten.

Inzwischen war es dunkel geworden, aber das trug nicht dazu bei, dass sich meine Begleiter sicherer fühlten. Je mehr wir uns dem verabredeten Treffpunkt der Übergabe näherten, umso nervöser wurden sie.

Ihre Angst war deutlich spürbar, und ich hatte Mühe, mich von ihrer Furcht nicht anstecken zu lassen. Im Stillen ermahnte ich mich: Bleib ruhig, schau nicht zu oft auf die Uhr.

Endlich sah ich in der Ferne den Wagen langsam auf uns zufahren, und auch der Syrer hatte uns bemerkt, denn er gab das vereinbarte Lichtzeichen: Alles okay. Ich ging ein Stück vor, da sagte plötzlich die junge Frau hinter mir: „Ich muss mal."

Ich sah sie fassungslos an. „Das geht jetzt nicht."

„Es ist sehr dringend", beharrte sie.

„Nicht jetzt. Das müssen Sie aushalten." Obwohl es mir ungeheuer leidtat, blieb ich hart. Ich hatte keine andere Wahl, sie konnte doch nicht hier am Wegrand einfach in die Büsche gehen. In dieser Zeit hätte der Mann in aller Seelenruhe den Daimler und dessen Fahrer studieren können. Das musste ich auf jeden Fall verhindern.

Schnell klappte ich den Kofferraum auf. Der Mann stieg zuerst ein, allein schon wegen der Achslast des Wagens. Die schwerere Person musste immer hinten im Kofferraum liegen, die leichtere vorn. Über ausreichend Sauerstoff hatten wir uns keine konkreten Gedanken gemacht, weil die Fahrt nur kurz war. Bei Komplikationen konnten die Flüchtlinge auch klopfen. All diese Dinge erschienen mir plausibel, doch vorbereitet fühlte ich mich plötzlich nicht mehr. Zahllose Fragen schossen mir durch den Kopf: Hat der Syrer überhaupt einen Wagenheber dabei?, überlegte ich, als ich den Kofferraum schloss. Und ein Reserverad? Wüsste Kamal Hamdi damit umzugehen? Ich kann nur sagen: Zum Glück gab es nie Ärger mit dem Auto, kein einziges Mal.

Ich nickte dem Syrer zu, der daraufhin den Motor anließ. Und dann rollte der Wagen davon in Richtung Checkpoint Charlie, dem Grenzübergang für Militär, Ausländer und Diplomaten. Ich selbst kehrte zurück zur Friedrichstraße, aufgewühlt, aber um Fassung bemüht. Am Grenzübergang Friedrichstraße zeigte ich meinen Personalausweis vor und gab mein Tagesvisum zurück. Alles ohne Probleme.

Geschafft. Ich war wieder im Westen. Im ersten Moment konnte ich gar nicht glauben, dass alles so glimpflich abgelaufen war. Ich stand unter Strom. Wohin nun? Richtig, zum Dicken, da wollte Wolfgang auf mich warten. Als ich eintrat, konnte ich schon an seinem Gesicht erkennen, dass die Flucht geklappt haben musste.

Er schlug mir auf die Schulter. „Gut gemacht, Volker!"

Eine unglaubliche Erleichterung machte sich in mir breit. Alle Mühen hatten sich also gelohnt. Kein NVA-Grenzer hatte Verdacht geschöpft, sie hatten Kamal einfach durchgewinkt. Darauf musste angestoßen werden! Ja, das war schon was, oder? Ich war mächtig stolz auf mich.

Das Fluchtfahrzeug und sein Kofferraum

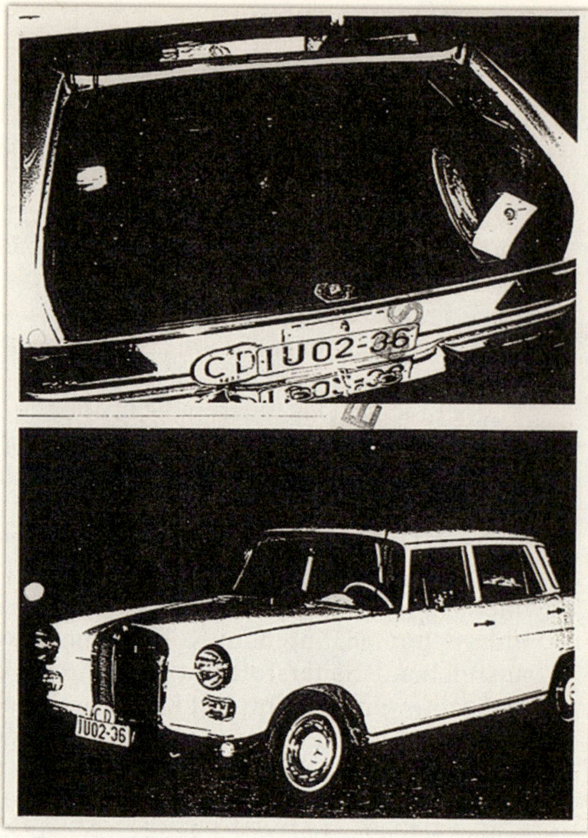

Westberliner Polizisten kontrollieren im November 1961 am Checkpoint Charlie in der Friedrichstraße ein aus Ostberlin kommendes Auto des diplomatischen Corps

AM FOLGENDEN MORGEN nahm ich das erste Flugzeug zurück nach Köln-Wahn. Nach der Landung stieg ich in meinen kleinen blauen VW, gab ordentlich Gas – und tauchte mit einer halben Stunde Verspätung in der Vorlesung von Dr. Schneider auf. Die ganze Zeit über hatte ich nicht gemerkt, wie sehr mich die gesamte Aktion nervlich angestrengt hatte, erst als ich auf meinem Stuhl im Vorlesungsraum saß, stellte ich fest, dass ich mich kaum konzentrieren konnte. In meinem Kopf spielten sich ganz andere Szenen ab. NVA-Grenzer, die den Kofferraum hochklappten und darin zwei Tote entdeckten ... Mein Puls wurde schnell, kalter Schweiß brach aus. Das Kopfkino ließ mit der Zeit etwas nach, aber sich nach einer aufregenden Fluchtaktion auf eine Vorlesung an einem ganz anderen Ort des Landes zu konzentrieren, das war eine große Herausforderung, die ich offensichtlich unterschätzt hatte.

Einer muss es wissen

Ich habe dich letzten Freitag den ganzen Tag nicht erreicht, wir waren doch verabredet!“ Barbara sah mich vorwurfsvoll an. Ich konnte gut verstehen, dass sie sauer war – Fuchs hatte mich kurzfristig nach Berlin gebeten, und es war mir nicht mehr gelungen, meiner Freundin rechtzeitig Bescheid zu sagen. Barbara war Lehramtsstudentin aus Hamburg, wir waren seit einigen Wochen zusammen. Ich hatte ihr kein Sterbenswörtchen von meiner Berliner Existenz erzählt. Wolfgang hatte mir eingeschärft: „Niemand, verstehst du, niemand darf davon erfahren.“ Hoch und heilig hatte ich versprochen, wie ein Grab zu schweigen.

Ich sah Barbara reumütig an und nahm ihre Hand. „Es tut mir sehr leid, wirklich. Ich musste zu meinen Eltern, eine Familiensache, meine Mutter hat mich ganz aufgeregt angerufen“, log ich.

„Verstehe. Ist jemand krank? Ich meine, es war nichts Schlimmes?“, fragte sie erschrocken und einfühlsam zugleich.

„Nein, gar nicht, aber es ging mal wieder um mein Studium, mein Vater musste seinen Ärger an mir auslassen.“ Mir fiel das Lügen nicht leicht, ich schämte mich. Aber ich hatte keine andere Wahl. Hätte ich Barbara von meinen Abenteuern erzählt, sie wäre sicher kreidebleich geworden. Es war ihr sehr ernst mit uns, und obwohl ich sie sehr mochte, war ich noch nicht reif genug für eine ernsthafte Beziehung.

Auch meine Familie durfte nichts von meinem Geheimnis erfahren. Meine Mutter hätte aus Angst um mich keine ruhige Minute mehr gehabt. Ich war von uns vier Kindern ihr „Günstling“, wie meine Geschwister manchmal neidvoll-ironisch sagten, sie machte mich zu einem starken Menschen und schenkte mir großes Selbstvertrauen. Mein Vater hätte sich wahrscheinlich in erster Linie in seinem Verdacht bestätigt gesehen, dass ich nie erwachsen werden wollte. Meine Abenteuerlust war ihm ohnehin schon zutiefst suspekt.

„Der Ärger mit deinem Vater hört wohl nie auf?“, sagte Barbara seufzend und zog mich an sich. Dass ich sie sitzengelassen hatte, war vergessen. Innerlich rechtfertigte ich mich vor mir selbst: Ich darf die Fluchtaktionen auf keine Weise gefährden. Und ich kann meine Freunde und Familie doch nicht zu Mitwissern machen.

Zunehmend spürte ich den ungeheuren Druck, der auf mir lastete. Je mehr Menschen ich über die Grenze brachte, umso größer wurde das Bedürfnis, mich jemandem anzuvertrauen. Aber wem? Es musste eine Person sein, die nicht emotional involviert, die mir aber wohlgesinnt war und im Notfall helfen könnte. Ich grübelte lange darüber nach. Dann fiel mir jemand ein. Ein Corpsbruder, ein sogenannter „Alter Herr“. Sein Name: Hanns Martin Schleyer. Seit 1963 war Schleyer im Vorstand von Daimler-Benz. Er besaß großes Stehvermögen, beruflich und privat. Außerdem beherrschte er die Kunst der Verschwiegenheit. Und er war eben ein Corpsbruder. Wir mochten uns. Sein Sohn Hanns-Eberhard, ebenfalls Mitglied der Suevia zu Heidelberg, studierte wie ich Jura. Wir waren miteinander befreundet. Mein Gedanke: Sollte etwas schieflaufen, hatte Schleyer aufgrund seiner Position wohl als Einziger die Chance, überhaupt etwas zu bewegen. Meine Entscheidung war gefallen. Fuchs wollte ich davon allerdings erst mal nichts erzählen.

MITTE APRIL fand in unserem Corps traditionell die sogenannte „Semesterantrittskneipe“ statt, eine günstige Gelegenheit für mich, mit Schleyer ins Gespräch zu kommen. Alle Mitglieder trafen sich im Kneipsaal unseres Hauses, einem großen holzgetäfelten Veranstaltungsraum. Die Jüngeren saßen an langen dunklen Holztischen auf der einen, die „Alten Herren“ auf der gegenüberliegenden Seite. Nachdem der offizielle Teil vorbei war, saß man in der Regel noch lange gesellig beisammen. Das war meine Chance. Ich wartete, bis Schleyer sich nicht mehr im Gespräch befand, und sprach ihn ohne Umschweife an.

„Alter Herr Schleyer“, begann ich. Es war Usus, einen berufstätigen Corpsbruder so anzusprechen, auch wenn er biologisch gar kein alter Herr war, sondern erst 51. „Könnten wir kurz draußen sprechen? Allein? Es ist mir sehr wichtig.“

Schleyer musterte mich etwas überrascht, dann sagte er nur: „Gehen wir in den Vorraum“, und erhob sich von seinem Stuhl. Wir stellten uns in eine abgelegene Ecke, und ohne groß um den heißen Brei herumzu-

Dr. Hanns Martin Schleyer, 1970

reden, erklärte ich: „Ich möchte, dass du über etwas Bescheid weißt. Du bist der Einzige, dem ich davon erzähle, und ich bitte dich um absolute Verschwiegenheit." Ich atmete einmal tief durch. „Ich bin an Fluchthilfeaktionen beteiligt, die über die Grenze in Berlin erfolgen."

Mein Gegenüber sah mich eindringlich an. Schleyer war kein ängstlicher Mann, er war eher ein Draufgänger. Als Student hatte er Säbelpartien gefochten und sich mit Pistolen duelliert. Ich konnte davon ausgehen, dass er mich nicht davon abhalten würde, weiterhin als Fluchthelfer tätig zu sein. Erstaunlicherweise sagte er fast gar nichts zu meinem Geständnis. Bis auf: „Gut, ich habe das zur Kenntnis genommen." Ich war verblüfft. Mit einer so gelassenen Reaktion hatte ich nicht gerechnet. Dann kam aber doch noch eine Nachfrage: „Und läuft da schon was?"

„Ja", sagte ich. „Vierzehn Leute sind schon hier." Es war mir wichtig, Schleyer eine Erfolgsgeschichte präsentieren zu können.

„Aber dass das nicht ungefährlich ist, ist dir klar, oder?"

„Sicher", sagte ich. „Und wenn tatsächlich etwas schiefgehen sollte, dann bitte ich dich, meinen Eltern so weit wie möglich zu helfen."

„Das ist selbstverständlich." Es war ihm anzumerken, dass er noch etwas sagen wollte. „Es gibt da etwas, was sich vielleicht mit deinen Tätigkeiten verknüpfen lässt, ich werde mich bald bei dir melden."

Mit diesen Worten kehrte er an seinen Tisch zurück und ich an meinen. Ich fühlte mich sehr erleichtert. Es beruhigte mich, dass jemand, der vertrauenswürdig und einflussreich war, nun eine gewisse Vorstellung von dem besaß, was ich da in Berlin trieb. Damals wusste ich noch nicht, dass Schleyer während des Dritten Reichs als junger Bursche aus dem Corps ausgetreten war, weil er es nicht geschafft hatte, die Heidelberger Corps auf die nationalsozialistische Linie zu verpflichten. Rund ein Vierteljahrhundert später war ihm der Wiedereintritt gelungen, nicht ohne heftigen Widerstand. Für mich war er damals ein bewundernswerter Mann, dessen Bild sich erst eintrübte, nachdem ich viele Jahre später von seinen Verstrickungen erfuhr.

Einige Tage später rief er mich an. „Du könntest bei einer Sache behilflich sein", leitete er das Gespräch ohne große Umschweife ein. „Es geht um einen unserer Corpsbrüder, Horst-Peter Hoffmann. Seine Schwester Marion ist mit einem Ostberliner Arzt verheiratet, er heißt Max Rittersberger. Das Ehepaar hat drei Kinder, und die ganze Familie will die Zone verlassen."

„Drei Kinder?" Ich schluckte. Fuchs lehnte es kategorisch ab, Kinder im Kofferraum über die Grenze zu transportieren.

„Nun, Kinder sind es im Grunde nicht mehr, die Tochter macht bald ihr Abitur, der ältere Sohn ist so alt wie du. Und der jüngere Sohn ist irgendwo dazwischen. Aber was für mich jetzt wichtig ist zu wissen: Wie bringt ihr die Menschen raus?"

„Mithilfe eines Diplomatenwagens", antwortete ich knapp. Mehr wollte ich nicht sagen.

„Aha. Meinst du, du könntest dieser Familie helfen?"

Längst war der Zeitpunkt verpasst, an dem ich hätte Nein sagen können. Dabei gefiel mir gar nicht, dass Schleyer schon so viel über die Familie erzählt hatte, wo sie lebten und was sie beruflich machten. Fuchs hatte mir bislang nie etwas über „meine" Flüchtlinge mitgeteilt. Vor jeder Aktion erhielt ich lediglich eine vage Personenbeschreibung. „Ich kann mich mal erkundigen", sagte ich vorsichtig. „Aber …"

„Ach, da fällt mir noch ein", unterbrach mich Schleyer, „die Familie hat einen Nachzügler, eine kleine Tochter, ich glaube, sie ist etwa zwei Jahre alt. Doch du wolltest gerade etwas sagen …"

Oje, dachte ich im Stillen, da werde ich bei Wolfgang eine Menge Überzeugungsarbeit leisten müssen. Laut sagte ich deshalb erst mal: „Bei so vielen Personen wird das sicher einiges kosten."

„Wie viel?", fragte Schleyer.

„Keine Ahnung", antwortete ich ehrlich.

„Erhältst du Geld dafür?"

„Nein, keinen Pfennig."

„Du machst das aus purem Idealismus?"

„Ja."

Nach dem Schlüsselerlebnis mit Manfred und der *Stern*-Geschichte hatte ich eine Entscheidung getroffen. Oft hatte ich mich gefragt: Kannst du das für dich verantworten? Denn rein juristisch gesehen war ich natürlich Mittäter einer kommerziellen Fluchthilfe, auch wenn ich selbst nie bezahlt wurde. Dieser Zwiespalt beschäftigte mich immer wieder.

„Kannst du die Kosten in Erfahrung bringen?"

„Ich denke schon", erwiderte ich.

FUCHS war alles andere als begeistert. „Bist du verrückt?!", schimpfte er, nachdem er sich meinen Bericht angehört hatte. „Eine Familie mit drei fast erwachsenen Kindern geht ja noch in Ordnung, aber so ein kleines Mädchen, die ist ja fast noch ein Säugling."

Eigentlich hatte ich erwartet, dass er sich über meinen Kontakt zu Schleyer aufregen würde, doch nichts dergleichen. „Es ist ein Risiko, das gebe ich ja gern zu."

„Es ist sogar ein sehr großes Risiko, und auf meiner Liste stehen genug Namen."

„Hör mal", sagte ich. „So viele deiner studentischen Helfer sind in einer schlagenden Verbindung. Ich weiß, dass dir das fremd ist, aber du würdest mir wirklich einen großen Gefallen tun, wenn du diese Familie auf deine Liste setzt, und bitte nicht ganz unten."

Wolfgang schwieg lange, dann sagte er: „Aber nur weil du so gute Arbeit machst. Und wir müssen uns überlegen, wie wir das mit dem Kind machen."

Das Schwierigste war geschafft, nun musste ich nur noch die Kosten für die Flucht in Erfahrung bringen. „Was zahlen die Leute denn, die aus dem Osten flüchten wollen?"

Fuchs verzog keine Miene. „15 000 D-Mark."

„Für die sechsköpfige Familie?"

Er schüttelte den Kopf.

Meine Augen weiteten sich. „Pro Person? Egal wie alt?"

„Richtig. Pro Person. Es gibt auch keinen Kinderrabatt. Alle kosten gleich viel. Die Preise sind eng kalkuliert, wir haben einfach eine Menge Ausgaben." Fuchs hatte einen ernsten Ton angeschlagen.

„Ich will das gar nicht näher wissen. Ich glaube dir."

75 000 Mark – das war damals wahnsinnig viel Geld –, und ich war mir auf einmal sicher, dass bei einer solch hohen Summe ein beachtlicher Gewinn erzielt wurde. Zum ersten Mal fiel ein Schatten auf mein Verhältnis zu Wolfgang Fuchs, den ich aber sofort wieder verdrängte.

Noch am Abend telefonierte ich mit Schleyer: „Es kostet insgesamt 75 000 Mark", sagte ich mit einem gewissen Zögern in der Stimme.

Die Antwort kam prompt. „Gut, du wirst das Geld bekommen."

Damit war das Telefonat beendet. Schleyer verlor keinen Ton über die in meinen Augen exorbitant hohe Summe.

Kurz vor der Aktion wurde mir der Fluchtpreis in einem dicken Kuvert von Schleyers Chauffeur in meine Bonner Studentenwohnung gebracht. Ich vermute, dass Schleyer einiges davon aus privater Tasche bezahlt hatte, aber ich weiß es nicht. Wir sprachen nie darüber.

Parallel dazu hatte ich meinem Corpsbruder, der darauf hoffte, dass ich seine Schwester und ihre Familie in den Westen bringen würde, ein Telegramm geschickt. In ihm bat ich ihn, mich an einem bestimmten Tag zu einer bestimmten Uhrzeit unter einer angegebenen Telefonnummer anzurufen. Als er das tat, fragte ich nur: „Besteht noch Interesse?"

„Unbedingt."

Es gab allerdings ein Problem. Es lag auf der Hand, dass nicht alle sechs in den Kofferraum passten. Bislang hatten wir zwei Menschen pro Fahrt zugelassen, aber bei einer sechsköpfigen Familie musste eine Ausnahme gemacht werden: zwei Fahrten à drei Personen.

„Wollen wir für die Rittersbergers nicht zweimal an einem Tag fahren?", fragte mich Fuchs, nachdem wir die Aufteilung besprochen hatten. „Dann sind sie schnell wieder vereint."

„Halte ich für zu gefährlich. Dann müssten wir die erste Tour am helllichten Tag unternehmen. Was ist, wenn wir beobachtet werden? Was denken die Grenzer am Checkpoint Charlie, wenn dasselbe Fahrzeug gleich zweimal am Tag nach Westberlin fährt?"

„Okay, okay. Bei dieser Sache bist du der Chef." Wolfgang versuchte zu beschwichtigen. „Was schlägst du vor? Wie sollen wir es anpacken?"

„Erst die drei älteren Kinder, dann die Eltern mit der Kleinen am darauffolgenden Tag."

Auf keinen Fall wollte ich, dass die Eltern zuerst flüchteten, denn wenn etwas schiefging, würden die Kinder, die noch nicht volljährig waren, mit Sicherheit ins Heim kommen. Ein schrecklicher Gedanke. Zum Glück ging alles gut. Die drei Jugendlichen passten in den engen Kofferraum, und auch die Kleine gab am darauffolgenden Tag die ganze Fahrt über keinen verdächtigen Ton von sich. Es war ein wunderbares Gefühl, meinem Corpsbruder die gute Nachricht übermitteln zu können. Es tat unendlich gut, Schleyer zu berichten, dass alles geklappt hatte. Und es tat auch gut zu wissen, dass er nun wusste, was ich tat. Und mir vielleicht helfen würde, wenn es mal nicht klappen sollte.

Den Lederjacken entkommen

Die Liste meiner Ein- und Ausreisen wurde immer länger. Woche für Woche holten wir Flüchtlinge aus Ostberlin. Ich stellte mir vor, wie die Grenzer an den Übergängen Strichlisten führten und dann mit hochgezogenen Augenbrauen fragten: Warum sucht eigentlich dieser Volker Heinz so oft Ostberlin auf?

Aber damals gab es noch keine Computer, man konnte keine Namen über Suchfunktionen herausfiltern. Natürlich waren die Beamten darauf gedrillt, sofort zu melden, wenn ihnen etwas auffiel. Aber was für eine Gefahr konnte von einer einzelnen Person schon ausgehen? Fahrzeuge, die als Fluchtautos genutzt werden könnten, das war wesentlich interessanter, weshalb man sich mehr auf sie konzentrierte, mithilfe von zweirädrigen Wägelchen, geführt von Hand an langer Eisenstange, ausgerüstet mit einem Spiegel, der Einblick auf die Unterseite des Pkws erlaubte. Auch Koffer- und Fahrgasträume wurden sorgfältig untersucht.

Also wischte ich meine Bedenken beiseite. Nein, man war mir nicht auf der Spur. Doch dann passierte etwas, womit wir überhaupt nicht gerechnet hatten. Einer der Männer, denen ich zur Flucht verholfen hatte, ging kurz darauf wieder zurück in die DDR. Dahinter steckte eine Liebesgeschichte, wie ich im Nachhinein aus Stasiakten erfuhr. Stundenlang wurde er nach seiner Rückkehr befragt, doch er konnte wenig sagen. Nachträglich war ich stolz darauf, dass wir so vorsichtig vorgegangen waren. Dass er noch nicht einmal die Marke des Fluchtautos zu benennen vermochte!

Doch es gab weitere Komplikationen. Zweimal brach ich Fluchtversuche ab, weil ich fürchtete, beschattet zu werden. Rational konnte ich mir und Wolfgang nicht erklären, warum ich mir plötzlich so sicher war, abbrechen zu müssen. Aber mein Instinkt für Gefahrensituationen befahl es mir. Für die Flüchtlinge war das natürlich schlimm, weil ich sie vorher nicht mehr informieren konnte. Tauchte einfach nicht auf, ohne jegliche Erklärung, während der Syrer vergeblich auf uns wartete.

AN EINEM DIESER TAGE war ich felsenfest davon überzeugt, dass zwei Männer hinter mir her waren. Ich begann immer schneller zu gehen, bis ich irgendwann rannte. Ich lief meinen Verfolgern davon. Und ließ damit Menschen im Stich, die auf mich zählten. Ich fühlte mich vollkommen ausgeliefert.

Meine einzige Chance bestand darin, so schnell wie möglich in eine anfahrende Bahn zu springen, um meinen Verfolgern zu entkommen. Zum Glück war gerade eine U-Bahn-Station in der Nähe, mit der ich bis zur Friedrichstraße durchfahren konnte.

Völlig außer Atem kam ich auf dem Bahnsteig an und drehte mich hektisch um. Hinter mir, ich war mir ganz sicher, beobachtete ich zwei

Männer in Lederjacken, die die Treppe zum Gleis herunterrannten. Eine U-Bahn war eingetroffen, die Menschen stiegen aus und ein. Noch waren die Türen offen. Schnell hinein. Geschafft. Im nächsten Moment schlossen sich die Türen. Meinen beiden Verfolgern gelang es nicht mehr, in den Zug zu springen. Die Bahn fuhr los. Mein Herz raste. An jeder Station rechnete ich damit, dass die zwei Männer plötzlich wiederauftauchten. Das war zwar kaum möglich – aber was, wenn sie ihre Kollegen benachrichtigt hatten?

Auf dem Bahnhof Friedrichstraße herrschte wie immer ein einziges Gewimmel. Selbst wenn meine Verfolger mir auf den Fersen waren, in dieser Menschenmasse würden sie mich nicht so leicht ausfindig machen können. Unter all den Menschen im Bahnhof wurde ich ruhiger. Ohne mich ein einziges Mal umzublicken, begab ich mich zur Grenzstelle. Die Beamten überprüften meine Papiere, alles lief komplikationslos ab. Ohne Hindernisse konnte ich meine Reise fortsetzen, bis ich am Bahnhof Lehrter Straße den S-Bahn-Bereich verließ.

Alles in allem hatte die Schrecksituation im Ostteil der Stadt nicht länger als zwanzig Minuten gedauert, doch mir war sie wie einc Ewigkeit vorgekommen. Ich hatte die ganze Zeit über damit gerechnet, verhaftet zu werden. Aber jetzt war ich mir auf einmal gar nicht mehr sicher, dass ich überhaupt verfolgt worden war. Vielleicht hatte ich mir alles nur eingebildet. Vielleicht.

Die beiden Männer waren meiner Erinnerung nach zwischen dreißig und vierzig Jahre alt, beide schlank und durchtrainiert. Der eine hatte dunkelblonde Haare, der andere schwarze. Ihre Kleidung war unauffällig: Unter ihren Lederjacken trugen sie helle Hemden, dazu dunkle Hosen. Wieder und wieder redete ich mir ein, dass ich mir alles nur eingebildet hatte, dass man mich nicht beschattete, dass in Wahrheit keine Verhaftungsgefahr bestand.

So rasch wie möglich begab ich mich zu Wolfgang nach Friedenau. Ich musste mit jemandem über die Sache reden.

„Was ist denn mit dir los?“, fragte Wolfgang, nachdem er die Tür zu seiner Wohnung geöffnet hatte. Aus Sicherheitsgründen hätten wir uns natürlich nie einfach in seiner Wohnung treffen dürfen. Aber wie gesagt, wir waren eigentlich Amateure.

Immer noch ziemlich aufgelöst, erzählte ich ihm die ganze Geschichte. Als ich meinen Bericht beendet hatte, sagte Wolfgang: „Da sie dich nicht an der Grenze abgefangen haben, ist es unwahrscheinlich, dass du von ihnen identifiziert worden bist.“

„Aber wir können nicht einfach ignorieren, dass zwei Männer hinter mir her waren“, warf ich ein. „Bin ich jetzt tot für die Fluchthilfe?“

„Es gibt zwei Möglichkeiten", sagte Wolfgang. „Entweder du steigst aus, oder du machst eine Testreise."

Ich starrte Wolfgang an. „Und was ist, wenn sie mich verhaften?"

„Ich kann dir nicht garantieren, dass das nicht passieren wird. Aber wenn du es nicht ausprobierst, wirst du es nie wissen."

Ich dachte lange über die Situation nach und traf dann, aus heutiger Sicht, die falsche Entscheidung. Ich musste einfach herausfinden, ob man in Ostberlin tatsächlich darauf aus war, mich zu verhaften. Erklären konnte ich meinen Entschluss nicht, aber etwas im Ungewissen zu lassen, war einfach nicht mein Stil.

„Ich reise wieder ein", sagte ich zu Wolfgang. „Plausibel ist das nicht, ein normaler Mensch kann das kaum nachvollziehen."

„Du bist eben kein normaler Bürger, du hast von Anfang an ein hohes Risiko in Kauf genommen. Aber mal ehrlich, was können sie dir schon nachweisen? Gar nichts. Dennoch müssen wir uns Gedanken machen, was passiert, wenn sie dich doch festsetzen sollten. Man weiß nie …"

„Na ja", überlegte ich. „Auf frischer Tat werden sie mich kaum erwischen, es ist ja nur ein Test. Sie können mich höchstens dabei beobachten, wie ich auf der Straße umhergehe. Und das ist ja kein Verbrechen."

„Stimmt", bestätigte Wolfgang und fasste sich ans Kinn. „Einen konkreten Verhaftungsgrund hätten sie nur, wenn sie dich dabei bespitzeln, wie du Menschen in den Kofferraum verstaust …"

„Kann es nicht sein", unterbrach ich Wolfgang, ein Gedanke war mir gerade durch den Kopf geschossen, „dass mich jemand verraten hat?"

„Das kann man nie wissen. Leider."

Wir wägten noch eine Weile sämtliche Wahrscheinlichkeiten ab, schließlich sagte Fuchs: „Wir könnten noch ewig herumdiskutieren – Fakt ist: Am Ende ist es deine Entscheidung. Es geht um deine Freiheit."

Ich nickte, bat Fuchs dann aber um eine längere Pause. Ich konnte nicht mehr.

NACH DER REALEN oder imaginären Konfrontation mit den „Lederjacken" fuhr ich zu meinen Eltern nach Wuppertal, legte mich gleich nach meiner Ankunft ins Bett meines früheren Kinderzimmers – und wollte es tagelang nicht wieder verlassen.

„Was ist los mit dir?", fragte meine Mutter besorgt.

„Nichts", erwiderte ich eintönig.

„Gibt es etwas, was du deinem Vater nicht sagen kannst?"

„Nein."

„Dann hole ich einen Arzt."

„Nein“, wehrte ich mich.

„Keine Widerrede.“ So fürsorglich meine Mutter war, in bestimmten Situationen konnte sie sehr resolut sein.

Der Arzt vermochte nichts Konkretes zu diagnostizieren. „Es gibt keine erkennbare Erklärung für den Erschöpfungszustand Ihres Sohnes“, sagte er zu meiner Mutter, als er sich verabschiedete.

Ich hatte immer geglaubt, ich sei einigermaßen gut im Organisieren. Aber je mehr ich als Fluchthelfer im Einsatz war, umso mehr begriff ich, dass „organisieren können“ in diesem Zusammenhang nur begrenzt wichtig war. Vieles konnte man nur intuitiv entscheiden, schnell kam man an die Grenzen der Planbarkeit. Intuitives Vorgehen zählte vielleicht nicht zu meinen größten Stärken. Außerdem zehrte die abstrakte Gefahr an meinen Nerven. Überall vermutete ich Verfolger, weitere „Lederjacken“.

ICH HATTE es so gewollt. Aber war ich gerade dabei, mich zu verbiegen? Mich vollkommen auszulaugen? Zähneknirschend im Bett liegend, musste ich mir eingestehen, dass das Doppelleben mich extrem mitnahm. Die Lügen, die Ausreden, die fadenscheinigen Erklärungen für die Tage, an denen Barbara oder meine Eltern mich nicht erreichten. Und weil ich etwas verbarg, fühlte ich mich den anderen auch nicht mehr nah. Eine große Einsamkeit umgab mich.

Es war die pure Erschöpfung, die mich ans Bett fesselte. In den nächsten Tagen ließ ich alle bisherigen Fluchten in meinem Kopf Revue passieren. Ich konnte die vielen chaotischen Eindrücke und Empfindungen nicht so einfach verarbeiten und wegstecken. Was ich an Stress während der Aktionen zu verdrängen versuchte, blieb im Gehirn gespeichert und kehrte nun an die Oberfläche zurück. In meinen Träumen wurde ich von ihnen überrollt, es waren oft Albträume, Verhaftungsträume. Doch trotz der Angst vor den Lederjacken, trotz der physischen und psychischen Ermattung, verließ ich nach einigen Tagen wieder das Bett. Es brachte nichts, sich in Grübeleien zu verlieren.

Mein Wille war ungebrochen. Das überraschte mich nach den Tagen in Wuppertal selbst. Ich wollte so schnell wie möglich zurück nach Berlin, Albträume hin oder her. Wie gegenüber meinen Corpsbrüdern empfand ich auch Wolfgang gegenüber eine große Solidarität. Von außen konnte man unsere Beziehung natürlich auch anders sehen, nämlich dass er ziemlich viel Druck auf mich ausübte, damit ich weiterhin seine Sache vertrat, die er aber als unsere Sache ausgab. Einige meiner Freunde meinten später, ich sei ein blinder Verehrer von Wolfgang Fuchs gewesen. Das sehe ich anders. Niemals in meinem Leben bin ich jemandem blind gefolgt, sondern ich versuchte, Menschen nach ihrem Handeln zu beurteilen und danach, wie sie über dieses Handeln sprachen. Und von dieser Warte aus gesehen gab es ein solidarisches Empfinden gegenüber Fuchs. Natürlich hatte er ein gezieltes Interesse daran, mich zum Einsatz zu bringen. Doch in den Tagen in Wuppertal hatte ich so vieles ausgeschwitzt, dass ich nun fest davon überzeugt war, dass die Welt in Ordnung war und mir nichts geschehen konnte.

DABEI war die Welt längst nicht mehr in Ordnung. Denn was ich nicht wusste: Die Stasi hatte mittlerweile über Rainer Hildebrandt, den Gründer des Museums Checkpoint Charlie, Wolfgang Fuchs unterwandert. Hildebrandt hatte Fuchs einen Mann ans Herz gelegt, der sich später als Maulwurf entpuppte. Seine Aufgabe bestand unter anderem darin, über mich zu ermitteln und mich zu verraten. In den Ermittlungsakten fand ich später einen Bericht über das letzte Gespräch, das „IM Manfred" mit Wolfgang führte. Darin hieß es, er habe Fuchs bedrängt, ihm zu helfen. Er wolle seine Verlobte so schnell wie möglich in den Westen schleusen, sie sei Krankenschwester in Ostberlin. In der Aktensprache der DDR nannte man das einen „Plan zur Liquidierung eines Schleuserwegs durch Festnahme aller Beteiligten auf frischer Tat".

Den Akten konnte ich auch entnehmen, was zu diesem Erfolg versprechenden Plan geführt hatte: „Entsprechend der Tatsache, dass der Kurier Heinz im Wesentlichen nur in die Hauptstadt der DDR einreist, wenn Schleusungen durchgeführt werden, ist Selbiger bei seiner nächsten Einreise unter Beobachtung zu stellen."

Und dann las ich diese fatale Bemerkung Wolfgangs, die mich wie ein Donnerschlag traf: „Na ja, dann muss ich wohl doch meinen besten Mann aus Bonn holen." Warum um Himmels willen hatte er das gesagt? Mit der Nennung von „Bonn" verstieß er gegen die simpelsten konspirativen Regeln. Meine größte Sicherheit lag ja gerade darin, dass ich nicht in Berlin lebte. In diesem Kontext die Hauptstadt der Bundesrepublik zu nennen, war schlicht eine Dummheit.

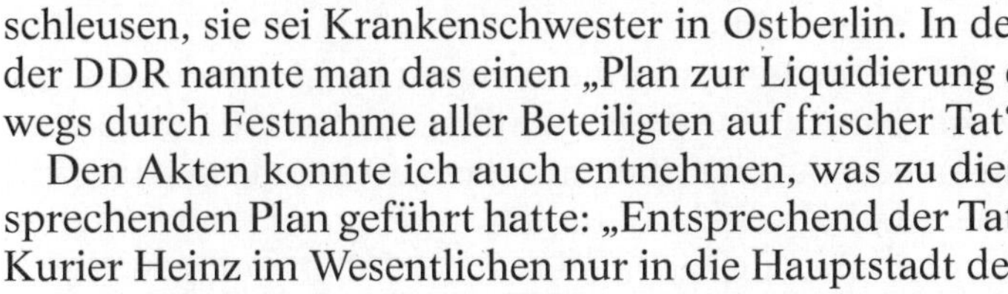
Manfred berichtete folgendes: 27.8.86

1. [redacted] zu heute (27.8.) nach Berlin bestellen lassen, aber er kann heute nicht geschleust werden, weil noch kein Kurier greifbar ist. [redacted] soll bis Sonntag in Berlin bleiben. [redacted] fährt heute noch zu seinem zweiten Kurier nach Bonn, um ihn zu überreden; er hofft, ihn gleich mitzubringen. Manfred soll sich Sonntag, 12 Uhr, Bescheid holen. [redacted] will ihn unbedingt Sonntag holen.
Der zweite Kurier heißt mit Vornamen: Volker.
[redacted] trifft sich heute, 16 Uhr, mit ihrem Cousin.

BStU

Aussschnitt aus einem Bericht des „IM Manfred", der bei Wolfgang Fuchs eingeschleust wurde.

MITTE AUGUST stand die Testreise an. Ich fuhr nach Ostberlin und kehrte an den Ort zurück, wo ich beim letzten Mal abgebrochen hatte.

Meine Gedanken waren nur auf eine Frage gerichtet: Wurde ich beschattet? Mich dauernd umzusehen war viel zu auffällig. Mir schien es aber am sichersten zu sein, einfach geradeaus zu laufen und mich gelegentlich beim Überqueren einer Straße umzuschauen. Eine völlig normale, unauffällige Geste.

Schritt für Schritt näherte ich mich nun der Friedrichstraße. Ich hatte nichts Ungewöhnliches bemerkt, auch an der Grenze fiel mir nichts auf, was mich in Unruhe hätte versetzen können. Große Erleichterung machte sich breit.

„Lief alles ohne Komplikationen", berichtete ich Wolfgang.

„Du meinst, du hast dich getäuscht?" Fuchs wollte es genau wissen.

„Ich glaube schon. Die Lederjacken existierten gar nicht. Ein Trugschluss. Wenn es sie aber gab, dann habe ich sie abgeschüttelt."

„Du willst also wieder rein?"

Ich nickte.

„Das ist eine gute Nachricht."

Doch die Zweifel tief in meinem Innern waren nicht verschwunden. Ich hätte darüber mit jemandem sprechen müssen, konnte es aber nicht. Heute bin ich mir sicher: Bei einer nüchternen Auseinandersetzung mit meinen Erlebnissen und Zweifeln hätte ich mich anders entschieden. Darauf hatte ich mich aber nicht eingelassen. Ich hatte eingewilligt – und jetzt gab es kein Zurück mehr.

„WIR HABEN freie Bahn!" Das war das optimistische Motto unserer nächsten Aktionen. Bis heute weiß ich nicht, ob ich tatsächlich schon eine ganze Weile beschattet wurde.

Nach einigen weiteren erfolgreichen Fluchten, darunter die zwei Fahrten mit jener Arztfamilie, die mir Schleyer ans Herz gelegt hatte, war es inzwischen August geworden. Bei der nächsten Fluchtaktion wurden wir bereits beobachtet, das ist der Operationsakte der Stasi zu entnehmen. Aber sie wollten hundertprozentig sicher sein, bevor sie einen Diplomaten verhafteten. Nur zu verständlich. Die ganze Geschichte war ja ein heißes Eisen. Die DDR wollte internationale Anerkennung, und einen Diplomaten festzunehmen sorgte für diplomatische Turbulenzen. Aber gerade weil das Eisen so heiß war und weil man sich hundertprozentig sicher sein wollte, ließen sie uns unter ihren Augen die Flucht durchziehen – und ich hatte davon rein gar nichts bemerkt.

In der Falle

Es klingelte an der Haustür. Es war schon spät, gegen 23 Uhr. Noch eine Stunde, dann würde der 9. September beginnen.

Wer kann das sein?, dachte ich. Meine Freundin erwartete ich nicht. Als ich die Tür öffnete, stand vor mir ein Bote.

„Ein Telegramm für Sie“, sagte er und händigte mir das Fernschreiben aus. Ich schloss die Tür und las. Es kam von Fuchs und enthielt nur zwei Worte: ANRUF ERBETEN. Dazu eine Berliner Telefonnummer.

„Ich sollte dich anrufen“, sagte ich, als sich Wolfgang am anderen Ende der Leitung meldete.

„Kannst du morgen kommen?“, fragte er nur. „Ich brauche dich am Abend, kann dich aber nicht von Tempelhof abholen.“

„Von wem bekomme ich dann die Informationen?“

„Furrer, auf den ist Verlass.“

Das stimmte. Reinhard Furrer war zuverlässig. Der blond gelockte, bärtige spätere Astronaut war ein wichtiger Helfer beim Tunnel 57. Wir kannten uns gut. Ich mochte Furrer sehr.

Furrer war der Erste, der zuerst aus dem Tunnel auf der Ostseite ausgestiegen war und komplettes Niemandsland betreten hatte. Er war ein mutiger Mann, sowohl unter der Erde als auch im Weltraum. 1995 starb er auf dem Berliner Flugplatz Johannisthal – bei einer Flugshow stürzte er mit einer einmotorigen Messerschmitt ab und war sofort tot. Auf den Tag genau 29 Jahre nach unserem Treffen in Tempelhof.

„Hallo Volker“, begrüßte mich Reinhard gegen 16.30 Uhr. Während wir zu seinem Auto gingen, sagte er: „Es ist zeitlich alles ziemlich knapp. Wir fahren gleich Richtung Mauer, in der Zimmerstraße gibt es das Café City, da gebe ich dir dann die Personenbeschreibungen.“

„Ist mir recht“, erwiderte ich.

Das Café war gut besucht, niemand achtete auf unser Gespräch.

„Und?“, fragte ich, nachdem die Kellnerin zwei Tassen Kaffee bei uns abgestellt hatte.

„Na, du kannst es ja gar nicht erwarten, dich wieder ins Abenteuer zu stürzen.“ Furrer lächelte mich verschmitzt an.

„Es ist eher so, dass ich es schnell hinter mich bringen will. Bin grad ein bisschen müde.“

„Pass bloß auf dich auf.“

„Mache ich schon, keine Sorge. Also: Wen soll ich heute treffen?“

„Ein Ehepaar, beide um die dreißig“, erklärte Furrer, während er einen Schluck Kaffee trank. „Er trägt einen leichten grauen Sommeranzug, sie hat ein schmales Gesicht, hochgesteckte blonde Haare, trägt einen weißen Sommermantel und eine weiße Tasche."

„Okay. Und wie lautet das Zauberwort?"

„‚Wie weit ist es von hier bis zur Greifswalder Straße?' Die beiden müssen dann antworten: ‚Drei Minuten von hier.' Behalten?"

„Noch funktioniert mein Gehirn", sagte ich. „Und wo ist der Treffpunkt?"

„Dimitroffstraße, zwischen Greifswalder und Prenzlauer Allee."

„Dann ergibt die Losung ja richtig Sinn", sagte ich und schmunzelte.

„Das nennt man gute Planung. Aber jetzt sollten wir aufbrechen", ermahnte mich Furrer. „Trink deinen Kaffee aus, der geht auf mich."

Reinhard bezahlte, dann fuhren wir zur Heinrich-Heine-Straße.

Der Übergang war ein größerer Kontrollpunkt in einem Gewerbegebiet in der Nähe der U-Bahn-Station Moritzplatz. Hier konnten nicht nur BRD-Bürger nach Ostberlin rüber, die Schlagbäume wurden insbesondere von Postautos und Lkws mit Waren passiert.

„Viel Glück", wünschte mir Reinhard noch, nachdem er mich abgesetzt hatte. Danach fuhr er mit seinem Wagen davon.

Gegen 17.30 Uhr beantragte ich zum ich weiß nicht wievielten Mal ein Tagesvisum. Ich hatte schon vielen Dutzend Menschen erfolgreich zur Flucht verholfen, keine schlechte Bilanz für eine Zeitspanne von gut fünf Monaten. Heute Abend würde sich die Zahl erhöhen.

Nachdem die Grenzformalitäten erledigt waren, lief ich gut einen Kilometer die Spree entlang bis zum S-Bahnhof Jannowitzbrücke. Dabei schlug ich meinen Falk-Stadtplan auf und suchte nach der Dimitroffstraße.

Eigentlich wusste ich, wo sie war, aber ich wollte mir die Lage noch einmal genau einprägen. Obwohl ich Ostberlin durch die vielen Touren langsam ziemlich gut kannte, war der Faltplan für mich lebensnotwendig, etwa wenn ich mir schnell einen anderen Weg zurück zu meinem Ausgangspunkt suchen musste.

Die Flucht verlief wie immer. Ganz nach Plan. Von der Jannowitzbrücke fuhr ich zum Alexanderplatz. Von dort aus nahm ich mir ein Taxi zum vereinbarten Treffpunkt in der Dimitroffstraße (heute: Danziger Straße) im Prenzlauer Berg, wo ich gegen 18.35 Uhr ankam. Die Ehefrau im weißen Mantel war schnell erkannt, sie und ihr Mann gingen die Straße auf und ab, als würden sie auf Bekannte warten.

„Entschuldigung, wie weit ist es von hier bis zur Greifswalder Straße?", fragte ich sie, als ich mich ihnen genähert hatte.

„Drei Minuten", antworteten sie wie aus der Pistole geschossen.

Leise gab ich ihnen zu verstehen, dass wir die Straßenbahn der Linie 74 Richtung Müggelsee nehmen würden. Getrennt. „Und bis zur Straßenbahn halten Sie bitte einen Abstand von ungefähr zwanzig Metern", flüsterte ich.

Immer wieder drehte ich mich auf dem Weg zur Haltestelle um. Folgte uns jemand? Aber nichts erregte meinen Verdacht. Nirgendwo war eine Lederjacke zu erkennen. Das Ehepaar verhielt sich ebenfalls unauffällig. Sie hatten ihre Nervosität unter Kontrolle.

Wir wechselten in eine Buslinie, und gegen 19 Uhr stiegen wir an der Haltestelle in Wartenburg aus, einem Ortsteil im Bezirk Lichtenberg. Nach einigen Fußminuten würden wir den Einsteigeort erreichen. Den Treffpunkt hatte ich Wolfgang gestern noch durchgeben können.

Plötzlich sah ich, wie in der Ferne ein Auto auf uns zufuhr. Ich reagierte sofort.

„Schnell, ins Maisfeld!", rief ich den Flüchtlingen zu, und sofort stürmten wir in die hoch und dicht gewachsenen Maisstauden.

„Was machen wir jetzt?", fragte die Ehefrau mit angstgeweiteten Augen.

„Abwarten", erwiderte ich. „Wir können nicht gleich wieder auf die Straße. Wer weiß, ob wir beobachtet werden."

„Aber wenn der Fahrer des Fluchtautos kalte Füße bekommt?" Der Ehemann klang sehr verängstigt.

„Keine Sorge", beschwichtigte ich die beiden. „Wir bleiben hier nicht länger als fünf Minuten. Ich will nur sichergehen, dass alles wieder ruhig ist." Innerlich schwitzte ich. Das Ehepaar hatte recht. Zu lange durfte der Syrer tatsächlich nicht auf der verabredeten Straße warten, das würde in dieser abgeschiedenen und einsamen Gegend auffallen.

Nach ein paar Minuten gab ich Entwarnung. Das von mir als verdächtig eingestufte Fahrzeug war nicht erneut die Strecke abgefahren. Noch konnte ich nicht einmal ahnen, dass man allein den weißen Mercedes im Blick hatte, den man unauffällig bis zur Grenze „begleiten" wollte.

„Steigen Sie rasch ein", sagte ich zu dem Paar, als wir den Wagen erreicht hatten und ich den Kofferraumdeckel nach oben klappte. „Und verhalten Sie sich bis zur Öffnung des Kofferraumdeckels in Westberlin ganz still." Ich starrte in Gesichter, die nur eines zum Ausdruck brachten: Wir haben alles riskiert, jetzt können wir nichts mehr tun. Dieser Moment war jedes Mal unglaublich intensiv. Ich musste schlucken. Der Mut dieser Menschen beeindruckte mich zutiefst. Wagemut. Hätte ich mich so etwas getraut, wenn es um meine Freiheit gegangen wäre? Ich glaube es schon, aber wissen kann man es nicht.

Ich drückte den Deckel des Kofferraums herunter. Hamdi Kamal startete den Motor. „Kann ich ein Stück mitfahren?“, fragte ich den syrischen Diplomaten. „Ich bin schon spät dran.“

„Klar“, sagte Kamal.

Während der Fahrt schwiegen wir. Hamdi drehte das Radio an, die leise klassische Musik wirkte beruhigend auf uns. Die Gefahr, nicht mehr rechtzeitig zur Grenze zu kommen, war gebannt.

Hamdi setzte mich an einer S-Bahn-Station ab, und ich fuhr zurück zur Jannowitzbrücke. Glimpflich gelaufen, dachte ich, als ich an der Spree entlang zurückspazierte. Dass bei der Ausreise an der Heinrich-Heine-Straße direkt neben dem Grenzübergangshäuschen ein dunkles Auto parkte, fiel mir nicht auf, als ich die Grenzbaracke betrat.

Gegen halb neun schob ich zum hundertsten Mal den schweren Filzvorhang beiseite. Plötzlich fassten mich zwei Männer links und rechts am Handgelenk, wie aus dem Nichts waren sie plötzlich aufgetaucht. Innerhalb von Sekunden legten sie mir Handschellen an.

„Sie sind verhaftet!“, hörte ich eine Stimme sagen. Dann wurde ich nach draußen geführt und auf den Rücksitz des Autos gedrückt. Die Männer nahmen neben mir Platz und wiesen den Fahrer an, loszufahren. Ich leistete keinerlei Widerstand.

Ja, es war ein Schock, allerdings ein Schock, der mich nicht lähmte. Im Gegenteil. Fieberhaft überlegte ich, was wohl als Nächstes geschehen würde. Ich hatte mit diesem Moment immer gerechnet, doch als er jetzt Realität wurde, fühlte sich alles ganz anders an. Ich konnte nicht glauben, dass es wirklich passiert war. Aber es war passiert.

„Wohin bringen Sie mich?“, fragte ich.

Keine Antwort. Es hatte keinen Zweck. Ich sah aus dem Fenster. Nach etwa einer Viertelstunde konnte ich mir die Antwort selbst geben: Wir hielten vor der Untersuchungshaftanstalt der Stasi in der Magdalenenstraße, heute eine JVA für Frauen. Von diesem Gefängnis in Berlin-Lichtenberg hatte ich schon von Ulrich gehört. Ich war mir sicher, dass man auch Kamal Hamdi verhaftet hatte und mich umgehend verhören würde: Schließlich handelte es sich bei ihm um einen Diplomaten. Was sollte ich sagen? Leugnen, alles leugnen. Wer sollte mir schon etwas nachweisen können? Oder würde mich Kamal verraten?

„Ausziehen!“, befahl mir ein Uniformierter, als ich in einen Raum innerhalb der Baracke geschoben wurde.

Es war demütigend. Völlig entblößt stand ich da, nachdem ich mich Stück für Stück vor den anwesenden Uniformierten entkleidet hatte. Im nächsten Moment wurden sämtliche Öffnungen inspiziert.

Nach dieser unangenehmen Prozedur durfte ich mich wieder anziehen. Und dann begannen auch schon die Verhöre in einem trostlosen, schlecht beleuchteten Raum. Der Weg dorthin führte durch nicht weniger trostlose Flure. Alle Räume rochen nach Schweiß und Lysol.

„Darf ich rauchen?“, fragte ich.

„Nein“, lautete die Antwort. „Und die Fragen stellen wir hier. Wir wissen, wer Sie sind und was Sie hier machen.“

„Ich mache hier gar nichts“, erwiderte ich.

„Wozu brauchen Sie dann einen Stadtplan?“, fragte mich jetzt einer der Vernehmer. Der Faltplan von Ostberlin war das einzige Schriftstück, das sie bei mir gefunden hatten.

„Ich kenne mich in Ostberlin nicht so richtig aus. Ich wollte mir nur mal das Nachtleben hier anschauen. Studenten sind neugierig.“

„Sie sind kein normaler Student. Sie haben Bürgern der DDR zur Flucht verholfen …“

Ich leugnete alles, räumte nichts ein. Solange sie mir keine Beweise für mein Verbrechen vorlegten, wieso sollte ich es dann zugeben?

Das erste Verhör zog sich über Stunden hin. Meine Vernehmer standen unter immensem Druck, das war deutlich zu spüren. Ein Diplomat war verhaftet worden, sie brauchten also schnelle Ergebnisse, wenn außenpolitische Beziehungen nicht belastet werden sollten.

Ich fragte mich die ganze Zeit über, was für ein Fehler zu meiner Verhaftung geführt hatte. Woher wussten sie, dass in dem Mercedes Flüchtlinge waren? Vor allem aber konnte ich mir keinen Reim darauf machen, wie sie einen Zusammenhang zwischen dem syrischen Diplomaten und mir hatten herstellen können.

Was ich erst im Nachhinein erfuhr: Auch wenn es an den Grenzkontrollen noch keine Computer gab, war die DDR technisch auf einem anderen Gebiet schon sehr weit fortgeschritten. Da die Grenzer Checkpoint Charlie wegen der Diplomaten nicht vollständig unter Kontrolle hatten, operierte die Stasi dort mit einem optischen Gerät, mit dessen Hilfe der Abstand zwischen dem Unterboden des Fahrzeugs und der Straße einerseits und dem Winkel der Hinterräder zur Senkrechten andererseits gemessen werden konnte. Trotz verstärkter Hinterachse registrierte das technische Auge geringe Lastenunterschiede, die im Vergleich der Messungen bei der Ein- und Ausreise besonders deutlich wurden. Fein säuberlich wurde in langen Listen jedes, aber auch wirklich jedes ein- und ausfahrende Auto notiert, samt Nummernschild und Messergebnis, und das über eine Periode von drei Monaten.

Mit Erfolg. Auf diese Weise filterte die Stasi mehrere verdächtige Fahrzeuge heraus. Zugleich verglichen sie die Ein- und Ausreisefotos des Mercedes von Kamal Hamdi mit den Visa-Listen eingereister Bundesbürger, darunter die mich betreffenden Einträge – das Resultat war überzeugend. Es war eine geniale Methode.

Dazu kam der über Rainer Hildebrandt von der Stasi eingeschleuste Maulwurf, der entsprechende Hinweise zu meiner Person gegeben hatte. Von Fuchs wusste er ja, dass ich „sein bester Mann aus Bonn“ war.

NACH ZWEI ODER DREI STUNDEN änderten die Vernehmer ihre Taktik. Es fehlte immer noch mein Geständnis. Ich wusste nicht, dass sie erdrückende Beweise hatten. Aber nun offenbarten sie zumindest einen Teil davon. Inzwischen war es fünf Uhr morgens. Mit einem Ausdruck des Triumphes erhoben sich die beiden Uniformierten. Einer von ihnen, ein Mittvierziger mit milchigem Gesicht und langen Koteletten, verließ den Raum und kam kurz darauf mit einem weiteren Mann im Schlepptau zurück. Es war Kamal Hamdi. Der Syrer sagte nichts. Er war aschfahl im Gesicht. Nach etwa einer Minute wurde er wieder abgeführt. Ein kurzer Blickkontakt gab mir zu verstehen, dass wir uns beide in einer hoffnungslosen Situation befanden.

„Und?“, sagte der Vernehmer, der im Raum geblieben war. Mit seinen wachen graublauen Augen sah er mich listig an.

„Ich kenne diesen Mann nicht“, sagte ich mit möglichst fester Stimme. Noch immer versuchte ich es mit der Touristennummer. Aber ich hatte nun die Gewissheit, dass der Diplomatenwagen durchsucht und folglich das Paar im Kofferraum entdeckt worden war.

Nach etwa einer halben Stunde folgte eine weitere Gegenüberstellung. Das junge Ehepaar erschien im Türrahmen. Auch sie waren kreideweiß. Erneut wurde kein Wort gewechselt. Die Strategie der Vernehmer war klar, sie demonstrierten auf diese Weise: Schau, wir haben deine Leute festgenommen. Wir glauben ganz und gar nicht, dass du ein harmloser Student bist.

Die Beweislage war erdrückend. Von dieser Sekunde an war mir klar, dass es keinen Sinn mehr hatte, den Touristen zu spielen. Ich war davon ausgegangen, dass die Stasi keine Beweise hatte, dass ich nicht länger als eine Nacht in der Magdalenenstraße zubringen würde. Aber nun zeigte sich, dass ich die Vernehmer unterschätzt hatte. Gegen sechs Uhr morgens hatte ich akzeptiert, dass weiteres Dementieren zwecklos war. „Ja“, gab ich schließlich zu, „ich habe bei dem Fluchtversuch geholfen.“

Die beiden Vernehmer blickten sich triumphierend, aber vor allem erleichtert an. Sie waren nicht weniger übermüdet als ich selbst.

Nachdem ich gestanden hatte, führte man mich in eine hässliche, vielleicht drei oder vier Quadratmeter große Zelle, schmal und hoch, mit einem offenen, stinkenden Kübel, einer Pritsche und einer winzigen

Fensteröffnung unterhalb der Decke. Mehr als ein erstes Geständnis wollten die Vernehmer in dieser Nacht gar nicht, die Einzelheiten konnten auch später in Erfahrung gebracht werden. Todmüde legte ich mich auf die schmale Pritsche und schlief einfach ein. Als ich von einem Wärter nach etwa drei Stunden wieder geweckt wurde, lag ich immer noch in derselben Position. Ich musste geschlafen haben wie ein Stein.

Nachdem ich eine Tasse mit dünnem Kaffee und zwei Scheiben Brot mit einem Hauch Margarine verzehrt hatte, wurde ich in einem getarnten fensterlosen Lieferwagen nach Hohenschönhausen gebracht, in die zentrale Untersuchungshaftanstalt des DDR-Staatssicherheitsdienstes. Sie lag im Berliner Nordosten, im „verbotenen Stadtteil" – verboten deshalb, weil der gesamte Komplex auf keinem DDR-Stadtplan verzeichnet werden durfte (auf Westberliner Stadtplänen war er ebenfalls nicht markiert, nur die Straßenzüge waren eingezeichnet). In Hohenschönhausen befanden sich die Verhörzimmer und Gefangenenzellen.

Dass wir in die Genslerstraße fuhren, wusste ich damals jedoch nicht. Es war eng in dem Lieferwagen, und ich konnte nicht nach draußen schauen.

Der Gefangenentransporter stoppte. Eine schwere Stahlschiebetür wurde geschlossen. Ich durfte aussteigen. Ich befand mich in einer Art Schleuse, genauer in einem Raum, der aussah wie eine geräumige Garage. Wände und Decke waren weiß gestrichen, gleißendes Neonlicht war eingeschaltet. Das hatte System. Ich war gerade aus einer dunklen Kabine gekommen und trat nun völlig abrupt in schmerzende Helligkeit. Eine Form der Einschüchterung. Nachdem sich meine Augen an das grelle Licht gewöhnt hatten, konnte ich noch einen kurzen Blick auf die Schleuse werfen, in die der Transporter gefahren war. Über ein paar Stufen ging es hoch in einen langen Gang mit Zellen auf beiden Seiten.

Ich war also doch noch im Gefängnis gelandet, und zwar aus dem einzigen Grund, dass ich anderen dabei geholfen hatte, aus einem noch viel größeren Gefängnis, der DDR, zu entkommen.

Geständig ohne Verrat

Packen Sie Ihre Taschen aus." Ich saß in einem kahlen Raum, durch das Fenster sah man auf einen Werkstatthof.

Zum Vorschein kamen: mein Personalausweis, mein Falk-Stadtplan, ein Taschentuch, eine Krawatte, zwei Streichholzschachteln, ein Kugelschreiber, eine Sonnenbrille, eine braune Ledergeldbörse mit sieben

Ostmark und 25 Westmark. Sämtliche Habseligkeiten wurden preußisch präzise notiert.

Ich wurde vermessen, meine Haarfarbe als „hellblond" definiert, Augenfarbe: hellbraun. Besondere Merkmale: „über beiden Augenbrauen Narben". Die hatte ich mir als Kind bei diversen Stürzen zugezogen. Anschließend nahm man mir Fingerabdrücke ab, dann musste ich mich auf einen drehbaren Holzhocker setzen, sodass man mich von vorn und von beiden Seiten fotografieren konnte.

Am Schluss übergab man mir die Anstaltskleidung: ein blau-weiß gestreiftes Hemd, eine labbrige Unterhose, eine dunkelblaue Hose und eine Jacke in einer ähnlichen Farbe. Zu guter Letzt durfte ich noch in braun-gelb gemusterte Filzpantoffeln schlüpfen. Außerdem bekam ich Zahnbürste und Zahnpasta, einen Nassrasierer sowie eine größere Plastikschüssel. Erst wusste ich nicht, wofür sie gedacht war, bis ich begriff, dass sie elementar wichtig war. Kurz nach dem Wecken um fünf Uhr morgens wurde durch die verschließbare Klappe in der Eisentür, durch die auch kommuniziert und das Essen gereicht wurde, ein langer Schlauch geschoben, an dessen Ende ein Eisenrohr mit Wasserhahn befestigt war. Wenn man nicht schnell genug mit der Schüssel nach vorn eilte, ließ der Wärter das Wasser ungerührt in die Zelle laufen. Das Wasser diente zum Trinken und Waschen. Ein Waschbecken gab es nicht, dafür eine Toilette.

Meine Zelle hatte statt eines Fensters mit Glasbausteinen gefüllte Fensterrahmen, die Tageslicht nur erahnen ließen. Die Steine waren in der oberen Hälfte bündig mit der Innenwand angebracht, die untere Hälfte bündig mit der Außenwand. Die dadurch entstandene waagrechte Luftöffnung konnte mit einer Holzklappe geschlossen werden. Licht existierte nur in Form einer schwachen Funzel über der Zellentür, die einzig von außen bedient werden konnte. In der Nacht wurde sie regelmäßig etwa alle fünf Minuten angeschaltet. Auf diese Weise wollte man sichergehen, dass die Insassen keinen Suizidversuch unternahmen. Die Frage war nur: Womit hätten sie es überhaupt versuchen können? Selbst den Nassrasierer konnte man mangels Werkzeug nicht aufschrauben, um die Klinge zu entnehmen.

Zum Mobiliar gehörten außerdem ein schmaler Holztisch und zwei Stühle. Den meisten Platz nahmen die Pritschen ein. Als Betten konnte man die Holzgestelle kaum bezeichnen. Auf ihnen lagen dünne Matratzen, darüber ein Bezug und eine Decke, auf Kopfkissen wurde verzichtet. Die Pritschen liefen im Kopfteil mit leichter Neigung nach oben aus. Tagsüber durfte man sich jedoch nicht auf sie legen.

Ich teilte meine Zelle mit einem etwa gleichaltrigen DDR-Bürger. Er

Die Stasi-Untersuchungshaftanstalt Hohenschönhausen: Außenansicht, 2001

Das Hauptgebäude im Jahr 2015, vorn links der Autor

Zelle, um 1980

saß auf einem der Hocker und betrachtete mich interessiert, als sich die Tür hinter mir schloss. Im ersten Moment dachte ich: Der ist bestimmt ein Spitzel, der mich dazu bringen soll, ihm mein Herz auszuschütten. Aber darauf kann er lange warten, dachte ich trotzig.

Richards hervorstechendstes Merkmal war seine Blässe. Sein Haar war schwarz, aber recht matt. Er war eher scheu und nicht sonderlich gesprächig. Er wirkte ein bisschen antriebslos, was daran lag, dass er für seine Zukunft nicht mehr die geringste Perspektive sah. Seinen Job hatte er bereits verloren, und nach seiner Entlassung aus dem Gefängnis würde er eine Gesellschaft vorfinden, die ihn wegen seiner Haft isolieren würde. Den Namen Richard gab ich ihm erst nachträglich. Wir brauchten keine Namen in der Zelle. Es gab keine anderen Häftlinge. Er war einfach nur „Du", so wie ich auch für ihn nur „Du" war.

Mit der Zeit gewann ich den Eindruck, dass er doch kein Spitzel war. Er fragte einfach zu wenig. Ich erfuhr nie, warum er in Hohenschönhausen einsaß.

ALS MANFRED HÖRTE, dass ich verhaftet worden war, informierte er sofort die Anwälte Wolfgang Vogel (DDR) und Jürgen Stange (Westberlin). Fuchs hatte ihn darum gebeten, meinen Eltern und auch Schleyer Bescheid zu sagen. Zusammen mit Joachim Schreiber fuhr er nach Wuppertal, um meinen Eltern persönlich von meiner Verhaftung zu erzählen.

Die beiden jungen Männer meldeten sich im Büro meines Vaters an und stellten sich bei ihm als „Freunde aus Berlin" vor.

Mein Vater konnte durchaus etwas raubeinig sein. „Was führt Sie zu mir?", fragte er frostig.

Erst druckste Joachim ein wenig herum, dann riss er sich zusammen: „Volker sitzt in Ostberlin in Untersuchungshaft. Es tut uns sehr leid."

Mein Vater sagte eine Weile gar nichts, aber sein Gesicht verriet seine Sorge. Schließlich fragte er: „Sind Sie ganz sicher, dass Sie meinen Sohn meinen?"

„Ganz sicher. Leider", erwiderte Manfred. Und dann erzählten sie ihm, was sie über mich und meine Verhaftung in Erfahrung gebracht hatten. Als die beiden mit ihrem Bericht fertig waren, sagte mein Vater nur: „Nun, da werde ich wohl rasch einen Anwalt einschalten müssen."

„Entschuldigen Sie, Herr Heinz", sagte Manfred höflich, „wir haben schon die beiden Rechtsanwälte informiert, die dafür am besten geeignet sind. Da es eine so heikle Angelegenheit ist, bitten wir Sie um Vertraulichkeit."

„Na hören Sie mal! Wer sind denn bitte diese Anwälte?" Mein Vater reagierte ärgerlich, es gefiel ihm ganz und gar nicht, dass ihm da zwei junge Männer das Heft des Handelns aus der Hand genommen hatten.

„Und übrigens: Hanns Martin Schleyer haben wir auch über die Verhaftung unterrichtet."

„Wieso denn gerade ihn?" Die Miene meines Vaters verdunkelte sich weiter.

„Volker hat ihn schon vor Monaten eingeweiht."

Finster blickte mein Vater drein, schließlich sagte er etwas gepresst: „Na schön. Dann habe ich ja nichts mehr zu tun. Sie können gehen."

Als Manfred mir diese Szene später schilderte, gestand er mir: „Ich glaube, dein Vater hat sich ziemlich übergangen gefühlt."

Ich musste schmunzeln. „Das kann ich mir gut vorstellen. Aber ich kann ihn ehrlich gesagt auch ein bisschen verstehen. Er ärgerte und sorgte sich zugleich und fühlte sich wahrscheinlich hilflos."

Ich wusste, wie schwer es für meinen Vater war, Verständnis für meine „Abenteuer" aufzubringen. Meine Verhaftung hat unser ohnehin kompliziertes Verhältnis sicherlich nicht verbessert.

DR. SCHLEYER hatte Wort gehalten. Gleich nachdem man ihn benachrichtigt hatte, war er von Stuttgart nach Bonn zu Werner Knieper gefahren, dem damaligen Chef des Bundeskanzleramts, auch er Mitglied der Suevia. Schleyer erzählte ihm meine Geschichte und bat ihn, mir zu helfen. Außerdem schrieb er am 21. November 1966 an den Persönlichen Referenten des damaligen Bundeskanzlers, an Ministerialdirigent Dankmar Seibt. Den Brief habe ich, darin heißt es:

> Lieber Herr Seibt!
> Wenn ich mich trotz Ihrer vielfältigen Belastungen heute mit einer Bitte an Sie wende, so kann ich nur hoffen, daß die Art meines Anliegens eine Bitte zu diesem Zeitpunkt entschuldigt. Ich bin sehr besorgt über das Schicksal eines Freundes meines Sohnes, der zugleich unser gemeinsamer Corpsbruder ist und der bei der Hilfe für Flüchtlinge aus der Zone in Ostberlin verhaftet und festgesetzt wurde. Ich war mit dem jungen Mann, Volker Heinz aus Wuppertal, in den letzten Monaten in ständigem Kontakt und gehörte zu den wenigen, die wußten, daß er aus rein idealistischen Motiven und unter Hinnahme des damit verbundenen Risikos vielen Menschen helfen konnte …
> Es wäre von großer Wichtigkeit, wenn das Ministerium für gesamtdeutsche Fragen und/oder der Beauftragte des Bundeskanzlers in Berlin, Herr Minister Lemmer, für diesen Fall interessiert werden könnten, damit sie die bestehenden Möglichkeiten mit Nachdruck

> und vielleicht sogar mit Vorrang in diesem Fall einsetzen. Vielleicht sind Sie, lieber Herr Seibt, so nett, die zuständigen Herren durch ein paar befürwortende Zeilen an diesem Fall, der mir sehr am Herzen liegt, zu interessieren … Mit verbindlichen Grüßen bin ich stets Ihr ergebener H Sch

Das Schreiben verfehlte seine Wirkung nicht. Das Kanzleramt stellte tatsächlich einen Antrag, und mein Name wurde dann vom „Ministerium für gesamtdeutsche Fragen" auf die Liste gesetzt, auf der schon die Namen anderer auszutauschender Gefangenen standen. Schleyer hatte genau das für mich getan, was ich mir erhofft hatte. Durch seine Intervention wurde ich zum privilegierten Gefangenen. Kein DDR-Häftling konnte auf eine solche Unterstützung bauen. Vogel erkannte vermutlich deshalb schnell, dass ich mich ausgezeichnet als Pfand in einem Ost-West-Geschäft über Austausch von mit hohen Strafen belegten Gefangenen eignen würde. Damit erhielt ich einen Status, der mich in eine Liga mit den Spionen hineinkatapultierte.

Mein Vater, dem es nicht gefallen hatte, dass er untätig abwarten sollte, aktivierte auf eigene Faust seine Kontakte in der Politik, darunter den Wuppertaler CDU-Bundestagsabgeordneten Otto Schmidt. Seine Bemühungen stellte dieser jedoch ein, nachdem das Kanzleramt ihn auf das bereits laufende Verfahren hingewiesen hatte.

„Kommen Sie mit!" Schon stand das nächste Verhör an. Ein sogenannter Läufer oder Schließer schloss die Zelle auf. Seine Aufgabe bestand darin, mich zum Verhör abzuholen und wieder zurückzubringen. Die allermeisten Schließer schwiegen ebenso beharrlich wie die Gefangenen. Auch ich unternahm nie den Versuch, sie in ein Gespräch zu verwickeln.

Diese Wachmänner trugen keine Waffen, offenkundig fürchteten sie nicht, von einem Gefangenen überwältigt oder verletzt zu werden. Auch konnten sie jederzeit an dem an der Wand verlaufenden Alarmdraht ziehen. Alles in diesem Stasi-Gefängnis war äußerst simpel und pragmatisch und, ich muss schon sagen, effizient organisiert. Preußische Ordnungsliebe auch hier. Jeden Vormittag wurde ich drei bis vier Stunden befragt und nachmittags dann noch einmal – es war wie ein richtiger Arbeitstag. Anfangs kamen noch gelegentlich nächtliche Verhöre dazu. Durch den erzwungenen Schlafentzug erhoffte man sich wohl bereitwilligere Aussagen, was in meinem Fall jedoch gar nicht nötig war.

Es war immer derselbe Stasi-Offizier, der mich befragte. Ein Leutnant, seinen Namen nannte er nicht. Der Leutnant hatte ein glatt rasiertes

Gesicht und wässrige hellgraue Augen, außerdem kräftige, knochige Hände, die sich ständig nervös bewegten. Er wirkte ehrgeizig, wie jemand, der unbedingt Karriere machen wollte (die er durch mich auch machte). Er führte seine Arbeit akkurat und vollkommen humorlos aus, auf seinem Gesicht sah ich nie den Anflug eines Lächelns.

Außerdem war da noch der „Herr Major", ein kleiner Mann Mitte oder Ende vierzig, mit listigen Augen. Er war bei dem ersten Verhör in der Magdalenenstraße dabei gewesen. Einmal sagte er demonstrativ zu mir: „Ich bin in der DDR erwachsen geworden. Ich glaube fest an die Überlegenheit des Sozialismus." Die DDR existierte damals seit siebzehn Jahren, lang genug, um als junger Mensch von ihr geprägt zu werden.

Die Verhörräume lagen in einem speziellen Trakt des Gebäudes. Über 120 soll es davon gegeben haben. Sie sahen alle gleich aus: Fenster mit Gardinen, dahinter Gitter, öde Tapeten, ein Schreibtisch, ein bequemer Stuhl für den Vernehmer, ein unbequemer für den Verhörten. Auf dem Schreibtisch stand eine Lampe, in einer Ecke des Raums befand sich ein grauer Stahlschrank, in den alle relevanten Dokumente zu meinem Fall nach dem Verhör wieder weggeschlossen wurden. Zur Ausstattung gehörte zudem noch ein kleines Schränkchen mit zwei Glasschiebetüren, in dem ich fünf, sechs Bücher erkennen konnte. Ansonsten war der Raum schmucklos. Ein liebloseres Büro kann man sich kaum vorstellen.

Der Leutnant überschüttete mich mit einer Welle von Fotos. Es waren sicher Hunderte. Für die Stasi war ich ein Serientäter – man hatte mir sehr schnell zu verstehen gegeben, dass man durchaus wisse, dass ich nicht nur dem einen Ehepaar zur Flucht verholfen hatte. Für jede meiner Aktionen sollte ich nun Einzelheiten liefern.

Die Fotos dienten dazu, meinem Gedächtnis auf die Sprünge zu helfen. Es war erstaunlich, wen und was sie alles aufgenommen hatten. So etwa Kamal Hamdis Vertreter, der bei der vorletzten Flucht den Mercedes gefahren hatte. Das zeigte mir, dass ich schon eine Weile observiert worden war. Die Verfolgung durch die Lederjacken war keineswegs der Fantasie eines überanstrengten Gehirns entsprungen, sondern ich hatte alles richtig beobachtet. Zu diesem Zeitpunkt hatten sie schon ausreichend Beweise und hätten mich auch schon festnehmen können, doch sie hatten mich ziehen lassen, um keine diplomatischen Irritationen zu provozieren. Ich habe nie in Erfahrung bringen können, wann genau sie auf mich aufmerksam wurden. Aber als die Lederjacken mich verfolgten, hatten sie mich aufgrund der Messergebnisse am Checkpoint Charlie und des Maulwurfs wohl längst auf dem Schirm.

„Kennen Sie diese Person?", fragte der Glattrasierte und zeigte auf eines der Fotos, die er vor mir ausgebreitet hatte. „Ist das der Flüchtling, den Sie an diesem Tag rausgeholt haben?"

„Ja", sagte ich, „aber ich kenne den Namen nicht."

Das stimmte zwar nicht, aber da ich wusste, dass der ehemalige Tunnelbauer wie alle anderen aus unserer Gruppe nicht mehr in die DDR einreisen würde und damit in Sicherheit war, konnte ich das problemlos aussagen.

„Und diese Person?"

„Das ist Manfred Baum."

In unserer Gruppe galt, dass man keinen Komplizen verrät, und daran hielt ich mich auch. Mein Freund Manfred machte aber definitiv nicht mehr mit und hatte mir gesagt, dass er nie wieder DDR-Boden betreten würde. Auch bei Ulrich Bahnsen hatten weder ich noch er etwas zu befürchten, er war ebenfalls „draußen". Mit meiner Aussage, ihn zu kennen, konnte ich ihm ebenso wenig schaden wie Manfred.

Wiederholt zeigte man mir auch Fotos von Heiko Neumann, der gelegentlich für mich eingesetzt wurde.

„Und der hier?"

„Diesen Mann kenne ich auch nicht."

Immer wieder legte man mir Aufnahmen von Heiko Neumann vor, doch ich erklärte beharrlich, ihn nie gesehen zu haben. Der Leutnant seufzte von Mal zu Mal vernehmlicher, er schien mir nicht zu glauben. Aber Heiko zu verraten kam für mich nicht infrage. Ebenso wie ich hoffte, dass er mich nicht verriete, sollte er geschnappt werden. Was ich nicht wusste: Man hatte ihn tatsächlich nicht lange nach mir verhaftet.

Für meine Familie muss meine Verhaftung ein großer Schock gewesen sein. Niemand hatte etwas geahnt, alle waren vor vollendete Tatsachen gestellt. Meine Schwester Marianne hat aufgeschrieben, was sich bei uns zu Hause abspielte, als bekannt wurde, dass ich im Gefängnis saß:

> Am Anfang gab es nur Stille und Stummheit, eine weinende Mutter und einen verstummten Vater. Man musste alles erahnen. Vatern sprach nicht viel, sicher auch, weil er gar nichts wusste, wen er irgendetwas fragen sollte. Es gab ja keinerlei Erfahrungswerte.
>
> Ebenso wenig wurde über die eigentliche Aktion – Volkers Handeln, warum, mit wem etc. – gesprochen. Wenn, dann gab es nur Äußerungen der Sorge, vor allem um Volkers Gesundheit.
>
> Für uns in der Familie war das Problem, verlässliche Infos zu erhalten. Andererseits mussten wir ja auch „den Mund halten". Man konnte nicht helfen, man blieb ohnmächtig.

> Als wir dann allmählich mehr Einblick in die einzelnen Schritte eines solchen Verfahrens bekamen, sowohl was die Verhaftung, als auch die angestrebte Freilassung betraf, als wir auch von den offiziellen Namen von Personen oder Ansprechpartnern hörten, entspannte sich der Alltag, blieb aber geprägt von stummem Abwarten.
>
> Erleichterung gab es erst, als die ersten konkreten Kontakte in Gang kamen und man auf Nachfrage Antworten bekam.
>
> Und als es hieß, Herr Schleyer könne Informationen zu „wo im Gefängnis und wie lange und wann findet ein möglicher Prozess statt" geben, gab es Hoffnung, und innere Ruhe kehrte zurück.

Die Darstellung meiner Schwester schmerzt mich immer von Neuem, wenn ich sie lese.

In den kommenden Wochen und Monaten wurde alles wieder und wieder durchgekaut, damit man den „Klassenfeind", wie der Leutnant die Bundesrepublik nannte, „unschädlich" machen könne. Schließlich kam er auf Fuchs zu sprechen: „Stand der Terrorist Fuchs bei den Schleuseraktionen mit imperialistischen Geheimdiensten, speziell mit amerikanischen, in Verbindung?"

Ich konnte nicht glauben, dass er Wolfgang tatsächlich als „Terrorist" bezeichnet hatte. Aber eine Diskussion anzufangen wäre aussichtslos gewesen. Meine Antwort hat der Leutnant im Protokoll, das ich später einsehen konnte, im schönsten Bürokratendeutsch festgehalten:

> Mir ist bekannt geworden, dass Fuchs vor der Durchführung einer Aktion die Personalien der zur Ausschleusung vorgesehenen DDR-Bürger einem mir unbekannten Mitarbeiter oder Mittelsmann der Dienststelle P 9 übergibt. Diese Dienststelle überprüft auf eine mir nicht bekannt gewordene Art und Weise die zu schleusenden Personen auf ihre „Zuverlässigkeit".

„P 9" war eine amerikanische Geheimdienststelle, wie ich später erfuhr. Die Pointe dieser Antwort: All das waren Informationen, die mir erst durch den Leutnant bekannt wurden, mir also in den Mund gelegt wurden. Warum ich trotzdem unterschrieb? Ich war fest davon überzeugt, dass die Aussagen im Westen nicht als Geständnis gewertet würden.

Von jeder Sitzung wurden ausführliche Protokolle erstellt. Auch wenn meine Worte stark ideologisch „angepasst" wurden, las ich mir alles genau durch, denn ich wollte sichergehen, dass nichts hinzugedichtet worden war. Doch etwas wirklich Falsches hatte ich nie entdecken können, und der ideologische Überbau störte mich nicht. Mir war klar, dass dies Pflichtübungen des Leutnants waren.

Ohne mit der Wimper zu zucken, unterschrieb ich Blatt für Blatt, Flucht für Flucht. Das war ebenfalls Teil meiner Strategie: Ich war bereit zu kooperieren, solange ich damit keine dritten Personen gefährdete. Dass ich rein gar nichts wusste, nahm mir ohnehin niemand ab. Und eine „kontrollierte" Kooperation konnte sich am Ende ja auch nur positiv auf das auswirken, was mich noch erwartete.

MEISTENS saß ich auf einem der beiden Hocker in meiner Zelle und dachte: Jetzt bezahlst du für das, was du getan hast. Du bezahlst mit deiner eigenen Freiheit, weil du anderen geholfen hast, ihre Freiheit zu erlangen.

Bereute ich mein Handeln? Nein. Mit der Reue hätte ein schlechtes Gewissen einhergehen müssen, und das hatte ich nun wirklich nicht. Sicher, es gab Dinge, die ich rückblickend anders entschieden hätte. Es war zum Beispiel wirklich dumm gewesen, nach der Begegnung mit den Lederjacken wieder nach Ostberlin einzureisen. Aber die grundsätzliche Entscheidung, bei der Fluchthilfe mitgemacht zu haben, nein, die bedauerte ich nie. Ich hatte mich für eine Sache engagiert, von deren Richtigkeit ich absolut überzeugt war. Dass das mit hohen Risiken verbunden war, war mir zu jedem Zeitpunkt bewusst gewesen. Und nun musste ich es eben ausbaden und vor allem lernen, mit den Konsequenzen zu leben. Ich war schon damals ein eher rationaler Mensch und versuchte, mich meiner aktuellen Lage möglichst sachlich zu nähern. Trotz aller rationalen Anstrengungen konnte ich meine Gefühle nur bedingt kontrollieren. Besonders in der Nacht überfielen mich Ängste vor der Zukunft.

Es gab ein Thema, das besonders an mir nagte. Der kommerzielle Aspekt der Fluchthilfe. Ich selbst hatte dieses Thema immer weit von mir gewiesen und wollte auch lange nichts über etwaige finanzielle Verstrickungen meiner Mitstreiter erfahren. Dann aber wies ich mich selbst zurecht: Sei nicht so naiv. Je besser die Grenze befestigt ist, umso schwerer ist es, sie zu überwinden, und umso größer ist der Aufwand, der betrieben werden muss, um die Leute rauszukriegen. Und das kostet. Außerdem: Mit Familienangehörigen oder Freunden von sechzig, siebzig Leuten zu verhandeln, die Kuriere auszusuchen und zu instruieren und vieles mehr – das war ein Ganztagsjob. Wolfgang Fuchs hatte nie um fünf „Feierabend" gemacht. Wenn er also einen Anteil der Gelder behielt, behalten musste, fand ich das moralisch nicht verwerflich.

DURCH ZUFALL erfuhr ich doch noch den Namen des Leutnants. Etwa vier oder fünf Monate später saß ich wieder im Verhörzimmer, mit dem Rücken zur Wand, hinter mir das Holzschränkchen mit den Glasschiebetüren. Bislang hatte ich die Buchtitel darin nie lesen können, es war mir nicht erlaubt, mich umzudrehen. Ich sollte meine Augen immer direkt auf den Leutnant richten. Nicht einmal wenn mein Gegenüber für ein, zwei Minuten den Raum verließ, wich ich von meinem Platz.

Eines Tages reizte es mich aber doch. Als der Leutnant mal wieder kurz verschwand, drehte ich mich auf meinem Stuhl um, öffnete rasch das Schränkchen und nahm eines der Bücher in die Hand. Vielleicht kam ich so dem Mann ein wenig näher und konnte ihn mit diesem Wissen überraschen, ihm zeigen, dass ich nicht zu unterschätzen war. Ein Blick zur Tür. Keine Schritte. Schnell schlug ich das Buch auf, und gleich die erste Seite hatte es in sich. Handschriftlich stand dort ein Name: *Bergmann*. Um was für ein Buch es sich handelte, konnte ich nicht mehr feststellen, denn in der nächsten Sekunde hörte ich Schritte. Rasch stellte ich das Buch zurück, brachte die Glasscheibe wieder in die richtige Position und mich ebenfalls. Mit Unschuldsmiene sah ich den Leutnant an, als er die Vernehmung fortsetzte. Zurück in meiner Zelle, überlegte ich: Könnte mir diese Information etwa nützen? Mehr zu wissen, als man durfte, bedeutete doch immer ein gewisses Maß an Macht. Vielleicht war das ja der Nachname des Leutnants, und wenn das stimmte, so hatte ich etwas gegen ihn in der Hand. Andererseits: Dass in einem Buch ein Name stand, ließ nicht darauf schließen, dass dieser Name auch wirklich der des Leutnants war. Aber in meiner Situation klammerte ich mich an jeden Grashalm, und war er noch so dünn.

Ein paar Tage später hatte ich eine Idee. Normalerweise grüßte ich den Leutnant beim Eintreten mit den Worten: „Guten Morgen, Herr Leutnant." Doch an diesem Morgen veränderte ich die Grußformel.

„Guten Morgen, Herr Bergmann", sagte ich betont lässig.

Die Wirkung dieses Satzes ließ nicht den geringsten Zweifel an der Richtigkeit meiner Vermutung aufkommen. Bergmann sah aus, als wollte er im Boden versinken. Die Namen der Stasimitarbeiter waren streng gehütete Geheimnisse. Doch die kurze Entgleisung der Gesichtszüge zog keine weitere Reaktion nach sich. Er sagte und fragte sekundenlang nichts. Sondern ging einfach zur Tagesordnung über.

Nach meiner Haft besorgte ich mir in der Gauck-Behörde die Personalakte von Herrn Bergmann, einem gelernten Werkzeugmacher aus Sachsen. Er brachte es bis zum Oberstleutnant, was ihm aber nicht reichte. Seine weitere Beförderung scheiterte jedoch daran, dass seine

Vorgesetzten ihm „mit zunehmendem Alter eine verminderte Belastbarkeit“ attestierten. Er wurde als „Referatsleiter auf dem Gebiet des staatsfeindlichen Menschenhandels“ in ein weniger anspruchsvolles Referat „umgesetzt“. Aus seiner Personalakte ergab sich auch, dass ihm kurz nach meiner Freilassung ein Orden verliehen worden war, als Anerkennung für seine aus Sicht der DDR erfolgreiche Arbeit mit mir.

Jahre später, im November 2003, schrieb ich ihm einen Brief, in dem ich um ein Gespräch bat: *... Ich habe keinerlei Ambitionen, Ihre damalige Arbeit zu kritisieren. Aber ich würde mich freuen, wenn Sie sich entschließen könnten, die Dinge aus Ihrer Sicht zu schildern.*

Es kam nie eine Antwort. Ich wertete sein Schweigen als Indiz dafür, dass er nicht an unsere gemeinsame Vergangenheit erinnert werden wollte. Das konnte ich nachvollziehen. Bergmann hatte Ansichten vertreten, die von der Geschichte auf den berühmten „Müllhaufen“ geworfen worden waren. Selbst wenn er nach der Wende unverändert an die DDR geglaubt hätte, nach den vielen Enthüllungen über die Stasi galt seine Vita als gescheitert. Es musste einem solchen Menschen schwerfallen, sich nicht so zu fühlen, als würde er auf der Anklagebank sitzen.

Ich habe Bergmann nichts vorzuwerfen und hege ihm gegenüber auch keine negativen Gefühle. In meinen Augen war er ein Zahnrad im Getriebe der Stasi, und damals, in den Sechzigerjahren, liefen die Verhöre noch recht robust ab. Man wollte die Menschen entweder auf den Pfad der Tugend zurückführen oder zermürben. Und das betrieb die DDR mit psychologischem Terror, den sie bis zur Perfektion beherrschte. Dass dies bei mir nicht gelang, lag sowohl an meinem fehlenden Schuldgefühl als auch daran, dass ich meine Haftsituation schnell akzeptierte. Außerdem war ich gesund und blickte eigentlich immer nach vorn. Trotzdem schützte mich all dies nicht vollständig vor dem Absturz in die Untiefen meiner eigenen Psyche.

In der Zweierzelle

In dunklen Momenten half es, an all die Menschen zu denken, denen ich im letzten Jahr beigestanden hatte. Doch wirklich trösten konnte mich das nicht. Meine innere Verfassung wurde von Woche zu Woche schlechter. Nach drei Wochen war ich vollkommen deprimiert. Ich war in Untersuchungshaft. Irgendwann würde man mich vor ein Gericht stellen und eine Strafe verlesen. Und dann? Die Strafe konnte hoch ausfallen, das war mir bewusst. Ulrich hatte fünf Jahre bekommen. Ich musste mit dem Doppelten rechnen.

Der mangelnde Schlaf zehrte an mir. In der Nacht knipsten sie in kurzen Intervallen das Licht an und aus, und ich wurde jedes Mal wach. Anfangs versuchte ich noch, mein Gesicht unter der Decke zu verstecken, aber das war verboten, wie mir bedrohlich zu verstehen gegeben wurde. Erst als ich mir angewöhnt hatte, auf dem Rücken zu liegen und mit dem Oberarm über meinen Augen zu schlafen, wurde es langsam besser. Noch mehr als zwanzig Jahre nach meiner Entlassung schlief ich immer noch in dieser Haltung ein.

Die Monotonie, die Sinnentleertheit eines solchen Daseins und die mangelnde freie Sicht nach draußen – all das begann mich zu zermürben. Es gab keine Musik, anfangs auch kein Buch, nichts, was unser Leben annehmbarer gestaltet hätte. Auch das Essen war äußerst dürftig. Morgens gab es eine Stulle ohne Margarine oder gar Butter, das harte schwarze Brot war nur mit einer künstlichen Marmelade bestrichen. Mittags wurden meist Eintöpfe mit Linsen oder Bohnen verteilt, am Wochenende wurden sie mit einer Fleischeinlage variiert. Abends erhielten wir Wurstbrote. Zum Frühstück schenkte man uns Muckefuck aus. Vor diesem Hintergrund waren die Verhöre fast so etwas wie eine willkommene Abwechslung, so absurd es klingen mag.

Vor allem in der Nacht quälten mich die Gedanken an die Sorgen, die ich meiner Mutter, meinem Vater, meinen Geschwistern, meiner Freundin und all meinen Freunden bereitete. War ich rücksichtslos? Würden sie mein Handeln verstehen? Schweißgebadet, oft von Albträumen geplagt, schlief ich irgendwann ermattet ein.

DEPRESSIONEN sind ein zerstörerisches Phänomen. Man empfindet absolute Hoffnungslosigkeit, ohne sich dagegen wehren zu können. Aus Sicht der Vernehmer war das gewollt. Es war eine Situation, in der Häftlinge Geständnisse machten, oft falsche Geständnisse, nur um Ruhe zu haben. Es ist nicht mehr wichtig, was man tut oder lässt, weil das Leben nicht mehr wichtig ist.

Ich befand mich in einer Phase bleierner Gleichgültigkeit und lehnte alles rigoros ab. Als ich eines Abends merkte, wie mich eine selbstzerstörerische Gedankenspirale förmlich in den Würgegriff nahm, wurde mir klar, dass ich sie durchbrechen musste. Schluss jetzt, sagte ich mir. Du musst kämpfen, sonst wirst du das Gefängnis als gebrochener Mann verlassen. Benutze deinen Verstand. Und im Corps hast du doch gelernt: Zum Überleben gehört Disziplin. Da durftest du dich am Abend zwar betrinken, aber am nächsten Morgen hattest du um sieben wieder aufzustehen und zum Fechtunterricht zu gehen. Reiß dich gefälligst zusammen, überwinde deine Lahmheit, rumhängen macht das

Ganze auch nicht besser. Lass dir was einfallen, damit du wieder in die Spur kommst!

Mein inneres Ich hatte recht, und ich versuchte zu gehorchen. Ich begann mit Liegestützen. 100 Stück jeden Tag, in diesem rundum vergitterten Käfig, der für unseren Freigang gedacht war (in der Zelle war es dazu viel zu eng). Außerdem begann ich, in der Freigangzelle in einem engen Kreis zu laufen, so gut das in den schrecklichen Pantoffeln ging. Meiner psychischen Labilität wollte ich physische Kraft entgegensetzen. Bald schon fühlte ich mich fitter und nicht mehr so ausgeliefert.

Ich versuchte angestrengt, meine Lage zu analysieren. Wie sah eine realistische Zukunftsperspektive aus? Angenommen, ich bekam zehn Jahre – wie viele Wochen machte das? 520. Oje. Nein, bloß nicht daran denken. Weiter, zum nächsten Gedanken. Gab es in der DDR eigentlich eine vorzeitige Entlassung bei guter Führung? Ich wusste es nicht sicher, ging aber davon aus, dass ich wohl sechzig bis siebzig Prozent meiner Strafe würde verbüßen müssen. Das bedeutete, dass ich mit etwa sechs Jahren zu rechnen hatte, im schlimmsten Fall mit sieben. Ich war 23, und in sieben Jahren würde ich dreißig sein. „Volker", fragte ich mich selbst, „kennst du einen dreißgjährigen Jurastudenten?" Tatsächlich fielen mir gleich zwei Namen ein. „Siehst du, dann ist doch alles okay. Das Leben ist mit dreißig nicht zu Ende, du kannst dann immer noch dein Studium fertig machen. Alles halb so schlimm."

Nach dieser Berechnung fühlte ich mich merklich besser. Ich spürte, dass ich den Kampf gegen meine Depressionen in eine erfolgreiche Richtung hatte lenken können. Ich musste nur irgendwie diese sieben Jahre bewältigen und sie vor allem als Teil meines Lebens akzeptieren. Es gab eine Zukunft für mich. Durch diese Erkenntnis wuchs auch wieder meine Entschlossenheit. Ich überlegte, wie ich meine reguläre Haftzeit am sinnvollsten nutzen konnte. Wie in jedem anderen zivilisierten Land gab es doch wohl auch in DDR-Gefängnissen Ausbildungsmöglichkeiten. Vielleicht konnte ich ja Koch oder Tischler werden, auf jeden Fall etwas Handwerkliches. Von einem Lehrgang per Fernstudium konnte ich nur träumen.

Träume, vor allem Tagträume, waren ideal, um dem Gefängnisalltag für eine Weile zu entkommen. Ich versuchte mich abzulenken, indem ich mich an Opernaufführungen, Konzerte, Filme oder Gedichte erinnerte. Bisweilen versuchte ich es mit dem Rezitieren: Schillers „Das Lied von der Glocke" oder den Anfang von Homers „Ilias", alles Versatzstücke, die ich in der Schule gelernt hatte.

WÄHREND ich in meiner Zelle vor mich hin rezitierte, wurden im Westen der Bundesrepublik die ersten Schritte zu meinen Gunsten getan. Von alldem ahnte ich natürlich nichts. Am 29. Oktober 1966 schrieb mein Vater an Hanns Martin Schleyer:

Sehr geehrter Herr Dr. Schleyer!

Am vergangenen Mittwoch traf ich mit Herrn Min.-Rat Rehlinger zusammen, der die rechte Hand von Herrn Staatssekretär Krautwig in Berlin ist. Gestern erhielt ich daraufhin den Anruf von dem gleichen Herrn aus Berlin und wurde veranlaßt, ein Päckchen an meinen Sohn zu schicken, das über die Verbindung Stange/Vogel übermittelt wird. Es wurde mir außerdem bedeutet, daß die Angelegenheit in bester Bearbeitung sei und daß man sie sehr positiv beurteile.

Ich habe ihm von Ihren Bemühungen berichtet, die er begrüßte, und ist in Erwartung Ihres Schreibens über Bonn.

Meine ausdrückliche Frage, ob ich weitere Personen einschalten sollte, hat er verneint.

Ich teile Ihnen dies zu Ihrer Kenntnis mit und verbinde damit meinen herzlichen Dank und auch den meiner Frau für Ihre vielerlei Bemühungen, die Sie bisher in der Angelegenheit hatten.

Mit freundlichen Grüßen, Ihr Georg Heinz

Vier Tage später, am 2. November 1966, schrieb Rechtsanwalt Jürgen Stange an meinen Vater:

Sehr geehrter Herr Heinz!

Ihr Schreiben vom 29. v. M. ist gestern in meinen Besitz gelangt …

Der Sachstand ist bisher noch unverändert. Die Ermittlungen laufen und werden vor 6 bis 8 Wochen nicht abgeschlossen sein.

Der Haftbefehl ist nach § 71 Abs. 1 StEG (organisierte Verleitung zur Republikflucht) ergangen.

Es ist gestattet, einmal im Monat zu korrespondieren. Ich bitte deshalb, im November einen Brief an mich abzusenden. Ich werde ihn weiterleiten. Auch können DM 30,– mtl. im Währungsverhältnis 1:1 eingezahlt werden. Auch hier übernehme ich gern die Vermittlung. Um keine Zeit zu verlieren, habe ich zunächst DM 60,– verauslagt.

Ihr Sohn kann sich von diesem Geld zunächst Lebensmittel oder auch Zigaretten kaufen.

Sobald das Paket ankommt, werde ich es weiterleiten. Hochachtungsvoll

J. Stange Rechtsanwalt

Währenddessen suchte ich in Hohenschönhausen weiter nach Ablenkungsmöglichkeiten. Eines Tages, als mein Blick auf Richard fiel, schoss mir plötzlich eine Idee durch den Kopf.

„Hattest du nicht Russisch in der Schule?“, fragte ich meinen schweigsamen Mitbewohner. Noch immer sprachen wir nicht viel miteinander. Richard war im Gefängnis verzweifelt, er sagte mir einmal, er sei ohne Hoffnung. Inzwischen hatte ich aber immerhin erfahren, dass er aus Dresden stammte und schon in der Schule nicht in der Lage gewesen war, sich dem System, in dem er lebte, anzupassen. Was mich verwunderte, da ich überhaupt nichts Rebellisches an ihm entdecken konnte.

„Klar, das muss hier jedes Kind“, erwiderte mein Zellengenosse.

„Meinst du, du könntest es mir beibringen?“

Richard stutzte. „Wohl kaum. Das meiste habe ich vergessen. Und wir haben weder eine Grammatik noch ein Wörterbuch.“

Ich ließ nicht locker. Weder bei Richard noch bei den Wärtern. „Kann ich nicht wenigstens ein bisschen Schreibmaterial bekommen?“, fragte ich einen der Aufseher. „Papier und einen Bleistift? Und ein deutsch-russisches Wörterbuch?“

„Für Sie ist das nicht vorgesehen“, bekam ich lapidar zur Antwort.

Erst nach vier Monaten gab man mir Papier, Stifte und ein Wörterbuch. Vielleicht hatte dieses „Entgegenkommen“ damals schon etwas mit den laufenden Verhandlungen zu tun. Triumphierend setzte ich mich zu Richard. „Geht doch“, sagte ich aufmunternd.

„Wie willst du das denn jetzt bitte anstellen?“ Er blickte mich an, als wäre ich nicht ganz klar im Kopf.

„Sag mal ein Wort auf Russisch.“

„Tschelawjéck.“

„Das kann ich mir gut merken. Klingt wie ‚Cello weg‘.“

„Ja, so kann man natürlich auch eine Sprache lernen“, spöttelte Richard.

Ich ging gar nicht darauf ein. „Und nun male mir doch bitte die einzelnen Buchstaben in die Luft, damit ich sie mir vorstellen kann.“

Richard konnte sich meiner Hartnäckigkeit nicht entziehen. Also lehrte er mich von nun an die Grundzüge der russischen Sprache, ja, er entwickelte sogar einen gewissen Ehrgeiz, als er sah, dass ich ihm folgen konnte. Ich glaube, diese geistige Beschäftigung tat uns beiden sehr gut.

Einen Anwalt bekam ich monatelang nicht zu Gesicht, aber ich ahnte, dass irgendwer wie bei Ulrich im Hintergrund wirkte. Nach gut sechs Wochen in Hohenschönhausen wurde mir immerhin wieder erlaubt zu rauchen. Sie ließen für mich ein Gefangenenkonto einrichten, auf dem Gelder eingingen. Mit den Gutschriften konnte ich Zigaretten bestellen, die mir in die Zelle gebracht wurden. Wie das genau verrechnet wurde, wusste ich nicht, und es war mir auch egal – Hauptsache ich hatte wieder Rauchwaren und Streichhölzer. Mit den abgebrannten Enden der Streichhölzer konnte mir Richard die russischen Buchstaben auf unseren Zellentisch malen. Auf diese Weise lernte ich eine Vokabel nach der anderen. Bekam ich nach meiner Haftzeit eine russische Zeitung in die Hand, konnte ich diese zumindest so weit lesen, dass ich den groben Inhalt verstand. Richard brachte mir auch russische Volkslieder bei, darunter „Ich lieb dich, Leben". Der lebensbejahende Inhalt war so schmerzhaft und tröstlich zugleich und der Kontrast zu unserem „Leben" so groß, dass dieses Lied uns manchmal Tränen in die Augen trieb.

Meinem Vater und meiner Mutter durfte ich einen nichtssagenden Brief schreiben, denn es war mir nicht erlaubt, darin die Haftbedingungen zu erwähnen, sonst wäre er sofort konfisziert worden.

Aber das Lernen russischer Vokabeln füllte nicht einmal ansatzweise die vielen freien Stunden.

„Wir müssen uns noch mit irgendetwas anderem beschäftigen, sonst werden wir hier noch verrückt. Kannst du Schach spielen?"

Mein Zellenmitbewohner nickte, blickte mich aber wieder mal irritiert an.

„Wir brauchen ein Schachbrett."

„Witzbold", bemerkte Richard.

„Der Tisch!", rief ich. „Wir müssen nur irgendwie Schwarz-Weiß-Felder hinkriegen. Ich habe auch schon eine Idee: Mit den abgebrannten Enden der Streichhölzer ziehen wir auf dem Tisch Striche. Die Felder müssen ja nicht vollkommen schwarz sein, es reicht eine Andeutung, oder?"

Richard war beeindruckt, dann aber kräuselte sich seine Stirn: „Verstehe. Aber wir haben keine Spielfiguren."

„Tja", sagte ich, während ich mich in der Zelle umschaute. Mein Blick blieb an unseren Matratzen hängen. Sie wurden mit Kordeln und durchlöcherten Knöpfen zusammengehalten. Die Kordeln, so hofften wir, mussten ausreichen, damit die Matratze nicht auseinanderfiel, die Knöpfe trennten wir durch endloses Drehen einfach ab. Zum Glück gab jede Matratze einen Satz von sechzehn Figuren her.

„Du hast mutwillig Gefängniseigentum zerstört", bemerkte Richard mit gespieltem Ernst.

Ich grinste. Mit den abgebrannten Streichhölzern markierten wir anschließend die schwarzen Figuren und kennzeichneten sie mit einem entsprechenden Zeichen. K für König, D für Dame, T für Turm usw. Für die weißen Figuren schmierten wir etwas von unserer kalkigen Zahnpasta auf die Knöpfe und markierten sie erneut mit den Streichhölzern. Aufregende Partien waren es nicht, aber darauf kam es auch nicht an. Hauptsache wir waren mit etwas befasst, was uns von dem ablenkte, was an niederschmetternden Gedanken in unseren Köpfen herumgeisterte.

Nachdem man uns zweimal das Spiel konfisziert hatte, war es vorbei mit unserem Hobby. Ein kleiner Ersatz wurden die Bücher, die ich schließlich nach vielen Wochen lesen durfte. Nicht immer waren sie ein großer Gewinn. In ihnen ging es häufig um den Aufbau des Sozialismus oder die glorreiche Kollektivierung der Landwirtschaft in Kolchosen und LPGs. Da ich keine Alternativen hatte, verschlang ich nichtsdestotrotz gierig jede Zeile.

Geschäfte im Hintergrund

Heute geht's woandershin", knurrte der diensthabende Wachmann eines Morgens Anfang November, als er mich aus der Zelle holte. Wie üblich liefen wir über den Flur Richtung Verhörtrakt.

„Wohin denn?", fragte ich überrascht.

„Das werden Sie schon sehen."

Der Raum, in den ich geführt wurde, war größer als der von Leutnant Bergmann. Die weißen Gardinen leuchteten geradezu vor den vergitterten Fenstern, die von bunt bedruckten Vorhängen eingerahmt waren. Auf einem kleinen Schrank stand sogar ein Fernseher.

„Na, wollen Sie mit mir mal die Nachrichten sehen?", fragte der Major mit gespielter Lässigkeit.

Was ist denn jetzt los?, überlegte ich fieberhaft. Der Major hatte mich wohl kaum ohne Hintergedanken zu sich „eingeladen". Das hier war doch ein Trick. Nur was für einer? Weil mir sonst nichts einfiel, sagte ich schlicht: „Ja, gern."

Der Major mit den listigen Augen strahlte. Er schaltete die Flimmerkiste an, der Leutnant gesellte sich auch noch zu uns, und zur vollen Stunde wurden die DDR-Nachrichten ausgestrahlt, die „Aktuelle Kamera".

Es war eine Wiederholungssendung vom gestrigen Abend, dem 27. November 1966. Ein blasser Sprecher verkündete Nachrichten, die ich nicht sofort verstand. Doch dann wurde ich hellhörig. Er berichtete von einem Regierungswechsel in der Bundesrepublik am 11. November. Die FDP hatte ihre vier Minister aus der Ludwig-Erhard-Regierung zurückgezogen und dadurch eine Regierungskrise ausgelöst. Der größere Koalitionspartner CDU/CSU stellte einen neuen Kanzlerkandidaten. Im dritten Wahlgang setzte sich Kurt Georg Kiesinger durch. Der ehemalige Ministerpräsident von Baden-Württemberg wurde der dritte Kanzler der BRD, gewählt mit den Stimmen der oppositionellen SPD. Die beiden größten Fraktionen im Bundestag schlossen sich zusammen.

Diese erste Große Koalition auf Bundesebene bestand aus einer eigenwilligen Mischung von Politikern, die sich jahrelang bekämpft hatten und jetzt zusammenarbeiten mussten. Franz Josef Strauß wurde Finanzminister, der Sozialdemokrat Schiller war für die Wirtschaft zuständig, Herbert Wehner übernahm das Ministerium für gesamtdeutsche Fragen, und Willy Brandt wurde Vizekanzler und Außenminister. Ich wusste sofort: Das war ein Ereignis von enormer Bedeutung. Diese Wahl würde nicht nur die Bundesrepublik verändern, sie würde sich auch auf die Beziehungen mit der DDR auswirken. Nicht umsonst ließen mich der Major und Leutnant Bergmann diese Sendung anschauen. Instinktiv erfasste ich, was sie dachten: dass durch die SPD eine Annäherung stattfinden könnte. Der Major schaltete den Fernseher aus und sagte unvermittelt: „Wir haben einmal Plakate aufgestellt, darauf stand: ‚Friede für die ganze Welt‘ …“

„Nein“, unterbrach Bergmann, „es hieß: ‚Frieden für die ganze Welt‘.“

Der Major fuhr fort: „Sehen Sie, über die richtige Schreibweise vergessen wir beinahe, wie zentral für unsere Regierung die Friedenspolitik ist, im Gegensatz zu den Revanchisten des Westens. Wussten Sie, dass Kiesinger ein Nazi war?“

Ich wusste es, wusste aber auch um die expansionistische Natur der kommunistischen Ideologie.

Mich verwunderte, dass Bergmann den Major unterbrochen hatte – bis ich darauf kam, dass auch dieses Gespräch eine abgesprochene Inszenierung war. Die beiden uniformierten Männer wollten mir hier etwas über ihre tiefe kommunistische und humanitäre Überzeugung mitteilen. Sie machten ihre Sache verdammt gut, denn ich fragte mich tatsächlich: Wollen sie mir zeigen, wie wenig mir Frieden bedeutet? Oder hoffen sie gar, dass sie mich für ihre sozialistische Friedensidee gewinnen können? Wollen sie, dass ich die Seiten wechsle?

Es wurde nicht weiter erklärt, warum man mich zum Fernsehen eingeladen hatte. „Genug für heute“, sagte der Major. „Der Leutnant wird sich weiter um Sie kümmern.“

Bergmann rief nach dem Schließer. Auf die ganze Episode konnte ich mir nicht so recht einen Reim machen.

IN WESTDEUTSCHLAND liefen die Bemühungen um meine Freilassung inzwischen auf Hochtouren. Hauptakteur beim Austausch oder Freikauf von Gefangenen im Auftrag des Ministeriums für gesamtdeutsche Fragen war auf Bonner Seite wie gesagt der Westberliner Rechtsanwalt Jürgen Stange, der ein Verhandlungs-, aber kein Abschlussmandat besaß. Stanges Gegenüber war der Ostberliner Anwalt Wolfgang Vogel, der offiziell im Auftrag des Generalstaatsanwalts der DDR agierte.

Auch Vogel konnte allein verhandeln, aber nicht entscheiden, obwohl er Zugang zu Erich Honecker hatte, der damals noch Sicherheitssekretär des Zentralkomitees der SED war. Erst Anfang der Siebzigerjahre stieg er zum Generalsekretär auf. Vogel musste seine Aktionen mit dem Ministerium für Staatssicherheit abstimmen. Natürlich war auch Staatschef Walter Ulbricht als Vorgesetzter von Stasi-Chef Erich Mielke involviert.

Ohne die Doppelspitze Vogel und Stange ging gar nichts. Vogel war für die Verhandlungen zuständig, die Partei erstellte die Namenslisten der freizulassenden Personen. Selbstverständlich hatte auch die westdeutsche Regierung ihre Listen. Und dann bemühte man sich darum, beide Listen in Einklang zu bringen. Manche Namen wurden problemlos abgehakt, aber nicht immer bekamen beide Seiten das, was sie wollten. Bittere Kämpfe wurden da ausgefochten. Man kann ahnen, was Freiheit oder Fortsetzung der Haft für die betroffenen Menschen bedeutet haben müssen. Wussten sie überhaupt von den Verhandlungen?

Größere Streitigkeiten löste zum Beispiel der Fall Heinz Felfe aus. Felfe war geborener Dresdner und hatte das Handwerk der Auslandsspionage im Berliner „Reichssicherheitshauptamt“ der SS gelernt. Nach dem Zweiten Weltkrieg arbeitete er für den Bundesnachrichtendienst, zuletzt als Chef der KGB-Abteilung. Nachdem er jahrelang als Doppelspion gelebt hatte, wurde er als Spion des KGB enttarnt und am 9. November 1961 verhaftet. Er hatte in dieser Zeit vielen Personen geschadet, hatte CIA-Agenten in der DDR und in der UdSSR auffliegen lassen. Felfe wurde zu vierzehn Jahren Zuchthaus verurteilt. Die DDR wollte ihn gleich nach der Verurteilung freikaufen, was die Bundesrepublik jedoch ablehnte. Erst als die DDR Druck machte und damit drohte, die gesamte Freikaufpolitik der BRD ad acta zu legen, ließ man Felfe ziehen. Nicht lange danach erhielt er eine außerordentliche Professur für Kriminalistik an der Humboldt-Universität in Ostberlin.

Felfe spielte aber auch in meinem Fall eine Rolle. Vogel rechnete nämlich damit, dass ich ähnlich wie der Top-Spion zu vierzehn Jahren Gefängnis verurteilt werden würde, und schlug deshalb der Regierung in Bonn über Jürgen Stange vor, mich gegen Felfe auszutauschen. Die bundesrepublikanische Seite reagierte auf diesen Vorschlag empört. Felfe habe massenweise Leute ans Messer geliefert, das könne man nicht miteinander vergleichen. Die Argumentation: Heinz ist ein Idealist, Felfe hingegen ein skrupelloser Doppelspion. Nein, das kam nicht infrage.

Jürgen Stange beherrschte sein Handwerk. 1963 hatte er den allerersten Häftlingsfreikauf organisiert und mit durchgeführt. Mit der vereinbarten Summe war er mit der S-Bahn von der Lehrter Straße zur Friedrichstraße gefahren, wo der Stasi-Offizier Heinz Volpert – der Führungsoffizier von Vogel – das Geld an sich genommen hatte. Als Gegenleistung erhielt Stange den „Häftling", mit dem er gemeinsam in der S-Bahn zurück nach Westberlin reiste. Später fanden keine Barzahlungen mehr statt, sondern es wurden Gutschriften ausgestellt. Die DDR verwandte die Gutschriften zum Kauf von Gütern, die sie dringend brauchte. Von seltenen Metallen über Computer bis hin zu bestimmten Geldbeträgen und Krediten war alles dabei. Auch hier hatte der Stasi-Oberst Heinz Volpert eine tragende Rolle. In das Geschäft mit begehrten Waren war aber auch die Evangelische Kirche involviert. Sie sorgte für einen reibungslosen Transfer der Gelder, die aus geheimen Fonds des Bundeshaushalts stammten.

Vogels Ansprechpartner waren vornehmlich Mielke, der DDR-Generalstaatsanwalt Josef Streit und Volpert, später auch Honecker. Volpert war die Schlüsselfigur des Häftlingsaustauschs. Er war Erich Mielke direkt unterstellt und soll mitentschieden haben, wer freigekauft werden durfte – und zu welchem Preis. Zusammen mit dem Wirtschaftsfunktionär Alexander Schalck-Golodkowski verfasste er über diese Tauschgeschäfte eine Doktorarbeit. Titel: „Vermeidung ökonomischer Risiken und Erwirtschaftung zusätzlicher Devisen". 1986 starb er unter mysteriösen Umständen, er wurde tot in der Sauna in seinem Berliner Eigenheim aufgefunden.

DDR-Generalstaatsanwalt Josef Streit war der Vorgesetzte aller Staatsanwälte der DDR und sehr linientreu. Dritter im Bunde war Mielke selbst.

Vogel und Stange arbeiteten natürlich sehr eng zusammen, wobei Vogel die ungleich schwierigere Aufgabe hatte, da er sich keinen Ärger vonseiten des Parteiapparats zuziehen durfte. Er musste extrem diskret vorgehen. Als Vogels Vorschlag, Volker Heinz gegen Heinz Felfe auszutauschen, nicht akzeptiert wurde, ließ sich der DDR-Anwalt davon in keiner Weise beirren. Er gab einfach die Androhung seiner Regierung weiter nach Bonn und wartete auf eine Reaktion. Und der massive Druck zeigte Wirkung, denn es standen die ohnehin zähen Verhandlungen über die zweiten Passierscheinvereinbarungen auf dem Spiel. Deshalb wurde weiter gepokert.

Vogel erreichte letzten Endes tatsächlich, dass Felfe freikam – 1969, als Brandt zusammen mit den Liberalen eine Koalition einging. Es wundert mich nicht, dass Felfe erst zu dieser Zeit freikam und ausgetauscht wurde. Unter den Hardlinern der CDU/CSU wäre das nicht passiert. Sie waren ja auch massiv gegen die Ostpolitik. Und so zeigte sich für mich im Nachhinein deutlich, wie sehr der Häftlingstausch an aktuelle politische Konstellationen geknüpft war und dass die Freiheit einer Person davon abhing, ob es aus politischer Sicht die bestmögliche Zeit zum Tausch war oder nicht. Die Gefangenen wurden so zu einer zentralen Ressource innerhalb der deutsch-deutschen Diplomatie.

„Los“, hieß es kurz nach meinem Fernsehbesuch bei dem Major. „Ihr zieht in eine andere Zelle um.“

Ohne Begründung wurden wir in eine Dreierzelle verlegt, die merklich größer war. In dieser Zeit lernten wir erst richtig zu schätzen, wie viel Glück wir bisher hatten. Auch wenn wir nicht viel miteinander sprachen, kamen wir doch gut miteinander aus. Dass das im Gefängnis nicht selbstverständlich war, lernte ich spätestens, als wir zunächst die Ehre mit einem verrückten ehemaligen Moïse-Tschombé*-Söldner aus Dresden hatten, der gern frauenfeindliche Sprüche vom Stapel ließ und eine sadistische Freude daran hatte, uns zu ekeln. Der Gipfel war für mich erreicht, als er mir eines Nachts einfach so auf meine Füße pinkelte. Ich machte einen Riesenaufstand – und wurde tatsächlich erhört. Der Mann musste unsere Zelle verlassen.

Nach dem Auszug des Fußpinklers wurde uns ein Italiener zugeteilt, den ich Giovanni nannte. Er hatte schöne schwarze Haare und war eher von schmaler Statur. Er war unglaublich melancholisch, denn er hielt sich für einen verkannten Poeten, wie er uns bald eröffnete. Da ich kein Italienisch sprach und Giovanni nur gebrochen Deutsch, unterhielten wir uns auf Französisch.

„Wieso bist du hier?“, fragte ich Giovanni.

„Na ja“, erklärte er. „Das ist eine etwas komplizierte Geschichte. Als Ausländer bin ich über den Checkpoint Charlie in die DDR gereist, und

* Moïse Tschombé war ein kongolesischer Politiker.

mein Hobby ist es, Gedichte zu schreiben." Er sprach immerzu von *„ma poésie"*.

„Das ist doch kein Verbrechen." Ich war neugierig geworden.

Es folgte eine längere Erklärung: „Ich war in einem Lokal in Ostberlin und arbeitete den ganzen Tag voller Freude an ma poésie – und am Abend ging ich wieder zurück über die Grenze. Drüben bemerkte ich, dass ich mein Buch mit den Gedichten im Lokal hatte liegen lassen. Ich kehrte also um, und den Grenzern in der Baracke sagte ich: ‚Ich muss zurück, ich habe in einer Gaststätte meine Poesie vergessen.'"

„Und die haben dich dann ausgelacht und wieder zurückgeschickt?"

„Genau." Giovanni fuhr fort: „Ich war so wütend über den Verlust, dass ich in der Nacht auf die Mauer kletterte und von dort auf der anderen Seite wieder hinunter. Vorher hatte ich mir noch eine Leiter organisiert. Ich wurde auf der anderen Seite sofort verhaftet."

Ich war sprachlos. Das konnte eigentlich nicht sein Ernst sein. Nachdem ich ihm die Geschichte übersetzt hatte, warf Richard mir einen Blick zu, der besagte: Tickt der noch richtig?

SCHON DIE ERHARD-REGIERUNG hatte Bemühungen unternommen, jährlich eine bestimmte Anzahl von Häftlingen freizubekommen. Dies geschah in sogenannten Jahresaktionen. Im Nachhinein erfuhr ich, dass ich Teil der Jahresaktion 1966 werden sollte – sie lief von September bis Weihnachten –, doch dann war der Zeitpunkt doch ungünstig, zumal der Strafprozess, für die DDR eine unabdingbare Vorbedingung für eine Entlassung, noch nicht abgeschlossen war. Die DDR hatte auch schon früh erkannt, dass es von westdeutscher Seite ein besonderes Interesse an mir gab, und da hatte man sich gedacht: Den können wir zu besseren Bedingungen verkaufen. Andernfalls wäre ich wie viele andere in einer „Sammelaktion" mit einem Bus über die Grenze gekommen. Aber so war ich ein interessantes Pfand und wurde zu einem „Spezialfall". Das erklärt auch, warum später meine Strafe so hoch ausfiel. Sie lag nämlich im Bereich von Hochverrat und Schwerverbrechen, schließlich mussten Leistung und Gegenleistung sich entsprechen, und an der Schraube der Straflänge konnte man leicht drehen.

WÄHREND ich mich also von meinem italienischen Zellengenossen in Poesie unterrichten ließ, wurde in Ostberlin und Bonn bereits heftig darüber diskutiert, wie nun mit mir zu verfahren sei. Dass diese Diskussionen jedoch schon bald zu Ergebnissen führen sollten, davon ahnte ich zu diesem Zeitpunkt nichts.

Ein Hoffnungsschimmer

Anfang 1967 machten meine Eltern Urlaub in Garmisch-Partenkirchen. Vogel und Stange hielten sich beide in München auf, eine gute Möglichkeit, um sich in der bayerischen Landeshauptstadt mit meinen Eltern zu treffen. Stange berichtete mir nach meiner Freilassung von diesem Treffen.

Mein Vater war angespannt und neugierig. In den Augen meiner Mutter glitzerten die meiste Zeit Tränen.

Vogel wandte sich zuerst an meinen Vater: „Herr Heinz, es laufen Verhandlungen, die Ihren Sohn betreffen."

„Ja, das höre ich immer wieder. Aber was das genau heißt, weiß ich immer noch nicht." Die Warterei zehrte an der Geduld meines Vaters. „Schon seit Wochen sagt man mir nichts Neues – kann man denn da nichts forcieren?" Meinem Vater gefiel es nicht, dass er nichts tun konnte, sondern er sich dem, was die Anwälte taten – oder eben nicht taten –, beugen sollte.

„Bevor der Prozess Ihres Sohnes nicht läuft", erklärte Vogel nüchtern, „können wir ihn nicht aus Hohenschönhausen rausholen. Wir müssen erst das Strafmaß abwarten. Sie sollten im Interesse Ihres Sohnes bitte jegliche Eigeninitiative unterlassen."

Mein Vater seufzte und nickte. Er tat viel für mich – ganz einfach deshalb, weil er mich trotz meiner vielen Eskapaden liebte. Im tiefsten Innern seines Herzens war er ein warmherziger Mensch, konnte dies aber nicht zeigen.

„Und wie lange dauert es etwa, bis meinem Sohn der Prozess gemacht wird?"

„In der Regel rund fünf Monate." Vogel zögerte einen Moment. „Leider wird es bei Ihrem Sohn wohl etwas länger dauern. Wenn er nur einem oder zwei DDR-Bürgern zur Flucht verholfen hätte, dann wäre die Sache halb so schlimm. Aber es geht um über sechzig Personen, und es geht um die angewandte Methode, um den Einsatz eines Diplomaten. Das ist eine völlig andere Dimension, die kann man nicht einfach ignorieren und so tun, als wäre das nur ein Dummer-Jungen-Streich."

Wieder schwammen Tränen in den Augen meiner Mutter.

Beim Abschied meinte Vogel: „Glauben Sie mir, es sind gute Nachrichten, die wir Ihnen mitgebracht haben."

Mein Vater musste für meinen Freikauf nichts bezahlen. Anders als die Bundesregierung, aber wie viel, habe ich nie erfahren. Nach den

Andeutungen, die Vogel später mir gegenüber gemacht hat, lag der Preis für meine Freilassung – neben einem weiter verabredeten Freitausch gegen zwei KGB-Spione – deutlich über dem Normaltarif. Mehr konnte ich nicht in Erfahrung bringen.

INZWISCHEN war es März geworden. 1967. Erst verschwand Richard aus der Zelle, kurze Zeit später auch Giovanni. Ich sah beide nie wieder. Ich wurde in einer Einzelzelle untergebracht. Meine Depressionen hatte ich mittlerweile im Griff, aber natürlich war es immer noch schwer vorstellbar, was für eine lange Zeit noch vor mir lag. Ich hatte nicht damit gerechnet, aber dann, nach fast sechs Monaten Untersuchungshaft, fand eine erste kurze Begegnung mit Wolfgang Vogel statt, eine zweite folgte Anfang Juni. Zu beiden Terminen wurde ich in einem der Gefangenentransporter in die Magdalenenstraße gebracht.

Ein Anwalt, dachte ich begeistert, endlich ein Anwalt. Mein Herz lief geradezu über vor Freude in fieberhafter Erwartung eines ersten offenen Gesprächs seit Monaten.

In der Haftanstalt Magdalenenstraße führte man mich in einen dieser kahlen Räume, die ich mittlerweile gewohnt war.

„Setzen Sie sich an den Tisch!“, befahl mir ein Wärter und wies demonstrativ auf einen Stuhl, ein zweiter stand auf der anderen Seite.

Der Wärter blieb an der Tür stehen, wobei er mich keine Sekunde lang aus den Augen ließ. „Hände auf den Tisch!“, befahl er.

Ich blickte mich um. Der Raum war gelblich braun gekalkt. Bis auf den Tisch und die beiden Stühle war er vollkommen leer. Ich starrte auf den Tisch mit einer schmutzig grauen Resopalplatte. Dann: ein Klopfen. Der Schließer klapperte mit seinem Schlüsselbund. Als die Tür aufging, sah ich aus den Augenwinkeln einen etwa 1,75 Meter großen, untersetzten Mann mit einem feingeschnittenen Gesicht und großer Brille eintreten. Sein Haar wurde im oberen Kopfbereich schon leicht schütter. Er trug einen Anzug aus gutem Stoff, der Krawattenknoten saß perfekt, unter den Arm hatte er eine Aktentasche geklemmt. Er sah ganz so aus, wie man sich einen Anwalt vorstellt. Ich schätzte, dass er zwanzig Jahre älter war als ich (es war keine schlechte Schätzung, es waren achtzehn). Insgesamt machte er sofort einen guten Eindruck auf mich. Ein eher stiller Mensch.

Als er den Besucherraum betrat, den Wärter im Rücken, legte er den Zeigefinger auf die Lippen und deutete mit den Augen an die Decke. Klar. Wir wurden abgehört. Wieso hatte ich nicht daran gedacht? Enttäuschung machte sich breit. Ein offenes Gespräch konnte ich vergessen.

„Guten Tag. Sie sind mein Anwalt?“, begrüßte ich ihn.

„Ja“, bestätigte Vogel. Er hatte eine freundliche, angenehme Stimme. „Vogel ist mein Name, und Sie sind Volker Heinz?“

Ich nickte.

In aus rechtsstaatlicher Sicht etwas zweifelhafter Weise vereinte Wolfgang Vogel viele Rollen in seiner Person, denn er war nicht nur mein Anwalt, sondern gleichzeitig auch im Dienst des Staates tätig, der die Strafverfolgung betrieb. In dieser Funktion war er ein Lieferant, der politische Gefangene im Angebot hatte. Überspitzt könnte man sagen: menschliche Erleichterung gegen harte D-Mark. Aber es war damals eben eine Ausnahmesituation. Als Wolfgang Vogel 2008 starb, schrieb die *FAZ* in ihrem Nachruf: Er „war einer der wenigen Menschen, die in der Zeit des Kalten Krieges den Traum von der Freiheit verwirklichen konnten. Er war die letzte Hoffnung für viele Ausreisewillige aus der DDR und auch für einige Spione.“ So hatte ich es ebenfalls gesehen, und ich hatte ihn immer verteidigt, wenn man seine Geschäfte als schmutzig befunden hatte.

Vogel war seit seinem zweiten Staatsexamen in Ostberlin tätig, drei Jahre später hatte er auch eine Zulassung als Anwalt in Westberlin. Danach verhandelte er mit der Bundesregierung in Bonn den Freikauf von 33 000 Häftlingen aus DDR-Gefängnissen und die Übersiedlung von mehr als 250 000 DDR-Bürgern in den Westen. Bei den ausgetauschten Spionen soll sich die Zahl auf insgesamt 150 Fälle belaufen. 1985 erhielt Vogel (wie Felfe) eine Professur an der SED-Kader-Hochschule für Recht und Verwaltung. Nach der Wende wurde er selbst angeklagt, man warf ihm vor, er habe Bürger der DDR unter Druck gesetzt, ihre Häuser bei einer Ausreise an entsprechende Personen aus dem Parteiapparat zu verkaufen. Sein Freispruch wurde von seinen Freunden und Bewunderern mit großer Erleichterung begrüßt.

DAS GESPRÄCH dauerte höchstens zehn Minuten. Vogel teilte mir mit, wann der Prozess voraussichtlich stattfinden würde. Es waren noch mehrere Monate bis zum Termin.

„Und was erwartet mich dann?“, fragte ich etwas entmutigt.

„Nun, Sie haben mit einer erheblichen Freiheitsstrafe zu rechnen“, erwiderte er ernst. „Ich versuche selbst zu der Verhandlung zu kommen, aber es kann gut sein, dass ich meinen Kollegen Dr. Berg schicken muss. Doch es gibt Hoffnung.“

Meine Augen blitzten auf. „Was für eine Hoffnung?“

Wieder legte Vogel die Finger auf die Lippen. „Das kann ich Ihnen nicht sagen“, flüsterte er. „Und Sie haben diese Äußerung auch nicht gehört. Verstanden?“

DIE NÄCHSTEN WOCHEN verbrachte ich einsam in meiner Zelle. Ich las viel, lernte weitere russische Vokabeln, rannte so oft es ging im Freigangkäfig umher. Wurde ich von düsteren Gedanken überwältigt, schob ich den drohenden Depressionen einen Riegel vor. Aber es gibt Hoffnung. Die Erinnerung an diesen einen Satz richtete mich auf.

Erst gut zwei Monate später, Anfang Juni, gab es ein zweites Treffen mit Vogel, am selben Ort, im selben Raum.

„Ihr Prozess ist in zwei, drei Wochen", sagte Vogel. „Wir machen große Fortschritte. Es geht bald los."

In meinen Ohren, die nur Gutes hören wollten, konnten „große Fortschritte" nur etwas Positives bedeuten. Ich war mir sicher – es sollte bedeuten: Du musst zwar vor Gericht, aber wir haben etwas in der Hand. Nur was, das wusste ich nicht.

Wenig später verließ Vogel den Raum, und ich wurde wieder in Handschellen zurück nach Hohenschönhausen gebracht.

Die Tage bis zum Prozess zogen sich nun endlos in die Länge. Waren nicht schon vier Wochen vergangen, seitdem ich Vogel das letzte Mal getroffen hatte? Nein, es kam mir nur so vor, es war erst sieben Tage her. Die Zeit war der schlimmste Feind in der Zelle.

WÄHRENDDESSEN ging es auch in Bonn vorwärts. Man hatte sich entschieden, gegen wen man mich rausholen wollte. Am 16. Juni 1967 teilte Rechtsanwalt Stange der Bundesregierung in einem Schreiben an Ministerialrat Rehlinger mit:

> … Im Falle einer Begnadigung des in der Strafanstalt Bochum einsitzenden Clemens hat sich die Gegenseite bereit erklärt, den Studenten Volker Heinz bis spätestens Ende Juli zu entlassen.

Mein Fall wurde also auf eine Weise doch mit Heinz Felfe verknüpft. Hans Clemens war Felfes enger Mitarbeiter, KGB-Spion wie Felfe. Er war in der Bundesrepublik zu zehn Jahren Haft verurteilt worden. Vogel reagierte auf das Angebot seitens der DDR mit einem Schreiben vom 20. Juni an Jürgen Stange:

> In dieser Sache haben wir mehrfach verhandelt. Ich bin nun ausdrücklich autorisiert worden, Ihnen mitzuteilen: 1. Herr Heinz wird in der ersten Julihälfte unter der Voraussetzung nach Westberlin oder in die Deutsche Bundesrepublik (nach Wahl Ihrer Seite) entlassen, daß Herr Hans Max Clemens spätestens Zug um Zug zur Entlassung gelangt. 2. Die Ihnen bereits bekannten 15 Mittäter im Sachkomplex des Herrn

> Heinz werden im Verlauf der Aktion 1967 entlassen. Die Verfahren sind größtenteils noch nicht abgeschlossen. 3. Meine Seite erklärt sich ausschließlich deswegen einverstanden, weil dieses Arrangement geeignet sein sollte, den Fall Felfe noch im Jahre 1967 einer beiden Seiten gerecht werdenden Lösung näher zu bringen. Die Hauptverhandlung gegen Herrn Heinz findet am 27. VI. 1967 vor dem Stadtgericht von Groß-Berlin, Justizgebäude Littenstraße, Saal 395, statt. Der Sachkomplex ist sehr umfangreich. Mehr als 30 Schleusungen sind gelungen. Es hat diplomatische Verwicklungen gegeben. Da über die Begnadigung des Herrn Heinz durch den Herrn Staatsratsvorsitzenden entschieden werden muß, wird eine Vorbereitungszeit von 10 Tagen benötigt. Daher erbitte ich Ihre alsbaldige Stellungnahme.

Ohne dass ich einen blassen Schimmer davon hatte, wurden im Hintergrund deutsch-deutsche Fäden gezogen. Neben Clemens wurde zudem noch ein weiterer KGB-Spion gegen meine Freilassung ausgetauscht. Der Name des zweiten Spions ist mir bis heute nicht bekannt.

Der Scheinprozess

Volker Heinz ist zur Fluchthilfe verführt worden. Er wurde zum Werkzeug des Klassenfeindes …" Vogels Kollege, Dr. Berg, vertrat mich während der Gerichtsverhandlung am 27. Juni 1967. Berg war ein älterer Herr mit grauen Haaren in einem grauen Anzug. Er bemühte sich aufrichtig, die lange Liste der Fluchtaktionen in einem besseren Licht erscheinen zu lassen. Aber was konnte er schon zu meiner Verteidigung vortragen? Ein schlimmeres Verbrechen war in der DDR politisch gesehen kaum denkbar.

Prozessort war das heutige Landgericht in der Littenstraße in Berlin-Mitte. Damals waren in dem imperialen Gebäude aus der Wilhelminischen Zeit das Oberste Gericht, die Generalstaatsanwaltschaft der DDR und das Stadtgericht von Groß-Berlin untergebracht.

In einem Auto, das aussah wie ein aufgebauschter Trabi, hatte man mich zum Gericht gefahren. Die Fahrt dauerte meinem Empfinden nach nicht länger als zwanzig Minuten. Der Prozess sollte um 8.30 Uhr beginnen.

Ich wurde durch einen der beiden Nebeneingänge geführt und betrat dann, bewacht von zwei Schließern, eine imposante Halle, von der aus Treppen hinauf in eines der oberen Stockwerke führten. In Begleitung der beiden Männer stieg ich die Stufen nach oben, gefesselt war ich aber nicht.

Ich trug meine Gefängniskleidung. Ich hatte eigentlich gehofft, man würde mir für den Prozess meine Zivilkleidung zurückgeben. Doch das war leider nicht eingetroffen.

1992, also rund 25 Jahre später, kehrte ich nach längerer anwaltlicher Tätigkeit in London nach Berlin zurück. Meinen ersten Zivilprozess führte ich in anwaltlicher Robe in genau diesem Landgericht, das damals, wenige Jahre nach der Wiedervereinigung, noch weitgehend unrenoviert war und dementsprechend kaum anders aussah als während meiner Verhandlung. Ich fand es erdrückend, diesen Ort zu betreten, in dem ich selbst einmal vor Gericht gestanden hatte. Bestimmt zehn, fünfzehn Jahre dauerte es, bis sich dieses eigentümliche Gefühl verlor.

NACH unendlich vielen Treppen erreichten wir den dritten Stock, dann betrat ich den Saal, Verhandlungsraum Nr. 395.

„Setzen Sie sich neben Ihren Anwalt!“, befahl man mir und wies mich in Richtung des älteren Herrn in Grau.

Vogel hatte also nicht persönlich kommen können, dachte ich. Schade.

Dr. Berg schüttelte mir die Hand. „Sie wissen, dass Sie verurteilt werden?“, flüsterte er.

„Ja“, antwortete ich. „Ist mir klar. Sie können ja wohl kaum auf Freispruch plädieren.“ Ich lächelte müde.

„Sie sind kein unbescholtener Mann“, sagte er. „Alles, was ich hier sagen werde, dient nur dem Ziel, Gnade vor Recht ergehen zu lassen. Ich werde daher nur mildernde Umstände anführen, also zum Beispiel betonen, dass Sie geständig waren.“

„Ich gehe davon aus, dass Sie sich mit Dr. Vogel abgesprochen haben“, sagte ich und wusste im selben Moment, dass sein Plädoyer kurz ausfallen würde. Und genau so geschah es dann auch. Es war kein besonders überzeugendes Plädoyer. Aber es störte mich auch nicht. Ich baute ohnehin nur auf Vogels vage Bemerkungen.

Alle erhoben sich, als der Richter den Saal betrat. Ich schätzte ihn auf gut sechzig. In dieser hohen Position konnte er nur ein treuer Parteisoldat sein. Neben ihm saßen zwei Schöffen, eine brünette Frau in den Vierzigern, die von Beruf Dreherin war, und ein Industriekaufmann in den Fünfzigern mit sehr kurz geschnittenen blonden Haaren. Beide stellten keine Fragen, schüttelten immer nur bedenklich ihre Köpfe. Nein, also wirklich, wie konnte man nur Menschen aus ihrem Arbeiterparadies schleusen!?

Der Richter war allerdings auch nur eine Schachfigur, die entscheidenden Personen waren die Staatsanwältin und der Vertreter des MfS. In meiner Gerichtsakte fand ich später einen Vermerk der Staatssicherheit, welche Strafhöhe sie „empfehlen“ würde. Wenn das MfS etwas empfahl, konnte man sich vorstellen, was das konkret bedeutete. Da war es nicht ratsam, das Strafmaß zu unterschreiten – erst recht nicht, wenn man als Staatsanwältin Karriere machen wollte. Beim Auftritt der jungen Frau gewann ich genau diesen Eindruck.

Der Prozess begann. Aufgrund meines Geständnisses, so wurde hervorgehoben, wisse man, dass ich im Dezember 1965 mit der Schleuserorganisation Fuchs in Verbindung getreten sei und in der Folgezeit bis September 1966 im Auftrag dieser Organisation an der Schleusung von über sechzig Personen mitgewirkt hätte. Es hieß weiter, ich hätte weder zu USA-Geheimdienststellen noch zu den syrischen Konsulatsmitarbeitern Kontakt aufgenommen. Auch hätte ich kein Geld für meine Tätigkeiten genommen. Alle von mir geschleusten Personen seien von der Organisation Fuchs ausgesucht worden, lediglich die Schleusung einer Arztfamilie sei auf meine eigene Initiative zurückgegangen.

Alles lief in etwa so ab, wie ich es erwartet hatte. Doch dann geschah etwas Ungewöhnliches.

Der Richter legte mir ein Foto vor. „Kennen Sie den Mann?"

Wie oft war ich das schon gefragt worden, wie oft hatte man mir diese Aufnahme gezeigt: es war wieder einmal die von Heiko Neumann.

„Nein, diesen Mann kenne ich nicht", gab ich zur Antwort. Unzählige Male hatte ich schon geleugnet, diesen Fluchthelfer zu kennen. Dabei wollte ich auch bleiben.

Auf einen Wink des Richters hin ging die Saaltür auf. Ich traute meinen Augen nicht – Heiko Neumann wurde in den Gerichtssaal geführt.

„Kennen Sie den Angeklagten Volker Heinz?", fragte der Richter, an Heiko Neumann gewandt, ein siegessicheres Grinsen im Gesicht.

„Ja", sagte Neumann. Mehr nicht.

Während Heiko wieder aus dem Saal geführt wurde, kam natürlich die Frage: „Und, kennen Sie Heiko Neumann jetzt? Oder wollen Sie bei Ihrer Aussage bleiben?"

Es war eine gespenstische Szene. Resigniert sagte ich: „Ich sehe keinen Grund, dies weiterhin zu bestreiten."

Wer hätte mir in dieser Situation helfen können? Vielleicht hätte Berg versuchen können, Gründe für mein bisheriges Leugnen mit der Bitte um Verständnis anzuführen, aber offensichtlich war er auf diese Wendung ebenso wenig vorbereitet wie ich selbst.

Sechs Jahre nach meiner Freilassung traf ich Heiko Neumann ganz zufällig wieder. Er saß in einem Restaurant in Berlin, und da er allein war, setzte ich mich zu ihm. Zuerst wussten wir beide nicht, was wir sagen sollten, waren verlegen. Der Grund dafür war, dass wir beide ein schlechtes Gewissen hatten. Heiko, weil er mich zu kennen offenbart hatte, ich, weil er im Gegensatz zu mir die fünf Jahre, zu denen er verurteilt worden war, bis auf den letzten Tag hatte absitzen müssen. Er war bei dieser Begegnung gerade erst seit einem Jahr wieder in Freiheit.

„Es tut mir leid“, sagte ich schließlich.

„Mir auch“, gab er ohne zu zögern zurück.

„Nach meinem Rechtsempfinden gab es keinen Grund dafür, dich nicht freizukaufen.“

Heiko zuckte nur mit den Schultern. Es war ihm anzusehen, wie schmerzhaft noch alles für ihn war. Die Bundesrepublik hatte ihn nicht freikaufen wollen, weil er nach damaliger Gesetzeslage eine Straftat begangen hatte. In bedrückter Stimmung verabschiedeten wir uns. Wir sahen uns nie wieder.

NACH dem knappen Plädoyer von Dr. Berg zogen sich die Richter zur Beratung zurück. Mir war klar, dass die Einschätzung meines Anwalts, ich sei kooperativ gewesen, durch die Szene mit Neumann erschüttert war. Die Minuten bis zur Urteilsverkündung erschienen mir wie eine Ewigkeit.

„Wie lange wird das dauern?“, fragte ich Dr. Berg.

„Nach meiner Erfahrung höchstens zwanzig Minuten.“ Dann sagte Dr. Berg: „Und was ich Ihnen noch raten möchte: Legen Sie keine Berufung ein. Das würde die Dinge nur unnötig verzögern.“

Ich stutzte. Was meinte er mit „verzögern“? Zum ersten Mal gestattete ich mir diesen Gedanken: Meinte er meine mögliche baldige Freilassung? Natürlich konnte ich nicht offen sprechen und sagte deshalb nur: „Das haben Sie sicher mit Herrn Vogel abgesprochen?“

„Ja, ganz genau.“ Dr. Berg sah mich wissend an.

Die Richter und die beiden Beisitzer traten ein. Ich erhob mich zur Urteilsverkündung. Neumann sollte jedoch nicht die einzige Überraschung in diesem Prozess bleiben. Vogel hatte mich schon auf eine recht hohe Haftstrafe hingewiesen, aber was nun folgte, war doch ein Schock. Wegen „fortgesetzter Verleitung von Personen zum illegalen Verlassen der Deutschen Demokratischen Republik nach § 21 Abs. 1 Ziff. 1 StEG“ wurde ich zu einer Zuchthausstrafe von zwölf Jahren verurteilt.

Zwölf Jahre? Ich war fassungslos. Die Hälfte meines bisherigen Lebens hinter Gittern. Unwillkürlich begann ich zu rechnen. Also erst mit 36 Fortsetzung meines Studiums. Träumte ich? Stopp. Sofort riss ich mich wieder zusammen. Ruhe bewahren, nicht zu viel nachdenken. Ich klammerte mich förmlich an Vogels Worte. Es durfte einfach nicht sein, dass ich mich getäuscht hatte.

Nachdem der Richter geendet hatte, gab Dr. Berg zu Protokoll, dass ich auf eine Berufung ausdrücklich verzichtete. Damit war die Verhandlung geschlossen. Anderthalb Stunden hatte sie insgesamt gedauert. Eine einzige Farce.

Nach der Urteilsverkündung wurde ich wieder in meine Zelle gebracht. Routine! Routine! Routine! Unentwegt kreiste dieses Wort in meinem Kopf herum. Die gesamte Verhandlung war reine Routine gewesen, eine Art Schauprozess ohne Publikum. Wie viel Angst musste die DDR haben, die Präsenz ihrer eigenen Bürger derartig zu scheuen! Ich war so aufgewühlt wie lange nicht mehr, suchte nach einem Ventil für die Wut, die Anspannung und die Enttäuschung. Doch wer sollten die Adressaten dieser Gefühle sein? Die Wärter, der Major, der Leutnant? Nein. Nicht ein Schrei, nicht ein Fluch kam über meine Lippen. Ich dachte nur mit voller Konzentration an Vogels Worte.

Anwerbeversuche

Ich saß wie jeden Tag an meinem Holztisch in der Zelle und lernte russische Vokabeln, aber ich konnte mich kaum konzentrieren.

Wieso passiert denn nichts?, dachte ich, als ich meinen Blick von meinem Vokabelheft hob und das bekannte Muster der Glasbausteine anstarrte. Zwei Wochen waren seit dem Prozess vergangen, und nichts hatte sich ereignet, was darauf hindeuten würde, dass ich Vogels Worte richtig interpretiert hatte. Hatte ich mich getäuscht? Hatte ich mich naiv an eine Hoffnung gekrallt, die es gar nicht gab? Furchtbare Zweifel stiegen in mir hoch, schnürten mir die Kehle zu. In den vergangenen Nächten war ich mehrmals schweißgebadet aufgewacht, hatte mich wieder und wieder an den genauen Wortlaut zu erinnern versucht. Ich hatte in meinem Leben oft auf meinen Instinkt vertraut – wurde mir das nun zum Verhängnis? Nein, es durfte nicht sein. Ich schob den Gedanken mit voller Kraft beiseite, was mich große Anstrengung kostete.

Laut sagte ich zu mir selbst: „Volker, sieh es ein, es hat einfach nicht geklappt."

Während ich meinen düsteren Gedanken nachhing, drehte sich der Zellenschlüssel im massiven Schloss. Außerhalb der Routine.

Als ich aufblickte, sah ich zwei Männer im Türrahmen stehen, die fast so aussahen wie die Lederjacken. Sie waren Ende dreißig, Anfang vierzig und eindeutig Offiziere im Dienst der Staatssicherheit. Wach und intelligent sahen sie sich in der Zelle um.

Ich erhob mich von meinem Platz. Mein Puls ging in die Höhe. Was wollten die von mir? Alle möglichen Gedanken rasten in meinem Kopf herum, bis hin zu der Befürchtung, dass sie mich vielleicht foltern wollten.

Aber nein, Irrtum. Geradezu überfreundlich begrüßten sie mich.

„Guten Tag, Herr Heinz, entschuldigen Sie den Überraschungsbesuch. Sie kennen uns vermutlich nicht?"

Freundliche Folterknechte? Eher unwahrscheinlich. Ich entspannte mich ein wenig. „Nein, wir hatten noch nicht die Ehre. Gibt es einen besonderen Grund für Ihren Besuch?" Ich wollte nicht den Eindruck erwecken, zu viel Angst zu haben.

„Na ja", sagte der Jüngere der beiden. „Wir haben da ein bestimmtes Interesse ...", begann er vorsichtig tastend.

Mit einem Mal kapierte ich: Die wollten mich anwerben, bevor ich die DDR verließ, als deren Agent im Westen. Mein Atem ging jetzt wieder langsamer, überhaupt trug mein unerwarteter Besuch erheblich zu meiner Beruhigung bei, denn im Grunde bestätigten sie meine Vermutung, dass im Hintergrund Strippen gezogen wurden, um mich rauszuholen. Dass sie hier aufkreuzten, konnte eigentlich nur bedeuten, dass ich – ich wagte kaum, es mir auszumalen – bald wieder ein freier Mensch sein würde.

„Sie kennen doch Wolfgang Fuchs ...", begann nun der Ältere.

Aha, daher wehte der Wind. Fuchs. „Ja, den kenne ich", sagte ich.

„Sie können sich vielleicht vorstellen", bemerkte nun der Jüngere, „dass wir ihm das Handwerk legen wollen."

„Und was hat das mit mir zu tun?", fragte ich naiv.

„Ich glaube, das wissen Sie genau", sagte der Ältere. Seine Stimme hatte eine leichte Schärfe angenommen. „Er schickt viele unschuldige Leute ins Feuer. Auch Sie sind eines seiner Opfer, und aus diesem Grund können wir uns vorstellen, dass Sie ein ähnliches Interesse daran haben wie wir, dass das aufhört."

„Aha", sagte ich unbestimmt. Da ich nicht genau einschätzen konnte, wie dieses Gespräch ausgehen würde, musste ich mir eine Tür offen halten. Deshalb ging ich zum Schein auf eine mögliche Zusammenarbeit ein. „Wissen Sie", fuhr ich fort, „nach dem, was ich hier erlebt habe, können Sie sich sicher denken, dass ich meine Tätigkeiten kritisch reflektiert habe. Da ich bislang nicht in Freiheit bin, kann ich zum jetzigen Zeitpunkt nicht sagen, ob ich vorrangig daran interessiert bin, in Ihre Dienste zu treten. Das können Sie aktuell nicht von mir erwarten."

„Das verstehen wir, aber ..."

„Aber", unterbrach ich den Lederjackenträger, „ich will das auch nicht völlig ausschließen. Ich muss nur erst wieder zur Ruhe kommen. Mein größtes Anliegen, wäre ich wieder frei, wäre die Beendigung meines Studiums."

„Auch das verstehen wir. Dennoch würden wir Ihnen gern eine Adresse geben, sodass Sie uns jederzeit kontaktieren können. Ist Ihnen das recht?“

Unglaublich, diese falsche Höflichkeit. „Natürlich“, sagte ich ebenso katzenfreundlich. Dass eine Zusammenarbeit für mich selbstverständlich unter gar keinen Umständen infrage kam, hatte ich unerwähnt gelassen. Ich hielt ein klares Nein in dieser Situation für unklug. Was, wenn ich damit meine Freilassung verhindert hätte? Meine Freilassung. Was bildete ich mir da nur ein? Von einer Freilassung war ja bislang gar keine Rede gewesen. War es nicht besser, mich langsam mal mit dem Gedanken anzufreunden, Tag für Tag mit anderen Mithäftlingen Stuhlbeine zu schleifen oder Schuhe zusammenzukleben?

Bestens trainiert auf absurde Situationen wie diese, antworteten die beiden Besucher: „Wie wir sehen, haben Sie Papier und Bleistift, bitte notieren Sie folgende Adresse.“ Der Jüngere diktierte mir einen Straßennamen und eine Ostberliner Postleitzahl. Kein Code. Keine Verschlüsselung. Nichts. Eine ganz normale Adresse. Ich konnte es kaum glauben. Er fügte noch hinzu: „Na, wenn Sie bereit sind, sich an uns zu wenden – dann wissen Sie jetzt Bescheid.“

Damit war ihr Besuch beendet.

„Auf Wiedersehen, Herr Heinz“, sagte der Jüngere. „Alles Gute Ihnen. Und es wäre schön, wenn Sie uns helfen könnten.“

„Ja, wir würden es begrüßen, wenn wir von Ihnen hören“, bestätigte sein Begleiter. Dann fiel die Tür hinter ihnen ins Schloss.

Ich saß perplex auf meinem Stuhl und versuchte, diesen absurden Auftritt zu verdauen. Keine Spur von Aggressivität. Ich hatte mich zu nichts verpflichten müssen. Aber auch wenn sie mir Daumenschrauben angelegt hätten, ich hätte keine einzige Unterschrift mehr geleistet. Protokolle hatte ich zur Genüge unterschrieben. Es reichte.

Wolfgang Fuchs soll es also an den Kragen gehen, überlegte ich weiter. Na, darauf können sie lange warten. Nie im Leben hätte ich daran gedacht, ihn zu verraten. Dass mich sein Engagement in der Fluchthilfe beeindruckte, daran hatte sich während der Haft nichts geändert.

Den beiden Stasi-Männern war es vielleicht nicht bewusst, aber eigentlich hatten sie mir mit ihrem Besuch einen Gefallen getan. Mir kam eine Freilassung jetzt plausibler vor denn je! Denn was sollte ich mit einer Stasi-Adresse in einem DDR-Gefängnis anfangen? Wenn das keine gute Botschaft war! Nun war ich überzeugt davon, dass mich mein Instinkt doch nicht getäuscht hatte.

Gefasst saß ich da und wartete. Die Fähigkeit zur Selbstbeherrschung hatte mir von Anfang an geholfen. Sie hatte mich die Haft überstehen lassen. Ich musste nur noch ein bisschen länger durchhalten.

Als ich in dieser Nacht auf meiner Pritsche lag, war mein einziger Gedanke: Jetzt geht's los.

Austausch in Herleshausen

Es war der 11. Juli 1967. Ein weiteres Mal wurde die Zellentür außerhalb der Reihe geöffnet. Nur einen Tag nach dem Besuch der Stasi-Offiziere.

„Herr Heinz, Sie können Ihre Sachen abholen", sagte der Schließer.

Da war er, der Satz, auf den ich so lange gewartet hatte und der über die Lippen des Wächters kam, als gäbe es heute nicht Linsen-, sondern Karotteneintopf. Ich war vollkommen überwältigt.

Ein Uniformierter führte mich zur Effektenkammer. Ich folgte mit kaum unterdrückter Freude. In der Effektenkammer wurde mir alles, was ich dort vor einem knappen Jahr abgegeben hatte, wieder ausgehändigt, einschließlich meiner Streichhölzer und eines Taschentuchs. Nichts fehlte, Ordnung muss sein.

„Kann ich meine persönliche Kleidung wieder anziehen?", fragte ich vorsichtig.

„Deswegen sind Sie ja hier", erhielt ich knapp zur Antwort.

Die Sachen rochen ziemlich muffig, ich glaube nicht, dass sie in den vergangenen zehn Monaten gewaschen oder gereinigt worden waren.

„Hier, das dürfen Sie nicht vergessen", sagte ein dritter Uniformierter und reichte mir ein Stück Papier.

„Was ist das?", fragte ich.

„Ihre Entlassungsurkunde."

Da war es, das Wort, das mich tief aufatmen ließ. „Vielen Dank." Wie einen Diamanten steckte ich die Urkunde behutsam in meine Jackentasche.

„Na, dann kommen Sie, ich bringe Sie zur Schleuse."

Da stand ich auf einmal vor der schweren Eisentür, es war wie im Film. Ein weiterer Schließer holte sein schweres Schlüsselbund hervor und schloss auf. In der Schleuse stand einer der Gefangenentransporter, mit dem ich schon hinlänglich Bekanntschaft geschlossen hatte.

Neben dem Transporter entdeckte ich noch ein anderes Auto, eines, das in dieser Umgebung wie ein Fremdkörper wirkte. Es war ein dunkelblauer BMW, eine geräumige Limousine. Ich schaute aufs Nummernschild, aber das war kein BRD-Kennzeichen, sondern eines aus der DDR. Neben dem Wagen stand der Fahrer.

„Steigen Sie ein", forderte er mich auf.

„Mit Vergnügen“, antwortete ich. „Aber wohin geht's denn?“
Er ging nicht darauf ein. Schwieg beharrlich. Das sollte sich auch in den nächsten vier oder fünf Stunden nicht ändern. Egal, ich hatte meinen Entlassungsschein in der Tasche, insofern konnte wohl nichts mehr schiefgehen.

Ich nahm auf dem Rücksitz Platz. Der Uniformierte, der mich zur Schleuse geführt hatte, drückte auf einen Knopf, und das schwere Eisentor schob sich auf Rollen quietschend zur Seite. Auch der Schließer hatte nicht ein einziges Wort zum Abschied verloren.

Wir bogen nach rechts ab in eine kurze Straße, gesäumt auf der rechten Seite von einer Reihe von Werkstattbaracken. Auf der linken stand ein großes Backsteingebäude. Es schien eine Art Hauptverwaltungsgebäude zu sein. Es war, wie ich bei einem späteren Besuch erfuhr, als Hohenschönhausen nach dem Mauerfall zur Gedenkstätte erklärt wurde, einst als Großküche für die nationalsozialistische Volkswohlfahrt (NSV) errichtet worden. Anschließend hatten es die Sowjets zum „Speziallager 3“ umgebaut. Hier saßen in den Fünfzigerjahren viele Ärzte, Rundfunkmitarbeiter oder Schauspieler wie Heinrich George. Der Keller des Gebäudes wurde von den Insassen zu einem unterirdischen Zellentrakt umgestaltet, feuchtkalt und fensterlos, die Zellen einzig mit Pritsche und einem Holzkübel ausgestattet. Meine Zellen befanden sich in dem dreigeschossigen, U-förmigen Neubau, der 1961 fertiggestellt worden war und zur Schließung des unterirdischen Kerkers führte.

Hinter dem Hauptgebäude bogen wir nach links ab, und unmittelbar danach nach rechts vor ein großes Eisentor, das ebenfalls elektrisch betätigt wurde. Langsam schob es sich zur Seite. Ein traumhafter sonniger Sommertag lag vor mir, die Gefängnismauern endlich im Rücken.

„Ist das Wetter nicht herrlich?“, sagte ich, völlig begeistert, als ich Blätter sah, Bäume, kleine zarte Wölkchen am sonst strahlend blauen Himmel. Häuser zogen an mir vorbei, ich sah Menschen, die in einem Vorgarten standen, Fenster putzten oder einen Kinderwagen schoben. Alles sog ich in mich hinein, jedes Detail des alltäglichen Lebens, das ich in meinem fast einjährigen Zellendasein nicht zu Gesicht bekommen hatte. Ich hatte vollkommen vergessen, wie wunderschön selbst die banalsten Dinge waren. Nie wieder sollte ich diese Freude, dieses Glücksgefühl vergessen. Meine gute Laune stieg von Minute zu Minute.

Der Fahrer schwieg weiterhin beharrlich. Er war nicht zu beirren.

Trotz meines Enthusiasmus für meine Umwelt achtete ich reflexhaft genau auf jede Kurve, die der stumme Chauffeur nahm, auf jedes einzelne Straßenschild. Es ging durch mir unbekannte Vororte zu einer mir unbekannten Autobahn, die außerhalb des Stadtgebiets von Norden nach Süden verlief. Da mein Tagesvisum sich immer nur auf das Stadtgebiet erstreckt hatte, war ich mit dieser Umgebung nicht vertraut. Heute weiß ich: Über den Berliner Ring fuhren wir Richtung Leipzig – Ziel war der Grenzübergang Wartha/Herleshausen an der Grenze zwischen Thüringen und Hessen. Als Inhaber eines westdeutschen und keines Westberliner Personalausweises wurde ich nicht über einen Berliner Grenzübergang nach Westberlin gebracht, sondern in die Bundesrepublik.

Überall blühende Sommerlandschaften, es war einfach umwerfend. Ein eigentümliches Gefühl überkam mich. Bald würde ich wieder in mein normales Leben zurückkehren. In den letzten elf Monaten hatte ich so wenig Kontakt zu anderen Menschen gehabt. Wie knüpft man an die eigene Vergangenheit an? Ich hatte keine Ahnung.

Nach ungefähr vier Stunden Fahrt hielten wir auf einem Autobahnparkplatz. Zwei Männer warteten dort auf uns, von denen ich einen kannte: Wolfgang Vogel. Der andere Mann war ein Herr mittleren Alters.

„Guten Tag, Herr Heinz. Sie steigen jetzt bitte in meinen Wagen um", sagte Vogel und wies auf einen großen Mercedes in Goldmetallic. Seinen späteren Erzählungen nach war ich im Wagen des zweiten anwesenden Mannes hierhergebracht worden, des Mannes, der auf meine Ankunft wartete, um mit zwei KGB-Spionen, die ihre Freiheit im Austausch gegen mich erhielten, nach Ostberlin zurückzukehren.

Vogels goldene Limousine verblüffte mich. Wer einen Wagen mit dieser auffälligen Farbe fuhr, musste ein genießerisches Verhältnis zu den materiellen Dingen des Lebens pflegen. Später erfuhr ich, dass er eine Privatvilla mit Zugang zum Teupitzer See in der Mark Brandenburg besaß. In diesem Landsitz wurde er nach der Wende auch verhaftet, in der Annahme, dass er Steuern hinterzogen und andere erpresst hätte. Als er aus dem Gefängnis entlassen wurde, zog er an den Schliersee, wo er glaubte, nicht mehr mit der DDR-Vergangenheit konfrontiert zu werden.

„Wer war denn der Mann?", fragte ich Vogel.

„Generalstaatsanwalt Josef Streit", sagte er.

Der Fahrer hatte schon wieder hinter dem Steuer des BMWs Platz genommen, auf meinem Platz saß jetzt der Generalstaatsanwalt. Der Motor wurde gestartet. Nachdenklich blickte ich dem Wagen hinterher. Der BMW fuhr los, um die beiden Spione aufzunehmen, darunter Felfes Mittäter Clemens.

„Wir fahren jetzt zum Grenzübergang Herleshausen", sagte Vogel, als sein Mercedes auf die Autobahn rollte.

Eine Frage lag mir brennend auf der Zunge: Wodurch bin ich freigekommen? Doch ich traute mich nicht, sie zu stellen. Ein dunkler BMW, ein goldener Mercedes, das war ein Aufgebot der Luxusklasse … Vogel war persönlich erschienen, und der Generalstaatsanwalt zählte sicher auch zur Elite der DDR. Stattdessen fragte ich: „Wie geht's dann weiter?"

„Jenseits der Grenze warten Ihre Eltern auf Sie."

Damit hatte ich nicht gerechnet. Ich ging davon aus, allein in einen Zug zu steigen und nach – ja, wohin eigentlich? Meine Bonner Wohnung hatten meine Eltern bestimmt aufgelöst. Ich hätte nach Wuppertal fahren können, aber dann hätte ich ein paar Stunden Zeit gehabt, mich innerlich auf ein Zusammentreffen mit meinen Eltern vorzubereiten. Meine Überraschung wurde jedoch rasch von Vorfreude verdrängt.

Vogel kündigte an, dass wir hinter der Grenze auch Jürgen Stange antreffen würden, meinen Anwalt auf BRD-Seite, dem ich noch nicht begegnet war.

„Wir haben noch Geschäftliches zu regeln", erklärte Vogel mit einem geheimnisvollen Lächeln. Ich fragte nicht weiter nach.

UND DANN war es so weit. Herleshausen. Das Tor ging auf. Da standen meine Eltern, meine Mutter tränenüberströmt, neben ihr mein Vater, ein entspanntes Lächeln lag auf seinem Gesicht. Meine Mutter nahm mich fest in den Arm, drückte mich an sich, wollte mich gar nicht wieder loslassen. Danach nahm auch mein Vater mich kurz in seine Arme. Wir beide waren unfähig, mehr auszutauschen als: „Wie schön, dass du zurück bist", und „Tausend Dank, dass ihr gekommen seid".

Vogel und Stange hielten sich im Hintergrund, mit Mühe gelang es mir, ihnen kurz zu danken und mich von ihnen zu verabschieden. Sie waren auf dem Weg zurück in die DDR beziehungsweise Westberlin. Ich fühlte mich befreit, überglücklich und dankbar. Ich konnte es noch immer nicht wirklich glauben.

Da es schon spät war, übernachteten wir unterwegs in einem Hotel. Immerhin waren es noch vier Stunden zurück nach Wuppertal.

Am nächsten Morgen, es war der 12. Juli, kam ich nach meinem Vater als Zweiter in den Frühstücksraum, meine Mutter war noch auf ihrem Zimmer. Während wir am Tisch unseren Kaffee tranken, sagte er unvermittelt: „Wer hat dir eigentlich das Recht gegeben, deiner Mutter das anzutun?" Es war die erste und die einzige Frage, die er stellte. Ja, wer hatte mir das Recht gegeben?

Ich schaute meinen Vater an und antwortete: „Ich, wer denn sonst?"

Mein Vater schwieg, sagte den ganzen Tag über nichts und wollte auch keine weiteren Einzelheiten erfahren. Weder über die Haftzeit noch über den Prozess oder was mich überhaupt dazu motiviert hatte, Fluchthilfe zu leisten. Ich konnte seine seelische Blockade förmlich spüren, die ihn und mich daran hinderte, uns auszutauschen. Aber konnte ich ihm das wirklich vorwerfen? Hätte ich nicht auch den Dialog beginnen können?

Meine Mutter reagierte erwartungsgemäß ganz anders, stellte viele Fragen und sagte immer wieder: „Für mich bist du ein Held."

Wir fuhren nach Wuppertal-Barmen, wo ich im Haus meiner Eltern übernachtete. Ich schlief dort, wo ich zuletzt vor rund einem Jahr mit meiner unerklärlichen Krankheit tagelang im Bett gelegen hatte. Am nächsten Morgen konfrontierte mein Vater mich mit der Feststellung: „Im Februar 1962 hast du dein Abitur gemacht, jetzt haben wir Mitte 1967, und du hast noch immer keinen Studienabschluss. Wenn ich mich recht erinnere, hatten wir nach deinem Studienwechsel im Herbst 1963 sieben Semester Jura vereinbart. Aufgrund der besonderen Umstände billige ich dir ein achtes zu."

Eindringlich blickte ich meinen Vater an. „Du erwartest, dass ich in zwei Semestern meine restlichen Scheine mache und das Examen?"

„Es wird nicht leicht sein, aber ich bin mir sicher, dass du äußerst motiviert bist, dein Studium zu beenden, und dass du über große Kräfte verfügst, hast du mit der Fluchthilfe ja wohl unter Beweis gestellt."

Ich war wie vor den Kopf gestoßen. Ganz unrecht hatte er ja nicht, und auf meine Haftzeit zu verweisen, verbot mir in diesem Moment mein Stolz. Dennoch schmerzte mich seine Kälte. Keine 28 Stunden nach unserer Begegnung an der Grenze war dies das Erste, das er mir mitteilen wollte. Es zeigte mir in erster Linie die Tiefe seiner Verletzung und Enttäuschung. Ich hatte also nicht nur meiner Mutter „das angetan", ich hatte „das" auch ihm angetan. Ihm am meisten.

Ich bestand mein erstes juristisches Staatsexamen mit Prädikat nach insgesamt achteinhalb Semestern. Kommentarlos schickte ich ihm eine Kopie des Zeugnisses.

MEIN VATER starb wenige Jahre später, 1972. Wir hatten nicht lange zuvor unseren Frieden miteinander gefunden. Er zeigte mir in dieser Zeit all die Wärme, die mein Verhalten in ihm unterdrückt hatte. Zu seinem Entgegenkommen hatte auch beigetragen, dass ich kurz vor meinem zweiten juristischen Examen stand. Das war für ihn eine große Beruhigung.

Meine Mutter hatte in der Zeit meiner Verhaftung sehr gelitten, das war ihr auch anzusehen. Gramfalten zeichneten ihr Gesicht. Sie nahm mich lange Zeit immer wieder unvermittelt in den Arm.

„Weißt du, dass du während deiner Zeit in Hohenschönhausen zur Bundeswehr eingezogen wurdest?", fragte sie mich eines Tages. „Deine Rückstellungszeit war abgelaufen."

Überrascht blickte ich meine Mutter an. „Das heißt, während ich in der Haftanstalt saß, musste Papi dem Kreiswehrersatzamt erklären, dass sein Sohn leider in der DDR in U-Haft sitzt?“

„Ja, genau so war es.“

Irgendwie brachte meine Mutter ein kleines Lächeln zustande. Auch ich konnte mir ein kleines Grinsen nicht verkneifen.

Nicht immer geht es um die Menschen

Eine Wohnung hatte ich in Bonn tatsächlich nicht mehr, aber nicht meine Eltern, sondern Freunde hatten mein altes Zuhause aufgelöst, während ich in Untersuchungshaft saß. Ich musste ganz von vorn beginnen, auch was meine Beziehungen betraf. Nicht lange nach meiner Freilassung trennte Barbara sich von mir – sie hatte von ihrer Berliner „Konkurrentin“ erfahren. Ich hätte ihr zwar alles erklären können, hätte sie vielleicht wieder zurückgewinnen können, aber ich war zu stolz. Dann eben nicht, dachte ich. Wer sich so schnell verabschiedet, wird nie Verständnis für das aufbringen, was ich getan habe. Rückblickend muss ich natürlich zugeben, dass ich ihr unrecht getan hatte, denn ich hatte sie nie ins Vertrauen gezogen, und sie muss völlig überrumpelt und schockiert gewesen sein. Heute bedaure ich, dass ich keine Anstrengungen unternommen habe, ein klärendes Gespräch zu führen.

Eine neue Wohnung war bald gefunden. Und sehr bald lernte ich Claudia kennen, die aus einer bekannten konservativen Politikerfamilie kam. Claudia und ich hatten eine gute Zeit miteinander. Sie war die erste Freundin, mit der ich über meine Haft in Hohenschönhausen sprechen konnte.

Sie stellte mir viele Fragen: „Was hat dich motiviert? Was hast du dir dabei gedacht? Wie hast du das Gefängnis überstanden?“ Die Gespräche mit ihr befreiten mich, sie wollte jedes Detail wissen, all die Dinge, für die sich meine Eltern eher wenig interessierten. Endlich konnte ich aufatmen, fand in ihr die Bestätigung, die ich von meinem Vater vermisst hatte: dass ich mit meiner Fluchthilfe etwas Gutes getan hatte.

WAS MIR lange Zeit nicht mehr aus dem Kopf ging, war der Anwerbungsversuch der Stasi. Claudia wollte ich nicht damit belasten, also erzählte ich Jürgen Stange davon.

„Das müssen Sie sofort den westdeutschen Behörden mitteilen“, riet der Westberliner Anwalt, seine Stimme klang eindringlich.

„Aber warum denn? Das sind doch durchsichtige Geheimdienstmanöver. Wieso sollte sich die deutsche Justiz dafür interessieren?“

Stange blieb eisern. „Unterschätzen Sie die deutsche Justiz nicht. Im Verhältnis zur DDR sind die beinhart. Auch würde es Ihnen gut zu Gesicht stehen, wenn Sie sich rasch offenbarten. Nehmen Sie das ernst, was Sie da erlebt haben." Eine Weile betrachtete er mich, dann fügte er hinzu: „Oder sind Sie etwa in Gefahr?"

„Wie meinen Sie das?" Irritiert schaute ich Jürgen Stange an.

„Volker, Sie sind doch nicht naiv!" Der Anwalt blickte mich mit zunehmender Intensität an, bis ich schließlich begriff.

„Sie denken doch nicht ernsthaft, dass ich Agent werden will?!"

„Vielleicht sogar Doppelagent. Es hat das alles schon gegeben."

Ich schüttelte belustigt den Kopf.

Stange blieb ernst. „Volker, wenn Sie nicht gehen und berichten, muss ich es leider tun."

„Gut, ich kümmere mich darum", murmelte ich etwas kleinlaut.

EINIGE WOCHEN SPÄTER, es war mittlerweile Sommer, hakte er telefonisch nach. Ich musste ihn enttäuschen.

„Ach, wenn ich Zeit und Lust habe, mache ich das."

„Das mit der Zeit und der Lust vergessen Sie mal ganz schnell, es ist höchste Zeit!"

Für mein Anliegen war die politische Staatsanwaltschaft in Berlin zuständig, für meinen Fall Herr Staatsanwalt Karl-Heinz Dobbert, der sein Dienstzimmer in der Turmstraße hatte.

„Dann berichten Sie mal", sagte Dobbert, ein Mittvierziger, der eine angenehm ruhige und sachliche Art hatte, nachdem ich einen Gruß von Stange ausgerichtet hatte.

Ich erzählte von dem Besuch der beiden Lederjacken kurz vor meiner Entlassung aus der DDR, nannte die Adresse, die sie mir diktiert hatten, und zum Schluss erklärte ich: „Die wollten, dass ich helfe, Wolfgang Fuchs das Handwerk zu legen."

„Wir kennen das", sagte Dobbert. „Das ist nichts Neues, sie versuchen oft, westliche Gefangene auf ihre Seite zu ziehen. Aber danke, dass Sie uns informiert haben, wir wollen immer genau wissen, wie es dort drüben in Ostberlin zugeht."

Die Zeit in Hohenschönhausen hatte noch andere Nachwirkungen. Meine Anwälte in Ost und West wollten bezahlt werden. Einige Wochen nach meiner Freilassung trafen die Rechnungen ein. Obgleich sowohl Stange als auch Vogel von der Bundesregierung stattliche Jahres-Pauschalhonorare erhielten, berechnete Vogel 1500 Mark, eine Summe, die damals nicht gerade wenig war. Ich fand sie aber akzeptabel. Mein Vater beglich für mich die Rechnung, ich selbst hatte nicht genug Geld auf dem Konto. Mir war das unangenehm, und ich suchte nach einem Weg, meinem Vater möglichst rasch alles zurückzuzahlen. Noch immer war unser Verhältnis belastet, und ich hoffte, mit dieser Geste vielleicht etwas zur Entspannung der Lage beitragen zu können. Also stellte ich einen Antrag nach dem HHG, dem Häftlingshilfegesetz, einem „Gesetz über Hilfsmaßnahmen für Personen, die aus politischen Gründen außerhalb der Bundesrepublik Deutschland in Gewahrsam genommen wurden". Auf dieser Basis erhielt ich allerdings nur bescheidene Beträge, darunter ein „Begrüßungsgeld" von 100 DM. Das reichte nicht für Vogels Rechnung. Ich fasste direkt beim Ministerium für gesamtdeutsche Fragen nach und erreichte schließlich eine volle Erstattung. Ein Stein fiel mir vom Herzen. Die Rückzahlung führte aber leider nicht zu einem Gesprächsauftakt zwischen meinem Vater und mir. Das ganze Thema wurde strikt tabuisiert. Heute, wo wir in einer ungleich transparenteren Gesellschaft leben, ist ein solches Schweigen kaum mehr vorstellbar. Aber auch wenn ich unser Corpshaus in Heidelberg aufsuchte, fragte mich niemand nach meinen Erfahrungen. Es kam mir so vor, als hätte das Wort „Fluchthilfe" einen schlechten Ruf. Die Archive der Stasi und der Bundesregierung waren noch nicht zugänglich, und die Fluchthelfer schwiegen. Gut recherchierte Bücher über die Fluchthilfe gab es ebenfalls noch nicht. Mit anderen Worten: Es gab keine überzeugende Form der Vergangenheitsbewältigung.

ICH STELLTE FEST, dass die Hafterfahrung nicht so einfach abzuschütteln war. Mehr und mehr drang in mein Bewusstsein, dass ich nicht als Einziger verhaftet worden war. Ich begann, mich näher für das Schicksal der anderen Beteiligten zu interessieren. Was war mit Kamal Hamdi geschehen? Ich begann Recherchen anzustellen und erfuhr, dass man ihn vom Flughafen Berlin-Schönefeld in Begleitung eines Stasi-Offiziers nach Damaskus verbringen wollte. Bei dem Zwischenstopp in Zypern konnte Kamal Hamdi seinem Bewacher mit einem im Jackett eingenähten zweiten Pass entkommen. Von Zypern reiste er in die Bundesrepublik, wo er in Bonn Asyl erhielt. Nicht lange danach wurde er in Damaskus in Abwesenheit durch ein Militärgericht zum Tod verurteilt. Die Beweise, die die DDR-Regierung an den damaligen Präsidenten und Generalsekretär der Baath-Partei von Syrien schickte, Hafiz al-Assad, den Vater des heutigen Präsidenten Syriens, waren unwiderlegbar.

Gleich seinem dicken Freund am Kurfürstendamm startete Hamdi eine Karriere als Teppichhändler, allerdings in Bonn.

Joachim und Hannerose Meister, das Ehepaar, das mir in der Nacht meiner Verhaftung in der Magdalenenstraße präsentiert worden war, wurde von der DDR zu vier Jahren Gefängnis verurteilt, wovon sie über zweieinhalb Jahre hatten absitzen müssen. Immerhin waren sie vorzeitig entlassen worden. Stange hatte mir davon erzählt, und drei Jahre nach ihrer Freilassung traf ich sie in Nürnberg – es waren die einzigen Flüchtlinge, bei denen ich den Drang verspürte, sie wiederzusehen.

„Es tut mir sehr leid, was damals geschehen ist", sagte ich bei Kaffee und Kuchen in ihrem Wohnzimmer, „aber wir alle haben dafür einen Preis zahlen müssen."

Die Meisters winkten ab. „Wir sind so glücklich, dass wir nicht die ganzen vier Jahre absitzen mussten."

„Was ich Sie gern fragen möchte – konnten Sie damals verstehen, was der Fahrer und ich gesprochen haben?"

Beide schüttelten den Kopf. „Nein, die Fahr- und Straßengeräusche waren zu laut. Wir konnten nur hören, dass ein Radio lief, mit klassischer Musik. Das milderte ein bisschen die Angst."

„Wurden Sie eigentlich ausgetauscht?"

„Nein", sagte Joachim Meister. „Wir sind freigekauft und mit vielen anderen in einem Bus nach Herleshausen gefahren worden."

Meine Fragen gingen sehr durcheinander. „Und wie war das am Checkpoint Charlie, im Moment Ihrer Verhaftung?"

Frau Meister übernahm das Wort: „Als der Mercedes länger hielt, da wussten wir, dass wir die Grenze erreicht hatten. Als dann jedoch der Kofferraum geöffnet wurde und wir DDR-Uniformierte sahen, war alles klar."

„Und von der Magdalenenstraße hat man Sie direkt nach Hohenschönhausen gebracht?"

Herr Meister nickte.

„Dann waren wir zeitgleich da", sagte ich.

„Ohne voneinander zu wissen", fügte Frau Meister hinzu.

Diese Begegnung war für mich sehr wichtig: Wir teilten einen gemeinsamen Fluchtversuch, eine Verhaftung am selben Tag, eine Freilassung durch Bemühungen beider deutscher Staaten. Als ich wieder zurückfuhr, dachte ich: Eigentlich ist das Kapitel Fluchthilfe für mich damit abgeschlossen.

Da ich in Bonn lebte und nicht in Berlin, der Hauptstadt der Spione und Fluchthelfer, hatte ich bislang nur wenig Kontakt zu meiner alten Szene aufgenommen. Durch die Distanz änderte sich auch meine Meinung zu Wolfgang Fuchs. Zwar hatte ich ihn einige Male nach meiner Entlassung kurz getroffen, wann immer ich in Berlin zu tun hatte, aber schrittweise musste ich mir eingestehen, dass uns keine echte Freundschaft verband. Es war vielmehr eine Projektgemeinschaft mit freundschaftlichen Zügen. Er hatte sich in Berlin-Neukölln ein Mietshaus gekauft und eine Drogerie eröffnet und scharte regelmäßig ehemalige Fluchthelfer um sich, deren Bewunderung er sichtlich genoss. Doch ich hatte zunehmend das Gefühl, dass er sich primär für sich selbst interessierte. Ein wenig kränkte es mich schon, welch auffallend geringes Interesse er an Einzelheiten meiner Haft hatte – immerhin hatte ich seiner zweiten Ehefrau zur Flucht verholfen.

Besonders erinnere ich mich an eine Bootsfahrt auf dem Wannsee. Wolfgang, was hast du eigentlich gedacht und getan, als ich verhaftet wurde? Diese Frage lag mir auf den Lippen, aber etwas hielt mich davon ab, sie zu äußern. Ich fragte nichts. Ich betrachtete nur stumm den Mann, der mir fremd geworden war. Ich spürte auf einmal, dass wir uns nichts mehr zu sagen hatten. Und dass die Bewunderung und das Vertrauen, die ich für ihn empfunden hatte, nicht mehr da waren.

Als ich, zurück in Bonn, Claudia von dem Treffen erzählte, nahm sie mich in den Arm. Sie hatte verstanden, dass es hart für mich war, mir einzugestehen, dass sich mein Bild von Fuchs verändert hatte. Dass ich den Eindruck hatte, auch ich war am Ende nur Teil seines „Geschäfts" gewesen. Das hing auch damit zusammen, dass auf dem Boot auch über Geldzahlungen gesprochen worden war.

Claudia schob mich mit beiden Armen von sich, um mir direkt in die Augen zu sehen. „Und da wusstest du auf einmal, dass Wolfgang nicht ausschließlich der gute, selbstlose Mensch war."

Ich nickte.

„Schon mal darüber nachgedacht, womit er deine Reisen und den Diplomaten finanziert hat?" Claudia lächelte. „Und so ein Boot auf dem Wannsee und eine Drogerie kommen auch nicht vom Himmel gefallen."

„Ja", sagte ich, „eigentlich fand ich die Vorstellung in Ordnung, dass er Geld nahm, weil er schließlich eine Familie zu ernähren hatte. Dass er aber vielleicht so viel einnahm, um in Grundeigentum zu investieren, ist mir nie in den Sinn gekommen."

Wie viele Menschen, die rasch und ungewöhnlich zu viel Geld gekommen waren, hatte es auch Fuchs recht schnell wieder verloren. In seiner Familie fand er wenig Halt und Glück. Zuletzt lebte er während der kalten Jahreszeit jeweils ein halbes Jahr lang in Indien, finanziell auf sparsamster Flamme. 2001 starb er verarmt, krank und einsam mit 62 Jahren. Auf seiner Beerdigung nahm ich endgültig Abschied von ihm.

Wenn ich ehrlich bin, waren die Fluchthelfer und ich vielleicht eher so etwas wie eine temporäre Schicksals- und Interessengemeinschaft. Es war nicht die Gemeinschaft, die ich mir vorgestellt und gewünscht hatte. Ich war eher ernüchtert als enttäuscht. Mit Jürgen, Ulrich und Manfred stand ich allerdings weiterhin in Kontakt, aber sie lebten bis auf einen in anderen Städten. Sie waren Fluchthelfer im Kollektiv, ich war eher ein Einzelkämpfer.

Militärmäntel auf der Transitstrecke

Hatte ich nicht Grundkenntnisse des Russischen in meiner Haftzeit erworben? Wozu die ganzen Mühen, wenn man nicht davon profitieren konnte? 1971/72 bewarb ich mich bei einem Berliner Flugreiseunternehmer als Reiseleiter für Moskau. Ich verschwieg, dass ich noch nie in der russischen Hauptstadt gewesen war. Meine Abenteuerlust war ungebrochen, nur hatte ich sie auf weniger waghalsige Unternehmungen gelenkt. Das Reiseunternehmen war hocherfreut, Russischkenntnisse standen im Westen damals nicht gerade oft zur Verfügung.

Und so flog ich nach Moskau. Auf dem Roten Platz kaufte ich eine Zeitung und erklärte: „Wir stehen hier auf dem Roten Platz mit seiner annähernd achteckigen Form, und um uns herum sehen Sie in östlicher Blickrichtung die wunderschöne Basilius-Kathedrale, das Lenin-Mausoleum, von Nordwesten nach Südosten zieht sich die Kremlmauer, und in nordöstlicher Richtung sehen Sie das Kaufhaus GUM …“ Obwohl alles Bücherwissen war, schien ich überzeugend aufgetreten zu sein.

Das Wichtigste aber war: Es war eine unglaubliche Genugtuung, dass ich Russisch ganz passabel lesen und mich auch mit den Moskowitern über einfache Dinge verständigen konnte. Die Zeit in Hohenschönhausen war also nicht völlig vergeudet gewesen.

Nach der Reise nach Moskau wartete der Ernst des Lebens auf mich. Ich ging nach dem einen Jahr nach München, von dort aus zum Amtsgericht Garmisch, dann zum Amtsgericht in Traunstein, schließlich ans Oberlandesgericht nach Schleswig.

Jürgen Stanges weiteren Werdegang verfolgte ich noch über einen längeren Zeitraum, ich war in seiner Kanzlei vorübergehend als Referendar tätig. Er bot mir sogar eine Partnerschaft an. Dankend lehnte ich ab. Er war nach wie vor hauptsächlich im Freikaufgeschäft tätig, und aus offensichtlichen Gründen war ich für diese Arbeit nicht geeignet. Meine politische Anwaltskarriere wäre zu Ende gewesen, bevor sie überhaupt begonnen hatte.

Ähnlich wie Vogel hatte Stange bei dem Häftlingsfreikauf seine Chance gesehen – und sie ergriffen. Die beiden entwickelten gemeinsam ein historisch einmaliges anwaltliches Geschäftsmodell mit Monopolcharakter.

Was die materielle Seite anbelangte, erwies sich Vogel als der Geschicktere. Er überlebte die Wiedervereinigung sowohl strafrechtlich als auch materiell fast ungeschoren, während Stange verarmte und die Zulassung als Anwalt und Notar nicht halten konnte.

Stange war, im Gegensatz zu Vogel, ein eher lauter Mann, der großen Charme besaß. Später war er in den sogenannten Hirt-Skandal verwickelt. Edgar Hirt war Ministerialdirektor unter Minister Egon Franke und Nachfolger auf dem Posten von Herbert Wehner im Ministerium für innerdeutsche Beziehungen. Aus diesem sollten zwischen 1979 und 1982 insgesamt 5,6 Millionen D-Mark spurlos verschwunden sein. Es hieß damals, es sei dabei um heikle Aktionen für den Freikauf von Häftlingen im Osten gegangen. Auf die Idee, sich schwarze Kassen zu verschaffen, waren Franke und Hirt 1978 gekommen. Bis dahin hatten die Mittel für die sogenannten „besonderen Bemühungen der Bundesregierung“ im Einzelplan 27 Kapitel 02 des Haushaltsplans gestanden. Das hielten beide jedoch für politisch ungeschickt, deshalb hätten sie für besonders geheimhaltungsbedürftige Operationen, so rechtfertigten sich Franke und Hirt hinterher, freie Hand gebraucht, ohne sich neugierigen Kontrollen aussetzen zu müssen.

Stange leitete die schwarzen Kassen ein. Er schlug dem Westberliner Caritas-Direktor Heinz-Dietrich Thiel vor, einen Dispositionsfonds für humanitäre Zwecke zu schaffen. Die Methode, so der *Spiegel* im März 1984, war simpel:

> Das katholische Hilfswerk Caritas sollte Bundeszuschüsse für die Lieferung von medizinischem Gerät in die DDR erhalten, und dann einen Teil des Geldes für Sonderzahlungen bei geheimen Ost-West-Transaktionen abzweigen. Franke und Hirt, beteuerte Stange, seien eingeweiht gewesen.

Die schwarzen Kassen wurden reich gefüllt. „Von 1979 bis 1982 erhielt die Caritas rund 10,9 Millionen Mark Regierungsgelder; etwa 5,6 Millionen Mark flossen an das Ministerium zurück. Als Geldbriefträger diente in der Regel Stange.“ Er stand in dieser Affäre wegen Beihilfe zur Untreue vor Gericht.

INZWISCHEN hatte ich begriffen, dass die Kirchen die Durchgangsstelle für wirtschaftliche Geschäfte dieser Art waren. Viele DDR-Bürger waren evangelisch, und seit 1948 waren sie in der Evangelischen Kirche in Deutschland (EKD) organisiert, einer gesamtdeutschen Institution, die politische Grenzlinien nicht beachtete. Die Evangelischen Kirchen im Westen und Osten hatten gemeinsame Kirchenvertreter, sogar ein gemeinsames Bistum.

Die Westkirchen begannen sehr schnell, Hilfspakete mit Geschenken in die DDR zu schicken. Finanzielle Hilfe war nicht so leicht möglich, weil die BRD die DDR nicht als Staat anerkannte und deshalb Geldüberweisungen untersagte. So musste Bargeld illegal über die Grenze geschafft werden, was von der DDR strafrechtlich so konsequent verfolgt wurde, dass es bald keine wirkliche Option mehr war.

Dann aber brauchte die DDR Kohle – und zwar zum Heizen. 1956 stellte der polnische Staatschef Władysław Gomułka nämlich die Steinkohlelieferungen an die DDR ein, und die DDR hatte keine Devisen, um sich auf dem Weltmarkt die dringend benötigte Kohle zu besorgen. Aus diesem Grund initiierte sie das „Kirchengeschäft A" über die EKD in Westdeutschland. Die kaufte in den USA 60 000 Tonnen Steinkohle, ließ diese in die DDR liefern, und die DDR-Regierung zahlte den Preis in DDR-Mark an die ostdeutschen Landeskirchen aus. Die Bundesregierung gestattete diesen inoffiziellen Handel nur unter der Bedingung, dass er einmalig bliebe. Doch durch den Erfolg der Aktion sahen beide Seiten jeweils eigene Vorteile für eine zukünftige Zusammenarbeit: Die DDR erhielt Devisen sowie materielle Unterstützung, und die BRD konnte den deutschen Landsleuten in der DDR helfen. Auf diesem Weg wurden von nun an weitere Geschäfte über die Kirchen abgewickelt. Zusätzlich wurde mit dem Freikauf von Häftlingen das sogenannte „Kirchengeschäft B" entwickelt. Den Geschäften mit der katholischen Kirche gab man den Buchstaben „C".

Vogel hat mir erst viele Jahre später gesagt, dass ich gegen zwei Spione und wohl auch Geld ausgetauscht wurde, nicht von ungefähr hatte er mit Stange am Grenzübergang Herleshausen „Geschäftliches" zu regeln gehabt. Genaueres vermochte er mir aber nicht zu sagen, was mich wiederum auf die Idee brachte, dass sich vielleicht Unterlagen von mir im Archiv der Evangelischen Kirche Deutschlands befinden könnten.

Brennend interessierte mich natürlich, wie viel Geld in meinem Fall geflossen war.

Ich rief also im Archiv an. „Guten Tag, mein Name ist Volker Heinz", erklärte ich, „ich saß in Hohenschönhausen in Untersuchungshaft und würde gern mal zu Ihnen kommen, um mir anzuschauen, was in Ihrem Archiv über mich aufbewahrt wird."

Der Archivar am anderen Ende der Leitung räusperte sich kurz und sagte: „Also, bevor Sie sich auf den Weg machen, sollten wir hier erst einmal schauen, ob Sie überhaupt bei uns erfasst sind. Ich rufe Sie an, sobald ich etwas gefunden habe."

Er hielt sein Versprechen, kaum zwei, drei Tage später klingelte das Telefon, und er teilte mir seine Rechercheergebnisse mit.

„Herr Heinz, ich habe Ihren Namen tatsächlich gefunden."

„Dann kann ich mich also auf den Weg machen", sagte ich.

„Das brauchen Sie nicht, es sind nur wenige Schriftstücke, die kann ich Ihnen auch per Post schicken."

Ich war plötzlich sehr aufgeregt. Für mich war die Sache klar: Wenn überhaupt etwas über mich im Archiv der Evangelischen Kirche zu finden war, konnte das eigentlich nur bedeuten, dass im Zusammenhang mit meiner Freilassung tatsächlich Geld geflossen war.

Der Archivar hatte seine Ergebnisse in einem Anschreiben zusammengefasst. Darin fand sich jedoch von konkreten Summen keine Spur:

> Sehr geehrter Herr Heinz,
>
> es ist richtig, Sie werden im Zusammenhang mit dem Fall Clemens erwähnt (Akte EZA 742/294):
>
> Am 9. Mai informierte Gräfin v. Rittberg Ministerialrat Rehlinger über die bevorstehende Begnadigung von Clemens.
>
> „Minister Heinemann hat keinen Zweifel, daß der Bundespräsident höchstwahrscheinlich dem Gesuch entsprechen wird. Er ist aber andererseits der Meinung, daß man mindestens versuchen sollte, den Fall zu einem Austausch zu nutzen." Rehlinger antwortete am 10. Mai: „Bei dem augenblicklichen Stand möchte ich empfehlen, alles zu versuchen, um eine Entscheidung möglichst noch rd. 3 Wochen hinauszuziehen. In den nächsten Tagen wird mit Sicherheit eine Antwort auf unser Angebot eingehen ... Unabhängig davon hätte ich schon heute ein konkretes Anliegen im Auge. Es handelt sich um Volker Heinz; der Fall ist Ihnen sicher auch bekannt. Vielleicht ist es zweckmäßig, daß wir uns nach Pfingsten noch einmal verständigen."

Ich bin der Frage nach der Geldsumme weiter nachgegangen, bis ins Bundesarchiv in Koblenz. Aber bis heute sind meine eigenen Akten unter Verschluss, ich tauche nur in einzelnen Dokumenten und Schriftstücken von Hanns Martin Schleyer oder von Regierungsseite aus auf.

Die Wiedergewinnung meiner Freiheit war wunderbar, aber der Weg dorthin keineswegs exemplarisch. Ihr Erfolg liegt in meinem Verzicht auf Bezahlung ebenso begründet wie in der Protektion durch Schleyer und Knieper, den geschickten Verhandlungen der Anwälte und deren guten Beziehungen zur jeweiligen Regierung. Untypisch waren in jedem

Fall auch der Tausch Fluchthelfer gegen zwei Spione – zudem KGB-Spione! – sowie die zusätzliche Zahlung.

Der Preis für meine Freiheit war hoch – für die Bundesregierung, aber auch für mich, der ich nie selbst Geld entgegengenommen habe.

UND DANN kam der 27. Juni 1972. Meine Bewährungsfrist war mit diesem Tag abgelaufen. Nur zwei Tage später saß ich in meinem Auto und fuhr von Heidelberg nach Berlin, und zwar über Helmstedt. Hellwach, aber sichtlich nervös saß ich hinter meinem Steuer. Ich fühlte mich unsicher, vermutete überall Stasi-Offiziere und NVA-Soldaten, die mich verhaften wollten. Aber nichts dergleichen geschah, und als ich Westberlin erreichte, stieß ich einen Jubelschrei aus. Ich hatte es geschafft, ich hatte meine Bewegungsfreiheit wiedergewonnen.

Etwas später lebte ich wieder in Berlin – es war (und ist) meine Schicksalsstadt. Ich entschloss mich, im folgenden Winter mit dem Auto nach Prag zu fahren, um Freunde zu besuchen. Wieder gab es weder an der Grenze noch unterwegs Schwierigkeiten. Nur die Rückreise hatte es in sich. Es war Winter, und Schnee lag auf den Straßen, es war ein bitterkalter Tag. Auf dem Weg zurück nach Berlin fuhr ich über den Grenzübergang Cínovec/Zinnwald. Es war der höchstgelegene Ort im östlichen Erzgebirge, rund 45 Kilometer von Dresden entfernt. Ein Schneesturm hatte eingesetzt. Die tschechischen Beamten sahen nur kurz auf meinen Ausweis, dann näherte ich mich dem Posten der DDR-Grenzer. Ich öffnete die Fensterscheibe, um meine Ausweispapiere zu zeigen. Genau in dem Moment, in dem ich dem Grenzer meine Papiere übergeben wollte, riss ihm ein Windstoß die Dokumente aus der Hand. Er rannte hinter ihnen her, ich stieg aus, um bei der Suche zu helfen. Während wir jenseits der Fahrspur nach den lebenswichtigen Papieren griffen, fielen wir beide übereinander in den Schnee. Das war der erste Schreck an diesem Abend.

Wir rappelten uns hoch und liefen zurück zum Auto, während wir uns wechselseitig für unsere Ungeschicklichkeit entschuldigten. Der Grenzer besah sich meinen Pass und winkte mich durch. Nach fast einer Stunde erreichte ich Dresden. Das Schneetreiben war so dicht, dass ich gerade etwa fünfzig Stundenkilometer fahren konnte.

Von Dresden ging es dann weiter auf die Transitautobahn Richtung Dreilinden. Auch hier konnte ich nicht schneller fahren, denn unabhängig vom Schneechaos war die Straße in einem ziemlich schlechten Zustand.

Während ich mich durch das Winterchaos kämpfte, entdeckte ich plötzlich neben der Autobahn zwei Männer in Militärmänteln, die mich zu sich heranwinkten. Ein tiefer Schreck durchfuhr meine Glieder. Was wollen die von mir?

Die Wagenheizung kochte, und trotzdem war mir mit einem Schlag so kalt, als hätte ich einen Tag im Kühlschrank zugebracht. Ich fuhr an den Rand der Straße. Die Männer traten auf mich zu.

Ich kurbelte mein Fenster herunter, auf alles und nichts gefasst. Zu meiner Überraschung sagte einer der beiden: „Können Sie uns vielleicht helfen?“ Seine Zähne klapperten. Die beiden mussten schon seit geraumer Zeit in dieser Kälte gestanden haben.

„Helfen? Wobei kann ich Ihnen helfen?“ Ihre Bitte verwunderte mich sehr. Ich hatte mit allem gerechnet, mit einer Kontrolle oder einem Vorwurf, obgleich ich mir keines Vergehens bewusst war. Aber eine Bitte?

„Wir sind stecken geblieben“, sagte der zweite Mann. „Wir sind in Cottbus stationiert. Wir wollten uns in Dresden vergnügen und hatten eine Panne. Da wir uns hier ohne Erlaubnis außerhalb unseres Wehrbezirks befinden, müssen wir spätestens vor Mitternacht zurück sein.“

„Werden Sie sonst bestraft?“

„Genau“, sagten die beiden Militärs unisono. „Meinen Sie, dass Sie uns abschleppen können?“

Das war eine verbotene Handlung! Eine Straftat – Kontaktaufnahme zum Klassenfeind ohne Genehmigung, Verdacht auf Militärspionage. Aber meine Bewährungszeit war ja um. Sollte ich das riskieren? Was, wenn wir erwischt wurden? Noch mal das Ganze von vorn?

Ich kann nicht erklären, was es war, aber mein Mitgefühl war stärker als mein Verstand: Ich half. Ich holte mein Seil aus dem Auto und band die beiden Wagen zusammen. Der, der am meisten mit den Zähnen geklappert hatte, setzte sich ins Auto, um es zu steuern, der andere ließ sich in meinem Pkw auf dem Rücksitz nieder.

Jetzt ging es nicht mehr mit fünfzig Stundenkilometern weiter, sondern nur noch mit dreißig. Mein Passagier sagte wenig, nur dass beim Wehrdienst wenig Freude aufkomme, und ich war vollauf damit beschäftigt, diese gesamtdeutsche Fuhre sicher durch den Schnee zu steuern. Nach ungefähr einer Dreiviertelstunde hatten wir es geschafft, wir erreichten die Autobahnausfahrt Guben und damit den rettenden Wehrbezirk. Es war zehn Minuten vor Mitternacht.

„Meine Herren“, sagte ich. „Sie wissen, dass ich die Autobahn nicht verlassen darf, und ich vertraue darauf, dass Sie unser kleines Abenteuer nicht melden. Ich hoffe, ich konnte Ihnen ein wenig helfen. Den Rest des Weges werden Sie wohl zu Fuß zurücklegen müssen. Viel Glück bei der weiteren Reise!“ Mit diesen Worten koppelte ich sie ab. Während sie mir mehrfach dankten, verstaute ich rasch mein Seil und fuhr weiter.

Das kann ich schon wieder niemandem erzählen, dachte ich. Herrgott noch mal, wann wirst du endlich dein Helfersyndrom beherrschen?

Deine Familie, deine Freunde – von Vogel und Stange ganz zu schweigen – werden dich doch für komplett verrückt halten!

Endlich erreichte ich den Kontrollpunkt Drewitz-Dreilinden im Südwesten von Berlin, auch „Checkpoint Bravo" genannt. Die Grenzstation war überdacht und in ein gleißend helles Licht getaucht. Ich wartete in einer Schlange von zehn, fünfzehn Autos, die schrittweise kontrolliert wurden. Meine Papiere hielt ich bereit. Plötzlich warf ich einen Blick in den Rückspiegel. Fast traf mich der Schlag: Da lag auf meinem Rücksitz eine Militärmütze. Die hatte mein Passagier vergessen, als er mein Auto verließ. Ich dachte nur: Hört das denn nie auf?

Fieberhaft überlegte ich, was ich nun tun konnte. Nach meiner Einschätzung war ich in spätestens zehn Minuten dran. Wo konnte ich die Mütze verstecken, sodass sie nicht bemerkt wurde? Ich konnte sie ja schlecht einfach aus dem Fenster werfen. Also versuchte ich sie zusammenzuknautschen. Der Stoff war ziemlich steif und daher das Unterfangen nicht gerade einfach, zumal vorn eine Plastikkappe im Weg war. Als ich die Mütze so gut es ging zu einer kleinen Kugel geformt hatte, klemmte ich sie („Zerstörung von Staatseigentum"!) unter den Vordersitz und schob noch ein Stück der Fußmatte darüber.

Doch dieses Mal hatte ich das Glück auf meiner Seite. Die Grenzer ließen mich durch, ein einziger Blick ins Wageninnere reichte ihnen, ich wurde nicht für eine gründliche Untersuchung ausgewählt. Als ich wieder freie Fahrt hatte, ließ ich die Mütze kurz vor der Einfahrt nach Westberlin durch das Fenster segeln. Grüße nach Guben und Cottbus!

Im Nachhinein erzählte ich Jürgen Stange die Geschichte. Er verlor jegliche Gesichtsfarbe. „Sag mal, Volker, bist du eigentlich von allen guten Geistern verlassen? Wie kannst du denn NVA-Leute auf einer DDR-Autobahn abschleppen?"

Ich konnte zu meiner Verteidigung nicht viel hervorbringen und versuchte es deshalb so: „Hast du es vergessen? Ich bin eben ein Mann, der gern hilft."

Das fand er immerhin ein klein wenig witzig. Und es war auch ein guter Anlass, seinen stets wohlgefüllten Schnapsschrank zu öffnen. Wir spülten die Geschichte mit einem kräftigen Schluck runter.

Moabit

Wolfgang Vogel saß im Gefängnis, las ich im *Spiegel*. Es war das Jahr 1990, 23 Jahre nach meiner Freilassung, ein Jahr nach dem Fall der Mauer. Inzwischen war Wolfgang Vogel 65.

Ausgerechnet Vogel. Der Mann, der mir zur Entlassung verholfen hatte, musste nun selbst erleben, was es heißt, Tag für Tag in einer Zelle zu verbringen. Bittere Ironie des Schicksals. Zu gern hätte ich ihn selbst verteidigt, so wie er mich verteidigt hatte, aber das Team, das sich für ihn einsetzte, war schon komplett. Außerdem arbeitete ich damals bereits als Anwalt in London. Ich hatte aber das große Bedürfnis, ihm wenigstens meine Solidarität zu bekunden, und beschloss spontan, Vogel im Gefängnis zu besuchen. Mit der nächsten Maschine flog ich nach Berlin. Nur: Wie sollte ich eine Besuchserlaubnis bekommen?

Die Vorgeschichte ging so: Alle ausreisewilligen Mandanten, die Vogels Ostberliner Büro aufsuchten, mussten zunächst viele Fragen beantworten. Unter anderem war ein Aufnahmebogen auszufüllen, in den Angaben zum Grundbesitz des Antragstellers in der DDR einzutragen waren. Wer die DDR verlassen wollte, konnte erst dann mit einer Ausreisegenehmigung rechnen, wenn dieser Grundbesitz an einen Dritten, meist einen Stasi-Mitarbeiter, übertragen wurde. Da Vogel auch Notar war, konnte er den Kaufvertrag beurkunden, wonach das Grundstück zu einem für den Käufer günstigen Preis veräußert wurde. Nach der Wiedervereinigung und mit steigenden Grundstückspreisen behaupteten jedoch einige von Vogels ehemaligen Mandanten, dass Vogel sie ausgenommen hätte. Vogel sagte zu seiner Verteidigung, dass es nicht seine Bedingungen gewesen seien, sondern die seines Staates. Keine Frage, er habe den Vertrag beurkundet, aber zur Beurkundung hätte man auch zu einem anderen Notar gehen können.

Wegen seiner umfangreichen Reisetätigkeiten bereiteten seine Mitarbeiter selbstständig die Urkunden vor. In einem zivilrechtlichen Verfahren, in dem Vogel als Zeuge geladen war, stellte sich heraus, dass er bei einer Beurkundung nicht persönlich anwesend gewesen war. Dennoch hatte er unter Eid ausgesagt, er habe beurkundet. Ein Staatsanwalt, der natürlich wusste, dass es die Pflicht eines Notars war, die Beurkundung persönlich vorzunehmen, ermittelte, dass Wolfgang Vogel zu diesem Zeitpunkt in Israel war. Und wegen dieses Meineids und der anderen Anklagepunkte saß er nun in Untersuchungshaft in Berlin-Moabit.

Vogel wurde unter anderem von einer Anwältin verteidigt, die mir bekannt war. „Kannst du mir nicht eine anwaltliche Untervollmacht erteilen?“, bekniete ich Charlotte in den Räumen ihrer Berliner Kanzlei. Ich war extra aus London angereist und wollte nicht unverrichteter Dinge zurückfliegen.

„Findest du nicht, dass das ein gewagtes Unternehmen ist?“, fragte sie zurück. „Warum ist es dir so wichtig?“

„Ich bin einfach empört, so wie auch unsere Regierung empört über seine Verhaftung ist. Die Vorwürfe gegen Vogel scheinen mir nicht stichhaltig zu sein“, entgegnete ich.

„Es geht nicht nur um Grundstücke, Volker. Zur Diskussion stehen auch Vorwürfe ungerechtfertigter Bereicherung und Meineid.“

Ich blieb dabei. „Ich bin sicher, dass er die falsche Aussage in einer moralischen Zwangssituation gemacht hat und heute bereut. Aber mir geht es auch nicht um die juristischen Feinheiten, ich will ihm einfach nur meine Solidarität zeigen. Ich möchte mich in erster Linie nochmals bei ihm bedanken, möchte ihm Mut machen.“

Charlotte seufzte.

Ich erhielt ihre Untervollmacht. Noch am selben Tag machte ich mich auf den Weg nach Moabit. Als Wolfgang Vogel in den Besucherraum geführt wurde und mich sah, schossen ihm die Tränen in die Augen. Auch ich konnte die Tränen nicht unterdrücken. Alle Erinnerungen stiegen plötzlich in mir hoch. Ein Schwall von Gefühlen riss mich mit. Meine eigene Haftzeit wurde wieder lebendig. Die Treffen mit Vogel in der Magdalenenstraße. Sie waren der einzige Hoffnungsschimmer gewesen, den ich hatte. Nun waren wir in einer annähernd umgekehrten Situation. Die Empörung, die ich im Licht seiner großen Verdienste angesichts seiner Inhaftierung empfand, war groß. Da ich ja nun aus eigener Erfahrung wusste, wie hilflos man sich in so einer Situation fühlte, wollte ich Vogel nun meinerseits ein bisschen Hoffnung machen.

Etwas ungelenk versuchte ich ihn zu trösten. „Wolfgang“ – wir duzten uns, denn nach meiner Freilassung waren wir Freunde geworden –, „ich persönlich glaube ganz fest an deine Unschuld. Erinnere dich an meinen Fall, da ist am Ende auch alles geklärt worden.“

Er lächelte. „Aber es war viel leichter als heute, denn damals bedurfte es nur einer politischen Klärung. Hatte ich das Wort, die Zusage von Honecker, Mielke oder Streit, wurde geliefert. Da hatten die Gerichte nichts zu sagen. Das ist in einem Rechtsstaat etwas komplizierter.“

„Ja, ich weiß …“ Noch immer hatte ich keine rechte Ahnung, wie ich meine Dankbarkeit erneut zum Ausdruck bringen, was ich ihm an konkreter Hilfestellung anbieten konnte. Ich hatte mir das im Vorfeld auch nicht so recht überlegt, ich wollte ihn einfach nur sehen.

Vogel machte eine Andeutung, die mir wehtat: „Ich werde aus der Sache nicht unbescholten rauskommen.“

Erneut versuchte ich ihn aufzumuntern: „Wenn man in Haft sitzt, sieht die Welt viel düsterer aus, als sie in Wahrheit ist. Ich kann mir nicht vorstellen, dass dich der Bundesgerichtshof angesichts der 30000 freigelassenen Häftlinge, die du mitzuverantworten hast, ins Gefängnis schicken wird.“

„Na ja, politische Unterstützung habe ich ja immerhin ein wenig", bemerkte Vogel mit einem zaghaften Lächeln. „Helmut Schmidt hat mich besucht, auch Jürgen Schmude, der frühere Bundesjustizminister."

Mehr erzählte er aber nicht über die Begegnungen mit den beiden Politikern. Diskretion war sein Berufsgeheimnis, das hatte sich jetzt nicht geändert.

Vogel wurde zu einem Jahr Gefängnis verurteilt, die Strafe wurde jedoch auf die Untersuchungshaft angerechnet. Für einen Anwalt wie ihn war es natürlich eine bittere Pille, wegen Meineids verurteilt zu werden. Der Staatsanwalt, der sich mit dem Fall Vogel profilieren wollte, erlitt in den übrigen Punkten der Anklage eine glatte Niederlage. Wolfgang war ein freier Mann, aber aufgrund des Urteils musste er seine Zulassung abgeben, nicht anders als Jürgen Stange nach seinem Verfahren.

ALS ICH das Gefängnis verließ, war ich immer noch völlig durcheinander. Meine eigene Haftzeit hatte tiefe Spuren hinterlassen. Und selbst wenn inzwischen Jahrzehnte vergangen waren, manchmal brach alles wieder auf.

Ich lief nachdenklich durch Moabit. Bis zu meinem Rückflug hatte ich noch ein wenig Zeit. Vogel ging mir nicht mehr aus dem Kopf. Er war ein großer Grenzgänger, hatte viele schwierige Gratwanderungen zu meistern gehabt. Einmal hatte ich ihn gefragt: „Wolfgang, hast du denn niemals den Wunsch gehabt, die DDR zu verlassen?"

„Doch", sagte er, „mit dem Gedanken habe ich bisweilen gespielt."

„Und warum hast du das nicht gemacht?"

„Die hätten mich mit Sicherheit getötet. Außerdem – was wäre aus meinen Mandanten geworden? Es hätte zumindest zu langen Verzögerungen geführt, bis das sensible anwaltliche Netzwerk im Osten und Westen neu geknüpft worden wäre."

Vogel war tatsächlich eine schillernde Gestalt. Da war einerseits der beflissene Diener eines zum Teil verbrecherischen Systems, andererseits hatte er durch sein enormes Verhandlungsgeschick, durch seine große Diskretion und seine Beharrlichkeit vielen zur Freiheit verholfen. Seine Erfolge verschafften ihm große Freude und tiefe Befriedigung.

Altbundeskanzler Helmut Schmidt hatte Vogels Spagat, seinen faustischen Pakt mit der Stasi, zutreffend beschrieben: „Es ist sein Kunststück gewesen ... sowohl das Vertrauen der Westdeutschen zu gewinnen, als auch das Vertrauen der Kommunisten nicht zu verlieren ... Für mich ist er als zuverlässiger Mensch in Erscheinung getreten. Das Menschliche war das Entscheidende." Als Vogel 2008 starb, sagte Schmidt in seinem Nachruf: „Wir alle schulden ihm Dankbarkeit und Respekt." Ich kann das nur von Herzen unterstreichen.

Epilog

Am 9. September 2016 hat sich der Tag meiner Verhaftung zum 50. Mal gejährt – aus der zeitlichen Distanz ein guter Anlass für einige Ergänzungen und Reflexionen.

Nicht lange nach meiner Entlassung bedankte ich mich persönlich bei allen, die dazu beigetragen hatten, meine Haftzeit so dramatisch zu verkürzen – bei Wolfgang Vogel, Jürgen Stange und, stellvertretend für die Bundesregierung, bei Egon Franke, damals Bundesminister für innerdeutsche Beziehungen.

Ich bedankte mich auch bei meinen Corpsbrüdern Werner Knieper und Hanns Martin Schleyer, die entscheidende Weichen für meine Freilassung gestellt hatten. Trotz oder gerade wegen der Dankbarkeit, die ich besonders Schleyer gegenüber empfand, verließ ich Suevia in den Siebzigerjahren. Der Hintergrund: Einem Corps, das seine nationalsozialistischen Verstrickungen und die seiner Mitglieder nicht aufarbeiten, ja aktiv verschweigen wollte, wollte ich nicht länger angehören.

Schleyers Anteil an diesen Verstrickungen, von denen ich 1966 noch nichts wusste und deren Details ich trotz einer corpsinternen Tabuisierung schrittweise kennenlernte, wurden einer breiteren Öffentlichkeit erst bekannt, als ein Foto des Doppelpräsidenten des Arbeitgeberverbandes und des Bundesverbandes der deutschen Industrie, in Unterhemd und offener Trainingsjacke unter dem Logo der „Roten-Armee-Fraktion" sitzend, durch Presse und Fernsehen ging. Über Nacht wurde Schleyer zu einem der berühmtesten Bürger der Bundesrepublik, Journalisten förderten ein Detail nach dem anderen zutage.

Weil Schleyer sich so nachhaltig und erfolgreich für meine Freilassung eingesetzt hatte, konnte ich ihn damals nicht zur Rede stellen. Ich befand mich in einem moralischen Dilemma, das nach einer Auflösung verlangte: Ich sah keinen anderen Weg als den des Austritts.

Viele meiner Corpsbrüder hielten diese Entscheidung für unerhört. Ich schwieg, hielt aber Kontakt zu meinen engsten Freunden, darunter zu Schleyers ältestem Sohn. Viele Jahre später kehrte ich auf Bitten meiner Corpsbrüder zu Suevia zurück, entschlossen, die uneingeschränkte Aufarbeitung der Geschichte des Corps im Dritten Reich zu betreiben. Im Jahr 2010 schrieb ich, inzwischen zum Vorsitzenden gewählt, in der Festschrift anlässlich unseres 200-jährigen Bestehens einen Aufsatz über „Suevia im Dritten Reich". Ich bin mir sicher, dass Schleyer meinen Beitrag geschätzt hätte. Er war im Übrigen mit seinem ältesten Sohn abgestimmt.

Die Grenzen der Belastbarkeit meiner Corpsbrüder musste ich allerdings erkennen, als ich mich dafür einsetzte, dass das Corps sich bei den Nachkommen unserer 1935 auf Druck der Regierung ausgeschlossenen jüdischen Corpsbrüder persönlich und öffentlich entschuldigt und einem unabhängigen Gremium von Historikern die Erstellung einer Aufarbeitungsbroschüre anvertraut. Dafür konnte ich keine Mehrheit finden. Zur Vermeidung der Spaltung trat ich als Vorsitzender zurück.

DA SEINERZEIT die beiden deutschen Staaten die strafrechtlichen Verurteilungen ihrer Bürger grundsätzlich wechselseitig anerkannten, bedurfte die Verhinderung der Eintragung meiner Strafe in das Bundeszentralregister eines staatsanwaltlichen Beschlusses in Westdeutschland, den ich bald nach meiner Freilassung beantragt hatte. Dieser erging ohne größere argumentative Anstrengungen. Die von mir nach der Wiedervereinigung beantragte Aufhebung des Urteils der DDR erfolgte durch ein Kassationsurteil des Landgerichts Berlin. Das ostdeutsche Urteil überlebte rein formal 25 Jahre, hat mich aber nie behindert. Solange die DDR lebte, war meine Einstellung zu ihr nie von Hass geprägt. Skepsis, Kritik und Ablehnung – ja, eindeutig. Aber Hass? Nein. Dessen ungeachtet stand mein Gesamturteil relativ früh fest: Ein Staat, der seine Bürger auf eine Weise behandelte, dass sie weglaufen wollten, konnte nicht in Ordnung sein. Dazu brauchte man keine historischen Untersuchungen, dazu musste man nur Karl-Eduard von Schnitzlers Propagandasendung „Der schwarze Kanal" sehen, in der der Journalist Ausschnitte aus dem Westfernsehen frei nach DDR-Ideologie verzerrend kommentierte. Eine einzige Sendung hätte wohl ausgereicht, um mich zu motivieren, Menschen in der DDR zu helfen – wäre ich nicht ohnehin bereits motiviert gewesen. Und dafür wollte Bundespräsident Joachim Gauck mich nun, 46 Jahre nach meinen Aktivitäten als junger Fluchthelfer, auszeichnen. Am 29. August 2012 sollte ich das Bundesverdienstkreuz am Band überreicht bekommen.

Ich war auf dem Weg in die Hessische Landesvertretung in Berlin, wo die Ehrung stattfinden sollte. Es ist ein markantes Gebäude aus Glas und Quarzsandstein, zu dem Gelände gehört ein kleiner Hang, der von Rebstöcken gesäumt ist. Ein kleiner Wink zur hessischen Bergstraße.

Bevor die Zeremonie begann, traf ich auf Joachim Schreiber.

„Da kann ich dir nur gratulieren", sagte er. „Aber sag mal, wir finden das ja ziemlich überraschend, dass allein du diese Auszeichnung bekommst."

„Wieso?", fragte ich, etwas verwundert. Um uns herum standen noch mehrere andere Personen, auch meine Frau Sandra, die ein wenig die Augenbrauen hochzog.

„Na ja, es gibt ja noch mehr, die sich ähnlicher Verdienste rühmen können." Hatte Joachim das Gefühl, dass man sie übergangen hatte?

„Manfred hat doch schon das Bundesverdienstkreuz bekommen", warf ich ein. „Er war meines Wissens der erste Fluchthelfer, der geehrt wurde, wahrscheinlich dauern solche Entscheidungen längere Zeit. Und im Übrigen werde ich in meiner Dankesrede deutlich machen, dass ich die Auszeichnung stellvertretend für alle diejenigen Fluchthelfer entgegennehme, die sich ebenfalls unter großen Opfern engagiert haben." Manfred Baum hatte zwei Jahre zuvor das Bundesverdienstkreuz am Band erhalten. Nachdem er einen Studienplatz in Heidelberg bekommen hatte, promovierte er in Hamburg, wo er lange als Onkologe arbeitete. Ein gutes Jahr nach meiner Ehrung starb er. Etwa zur selben Zeit wurde eine große Gruppe von Fluchthelfern (zu meinem Erstaunen auch einige „kommerzielle") in gleicher Weise wie ich ausgezeichnet. Darunter auch Joachim Schreiber und Ulrich Bahnsen.

Der feierliche Akt begann. Die Ehrung erfolgte wegen „enormer Zivilcourage und großen Freiheitswillens". Ich bedankte mich und erinnerte dabei an meinen Freund Manfred Baum, durch den ich ursprünglich zur Gruppe der Fluchthelfer stieß, sowie an Ulrich Bahnsen, Joachim Schreiber und Wolfgang Fuchs. Ein besonderes Anliegen war es mir, Reinhard Furrer zu erwähnen, jenen legendären Astronauten, der mich am Tag meiner Verhaftung zur Sektorengrenze Heinrich-Heine-Straße gefahren hatte. Auch meinen Corpsbrüdern Hanns Martin Schleyer und Manfred Knieper dankte ich von ganzem Herzen. Wichtig waren mir vor allem diese Sätze meiner Dankesrede: „Wir Fluchthelfer der frühen Mauerjahre haben uns als humanitäre Helfer ohne Anspruch auf Dank, Lob oder gar Lohn gesehen. Das Wort ‚Held' ist nach meiner Erinnerung nie gefallen. Meinem Vater waren meine vom Studium ablenkenden Aktivitäten eher suspekt; nur in den Augen meiner unerschütterlich loyalen und stolzen Mutter gewann ich an Hochachtung."

ALS ICH am Abend im Bett lag und den Tag Revue passieren ließ, dachte ich an die Zeit zurück, als die Mauer fiel und plötzlich Tunnel, umgebaute Fahrzeuge, gefälschte Pässe und Diplomaten nicht mehr nötig waren, um Menschen zur Flucht zu verhelfen. Beim Mauerfall selbst war ich in London. Die Nachricht überwältigte mich so, dass ich vor dem Fernseher wie ein kleiner Junge weinte. Wegen dieser Mauer hatte ich in der DDR eingesessen, ihre Zerstörung war für mich zu einem sehr persönlichen Symbol der Freiheit geworden.

Kanzler Kohl hatte die kurz- und mittelfristigen wirtschaftlichen

Aussichten der Wirtschaft und Bürger der ehemaligen DDR dramatisch überschätzt. Er sprach von blühenden Landschaften, während andere enorme Belastungen für die alte Bundesrepublik befürchteten.

Aber was für eine Leistung der Bundesrepublik, zunächst nach dem Krieg 14 Millionen Flüchtlinge aus den verlorenen Ostgebieten und dann aus Osteuropa zu integrieren und danach 16 Millionen DDR-Bürger wirtschaftlich an die Hand zu nehmen, die bestehenden Wirtschaftsstrukturen und deren ideologischen Überbau zu zerschlagen, um sie völlig neu aufzubauen. Es waren gewaltige Anstrengungen, im Westen und im Osten Deutschlands. Und die Flüchtlinge aus dem Nahen Osten, aus Afghanistan und Afrika? Wie viele Millionen werden das? Drei, vier, fünf? Da warten enorme wirtschaftliche und kulturelle Herausforderungen auf das vereinigte Deutschland, aber auch eine Chance zur Wiedergutmachung von Unrecht, das Deutschland zur Zeit des Nationalsozialismus der Welt und Millionen ihrer Bürger angetan hat.

IM SPÄTSOMMER 1992 kehrte ich nach fünf Jahren in London nach Deutschland zurück, nach Berlin. Dort hatte ich mich als englischer Gerichtsanwalt qualifiziert und arbeitete in einer amerikanischen Anwaltsfirma. Während meiner häufigen Dienstreisen von England nach Deutschland hatte ich mir immer wieder die Reste dieser gefallenen, zerbröckelnden Mauer angesehen. Es zog mich magisch in meine Schicksalsstadt zurück. Mein erstes anwaltliches Büro nach meiner Rückkehr richtete ich in Ostberlin ein, am Schiffbauerdamm, nicht weit vom S-Bahnhof Friedrichstraße entfernt, dem Ort, an dem meine damaligen „Ausflüge in den Ostteil Berlins“ begonnen hatten.

Nicht lange danach, im Jahr 1994, suchte ich zum ersten Mal nach meiner Verhaftung Hohenschönhausen auf. Erst jetzt war es möglich geworden, die alte Haftanstalt zu besichtigen. Als ich das Gelände betrat, weinte ich zwar nicht, aber ich kämpfte mit meinen Erinnerungen. Ich hatte freilich vermutet, dass mich der Ort berühren würde, aber dass es so tief ging, das hätte ich nicht gedacht. Der Anblick einer Zelle und eines der vielen Verhörzimmer ging mir unter die Haut. Lange Zeit dachte ich, dass dieses knappe Jahr Haft nur eine Marginalie in meinem Leben sei, aber der Besuch meines früheren Gefängnisses hat mich eines Besseren belehrt. Ich besuchte in Begleitung meiner Frau und meiner Kinder den „Freizeitkäfig“, in dem ich mich mit Liegestützen gesundheitlich und seelisch gestärkt hatte. Still stand ich da, still schaute ich in den Himmel. Die Wolken zogen vorbei, all meine Gedanken mit ihnen. In diesem Moment fühlte ich mich unendlich frei.

Die Frage nach humanitärer Fluchthilfe ist gerade heute wieder brandaktuell. Im letzten Jahr wurde heftig darüber diskutiert, ob deutsche Urlauber in ihren Autos Flüchtlinge mitnehmen und unter Verstoß gegen EU-Recht nach Deutschland bringen dürfen. Kein leichtes Problem, denn ebenso wie bei der deutschen Flüchtlingshilfe von damals hat man es in solchen Situationen nicht nur mit einem rechtlichen Problem zu tun, sondern auch mit einem humanitären. Einzig mit einem fundamentalen Unterschied: Bei der innerdeutschen Fluchthilfe hatte jeder DDR-Bürger, sobald er über die Grenze nach Westdeutschland gelangt war, automatisch alle Rechte eines Bürgers der Bundesrepublik. Keinem aus der DDR geflohenen Bürger drohte eine Abschiebung. Die innerdeutschen Flüchtlinge hatten, trotz individueller Ungewissheiten, eine klare staatsrechtlich untermauerte Zukunftsperspektive.

Es war mir seit vielen Jahren ein Anliegen, eines Tages die Geschichte meiner Aktivitäten als Fluchthelfer aufzuschreiben. Lange schob ich es vor mir her, aber angesichts der aktuellen Flüchtlingsproblematik, wegen meiner Ankündigung in meiner Dankesrede und auf Drängen meiner Kinder konnte ich mich nicht länger dieser Aufgabe entziehen. Im Verlauf meiner Recherchen kehrten viele meiner Erinnerungen zurück. Oft denke ich an „meine" Flüchtlinge. Diejenigen, bei denen es mir nicht gelungen ist, sie aus der DDR herauszuführen, bitte ich um Nachsicht und Entschuldigung – die meisten habe ich persönlich nicht kennengelernt. Ich habe den Kontakt zu ihnen – mit einer Ausnahme – nicht gesucht. Nur einem ist es bisher gelungen, mich nach fast fünfzig Jahren des Suchens zu finden.

Was also ist „der Preis der Freiheit"? Die Zahlungen der Verwandten und Freunde der Flüchtlinge an Fuchs? Die Zahlungen der Bundesregierung an die DDR auf dem Umweg über die Evangelische Kirche? Die Zahlungen an Vogel und Stange, sowohl seitens der beiden Regierungen als auch seitens der Häftlinge oder ihrer Familien? Die Begnadigungen durch Ulbricht und Lübke? Die wechselseitige Freilassung der Austausch-Gefangenen? Die Ängste und Sorgen ihrer Familien und Freunde? Die Zeit im Gefängnis?

An Hohenschönhausen denke ich ohne Groll zurück. Dort habe ich nicht nur Disziplin gelernt, sondern auch erfahren, wie Ruhe, Optimismus und Gleichmut unter widrigen Umständen einem „wilden jungen Mann" die Bewältigung der Haft und später seines Lebens erleichtert haben. Und ich bin dankbar, andere und mich selbst in Situationen extremer Gefahr und Isolierung erlebt und Ersteren geholfen zu haben, wahrlich eine wechselseitige Lehrstunde der Mitmenschlichkeit.

CHRIS BARNS

Ein Herz für Kängurus

Beutelweise Glück
in Australien

Ich kann selbst kaum glauben, was mein erstes gerettetes Kängurujunge Palau in Bewegung gesetzt hat. Ich habe im Laufe der Jahre allerhand erlebt, erstaunliche Bekanntschaften gemacht und führe genau das Leben, das ich mir als Junge erträumt habe.

Chris Barns

Teil I – Frei sein

Kapitel 1

Manche Leute haben einen Fernseher, ich habe mein Feuer draußen vor der Hütte. Keine amerikanische Krimi-Episode, nur knisternde Flammen, in die ich stundenlang schauen kann. Meine Gedanken verlieren sich darin. Über mir spannt sich eine Kinoleinwand: der Nachthimmel voller Sterne. Ihr Funkeln verschlägt mir den Atem. So auch die Landschaft ringsum. Jetzt, da es dunkel ist, kann ich sie nicht sehen, aber ich fühle sie, schmecke sie, spüre sie unter meinen Stiefeln. Das Outback. Es ist ein Teil von mir. Oder bin ich ein Teil von ihm? Wie dem auch sei, ich weiß, dass ich hierhin gehöre. Dieses Land, diese enorme Weite, die überwältigend wirken kann, hat mir geholfen, zu dem zu werden, der ich bin. Momentan starre ich in die Flammen und denke über mein Leben nach, über die Reise, die mich herführte, zu dieser Zufluchtsstätte, um die ich so sehr gekämpft habe. Ich bin keiner, der das Scheinwerferlicht sucht, finde mich aber trotzdem plötzlich dank Fernseher in Wohnzimmern auf der ganzen Welt wieder. Der einzige Grund dafür ist die Ikone Australiens, das Känguru.

ANGEFANGEN hat alles mit einem tapferen kleinen *joey*, einem Kängurujungen. Den Tag, an dem ich es entdeckte, werde ich nie vergessen.

Es war irgendwann im Jahr 2005, vielleicht im August, jedenfalls an einem herrlichen, warmen Tag mit Temperaturen um die dreißig Grad. Ich steuerte einen Bus voller Rucksacktouristen aus aller Welt, ungefähr zwanzig Personen, alle in ihren Zwanzigern. Wir waren auf dem Weg zum Uluru, einem der bekanntesten Wahrzeichen Australiens, und wollten rechtzeitig zum Sonnenuntergang dort ankommen. Dann nämlich bietet sich ein Bild, an dem ich mich nicht sattsehen kann. Die Farbe des riesigen Felsens – ein heiliger Ort für die Ureinwohner – geht von einem prunkvollen Rot in Gelb- und Orangeschattierungen über, die mit den Blau-, Rosa- und Violetttönen des Himmels zu verschmelzen scheinen. Ein magischer Moment. Viele Touristen kommen nur deswegen ins Outback. Ich begleitete die Gruppe als Reiseführer auf einem Zwei-Tage-Trip, und obwohl den Teilnehmern nicht zugesichert worden war, dass sie Fotos vom Sonnenuntergang machen könnten, wollte ich ihnen diese Gelegenheit gern bieten.

Wir hatten noch gut dreihundert Kilometer bis zum Uluru zurückzulegen. Mit dem Anhänger voller Gepäck schafften wir nur knapp neunzig Stundenkilometer. Hätte ich aufs Gas gedrückt, wäre mir womöglich der Keilriemen um die Ohren geflogen. Am Ende hielt uns dann aber kein mechanischer Defekt auf, sondern ein *roadkill,* ein überfahrenes Tier auf der Straße, ein in Australien häufiger Anblick.

Ich hielt an, um das Tier von der Fahrbahn zu schaffen, und eilte auf das Häufchen Elend zu. Es war ein weibliches Känguru, für das, wie ich sofort sehen konnte, jede Hilfe zu spät kam. Ich checkte auch seinen Beutel. Nichts. Schweren Herzens schleifte ich den Kadaver von der Straße, wischte mir die Hände an meinen Shorts ab und stieg zurück in den Bus.

„Wär doch schön, wenn wir irgendwann am Uluru ankämen“, rief jemand ruppig.

„Yeah, ich beeile mich. Aber das musste gemacht werden“, antwortete ich und erklärte allen, warum ich angehalten hatte. Lag eine tote Kängurumutter auf der Straße, steckte in ihrem Beutel möglicherweise noch ein lebendes Baby.

Wir fuhren weiter. Ich versuchte, Zeit gutzumachen. Es sah alles danach aus, dass wir vor Einbruch der Dunkelheit am Uluru ankommen würden. Als wir Curtin Springs erreichten, ein Rasthaus, an dem ich normalerweise haltmachte, damit meine Fahrgäste etwas einkaufen konnten, fuhr ich vorbei.

Schon wenig später sah ich von Weitem das nächste Verkehrsopfer auf der Straße liegen, ein Känguru, aufgedunsen und offenbar schon länger als einen Tag tot. Zwei Keilschwanzadler hockten auf dem Kadaver. Ich fragte mich, warum sie hier waren und nicht bei dem erst kürzlich getöteten Tier, das sie aus der Höhe, in der sie für gewöhnlich kreisten, hätten erspähen können. Keilschwanzadler bevorzugen frisches Fleisch.

Ich hielt wieder an, griff zum Mikrofon und erklärte, was ich vorhatte. Mehrere Fahrgäste verdrehten die Augen, einer raufte sich die Haare und stöhnte frustriert auf.

Aber ich konnte nicht weiterfahren. Was, wenn das nächste Auto die Keilschwänze über den Haufen fuhr? Das konnte ich mit meinem Gewissen nicht vereinbaren. Außerdem beschäftigte mich die Frage, warum die Vögel sich ausgerechnet hier herumtrieben.

Als ich ausstieg, flogen die Keilschwänze auf und landeten in sicherer Entfernung. So ohne Weiteres wollten sie ihr Abendessen nicht aufgeben. Ich ging über die weiße Linie am Straßenrand, warf einen Blick auf die Sonne und musste einsehen, dass es heute keine Fotos vom Sonnenuntergang am roten Felsen mehr geben würde.

Ein ekelhafter Gestank schlug mir entgegen. Doch davon ließ ich mich nicht aufhalten. Ich trat näher an den Kadaver und bemerkte, dass aus dem Beutel ein kleines Bein und eine Schwanzspitze herausragten, beide schrecklich zugerichtet. Auch die Brust des Babys war von den Adlern verletzt worden, wie ich feststellen musste. Ich würde es nur noch aus dem Beutel ziehen und unter einen Busch am Straßenrand legen können. Als ich nach dem Beinchen griff, stockte mir der Atem. Es zog sich ruckartig in den Beutel zurück!

Ich sprang auf und eilte zum Bus.

„Da ist noch ein Joey im Beutel des Kängurus", rief ich. „Sieht alles andere als niedlich aus. Aber deshalb halte ich immer wieder an. Wie wär's, wenn mir jemand helfen würde?"

Wenn jemand, fügte ich hinzu, ein Bild vom Sonnenuntergang über dem Uluru haben wolle, könne er sich auch eine Postkarte kaufen. Man muss mir angemerkt haben, wie bestürzt ich war. Eine junge Frau meldete sich und sagte, sie sei Krankenschwester. Ich erklärte ihr und allen, die daran interessiert waren, dass man normalerweise nur mit der Hand in den Beutel greifen müsse; die Haut dieses überfahrenen Kängurus habe sich aber im Tod so fest über den Bauch gespannt, dass man nicht mehr hineinlangen könne.

Als ich mit der jungen Frau bei dem Känguru ankam, stiegen auch noch andere aus dem Bus und zückten ihre Kameras. Manche wurden von dem Verwesungsgestank überrascht. Ein großer, athletischer Kerl sprang in die Büsche und übergab sich.

Wir bargen ein noch unbehaartes kleines Pinkie, ungefähr vier Monate alt und mit schon geöffneten Augen. Es war von einer trockenen Blutkruste überzogen. Ich hielt es in beiden Händen und untersuchte seine Verletzungen. Alle schwiegen. Ich ließ meine Gruppe wissen, dass wir einen neuen Passagier mit an Bord nehmen würden. Die Sonne ging unter. Anstatt Fotos vom Uluru zu schießen, parkten wir am Straßenrand und machten auf dem Gaskocher Wasser warm, das wir mit einem Tropfen Spülmittel in eine Plastikschale schütteten, um das Känguru-baby zu waschen.

Inzwischen beklagte sich niemand mehr über den verpassten Sonnenuntergang. Die Krankenschwester packte mit an, während andere zum Bus zurückliefen, um den Erste-Hilfe-Koffer zu holen. Wir legten dem

Jungen Gazeverbände an, trockneten es und wickelten es in ein Handtuch. Es schrie nun nach seiner Mutter und stieß einen Laut aus, der typischerweise so klingt, als hustete jemand das Wort *hair*.

„Hair, hair, hair …“

Wir nannten es Anna, nach einer Mitreisenden aus Deutschland, die sich bereit erklärte, sich um das Kleine zu kümmern. Alle waren wieder an Bord, und mir fiel sofort auf, wie sehr sich die Stimmung verändert hatte. Nach dem anfänglichen Murren herrschte jetzt Heiterkeit.

In Yulara, der letzten Station vor dem Uluru, machte ich einen Mitarbeiter der Umweltbehörde Parks and Wildlife ausfindig, bei dem ich Anna übernachten lassen konnte. Danach widmete ich mich wieder meinen Pflichten als Reiseleiter und kochte über dem offenen Feuer ein Abendessen für meine Gruppe. Später, als ich allein am Feuer saß, ärgerte ich mich immer noch darüber, dass Anna, das *roo*, wie wir kurz für Känguru sagen, solche Qualen hatte erleiden müssen. Wie viele Kollegen und andere Touristen waren wohl an dem toten Muttertier vorbeigekommen, ohne einen Gedanken daran zu verschwenden? Ich erging mich noch in meiner Wut, als der junge Mann, der sich am meisten über die Verzögerung durch die Rettungsaktion aufgeregt hatte, neben mir Platz nahm. Wir starrten stumm in die Flammen und nippten an unseren Bierdosen. Schließlich sagte er: „Keine Ahnung, vielleicht machst du so was jeden Tag, aber was ich da heute erlebt habe … Mann, ich kann's kaum glauben.“

Um Entschuldigung dafür, dass er so ungeduldig und barsch gewesen war, bat er nicht, aber das war mir auch egal. Vielleicht sah er in der kurzen Reiseunterbrechung nur eine coole Anekdote. Möglich aber auch, dass Annas Rettung ihn gelehrt hatte, dass sich sogar im Tod Leben finden lässt.

ANNA hatte die Nacht überlebt. Wir holten sie am nächsten Morgen ab und fuhren die gut vierhundertfünfzig Kilometer zurück nach Alice Springs, wo ich sie in die Obhut von Sadie gab, einer älteren Tierpflegerin, die eine gute Freundin von mir werden sollte. Bevor sie sich ihrer wirklich annehmen konnte, mussten wir Anna von einem Tierarzt untersuchen lassen. Damals lief die US-Serie „Survivor: Palau“ im Fernsehen, und nachdem ich ihr die Geschichte von Annas Rettung erzählt hatte, taufte Sadie sie in Palau um. Der Name passte. Anna war eine wahre Überlebenskünstlerin.

Ich besuchte Palau während der folgenden Monate mehrere Male. Das Kängurujunge wuchs unter einigen anderen Waisenkindern auf, die alle viel größer waren. Was es zusätzlich von ihnen unterschied, waren zwei mächtige Ohren und ein Stummelschwanz, der fast zehn Zentimeter zu kurz war. Palau schien das nichts auszumachen. Sie vertrug sich gut mit ihren Leidensgenossen, erholte sich von ihren Verletzungen und wurde schließlich wieder in den Busch entlassen. Ihre Geschichte hatte ein glückliches Ende genommen; umso trauriger stimmte mich das Schicksal der Waisen, die weniger Glück hatten. Und so fasste ich den Entschluss, möglichst vielen Leuten von dem Kängurubaby am Straßenrand zu erzählen, ob sie diese Geschichte nun hören wollten oder nicht.

Jetzt sitze ich vor meinem Feuer, blicke in die Flammen und kann selbst kaum glauben, was Palau in Bewegung gesetzt hat. Ich habe im Laufe der Jahre allerhand erlebt, erstaunliche Bekanntschaften gemacht und führe genau das Leben, das ich mir als Junge erträumt habe.

Ich schätze mich glücklich.

Kapitel 2

Als Teenager erwischte ich meine Eltern manchmal in der Küche beim Knutschen und dachte: O Mann, können die das nicht woanders machen? Inzwischen ist mir klar geworden: Meine Tierliebe gründet auf der Liebe, die meine Eltern einander und mir und meinem Bruder Ron entgegenbrachten und -bringen. Ich fühlte mich sehr eng mit ihnen verbunden. Bis zu meinem Aufbruch in die Selbstständigkeit gab meine Mutter mir jeden Abend einen Gutenachtkuss. Dad nahm Ron und mich mit zum Fußball, ermutigte uns aber auch, eigenen Interessen zu folgen. Rückblickend verstehe ich, inwieweit mir meine Herkunft dabei geholfen hat, Waisen aufzuziehen: Auch Joeys haben eine viel größere Chance auf ein glückliches Leben, wenn eine Familie ihnen Rückhalt bietet.

Mum und Dad – June und Jim – waren Lehrer an einer Highschool. Sie hatten sich 1963 am Claremont Teachers College in Perth, der Hauptstadt des Bundesstaats Western Australia, kennengelernt und vier Jahre später geheiratet. Ron kam 1970 zur Welt, ich folgte zwei Jahre darauf. Wir wohnten in einem für die Mittelschicht typischen Haus aus roten Ziegeln in Greenwood, einem Vorort von Perth. Es hatte vier Schlafzimmer, zwei Badezimmer und einen Garten. Ein paar Jahre verbrachten wir auch in Karratha, einer Kleinstadt in der Region Pilbara hoch oben im Norden von Western Australia, wo Eisenerz abgebaut wird. Ich war damals noch so klein, dass ich mich an diese Zeit nicht mehr erinnern kann. Aber ich bin mir sicher, dass mich die Landschaft mit ihrem roten Staub, den goldenen Gräsern und dem endlosen blauen

Himmel nachhaltig geprägt hat, was sich später in meiner Sehnsucht nach dem Outback äußerte. Sehr wohl in Erinnerung geblieben sind mir manche Fernsehprogramme mit markigen Aussie-Typen, die ich verehrte und nachahmen wollte. Sie machten Eindruck auf mich ebenso wie die Sendungen von Tierfilmer und Naturforscher David Attenborough, die wir uns im Kreis der Familie regelmäßig sonntagabends ansahen.

Dad saß dann in seinem Sessel und sagte: „Das wäre doch auch was für dich, oder? Du könntest hinter der Kamera stehen. Such dir etwas, wozu du wirklich Lust hast. Und steck deine Ziele möglichst hoch."

Wie wohl jedes australische Kind jener Zeit liebte ich „Skippy", die legendäre Fernsehserie mit dem Jungen Sonny und seinem Känguru Skippy. Sie erlebten alle möglichen Abenteuer in einem Nationalpark in der Nähe von Sydney an der fernen Ostküste. Beeinflusst haben mich auch andere Serien wie „Lassie" und „Flipper". Je älter ich wurde, desto deutlicher wurde mir meine Tierliebe bewusst.

Mum und Dad meinen, der Auslöser für meine besondere Hinwendung zu Tieren sei unsere gemeinsame Reise nach England und Irland gewesen. Ich war damals sieben. Unsere Eltern glaubten, die Reise würde für mich und meinen Bruder besonders lehrreich sein, lehrreicher jedenfalls als der Schulunterricht, von dem wir ein halbes Jahr verpassen würden.

Auf dem Schiff *Kota Bali* fuhren wir von Fremantle, einer Hafenstadt nahe Perth, nach Singapur; von dort aus ging es mit dem Flugzeug weiter nach London. Nach sechs Monaten, Tausenden von Kilometern im Auto und dreißig Zwischenstationen in Jugendherbergen kehrten wir zurück. Mein Reisetagebuch lässt keinen Zweifel an meinen Interessen:

> 19. Juli 1980
> Ort: an Bord der *Kota Bali*
> Wetter: windig und kühl
> Habe heute Kapsturmvögel durch die Luft gleiten sehen. Sie fressen Krill. Ich war dann auch im Frachtraum, wo ich mir ein paar Pferde und Schafe angeguckt habe.

> 27. Juli
> Ort: Sheringham
> Wetter: warm
> Heute Morgen haben wir einen Bootsausflug auf dem Hickling Broad unternommen. Wir sahen etliche Vögel, unter anderem Blesshühner, Schwäne, Enten und Möwen.

14. September
Ort: Glencoe
Wetter: kalt
Heute habe ich Geburtstag. Ich habe ein T-Shirt bekommen mit der Aufschrift *I am a Monster*, Bücher und einen kleinen Kuscheligel. Später sind wir spazieren gegangen. Ich sah die Pfotenabdrücke von einem Wiesel und einem Dachs.

Natürlich gab es auch noch andere Highlights: den Buckingham-Palast, Big Ben, den Tower, Fahrten mit der U-Bahn, Küsse auf den Stein der Sprachgewandtheit in Blarney Castle, eine Pantomimenaufführung, eine Ritterfigur in voller Rüstung im Warwick Castle. Letztere hat großen Eindruck auf mich gemacht. Mum und Dad unterrichteten Ron und mich en passant und verließen sich darauf, dass wir am meisten aus eigener Anschauung lernen würden. Dad war Geschichtslehrer und obendrein sehr geduldig. Mein Bruder und ich waren Fußballfans und begeistert davon, zu Besuch in dem Land zu sein, das wir für den Ursprungsort dieses Sports hielten. Von allen Abenteuern, die wir erlebten, erscheint mir eines besonders bedeutend im Hinblick auf meine späteren Jahre:

7. Dezember 1980
Ort: Land's End
Wetter: schön, aber kalt
Heute Vormittag sind wir die Felsküste entlang nach St. Ives gegangen. Wir haben eine Zinngrube entdeckt. Dann sind wir zu einem Meeresaquarium gefahren, in dem Seehunde gehalten werden, Tiere, die an Land gespült wurden und sehr krank sind. Die Männer füttern sie und päppeln sie auf. Wenn sie wieder gesund sind, kommen sie zurück ins Meer.

Meine erste Erfahrung mit einer Naturschutzzone war, wie mir scheint, prägend.

Zurück in Australien, wollte ich unbedingt ein Haustier haben. Ich war acht, als ich mein erstes bekam, ein flauschiges weißes Meerschweinchen. Im Lauf der Jahre hatte ich nicht wenige. Ihr Futter bestand im Wesentlichen aus Salatresten, die im Abfallcontainer des Supermarkts gelandet waren.

Mein Liebling war Herbert, ein großes, einfarbig braunes Männchen, das aussah wie ein kleines Capybara, jenes auch Wasserschwein genannte, in Südamerika beheimatete Tier, das als der größte Nager überhaupt gilt. Abends durfte ich ihn mit ins Wohnzimmer nehmen. Im Winter war es mir ein besonderes Vergnügen, ihn im Kreis der Familie vor dem offenen Kaminfeuer zu sehen. Natürlich machte er auch mal auf den Teppich, doch Mum und Dad meckerten nie.

Von den Meerschweinchen lernte ich einiges über den Kreislauf des Lebens. Eine meiner nachhaltigsten Erinnerungen ist die, wie Flora, mein erstes Meerschweinchen, starb. Sie lag in einem Pappkarton im Arbeitszimmer meiner Eltern und hatte die Augen geschlossen. Ich legte meine Hand auf ihre flauschige Brust und spürte, wie es darunter immer schwächer pochte, bis das Herz schließlich stillstand. Es war ein sehr trauriger, aber auch kostbarer Moment voller Dankbarkeit für die Freude, die Flora mir gemacht hatte.

Meine Kindheit war durchzogen von solchen Lehren über das Leben und den Tod. Ich sehnte mich nach einem Hund. Doch mein Vater war entschieden gegen welche, die bellten; außerdem machte er sich Sorgen um seinen gepflegten Garten. Schließlich entschieden wir uns für einen Basenji, einen afrikanischen Jagdhund von ruhigem Naturell. Bei dem Welpen, den wir uns ausgesucht hatten und mit nach Hause nehmen wollten, sobald er groß genug war, wurde leider eine Krankheit diagnostiziert, die zu einer Lähmung der Hinterbeine führte, und er musste eingeschläfert werden. Ein harter Schlag für mich.

Um mich wieder aufzuheitern, fragte Dad: „Wie wär's mit einer Voliere?"

„Wirklich?"

Er nickte. „Aber du musst dich auch darum kümmern. Auf mich kannst du dich nicht verlassen."

Seit unserer Rückkehr aus Europa war ich eingetragenes Mitglied der Gould League, des Vereins der Vogelfreunde von Australien. Ich liebte Krähen schlichtweg. Warum, weiß ich selbst nicht.

Eines Tages, nicht lange nach unserem Auslandstrip, bat ich meine Mutter in der Küche um die Knochen, die sie für eine Erbsensuppe ausgekocht hatte. Damit lief ich geradewegs zu dem alten grauen Blechschuppen in unserem Garten. Auf dessen Dach verteilte ich die Knochen und wartete. Am späten Nachmittag kamen die Krähen und ließen es sich schmecken, woran ich meine Freude hatte.

Unser Garten wurde für mich bald ein kleines Paradies, in dem ich zahllose Vögel herumschwirren sah, von denen einige Nektar aus den Blüten heimischer Bäume und Sträucher tranken. Heute ist mir klar, dass wir den Vögeln mit der Voliere die Freiheit raubten, doch damals zählte für mich nur der Gedanke, durch sie der Wildnis ein Stück näher zu kommen.

Wir kauften die Voliere im Zoohandel. Sie umfasste knapp sieben oder acht Kubikmeter, doch Dad, der gut schreinern konnte, zeigte mir, wie sich ihre Größe mit relativ einfachen Mitteln fast verdoppeln ließ. Schließlich sollte es nicht nur ein Käfig sein mit einer Stange in der Mitte, auf der die Vögel hockten. Ich wollte ihnen ein möglichst natürliches Zuhause bieten, mit Gräsern am Boden und vielen Holzoberflächen. Später gelang es mir sogar, kleine Wasserfälle anzulegen.

Die Vögel, die wir hielten, waren vor allem Finken, insbesondere Zebrafinken, die im australischen Grasland häufig anzutreffen sind und durch ihren schwarz-weiß gebänderten Schwanz auffallen. Wir hatten allerdings auch Wachteln, Kanarienvögel und manchmal einen kleinen Papagei. Auf dem Boden der Voliere hoppelten Meerschweinchen und Kaninchen herum. Wegen der Kaninchen musste die Voliere einen mit Maschendraht abgesicherten Boden haben, denn diese langohrigen Ausbruchskünstler buddelten sich sonst in Windeseile frei.

Nach einer Weile betrieb ich ein kleines Gewerbe, züchtete Jungvögel heran und tauschte sie im Zoohandel gegen Vertreter einer anderen Art. Bald hatte ich mir auf diese Weise eine stattliche Sammlung zugelegt.

Ich war ungefähr dreizehn, als ich auch einen frei fliegenden Vogel als mein Haustier bezeichnete, eine junge Elster. Eines Morgens nach einem nächtlichen Sturm hatte ich sie im Garten entdeckt. Ich nannte sie Melvin. Vermutlich war Melvin aus einem Nest gefallen und vom Wind herbeigeweht worden. Jedenfalls setzte ich ihn zu seinem eigenen Schutz in einen Käfig und bemutterte ihn. Abends nahm ich ihn mit ins Haus, wo er es warm hatte. Tagsüber fütterte ich ihn mit klein gehackten Fleischresten aus der Küche oder Regenwürmern, die ich im Garten ausgrub.

Melvin wuchs rasch heran und war bald so groß, dass er den Käfig nicht mehr nötig hatte. Stattdessen flatterte er in die Bäume auf, kam aber jedes Mal herbeigesegelt, wenn er mich sah, und sprang mir vor die Füße. Er war ein hungriger kleiner Kerl, rannte hinter mir her und schrie auf seine typische Elsternart *„gib mir gib mir gib mir“*.

Als Melvin älter wurde, schaute er immer häufiger mit geneigtem Kopf zum Himmel auf. Elstern sind Reviertiere. Vielleicht, so dachte ich, blieb er deshalb bei mir, womöglich aus Angst, von anderen seiner Art attackiert zu werden. Eines Tages aber landeten mehrere Elstern in einem Baum in der Nähe unseres Gartens. Melvin krächzte drauflos und flatterte ihnen freudig entgegen. Und plötzlich war er mit ihnen auf und davon. Wir haben uns nie wiedergesehen, aber ich konnte zum ersten Mal von mir behaupten, ein echter Tierpfleger zu sein, denn ich hatte den Vogel gepflegt, bis er in sein natürliches Umfeld zurückkehren konnte. Ich tat mir ein bisschen leid, freute mich aber umso mehr für Melvin.

Bei aller Liebe zur Natur war ich doch ein typischer Aussie-Junge, der mit seinen Freunden leidenschaftlich gern Fußball, Cricket und Tennis spielte, oft auf der Straße vor dem Haus. In der Schule war ich Durchschnitt und ragte nur aufgrund meiner Größe hervor. Mit dreizehn, im ersten Jahr auf der Highschool, maß ich eins fünfundachtzig und hatte Schuhgröße 47. Dies und mein Faible für Vögel waren immer wieder Anlass für Scherze auf meine Kosten. Ich hatte die üblichen Spitznamen wie „Bohnenstange" oder „Laternenmast".

Richtig wohl fühlte ich mich nur in meiner Familie oder mit meinen Tieren. Nicht, dass ich ein Einzelgänger oder Ausgestoßener gewesen wäre. Ich war einfach glücklich, mein eigenes Ding zu machen, auch auf die Gefahr hin, dass es auf andere sonderbar wirkte. Es machte mir nichts aus, ein komischer Kauz zu sein, zumal mir Mum und Dad den Rücken stärkten.

Meine Eltern schärften auch unseren Sinn für das, was in der Welt passierte. Sie ließen zu, dass Ron und ich zum Beispiel in den Fernsehnachrichten Bilder von Hungersnöten in Afrika oder kriegerischen Auseinandersetzungen im Nahen Osten sahen. Wenn wir unseren Teller nicht leer aßen, hieß es: „Seid dankbar. Es gibt Kinder, die nicht regelmäßig zu essen bekommen." Dad wusste, wovon er sprach. Er arbeitete ehrenamtlich als Entwicklungshelfer und reiste häufig nach Indien. Und er war sehr großzügig. Besonders toll an ihm fand ich, dass er zu Weihnachten immer zwei große Flaschen Bier als Dankeschön für die Müllwerker vor die Haustür stellte.

Wie mein Vater hatte auch Mum einen ausgeprägten Sinn für soziale Verantwortung und Mitgefühl. Sie unterrichtete Englisch als Zweitsprache, und ihre Schüler und Schülerinnen kamen aus verschiedenen Ländern, vor allem aus Vietnam. Zu dieser Zeit bestimmte das Flüchtlingsthema in Australien die Schlagzeilen. Dann und wann lud Mum vietnamesische Kinder zu uns nach Hause ein, und wir hatten immer viel Spaß miteinander.

Im Rückblick auf meinen Lebensweg glaube ich, dass eine der wichtigsten Lehren meiner Eltern der vernünftige Umgang mit Geld war. Einmal saß ich im Fußballstadion neben einem Jungen, der einen Hotdog und Pommes futterte. Ich war neidisch, weil ich mit einer mitgebrachten Möhre vorliebnehmen musste, doch Dad erinnerte mich daran, dass wir des Spiels wegen gekommen waren und nicht, um zu essen.

Schon früh bekamen Ron und ich Geld, mit dem wir unsere Schulkleidung kaufen mussten, und obwohl Mum oder Dad uns beim Shopping begleitete, waren wir allein verantwortlich für unser Budget. Hatte ich hundert Dollar im Portemonnaie und wollte unbedingt ein Paar Schuhe haben, die, sagen wir, achtzig Dollar kosteten, musste ich an anderer Stelle sparen und eventuell auf Shorts, Shirts, Socken oder Unterwäsche verzichten. Ich hielt darum lieber nach günstigen Angeboten Ausschau und bilde mir bis heute ein, dass ich mein Geld vernünftig einsetze.

An fast jedem Wochenende besuchten wir die Eltern meiner Mum, die, wie ich vermute, nicht so recht ins Klischee von Großeltern passten. In ihrem Wohnzimmer hing ein Schwarz-Weiß-Foto an der Wand, das Grandad zeigte, wie er von der Queen zum Ritter geschlagen wurde. Grandad war wegen seiner Verdienste um die Musik geadelt worden. Er hatte als Lehrer, Professor, Verwaltungsrat und Komponist gearbeitet und war Mitglied einer Vielzahl nationaler und internationaler Verbände gewesen, so etwa des International Music Council der UNESCO, dem er als Präsident vorgestanden hatte.

Meine Großeltern väterlicherseits – Roland, ein Krankenpfleger in der Psychiatrie, und seine Frau Doris – habe ich leider nie kennengelernt, weil sie früh verstorben sind. Dad hatte sie sehr lieb; manchmal wurden seine Augen feucht, wenn er von ihnen sprach.

JE ÄLTER Ron und ich wurden, desto häufiger drängten uns unsere Eltern, an unsere berufliche Zukunft zu denken. Mein Bruder Ron, mein engster Vertrauter in jenen frühen Jahren, war sehr viel zielstrebiger als ich. Als sehr erfolgreicher Immobilienmakler kann er inzwischen viel Zeit für seine Familie erübrigen. Seit Jahr und Tag lebt er am selben Ort. Für mich wäre das nie infrage gekommen.

Mir schwebte einfach nur vor, in weiter, offener Landschaft zu leben.

Mit vierzehn hatte ich Gelegenheit, für ein paar Wochen im Zoo von Perth erste Erfahrungen mit der Arbeitswelt zu sammeln und eine berufliche Perspektive ins Auge zu fassen. Viel gab es nicht für mich zu tun, zumal ich nur samstags Dienst hatte. Ich schleppte Eimer umher, sammelte den einen oder anderen Dunghaufen auf und folgte Tierpflegern hinter die Kulissen der Vogel- und Reptilienanlagen. Auf diese Weise gewann ich eine recht gute Vorstellung davon, was einen Zoo ausmachte und wie er funktionierte. Zum ersten Mal sah ich nun auch so etwas wie ein berufliches Ziel vor mir. Nur hatte die Sache einen Haken. Die meisten Pfleger hatten eine Ausbildung absolviert und viele von ihnen sogar vier Jahre an der Universität studiert. Diese Aussicht entmutigte mich ein wenig, denn ich war kein guter Schüler und hatte keine Lust, noch lange zur Schule zu gehen.

Im Jahr darauf begann für mich die Oberstufe. Ich hatte von der Schule die Nase voll. Meine Eltern akzeptierten das, bestanden aber darauf, dass ich die Schule fortsetzte, bis ich einen Job gefunden hatte. Dad verhalf mir zu einem Vorstellungsgespräch bei der *Sunday Times* im Geschäftsviertel von Perth, in einer Welt also, die von Outback und Zoo nicht weiter hätte entfernt sein können. Trotzdem war diese Etappe sehr wichtig für mich.

Mein Bewerbungsgespräch führte ich mit der Leiterin der Anzeigenabteilung, einer Frau namens Bev. Sie war sehr mager und trug eine Mütze. Sie habe Krebs, erklärte sie mir, sei aber auf dem Weg der Besserung. Ich mochte sie sofort, und auch sie schien mich zu mögen und stellte mich ohne Umschweife als Hilfskraft ein. Ich war fünfzehn. Meine Aufgabe bestand darin, als Kurier mit dem Fahrrad durch die Stadt zu flitzen.

Bev wurde so etwas wie meine zweite Großmutter. Manchmal aßen wir zusammen zu Mittag. Ich quatschte ihr die Ohren voll von meiner Voliere und meiner Liebe zu Tieren, was ihr offenbar gefiel, denn sie bestärkte mich, meinen Träumen zu folgen. Ich war ungefähr sechs Monate bei der *Sunday Times*, als sich Bev eines Tages krankmeldete. Ich besuchte sie zu Hause und erfuhr, dass sich in ihrem Körper wieder Metastasen gebildet hatten. Ich stattete ihr daraufhin regelmäßig Besuche an den Wochenenden ab und musste mitansehen, wie sie immer hinfälliger wurde und den Kampf gegen die Krankheit schließlich verlor.

Sie beim Sterben ein wenig begleitet zu haben, war eine wichtige Lehre für mich. Ich war alt genug, um zu erkennen, dass der Tod uns allen jederzeit drohte und dass es umso wichtiger war, aus jedem Tag das Beste zu machen. Meine größte Furcht bestand darin, dass meinen Eltern etwas Schlimmes zustoßen könnte, insbesondere meinem Vater, der seit vielen Jahren Probleme mit dem Herzen hatte und auf einen Schrittmacher angewiesen war.

Als ich zu arbeiten anfing, wohnte ich noch bei Mum und Dad, musste aber jetzt Miete zahlen und für meine Belange selbst aufkommen. So gewöhnte ich mich allmählich an meine neue Rolle im Leben. Mit dem Herzen aber war ich nicht bei meiner Arbeit, denn ich sehnte mich nach wie vor nach Freiheit und dem weiten Himmel über dem Buschland.

Dann machte ich eine wirklich lebensverändernde Erfahrung. Mein Vater gab als Lehrer Fernunterricht und betreute Schüler, die Hunderte von Kilometern von der nächsten Schule entfernt wohnten, was für australische Verhältnisse nicht ungewöhnlich ist. Dad wurde ins über zweitausend Kilometer entfernte Broome berufen, um dort eine Sommerschule zu leiten. Die Ortschaft war bekannt für ihre Perlenfischerei und als Tor zum Buschland von Kimberley. Außerdem gab es dort den Pearl Coast Zoo, der eine beträchtliche Anzahl exotischer Tiere beherbergte. Als Dad erwähnte, dass er auch den Sohn des Zoodirektors unterrichten sollte, war ich sofort Feuer und Flamme.

Dad besorgte mir eine Praktikantenstelle im Zoo für die Zeit seiner Lehrtätigkeit, und so machten wir uns gemeinsam auf den Weg. Als ich ein paar Wochen später nach Perth zurückkehrte, stand für mich fest, dass ich Tierpfleger in einem Zoo werden wollte. Allerdings musste ich vorläufig weiter als Hilfskraft bei der Zeitung jobben, was mir zunehmend schwerfiel. Ich wollte vorankommen. Aber wie?

Die Antwort brachte ein überraschender Telefonanruf.

Kapitel 3

Ich konnte mein Glück kaum fassen. Der Pearl Coast Zoo bot mir eine Anstellung als Hilfspfleger in der Vogelabteilung an. Ich kündigte bei der *Sunday Times* und bereitete mich auf den Abschied von meinen Eltern vor, was für mich das Schwerste war. Am Tag vor meiner Abreise gab mir meine Mutter einen Crashkurs in Sachen Haushalt. Sie zeigte mir, wie man Rührei, Koteletts mit Gemüse und Hühnchen mit Reis zubereitet – drei einfache Mahlzeiten, perfekt für einen Siebzehnjährigen.

Meine Mutter und meine Großeltern brachten mich zur Bushaltestelle. Dad war dienstlich unterwegs. Mum tat mir leid. Gut eine Woche zuvor hatte mein Bruder das Elternhaus verlassen, um mit Freunden zusammenzuziehen. Später erfuhr ich, dass sie sich nach meiner Abfahrt zu Hause auf mein Bett gesetzt und geweint hatte.

Der Abschied tat weh. Grandad schenkte mir ein Tagebuch und sagte, ich solle es als meinen besten Freund betrachten und ihm alles anvertrauen. Nachdem ich zuletzt auch meine Mutter umarmt hatte, bestieg ich den Bus. Erst in diesem Moment wurde mir wirklich bewusst, dass ich diejenigen, die ich am meisten liebte, und alles, was mir vertraut war, zurückließ. Es flossen viele Tränen, nicht nur bei meiner Mutter.

Der Bus setzte sich in Bewegung, mit mir an Bord, einem Jungen von zwei Metern, dünn, pickelig und mit verheulten Augen. Auf der anderen Seite des Mittelgangs saß ein Biker mit dichtem Bart und Armen voller

Tätowierungen. Er sah mich an. Auf mich wirkte er wie der Boss der Hells Angels, also hielt ich es für das Beste, stur vor mich hin zu starren und keine Miene zu verziehen. Doch der Typ beugte sich zu mir und reichte mir ein Taschentuch. „Mir ging's ähnlich, als ich von zu Hause weg bin", sagte er.

Er kümmerte sich während der ganzen Fahrt bis nach Broome um mich, die anderthalb Tage dauerte. An Raststätten kaufte er mir Hamburger, er sah zu, dass ich es bequem hatte, wenn ich schlafen wollte, und behielt mich im Auge. Er lehrte mich, dass auch große, toughe Typen fürsorglich sein können.

BROOME ist eine viel besuchte Touristenstadt mit einem der spektakulärsten Strände weltweit: Cable Beach, über zwanzig Kilometer weißer Sand, der sich weit ins türkisfarbene Wasser des Indischen Ozeans erstreckt.

Besonders beeindruckt von Broome muss wohl Lord Alistair McAlpine gewesen sein, der ehemalige Schatzmeister der britischen Tories und Berater von Premierministerin Margaret Thatcher. Er verliebte sich in den Ort und kaufte Land und Liegenschaften und gründete ein Luxusresort. Auf einem sechzig Hektar großen Gelände richtete er den Pearl Coast Zoo ein, in dem unter anderem seltene, vom Aussterben bedrohte Antilopenarten, Zebras, Geparden, Zwergflusspferde und eine fantastische Sammlung von Vögeln untergebracht waren, allen voran der bunte und überaus laute Australische Königssittich.

Ich hatte hauptsächlich in der Papageienabteilung zu tun. Mein Boss Eddie, ein Vogelkurator, war zwar kein Akademiker, verfügte aber über ein breites Wissen, von dem er einen Großteil im Busch erworben hatte. Er war geradlinig, streng und nüchtern.

Ich zog in die Personalunterkunft am Rand des Zoos, ein wunderschönes altes Fischerhaus mit hohen Decken, Veranden, Fensterläden und Dielenböden aus Jarrah, dem rötlichen Holz der in Westaustralien beheimateten Eukalyptusart. Dieses hübsche Haus mit sechs oder sieben anderen Pflegern zu teilen, die allesamt über dreißig waren, kam für mich einem Kulturschock gleich. Es war ein ziemlich wilder Haufen. Ich vermisste meine Eltern sehr. Mich einzugewöhnen war eine riesige Herausforderung.

Ein paar Tage nach meiner Ankunft saß ich an einem schwülen Abend allein in einer kurzen Hose vorm Fernseher und hörte ein Geräusch, das ich so noch nie gehört hatte. Es klang ein bisschen wie Husten, dauerte an und übertönte den Fernsehlautsprecher. Ich versuchte es zu ignorieren, gruselte mich aber. Welche Gefahren mochten an einem Ort, an dem es so viele exotische Tiere gab, auf mich lauern? Das Geräusch wollte nicht verstummen. Schließlich hörte ich auch noch ein Schaben an der Tür zum Zimmer eines Mitbewohners. Ich näherte mich der Tür und lauschte. Mir schien, dass der Verursacher der Geräusche unglücklich war, also fasste ich mir ein Herz und drehte den Knauf. Die Tür ging auf, und aus dem Zimmer hüpfte ein kleines graues Känguru. Es klammerte sich mit beiden Armen an meinem Unterschenkel fest. Ich hatte davon gehört, dass Kollegen verletzte Tierbabys mit nach Hause nahmen, um sich um sie zu kümmern, stand aber nun zum ersten Mal vor einem leibhaftigen Exemplar und wusste nicht, was ich mit ihm anstellen sollte. Als ich es vom Boden aufhob, fing es sofort an, mir die Brust zu lecken. Im schwachen Licht des Zimmers sah ich eine Stofftasche an einem der Bettpfosten hängen und kombinierte, dass sie dem Baby als Beutel diente. Ich schlich ins Zimmer und hoffte, dass sein Bewohner von meinem unbefugten Eindringen nichts mitbekommen würde. Er war ein stämmiger Kerl, jemand, den man nicht zum Gegner haben wollte. Vorsichtig steckte ich das Joey in die Tasche, eilte nach draußen und zog die Tür hinter mir zu.

Am nächsten Abend passierte das Gleiche. Wieder begab ich mich in das Zimmer, nahm aber diesmal das Baby mit ins Wohnzimmer, setzte mich mit ihm vor den Fernseher und ließ zu, dass es mir die Brust leckte, bis es in meinen Armen eingeschlafen war. Als ich am nächsten Morgen aufstand, erfuhr ich, dass der Typ, der sich um das Joey kümmerte, noch nicht zurückgekehrt war. Einer der anderen Kollegen zeigte mir, wie man Milch vorbereitete und ihm zu trinken gab. Der Typ blieb mehrere Tage weg. Als er schließlich wieder da war, erlaubte er mir, ihm bei der Pflege seines Ziehkindes zu helfen. Einen mütterlichen Eindruck machte er zwar nicht auf mich – wie konnte er das arme Tier so lange allein lassen? –, aber immerhin brachte er mir ein paar erste Kniffe bei.

„Geh mit ihm nach draußen und lass es ein bisschen rumhüpfen, wenn du willst“, schlug er mir vor.

Also ging ich in den Garten. Das Kleine folgte mir auf Schritt und Tritt, auch als ich ums Haus herumrannte. Ich hatte meinen Spaß dabei und dachte unwillkürlich an Skippy und Sonny aus der Fernsehserie.

ALLMÄHLICH dämmerte mir, was ein Zoo sein könnte, nämlich ein Abenteuerspielplatz für Tierfreunde. Kängurus kommen in Australien durchaus häufig vor, aber wer hat schon das Glück, eine persönliche Beziehung zu einem Vertreter dieser Art aufzubauen? Ich ließ mir meine Erfahrungen mit diesem Joey durch den Kopf gehen, dachte darüber nach, wie ich mich dabei fühlte, es im Arm zu halten. Es war nicht

Zusammen mit meinem Bruder Ron. Für Tiere hatte ich schon immer viel übrig, auch wenn ich hier die Schildkröte falsch herum halte …

Als ich im Pearl Coast Zoo in Broome als Tierpfleger arbeitete, war dieses Westliche Graue Riesenkängurubaby das erste Waisenkänguru, das ich betreute.

Mit meinen Eltern und meinem Bruder Ron. Meine Familie ist immer für mich da, und sie ist stolz auf mich.

anders als bei einem menschlichen Säugling, wie es zu mir aufblickte und sich meiner zu vergewissern suchte, wie es sich an mich schmiegte und so entspannt war, dass es einschlafen konnte. Ich wusste, dass ich erst den Anfang gemacht hatte, und erklärte meinen Mitbewohnern, ich sei bereit, jedes kleine Känguru anzunehmen, das Pflege nötig hatte. Vor die Wahl gestellt, mit Freunden auszugehen und Partys zu feiern oder ein Tierbaby zu bemuttern, hätte ich mich ohne zu zögern immer für Letzteres entschieden. Nicht dass ich zu schüchtern gewesen wäre, Leute zu treffen; ich hatte nur andere Prioritäten und einfach nicht das Bedürfnis, jeden Abend loszuziehen. Und was Mädchen anbelangte, war ich zu dieser Zeit noch sehr zurückhaltend, zumal ich nach wie vor Komplexe wegen meiner Größe hatte.

Bald half ich tatsächlich bei der Pflege eines anderen verwaisten Jungtiers, das zu uns ins Haus kam – ein Sitatunga, eine Antilopenart aus den Sumpfgebieten Zentralafrikas. Neben den Jungtieren, die kamen und gingen, beherbergten wir auch Dauergäste in unserem Haus. In unmittelbarer Nachbarschaft stand eine Scheune, weshalb es kein Wunder war, dass wir Probleme mit Mäusen hatten. Andrew, der Reptilienpfleger, wusste eine einfache Lösung. Sooft er einen Python einfing – und es gab etliche in der Umgebung –, brachte er ihn mit nach Hause. Es kam nicht selten vor, dass eine oder zwei Schlangen von einem Deckenbalken herunterhingen oder nach dem Verzehr einer Maus eingerollt hinter den Konservendosen in der Vorratskammer lagen. Andrew hatte an die dreißig Terrarien in unserem Haus und zog unter anderem giftige Braunschlangen und Todesottern auf.

In unserer Hausgemeinschaft fand ich zunehmend Gefallen an der Zootierhaltung, aber sosehr ich mich auch um unsere Untermieter kümmerte, war ich doch in erster Linie Vogelpfleger. Die Papageienabteilung, mein Arbeitsplatz, zählte zu den renommiertesten in ganz Australien, insbesondere im Hinblick auf ihr Zuchtprogramm. Neben heimischen Arten hatten wir Papageienvögel aus Südamerika und Afrika.

Mein Arbeitstag fing früh an, meist gegen sechs, wenn das Futter für die Vögel vorbereitet werden musste: in Fallen gefangene Mäuse für die Eulen, Hackfleisch, aufgetauter Fisch für die Pelikane und Jabirus, verschiedene Saatenmischungen, klein geschnittene Früchte. Nach der Fütterung ging ich mit einem Kollegen in den Busch, um frische Zweige für die Volieren zu schneiden. Das war langweilig, aber wichtig, weil für die Gesundheit der Vögel unerlässlich. Kakadus zum Beispiel verwenden in Freiheit viel Zeit darauf, mit ihren kräftigen Schnäbeln Nüsse zu knacken und Holz zu spalten. Wenn man sie im Käfig hält und ihnen nichts zu tun gibt, langweilen sie sich und fangen an zu kränkeln.

Die Tiere bei Laune zu halten gehörte mit zu meinen Aufgaben, denn nur wenn sie glücklich waren, pflanzten sie sich fort. Und wir züchteten alle Arten, von den sogenannten Unzertrennlichen, die für fünf Dollar das Stück gehandelt wurden, bis hin zu Aras, die schon mal 25 000 Dollar pro Paar einbrachten.

Mir war nie sehr daran gelegen, viel Geld zu machen, aber unter uns Tierpflegern war es eine besondere Auszeichnung, erfolgreich zu züchten. Alle in unserer Abteilung legten sich dafür mächtig ins Zeug.

Die Küken wurden meist, kaum dass sie geschlüpft waren, aus dem Nest genommen, damit das Brutpaar möglichst schnell für neuen Nachwuchs sorgte. Wir sammelten sie in Eimern, die mit Holzwolle gepolstert waren, und brachten sie in die Aufzuchtstation, wo sie mit schnabelförmigen Löffeln gefüttert wurden.

Die Sache ging mir gegen den Strich, doch ich fand mich schließlich damit ab. Die Küken waren kleine rosafarbene Aliens ohne Federn, oder anders ausgedrückt: keine besonders knuffigen Babys. Und von den Edelpapageien abgesehen, waren die meisten Vogelmütter eher gleichgültig. Sie verließen ihr Nest, wenn wir kamen, setzten sich auf einen Ast und blieben ungerührt.

Irgendwann schlüpfte ein Gelbbrustara. Die ausgewachsenen Tiere können vom Schnabel bis zur Schwanzspitze bis zu einem Meter messen. Es war später Nachmittag, als mein Boss Eddie die Leiter hochkletterte, um das Nest zu inspizieren, das in einem Fass steckte. Die Mutter ließ sich nicht verscheuchen. Trotzdem griff Eddie nach dem Küken und setzte es in seinen Hut. Während er die Leiter hinabstieg, kreischte die Mutter aus vollem Hals, flog auf den Draht über der Volierentür und wollte einfach nicht aufhören zu schreien. Am nächsten Tag wirkte sie immer noch durcheinander. Als ich kam, um die Aras zu füttern, flog sie geradewegs zu ihrem Nest und flatterte nervös umher. Sie machte einen schrecklich bedrückten Eindruck. Zwei oder drei Tage lang reagierte sie verstört. So schien es mir jedenfalls. Möglich, dass ich ihr Verhalten überinterpretierte; es kann aber auch sein, dass die Reaktionen eines so großen Vogels auffälliger sind als die eines kleinen. Jedenfalls beschlichen mich Zweifel, was kommerzielle Zootierhaltung betraf, bei der die schönsten Tiere wie Produkte behandelt wurden. Aber das war damals die übliche Praxis. Daran hat sich inzwischen einiges geändert.

Ich tat zwar immer noch meinen Job, war mir aber nun im Klaren darüber, dass Tiere, ob groß oder klein, Empfindungen haben und dass es ihnen das Herz bricht, wenn man ihnen ihre Jungen wegnimmt. Das habe ich stets vor Augen, wenn ich heute ein von einem Auto angefahrenes Känguru mit einem Säugling im Beutel auffinde. Wenn das Muttertier nicht mehr gerettet werden kann, ist es besser, man erlöst es von seinem Leiden, bevor man das Kind von ihm trennt.

Ein Tier zu töten mag grausam erscheinen, aber es lässt sich in manchen Situationen kaum umgehen. Weil in Pearl Coast großer Wert auf die Zucht gelegt wurde, gab es strenge Regeln im Hinblick auf Fressfeinde. Katzen wurden ohne Wenn und Aber geschossen. Es sei eine wirtschaftliche Notwendigkeit, wurde mir immer wieder gesagt. Würde eine erschossene Katze andere von der Jagd abhalten? Es war nicht das letzte Mal, dass ich mir diese Frage stellte.

MEINE indigenen Kollegen Justin und Les, Guddy und Dingo genannt, wurden gute Freunde für mich. Ich spielte Fußball in Guddys Mannschaft aus Bidyadanga, einer von Aborigines bewohnten Ortschaft südlich von Broome, deren Name „Wo Emu getötet wurde“ bedeutet. Ich war der einzige Weiße im Team, wurde aber wie ein Bruder willkommen geheißen.

Mit der Zeit gewöhnte ich mir in Pearl Coast Dinge an, die ich besser hätte bleiben lassen. Nach einem Jahr rauchte und trank ich. Ich war in einem Alter, in dem man sich leicht beeindrucken lässt, und meinte wohl, dass diese beiden Laster zum Erwachsensein dazugehörten.

Immerhin hatte ich schnell begriffen, dass ich maßhalten musste, um meinen Job zu machen. Meine Freizeit nutzte ich sowieso lieber an der frischen Luft als in der Kneipe. Ich spielte immer noch ein bisschen Fußball. Es gefiel mir auch, zu fischen und am langen Hafendamm von Broome kiloschwere Stachelmakrelen oder Bluebones an Land zu ziehen. Manchmal fuhren wir, eine Handvoll Pfleger, einfach nur über menschenleere weiße Sandstrände, die sich bis zum Horizont erstreckten und von türkisfarbenem Wasser gesäumt waren. Auch in solchen Momenten sah ich mich wie in einem wahr gewordenen Traum.

Doch so schnell, wie er begonnen hatte, endete dieser Traum. Ich war ungefähr zwei Jahre in Pearl Coast, als das gesamte Personal eines Tages in die Scheune gerufen wurde, wo man uns mitteilte, dass der Zoo aus wirtschaftlichen Gründen geschlossen werden musste.

Die Abwicklung zog sich über ein halbes Jahr hin. Während dieser Zeit wurden manche der Tiere, insbesondere die afrikanischen, ins Tipperary Wildlife Sanctuary verfrachtet, eine Rinderfarm im Northern Territory, buchstäblich am Rand der Welt. Es war eine privat geführte Einrichtung, die dem steinreichen Bauunternehmer Warren Anderson gehörte. Sich dort um einen Job zu bewerben sei zwecklos, hieß es.

Ich feilschte mit Zoohändlern, die aus dem ganzen Land zu uns kamen und sich für unsere Vögel interessierten. Unsere Sammlung schwand allmählich dahin. Als wir nur noch vier Mitarbeiter waren, nahm ich freiwillig meinen Hut. Ich bin nie wieder in Broome gewesen.

Kapitel 4

Ein paar Jahre lang zog ich ziellos umher und jobbte mal hier, mal dort. Zuerst antwortete ich auf eine Anzeige in einem Magazin für Vogelfreunde und fuhr nach Bundaberg in Queensland an der australischen Ostküste. Ich landete in einem armseligen kleinen Wildpark. Nach sechs Monaten Arbeit ohne Lohn hielt ich es dort nicht mehr aus und verdingte mich als Tomatenpflücker, um Geld für ein Flugticket zurück nach Hause zu verdienen. Schnell machte ich die Erfahrung, dass ich wegen meiner Größe wahrhaftig nicht für jeden Job geeignet war. Ich fragte mich noch, wie ich zurück nach Perth kommen sollte, als mich ein Mann, der mir im Wildpark begegnet war, darum bat, eine Voliere für ihn zu bauen. Ein Wochenende brauchte ich dafür, und als Lohn empfing ich einen Helmkakadu mit kirschrotem Kopf. Er war mein Flugticket nach Hause! Ich lieh mir Geld von meinen Eltern und besorgte mir eine Genehmigung zur Einfuhr des Vogels in einen anderen Bundesstaat. In Perth angekommen, gab ich eine Anzeige in einer Zeitung auf und hatte den Kakadu bald für 750 Dollar verkauft.

Fortan verlegte ich mich auf den Vogelhandel, während ich gleichzeitig versuchte, einen Weg zurück zur Zoohaltung und in den Busch zu finden. Der Pearl Coast Zoo nahm Kontakt mit mir auf und fragte, ob ich Interesse an den Vögeln hätte, die noch übrig geblieben seien. Ich kaufte sie alle für einen wirklich günstigen Preis, einschließlich sämtlicher sechshundert Unzertrennlichen. Ich ließ sie per Luftfracht kommen und verkaufte sie aus der Voliere heraus, die ich mit meinem Vater gebaut hatte. Die Käufer mussten mir versprechen, dass sie die Vögel nicht im Käfig, sondern in einer Voliere halten würden.

In Pearl Coast hatte man mir nahegelegt, Vogelhaltung als Geschäft zu betrachten. Als ich schließlich die Restbestände verkaufen sollte, dachte ich an den Gewinn, der mir winkte. Deshalb passierte mir etwas, was ich heute sehr bedaure. Jemand berichtete mir von einem Ringsittich, der irgendwo auf den Weizenfeldern südlich von Perth gesichtet worden sei. Das Gefieder dieser Vögel besteht im Wesentlichen aus unterschiedlichen Grüntönen. Das Exemplar, von dem hier die Rede war, sei vornehmlich blau, so hieß es. Vögel mit Farbmutationen sind eine Seltenheit und werden entsprechend hoch gehandelt. Junger Trottel, der ich war, machte ich mich also auf den Weg, um diesen armen Vogel zu fangen. Mit diversen Fallen ausgerüstet, suchte ich die Gegend nach dem blauen Vogel ab, fand ihn aber nicht.

Am nächsten Tag erhielt ich einen ermahnenden Anruf. Ein paar Farmer hatten mich beobachtet, mein Autokennzeichen notiert und das Amt für Naturschutz und Landespflege alarmiert. Ausgerechnet diese Farmer hatte ich gefragt, ob sie den Sittich gesehen hätten. Glücklicherweise erkannte ich sofort, dass ich zu weit gegangen war und mich von Habsucht hatte leiten lassen, statt an das Wohl der Vögel zu denken, die ich eigentlich liebte. Es war Zeit, einen Schritt zurückzutreten und darüber nachzudenken, was ich tat und was ich überhaupt wollte.

ZUFÄLLIG stieß ich auf eine Anzeige in der *Sunday Times*: „Pfleger für Privatzoo gesucht.“ Ich bewarb mich sofort, erhielt aber erst drei Monate später einen Anruf und das Angebot, für Ralph Sarich zu arbeiten, einen steinreichen Ingenieur und Erfinder. Sein Zoo, eine Autostunde südlich von Perth gelegen, erstreckte sich über eine Fläche von rund zweihundert Hektar. Er war wunderschön, hatte ein großes, begehbares Vogelhaus, eine Emu-Farm, ein Gehege für Opossums sowie eines für Kängurus. Und das Beste war, ich hatte wieder Arbeit in einem Zoo!

Es war ein sehr anstrengender Job, der mich sieben Tage in der Woche in Anspruch nahm, denn selbst an Samstagen und Sonntagen musste ich zumindest vormittags anwesend sein, um die Tiere zu füttern. Zwei Jahre lang konnte ich mir einbilden, mein eigenes Stück Paradies zu besitzen. Ralph wohnte in Perth und kam allenfalls an den Wochenenden, sodass ich nur gelegentlich mit ihm zusammentraf. Ansonsten war ich allein auf weiter Flur. Publikumsverkehr gab es nicht. Nur mich und die Tiere. Und eines von ihnen sollte mich gehörig auf Trab halten.

Die Anlage für die Kängurus war alles in allem rund vier Hektar groß. Darin lebten mehrere Weibchen mit ihren Joeys und ein Alphamännchen, das sich anfangs mir gegenüber recht friedlich verhielt. Doch das änderte sich eines Nachmittags, als ich es mit Apfel- und Möhrenstücken beglücken wollte. Plötzlich spürte ich einen Stoß im Rücken und fühlte mich wie in einem Rugbyspiel. Ich drehte mich um und blickte zu dem kolossalen *boomer* auf – so werden männliche Kängurus in Australien genannt –, der, noch einen halben Kopf größer als ich, vor mir auf den Hinterbeinen und dem Schwanz hockte. Er packte mich, versuchte, mit mir zu ringen, und riss mir mit seinen Klauen das Hemd von der Brust. Schließlich lehnte er sich auf dem Schwanz zurück und versetzte mir einen so wuchtigen Tritt in den Magen, dass ich zu Boden ging. Blitzschnell saß er auf mir und biss und kratzte mich. Ich stieß ihn von mir und sprang über den nächsten Zaun in Sicherheit. Von Adrenalin durchflutet, untersuchte ich meine Blessuren: mehrere Kratzwunden, ein eingerissenes Ohr und schmerzhafte Prellungen. Mir war schleierhaft, warum mich das Tier angegriffen hatte. Vielleicht lag es daran, dass ich seine Weibchen gestreichelt hatte und dass ihr Duft noch an mir hing, oder vielleicht war eins von ihnen trächtig, weshalb er sie umso entschiedener beschützte. Ich meldete den Vorfall unverzüglich beim Zoomanager, dem angeblich keine andere Wahl blieb, als das Tier zu töten. Es war schrecklich und geschah gegen meinen Willen. Aber wie sich herausstellte, hatte das Känguru schon mehrere Menschen angefallen, und es war zu riskant, das Tier gewähren zu lassen.

Nach meiner Zeit in Ralph Sarichs Zoo versuchte ich mich als Gärtner, Zaunbauer und Hilfsarbeiter. Ich kehrte nach Perth zurück und wohnte wieder bei meinen Eltern. Was ich in Pearl Coast beim Einrichten von Gehegen und Volieren gelernt hatte, kam mir nun zugute, und ich gründete mein eigenes Gartenbaugewerbe. Leider ließ der Verdienst zu wünschen übrig. Um mein Einkommen aufzubessern, musste ich samstagnachts die frisch gedruckten Ausgaben der *Sunday Times* zur Auslieferung auf Lastwagen packen. Außerdem verdingte ich mich als Türsteher. Ich war damals ziemlich fit, stemmte Gewichte und bearbeitete Sandsäcke mit den Fäusten. Allerdings hatte ich nicht das Zeug dazu, auf Lebendiges einzudreschen, was problematisch hätte werden können, da ich in einer Kneipe arbeitete, in der es manchmal ziemlich rau zuging.

Immer wieder wechselte ich Arbeitsplatz und Wohnort, arbeitete als Gärtner für das „All Seasons Hotel", zuerst in Perth, dann in Newman, einer vom Bergbau geprägten Kleinstadt.

Dort machte ich Bekanntschaft mit einer Highschoollehrerin namens Kylie. Ich hatte zuvor zwei, drei Affären gehabt, aber nichts Ernstes, zumal ich ganz gut allein oder in Gesellschaft von Tieren zurechtkam. Es war auch nicht mein Ding, abends auszugehen und Mädchen aufzureißen. Kylie aber war eine Frau, die ich ansprechen musste. Ich traf sie nach einem Fußballspiel an der Bar einer Kneipe. Sie unterhielt sich mit Freundinnen und lächelte auf eine Weise, die ich sehr anziehend fand. Ein paar Drinks später nahm ich all meinen Mut zusammen und ging zu ihr hin.

Bald darauf waren wir ein Paar. Mit ihr und Jess, einem prächtigen roten Kelpie, unternahm ich wunderschöne Campingausflüge, auf denen wir die Landschaft rings um Newman erkundeten.

Kylie fühlte sich allerdings mehr im Süden zu Hause, während ich im Norden bleiben wollte. Aus Liebe folgte ich ihr nach Boddington, einem Goldgräbernest hundertdreißig Kilometer südöstlich von Perth. Ich war unglücklich, hielt aber an der Beziehung fest und arbeitete im Bergbau als Analyst für Bohrproben. Es war ein scheußlicher Job. Immerhin hielt ich ein paar Jahre durch.

Zufällig sah ich dann einen Fernsehbeitrag über das Tipperary Wildlife Sanctuary, jene Rinderfarm im Northern Territory, die einige der Tiere von Pearl Coast übernommen hatte. Ich schrieb einen Brief und stellte mich vor. Auf eine Antwort brauchte ich nicht lange zu warten. „Kommen Sie her, wir haben Arbeit für Sie." Also machte ich mich wieder auf den Weg. Man sagte mir, dass ich noch einige Wochen warten müsse, ehe der Arbeitsplatz eingerichtet sei, den man mir zugesichert hatte. Vorerst blieb mir nichts anderes übrig, als meinen ehemaligen Boss Eddie zu bitten, dass er mich eine Weile bei sich wohnen ließ. So landete ich in Katherine, der mit fünftausend Seelen größten Ortschaft weit und breit. Nicht wenige ließen sich dort nieder, um nicht gefunden zu werden.

Dort draußen, irgendwo im Norden von Australien, zählte ich die Tage bis zum Arbeitsbeginn in Tipperary. Obwohl mir bewusst war, dass der neue Job meine Beziehung zu Kylie strapazieren würde, zweifelte ich keinen Augenblick daran, dass ich das Richtige tat.

TIPPERARY war ein wunderschöner Ort und als private Einrichtung nur zugänglich für den Eigentümer Warren Anderson, seine Familie und Freunde. Warum er den Wildpark gründete, weiß ich nicht. Ich hatte jedenfalls einen Job, und zwar auf gut tausend Hektar Buschgelände, auf dem afrikanische und asiatische Wildtiere frei umherzogen: Antilopen, Hirsche, eine Giraffe, Zebras, Breitmaulnashörner, Flusspferde. Einen besseren Platz für Tiere in Gefangenschaft konnte ich mir nicht vorstellen. Tipperary verfügte über savannenartige Gebiete mit hohen goldenen Gräsern, einen von Palmen gesäumten Wasserlauf und sogar einen kleinen Dschungel.

Der Park war mir eigentlich eine Nummer zu groß. Aber die Anstellung bot mir eine Gelegenheit, um die mich viele hoch qualifizierte Tierpfleger beneidet hätten. Von einem der früheren Angestellten wusste ich, dass es mit der Bezahlung Schwierigkeiten geben könnte. Nach ungefähr sechs Monaten sah ich seine Warnung bestätigt, aber ich hatte schon in Pearl Coast gelernt, mit wenig Geld auszukommen.

Mein Vorgesetzter hieß Kevin und kam aus Simbabwe. Er hatte den Zoo mit aufgebaut, wollte sich aber nun nach vielen Jahren schwerer

Arbeit aufs Altenteil setzen. Er war ein netter Kerl, ein ehemaliger Soldat mit ziemlich rigiden Vorstellungen. Unter anderem verlangte er von mir: „Gib den Tieren niemals Namen." Ich ließ ihn glauben, dass ich ihm gehorchte, nannte aber, wenn er nicht in der Nähe war, meine Lieblingstiere sehr wohl beim Namen.

Mein Vertrag lief über zwei Jahre und verpflichtete mich zu sieben Tagen Arbeit in der Woche, was eine allzu starke Belastung für meine Beziehung zu Kylie darstellte. Während der Schulferien besuchte sie mich, und obwohl Tipperary auch ihr sehr gefiel – insbesondere das hübsche Cottage mit den Veranden und Holzböden, in dem ich wohnte –, war es mein Traum, nicht ihrer. Sie war Lehrerin mit Herz und Seele, und ich liebte meine Arbeit mit Tieren in freier Natur. Viel mehr gab es dazu nicht zu sagen, zumal unsere Beziehung ihren Reiz verloren zu haben schien. Also einigten wir uns darauf, dass es besser sei, getrennte Wege zu gehen. Es tat mir sehr weh, ihr Lebewohl zu sagen, aber wir hatten es beide kommen sehen.

Die Belegschaft auf der Rinderfarm wechselte häufig, sodass ich nicht selten ganz allein war. Natürlich gab es Cowboys, aber sie kümmerten sich nur um ihre Rinder. In den zwei Jahren, die ich in Tipperary arbeitete, sah ich mich wieder als Held eines unglaublichen Abenteuers, wie John Wayne in „Hatari". Nur war ich kein Trapper; ich war ein junger Bursche, der unter einem weiten Himmel seinen großen Traum lebte. Wer schon einmal im Outback war, weiß, wie weit der Himmel tatsächlich ist. Er führt einem vor Augen, was für eine unbedeutende Rolle man im Kreislauf des Lebens und im Universum spielt. Während jener Zeit war ich unglaublich isoliert, aber nicht einsam. Ich konnte mit Tieren arbeiten und fühlte mich nie allein.

Nach meiner Trennung von Kylie musste ich das Cottage räumen und mit einer einfacheren Unterkunft vorliebnehmen, einem Wohnwagen mit einer Grundfläche von nicht mehr als sechs Quadratmetern. Alles, was darin untergebracht war, war winzig: eine Toilette, eine Küche und ein Wohn- und Schlafraum. Mit meinen zwei Metern passte ich nirgends wirklich hinein. Immerhin gab es eine Klimaanlage, was sehr gut war, besonders in der feuchten Jahreszeit, wenn es bis zu vierzig Grad heiß wurde und mitunter wie aus Eimern schüttete.

Ich glaube, zu diesem Zeitpunkt waren meine Charaktereigenschaften und Verhaltensmuster im Wesentlichen ausgereift. In einer Hinsicht aber veränderte mich Tipperary: Aus mir wurde ein Schütze. Ja, ich hatte in Pearl Coast gelegentlich auf Katzen geschossen, aber eher widerwillig. Jetzt, in diesem riesigen Freigehege und mit der Aufgabe bedacht, bedrohte Tierarten vor Fressfeinden wie Dingos zu schützen, blieb mir keine andere Wahl. Kevin brachte mir bei, wie man mit Schusswaffen umging.

Ich werde mich mein Lebtag nicht daran gewöhnen, auf Tiere zu schießen, aber ich weiß inzwischen, dass es manchmal unumgänglich ist. Mein Boss Kevin reichte mir hin und wieder eine Liste mit Tieren, die geschossen werden mussten, entweder weil sie alt und krank oder schwer verletzt waren. Es mag grausam erscheinen, aber Tipperary lehrte mich, dass es unter gewissen Umständen das Freundlichste sein kann, ein Tier zu töten.

Probleme bereitete es mir, wenn ein Tier geschossen werden sollte, das nicht krank war, und ich vor dem Dilemma stand, eine Anweisung zu befolgen oder mir selbst treu zu bleiben. Anfangs machten wir unser Heu selbst und schnitten Gras auf unseren Wiesen. Wenn uns Kängurus oder Wallabys in die Quere kamen, oblag es mir, sie zu töten. Wir hätten Zäune ziehen können, um Kängurus und Wallabys auszusperren. Doch das taten wir nicht. Weil ich in solchen Fällen immer absichtlich danebenschoss, handelte ich mir den Ruf eines schlechten Schützen ein.

VORGÄNGE in der Natur versetzen mich immer wieder in Erstaunen. Nach dem Ende meines Zweijahresvertrags in Tipperary wollte ich dieser Faszination nachgehen, und so beschloss ich, mich am TAFE (Technical and Further Education)-College von Darwin, der Hauptstadt des Northern Territory, für den Studiengang Bodenbewirtschaftung einzuschreiben.

TAFE-Colleges sind Einrichtungen des zweiten Bildungswegs für Leute, die die Regelschule ohne Hochschulreife verlassen haben. Ich war insbesondere vom Botanikkurs angetan, in dem wir unter anderem einen Orangenkern mit Jod präparierten und unters Mikroskop legten. In dieser äußerst komplexen Kapsel befanden sich bereits ein Wurzelsystem, ein Stamm und Blätter. Und ich hatte solche Kerne bislang immer nur achtlos ausgespuckt!

Ich war durchaus lernbegierig, aber leider auch ruhelos. Über längere Zeit in einem Klassenzimmer zu sitzen war nicht mein Ding. Trotz bester Absichten hielt ich als Student nur sechs Monate durch.

Anschließend zog ich wieder von einem Job zum anderen. Ich arbeitete als Vogelpfleger in einem öffentlichen Wildpark, fühlte mich aber nach einer Weile unterfordert, weil ich nur mit der Fütterung betraut war. So bewarb ich mich um einen Job auf einer Croc-Farm. Manche meiner Kollegen waren mit dem Gesetz in Konflikt geraten, andere hatten bereits eingesessen. Ich war von Anfang an der Außenseiter, zumal ich nicht nur für Krokodile, sondern für alle Tiere etwas übrighatte.

Als Pfleger hatte ich die üblichen Arbeiten zu verrichten. Ich spritzte die Gehege mit dem Wasserschlauch aus, fing kleinere Krokodile ein und legte Häute in Salz. Nachmittags gab es eine Show für Touristen. Dann musste ich mit anderen Pflegern in die Umzäunung steigen, ein Stück Fleisch an einer Schnur über den Tümpel hängen und die großen Crocs aus der Deckung locken. Wenn sie aus dem Wasser sprangen und nach dem Köder schnappten, kamen aus der Menge immer viele „Aahs" und „Oohs", und alle hatten ihren Spaß. Manchmal wurde ich auch zur Eierernte eingeteilt. Dann stand ich für gewöhnlich mit einem Kollegen am Rand des Freigeheges Wache, während ein dritter Kollege zu einem Nest schlich und das Gelege einsammelte. Wir waren mit einem zwei Meter langen Holzknüppel bewaffnet für den Fall, dass wir einem überbehütenden Elternteil eins aufs Maul hauen mussten. Das war für uns eine ziemlich haarige Angelegenheit. Krokodile sind blitzschnell und enorm wendig. Ein Biss, und es kann um einen geschehen sein. Kurzum, es war ein ziemlich ungemütlicher Job. Wir liefen den ganzen Tag in Gummistiefeln herum und hielten Gehege instand, die während der kühleren Jahreszeit mit Plastikfolie überspannt wurden, damit es darin tropisch warm blieb und die Krokodile nicht in Winterschlaf fielen.

Nach ungefähr sechs Monaten verließ ich die Farm und widmete mich wieder dem Garten- und Landschaftsbau. Ich schuftete an sieben Tagen in der Woche, schwitzte wie ein Schwein und kam auf keinen grünen Zweig. An einem Wasserfallprojekt arbeitete ich nicht weniger als drei Monate. Eines Tages fragte mein Auftraggeber: „Warum tun Sie sich das an? Es lässt sich doch sehr viel mehr Geld sehr viel leichter verdienen."

Seine Frage brachte mich zum Nachdenken. Ich war dreißig Jahre alt, ohne feste Beziehung, arbeitete schon mein halbes Leben lang, mal hier, mal da. Ich hatte das Gefühl, dass ich mich verzettelte. Im Rückblick aber glaube ich, dass mich irgendetwas auf ein größeres Ziel hinführte.

Mein Auftraggeber unterbreitete mir daraufhin einen überraschenden Vorschlag.

„Warum versuchen Sie sich nicht als Fremdenführer? Ich kann Sie mit einem Freund in Kontakt bringen, der in Darwin eine Reiseagentur unterhält, die sich auf Rucksacktouristen spezialisiert hat."

Fremdenführer! Warum eigentlich nicht? Also verabredete ich mich mit dem Betreiber dieser Agentur für ein Vorstellungsgespräch.

„Können Sie Didgeridoo spielen?", fragte er mich.

„Nee."

„Spielen Sie Gitarre?"

„Nee."
„Aber wie werden Sie abends am Lagerfeuer die Leute unterhalten?"
Ich zuckte mit den Achseln. „Tja, also, ich hab mal auf einer Croc-Farm gearbeitet und …"
„Ausgezeichnet. Sie haben den Job."
Ich ahnte nicht, wie entscheidend dieser Moment für mein Leben sein sollte.

Teil II – Unterwegs

Kapitel 5

Welcher Job fühlt sich schon wie Urlaubmachen an? Ich glaube, die Arbeit als Fremdenführer im Northern Territory kommt dem sehr nahe. Es gefiel mir von Anfang an, Touristen, fast ausschließlich Backpacker, auf Touren von zwei bis sechs Tagen ins wahre Australien zu führen. Manchmal lief alles glatt im großen 24-Sitzer auf asphaltierter Piste, manchmal gönnte ich meinen Schutzbefohlenen im kleineren Wagen mit Allradantrieb für maximal sechzehn Fahrgäste einen Abstecher, der so nicht im Prospekt stand. Am Tag lernte ich die tollsten Seiten unserer fantastischen Landschaft und Geschichte kennen, nachts leistete mir ein knisterndes Feuer Gesellschaft, wenn ich unter freiem Sternenhimmel mein Lager aufschlug.

Ich fand es amüsant, dass ich in den Augen mancher Touristen, vor allem der Frauen, wohl eine Art Crocodile Dundee darstellte. Zu Hause in einer Kneipe hätte man mich kaum beachtet, aber als Reiseführer war ich offenbar so eine Art Held des Outback. Ich weiß, dass manche Kollegen solche Situationen ausgenutzt haben, aber ich habe das nie gemacht.

Anfangs fuhr ich meist von Darwin aus in den rund hundertsiebzig Kilometer südöstlich gelegenen Kakadu-Nationalpark, in den ich mich spontan verliebte. Das Weltnaturerbe der UNESCO erstreckt sich über eine Fläche von fast zwanzigtausend Quadratkilometern und ist damit größer als manches Land in Europa. Der Nationalpark ist nicht nur riesig, sondern auch von atemberaubender Vielfalt mit seinen Flussauen, Schluchten, Wasserfällen, frühmorgendlichen Nebelbänken, traumhaft schönen Sonnenuntergängen, meterhohen Termitenhügeln und zahllosen Wildtieren.

Und das Beste: Kakadu machte mich mit den australischen Ureinwohnern und ihrer Kultur vertraut. Der Park hat nicht weniger als fünftausend dokumentierte Aborigine-Felsmalereien zu bieten. Touristen sehen nur einige wenige, aber auch sie zeigen eindringlich, wie wichtig diese Kunst für die Menschen ist, deren Vorfahren über Zehntausende von Jahren in diesem Gebiet gelebt haben.

Ich glaube, in Kakadu habe ich eine wichtige Veränderung durchgemacht. Es begann in der ersten Nacht auf einer Drei-Tage-Tour. Wir machten halt auf einem Campingplatz, wo Aborigines aus irgendeinem entlegenen Winkel von Arnhemland eine Show mit Gesang und Tanz vorführten. Einer von ihnen war ein Mann namens Kevin, der um die vierzig Jahre alt war, aber deutlich älter aussah. Wir begegneten uns zum ersten Mal, und er grüßte mit den Worten: *„Goodaku, goodaku."*

Ich hatte keine Ahnung, was er damit meinte.

Kevin lachte. *„Goodaku, goodaku"*, feixte er.

So, erklärte er schließlich, klinge der Ruf eines besonders langbeinigen Sumpfvogels, der Brolga genannt werde. Kevin fand offenbar, dass ich diesem Vogel ähnlich sah. Und schon hatte ich meinen Spitznamen weg. Heute kennen mich nur noch die wenigsten als Chris.

Kevin war ein heiterer Mensch, den ich über die Jahre immer wieder mit einem Sixpack Bier in seinem Camp besuchte. Er leerte für gewöhnlich fünf Dosen, ich eine. Wir hatten bald Freundschaft geschlossen, und ich fühlte mich privilegiert, als er mich einlud, mit ihm auf die Jagd zu gehen. Er gab mir einen Speer und führte mich in einen *billabong*, wie tote Flussarme oder Wasserlöcher bei uns genannt werden. Ich wurde stutzig.

„In der Regenzeit gibt's doch bestimmt eine Verbindung mit dem Alligator River, oder?"

„Ja", antwortete Kevin.

„Und der ist voller Salties, die dann auch hier auftauchen, stimmt's?"

„Ja, aber mach dir keine Sorgen. Ich bin ihr Bruder."

„Du vielleicht, aber ich nicht", erwiderte ich.

Am lehmigen Ufer waren Spuren von Krokodilen zu sehen, die Kevin aber nicht im Geringsten zu beunruhigen schienen. Er glaubte offenbar unerschütterlich daran, dass er dank spiritueller Familienbande vor Angriffen geschützt sei.

Wir wanderten auf eine steile Felswand zu, als er plötzlich und ohne Vorwarnung zu schreien anfing – „Ahhhhh, ahhhhh, ahhhhh" –, in die Hände klatschte und sich umsah.

„Was soll das?", fragte ich.

„Ich sage den Mimis, dass wir kommen."

Kevin und sein Volk glauben an Geister, die in Felsen wohnen, Mimis.

Ich hatte davon schon gehört, aber jetzt hielt ich es sogar für möglich, dass sie existierten. Oben an der Felswand in einer Höhle zeigte Kevin mir mehrere Darstellungen der Mimis, langer, dünner Gestalten, vor vielen Tausend Jahren gezeichnet. Nach diesem Erlebnis war ich aufgeschlossener für solche Geheimnisse.

EINE UNERWARTETE BEGEGNUNG im Park brachte mich wirklich ins Grübeln. Ich fuhr einen Kleinbus mit einem Dutzend Touristen an Bord über eine Schotterpiste, als mir wie aus dem Nichts ein Wallaby vor die Kühlerhaube sprang. Es krachte. Ich hielt an, um zu sehen, ob ich das Tier noch retten konnte, doch es war schon tot. Als ich aber auf einen Impuls hin einen Blick in den Beutel warf, sah ich ein kleines Pinkie, dessen Augen sich gerade erst geöffnet hatten. Ich trug es zum Bus, erklärte allen, was geschehen war, und bat eines der Mädchen, auf das Kleine aufzupassen. Sie tat es gern und steckte sich das Würmchen auf mein Geheiß hin in ihren BH, wo es warm war.

Wir steuerten eine Raststätte an. Dort konnte sich niemand dazu durchringen, ein Baby-Wallaby in seine Obhut zu nehmen, also fuhren wir mit ihm weiter. In Darwin übergaben wir es einem professionellen Tierpfleger. Von da an machte ich mir unablässig Gedanken darüber, dass mehr Menschen aufgeklärt werden müssten, wie einem wilden Jungtier, das seine Mutter verloren hat, artgerecht geholfen werden konnte. Schließlich lebten wir in einer Region, wo ständig Tiere auf den Straßen überfahren wurden.

Je intensiver ich darüber nachdachte, desto deutlicher wurde mir, dass wir Menschen unsere Straßen zu Todesfallen ausgebaut haben. Jedes motorisierte Fahrzeug stößt Abgase aus, die kondensiertes Wasser enthalten. Es landet am Straßenrand und fördert das Wachstum von Pflanzen, insbesondere von Gräsern, die Weidetiere anlocken. Aus einschlägiger Erfahrung weiß ich, dass es in Trockenzeiten, wenn das Nahrungsangebot knapper ist, häufiger zu Verkehrsunfällen mit Tieren kommt. Wer diese Zusammenhänge nicht kennt und nur ein totes Tier an der Böschung liegen sieht, glaubt meist, es habe die Straße überqueren wollen. Dabei ist ein zufälliges Zusammentreffen von Fahrzeug und Wildtier höchst unwahrscheinlich in einem Land, dessen Straßen zwar sechs Meter breit sind, das aber gar nicht so viele davon besitzt.

Nach dem Vorfall mit dem Baby-Wallaby legte ich mir selbst eine kleine Kampagne zurecht. Auf Busfahrten klärte ich meine Fahrgäste über Roadkill und eventuelle Rettungsmaßnahmen auf. Irgendwann würde vielleicht der eine oder andere Zuhörer an einem Unfallopfer vorbeikommen und, von meinem Vortrag motiviert, Hilfe leisten.

Während der folgenden Monate und mit jedem weiteren Roadkill, dessen Zeuge ich wurde, wuchs mein Bedürfnis, mehr zu tun. Ich spielte sogar mit dem Gedanken, eine Art Schulungszentrum einzurichten, vergaß die Idee im alltäglichen Geschäft aber bald wieder.

ICH ARBEITETE VIEL und genoss die ruhigeren Zeiten, die ich in meiner Bleibe in der kleinen Ortschaft Humpty Doo bei Darwin verbrachte. Dort wohnte ich zur Miete in einem Schuppen, der nur drei Wände hatte und offen war für tierischen Besuch wie den von Nasenbeutlern, Echsen und manchmal auch Schlangen. Meine nächsten Nachbarn wohnten einen halben Kilometer entfernt, ich hatte also genügend Platz.

Eine Zeit lang war ich mit einer holländischen Touristin zusammen, die meine Liebe zur Natur teilte. Als sie nach Hause zurückgekehrt war, nutzte ich einen meiner seltenen Urlaube, um sie in Holland zu besuchen. Aber wir trennten uns schließlich: Ihr war es auf Dauer unmöglich, im australischen Busch zu leben, und ich kann nun mal nirgendwo anders leben.

Nach meinem Aufenthalt im hektischen und vollen Europa wusste ich das Outback noch mehr zu schätzen. Dennoch hatte ich nach der Reise das Gefühl, eine Abwechslung von den immer gleichen Bustouren als Fremdenführer in den Tropen zu brauchen, die ich nun schon seit ein paar Jahren machte. Ein Unternehmen mit dem Namen Adventure Tours bot mir einen Job in Alice Springs an. Von dort starteten Trips zum Uluru und anderen touristischen Highlights wie dem Kings Canyon und den Olgas. Ich fuhr also die knapp 1500 Kilometer von Darwin Richtung Süden, bezog ein Hotel in Alice und fing wieder von vorn an.

ALICE ist mit rund 25 000 Einwohnern die größte Stadt weit und breit und liegt etwa auf der halben Strecke zwischen Darwin und Adelaide. Die weiße Geschichte der Stadt begann als Telegrafenstation zwischen den beiden großen Städten in den 1870er-Jahren. Die Aborigines hatten diese Wüstengegend natürlich schon Tausende von Jahren vorher besiedelt.

Alice ist heute eine moderne Stadt mit Verkehrsampeln, Schnellrestaurants und Supermärkten – und das alles vor der großartigen Kulisse der MacDonnell Ranges, eines zerklüfteten Gebirgszugs in Wüstenfarben. Die Stadt wird durchquert vom Todd River, vor allem bekannt für die alljährlich stattfindende Regatta, deren Teilnehmer in Booten ohne Böden durch das trockene Flussbett rennen.

Ich durfte mich wieder glücklich schätzen, für Ausflüge in den Busch, an denen ich ohnehin Gefallen fand, auch noch bezahlt zu werden. Das Farbenspiel der Landschaft zu unterschiedlichen Tageszeiten war geradezu magisch: der Boden ein sattes Rot, goldgelb die Gräser bei Sonnenauf- und -untergang, die Grüntöne der Sträucher, Himmel und Berge im nuancenreichen Wechsel von Violett über Rosa bis Blau. Und der Uluru war die Attraktion schlechthin. Ich bin jedes Mal stolz auf mein Land, wenn ich sehe, wie beeindruckt Touristen vom Anblick des Felsens in der untergehenden Sonne sind.

In jeder meiner Reisegruppen gab es Leute, die den Nervenkitzel suchten. Wenn möglich, versuchte ich, diesen Wunsch zu erfüllen. War ich mit einem Wagen mit Allrad unterwegs und entdeckte in der Ferne Kängurus, setzte ich mich manchmal über das ausdrückliche Verbot meines Vorgesetzten hinweg und bog von der Straße ab, um sie von Nahem beobachten zu können.

Während meiner Touren kam ich immer wieder auf Roadkill und Rettungsversuche zu sprechen. Meine Botschaft lautete: „Wenn ihr ein totes Känguru am Straßenrand liegen seht, könnte es sich um ein Muttertier mit einem noch lebenden Jungen im Beutel handeln. Bitte, fahrt nicht achtlos daran vorbei. Rettet es. Nur keine Scheu. Es ist wie jedes andere Baby, nämlich pflege- und liebebedürftig. Bringt es zu einem Tierpfleger oder lernt, selbst einer zu sein."

Ich ging mit gutem Beispiel voran, untersuchte jedes Unfallopfer, an dem ich vorbeikam, und klärte alle auf, die bereit waren, mir zuzuhören: Touristen, Kollegen, LKW-Fahrer, Raststättenpächter.

Ich glaube, gerade bei denjenigen, für die das Outback Neuland war, trafen meine Geschichten häufig auf emotionale Resonanz.

ICH HATTE meinen neuen Job noch nicht lange, als ich an mein erstes zentralaustralisches Waisenkind geriet. Frühmorgens legte ich mit einer Reisegruppe im Bus an einer Tankstelle bei Erldunda, knapp zweihundert Kilometer südlich von Alice, eine erste Pause ein und sah in einiger Entfernung einen *blue flyer* – so nennen wir ein weibliches Känguru – rund zwei Meter neben der weißen Mittellinie auf der Straße liegen. Auf einem nahen Baum hatten sich mehrere hungrige Keilschwanzadler niedergelassen. Ich ging hin, um nachzusehen. Das Baby im Beutel war noch nackt, hatte aber schon die Augen geöffnet. Ich steckte es in den dunkelgrünen Kissenbezug einer Mitreisenden und gab ihm aus meiner hohlen Hand Wasser zu trinken. Im Bus kümmerte sich ein schüchternes Mädchen namens Sarah um das Kleine. Am Abend nahm ich es in meine Obhut und fütterte es wieder mit Wasser und einem Elektrolytpulver, mit dem wir auch schon in Pearl Coast besonders zarte Babys aufgepäppelt hatten. Trotz des Schocks, dem Beutel seiner Mutter entrissen worden zu sein, schien sich das Kleine gut zu erholen.

Es begleitete uns noch auf dem Rückweg nach Alice Springs, wo ich es im öffentlichen Wildpark abgeben wollte, weil er geschultes Personal hatte und über die notwendigen Einrichtungen verfügte.

Wir beeilten uns, um noch rechtzeitig anzukommen, denn es war kurz vor Weihnachten und der Park würde wahrscheinlich früh schließen. Aber dann sagte die Dame am Empfang, der Park könne das Baby nicht aufnehmen. „Quarantänevorschriften, erlassen von der Parkleitung."

Frustriert und verlegen kehrte ich zum Bus zurück, hatte ich meiner Gruppe doch erklärt, wie wichtig es sei, gerettete Tiere in die richtigen Hände zu geben.

Immerhin hatte mir die Frau vom Empfang die Telefonnummer eines Tierpflegers genannt. Ich erreichte nur die Mailbox, und es war schon nach sieben, weshalb ich den nächstbesten Tierarzt anrief. Ebenfalls die Mailbox: „In Notfällen …" Streng genommen konnte hier von einem Notfall nicht die Rede sein, also nahm ich das Joey mit in das Hostel, in dem ich ein Zimmer gebucht hatte. Immer wieder wählte ich die Nummer des Tierpflegers, erreichte ihn aber nicht. Am nächsten Tag sollte ich eine neue Reisegruppe in Empfang nehmen, und ich brauchte dringend Hilfe. Bis zum Morgen blieb meine Situation unverändert. Widerwillig rief ich meinen Chef an und cancelte die Tour. Ich konnte das Baby nicht allein lassen.

Zwei Tage später erreichte ich endlich den Tierpfleger, der sich als eine Amerikanerin entpuppte, deren Mann auf einem Militärstützpunkt in der Nähe stationiert war. Sie entschuldigte sich und sagte, über Weihnachten seien mehrere andere Pfleger weggefahren und hätten ihre Jungtiere bei ihr geparkt. Wie so viele wundervolle Pfleger, die ich in späteren Jahren kennenlernen sollte, leistete sie mit nur wenig Unterstützung Erstaunliches, war aber letztlich mit der schieren Zahl der Waisen überfordert. Auch das machte mich nachdenklich. Wenn der Wildpark ihr nicht helfen konnte, wer dann? Die Frage nagte an mir, während ich meine Arbeit als Fremdenführer fortsetzte.

ICH SETZTE mein Aufklärungsprogramm für Touristen fort. Es sprach sich herum. Ich erinnere mich, dass eine Gruppe aus North Queensland speziell von mir geführt werden wollte, weil sie von meinem Engagement erfahren hatte. Sie blieb nicht die einzige. Ich fühlte mich geschmeichelt und bestärkt darin, mit meiner Arbeit weiterzumachen.

Immer wenn ich vor einem Unfallopfer auf der Straße anhielt, wurde ich mit Fragen überhäuft.

„Hast du keine Angst?"

„Kann man sich infizieren?"

„Beißen sie?"

„Wie viele Babys hast du schon gerettet?"

„Was passiert mit ihnen, wenn sie sich erholt haben?"

Mir sind alle diese Fragen wichtig, weil sie Interesse signalisieren. Die meisten Leute richten ihr Augenmerk vor allem auf die Kängurus, was mich nicht überrascht, weil viele Touristen nicht zuletzt ihretwegen kommen. Schließlich ist das Roo eines der beliebtesten und am leichtesten identifizierbaren Symbole der Welt. Aber was ist mit dem Keilschwanzadler? Er hat es, wie ich finde, nicht verdient, ignoriert zu werden.

Eine Ansammlung von Keilschwänzen weist meist auf ein totes Tier in der Nähe hin. Sie zählen zu den weltgrößten Greifvögeln und haben eine Flügelspannweite von über zwei Metern. Von Weitem sehen sie manchmal aus wie Truthähne. Leider sehe ich allzu häufig Reisebusse über ein totes Känguru hinwegbrettern, auf dem sich ein Adler niedergelassen hat. Ein totes Tier von der Fahrbahn weg ins freie Feld zu ziehen dient also auch dem Schutz der Keilschwanzadler und anderer Aasfresser.

Das kleine mutterlose Jungtier Palau, von dem ich anfangs berichtete, stellte einen Wendepunkt in meinem Leben dar. Das Ereignis rief in mir ein Gefühl der Dringlichkeit hervor, das von Verzweiflung getriebene Bedürfnis, meine Botschaft noch deutlicher zu machen. Mein Plan war es, ein Schulungszentrum zu gründen, meinen Job aufzugeben und das zu tun, wozu ich mich berufen fühlte.

Kapitel 6

Das Känguru ist ein unglaublich vielseitiges Tier. Es findet sich überall zurecht, im Regenwald, im Hochgebirge, an Stränden und in der Wüste. Fast im gesamten ländlichen Australien, ja sogar in urbanen Gebieten kann man Kängurus antreffen. Moschusrattenkängurus, Baumkängurus, Kaninchenkängurus, Graue Riesenkängurus westlicher oder östlicher Provenienz, diverse Wallabys … Es gibt mehr als sechzig Arten in der Familie der Macropodidae, der Großfüßer. Warum findet man sie allenthalben so faszinierend? Weil sie hüpfen? Könnte sein. Liegt es am Erstaunen darüber, dass das größte von ihnen, das Rote

Im Hintergrund sieht man einen Teil des Kameltransporters, in dem ich meinen Traum verwirklichte – eine Einrichtung zur Rettung von Kängurubabys zu führen.

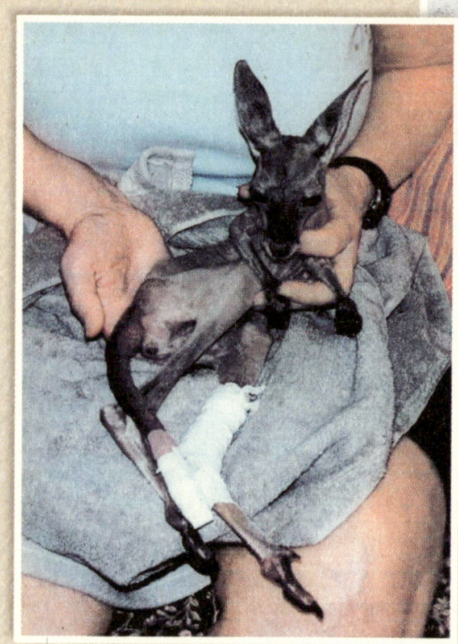

Palau mit Verbänden. Adler hatten versucht, sie bei lebendigem Leib zu verspeisen. Sie weckte in mir die Idee, ein Rettungszentrum für Kängurubabys einzurichten.

Eine traurige Pflicht: ein Unfallopfer von der Straße ziehen. Ich werde mich nie daran gewöhnen.

Während ich auf einer Grillparty bei einem Freund war, hingen meine mitgebrachten Joeys in ihren Beuteln am Poolzaun: Jimmy, Jo Jo, Brianna und Ned.

Riesenkänguru, das in Central Australia, der weiteren Umgebung von Alice Springs, die am häufigsten vertretene Art darstellt, eine Geschwindigkeit von über sechzig Stundenkilometern erreichen und bis zu neun Meter weit springen kann? Oder liegt es daran, dass das Roo so drollig aussieht, wenn es auf seinem kräftigen Schwanz sitzt und Fausthiebe verteilt? Bedauerlicherweise war es bis vor rund hundert Jahren keine Seltenheit, dass Kängurus zur Belustigung eines zahlenden Publikums in den Ring geschickt wurden, um gegen Boxer anzutreten. Kängurus mit Boxhandschuhen sieht man heute zum Glück nur noch auf Fahnen, die wir bei Sportveranstaltungen schwenken.

Es gibt weitere kuriose Aspekte, aber seine Beliebtheit verdankt es wahrscheinlich vor allem dem simplen Umstand, dass das Roo niedlich ist. Was mich am meisten beeindruckt, ist der Beutel, in dem die Jungen aufwachsen. Zu sehen, wie ein Joey mit dem Kopf aus seiner Kinderstube auftaucht, ist, wie ich finde, das tollste Erlebnis, das die australische Fauna bereithält. Es sei denn, das Muttertier liegt tot am Straßenrand. Eben dieses alles andere als niedliche Bild war es, das ich publik machen wollte, als ich mir vornahm, das Baby Kangaroo Rescue Centre zu eröffnen, ein Rettungszentrum für Kängurubabys. Ich rechnete mir aus, dass das Wort „Baby“ den vielen Tausend Fremden, die ich anzulocken hoffte, etwas sagen würde.

Aber wie sollte ich ein solches Unternehmen ohne eigene Mittel finanzieren? Mit den Gehaltsabrechnungen von meinem Job als Fremdenführer konnte ich mir sechstausend Dollar von der Bank leihen; dass ich gekündigt hatte, sagte ich nicht. Als Nächstes suchte ich nach einem geeigneten Stützpunkt. Eine Raststätte an der Straße von Alice Springs zum Uluru hielt ich für ideal. Ich fuhr die Strecke ab, unterhielt mich mit Gastwirten, die unterschiedlich auf meinen Vorschlag reagierten, und hatte schließlich das Glück, Jim Cotterill, eine Legende der Tourismusbranche, von meinem Vorhaben überzeugen zu können. Jim war Inhaber von „Jim's Place“, einem Gasthaus knapp hundert Kilometer von Alice entfernt. Er stellte mir einen kleinen Hinterhof zur Verfügung, auf dem bereits ein paar Kängurus und ein Emu zu Hause waren. Noch heute bin ich ihm von Herzen dankbar.

Meine Einrichtung musste jetzt nur noch vom Northern Territory National Parks and Wildlife Service offiziell anerkannt werden, einer staatlichen Behörde, die in Alice Springs ein Büro unterhielt. Dazu brauchte ich eine Pfleger-Lizenz, die ich aufgrund meiner Erfahrungen aus Pearl Coast und Tipperary erhielt. Mit der Lizenz war bei der zuständigen Behörde registriert, wo und in welcher Funktion ich arbeitete. Meine Daten wurden zentral gespeichert. Sollten mir schwerwiegende

Fehler unterlaufen, würde ich im ganzen Land keine Anstellung als Tierpfleger mehr finden.

In Australien hat jeder Bundesstaat und jedes Territory seine eigenen Gesetze, was den Tierpflegedienst angeht. Heimische Tiere wie Kängurus, Koalas, Schnabeltiere, Wombats, Adler, Papageien und so weiter gehören formell der Krone und bedürfen einer besonderen Behandlung je nach Population und Situation. Im Northern Territory besteht die Aufgabe eines Pflegers darin, für ein Tier zu sorgen, bis es selbstständig und in Freiheit leben kann. Verbietet sich aus irgendwelchen Gründen eine Freilassung, muss es entweder getötet oder in einer geeigneten Einrichtung untergebracht werden. Behalten darf man es nicht.

Bevor ich loslegen konnte, musste ich mich in Alice Springs bei Wildcare vorstellen, einer gemeinnützigen, von Parks and Wildlife unterstützten Organisation, die von Pflegern ehrenamtlich geführt wird. Wildcare billigte mein Vorhaben und gab mir zwei zehn Monate alte Joeys zur Aufzucht mit.

ICH WAR VOLLER TATENDRANG, aber auch nervös, als ich auf Jims Hof umzog. Mein Wagen, ein geländegängiger, dunkelblauer Kia Sportage älteren Baujahrs, wurde für mein neues Leben passend gemacht: Ich ließ hinten und auf beide Seiten den Namen *BABY KANGAROO RESCUE CENTRE* auflackieren, und zwar in roten Buchstaben auf weißem Grund, was ein wenig nach Krankenwagen aussehen sollte. Vor allem aber wirkte es komisch, als Zweimetermann in einem so kleinen Wagen durch eine Gegend zu kutschieren, in der sonst nur sehr viel größere Fahrzeuge verkehrten.

Jim hatte einen alten Bus, umgebaut zu einem Transporter für drei bis vier Kamele mit entsprechend hohem Dach und zwei großen Türen, die wie Zugbrücken mit Hilfe einer Winde geöffnet und geschlossen werden konnten. Ich glaube, früher war ein Schausteller mit diesem Bus durch ganz Australien getourt; es stand noch der Name eines Sponsors darauf – gleich neben der Abbildung eines Kamels. Die Räder fehlten, also mussten wir welche anbringen, um den Bus in meinen Teil des Hofes zu schleppen. Ich spritzte ihn himmelblau um und schloss ihn mit einer Verlängerungsschnur von sechzig Metern ans Stromnetz an. Im Inneren hängte ich Bilder aus meinen Zootagen und Fotos von Kängurus auf. Der Bus war nicht nur mein Arbeitsplatz, sondern auch mein Schlafzimmer, abends schlief ich auf einer Matte auf dem Boden.

Nun fehlte mir nur noch ein Kängurubaby, und das sollte ich bald bekommen. Überraschend meldeten sich Liz und Julian, zwei befreundete Reiseführerkollegen, die nach Südaustralien gezogen waren und, meinem Aufruf folgend, seit Monaten jedes überfahrene Känguru inspizierten. Gut zweihundert Kilometer südlich von Alice hatten sie ihren ersten Joey geborgen. Ich machte mich sofort auf den Weg zum verabredeten Treffpunkt, der Raststätte Kulgera an der Grenze zwischen dem Northern Territory und South Australia. Es war ein Weibchen, ungefähr fünf Monate alt, ein niedliches kleines Ding, das mich mit großen ängstlichen Augen aus einer Leinentasche ansah. Zu Ehren seiner Retterin nannte ich das Tier Elizabeth.

Elizabeth wurde mein Ein und Alles. Nachts schlief sie auf meinem Bauch im Schlafsack. Wenn ich nach nebenan in Jims Gasthaus ging, nahm ich sie in einem Kissenbezug mit, und wenn ich mich ausruhte und mit einem Buch unter einem Baum saß, hing sie in ihrem Bezug von einem Ast herab.

DAS BABY KANGAROO RESCUE CENTRE öffnete im August 2005. Anfangs zielte ich darauf ab, Rucksacktouristen als Retter zu mobilisieren, denn Ausländer schienen von der australischen Fauna stärker beeindruckt zu sein als Einheimische. Wenn solche Touristen ein paar Fotos online stellten, wüssten bald Menschen auf der ganzen Welt Bescheid und wären bereit zu helfen. Ich wusste, dass es gelingen würde, Emotionen zu wecken. Ein Kängurubaby ohne Mutter hatte eigentlich keine Chance zu überleben. Es war ein Einzelkind, das verloren hatte, was es nährte und liebte. Mir taten diese kleinen Wesen von Herzen leid. Was sollte aus den verwaisten Tierbabys werden? Ich musste die Leute dazu bringen, die Bedeutung dieser Frage zu begreifen.

Ich bat meine ehemaligen Kollegen, mit ihren Bussen auf dem Weg zum oder vom Uluru einen Zwischenstopp bei mir einzulegen. Das war viel verlangt, denn die Touristen wollten nach dem Besuch dort so schnell wie möglich von Alice aus weiterreisen. Doch manche meiner Freunde unterstützten mich und klärten ihre Fahrgäste darüber auf, dass ich das Center gerade erst eröffnet und Hilfe nötig hatte.

Von Erwachsenen nahm ich fünf Dollar Eintritt, von Kindern zwei. Dafür bekamen sie von mir ein Referat zum Thema Verkehrsunfälle mit Tieren und Tierrettung. Die Hauptpunkte waren:

- Nähern Sie sich dem toten Känguru und parken Sie Ihr Fahrzeug sicher am Straßenrand.
- Joeys können mehrere Tage im Beutel der toten Mutter überleben.
- Bestimmen Sie das Geschlecht des toten Tieres. Weibchen haben einen Beutel, Männchen Genitalien im selben Bereich.

- Ist es ein Weibchen, sehen Sie im Beutel nach, ob sich ein Joey darin befindet.
- Ein Pinkie (Joey ohne Fell) liegt womöglich noch an der Zitze. Entfernen Sie es sehr behutsam.
- Mit einem behaarten Joey sollten Sie natürlich auch möglichst vorsichtig umgehen.
- Kängurubabys sind ungefährlich; keine Angst, sie beißen nicht.
- Halten Sie das Joey in einem Kissenbezug oder einer Tasche (notfalls aus einem zusammengeknoteten Pullover oder Hemd) an Ihren Bauch.
- Halten Sie es warm, zur Stressvermeidung am besten an einem dunklen, ruhigen Ort.
- NICHT FÜTTERN! Das ist Sache eines ausgebildeten Pflegers. Allenfalls können Sie dem Joey bei heißem Wetter eine Schale mit körperwarmem Wasser anbieten, von dem es sich bei Bedarf selbst bedient.
- Bringen Sie das gerettete Kängurubaby in die nächste Stadt oder zur nächsten Raststätte, wo sich die Übergabe an einen Pfleger organisieren lässt. Ein Tierarzt oder Mitarbeiter eines Wildparks kann Ihnen helfen.
- Schaffen Sie das tote Känguru, nachdem Sie es untersucht und eventuell ein noch lebendes Joey geborgen haben, von der Straße, um zu verhindern, dass Aasfresser wie Keilschwanzadler, Dingos oder Goannas von einem Fahrzeug erfasst werden.
- Waschen Sie sich die Hände!

Im Anschluss kam ich auf die Pflege zu sprechen, wobei mir Elizabeth assistierte, sofern sie nicht gerade schlief. Ich erklärte meinen Besuchern, dass jeder Pfleger seine eigenen Methoden hat. Ich lege Wert auf die regelmäßige Gabe laktosearmer Milch mittels einer Flasche mit einem rund fünf Zentimeter langen Gummischnuller. Je jünger das Baby, desto häufiger muss es gefüttert werden. Ist ein Baby behaart und streckt den Kopf aus dem provisorischen Beutel – normalerweise nach fünf bis sechs Monaten –, kann man ihm Gras zu fressen geben. In der Wildnis würde es in diesem Alter aus dem Beutel hervorlugen und mit der Mutter gemeinsam grasen, wenn sie sich hierzu vornüberbeugt. Milch bleibt aber trotzdem noch eine Weile sein Hauptnahrungsmittel.

Besonders wichtig für die Entwicklung eines Jungtieres ist sein Reinlichkeitstraining. Entschlossen, die bestmögliche „Mum“ zu werden, habe ich das Verhalten von Kängurus genau beobachtet, sowohl in Freiheit als auch in Gefangenschaft. Zusätzliche Informationen erhielt ich von erfahrenen Pflegern. Ein Joey, das noch zu jung ist, um den Beutel zu verlassen, wird von der Mutter zum Wasserlassen stimuliert, indem sie seine Genitalien leckt. Sie schluckt den Urin. Was soll nun ein Pfleger tun?

„Wir versuchen alles, um es den Jungtieren recht zu machen“, sagte ich meinen Besuchern. „Aber natürlich schlucken wir ihren Urin nicht.“

Meine Zuhörer zeigten sich meist erleichtert, bis ich zur Pointe kam: „Wir spucken ihn sofort wieder aus!“

Nur keine Aufregung. Elizabeth stimulierte ich artgerecht mit dem Finger und fing die Tröpfchen, die sie machte – zwei Teelöffel voll –, mit einem mehrfach zusammengefalteten Stück Klopapier unter ihr auf. Babys lernen sehr schnell, was sie zu tun und zu lassen haben, zumal die Alternative hieße, in einem stinkenden Beutel hocken zu müssen.

Ein Pfleger hat auch darauf zu achten, dass die Tragezeit im Beutel irgendwann ein Ende hat. Joeys müssen sich bewegen, Kraft entwickeln und lernen, ihre Gliedmaßen zu koordinieren.

Elizabeth war ungefähr ein halbes Jahr alt, als sie in ihrem Kissenbezug zappelig wurde, ein sicheres Zeichen dafür, dass sie nach draußen wollte. Ich neigte vorsichtig den Beutel, woraufhin sie sich mit den Beinen voran ins Freie wagte. Als ich mich langsam zwei oder drei Schritte entfernte, hüpfte sie kurz entschlossen hinter mir her. Und sie folgte mir wieder, als ich erneut von ihr abrückte. Anfangs sah sie aus wie eine Riesenmaus, die sich an einem Springstock versucht, aber allmählich wurden ihre Bewegungen eleganter.

Von allen pflegerischen Maßnahmen, die ich meinen Zuhörern aufzählte, ist die liebevolle Zuwendung diejenige, die am meisten belohnt wird. Ich trug Elizabeth in ihrem Beutel mit mir herum, hielt sie dabei fest an mich gedrückt und vermittelte ihr so ein Gefühl von Geborgenheit. Später erfuhr ich, dass es einem Kängurubaby guttut, einen etwa gleichaltrigen Freund zu haben, der zwar in seinem eigenen Beutel steckt, aber gewissermaßen auf Tuchfühlung ist.

Ein Pfleger hat zum Ziel, sein Joey in sieben Monaten so weit zu bringen, dass es erste Schritte in Richtung Unabhängigkeit wagen kann. Nach zwölf Monaten sollte es in der Lage sein, innerhalb eines geschützten Geheges ohne menschliche Hilfe zurechtzukommen. Wenn ihm das gelingt, kann es wenige Wochen später in die Freiheit entlassen werden.

RÜCKBLICKEND vermute ich, dass mich nicht wenige Besucher für einen Eigenbrötler und Sonderling gehalten haben. Ich war zweiunddreißig Jahre alt, Single und hauste im Nirgendwo in einem heruntergekommenen Kameltransporter. Tatsächlich wurde ich später häufiger *hermit*, der Einsiedler, genannt. Ich selbst aber sah das nicht so, denn ich hatte Elizabeth. Nach meinem Dafürhalten war ich ein alleinstehender Mann, der ein Kind zu versorgen hatte. Mangelte es mir an persönlichen Kontakten oder einer engen menschlichen Beziehung? Nein. Ich war weder scheu, noch hatte ich Berührungsängste. Für Gesellschaften, Dinnerpartys und dergleichen war ich allerdings nicht der Typ. Ich hatte auch nicht das Gefühl, dass mir ohne Freundin etwas fehlte. Wenn es sich ergeben hätte, dass ich mich neu verliebte, wäre mir das auch recht gewesen, doch ich legte es nicht darauf an. Natürlich fehlte mir meine Familie. Aber ich wusste, wenn ich sie besuchte, würden wir uns so vertraut sein wie eh und je. Das tröstete mich.

Ich hatte damals weder Telefon noch Fernseher. Wenn ich jemanden anrufen musste, benutzte ich den Münzfernsprecher im Gasthaus. Im Fernsehen sah ich an, was immer gerade über die Mattscheibe flimmerte, wenn ich im Gasthaus aß. Lieber aber las ich ein Buch oder verbrachte meine Zeit mit Elizabeth.

Wenn ich darüber nachdenke, hatte ich durchaus viel Kontakt zu anderen. Schließlich aß ich jeden Abend im Gasthaus. Sean, ein Kollege aus meiner Zeit als Reiseführer, versorgte mich wöchentlich mit Bier. Häufig legten auch andere Reiseführer auf ihrer Rückfahrt vom Uluru einen Zwischenstopp bei mir ein und gaben mir ihre Proviantreste. Ich fühlte mich rundum versorgt. Alle waren unglaublich freundlich.

Natürlich gab es trotzdem Dinge, die mir Schwierigkeiten bereiteten. Vor allem wusste ich nicht, mit wie vielen Besuchern ich täglich rechnen musste. Manchmal kamen voll besetzte Busse, an anderen Tagen hielten nur ein paar Privatautos an oder gar niemand. So einfach wie erhofft war es nicht. Und dann wurde es zu allem Überfluss auch noch heiß. Es war Anfang Dezember, der Sommer fing erst an, und ich hockte, von Fliegen umsummt, in meiner blechernen Unterkunft, auf die die Sonne knallte. Elizabeth kam mit der Hitze nicht zurecht. Kängurus schwitzen nicht wie unsereins. Zur Abkühlung lecken sie sich Arme und Beine ab, wo die unzähligen Venen verlaufen. Elizabeth leckte sich in einem fort. Ihr Puls war enorm hoch. Und auch ich tat mich schwer. Die Außentemperatur schwankte zwischen vierzig und fünfundvierzig Grad Celsius; im Bus waren es bestimmt über fünfzig.

Die Hitze führte mir vor Augen, wie weit entfernt ich von der nächsten tierärztlichen Praxis lebte und dass Elizabeth im Notfall nicht schnell genug versorgt werden konnte. Ich wohnte zwar nur eine Autostunde von Alice entfernt, doch das war unter Umständen schon zu viel. Um mein Baby Kangaroo Rescue Centre auf Dauer halten zu können, musste ich geeignete tiermedizinische Einrichtungen in der Nähe haben.

Also bereitete ich einen Ortswechsel vor. Jim war enttäuscht, hatte aber Verständnis für meine Situation. Die beiden Kängurus, die mir Wildcare anvertraut hatte, gab ich in die Obhut einer nahe gelegenen Kamelfarm, wo sie später freigelassen wurden.

ZURÜCK IN ALICE SPRINGS, hatte ich sofort großes Glück. Ein Mann namens Darren, Miteigentümer von Adventure Tours, wo ich als Tourenleiter gearbeitet hatte, führte das Backpacker-Hostel „Melanka". Er hatte Gutes über mich und mein Zentrum gehört, sah darin touristisches Potenzial und stellte mir eine ungenutzte Parzelle, die zum Hostel gehörte, kostenlos zur Verfügung. Sie war ungefähr so groß wie zwei Tennisplätze. Ich schüttete rote Erde aus, pflanzte Buschgräser und Melden und umzäunte das Gelände mit einem knapp zwei Meter hohen Maschendrahtzaun, bespannt mit Sackleinen. Perfekt, dachte ich, zumal mitten in der Stadt. Um auf Nummer sicher zu gehen, setzte ich mich mit einem ortsansässigen Tierarzt in Verbindung und bat Parks and Wildlife um ihren Segen.

Schnell hatte ich mein neues Zentrum eingerichtet, und bald hüpfte Elizabeth durch ihren eigenen kleinen Garten. Die Nächte verbrachte ich im Haus der beiden Pfleger Jo und Terry, mit denen ich gut befreundet bin und die so etwas wie meine zweiten Eltern werden sollten. Sie wussten, dass ich kaum Geld hatte, und ließen mich umsonst bei sich wohnen. Sie waren Mitte fünfzig und schon lange ein Paar, wirkten aber so verliebt, als hätten sie sich erst vor Kurzem kennengelernt. Jo hatte Kinder aus erster Ehe, Terry war kinderlos. Beide waren sehr fürsorglich und als ehemalige Bergleute, die in Coober Pedy nach Opalen geschürft hatten, an harte Arbeit gewöhnt. Jetzt führten sie einen Kunstgewerbeladen in Alice und kümmerten sich um verwaiste Kängurubabys.

Die Wiedereröffnung meines Rettungszentrums fand Mitte Dezember 2005 statt. Von Anfang an kamen sehr viel mehr Besucher als im Hinterhof von Jims Gasthaus, und es dauerte nicht lange, bis sich wieder einer jener unerwarteten Momente einstellte, die mich und meine Arbeit nachhaltig beeinflussten. Es war am ersten Weihnachtstag, mein Zentrum war wie immer geöffnet. Am Nachmittag tauchte eine Gruppe von vielleicht acht Aborigines auf, Erwachsene und Kinder, die sich auf einem langen Holzbalken vor dem Zentrum niederließen. Ich wartete eine Weile und ging dann hin, um Hallo zu sagen. Sie waren sehr scheu und blickten zu Boden, peinlich darauf bedacht, keinen Blickkontakt zu mir aufzunehmen. Ich ließ sie wieder allein.

Am späten Abend gegen elf – ich saß bei Jo und Terry im Wohnzimmer und sah fern – klopfte es leise an der Eingangstür. Jedenfalls klang es wie ein Klopfen. Ich war müde und nur deshalb noch auf, weil Elizabeth um Mitternacht gefüttert werden musste. Ich drehte die Lautstärke des Fernsehers herunter, ging zur Tür und öffnete sie. Zuerst sah ich nichts, hörte aber ein zaghaftes Murmeln. Ich ließ meinen Blick nach unten gleiten. Vor mir stand ein kleines Aborigine-Mädchen, nicht älter als vier. Es hielt einen Kissenbezug in beiden Händen. Ich schaute hinein und entdeckte ein kleines Joey.

„Danke“, sagte ich.

Ein Stück entfernt unter einer Straßenlaterne sah ich mehrere erwachsene Aborigines stehen. Dann richtete ich mein Augenmerk wieder auf den Kissenbezug, nahm ihn entgegen und zog das Joey daraus hervor. Ich fragte, wo es herkomme, erhielt aber keine Antwort. Das Mädchen war verschwunden. Und auch die Gruppe unter der Straßenlaterne hatte sich aufgelöst wie eine Geistererscheinung. Vielleicht waren es dieselben Leute, die schon tagsüber vor meinem Zentrum aufgekreuzt waren, und sie hatten nur den richtigen Zeitpunkt abgewartet, um mir das Joey zu übergeben. An der Straße parkte mein Auto. Wahrscheinlich hatten sich die Leute daran orientiert. Die ganze Geschichte kam mir fast surreal vor.

Das Baby war sehr schmutzig. Es hatte sich in seinem Kot gewälzt. Ich nannte es Albert nach Albert Namatjira, dem berühmten Aborigine-Maler, denn es war das erste Mal, dass mir Aborigines ein Kängurubaby gebracht hatten. Es sollte noch sehr häufig dazu kommen.

In Central Australia gibt es über zweihundert Siedlungen der Aborigines, sogenannte *homelands*, entlegene Wohngebiete von alters her. Die kommerzielle Jagd auf Kängurus ist dort strikt verboten, während sie sonst fast überall in Australien ausdrücklich erlaubt ist. Im Northern Territory dürfen ausschließlich Grundbesitzer Roos töten. Aborigines lieben Kängurufleisch. Sie jagen meist weibliche Tiere, weil sie durchschnittlich nur halb so schwer wie ein 90-Kilo-Männchen und entsprechend leichter zu tragen sind. Außerdem würde der Abschuss eines einzigen Alphatieres den Bestand empfindlich treffen, weil ein Männchen mit einem ganzen Rudel von Weibchen Nachwuchs hervorbringt. Werden erwachsene Weibchen erlegt, bleiben allerdings nicht selten Joeys mutterlos zurück. Das wurde mir erst relativ spät bewusst.

Im Rettungszentrum musste ich ein paar schreckliche durch Jagd verursachte Fälle miterleben. Nur die Joeys, die ganz viel Glück haben, landen bei einem Pfleger.

Albert gewöhnte sich schnell an Elizabeth und später an zwei andere frühe Schützlinge des Rettungszentrums: Archie und Frank.

Allzu bald kam die Zeit, da ich mich von meinen „Kids", wie ich sie nannte, verabschieden musste. Albert, Frank, Archie und Elizabeth schafften es, nach einer Zwischenstation in einem Freigehege von Parks and Wildlife in die Wildnis zurückzukehren. Elizabeth Lebewohl zu sagen fiel mir besonders schwer. Es sollte sich aber noch häufiger zeigen, dass jeder Verlust, den ich beim Abschied empfand, von der Freude und Zufriedenheit darüber, ein junges Känguru auf eigenen Füßen stehen zu sehen, mehr als ausgeglichen wurde.

Das Baby Kangaroo Rescue Centre wurde immer bekannter, und mich erreichten mehr und mehr Bitten um die Aufnahme weiterer Joeys. Kurz nach Alberts Ankunft wurden mir ähnlich gelagerte Fälle aus Aborigine-Siedlungen angetragen. Einer brachte mich in eine sehr unangenehme Situation.

Ich stieg vor einem Einkaufszentrum aus meinem Wagen und sah einige Mädchen auf mich zukommen.

„Wir haben ein Kängurubaby. Zwanzig Dollar", sagte eines.

„Kommt nicht infrage", entgegnete ich lachend.

Ein älterer Herr gesellte sich hinzu. „Wir verkaufen es nicht", sagte er, „wir geben es Ihnen so."

Die Mädchen fingen an, mit dem Mann zu streiten, der, wie ich vermutete, ihr Großvater war. Er setzte sich durch.

„Folgen Sie uns", forderte er mich auf.

Wir fuhren über Vorstadtstraßen zu einem Haus mit einem Garten, in dem wunderschöne Palmen und Rosen wuchsen. Vor dem Haus brannte ein Feuer. Ringsum lagen Matratzen auf dem Boden ausgebreitet, auf denen einige ältere Leute saßen. Sie rösteten das Fleisch eines tags zuvor erlegten Känguruweibchens, dessen Junges zu ihren Füßen herumkrabbelte. Ich war schockiert, spürte aber auch, dass ich hier nicht nach meinen Maßstäben urteilen konnte.

Sie schnitten das Fleisch auf, dessen Oberfläche schwarz verkohlt war. Fett tropfte auf den Boden. Der Großvater bat mich, Platz zu nehmen, und reichte mir etwas von dem Braten. Um mich herum fingen alle an zu essen. Ich dachte: Ich will das nicht, aber mir bleibt wohl nichts anderes übrig. Es war eine Frage des Respekts vor diesen Menschen und ihrer Kultur. Obwohl ich all meine Zeit, meine Energie und mein Geld in die Rettung dieser wundervollen Tiere steckte, überwand ich mich und nahm einen Bissen zu mir. Meine persönlichen Empfindungen zählten hier nicht. Viel wichtiger war, zu diesen Leuten eine gute Beziehung aufzubauen, auf deren Basis ich das Leben Dutzender verwaister Joeys zu retten vermochte.

Dieses Erlebnis ließ mich die Lebensweise der Aborigines besser verstehen und stärker wertschätzen. Mit der Zeit entwickelte ich eine große Sympathie für dieses Volk, das um seine Identität ringt und dabei auf unzählige Widerstände stößt. Nicht zuletzt kommt es immer wieder zu kulturellen Missverständnissen.

Als ich zu meinem Fahrzeug zurückging, war mir bewusst, echten Jägern begegnet zu sein. Über sie und ihre Jagdkultur wollte ich mehr erfahren. Das Joey, das sie mir gegeben hatten, schaffte es zurück in die Freiheit. Ich sollte noch viele Kängurubabys von dieser Familie bekommen, denn unsere Beziehung hatte an jenem Abend einen guten Anfang genommen. Alles in allem war es also ein positives Erlebnis für mich gewesen.

Kapitel 7

Anfang 2006 brachte mir ein Reiseführer namens Ted ein männliches Kängurubaby, das er im Beutel seiner allem Anschein nach schon seit zwei Tagen toten Mutter gefunden hatte. Es keuchte wie von einer Lungenentzündung befallen und befand sich in einem kritischen Zustand. Ich nannte den Kleinen Ned. Leider starb er nach wenigen Tagen. Ich begrub ihn im Garten.

Bald darauf, am 3. März – inzwischen führte ich offiziell Buch –, kamen Jo und Terry mit einem Baby, um das sie sich selbst nicht kümmern konnten, weil es zu jung war. Es war noch ein Pinkie mit geschlossenen Augen und Ohren, kaum drei Monate alt. Es sah Ned sehr ähnlich. Ich nannte ihn ebenso, gab ihm sofort die Flasche und fütterte ihn alle sechzig bis neunzig Minuten, was ihm sichtlich guttat.

Über die Jahre habe ich im Hinblick auf die Rettung von Kängurubabys immer wieder gehört: „Wenn noch kein Fell da ist, ist auch noch kein Leben drin.“ Nach meiner Erfahrung trifft dies nicht zu. Pinkies sind sehr pflegeintensiv, aber durchaus widerstandsfähig. Für jedes, das in meiner Obhut ist, setze ich mich nach Kräften ein. Wenn es nicht mehr zu retten ist, gebe ich ihm besonders viel Zuneigung und trage es immer bei mir. Das neu aufgenommene Pinkie war ein echter Kämpfer. Es war sehr schwach, und sein Leben schien an einem seidenen Faden zu hängen, aber es schaffte es durch die erste Woche und bewies damit, dass es sich nicht unterkriegen lassen wollte.

Während der ersten Wochen trug ich den Kleinen unter meinem Hemd in einer selbst gemachten Gürteltasche bei mir, eine erste Beutelattrappe, die ihm fast zum Verhängnis geworden wäre, als ich mich einmal im Rettungszentrum vor meinen Zuhörern zu tief vornüberbeugte; Ned rutschte heraus und fiel auf den Boden, blieb aber zum Glück unverletzt.

Nachts schlief er bei mir, Haut an Haut. Nach jahrelangen Erfahrungen konnte ich inzwischen getrost davon ausgehen, dass ich ihn nicht im Schlaf erdrücken würde. Ich lag mehr oder weniger reglos auf dem Rücken, während Ned es sich auf meinem Bauch gemütlich machte. Kängurus und Menschen haben in etwa die gleiche Körpertemperatur. Ein Joey an der eigenen Wärme teilhaben zu lassen ist sehr viel besser, als es in Decken zu packen. Für Pinkies ist dieser Körperkontakt sogar unverzichtbar.

Ned war mein bislang jüngstes Baby. Nach ungefähr einem Monat öffneten sich allmählich die Lider über seinen vorgewölbten schwarzen Augen. Ned und ich sahen einander das erste Mal an, und mit dem Blickkontakt wurde unsere Beziehung noch inniger. Deshalb lassen sich jüngere Joeys sehr viel leichter aufziehen als ältere; sie sind noch wie ein unbeschriebenes Blatt und haben keinerlei Erinnerung an ihre Mutter. Ältere Joeys müssen sich an ihren menschlichen Pfleger erst gewöhnen, was ihnen mehr oder weniger schwerfällt.

SECHS WOCHEN nach Neds Ankunft trafen kurz hintereinander zwei weitere Babys im Zentrum ein. Das eine, ein sechs Monate altes weibliches Jungtier, war Opfer eines „Jagdunfalls" und wurde mir von Leuten gebracht, die es in einem Camp der Aborigines nahe Tennant Creek gut fünfhundert Kilometer nördlich von Alice aufgefunden hatten. Es war von Hunden im Camp angegangen worden, die ihm ein Ohr abgebissen hatten, war stark untergewichtig und völlig verdreckt. Von seinen Überbringern erfuhr ich, dass es in der Obhut zweier Familien gewesen war, die es dann aber hatten loswerden wollen, weil ihnen seine Pflege zu teuer gewesen war. Offenbar war die Kleine nicht an ein beutelartiges Zuhause gewöhnt; ich musste ihr erst beibringen, in einen Kissenbezug zu klettern. Nach einem ihrer Retter nannte ich sie Jo Jo.

Das zweite Baby, ebenfalls weiblich und so alt wie Jo Jo, wurde mir von einem Reiseführer gebracht, der es im Beutel seiner toten Mutter gefunden hatte. Es war dehydriert, desorientiert und voller Milben, dabei aber ausgesprochen putzig mit seinem flauschigen Haarkleid. Als es sich im Zentrum eingelebt hatte, zeigte es sich sehr charakterstark und trank nur aus einer Schale. Eine richtige Prinzessin. Ich weiß nicht mehr, warum, aber ich nannte sie Brianna.

Dann kam auch noch ein viertes Baby zu uns, ein kleiner Junge, der nicht aufhören wollte zu schreien. „Aaaaah, aaaaah, aaaaah." Ich benannte ihn nach Jimmy Barnes, einem legendären Aussie-Rocksänger aus Tennant Creek, bekannt dafür, dass er brüllte wie am Spieß. Jimmy brauchte ich nicht am Körper warm zu halten, denn Ned spielte die Rolle des älteren Bruders perfekt. Zwar hatte jeder seinen eigenen Kissenbezug, doch lieber kuschelten sie sich in einem ausgepolsterten Beutel aneinander. Für Jo Jo und Brianna galt Ähnliches. So waren wir fast von heute auf morgen zu einer Familie mit vier Kindern herangewachsen. Und das war noch nicht alles.

Ungefähr zur selben Zeit tauchte eine blonde englische Rucksacktouristin im Zentrum auf. Sie hörte sich meinen Vortrag an, stellte sich anschließend als Emma vor und bat darum, als Freiwillige für das Zentrum arbeiten zu dürfen. Ich sagte Nein, doch sie blieb hartnäckig.

„Aber ich will's unbedingt."

„Dieses Zentrum ist nur tagsüber mein Arbeitsplatz", erklärte ich. „Hier informiere ich die Besucher über das, was ich tue, und gehe wieder nach Hause. Ein Großteil der Pflege findet dort statt. Das heißt, du müsstest mit mir zusammenleben."

Es passte mir einfach nicht, fremde Leute in ein Haus kommen zu lassen, das ich mir mit zwei Freunden teilte, und ihnen Aufgaben anzuvertrauen, zu denen es unter anderem gehörte, mitten in der Nacht aufzustehen, um die Tiere zu füttern. Aber erst nachdem ich den Satz ausgesprochen hatte, wurde mir bewusst, wie er bei der jungen Frau ankommen musste.

Emma aber sagte nur: „Das macht mir nichts aus." Und ehe ich michs versah, hatte sie das Gästezimmer im Haus bezogen und ließ sich von mir zur Tierpflege anleiten.

Nach diversen Mietverhältnissen war ich froh gewesen, als mir mein bester Freund Thomas das Angebot machte, zu ihm zu ziehen. Kennengelernt hatten wir uns im Kakadu-Nationalpark; ich war Fremdenführer, während er ein Schlauchboot für dreißig Personen durch die Sümpfe steuerte, so auch eine meiner Gruppen. Wir hatten uns von Anfang an ausgesprochen gut verstanden.

Thomas hatte viele Jahre als Farmer gearbeitet. Er war Experte im Errichten von Zäunen und ein sicherer Schütze, der schon jede Menge Roos geschossen hatte, die über seine Felder hergefallen waren. Er war zwar nicht der Typ, dem man Pinkies zum Kuscheln in den Arm legte, hatte aber auch nichts dagegen, dass ich sie bemutterte und mit ins Haus brachte. Ich glaube, er fand die ganze Sache ziemlich witzig. Der andere Mitbewohner, Richard, war so hoch aufgeschossen und dünn wie ich, ein warmherziger Kerl, der im sozialen Dienst mit Aborigines arbeitete. Beiden mutete ich mit meinen Babys wohl einiges zu, zumal die Tiere nicht stubenrein waren, doch Thomas und Richard sahen großzügig über alles hinweg. Besser fanden wir es natürlich alle, wenn sich die Kleinen hinterm Haus auf der Wiese aufhielten, die wir selbst gesät hatten, einem grünen Fleck in brauner Ödnis.

Emma gewöhnte sich schnell ein und fütterte die Jungen auch nachts. Es beeindruckte mich, wie fürsorglich sie mit ihnen umging. Sie hatte ein gutes Herz. Mit der Zeit kamen wir uns näher, und wir rutschten ohne Umstände in eine romantische Beziehung, die auf unserem gemeinsamen Engagement für unsere Joeys gründete.

Emma und ich trugen die Babys in ihren gepolsterten Taschen jeden Morgen pünktlich um acht ins Rettungszentrum. Dort hängten wir sie mit den Taschen an Türknäufe und Äste und fütterten sie regelmäßig. Dass Besucher sie berührten, ließ ich aus pädagogischen Gründen zu, achtete aber sehr genau darauf, wann und wie dies geschah. Voraussetzung war meine oder Emmas Anwesenheit; die Joeys blieben in ihren Taschen oder Beuteln; wer sie anfassen wollte, musste vorher seine Hände desinfiziert haben; und es durfte kein Tier von Hand zu Hand weitergereicht werden. Die Joeys ließen es sich gefallen, und für die Besucher schien das, was ich sagte, dank der unmittelbaren Nähe zu den Tieren sehr viel deutlicher zu werden. Kurzum, solche Begegnungen waren, wie ich fand, durchweg positiv.

Am späten Nachmittag, gegen fünf, verließen wir das Zentrum. Nebenan befand sich eine Kneipe, und es wurde abends zu laut für unsere Joeys.

Viele Fragen unserer Besucher galten dem Kängurubeutel. Jedes Joey liebt seinen natürlichen Beutel oder, wenn es seine Mutter verloren hat, den menschengemachten Ersatz. Der Beutel der Mutter ist eine Bauchtasche, außen mit Fell bekleidet, innen aus nackter Haut. Durch die Muskeln am Rand kann er fest zugezogen werden, was zum Beispiel dann nützlich ist, wenn das Muttertier einen Fluss durchqueren will. Lockern sich die Muskeln, kann das Jungtier ein- und aussteigen. Für das Joey bedeutet der Beutel Sicherheit. Deshalb bleibt das Kleine nach einem Verkehrsunfall im Beutel der toten Mutter, auch wenn es alt genug wäre, um ihn zu verlassen.

WÄHREND meine Joeys größer wurden und mit jedem Tag neue Abenteuer bestanden, lag ich im Streit mit den Behörden. Es fing damit an, dass Ranger von Parks and Wildlife eines Tages unangemeldet im Zentrum aufkreuzten.

„Es hat Beschwerden gegeben", sagte einer und sah sich um.

„Worüber?"

„Nun", antwortete er, „wer Tiere pflegen möchte, sollte das bei sich zu Hause tun und sie nicht öffentlich zur Schau stellen. Es kommt schließlich darauf an, ein verletztes oder pflegebedürftiges Tier möglichst schnell wieder in die Freiheit zu entlassen."

„Was ist gegen Aufklärung einzuwenden? Und warum sollte ich meine Joeys verstecken? Ist es nicht besser, die Öffentlichkeit lernt sie und andere Wildtiere schätzen?"

Ich versuchte zu begründen, warum meine Arbeit nicht hinter verschlossenen Türen stattfinden sollte. Parks and Wildlife schickte mir den einzigen Wildtierarzt der Stadt zur Inspektion ins Zentrum. Es war eine Tierärztin, eine sehr liebenswürdige Frau, die mich nach meinen Erfahrungen in Sachen Tierhaltung befragte und sich nach meinen Zielen erkundigte. Ihr Bericht war überaus positiv und enthielt vernünftige Besucherrichtlinien zum Umgang mit den jüngsten Joeys.

Es wurde allerdings getuschelt, dass andere Unternehmen neidisch auf die Anzahl der Touristen wären, die das Zentrum besuchten. Ich verstand mich nicht als Geschäftsmann und wollte anderen nicht auf die Füße treten. Und doch schien es nun, als täte ich gerade dies, wenn auch unwissentlich.

Ich bekam ein zweites Mal Besuch von Parks and Wildlife, wieder unangemeldet und während ich Gäste hatte. Der Ranger sagte, Joeys von Fremden anfassen zu lassen sei unzulässig; ich müsse das verhindern. Ich hatte meinen Vortrag noch nicht beendet und wurde aufgefordert, meine Joeys sofort fortzuschaffen, um sie den Blicken meiner Gäste zu entziehen.

„Aber deswegen sind die Leute doch gekommen!", protestierte ich.

Der Ranger dachte einen Augenblick nach und schlug mir schließlich vor: „Sie könnten Känguru-Attrappen aus Pappe aufstellen."

Ich reagierte patzig. „Oh, fantastisch! Meine Besucher werden begeistert sein. Hereinspaziert, bestaunen Sie für fünf Dollar ein Känguru aus Pappe. Ich werde extragroße Augen draufmalen."

Ich war von meiner Arbeit im Zentrum so überzeugt, dass ich nicht kampflos zurückstecken mochte. Emma war inzwischen meine feste Freundin und Mitarbeiterin. Wir machten uns daran, E-Mails an das zuständige Ministerium und untergeordnete Behörden zu schreiben. Auch das war für mich eine Art Lehrzeit, denn ich hatte bislang nicht gewusst, wie man einen Computer bedient.

Das Rettungszentrum blieb geöffnet, allerdings erfüllte ich die Auflage der Ranger und ließ die Joeys zu Hause. Zu Pappkameraden konnte ich mich jedoch nicht durchringen. Stattdessen zeigte ich „Faces in the

Mob“, einen vorzüglichen TV-Dokumentarfilm über eine Gruppe Grauer Riesenkängurus in Eastern Australia.

Während ich mich bei offiziellen Stellen beschwerte, beklagten unsere Besucher das Fehlen der Joeys, was ich ihnen nicht verübeln konnte. Sie unterstützten uns aber in unserem Anliegen, waren voller Lob für unsere Arbeit und versprachen, uns weiterzuempfehlen.

Trotz der überwiegend positiven Resonanz gingen die Besucherzahlen des Rettungszentrums zurück. Waren es vorher rund dreißig Gäste pro Tag gewesen, kamen jetzt noch höchstens zehn, manchmal nur fünf. Die Einnahmen sanken, und ich musste weiterhin Rechnungen bezahlen, für die Kängurus sorgen und mich selbst über Wasser halten.

Es brach eine verwirrende Zeit an, in der die Ranger mal so, mal so entschieden. Sie erlaubten uns, unsere Joeys Besuchern zu zeigen, entzogen uns diese Erlaubnis wieder, hoben ihr Verbot auf, erneuerten es wieder. Es ging hin und her.

Als zugelassener Tierpfleger durfte ich keinen Gewinn machen. Natürlich verbrauchte ich ein bisschen Geld für Lebensmittel, Benzin und Miete, doch ein Großteil der Einnahmen floss ins Zentrum zurück und ging in die Aufzucht der Joeys. Mir wäre es nie in den Sinn gekommen, mit dem Zentrum etwas anderes zu bezwecken, als Aufklärungsarbeit zu leisten. Tatsache war, dass ich so gut wie pleite war.

Die Situation verkomplizierte sich weiter, als eine TV-Produktionsgesellschaft auf mich zukam, die nach einem Joey für das Kinderprogramm „Double Trouble“ suchte. Man bot mir eine Stange Geld – Geld, das ich für meine Roos dringend brauchte. Also machte ich mich mit Ned und Jimmy Barnes auf den Weg. Verlangt wurde nicht viel: Einer von ihnen musste einem Mädchen der Aborigines durch den Busch folgen. Es dauerte nicht lange, und gegen Tierschutzbestimmungen wurde sicherlich nicht verstoßen. Ein paar Tage nach dem Dreh klopfte es an meiner Tür. Es waren die Ranger von Parks and Wildlife. Sie hatten von den Fernsehaufnahmen gehört.

„Dafür hätten Sie eine Genehmigung von Parks and Wildlife gebraucht“, sagten sie.

„Tut mir leid, das wusste ich nicht.“

„Nun, dann wissen Sie es jetzt für die Zukunft.“

Das war's. Keine Drohung, nur ein freundlicher Hinweis.

EIN PAAR MONATE SPÄTER, im Januar 2007, überraschte mich ein Anruf vom Discovery Channel, in dem mir mitgeteilt wurde, dass ein Filmteam nach Australien komme, um eine Folge von „Not Your Average Travel Guide“ (etwa: Nicht der übliche Reiseführer) zu drehen. Es sollten nicht die üblichen Highlights – Schnorcheln am Great Barrier Reef, Klettern an der Sydney Harbour Bridge – in Szene gesetzt werden, sondern touristische Alternativen; man habe von dem Rettungszentrum gehört und wolle darüber berichten. Bezahlen würde man mich allerdings nicht. Ich dachte: Tolle PR für die Stadt.

Also fragte ich bei Parks and Wildlife nach, ob man einverstanden sei. Nein, lautete die Antwort rundheraus. Die Absage begründete man mir gegenüber damit, dass das Rettungszentrum und das Backpacker-Hostel Melanka zu viel Aufmerksamkeit bekämen, was gewinnbringend für uns zu Buche schlagen würde.

„Schön“, sagte der Ranger nach einigem Hin und Her, „Sie können machen, was Sie wollen, dann aber jenseits der Stadtgrenze. Erzählen Sie Ihre Geschichte auf irgendeiner Sanddüne. Und Kängurus kommen definitiv nicht ins Bild.“

„Nicht einmal zu Aufklärungszwecken?“, fragte ich.

„Nicht einmal dafür.“

Ich war so enttäuscht, dass ich das Rettungszentrum für zwei Wochen dichtmachte, um gegen die Entscheidung anzugehen. Ich wandte mich an den Tourismusausschuss der Regierung, der mich eine Woche später wissen ließ, dass man nichts für mich tun könne. Weil die Zeit knapp wurde, meldete ich mich beim Discovery Channel und sagte zähneknirschend meine Teilnahme ab.

Durch den Einsatz von Freunden und Unterstützern wie dem Oppositionspolitiker Richard Lim erlaubte mir Parks and Wildlife schließlich doch meine Mitwirkung an Fernsehproduktionen; für den Dreh vom Discovery Channel war es zu spät, aber in Zukunft würde ich nicht erneut um Erlaubnis bitten müssen. Ich habe die schriftliche Genehmigung aufbewahrt. Ich war dankbar für den Gesinnungswandel und dafür, dass Parks and Wildlife mir nun offenbar helfen wollte. Schließlich hatten wir dasselbe Ziel: den Schutz der heimischen Tierwelt.

Im Rückblick glaube ich, deshalb auf Widerstand gestoßen zu sein, weil ich etwas tat, was vorher noch nie jemand getan hatte. Aber es gab neben der frustrierenden auch eine komische Seite. Von offizieller Stelle hieß es irgendwann, ein toter Adler am Straßenrand könne für Trophäenjäger oder Leute, die aus Vogelkrallen Schmuck herstellten, interessant sein. So etwas sei verboten, sagte man mir, weil der Adler der Krone gehöre und dem Wortlaut der gesetzlichen Regelung nach nicht bewegt werden dürfe. Wenn ich einen toten Vogel dennoch bewegen wolle, müsse ich ihn per Lizenz erwerben. Das Gleiche gelte für Kängurus.

Des Weiteren wies man mich darauf hin, dass, wenn ich mit dem Fahrzeug wiederholt auf einer Straße anhalten würde, um tote Tiere zu inspizieren, die dafür vorgesehenen orangefarbenen Marker und Warnhinweise vorschriftsmäßig auf der Straße zu platzieren seien. Außerdem müsse ich dieselbe Genehmigung beantragen, die auch für Kolonnen der Straßenwartung verbindlich sei. Gehorsam suchte ich das zuständige Amt auf – Road Transport. Der Sachbearbeiter, dem ich mein Anliegen vortrug, konnte kaum glauben, was er hörte. „Wollen Sie mich auf den Arm nehmen?“ Ich erzählte ihm die ganze Geschichte, woraufhin er sich bereit erklärte, mir den geforderten Ausweis auszustellen.

„Kostet hundert Dollar. Und dann müssten Sie sich noch eine fluoreszierende Schutzweste zulegen. Ihr Wagen braucht eine Blinkleuchte und ein am Heck anzubringendes Schild mit der Aufschrift *FREQUENTLY STOPPING* – Wagen hält häufig.“ Er kriegte sich kaum ein vor Lachen, während er mir dies sagte.

Ich erfüllte sämtliche Vorschriften, kaufte mir alles Nötige und kehrte zurück, um die Bearbeitungsgebühr zu bezahlen. Hundert Dollar. Ich war so knapp bei Kasse, dass mir diese Summe wie das Zehnfache vorkam. Aber miterleben zu dürfen, wie meine Kids ihre ersten Sprünge in die Unabhängigkeit taten, war mit Geld nicht aufzuwiegen.

WÄHREND ich über bürokratische Fallstricke stolperte, wurden Ned, Jimmy Barnes, Jo Jo und Brianna immer größer und agiler. Ende September 2006 war abzusehen, dass ich bald für ihre Freilassung würde sorgen müssen, und zwar in Absprache mit Parks and Wildlife. Doch dann kam eine verheerende Wendung …

Tagsüber verließ ich nur selten das Zentrum, meist, wenn ich zu einem überfahrenen Tier gerufen wurde. Als aber das Endspiel der australischen Fußballmeisterschaft zwischen meiner Lieblingsmannschaft West Coast und den Sydney Swans ausgetragen werden sollte, gab es für mich kein Halten. Es war ein Samstagnachmittag. Emma erklärte sich bereit, mit der einen Hälfte unserer Brut im Zentrum zu bleiben, während ich die beiden anderen mit nach Hause nahm und mich dort vor den Fernseher setzte. Emmas Schwester Nicola, zu Besuch aus England, leistete mir Gesellschaft. Wir sahen uns das Spiel an. Die erste Halbzeit war noch nicht vorbei, als es draußen plötzlich zu krachen anfing. Peng, peng, peng! Im Northern Territory ist das Abbrennen von Feuerwerk nur um den 1. Juli herum erlaubt, dem Territory Day. Es war aber September, und wir waren auf diese Böllerei nicht vorbereitet.

Kaum war ich aus dem Sessel gesprungen, hörte ich einen heftigen Schlag an der Glastür zur Terrasse. Ich eilte hin und sah Brianna vor der Tür in einer Blutlache am Boden liegen. Anscheinend war sie, vom Lärm in Panik versetzt, mit voller Wucht gegen die Glasscheibe gesprungen. Sie hatte die Augen geöffnet und starrte ins Nichts. Ich fürchtete schon, sie sei tot. Ihr Körper war ganz steif, entspannte sich aber ein wenig. Ich rannte zum Telefon, um meinen Freund Keith anzurufen, einen Tierarzt, der nicht weit von uns entfernt wohnte. Nicola und ich fuhren mit Brianna sofort zu ihm. Seine Diagnose lautete: Lähmung.

„Vielleicht ist die Lähmung vorübergehend, und sie bekrabbelt sich wieder. Wir müssen abwarten", sagte Keith.

Er gab ihr ein Schmerzmittel. Wir warteten und hofften. Vier Tage lang wachten Emma und ich abwechselnd am Krankenbett. Brianna erholte sich nicht. Sie leiden zu sehen war unerträglich.

Ich weinte nicht, als Keith sie schließlich einschläferte. Aber ich war wütend. Ich hasste Feuerwerk. Meine Nachbarn hatten zwar nichts Böses im Schilde geführt, aber trotzdem etwas Rechtswidriges getan, mit der Folge, dass ein Joey zu Schaden gekommen war, dessen Tod so leicht hätte verhindert werden können.

Wir begruben Brianna im Garten. Emma, die nicht weniger trauerte als ich, war mir ein großer Trost. Wir hatten zu diesem Zeitpunkt nicht viel Geld. Emma war nur mit einem Touristenvisum in Australien und durfte nicht arbeiten, und mein einziges Einkommen bestand aus Eintrittsgeldern und Spenden der Besucher, wovon das meiste in die Pflege und Aufzucht meiner Babys ging.

Kurz vor Weihnachten nahm ich Kontakt zu Parks and Wildlife auf mit der Bitte, mir meine drei Joeys abzunehmen. Sie waren jetzt fast ein Jahr alt und reif für das staatliche Freigehege zur Eingewöhnung in ein Leben in freier Wildbahn, den ersten Schritt Richtung Unabhängigkeit. Würde man sie nach zwei weiteren Monaten untersuchen und für gesund befinden, kämen sie endgültig zurück in den Busch. Leider bekam ich zur Antwort, dass die Mitarbeiter von Parks and Wildlife in den Weihnachtsurlaub gingen und der Betrieb erst zu Jahresbeginn wieder aufgenommen werde. Man vertröstete mich auf Anfang Januar.

„Aber ich will, dass sie jetzt ins Freigehege entlassen werden", drängte ich. „Man hat schon mit der Feuerwerksknallerei angefangen, und zu Weihnachten gibt's mehr davon."

„Daran kann ich leider nichts ändern. Aber ich bin sicher, Ihre Joeys kommen damit klar."

Wie erwartet, krachten an Heiligabend die Böller. Zum Glück konnten Emma und ich die Joeys im Garten beschützen. So auch am ersten Weihnachtstag. Gegen drei Uhr in der Nacht zum zweiten Weihnachtstag machte es wieder bumm! Ich ging im Dunkeln nach draußen, tröstete die Kids und ging dann, weil es still blieb, nach einer halben Stunde wieder ins Haus.

Als ich am Morgen vor die Tür trat, sah ich Ned humpeln. Offenbar war er wie Brianna in Panik geraten und hatte sich verletzt. Tatsächlich hatte er eine lange, klaffende Platzwunde, in der das Schienbein zu sehen war. Wieder rief ich Keith zu Hilfe, der zu unser aller Erleichterung feststellte, dass der Knochen nicht gebrochen war. Er säuberte die Wunde, legte einen Verband an und verabreichte Ned ein Schmerzmittel. Und zum zweiten Mal innerhalb weniger Monate hatten Emma und ich einen Patienten. Keith kam in regelmäßigen Abständen, um den Verband zu wechseln. Sooft ich Ned zu diesem Zweck einfangen musste, litt ich mit ihm. Er zog das Bein bei jeder Berührung ruckartig weg. Der Ärmste hüpfte nicht mehr, er hoppelte nur noch.

Nach etwa drei Wochen wagte er wieder etwas größere Sprünge, obgleich er noch ein wenig lahmte. Es ging ihm aber von Tag zu Tag besser. Ich meldete mich erneut bei Parks and Wildlife. Es war Mitte Januar, der Weihnachtsurlaub längst vorüber. Sie erklärten sich bereit, alle drei Kids im Übergangsgehege auszusetzen. Ich machte mir wegen Ned noch Sorgen, aber Keith zerstreute sie. Positiv stimmte mich auch, dass Ned sich nicht mehr einfangen lassen wollte und den Kontakt mit Menschen zu meiden schien. Er hatte etwas Wildes angenommen.

Emma und ich packten Ned, Jimmy Barnes und Jo Jo in ihre Taschen und fuhren zum Freigehege von Parks and Wildlife außerhalb der Stadt. Gleich nach der Ankunft erklärte ich einem der Ranger, dass mir Ned besonders wichtig sei und dass ich, falls er tierärztliche Hilfe nötig haben sollte, für die Kosten aufkommen würde. Notfalls hätte ich auch mein Auto verkauft, um die Rechnung begleichen zu können. Ned hatte so tapfer gekämpft, um es bis hierher zu schaffen, und ich wollte, dass er sich endlich ungehindert im Outback bewegen konnte.

Beim Abschied bewegte mich eine seltsame Mischung aus Trauer und Erleichterung. Die drei Joeys waren auf dem Weg zurück in ihr wahres Zuhause, und nur das zählte.

Ein paar Monate später statteten Emma und ich dem Freigehege einen Besuch ab. Ich fragte einige Ranger: „Wie geht es dem Känguru mit dem verletzten Bein? Hat es den Sprung zurück in den Busch geschafft?"

„Nein, wir mussten es erschießen", antwortete einer.

Wie vom Donner gerührt fragte ich, warum.

„Ach, es hätte sich nur gequält mit dem Bein", antwortete er, drehte sich um und ging.

Ich stand wie angewurzelt da. Emma war bestürzt, aber obwohl die Nachricht mir das Herz zerriss, schaffte ich es irgendwie, mich zusammenzunehmen. Bis heute hoffe ich inständig, dass er nicht vor den Augen seiner Geschwister Jimmy Barnes und Jo Jo erschossen wurde.

Aber selbst aus Erschütterung und Verzweiflung kann Positives erwachsen. So wie ein aus einer toten Kängurumutter geborgenes Jungtier mich zur Gründung des Baby Kangaroo Rescue Centre veranlasst hatte, brachte mich auch Neds Tod auf neue Ideen. Irgendwann würde ich selbst ein Schutzgebiet für Kängurus einrichten, die nicht in die Wildnis zurückkehren konnten. Noch wusste ich nicht, wie so etwas zu bewerkstelligen wäre, nur, dass ich es tun musste.

Kapitel 8

Trotz meiner Probleme mit Ämtern und Behörden kam ich mit meiner Arbeit in der Öffentlichkeit gut an, und die vielen positiven Rückmeldungen machten mir Mut. Unter anderem erreichte mich der Anruf eines britischen Ehepaars, das mein Känguru-Rettungszentrum besucht hatte. Die beiden hatten danach Aberhunderte von Kilometern durch das Northern Territory und Western Australia im Auto zurückgelegt und bei jedem toten Känguru, das sie am Straßenrand sahen, angehalten, um es zu untersuchen und in den Busch zu bringen. Tatsächlich fanden sie ein lebendes Wallaby-Baby im Beutel seiner toten Mutter.

„Wir sind mitten in Kimberley. Was machen wir jetzt?"

Ich kannte niemanden in dieser Gegend und fragte, ob sie in Richtung Broome weiterfahren würden.

„Ja, da wollen wir in sechs Tagen sein", antworteten sie.

„Könnten Sie sich so lange um das Baby kümmern? Oder wäre das zu viel verlangt?"

„Keineswegs. Das machen wir."

„Prima. Geben Sie ihm Wasser zu trinken. Und jede Menge Körperkontakt. Nehmen Sie es über Nacht mit in Ihren Schlafsack."

Sie folgten meinem Rat und lieferten das Joey in Broome bei einem Tierarzt ab. Mission erfüllt. Per E-Mail blieben sie mit dem Tierpfleger in Kontakt, bis das Joey Monate später freigelassen werden konnte. Letztlich war es das Highlight ihrer Reise nach Australien.

Jede Rettung hat ihre eigene Geschichte. Einmal kam eine smart aussehende Frau in Businessklamotten zu uns ins Zentrum. Ich hielt gerade einen Vortrag vor einer Gruppe von Besuchern.

„Entschuldigung, verzeihen Sie bitte", sagte sie, „aber ich hab ein Kängurubaby im Auto."

„Schön. Bringen Sie es rein", erwiderte ich.

„Wie? Einfach … reinbringen?"

„Ja. Ich bin hier noch nicht fertig", erklärte ich. „Aber keine Sorge, holen Sie es einfach. Hier sind noch andere Joeys, die es trösten können. Wenn es behandelt werden muss, lasse ich einen Tierarzt kommen."

Wenige Minuten später fiel den Besuchern die Kinnlade herunter, als sich die Tür wieder öffnete und die Frau ein totes Känguru in den Raum zerrte, wobei sie möglichst großen Abstand zu ihm hielt, um sich mit dem blutdurchtränkten Fell nicht zu besudeln. Sie hatte an der Unfallstelle gesehen, dass ein Joey aus dem Beutel des toten Tieres hervorlugte, und war sich nicht im Klaren darüber gewesen, ob und wie sie es am besten bergen sollte. Manche Leute scheuen davor zurück, mit der Hand in den Beutel zu langen, weil sie glauben, mitten in den Bauchraum mit Organen und allem zu greifen. Also hatte sie den Wagen zurückgesetzt und das tote Tier mitsamt dem Joey in den Kofferraum gewuchtet – mit dem Ergebnis, dass ich nun das Kleine bergen musste, vor den Augen der Besucher, die für ihre fünf Dollar Eintritt so richtig was geboten bekamen.

Frei-Haus-Lieferungen wie diese blieben natürlich die Ausnahme. Die größten Herausforderungen, die sich uns stellten, waren logistischer Art. Alice Springs liegt ziemlich genau in der Mitte des über dreitausend Kilometer langen Stuart Highways, der Darwin und Adelaide miteinander verbindet. Dazwischen verteilen sich ein paar kleine Ortschaften und Raststätten, mehr nicht. Für mich bemisst sich diese Region in Zeiteinheiten: Von A nach B sind es soundso viele Stunden.

Der Erfolg des Rettungszentrums hing nicht zuletzt von möglichst schnellen Kommunikationswegen ab. Auf der Strecke zwischen Alice und dem Uluru gab es nur vier Raststätten mit jeweils ungefähr zehn Beschäftigten, also insgesamt rund vierzig Personen. Dazu kam eine Handvoll Viehstationen rechts und links der Straße mit ihrer Belegschaft. Damit ich möglichst schnell informiert werden konnte, empfahl es sich, alle diese Leute miteinander zu vernetzen.

Richtig stolz machte mich, dass nunmehr etliche Reiseführer, zehn oder mehr, regelmäßig hinausfuhren und auf den Straßen patrouillierten. Das Rettungszentrum wurde zur Babyklappe. Wir bekamen so viele Joeys, dass wir manche an andere Pfleger weitergeben mussten. Damit hatte ich kein Problem. Es ist unmöglich, alles selbst zu machen. Und unvernünftig. Was wäre, wenn ich morgen von einem Bus überfahren würde? Die eigenen Leistungen werden schnell Geschichte; wenn man aber zwanzig Mitarbeiter hat, gibt es berechtigte Hoffnung, dass weitergeführt wird, was einem wichtig ist.

DIE AUFZUCHT der Joeys und unser Zentrum nahmen viel Zeit in Anspruch. Gelegentliche Rettungseinsätze führten dazu, dass ich bisweilen rund um die Uhr zu tun hatte. Einer dieser Einsätze ist mir lebhaft in Erinnerung geblieben.

Emma und ich waren in einem DVD-Laden und durchstöberten das Angebot, als ich einen kleinen Schatten hinter meinem Rücken bemerkte. Es war ein Aborigine-Mädchen von ungefähr sechs Jahren. Ich sah sie an, doch sie schaute weg. Gleichwohl folgte sie mir auf Schritt und Tritt. Ich dachte, sie spiele ein Spiel, und sagte: „Hallo."

„Wir haben ein Kängurubaby bei uns im Camp", murmelte sie.

„Lebt es bei euch?"

„Nein, wir wollen, dass Sie es zu sich nehmen."

Ich fragte, wo sich ihr Camp befinde, woraufhin sie mir schüchtern zu verstehen gab, dass ihre Großeltern draußen vor dem Laden warteten. Emma und ich gingen hinaus und sahen einen verbeulten, staubigen Ford Falcon am Straßenrand stehen, die Fahrertür sperrangelweit offen. Die Großeltern saßen vorn, mehrere Personen im Fond. Ich wollte gerade etwas sagen, als mir auffiel, dass rechts neben dem Großvater, der am Steuer saß, ein Bumerang lag, ein solides Teil mit stumpfem Winkel. Eine Jagdwaffe. Direkt daneben lag ein *nulla-nulla*, ein schwerer Knüppel. Ich dachte: Mit den Typen ist nicht gut Kirschen essen!

Der Großvater forderte mich auf, ihm in sein Camp zu folgen. Emma begleitete mich. Camps sind Siedlungen von Aborigines, die meist nur aus Häusern bestehen und weitgehend ohne Infrastruktur auskommen müssen. Vor der Einfahrt zu diesem Camp stand ein Schild mit dem Hinweis darauf, dass ein Betreten des Geländes genehmigungspflichtig sei. Ich hielt mich für eingeladen und fuhr weiter. Wir passierten ein paar Hütten, die Weiße als verfallen bezeichnen würden. Die Fenster waren zerbrochen, und vor den Behausungen verlief ein Maschendrahtzaun von zirka einem halben Meter Höhe, zerrupft und verbogen und an mehreren Stellen von Autos überrollt. Überall lag Abfall, dazwischen hockten Leute auf dem Boden.

Aus einem der Häuser kam ein Mann, über und über behaart, das Hemd halb offen, die Hose zerrissen und die Füße nackt. Er wirkte, als wäre er gerade erst aufgewacht. Er hielt ein Metallrohr von knapp zwei Meter Länge in der Faust, hob es über den Kopf wie einen Speer und rannte auf uns zu. Ich richtete den Blick nach vorn und fuhr weiter, kam aber nicht schnell voran, weil der Großvater, der uns in seinem Wagen anführte, den ersten Gang eingelegt hatte. Umso stärker beschleunigte sich mein Puls. Emma neben mir erstarrte. Der Mann näherte sich bis auf fünf Schritte, wurde aber glücklicherweise von zwei anderen zurückgehalten und weggeschafft.

Ich vermute, dass der Mann meinen blauen Kia mit der weißen Aufschrift und den Suchscheinwerfern auf dem Dach mit einem Streifenwagen verwechselt hatte. Cops patrouillierten häufig in Camps wie diesem, weil es dort immer wieder zu Alkoholexzessen, Schlägereien und häuslicher Gewalt kam. Die Polizei war hier nicht wohlgelitten.

Als wir endlich anhielten, sprangen an die zwanzig kläffende Hunde auf uns zu. Emma war immer noch wie erstarrt vor Angst. Ich wusste nicht weiter, denn auch ich fürchtete mich, auszusteigen.

Der Großvater und seine Mitfahrer verließen ihren Wagen. Die Hunde schienen harmlos zu sein. Ich wagte es, die Tür zu öffnen und einen Fuß nach draußen zu setzen. Die Hunde bellten zwar, blieben aber friedlich. Emma riet ich für alle Fälle, im Wagen zu bleiben. Man führte mich zu einem Haus. Auf dem staubigen roten Boden ringsum wuchs kein einziger Grashalm. Mehrere Personen saßen an einer Feuerstelle. Auf dem Rost darüber briet ein Känguru, und nur eine Armlänge entfernt, hingeworfen auf eine Matratze, lag das Kängurubaby. Es war noch unbehaart und konnte sich nicht aus eigener Kraft aufrichten. Ich schätzte sein Alter auf vier Monate. Die Augen wollten sich gerade öffnen.

Ich bedankte mich bei dem Großvater, nahm das Joey und ging. Leider starb es wenig später. Es war wahrscheinlich allzu grob behandelt worden. So traurig sein Tod auch war, ermutigte mich der Umstand, dass man mich um Hilfe gebeten hatte, und tröstete mich bei allem Kummer. Emma reagierte anders. Sie war schockiert von ihrer ersten Bekanntschaft mit den Verhältnissen in einem Camp.

Je länger ich mich in Alice Springs aufhielt, desto deutlicher wurde mir bewusst, dass die Stadt ethnisch und kulturell zweigeteilt ist. An kaum einem anderen Ort Australiens machen wie hier die Aborigines die Hälfte der Bevölkerung aus. Das fällt einem sofort ins Auge, wenn man durch die Straßen geht. Und es ist ein trauriger Anblick, der sich einem vor der traumhaften Bergkulisse im Hintergrund bietet, denn die meisten Aborigines sind arbeitslos und haben nichts zu tun. Früher nur von touristischer Bedeutung, ist Alice Springs heute vor allem ein Verwaltungszentrum für die vielen Siedlungen und Camps der Aborigines in Central Australia.

MEINE FAHRTEN in Camps und Vororte von Alice schockierten mich oft. Ich erhielt immer häufiger Hinweise von Leuten, die als Bauarbeiter, Krankenschwestern oder Sozialarbeiter in einem dieser Camps zu tun hatten, nicht selten auch von Bewohnern.

Irgendwann meldete sich auch die Tierschutzorganisation RSPCA (Royal Society for the Prevention of Cruelty to Animals, die Königliche Gesellschaft zur Verhinderung von Grausamkeit an Tieren) bei mir. Sie teilten mir mit, Informationen über ein Joey erhalten zu haben, mit dem die Kinder eines Camps spielten.

Ich fuhr zur angegebenen Adresse und fand ein völlig heruntergekommenes Haus vor. Sämtliche Fenster waren zerbrochen, Hunde bellten, Kinder kreischten. Auf mein Klopfen hin zeigte sich ein feister Kerl mit Alkoholfahne in der Tür, ungefähr so groß wie ich. Ich fühlte mich ein wenig eingeschüchtert, fasste mir aber ein Herz. „Sie haben angeblich ein Känguru im Haus, mit dem Kinder herumspielen“, sagte ich.

„Ja“, entgegnete er. „Wird mein Sohn sein.“

Einfach so. Weder leugnete er, noch geriet er in Verlegenheit.

„Ich bin gekommen, um das Tier mitzunehmen“, fuhr ich fort.

„Sind Sie von der Polizei?“

„Nein. Ich kümmere mich um das Wohlergehen von Kängurus.“

Er schlug mir die Tür vor der Nase zu. Von drinnen hörte ich Schreie und Gezeter.

Ich ging zurück zum Wagen, in dem Emma auf mich wartete.

„Was hast du jetzt vor?“, fragte sie.

Ich kochte vor Wut und wollte nicht unverrichteter Dinge wieder abziehen.

Ich klopfte wieder an der Tür und holte mein Handy aus der Tasche, das ich nur in Notfällen benutzte. Als der Kerl öffnete, drängte ich mich an ihm vorbei ins Haus. „Ja, Sergeant, ich bin jetzt drin“, sagte ich ins Handy, das gar nicht eingeschaltet war. „Die Adresse lautet …“

Der Typ brüllte nach seinem etwa zehnjährigen Sohn, der mit einem Joey herbeischlurfte. Es war voller Blut.

„Geben Sie mir jetzt das Tier?“, fragte ich. „Ich habe hier die Polizei am Apparat. Wenn Sie mir das Tier nicht aushändigen, wandern Sie ins Gefängnis.“

Vater und Sohn setzten ihren Streit fort. Das kleine Känguru war völlig verschreckt. Der Junge drehte sich um und wollte weggehen. Ich machte mit meinem Scheintelefonat weiter.

„Dann könnten Sie also in zwei Minuten hier sein. Prima.“

Der Vater zerrte seinem Sohn das Joey aus den Armen und reichte es mir. Eine schreckliche Situation in einer fürchterlichen Familie.

Was ich dort erlebt hatte, ging mir noch lange durch den Kopf. Ich hätte das gepeinigte arme Kerlchen gern selbst aufgezogen, gab es aber einer vorzüglichen Pflegerin, die sich rührend darum kümmerte.

Ab und zu begegne ich jenem Vater auf der Straße. Dann frage ich immer: „Haben Sie wieder ein Känguru im Haus?"

„Nein", antwortet er jedes Mal und schüttelt den Kopf.

„Das ist auch besser so. Wenn mir anderes zu Ohren kommt, wandern Sie ins Kittchen."

Hoffentlich haben er und sein Sohn dazugelernt. Zumindest werden sie wohl die Information gestreut haben, dass sich ein verrückter Typ für misshandelte Tiere einsetzt und dabei das Risiko eingeht, selbst verdroschen zu werden.

Tierquälerei machte Emma und mich wütend und beschäftigte uns so sehr, dass wir dazu übergingen, uns an öffentlicher Stelle zu beschweren.

Kapitel 9

Was Emma und ich taten, zog Kreise, größere als anfangs erhofft, und das machte uns sehr glücklich. Insgesamt fünfundsiebzig Joeys wurden 2007 ins Baby Kangaroo Rescue Centre gebracht. Es gab viel zu tun. Die meisten Pfleglinge waren verwaist durch die Jagd, was ich nicht erwartet hatte. Mein Aufklärungsprogramm drehte sich immer noch fast ausschließlich um Opfer von Straßenverkehrsunfällen, zumal einem die Behörden nahezu unüberwindbare Hindernisse in den Weg stellten, wenn unsere Jagdkultur betroffen war. In einer Gesprächsrunde, zu der das für Nationalparks und Wildtiere zuständige Ministerium eingeladen hatte, wurde ich daran erinnert, dass es zur traditionellen Kultur gehöre, mit Joeys zu spielen. Man unterstellte mir, ich wolle Aborigines „runtermachen". Nichts lag mir ferner. Ich wusste, dass die Aborigines genau wie ich das Outback liebten und respektierten, und wollte ihnen und den Tieren, die sie hielten, helfen. Ich wünschte mir eine gute Lösung für alle, war aber Realist genug, um zu wissen, dass das nicht leicht sein würde.

Ich hielt weiter meine Vorträge im Zentrum, patrouillierte auf den Straßen und kümmerte mich um die Joeys. Es wurden so viele bei uns abgegeben, dass ich die meisten von ihnen anderen, mit uns vernetzten Pflegern überlassen musste, die einen fantastischen Job machten.

Emma und ich hatten zu dieser Zeit drei Joeys in Pflege. Am 17. März 2007 rettete ich kurz nach Mittag ein vier Monate altes Jungtier, dessen Mutter von einem Auto überrollt worden war, ein Pinkie mit Schnurrhaaren und Augenwimpern, männlichen Geschlechts. Seine Augen hatten sich gerade geöffnet, und die großen abstehenden Ohren waren knapp unterhalb der Spitzen eingeknickt. Als ich den Kleinen das erste Mal sah, sagte ich spontan zu Emma: „Er sieht ein bisschen aus wie Roger Rabbit.“ Er war dehydriert, erholte sich aber schnell und legte tüchtig zu. Bald hatte er sich zu einem knuffigen kleinen Burschen mit gut ausgebildeten Muskeln gemausert, einem richtigen Hingucker. Er musste natürlich Roger heißen.

Am 5. April wurde uns ein viereinhalb Monate altes Jungtier aus dem Beutel eines Verkehrsunfallopfers gebracht. Ein kleines Weibchen. Es war völlig ausgetrocknet und verwirrt. Füße und Hände waren wund gescheuert. Wir nannten es Abigail und bald nur noch Abi. Wie Roger sprach sie gut auf die regelmäßige Fütterung an, und sie freundete sich sofort mit ihrem neuen Nachbarn an, als wir die beiden in ihren gepolsterten Kissenbezügen nebeneinanderhängten. Ich hatte gelernt, dass zwei Joeys nie zusammen in einen Beutel gesteckt werden sollten, da sie sich dann gegenseitig an den Kopf traten, aber in einzelnen Beuteln und trotzdem nahe beieinander genossen sie die Gesellschaft und Wärme des anderen.

Nicht selten wurden uns sehr, sehr kranke Joeys anvertraut, die husteten und keuchten und völlig geschwächt waren. Auch wenn es kaum Hoffnung für sie gab, nahm ich sie auf und versuchte, sie vom Tierarzt retten zu lassen, vorausgesetzt, er war im Dienst und für uns zu sprechen. Andernfalls tat ich für das Baby alles, was in meiner Macht stand, auch wenn ich instinktiv wusste, dass es sich aufgegeben hatte. Die Hauptsache – und das Einzige, was ich tun konnte – war, bei ihnen zu sein, denn sie hatten es nicht verdient, einsam und allein zu sterben.

Am 24. Mai kam gegen Mittag ein Joey zu uns, von dem ich glaubte, dass es nicht mehr lange leben würde. Ein Sozialarbeiter hatte es in einem Aborigines-Camp entdeckt und erfahren, dass seine Mutter von Jägern erlegt worden war. Bei kühler Witterung hatte es in einem dünnen Kissenbezug aus Baumwolle gesteckt, ohne eine Decke oder eine Wärmequelle. Ich rief Emma an, die sich in der Stadt aufhielt.

„Ich komme und kümmere mich darum“, sagte sie.

Emma freute sich über jedes neue Baby, auch wenn es sehr krank war. Als sie kurze Zeit später ins Zentrum zurückkehrte, war unser schwächlicher Neuankömmling noch am Leben. Etwa fünf Monate alt und erst von einem zarten, dünnen Haarkleid bedeckt, war das kleine Weibchen stark unterkühlt und dehydriert, und es schien einen gebrochenen Knöchel zu haben. Wie ein neugeborenes Baby konnte es seinen Kopf nicht halten. Emma steckte es sich unter ihr Oberteil und zog sich in einen Nebenraum zurück, während ich mich weiter um unsere Besucher im Zentrum kümmerte.

Am Nachmittag fuhren wir mit der Kleinen zu Keith, dem befreundeten Tierarzt, der seine Praxis bald schließen und sich auf einer Farm zur Ruhe setzen wollte. Er war mir immer eine große Hilfe, nicht zuletzt dank seiner ehrlich-nüchternen Art, denn er hielt mit seiner Einschätzung der Kosten und der Chancen für ein Tier nie hinterm Berg. Und er wusste am besten, wann es geraten war, ein Joey einzuschläfern.

Er untersuchte das neue Baby. Offenbar litt es unter einer schweren Lungenentzündung, und obwohl es sich normalerweise nicht empfahl, ein so junges Tier mit einem Antibiotikum zu behandeln, blieb uns nichts anderes übrig. Es war zwar teuer, aber ich musste diesem kleinen Mädchen eine Chance geben.

Keith schaute sich als Nächstes die Verletzung an. Statt in einer Linie mit dem Bein ausgerichtet zu sein, zeigte die Fußspitze deutlich nach rechts. Keith tippte auf eine verrutschte Wachstumsfuge am Sprunggelenk. Er legte einen Verband an und sagte, das werde sich von selbst richten. Ob die kleine Patientin aber wieder vollständig gesund werde, bleibe fraglich.

Emma kümmerte sich zu Hause die ganze Nacht über und während der folgenden Tage und Nächte rührend um sie. Die Kleine war schwach, hatte aber Kampfgeist und wurde langsam kräftiger. Wir nannten sie Ella, weil wir den Namen einfach schön fanden.

Nach ein paar Wochen durfte sie mit Roger und Abi kuscheln – ein Dreierpack in jeweils eigenen Beuteln. Ella und Abi kamen sich besonders nah. Sie schmiegten sich aneinander, und es gab keinerlei Reibereien zwischen ihnen.

Keith untersuchte Ella in regelmäßigen Abständen. „Sie entwickelt sich gut“, sagte er. „Der Fuß sollte weiterhin bandagiert werden. Seht zu, dass er immer schön gerade steht.“

Von den Joeys besaß Abi den stärksten Charakter. Sobald sie sicher auf ihren Hinterbeinen stehen konnte, machte sie es sich zur Gewohnheit, mich und Emma nach Rugby-Manier zu „tackeln“: Sie sprang uns in die Kniekehlen und verlangte, dass wir mit ihr schmusten. Wenn Emma auf dem Boden saß und in ihr Notizbuch schrieb, kam Abi und zog sie an den Haaren wie ein kleines ungezogenes Kind, das Streit suchte. Mit ihrem cremefarbenen Fellkleid hob sie sich deutlich von den anderen ab. Weibchen sind meist grau, während Männchen rötlich wie der Boden in Central Australia sein können.

Roger, Ella und Abi hatten einen Job wie alle Kängurus, die bei uns lebten. Sie arbeiteten als meine Assistenten für das Zentrum. Damals war es Besuchern erlaubt, sie auf den Arm zu nehmen. Sie fühlten sich bald sehr wohl und kamen auch miteinander gut zurecht, was bei fast allen Joeys der Fall zu sein scheint. Bei weiterhin guter Entwicklung würden sie in spätestens einem Jahr wieder im Busch sein.

EMMA UND ICH waren bei Thomas ausgezogen und lebten nun auf einem zwei Hektar großen Gelände am Rand der Stadt. Es war nicht so romantisch, wie es klingen mag. Unsere Unterkunft war eine sechzig Quadratmeter große Hütte, für die wir hundertzwanzig Dollar in der Woche an Miete zahlten. Als meine Lebensgefährtin besaß Emma inzwischen eine Arbeitserlaubnis. Sie jobbte als Rezeptionistin in einem Hotel und bei einer Reiseagentur, was ihr sehr guttat. Sie war vierzehn Jahre jünger als ich und brauchte Zeit, um herauszufinden, was sie mit ihrem Leben anstellen wollte.

Finanziell waren wir immer noch klamm, und wir lebten wahrhaftig nicht auf großem Fuß. Trotzdem reichten die Einnahmen aus dem Zentrum dafür, dass ich meinen Vermieter Peter bitten konnte, mir zusätzlich eine seiner Pferdekoppeln für dreißig Dollar pro Woche zu vermieten.

„Ich würde gern ein Kängurugehege einrichten“, erklärte ich ihm.

Ohne mit der Wimper zu zucken, antwortete er: „Kein Problem.“

Ich steckte eine Fläche von der Größe eines Tennisplatzes ab, errichtete einen zweieinhalb Meter hohen Zaun aus Materialien von der Müllkippe und verkleidete ihn von außen mit schwarzer Kunststofffolie als Sichtschutz. Die Folie sollte verhindern, dass Räuber wie Dingos ins Gehege sehen konnten und dass sich Kängurus an den Anblick von draußen entlangstreunenden Hunden gewöhnten. Mit einem zusätzlichen elektrischen Weidezaun mit Maschendraht darunter versuchte ich, Dingos und Hunde auf Abstand zu halten.

Ein so großes Gehege hatte ich noch nie gebaut, und ich war sehr stolz darauf. Roger, Abi und Ella nutzten es als Erste. Sie waren jetzt von der Flasche entwöhnt und mussten den nächsten Schritt in die Freiheit wagen.

Außerdem bewirkte das Gehege, dass Emma und ich uns von unseren Schützlingen fernhielten. Vorbei waren die Zeiten, da wir sie mit der Hand fütterten oder sie zur Nacht in warme Decken einpackten. Diesen Abnabelungsprozess hatten wir schon ein ums andere Mal mit anderen Joeys vollzogen. Die Freude am engen Kontakt wurde allmählich durch die Zufriedenheit ersetzt, dass unsere Aufzucht erfolgreich gewesen war. So wie Eltern von Menschenbabys mussten auch wir unsere Kängurukinder irgendwann einmal loslassen.

Die Joeys kamen also ins Gehege und hatten fortan fast keinen Kontakt mehr zu Menschen. Ich zeigte mich nur hin und wieder, um zu sehen, wie sie auf mich reagierten. Zu wünschen war, dass sie vor mir zurückscheuten. Und das taten Roger, Abi und Ella schließlich. Um ihnen die gewohnte Nähe zu Menschen abzutrainieren, hielt ich sie mit einem Besen auf Abstand oder trat ihnen Staub ins Gesicht, nicht um ihnen wehzutun, sondern damit sie vor mir Reißaus nahmen.

Während Roger, Abi und Ella ihre natürlichen Instinkte neu entdeckten, musste ich einen geeigneten Ort finden, um sie in die Freiheit zu entlassen. Parks and Wildlife hatte mir bereits zu verstehen gegeben, dass ihre Gebiete nicht infrage kämen. Andererseits konnte ich meine Schützlinge nicht einfach mitten in der Wüste aussetzen.

ICH SUCHTE in der ganzen Umgebung nach einem passenden Habitat für sie. Ideal wäre eine jener riesigen Rinderfarmen, die sich über fünftausend Quadratkilometer Buschland erstreckten.

Ich fand eine solche Farm nicht weit von Alice. Ihr Eigentümer war sehr aufgeschlossen für mein Vorhaben. Gemeinsam machten wir eine gute Stelle für die Freilassung in der Nähe eines Wasserloches ausfindig.

Es war Ende 2007. Roger, Abi und Ella lebten seit drei Monaten im Gehege. Sooft ich mich ihnen zeigte, gingen meine Kinder auf Abstand zu mir. Die Zeit für den nächsten Schritt schien gekommen zu sein. Ich meldete mich bei Parks and Wildlife, die meine Kängurus vor ihrer Freilassung untersuchen und ihr Verhalten begutachten mussten. Ein Ranger kam. Als er das Gehege betrat, ergriffen unsere Roos die Flucht.

„Ja, sie können zurück."

Ich legte mir drei große Beutel für den Transport zurecht. Die drei waren inzwischen an die vierzehn Monate alt, siebzig bis achtzig Zentimeter groß und rund fünfzehn Kilo schwer, Jungtiere, die bald erwachsen sein würden.

Wenige Tage vor der Freilassung gönnten Emma und ich uns einen freien Abend und gingen aus – wir folgten, wenn ich mich recht erinnere, irgendeiner Einladung, die wir nicht ausschlagen konnten. Mir war nicht wohl dabei. Nach Einbruch der Dunkelheit blieb ich normalerweise lieber zu Hause, weil ich mich für meine Tiere verantwortlich fühlte und in der Nähe sein wollte, falls Hunde oder Dingos ums Gehege schlichen.

Als ich am nächsten Morgen nach den Tieren sah, standen sie dicht beieinander und regten sich nicht. Vorsichtig betrat ich das Gehege. Die Roos rückten von mir ab. Langsam. Alle drei lahmten. Ich rief Emma. Sie kam sofort aus der Hütte herbeigerannt. Zusammen gingen wir auf unsere Tiere zu, unsere Kinder, die uns nun nicht mehr auszuweichen versuchten. Wir untersuchten Ella als Erste. Sie war so benommen, dass wir sie hochheben konnten.

„Oh, mein Gott!", stöhnte Emma.

Die Sohlen und Fersen von Ellas Füßen waren aufgerissen. Es sah schrecklich aus, als hätte sie sich verbrannt. Wir untersuchten die Füße der beiden anderen. Auch bei ihnen kam unter den Sohlen das rohe Fleisch zum Vorschein. Ich dachte sofort: Man wird die armen Tiere erschießen. Sie können sich nicht mehr bewegen.

Wir riefen Katie an, eine Wildtierärztin, mit der wir uns inzwischen angefreundet hatten. Der Gedanke an die Kosten schoss mir durch den Kopf. Ich war viel zu knapp bei Kasse, aber Roger, Abi und Ella mussten unverzüglich behandelt werden.

Wir trugen die Tiere in den Garten hinter unserer Hütte. Alle drei wehrten sich. Wir hatten sie zur Unabhängigkeit erzogen, und nun mussten sie sich diese Übergriffe gefallen lassen. Katie meinte, sie würden sich wieder erholen, was aber Zeit und Geld erforderte. Allein die Spezialpflaster für die Wunden kosteten neun Dollar das Stück und mussten alle zwei Tage gewechselt werden. Für die Tiere wäre es eine Qual und für mich finanziell kaum zu verkraften.

Wir brachten Roger, Abi und Ella zurück ins Gehege, wo ich nach Hinweisen suchte, was geschehen sein mochte. Aus irgendeinem Grund schienen die Tiere in Panik geraten zu sein. Vor dem Zaun fand ich die Erklärung: jede Menge Abdrücke von Hundepfoten. Wo waren die Streuner nur hergekommen? Wir hatten neue Nachbarn, Viehzüchter, die auf eine der umliegenden Farmen gezogen waren. Es stellte sich heraus, dass in unserer Abwesenheit eins ihrer Rinder auf unser Gelände gelangt war und dass die Nachbarn ihre Hunde losgeschickt hatten, um es zurückzutreiben. Die hatten Witterung von unseren Roos aufgenommen und sie in Angst und Schrecken versetzt, indem sie bellend um das Gehege herumgerannt waren. Später waren, wie wir hörten, Mitarbeiter der Farm gekommen, die ihre Peitschen knallen ließen, was die Roos zusätzlich verschreckte. Sie waren kreuz und quer durch das Gehege gestoben und darin gefangen gewesen. Schrecklich. Es war alles meine Schuld. Wäre ich an dem Abend nicht ausgegangen, hätte ich eingreifen können. Ich war unglücklich und wütend auf mich.

Zu diesem Zeitpunkt planten wir eine Reise nach England. Emmas Vater, der für eine Fluggesellschaft arbeitete, hatte uns Freitickets zukommen lassen. Emma war anderthalb Jahre nicht mehr zu Hause gewesen und freute sich darauf, mich ihren Eltern vorzustellen. Ich hatte Bedenken gehabt, das Zentrum zu schließen, willigte aber letzlich in die Reise ein, da ich mir selbst eine Abwechslung wünschte. Vor unserer Abreise hätten Roger, Abi und Ella auf freiem Fuß sein sollen.

Das Unglück verkomplizierte unsere Vorbereitungen. Bis zum Abflug blieben uns noch sechs Wochen, in denen ich nichts anderes tun konnte, als auf das Beste zu hoffen. Alle zwei Tage fingen wir die Roos ein, untersuchten die Verletzungen und wechselten die Verbände.

Alle drei Patienten machten gute Fortschritte. Die Füße waren verheilt, aber noch empfindlich, die schwarze Lederhaut noch nicht vollständig wiederhergestellt. Trotzdem konnte ich beruhigt ins Flugzeug steigen, da sich unsere Freunde Jo und Terry bereit erklärt hatten, sich während der drei Wochen unserer Abwesenheit um die Tiere zu kümmern. Die Verbände mussten inzwischen nur noch einmal in der Woche gewechselt werden.

Doch selbst auf der anderen Seite der Erde gingen mir die drei nicht aus dem Kopf, und es drängten sich immer wieder die gleichen Fragen auf: Was geschieht mit ihnen, wenn sie nicht freigelassen werden können? Wo könnte ich sie halten, wenn sie erwachsen sind? Und selbst wenn es mir gelänge, weiterhin für sie zu sorgen, was würde das für das Zentrum bedeuten?

Kapitel 10

Unmittelbar nach meiner Rückkehr aus England rief mich überraschenderweise ein alter Kollege von Adventure Tours an.

„Hey, Brolga. Ich habe dich mitten in Sydney auf einem Plakat gesehen. Am Martin Place. Mann, wow, ich konnte es kaum fassen. Erklär mir das! Tolles Bild übrigens."

„Ich weiß nicht, wovon du redest. Du musst mich mit jemandem verwechseln."

„Nein, glaub mir. Der auf dem Plakat bist du."

Ungefähr eine Stunde nach dem Anruf ging ich meine E-Mails durch und stieß auf die Nachricht eines Reiseleiters aus Melbourne, der mir auch gleich ein Foto mitgeschickt hatte. Und tatsächlich: Auf einer Plakatwand am Bahnhof war unverkennbar ich in einem blauen Unterhemd und mit einem Akubra-Hut auf dem Kopf zu sehen, im Arm ein Joey.

Plötzlich fiel es mir wieder ein. An einem Tag im Jahr 2007 waren ein Fotograf und eine junge Frau im Rettungszentrum aufgekreuzt. Sie fragten mich, ob ich Interesse daran hätte, für Bonds Modell zu stehen, eine australische Textilmarke, bekannt für Unterwäsche. Sie sagten, es sei für eine gute Sache; man sammle online Geld zugunsten von Surf

Life Saving, der australischen Lebensrettungsgesellschaft. Da ich aus Perth komme, weiß ich, dass die ehrenamtlichen Mitarbeiter ihr eigenes Leben aufs Spiel setzen, um andere zu retten.

„Klar, mache ich gern. Kein Problem", hatte ich zu den beiden gesagt.

Sie wollten mir eine Dose Milch abkaufen, die ich im Zentrum anbiete. Wer zwanzig Dollar lockermacht, darf seinen Namen oder eine kurze Mitteilung mit Filzstift auf den Deckel einer Milchdose schreiben, den ich dann an die Wand hänge. Die Wand war inzwischen voll davon, und es baute mich immer wieder auf, die Botschaften wie „Alles Gute", „Mit den besten Wünschen" oder dergleichen zu lesen.

Dann machten sie noch jede Menge Aufnahmen von mir mit einem Joey namens Polly im Arm. Ich unterschrieb ein Stück Papier, wir schüttelten einander die Hände, sie gingen, und ich vergaß das Ganze. Und nun war ich etliche Monate später mit Polly in den beiden größten Städten Australiens auf Plakatwänden zu sehen. Ich rief meinen Onkel Kevin an, der für eine Werbeagentur in Perth arbeitete. Er vermutete, dass ich mich mit meiner Unterschrift nicht nur mit der Online-Spendenaktion für einen wohltätigen Zweck einverstanden erklärt hatte, sondern mit mehr. Ich meldete mich daraufhin bei Bonds und wurde weitergeleitet an die für die Kampagne verantwortliche Agentur. Es stellte sich heraus, dass ich einfach nur vergessen hatte, dass mich meine beiden Besucher darüber aufgeklärt hatten, dass die Fotos möglicherweise auch für Werbezwecke verwendet werden könnten.

Ich war von den Socken. Die Aktion brachte nicht nur jede Menge Geld ein für die Lebensrettungsgesellschaft Australiens, sie machte auch eine hinreißend aussehende Polly bei einem in die Hunderttausende gehenden Publikum bekannt, und das konnte nur gut für uns sein. Manch einer würde von ihr angetan sein und mehr über Joeys in Erfahrung bringen wollen, was vielleicht irgendwann einmal dazu führen würde, dass er das eine oder andere Baby rettete. Und die Sache hatte noch einen Nutzen: Mir wurde frei Haus ein Paket voller Unterwäsche geliefert. Was will man mehr? Geglaubt haben mir wohl die wenigsten, wenn ich auf die Frage „Wie viel hat man dir für die Aufnahmen bezahlt? Waren doch bestimmt ein paar Riesen, oder?" wahrheitsgemäß antwortete: „Nein, ein Paket Unterwäsche." Aber von bester Qualität!

LEIDER erreichten mich bald darauf schlechte Nachrichten, und ein Wettlauf gegen die Zeit begann. Wir waren erst eine Woche aus England zurück, als ich erfuhr, dass der Gebäudekomplex des Backpacker-Hostels Melanka verkauft werden sollte. Der neue Besitzer plante, alles abzureißen. Ich war entsetzt. Das Baby Kangaroo Rescue Centre sollte dem

Erdboden gleichgemacht werden, alles, wofür ich so hart gearbeitet hatte, unter die Räder eines Bulldozers geraten. Mir blieben nur zwei Wochen, um meine Sachen zu packen.

Statt das Zentrum nach unserem Urlaub wieder zu öffnen, suchte ich nach einer neuen Unterkunft. Ich traf gleich auf mehrere knallharte Geschäftsleute: „Da hätte ich was für Sie. Kostet Sie tausend Dollar die Woche." Ich aber brauchte etwas sehr viel Preisgünstigeres, zumal ich von meinen Besuchern weiterhin nur fünf Dollar Eintritt verlangen wollte. An Profit war ich nicht interessiert. Der Ertrag lag für mich darin, möglichst viele Leute als potenzielle Retter zu gewinnen. Diese Sichtweise war allerdings ziemlich naiv, wie ich im Nachhinein gestehen muss, denn ich hatte Ausgaben, musste selbst über die Runden kommen und natürlich auch Steuern zahlen.

Immer wieder putzte ich Klinken, telefonierte und fragte herum. Mit einer Mappe voller Zeitungsinterviews, die ich gegeben hatte, sprach ich bei Ämtern vor. Schließlich hatte ich Werbung für Alice Springs gemacht. Doch das interessierte offenbar niemanden.

Als hätte ich nicht schon genug Ärger mit dem Zentrum, bereiteten mir auch noch Roger, Abi und Ella Kopfschmerzen. Sie erholten sich zwar weiterhin gut, schienen aber an unserer Fürsorge Gefallen zu finden und suchten wieder den Kontakt zu uns Menschen, insbesondere Abi und Ella. Für Kängurus kommt irgendwann der Punkt, an dem es kein Zurück mehr gibt, auch wenn physisch alles dafür spricht, sie im Busch auszusetzen. Darum richtet man für sie eine Übergangsphase von rund einem halben Jahr in einem Freilaufgehege ein. Lässt ein junges Känguru in dieser Zeit erkennen, dass es keine Unabhängigkeit anstrebt, wird es nicht freigelassen. Und dieses Szenario wurde immer wahrscheinlicher im Fall von Roger, Abi und Ella.

MEINE schlimmsten Befürchtungen bestätigten sich, als im März 2008 ein Ranger von Parks and Wildlife auftauchte, unsere drei Zöglinge in Augenschein nahm und erklärte, dass sie nicht geeignet seien für ein freies Leben im Busch. Wenn es mir nicht gelänge, sie in einem Wildpark unterzubringen, würden sie aller Wahrscheinlichkeit nach getötet werden.

Die Chance, im Lotto zu gewinnen, wäre vermutlich größer gewesen als die, irgendwo auf Interesse zu stoßen. Wer brauchte schon mehr Roos? Außerdem wollte ich unsere drei nicht wirklich an einen Wildpark abtreten. Sie würden sich dort mit fünfzig Artgenossen ein enges Gehege teilen müssen und von Hand gefüttert werden. Ich wollte, dass Roger, Abi und Ella möglichst wild lebten. Ich griff eine Idee wieder auf, die mir in England gekommen war, obwohl sie mir wie ein fantastischer Traum vorkam und nicht wie eine reale Möglichkeit.

„Wir sollten ein Tierheim aufmachen“, sagte ich zu Emma.

Ich dachte an Ned. Unter keinen Umständen sollte noch ein Känguru, das ich großgezogen hatte, ein solches Schicksal erleiden wie er. Also setzte ich mich mit Parks and Wildlife in Verbindung und stellte meinen Plan vor. Sie waren natürlich skeptisch, gaben mir aber ein halbes Jahr Zeit für die Ausarbeitung eines stichhaltigen Konzepts.

Das Timing hätte allerdings nicht ungünstiger sein können. Kein Baby Kangaroo Rescue Centre mehr. Und kein Einkommen. Mein Bankkonto war überzogen.

Meinen Berechnungen zufolge benötigte ich 150 000 Dollar. Mum und Dad hatten immer gesagt: „Wenn du finanzielle Hilfe brauchst, wende dich an uns. Wir haben selbst nicht viel, werden aber helfen, wo wir können.“ Ich mochte sie trotzdem nicht fragen. Sie hatten ihr Lebtag hart gearbeitet und verdienten finanzielle Sicherheit.

Da ich Geld verdienen musste, um meine Miete zahlen und Lebensmittel kaufen zu können, fand ich diverse Jobs, sammelte Dosen, reinigte Busse und füllte bei Woolworth Regale auf. Immer in Nachtschicht, denn ich hatte wieder Joeys und musste mich, was deren Pflege anging, mit Emma absprechen, die ebenfalls arbeitete.

Der Lohn für die Teilzeitjobs würde zur Gründung eines Tierheims natürlich nie ausreichen. Während ich mir noch den Kopf darüber zerbrach, wie ich aus der Misere herauskommen könnte, meldete sich eine französische Fernsehjournalistin bei mir, die ein Nachrichtenmagazin produzierte. Sie sagte, sie habe von mir in einer Reisezeitschrift gelesen.

„Wir würden gern eine Story über Sie und das Baby Kangaroo Rescue Centre machen. Wäre das möglich?“

„Yeah, fantastisch“, antwortete ich.

Das Baby Kangaroo Rescue Centre existierte zwar nicht mehr. Aber die großartige Gelegenheit, die sich mir hier bot, sollte wegen einer solchen Nebensächlichkeit nicht ungenutzt verstreichen.

Ich nahm Urlaub von meinem Job bei Woolworth und stellte mich dem Fernsehteam zehn Tage zur Verfügung. Es war toll, obwohl ich glaube, dass wir den Leuten nichts vormachen konnten mit unserer als Rettungszentrum ausgegebenen Hütte. Wir hatten sogar ein paar Freunde engagiert, die als interessierte Touristen auftraten. Glücklicherweise schienen die Fernsehleute keinen Anstoß an unserer Inszenierung zu nehmen. Für sie war es nur wichtig, Kängurus in der Wildnis zu filmen, ohne dass im Hintergrund Zäune zu sehen waren.

Produzentin und Crew schienen mit dem Material zufrieden zu sein.

Das Ergebnis sah großartig aus. Leider verstand ich kein Wort, aber es war komisch, mich mit synchronisierter Stimme zu hören.

Die Filmarbeiten lenkten mich von meinen Problemen ab. Als es damit vorbei war, sah ich wieder die Uhr für meine drei ältesten Roos ablaufen. Während ich über meine Möglichkeiten nachsann, setzte ich die Suche nach einem neuen Ort für das Rettungszentrum fort – zunächst ohne jeglichen Erfolg.

Dann aber hatte ich Glück: Ungefähr fünfzehn Autominuten von Alice entfernt entdeckte ich ein sandiges Überschwemmungsgebiet mit natürlichem Grasbewuchs und dichten Akazienhainen. Gutes Känguruland. Es war mir allerdings viel zu groß, denn ich rechnete höchstens mit vierzig Hektar. Trotzdem nahm ich Kontakt mit dem Eigentümer auf, der sich meinem Vorhaben gegenüber durchaus aufgeschlossen zeigte. Doch allein die Jahrespacht, die der Eigentümer verlangte, belief sich auf die Hälfte dessen, was das Zentrum im Jahr eingebracht hatte.

Die Zeit verging, und Roger, Abi und Ella wurden größer und kräftiger. Ihre Verletzungen waren fast vollständig verheilt, doch in Sachen Domestizierung hatten sie den kritischen Punkt überschritten. Abi und Ella waren wieder so zahm wie früher, und was Roger betraf … Als ich eines Tages im Gehege auf ihn zukam, jagte er mich bis zum Tor zurück. Anfangs dachte ich, er mache Spaß, doch wenig später attackierte er mich wie ein Rugbyspieler. Er reichte mir zwar nur bis zur Hüfte, war aber ungemein kräftig und entschlossen. Einmal richtete er sich wie ein Kickboxer vor mir auf. Ich kehrte ihm den Rücken zu und ging. Er folgte mir bis zum Ausgang. Kaum war ich draußen, setzte er sich auf seinen Schwanz und rüttelte am Tor, während ich das Vorhängeschloss verriegelte. Ein anderes Mal begrüßte er mich, wieder in Kampfposition, mit Schnalzlauten, die ich noch nie von ihm gehört hatte. Ich wandte mich von ihm ab, um nach den Mädchen zu sehen. Er folgte mir, setzte sich auf den Schwanz und schnalzte. Als ich wieder auf den Ausgang zusteuerte, spürte ich ihn dicht hinter mir. Dann zupfte er mich am Hemd, packte mich und fing an, mit mir zu ringen. Es war ihm ernst. Ich stieß ihn von mir und rannte nach draußen. Rums! Roger trat mit voller Wucht gegen das Tor. In dem Moment war mir klar, dass ich ein Problem hatte.

In der Wildnis hätte er sich mit seinen Rivalen gemessen. Hier im Gehege musste ich als Prügelknabe herhalten. Und ich war eine unmittelbare Bedrohung für ihn, da er Abi und Ella nun als seine Frauen ansah, die er beschützen musste. Eines Nachmittags, ich hatte ihm den Rücken zugedreht, versetzte er mir einen mächtigen Tritt in den Hintern. Zu allem Übel fing er auch noch an zu beißen. Es tat ganz schön weh, wenn er mir seine Zähne in den Arm oder in die Hüfte schlug, und ich trug manche Wunde davon.

Sooft ich das Gehege betrat, musste ich mir Roger vom Hals halten, womit ich ihn aber unwillkürlich zum Kampf herausforderte. Ich nahm dann häufig hinter einem Baum Deckung, was dazu führte, dass Roger mit mir Fangen spielte. Mir blieb dann nur noch eins: so schnell wie möglich das Weite zu suchen.

Roger wurde immer rüder. Bis es mir zu bunt wurde und ich mich ihm gegenüber als das dominante Männchen aufspielte. Ich ließ mich auf eine seiner Attacken ein und demonstrierte Überlegenheit, indem ich ihn niederrang und seine Arme festhielt. Aber ich spürte auch seine Stärke und ahnte, dass er mir bald Paroli bieten würde.

Die Zeit lief uns davon. Mir krampfte sich der Magen zusammen bei der Vorstellung, Roger, Abi und Ella könnten erschossen werden. Als das halbe Jahr verstrichen war, das mir die Behörde als Zeitrahmen gesetzt hatte, ließ Parks and Wildlife zu meiner Überraschung nichts von sich hören. Ich nahm mir vor, wenn sie dann doch anrufen sollten, einfach nicht ans Telefon zu gehen oder notfalls so zu tun, als sei ich auf Reisen. Jedenfalls wollte ich auf Zeit spielen.

Wie sich herausstellte, war das nicht nötig.

Teil III – Ein Stück Paradies

Kapitel 11

Ross, der jüngste Bruder meiner Mutter, war ein ganz außergewöhnlicher Mensch. Er arbeitete viele Jahre für das Bildungs- und das Justizministerium von Western Australia, interessierte sich für Politik, spielte so gut Klavier, dass er gelegentlich in Pubs auftrat, und ließ manchmal Menschen bei sich wohnen, denen es weniger gut ging. Er hat nie ein Auto besessen. Wenn Uncle Ross uns früher, als ich Kind war, besuchte, fuhr er mit dem Rad zum nächsten Bahnhof, gönnte sich ein paar Stationen mit dem Zug und radelte den Rest. Er legte fast alle Strecken mit seinem Fahrrad zurück.

Uncle Ross war nie verheiratet und lebte in einem schönen Haus, das an die hundert Jahre alt war. Im Unterschied zu einigen seiner Nachbarn ließ Ross seine Umgebung mit sich altern. Im Haus gab es kaum eine Wand, die nicht mit Bücherregalen zugestellt war. Bücher leisteten ihm

Gesellschaft, und wenn er sich mit jemandem unterhielt, kam er immer wieder auf seine Lektüre zu sprechen. Seine Interessen waren breit gefächert: Geschichte, Sport, Musik, Religion. Außerdem führte er Tagebuch, und zwar in Chiffren, die nur er verstand.

Ich liebte Ross. Er wusste eine Unmenge von Geschichten zu erzählen und war mir, als ich älter wurde, ein Freund auf Augenhöhe. Oft zogen wir gemeinsam durch die Kneipen. Wann immer ich während meiner Zeit im Pearl Coast Zoo, in Darwin oder in Tipperary Urlaub in Perth machte, brannte ich darauf, ihn zu sehen. Uncle Ross nahm kein Blatt vor den Mund, kam von sich aus auf lebensnahe Dinge zu sprechen, auf persönliche Erfahrungen und das, was er in seinen prägenden Jahren getan hatte. Ich wusste seine Sicht der Dinge sehr zu schätzen.

Dass Uncle Ross gern trank und rauchte, forderte seinen Preis. Mit Mitte fünfzig ging es mit seiner Gesundheit rapide bergab. Bei einem Besuch bei ihm sah ich, dass er nicht auf der Höhe war, ahnte aber nicht, wie ernst es um ihn stand.

EIN PAAR MONATE nach diesem Besuch bei Uncle Ross wurden Emma und ich zu einem toten Känguru gerufen, das in Stadtnähe von einem Fahrzeug erfasst worden war. Als ich es von der Straße ins Gebüsch zog, klingelte mein Handy.

Obwohl ich noch Blut an den Händen hatte, griff ich zum Handy und hörte am anderen Ende eine schwache, krächzende Stimme. Uncle Ross. Er wollte mir sagen, dass er nicht mehr lange zu leben habe.

„Ach was, es wird dir bald wieder besser gehen“, versuchte ich abzuwiegeln.

Er widersprach und erklärte, dass er Krebs im Endstadium habe. Dann bat er mich, ihm zuzuhören. Er sagte, dass er von Mum gehört habe, mit welchen Problemen ich zu kämpfen hätte. Obwohl ich stets versucht hatte, meine Eltern mit meinen Sorgen zu verschonen, war während unserer wöchentlichen Telefonate sonntagmorgens wohl doch einiges angeklungen. Uncle Ross sagte, er bewundere, was ich täte, und wünschte mir viel Glück. Es war ein unwirklicher Moment. Hier stand ich, an einer Straße im Outback, mit Kängurublut an den Händen und verabschiedete mich von einem geliebten Menschen an einem über dreitausend Kilometer entfernten Ort. Sonderbar.

Dann räusperte sich Uncle Ross. „Ich vermache dir 110 000 Dollar. Verwende sie, wie du es für sinnvoll erachtest. Kauf dir ein Auto oder spare auf ein Haus. Lass es dir gut gehen.“

Ich war sprachlos.

Uncle Ross sagte, dass er auch dem Katzenheim, für das er sich schon seit Langem starkgemacht hatte, etwas Geld hinterlassen werde wie der Fred Hollows Foundation, einer Stiftung des verstorbenen Augenarztes Fred Hollows, dessen Kliniken schon viele Tausend Menschen in Entwicklungsländern vor dem Erblinden bewahrt hatten.

Ich bedankte mich und erklärte ihm, wie ich sein Geld verwenden würde, für ein Tierheim für meine Kängurus. Uncle Ross sagte, es freue ihn, helfen zu können.

Nach dem Anruf empfand ich eine seltsame Mischung aus Leere, Traurigkeit und Erleichterung. Natürlich hätte ich meinem Onkel ein langes, gesundes Leben gewünscht. Doch nun sollte ich, der ich seit Jahren von der Hand in den Mund lebte, plötzlich zu Geld kommen? Ich konnte es kaum fassen.

Uncle Ross starb wenig später, am 26. Oktober 2008. Ich flog nach Perth zu meinen Eltern. Auch mein Bruder Ron war da. Am offenen Sarg nahmen wir Abschied. Mein Onkel sah aus, als schliefe er, mit sich und der Welt im Frieden. Ich berührte seine Hand und hoffte, dass er stolz auf mich und mit der Verwendung des Erbes einverstanden wäre. Auf diese Weise bedankte ich mich noch einmal bei ihm.

Wenige Tage vor seinem Tod hatte er meiner Mutter eine Erklärung diktiert, die ich zu seiner Beisetzung verlesen sollte. So erzählte ich den Trauergästen, dass Uncle Ross als kleines Kind zu Füßen seiner Mutter, meiner Oma Lady Callaway, gehockt und ein Ohr ans Klavier gepresst habe, wenn sie sein Lieblingsstück, die „Träumerei" von Robert Schumann, spielte. An diesem Stück habe er sein ganzes Leben lang Freude gehabt, und es sei ihm in den letzten Tagen ein Trost gewesen. Zum Abschluss der Trauerfeier erklang eine Aufnahme des Stücks.

Bei aller Trauer wusste ich, dass Uncle Ross gewollt hätte, dass ich an meinen Plänen für das Tierheim festhielt. Als Erstes kontaktierte ich den Eigentümer des Grundstücks, auf das ich es abgesehen hatte. Ich wollte vierzig Hektar. Der Eigentümer nannte mir seinen Pachtzins. Ich war einverstanden, unterschrieb den Pachtvertrag und setzte mich sofort mit Parks and Wildlife in Verbindung. An meiner gültigen Genehmigung musste nur eine Klausel gestrichen werden, die mich verpflichtete, erwachsene und gesunde Tiere in die Freiheit zu entlassen. Von Rechts wegen war ich nun Tierpfleger und -halter. Damit erfüllte ich die Voraussetzungen, meinen eigenen kleinen Känguruzoo zu betreiben. Ich durfte ihn sowohl der Öffentlichkeit zugänglich machen als mich auch im Privaten um Joeys kümmern. Nach all den Streitereien mit Behörden war es ein großartiges Gefühl, nun mit amtlichen Vollmachten ausgestattet zu sein.

Als Nächstes musste das Freigehege eingezäunt werden. Wie sollte ich das anstellen ohne Erfahrung mit Konstruktionen in dieser Größenordnung? Ich wusste, dass ich es nicht allein würde bewerkstelligen können, und fragte zwei Freunde, die sich förmlich überschlugen, mir zu helfen. Der eine war mein bester Freund Thomas, der Farmer, bei dem ich gewohnt hatte, der andere Shorty, ein leichtlebiger Reiseführer und Mann vom Fach.

Die versprochene Unterstützung gab mir neuen Schwung und Zuversicht. Die hatte ich durchaus nötig, weil andere Freunde über mein Vorhaben den Kopf schüttelten. Für sie war ich nur der schrullige Typ, der sich für Kängurus interessierte. Die beiden wollten mir helfen, weil sie wussten, wie viel mir das Tierheim bedeutete.

Es würde aber noch eine Weile dauern, bis mir Uncle Ross' Erbe zur Verfügung stünde. Außerdem musste ich mich um meine Roos kümmern. Emma und ich hatten alle Hände voll zu tun.

ENDE 2008 wurde uns von einem Mann und einer Frau ein weibliches Jungtier gebracht. Sie hatten das erbarmungswürdige kleine Joey zwei Wochen lang in Pflege gehabt und es ihren Kindern offenbar zum Spielen überlassen. Es war, und ist immer noch, der schlimmste Fall von Tierquälerei, den ich je miterleben musste.

Das Joey war mit einem dünnen Fell überzogen und hätte mit seinen fünf Monaten in der Lage sein sollen, sich aus eigener Kraft aufrecht zu halten, was ihm aber nicht gelang. Es war schrecklich zu sehen, wie es immer wieder umkippte. Das Kleine war bis auf die Knochen abgemagert. Seine Augenlider waren zerkratzt, die Linsen eingetrübt. Dieses hilflose Waisenkind war am Schwanz durch den Dreck gezogen worden, immer und immer wieder. Die Linsentrübung ließ sich darauf zurückführen, dass es direkter Sonneneinstrahlung ausgesetzt gewesen war; ein Joey in diesem Alter brauchte den Schutz der Dunkelheit im Beutel seiner Mutter. Die Überbringer gaben zu, das Joey am helllichten Tag in einem Plastikbeutel an eine Wäscheleine gehängt zu haben, weil es, wie sie sagten, sonst ausgekühlt wäre. In zwei Wochen hatte es nur einmal Wasser bekommen. Stattdessen hatte man es mit Gras zu füttern versucht.

Emma und ich fuhren sofort mit der Kleinen zur Tierärztin, die uns bestätigte, was wir schon befürchtet hatten: Das arme Tier müsse eingeschläfert werden.

„Meinen Sie nicht, wir sollten der Kleinen noch eine Chance geben?", fragte ich.

„Es wäre zu teuer, und ob sie überhaupt zu retten ist, erscheint mir fraglich."

„Aber vor zwei Wochen ging es ihr noch gut. Wir könnten doch wenigstens versuchen, ihre Gesundheit wiederherzustellen.“

Ich teilte der Ärztin mit, dass ich zu Geld gekommen sei und ein Heim für Tiere plane, die bis an ihr Lebensende versorgt werden müssten. Gerade für solche Tiere wie dieses malträtierte Joey sei das Heim gedacht.

„Nein, es muss sofort eingeschläfert werden.“

Ich war damit nicht einverstanden und sagte, was kein Arzt und keine Ärztin gern hört: „Ich würde gern eine zweite Meinung einholen.“

„Nun, das ist Ihr gutes Recht“, entgegnete sie etwas schnippisch und empfahl mir einen ihrer fünf Kollegen aus der Klinik. „Das Tier wird die kommende Nacht ohnehin nicht überleben.“

Emma und ich nahmen unsere Patientin mit nach Hause und wiegten sie die ganze Nacht über im Arm. Es gelang uns sogar, ihr ein paar Tropfen Milch einzuflößen. Am nächsten Morgen lebte sie noch. Wir fuhren wieder in die Tierklinik, wo wir einen Termin mit einer neuen Ärztin hatten, einer freundlichen, übersprudelnden Frau namens Fleur. Sie untersuchte unser winziges Joey.

„Oh, die Kleine hat schwer gelitten. Es sieht nicht gut für sie aus, aber wir werden ein paar Dinge ausprobieren.“

Genau das hatte ich hören wollen. Fantastisch!

Fleur maß die Schwanzlänge. Auf diese Weise stellt man normalerweise fest, wie groß ein Baby ist und wie viel es wiegen sollte. Unseres wog knapp siebenhundert Gramm, weniger als die Hälfte des Solls. Doch die Augen erwiesen sich als das größere Problem. „Es sieht so aus, als sei sie blind, aber vielleicht nicht auf Dauer. Wir versuchen es mit einer speziellen Salbe und schauen, was passiert.“

Emma und ich folgten Fleurs Anweisungen. Wir nahmen unser Baby wieder mit nach Hause und begannen eine Behandlung, die im Wesentlichen aus Herumexperimentieren bestand.

Die erste Salbe bewirkte so gut wie nichts. Die zweite half ebenso wenig. Aber Fleur gab nicht auf, googelte und bot uns eine dritte Option. Alle zwei Stunden strichen Emma oder ich unserem Baby ein Quäntchen von der neuen Salbe in die Augen, und tatsächlich machte sich bald eine Veränderung bemerkbar. Die Kratzer verschwanden, und was wir für einen grauen Star gehalten hatten, waren kleine Klumpen verhärteten Augensekrets, die sich allmählich auflösten.

Immer wieder fuhren wir in die Klinik. Ich weiß nicht mehr, wie viel Geld wir dort ließen, allein fünf- bis achthundert Dollar für die Salbe. Doch es lohnte sich. Wir hatten unsere kleine Kämpferin bereits Molly getauft, gaben ihr aber einen zweiten Namen: Fleur.

MOLLY FLEUR fehlte es während ihrer Genesung nicht an Gesellschaft. Zum einen war da Berry, ebenfalls ein Opfer grausamer Misshandlung, das mein Freund und ehemaliger Mitbewohner Richard gerettet hatte. Berry war verwaist und hatte wie Molly Fleur als Spielzeug herhalten müssen. Sie hatte innere Blutungen und war lange krank, erholte sich aber schließlich.

Und dann war da noch Naomi, die Shorty in South Australia gefunden und zu uns gebracht hatte. Naomi erholte sich gut. Trotzdem entschied ich mich gegen ihre Auswilderung, weil sie eine besondere Beziehung zu den beiden anderen Joeys entwickelt hatte und ich es für das Beste hielt, dass sie zusammenblieben.

Für eine Weile war auch Les mit von der Partie, ein kleines, schmächtiges Männchen, das ein Reiseführer mehrere Monate zuvor gerettet hatte.

Ich setzte Les schließlich im Gehege aus, zu Roger, Ella und Abi. Eines Morgens, ich wollte sie füttern, sah ich Les leblos in einer Ecke liegen. Die Spuren am Boden ließen darauf schließen, dass er von Roger attackiert und zu Tode getreten worden war. Ich war schockiert. Aber unter Tieren in Gefangenschaft bleiben solche Dramen nicht aus.

Dieser Vorfall trieb mich an, die Gründung des Tierheims zu beschleunigen. Roger wurde immer aggressiver, sodass ich mir Sorgen machte, ein unerwartet vorbeischauender Ranger von Parks and Wildlife könnte zu der Einschätzung gelangen, Roger sei eine Gefahr für die Öffentlichkeit.

ELLA war ein wenig scheuer geworden. Bald verbrachte sie auffällig viel Zeit im Schatten eines Baumes und leckte sich den Beutel. Mit einer Möhre lenkte ich sie ab, warf einen Blick in den Beutel und entdeckte den Grund dafür, warum sie so scheu und ihr Partner so aggressiv war. Sie beschützten ihr Baby, eine winzige pinkfarbene Gestalt von der Größe eines Gummibärchens, die an Ellas Zitze hing. Ein bewegender Anblick.

Entwicklung und Geburt eines Kängurubabys gehören zu den bizarrsten Naturvorgängen schlechthin. Das Muttertier zeigt keinerlei Anzeichen einer Schwangerschaft, zumal das Baby nur rund ein Gramm schwer ist. Das Neugeborene muss, verletzlich, wie es ist, selbstständig aus dem Geburtskanal und hinauf in den Beutel krabbeln, wo es sich an einer der vier Zitzen festsaugt. Mutter und Kind sind darüber während der nächsten vier Monate wie über eine Nabelschnur miteinander verbunden, bis das Joey eines Tages seinen Kopf aus dem Beutel streckt.

Ich schätze, Ella hatte ihr Baby ein oder zwei Tage vorher zur Welt gebracht. Sowohl zeitlich als auch räumlich war ich einer Kängurugeburt nie näher gewesen. Die unerwartete Ankunft wirkte auf mich wie ein Weckruf. Kängurumännchen sind mit zwei Jahren, Weibchen schon mit achtzehn Monaten geschlechtsreif, und meine Zöglinge waren zu diesem Zeitpunkt bereits zweieinhalb Jahre alt.

Sie brauchten jetzt jede Menge Platz. Ich musste mich sputen und den geplanten Zaun errichten.

JEDE INFORMATION, die ich für mein Zaunprojekt einholte, musste verdaut und geprüft werden, zumal ich unerfahren war, um nicht zu sagen naiv. Thomas zum Beispiel meinte, der Zaun müsse elastisch sein, damit sich ein Roo nicht verletze, falls es in Panik geriet und mit voller Wucht dagegenlief. Aber wie ließ sich ein solcher Trampolineffekt erreichen? Mit einem Abstand zwischen den Pfosten von, sagen wir, fünf statt drei Metern? All so etwas musste sorgfältig geplant werden.

Ursprünglich hatte ich vorgehabt, eine Fläche von ungefähr vier Hektar einzuzäunen, doch Thomas und Shorty ermutigten mich und sagten: „Nicht so bescheiden, zwanzig wären besser." Shorty half mir, eine Einkaufsliste zusammenzustellen. Wir brauchten rund vierhundert Pfosten, gut zwölf Kilometer Spanndraht und fünf Kilometer Maschendraht in ausreichender Höhe. Allein dieses Material belief sich auf eine Kostensumme von ungefähr fünfzigtausend Dollar.

Nachdem ich das Material bestellt hatte, kamen mir immer wieder Zweifel, bis ich mir schließlich sagte: Mach's einfach! Ich besprach alles mit Emma und kündigte meine Jobs, um mich ganz auf mein Projekt konzentrieren zu können. Emma arbeitete weiterhin, damit wir über die Runden kommen würden.

Ich stürzte mich auf die Aufgabe in dem Wissen, dass ich mich auf Shortys und Thomas' Unterstützung verlassen konnte. Aber womit anfangen? In einem ersten Schritt den Verlauf des Zauns zu markieren erschien mir das Nächstliegende. Und schon gab es ein Problem: die Bäume. Wie sollte ich eine gerade Linie ziehen, wenn ich alle naselang auf Akazien und Gebüsch traf? Ich machte mich daran, im Weg stehende Pflanzen mit der Schaufel auszugraben. Waren die Wurzeln freigelegt, zog ich die Gewächse mit einer am Auto befestigten Kette aus dem Boden. Schon bald musste ich jedoch einsehen, dass diese Prozedur viel zu viel Zeit verschlang und mein alter Kia überfordert war. Auf keinen Fall wollte ich einen Bulldozer auffahren lassen, der alles plattgemacht hätte, nicht zuletzt auch die Gräser und Sträucher, von denen sich die Roos ernähren sollten.

Irgendwann hatte ich den Einfall, das Grundstück mit dem Auto zu umfahren und auf diese Weise eine Piste anzulegen, wo später der Zaun stehen würde. Natürlich kamen mir auch hierbei Akazien in die Quere. Als ich wieder einmal von einem Baum zum Anhalten gezwungen war, dachte ich: Mal sehen, was passiert. Im ersten Gang ließ ich vorsichtig die Kupplung kommen und drückte aufs Gas. Der Baum kippte mitsamt seinen Wurzeln. Perfekt. So würde ich eine Schneise für meinen Zaun schaffen können.

Und es funktionierte tatsächlich dank des weichen, sandigen Bodens. Langsam, aber sicher kam ich voran, ungefähr vierzig Meter in ein paar Stunden. Nach zwei Wochen konnte ich mein Terrain mit einer Maurerschnur abstecken. Immerhin.

Dann stieß ich auf das nächste Problem: wilde Kamele. Hätte ich mich früher unter den Farmern der Umgebung umgehört, wäre ich vorbereitet gewesen. Sie hassten die Kamele, weil sie ihre Zäune einrissen, und bejagten sie deshalb. Das kam für mich nicht infrage, und so erkundigte ich mich nach einer anderen Lösung für dieses Problem.

„Stacheldraht ist das Einzige, was sie aufhält“, sagte mir der Besitzer einer Kamelfarm in der Nähe.

Ich hatte Tiere mit entsetzlichen Verletzungen durch Stacheldraht gesehen. Das Zeug war mir zuwider, aber der Farmer versicherte mir, es sei die einzige Lösung.

Also stellte ich die Umhegung aus Maschendraht hintenan und zog erst einmal einen Grenzzaun. Mit der zusätzlichen Arbeit hatte ich nicht gerechnet, aber ich machte mich sofort daran und war anschließend erleichtert, das Problem gelöst zu haben.

Der nächste Dämpfer ließ nicht lange auf sich warten.

Thomas’ Frau Dawn rief mich an, was sie sonst nie tat. Deshalb wusste ich sofort, dass etwas nicht stimmte.

„Thomas hatte einen Unfall“, sagte sie.

„Herrje! Schlimm?“

„Er ist durch das Dach einer Pergola gestürzt, als er einem Freund geholfen hat.“

Mein erster Gedanke war: Und was wird jetzt aus meinem Zaun? Natürlich sagte ich das nicht, und ich dachte als Nächstes: Was bist du doch für ein toller Freund!

Ich besuchte Thomas. Er hatte sich einen komplizierten Bruch am Bein zugezogen und würde neun Monate außer Gefecht gesetzt sein.

Ein paar Tage später kehrte Shorty von einer Tour zurück und sagte: „Meine Frau und ich haben uns getrennt. Ich werde die Stadt verlassen.“

Ich sprach ihm mein Bedauern aus, dachte aber im Stillen: Was soll aus meinem Zaun werden?

WENIG SPÄTER, es war an einem Dienstagmorgen, kamen zwei Lastwagen mit dem Material und der Ausrüstung, die ich angefordert hatte. Alles war nun zur Stelle, bis auf zwei entscheidende Größen: Thomas und Shorty. Ich tat mir selbst leid, ließ mich aber nicht entmutigen.

Die beiden Lastwagenfahrer stiegen aus. „Wo ist Ihr Gabelstapler?“, wollten sie wissen.

„Ich habe keinen.“

Ich hatte angenommen, dass die Firma, bei der ich eingekauft hatte, einen Gabelstapler zur Verfügung stellen würde, und bei der Firma hatte man offenbar angenommen, ich besäße einen. Zum Glück war einer der Lastwagen mit einem Kran ausgestattet, mit dem wir immerhin die Pfosten abladen konnten. Aber dann fuhr dieser Laster weg, und auf dem anderen befanden sich noch etliche Paletten voller Maschendraht, hundertzwanzig Rollen insgesamt.

Wir luden von Hand ab. Rolle für Rolle. Schließlich war auch das geschafft. Der Fahrer war richtig froh wegzukommen und ließ mich mit einem wüsten Haufen aus Stahl und Draht allein zurück. Der Anblick war Furcht einflößend. Erst jetzt dämmerte mir, wie viel Arbeit vor mir lag; außerdem stellte sich die unmittelbare Frage, wohin mit dem ganzen Zeug. Ich blickte auf Stahl im Wert von fünfzigtausend Dollar. Ein kleines Vermögen, das Begehrlichkeiten wecken könnte, und ich hatte keinen Platz, um es wegzuschließen. Die ganze nächste Woche verbrachte ich damit, meinen Wagen plus Anhänger mit kleineren Mengen zu beladen und sie an nicht einsehbaren Stellen auf dem Grundstück zu verteilen. Ein paar Rollen hier, ein paar Pfosten da.

Im Nachhinein kommen mir meine anfänglichen Arbeiten vor wie eine Komödie der Irrungen. Für die Pfosten wollte ich Löcher bohren und mit Beton auffüllen. Auf dem Grundstück gab es aber kein Wasser, mit dem ich den Beton hätte anrühren können. Also investierte ich weitere zehntausend Dollar, um die nächste Wasserleitung anzuzapfen und Rohre über eine Strecke von ungefähr achthundert Metern zu verlegen. Nächstes Problem: Wo sollte ich die nötigen hundert Zementsäcke trocken lagern, falls es regnete? Ich beschloss, immer nur kleine Mengen Blitzbeton zu kaufen, die jeweils in zwei Tagen verbraucht wären.

Jetzt war es an der Zeit, richtig loszulegen. Ich schlug entlang der Schneise Heringe in den Boden, um meine Maurerschnur zu spannen. Irgendwann kam ein Typ mit seinem Auto angefahren.

„Was wollen Sie hier? Das ist mein Land“, erklärte ich ihm.

„Oh, sorry. Das wusste ich nicht. Ich suche meinen Hund. Er ist weggelaufen“, antwortete der Mann, ein vierschrötiger Buschmann, anscheinend ein Farmer.

Wir unterhielten uns, und er musterte meinen Grenzzaun.

„Saubere Arbeit. Ich hab schon eine Menge Zäune gezogen, die aber alle mehr oder weniger schief geraten sind."

Genau das hatte ich gebraucht, das Kompliment eines Fachmanns. Jetzt war auch ich überzeugt davon, mein Vorhaben realisieren zu können. Um aber ganz sicherzugehen und ein Gefühl dafür zu entwickeln, was mir an Arbeit bevorstand, entschied ich, probehalber zuerst einmal ein kleineres Gehege für Roger, Abi, Ella und Monty anzulegen. Das würde mich auch im Hinblick auf Roger entlasten. Er und die anderen hatten außerdem ihre kleine Parzelle auf der Pferdekoppel völlig kahl gefressen. Sie brauchten frisches Gras, und ich musste sie umsiedeln.

Darum nahm ich mir vor, in einer Ecke des geplanten Freigeheges einen kleineren Teil von rund einem Hektar einzugrenzen, der später als Rückhalteraum oder Quarantänestation genutzt werden konnte.

Kapitel 12

Ich saß vor unserer Hütte und trank eine Tasse Kaffee, nachdem ich den Vormittag über auf den Highways patrouilliert war.

„Brolga! Brolga! Brolga!"

Es war Emma. Sie hatte die Roos auf der Pferdekoppel gefüttert, die rund fünfzig Meter von der Hütte entfernt lag. Ich dachte, Roger habe sich wieder einmal aufgespielt, machte mir aber keine großen Sorgen. Roger wurde nur Männern gegenüber aggressiv.

„Brolga!"

Ist ja gut, dachte ich, ich komme gleich.

„Brolga, Abi kriegt ein Baby! Schnell!"

Ich schnappte mir die Videokamera und rannte zur Koppel. Wer war zur Stelle, um mich am Tor zu begrüßen? Natürlich Roger. Zum Glück war es sehr heiß und Roger nicht zu einem Kampf aufgelegt. Ich stieß ihn zur Seite und eilte auf Emma zu, die ihre Hand vor den Mund geschlagen hatte und mit weit aufgerissenen Augen auf Abi starrte. Diese saß, fünf Schritte entfernt, im Schatten eines Baumes auf ihrem Hinterteil und hatte ihren Schwanz zwischen den Beinen, die Haltung, in der Kängurus gebären. Nach vorn gebeugt, leckte sie sich das Blut von der Kloake. Ich rückte näher heran und sah das winzige rosarote Gummibärchen auf den Beutelrand zuklettern. Ich filmte und achtete darauf, Abi nicht zu nahe zu kommen. Es dauerte mehrere Minuten, bis das winzige Ding endlich in der Beuteltasche verschwand. Emma hatte den gesamten Vorgang gesehen, von dem Augenblick an, als das Fruchtwasser auslief, bis hin zu dieser außergewöhnlichen Kletterpartie. Sie war überglücklich.

Ich hatte nur etwa die Hälfte der Reise aufgenommen, weil mir Abis Kopf immer wieder die Sicht genommen hatte, wenn sie nach dem Fötus Ausschau hielt. Es war ein Gänsehauterlebnis, eines der größten Wunder der Natur.

Emma und ich standen noch eine Weile wie benommen da, bis uns klar wurde, dass es für die junge Mum wohl besser sei, allein gelassen zu werden. Roger hatte sich in einen schattigen Winkel zurückgezogen und behelligte uns nicht. Dann passierte etwas Bemerkenswertes. Er bewegte sich auf Abi zu und half ihr, Blut und Fruchtwasser vom Boden und aus ihrem Fell aufzulecken. Dass sich das Männchen an der Pflege nach einer Geburt beteiligte, hatte ich noch nie gehört.

Ich war ganz aus dem Häuschen nach diesem für mich sehr bedeutenden Moment. Ich brauchte nicht an einem Schreibtisch zu sitzen, aus Büchern zu lernen oder einen akademischen Abschluss zu machen, sondern hatte Gelegenheit, Kängurus aus nächster Nähe zu beobachten und von ihnen zu lernen.

NACH DREI MONATEN hatte ich endlich das kleine Gehege eingezäunt. Ich bat Parks and Wildlife um die technische Abnahme, damit ich meine Kängurus umquartieren konnte. Ein netter älterer Ranger namens Kim kam zu uns herausgefahren. Er machte ein paar gute Vorschläge, die ich allesamt umsetzte. Unter anderem riet er mir, den Zaun im unteren Bereich zu verstärken, um auszuschließen, dass sich Dingos oder Hunde darunter hindurchwühlten.

Mit Kim stimmte ich auch darin überein, dass es eine gute Idee sei, einen zweiten, inneren Zaun im Abstand von fünf Metern zum äußeren zu ziehen und ihn mit schwarzer Folie als Sichtschutz zu bespannen. Als ich damit fertig war, machte ich mich daran, zwei elektrische Weidezaunbänder zu spannen, um allzu vorwitzigen Fressfeinden eins auf die Schnauze zu geben. Als Kim das nächste Mal kam, genehmigte er das neue Gehege. Jetzt konnten Roger und all die anderen umziehen.

„Kann ich Ihnen dabei helfen?“, fragte Kim.

„Nein, nein, nicht nötig“, beeilte ich mich zu sagen. „Kein Problem, das schaffe ich allein.“ Ich wollte nicht riskieren, dass er Roger auf dem falschen Fuß erwischte.

Zwei Tage später begann die Umsiedlung. Ella und Monty, der schon den Beutel verlassen konnte, waren die Ersten. Sie einzufangen war nicht besonders schwer. Ich führte Ella zum Tor, achtete darauf, dass Roger weit genug entfernt war, dann hob ich sie hoch und manövrierte sie in eine Jutetasche, die ich mit einer Kordel zuschnürte. Während Ella auf der fünf Kilometer langen Fahrt auf dem Rücksitz hockte, hielt Emma den kleinen Monty auf dem Beifahrersitz in ihren Armen.

Kaum setzte Emma im neuen Gehege Monty auf dem Boden ab, tauchte er sofort im Beutel seiner Mutter unter. Als Nächstes holten wir Abi mit ihrem sehr viel kleineren Baby, das natürlich im Beutel blieb. So weit kein Problem.

Dann kam Roger an die Reihe. Ihn in eine Jutetasche zu stecken kam nicht infrage, weil er sie mit seinen langen Fußkrallen schnell zerrissen hätte. Allein die Vorstellung, ein wütendes Alphamännchen im engen Wagen zu chauffieren, trieb mir den Angstschweiß auf die Stirn. Also klapperte ich mehrere Secondhandläden ab auf der Suche nach einem geeigneten Käfig. Schließlich stellte mir mein Vermieter Peter einen alten selbst gemachten Vogelbauer in der Größe eines Kühlschranks zur Verfügung. Ich schnitt eine der Schmalseiten auf, rüstete sie mit zwei Scharnieren zu einer Tür um und polsterte den Innenraum mit Decken und einem Kissen aus.

Die Fangmethode, die ich mir ausgedacht hatte, führte erstaunlich schnell zum Ziel. Ich betrat das Gehege und suchte Streit mit Roger, der sich nicht lange bitten ließ. Er attackierte mich, woraufhin ich in Richtung Ausgang kehrtmachte, wohl wissend, dass er mir folgte. Ich öffnete das Tor. Davor stand der Käfig, den Roger neugierig beschnupperte. Ich nutzte den Moment seiner Unachtsamkeit, packte ihn beim Schwanz, zwang ihn in den Käfig und schloss die Tür. Eine Viertelstunde später war er bei seiner Familie in der neuen Unterkunft und so entspannt, dass er gleich zu grasen anfing.

Ich hoffte, in dem großflächigen Gehege würde sich Rogers Verhalten mir gegenüber ändern. Damit sich alle in Ruhe eingewöhnen konnten, ging ich zwei Tage lang auf Abstand und beobachtete sie nur vom Zaun aus. Dann wollte ich es wissen. Kaum hatte ich das Tor geöffnet, sprang Roger herbei, warf sich in die Brust und sah mich an, als wollte er sagen: „Toll, du hast mir gerade noch gefehlt." Er folgte mir auf Schritt und Tritt und spielte wieder an manchem Baum Fangen mit mir. Im Unterschied zu früher musste ich nun allerdings weitere Fluchtwege in Kauf nehmen.

Insgesamt aber war ich sehr zufrieden. Die Tiere hatten jetzt viel mehr Platz, Bäume und Gras in Hülle und Fülle. Es war zwar nur ein knapper Hektar, doch auf mich wirkte es größer. Allein die Freude am Anblick meiner frei umherlaufenden Roos bestätigte mir, dass ich das Richtige getan hatte.

Ich beobachtete, wie sie sich in ihrem neuen Habitat einlebten, und fragte mich, wie es ihnen auf zwanzig Hektar ergehen würde, wo sie vom einen Ende des Geheges nicht bis zum anderen würden sehen können. Bis es so weit war, hatte ich noch jede Menge Arbeit vor mir.

LEIDER lief es nach drei Jahren, die Emma und ich zusammengelebt hatten, nicht mehr so gut zwischen uns. Es gab viele Kleinigkeiten, die mir unseren Altersunterschied bewusst machten. Wir waren einander immer noch sehr zugetan, mussten aber einsehen, dass wir uns auseinandergelebt hatten. Wir beschlossen, uns zu trennen. Trotzdem wohnte Emma vorläufig noch mit mir zusammen in der Hütte, was, wie man sich vorstellen kann, auf so beengtem Raum nicht leicht war. Ich bin sehr froh, dass wir nach wie vor gute Freunde sind. Manchmal kommt sie aus ihrem neuen Zuhause in Queensland angereist, um mich und die Kängurus zu besuchen.

Als Emma einen neuen Job gefunden hatte und ausgezogen war, machten mir wieder die Finanzen Sorgen. Ich hatte zwar noch genug Geld, um über die Runden zu kommen und mein Zaunprojekt fortzusetzen, konnte mir aber ausrechnen, dass sich an meiner Einkommenssituation mittelfristig etwas ändern musste.

Als unser zwei Hektar großes Areal samt der Hütte, in der Emma und ich gewohnt hatten, verkauft wurde, kam kurze Zeit später eine Mieterhöhung von 120 Dollar die Woche auf 240 plus Nebenkosten. Wenig später stieg die Miete um weitere hundert Dollar. Meine Reaktion war: Das zahle ich nicht.

ICH NAHM meine drei Joeys – Naomi, Molly Fleur und Berry – und campte auf meinem neuen Grundstück, gleich neben dem Zaunmaterial und nicht weit von den größeren Roos.

Zweifellos hatte der Busch auch etwas Romantisches, vor allem wenn ich am Lagerfeuer saß. Ich hob eine Grube aus und bereitete alles, vom Brot bis zu den Würstchen, in einer Pfanne zu, über der glühenden Holzkohle, in der die Kartoffeln garten.

Ein Feuer lädt zum Nachdenken ein. Wenn ich vor meinem Feuer saß, erschien mir nichts unmöglich, und was mich hätte beunruhigen können, wurde einfach ausgeblendet. Und dann dieser Sternenhimmel. Es war wundervoll, unter der Milchstraße zu schlafen.

Zwanzig Hektar einzuzäunen war kein Pappenstiel. Ich bohrte Löcher, mischte Beton an, setzte Pfosten und rollte Maschendraht aus, unter den gleichgültigen Blicken von Naomi, Molly Fleur und Berry, die in ihren Taschen an irgendeinem Ast hingen.

Die Wettervorhersage kündigte eine Regenfront mit ergiebigen Niederschlägen an. Meine Arbeit am Zaun würde dadurch aufgehalten werden, aber noch schlimmer war die Aussicht, im Nassen zu schlafen. Weil ich sehr sparsam mit meinem Geld umging, hatte ich noch genug in Reserve, um das übernächste Etappenziel meiner Planung vorzuziehen. Ich holte ein paar Angebote ein, und innerhalb weniger Tage stand auf einem Betonsockel in Wurfdistanz zu meinem Lagerfeuer eine kleine Hütte aus Wellblech.

Ich rückte mein Doppelbett in eine Ecke, und das war's eigentlich auch schon. Später kamen ein kleiner Ofen und ein Gaskocher hinzu. Für eine Weile war ich aber noch auf mein offenes Feuer angewiesen.

Ohne Strom zu leben machte mir nichts aus, ebenso wenig wie der Umstand, dass ich mit der Schaufel irgendwo draußen im Freien zur Toilette ging. Um mich zu waschen, schaffte ich mir ein altes ein mal zwei Meter großes Becken aus Fiberglas an, das ich bei Bedarf mit Wasser füllen konnte. Meist aber reichte es mir, einen Topf Wasser warm zu machen und mir über den Kopf zu schütten. Es konnte auch vorkommen, dass ich tagelang überhaupt kein Wasser an mich heranließ. Ab und zu besuchte ich Freunde, und dann wurde ich für gewöhnlich gefragt, ob ich duschen und meine schmutzige Wäsche in die Waschmaschine stecken wollte. Solche Angebote nahm ich immer gern an. Vielleicht sah mancher mich schief an, aber ich war durchaus zufrieden.

2010 WAR EIN sehr nasses Jahr. Das Gras im Gehege wucherte üppig grün, und es sah bei uns fast so aus wie in England. Den Kängurus gefiel's.

Trotzdem ließ ich es mir nicht nehmen, meine Roos jeden Abend zu füttern. Ich nahm ein wenig Getreide zur Hand und rief: „Kommt, kommt!“ So konnte ich mir ein gutes Bild von ihnen machen und abschätzen, wann sie in das größere Gehege umziehen könnten.

Monty war quicklebendig und kräftig. Er kam nach seinem Vater. Abis Baby lugte über den Beutelrand, um zehn Sekunden später den Kopf wieder einzuziehen; und so ging es in einem fort: rein, raus, rein, raus. Also nannte ich es Peep. Beide Mütter sahen mich durchaus gern, der Patriarch Roger aber, der jetzt fast dreieinhalb Jahre alt war, warf sich in die Brust, sooft ich das Gehege betrat, richtete sich zur vollen Größe von eins achtzig auf und schien mir sagen zu wollen: „Ich bin hier der Chef im Ring. Verschwinde!“ Ab und zu spielten wir Fangen um einen Baum herum, wobei ich mir meist den einen oder anderen Kratzer oder Fußtritt einhandelte, nichts Schlimmes.

Kurze Zeit später setzte ich Naomi, Berry und Molly Fleur im großen

Meine Wellblechhütte war der reinste Luxus, denn im Gegensatz zu meiner vorherigen Hütte hatte sie immerhin vier Wände.

In der einfachen Hütte schlief und kochte ich, hatte aber keinen Strom.

Roger, Ella und Abi zog ich zusammen groß, in der Absicht, sie im Busch freizulassen. Es sollte anders kommen.

Gehege aus. Sie hatten mir zu verstehen gegeben, dass sie unabhängiger sein und nicht mehr berührt werden wollten. Die älteren Roos nahmen sie ohne Umschweife in ihren Kreis auf.

Mit den Tieren lief alles wie am Schnürchen, aber der Zaun wollte und wollte nicht fertig werden. Nach einem Jahr nahm er zwar Gestalt an, aber mir kamen Zweifel. Hatte ich ihn zu groß angelegt? Ich hatte noch etwas Geld für Material übrig, musste aber monatlich die Pacht zahlen und mich selbst versorgen. Mir blieb nichts anderes übrig, als weniger Zeit in mein großes Vorhaben zu investieren und dafür nachts wieder bei Woolworth zu arbeiten und leere Konservendosen zu sammeln.

Abends an meinem Lagerfeuer wurde mir klar, dass der Bau des Zauns meine Lektion fürs Leben war. Er hatte mich frustriert, begeistert und aufgeregt, mich aber vor allem zu der Einsicht geführt, dass ich trotz bester Planung immer wieder über mich selbst stolperte und dass ich mir in solchen Fällen Mut machen musste mit der Gewissheit, mein Bestes gegeben zu haben.

Mitte 2011 war der Zaun dann endlich fast fertig. Eine langwierige Arbeit aber stand mir noch bevor: Ich musste den Maschendraht an den Pfosten befestigen, mit jeweils vier Kabelbindern. Bei fünfhundert Pfosten ein Albtraum! Als der Zaun dann tatsächlich fertig war, ließ ich keineswegs die Sektkorken knallen, denn schon dachte ich an den nächsten Schritt. Es war an der Zeit, Roger und seine Artgenossen auf ihr neues Zuhause vorzubereiten.

Auch wenn ich die Hunde und die Dingos nicht sah, wusste ich ziemlich genau, wie oft sie vor meinem Gehege aufkreuzten. Ich hörte sie nachts bellen und heulen und fand am Morgen ihre Spuren im Staub. Sie bereiteten mir die größten Kopfschmerzen, während ich den Umzug meiner Kängurus ins 20-Hektar-Gehege vorbereitete. Was, wenn der Zaun nicht hundesicher war? Ich machte die Probe aufs Exempel und verteilte vor der Innenseite Dosenfleisch und Knochen. Alle hundert Meter luden solche Happen zum Mahl ein. Es widerstrebte mir, noch mehr Hunde in unsere Gegend zu locken, doch blieb mir nichts anderes übrig, um die Sicherheit meines Geheges einschätzen zu können. Und die Hunde schnüffelten herum, kein Zweifel. Jeden Morgen inspizierte ich den Rand des Geheges wie einen Tatort und fand jede Menge Spuren, zum Glück aber nur auf der anderen Seite des Zauns. An manchen Abdrücken war deutlich abzulesen, dass besonders neugierige Hunde, die mit dem elektrischen Weideband in Berührung gekommen waren, erschrocken Reißaus genommen hatten.

Nach zwei Wochen wiederholter Tests war ich überzeugt von der Sicherheit des Geheges. Ich bat nun Emma, ein paar befreundete Reiseleiter und andere Bekannte, mit Töpfen und Pfannen und Löffeln durch das Gehege zu gehen und möglichst viel Krach zu schlagen, um aufzuschrecken, was sich eventuell eingeschlichen hatte, und es durch die offen stehenden Tore hinauszujagen. Unser lärmender Auftritt machte Roger und seinen Frauen gehörig Angst, doch schlimmer wäre es gewesen, sie mit einem Dingo ins neue Gehege zu sperren. Als ich mir sicher sein konnte, dass das Gelände frei von ungebetenen Gästen war, informierte ich Parks and Wildlife über den Stand der Dinge.

AM TAG DER UMSIEDLUNG ging ich in das kleine Gehege, öffnete die Tore zum größeren und hielt mich dann auf Abstand. Molly Fleur war die Erste, die sich vorwagte. Ella und Abi ließen auch nicht lange auf sich warten; die beiden unternahmen nichts ohne die jeweils andere. Zuversichtlich, dass alle ihren Weg finden würden, zog ich mich ins große Gehege zurück. Molly Fleur und ein paar der anderen folgten mir, blieben dann stehen und sahen sich um. Offenes Gelände weit und breit. Ich konnte nur hoffen, dass sie sich glücklich schätzten. Plötzlich tauchte Roger wie aus dem Nichts auf und machte mir Beine.

Es hatte angefangen zu regnen, als ich mich später am Nachmittag davon überzeugen wollte, dass alle Roos ihr neues Zuhause bezogen hatten. Spontan machte ich mich auf zu einem Spaziergang, gespannt darauf, wo ich welche Zöglinge antreffen würde. Ich war kaum eine Minute unterwegs, als ich vertraute Schnalzlaute hinter mir hörte. Roger saß auf seinem Schwanz. Das wunderschöne neue Gehege reichte ihm offenbar nicht; er wollte immer noch mit mir kämpfen. Ich sprintete auf den nächsten Baum zu und schnappte nach Luft. Roger setzte mir nach. Nach zwei, drei Runden Fangen im Kreis rannte ich zum nächsten Baum, wo das gleiche Spiel von vorn begann. Und so ging es weiter über den gesamten Weg zurück zur Hütte.

Die ersten Tage nach der Umsiedlung waren nervenaufreibend. Ich fürchtete, die Roos könnten in der neuen Umgebung verunsichert sein, womöglich in Panik geraten und mit voller Geschwindigkeit gegen den Zaun prallen, dessen Verlauf ihnen noch unbekannt war. Im Unterschied zum kleinen Gehege hatte das große keinen Sichtschutz. Die Roos waren von außen zu sehen. Sie konnten sich zwar hinter Büschen verstecken, doch würden geduldige Räuber immer wieder Gelegenheit haben, sie zu erspähen.

Eines Morgens, nur wenige Tage nach der Umsiedlung, hörte ich ein alarmierendes „Bang, Bang, Bang". Ich saß in dem kleinen Garten hinter meiner Hütte mit Blick auf das Gehege. Ich sah die Roos von Ost nach West springen. In der Ferne bellte ein Hund. Ich war beunruhigt, gleichzeitig aber auch erleichtert, weil der Zaun standzuhalten schien. Weil ich mich aber nicht voll darauf verlassen mochte, stellte ich Hundefallen auf, Käfige aus Maschendraht, in die ich Fleischköder legte.

Es dauerte nicht lange, und ein halbes Dutzend unterschiedlichster Köter gingen mir in die Falle, darunter erbärmlich abgemagerte Tiere mit eingekniffenen Schwänzen, aber auch solche, die kräftig und gesund aussahen, die Zähne fletschten und nach mir schnappten, als ich sie mitsamt der Falle hochhob und ins Auto schaffte. Manche fuhr ich ins Tierheim der RSPCA in Alice, manche zu einer Freundin, die einen eigenen Zwinger unterhielt. Es tat mir leid um die Hunde, aber vor die Wahl gestellt zwischen meinen Kängurus und ihren Fressfeinden, hatte ich natürlich klare Vorlieben, obwohl mir bewusst war, dass einige der Hunde eingeschläfert werden mussten.

WÄHREND Roger und sein Rudel ihr neues Gehege in Beschlag nahmen, machte ich mir Gedanken darüber, wie ich die Menschen weiterhin über die Rettung und Pflege von Not leidenden Wildtieren aufklären konnte.

Ich beschloss, zu bestimmten Zeiten Führungen anzubieten. Eine Art Zoo, der den ganzen Tag über geöffnet hatte, wollte ich nicht betreiben, denn meine Kängurus, die tagsüber häufig schliefen, sollten weitestgehend ungestört bleiben. Nach reiflicher Überlegung entschied ich mich für jeweils eine Tour bei Sonnenaufgang und eine am Abend gegen Sonnenuntergang, und das an drei Tagen in der Woche.

Wegen zu geringer Nachfrage nahm ich aber schon bald die frühmorgendliche Tour aus dem Programm. Die am Abend erfreute sich zunehmender Beliebtheit. In einem kleinen Vortrag machte ich die versammelten Besucher zunächst auf die Möglichkeiten aufmerksam, verwaiste Jungtiere zu retten. Anschließend führte ich die Leute zur Fütterungszeit durchs Gehege. Roger wurde schnell zum Star. Sein Machoverhalten zwang mich, ihn im kleineren Gehege einzusperren. Aber er versäumte es nicht, die Fäuste zu heben, sobald er mich sah. Ich fand diesen Teil der Führung besonders wichtig, weil er deutlich machte, dass domestizierte Tiere ihre natürlichen Verhaltensweisen behalten und gefährlich werden können.

Die Führungen und meine diversen Jobs brachten mir so wenig Geld ein, dass ich wieder in finanzielle Schwierigkeiten geriet. Ich konnte es mir nicht einmal leisten, dem örtlichen Tourismusverband beizutreten, weshalb es mir auch verwehrt war, meine Prospekte in dessen Zentrale auszulegen. Ich brauchte einen regelmäßigen Job an fünf Tagen in der Woche, aber es musste etwas sein, bei dem ich meine Joeys mitbringen durfte. Zu diesem Zeitpunkt hatte ich zwei: Zoe, ein junges Weibchen, das von einem Hund angefallen worden war und ein Loch im Ohr hatte, und Charles, ein Jagdopfer aus dem Charles Creek Camp.

Ein Freund machte mich auf eine freie Stelle bei Centre Bush Bus aufmerksam, einem Transportunternehmen, das mit seinen Busfahrten die entlegensten Camps und Siedlungen der Aborigines mit der Stadt verbindet. Es wurde von Alan Passmore gegründet, der als Verwalter einer Außenstelle in Docker River, einem 250 Kilometer westlich des Uluru gelegenen Dorf, gearbeitet und festgestellt hatte, wie schwer es für die dortigen Einwohner war, nach Alice Springs zu gelangen, sei es, um einen Arzttermin wahrzunehmen, einkaufen zu gehen oder Angehörige zu besuchen. Also legte er ein paar Busrouten fest und betrieb diese von Docker River aus. Zu dem Zeitpunkt, als ich mich um die freie Stelle bewarb, führten bereits seine Kinder Tahnee und Ben die Geschäfte.

Tahnee, lebhaft, freundlich, mit strahlendem Lächeln und überaus geschäftstüchtig, brachte frischen Wind in mein Leben. Im Vorstellungsgespräch erwähnte ich auch Zoe und Charles. Sie war sofort Feuer und Flamme, und es fehlte nur, dass sie gesagt hätte: „Ja, den Job haben Sie, aber nur, wenn Sie Ihre Joeys mitbringen."

Die Arbeit an sich war nicht besonders angenehm. Ich wusch Busse, die von rotem Staub, Schmiere und Schmutz überzogen waren. Trotzdem ging ich gern hin, und zwar wegen des Arbeitsklimas, das vor allem von Tahnee geprägt war. Gab es ein Problem, schlug sie eine Lösung vor, ohne bestimmen zu wollen. Ich fand das sehr angenehm.

Ich arbeitete zwar nur ein paar Stunden am Tag, doch das regelmäßige Einkommen gab mir ein wenig Sicherheit. Das Rudel hatte zu diesem Zeitpunkt Zuwachs bekommen: Chloe, ein Weibchen von ungefähr acht Monaten. Sie war von den Leuten, die sie bis dahin gepflegt hatten, so sehr verhätschelt worden, dass sie in Freiheit nicht hätte überleben können. Außerdem hatte sie Probleme mit den Füßen.

Der nächste Neuankömmling im Tierheim war allerdings kein Känguru.

Kapitel 13

Mitten im Sommer 2011 saß ich an meinem Feuer und bereitete mein Abendessen vor, als das Notfall-Handy klingelte. Ich nahm den Anruf entgegen und hörte, was äußerst selten war, das Beep-beep-beep der Auslandsvermittlung.

„Hallo, Chris, hier Andrew Graham-Brown."

Der Name sagte mir nichts, wohl aber der Arbeitgeber des Mannes. Er erklärte, er sei ein Dokumentarfilmer aus England und rufe im Auftrag von AGB-Films an, die sehr viel für die BBC produzierten. Er hatte von mir und meinem Tierheim über einen Kollegen namens Tom Mustill gehört. Tom war sechs Monate zuvor in Alice Springs gewesen, um eine Dokumentation über Kamele zu drehen, und hatte erwähnt, dass er einen Typen getroffen habe, der Kängurubabys rette.

„Wären Sie an einem Pilotfilm interessiert?", fragte mich Andrew.

„Was ist ein Pilotfilm?"

Probeaufnahmen, erklärte er. Er wolle mich besuchen, Aufnahmen von mir und den Kängurus machen und in England eine Minidokumentation schneiden, die er dann potenziellen Geldgebern für eine größere Sendung oder gar Fernsehreihe vorlegen würde.

„Also nur für den internen Gebrauch", führte er weiter aus. „Sie bekämen erst einmal keine Gage. Wären Sie trotzdem einverstanden?"

„Klar, warum nicht? Könnte Spaß machen."

Ich hatte die Sache fast vergessen, als sich Andrew Graham-Brown ein paar Wochen später ein zweites Mal meldete.

„Die BBC hat mir ein kleines Budget für Probeaufnahmen gegeben. Man verspricht sich einiges von diesem Projekt."

Er sagte, das ganze Geld gehe für Flug und Unterkunft drauf, für ihn selbst bleibe auch nichts übrig.

Zwei Monate später traf ich den Mann zur Stimme, einen sehr engagierten Filmemacher und Workaholic, wie ich später feststellte. Er erzählte mir von seinen jüngsten Arbeiten: ein von David Attenborough gesprochener Dokumentarfilm über ein Panda-Schutzprojekt in China und eine Dokumentation über die Flusswelt am Oberlauf aus der Perspektive von Kenny Salwey, der in einer Blockhütte in Ufernähe wohnte. Andrew hatte schon einige Sendungen abgeliefert und machte einen sehr kompetenten Eindruck auf mich.

Der Dreh dauerte sechs Tage. Roger und das Rudel waren die Protagonisten, neben Fidgit, einem männlichen Joey, dem Kinder von Jägern den Schwanz gebrochen hatten und um das ich mich gerade kümmerte. Ich wurde auch gefilmt bei meinem Alltag in und vor der Hütte, der sich ohne Strom gestaltete, ohne sanitäre Einrichtungen und mit Kochen auf offenem Feuer.

„So lebt heute eigentlich kein Mensch mehr", sagte Andrew, „nicht einmal im Outback."

Er war beeindruckt und fühlte sich offenbar an seine Pfadfinderjahre erinnert. Wir freundeten uns an und nahmen uns vor, unabhängig vom Ausgang des Pilotprojekts in Kontakt zu bleiben.

ENDE 2011, sechs Monate nach den Probeaufnahmen, rief Andrew wieder an. „Gute Nachrichten!", frohlockte er. „Die BBC will uns mit einem einstündigen Special für die Sendereihe ‚Natural World'."

Super, dachte ich. Mir war nicht wirklich bewusst, was Andrew meinte, als er sagte, ich stünde im Mittelpunkt der Story. Es gehe nicht um die Kängurus, sondern um mein Leben mit ihnen. Der Dokumentarfilm sollte „Kangaroo Dundee" heißen.

Ich fühlte mich geschmeichelt, war aber auch ein bisschen erschrocken. Wollte ich überhaupt, dass man mich in den Vordergrund stellte? Andererseits bot sich mir eine einzigartige Chance, meine Bemühungen um Not leidende Kängurubabys auf den Britischen Inseln bekannt zu machen, von denen Jahr für Jahr zahllose Touristen ins Outback kamen. Mir ging es nur darum, möglichst viele Menschen für den Tierschutz zu gewinnen. Von Andrew erfuhr ich, dass der Dokumentarfilm wahrscheinlich eine große Reichweite haben würde, zumal für die Kosten nicht nur die BBC, sondern auch Animal Planet aufkäme.

Ein Honorar wurde vereinbart, das es mir ermöglichte, meine Sonnenuntergangstouren auszusetzen, damit AGB-Films im Kängurugehege ungestört filmen konnte. 2012 wurde für mich das Jahr vor der Kamera. Vorübergehend legte ich auch meine Arbeit bei Centre Bush Bus nieder. Tahnee, mit der ich inzwischen gut befreundet war, ließ zwar durchblicken, dass sie nicht ganz einverstanden war, freute sich aber auch für mich. Sie hatte mir geholfen, mit Andrew per E-Mail zu korrespondieren. Ich hatte natürlich selbst keinen Internetanschluss.

Von Tahnee und meiner Familie abgesehen, erzählte ich niemandem von den Filmarbeiten. Touristen aus dem Ausland haben Freude an australischen Tieren, aber wie würden meine Landsleute auf den Film reagieren? In Australien gibt es schätzungsweise an die fünfzig Millionen Kängurus, doppelt so viele wie Einwohner. Manche sehen in ihnen einen nationalen Schatz, andere eine Plage. Also beschloss ich, die Sache für mich zu behalten, bis der Film im Kasten wäre.

ANDREW und Tom Mustill kamen im Januar 2012: zwei Engländer, die es aus winterlichen Gefilden in die brütende Hitze des Outback verschlug. Ich hatte ihnen eine nette Unterkunft bei mir in der Nähe besorgt, doch dass sie sich erst einmal von Jetlag und Klimaschock erholten, war nicht drin. Ich erzählte ihnen, dass Abigail jederzeit ein Baby bekommen könnte. Sie und Roger hatten sich vor knapp einem Monat vor meinen Augen gepaart, und da die Tragezeit der Roten Riesenkängurus nur dreiunddreißig Tage beträgt, stand die Geburt unmittelbar bevor, sofern es denn zur Befruchtung gekommen war. Zu diesem Zeit-

Als Ella das erste Mal trächtig war, lenkte ich sie mit einer Möhre ab, um in ihren Beutel schauen zu können.

Ella war gebärfreudig – hier mit ihrem dritten Jungen Nigel beim Bad in der Morgensonne.

Immer wieder musste ich vor Roger Reißaus nehmen, weil er aufs Kämpfen aus war.

Mit Tahnee, die zunächst meine Chefin beim Jobben für ein Busunternehmen war, mit der mich aber bald Freundschaft und dann Liebe verband

punkt hatte ich mich an das Bild neugeborener Joeys gewöhnt. Vor allem Ella hatte sich als gebärfreudig erwiesen; auf ihren ältesten Sohn Monty war ein Jahr später Bella gefolgt und dann Nigel, der nun einen Monat alt war.

Andrew und Tom waren ganz aus dem Häuschen und informierten sich sofort im Internet über Kängurugeburten. Ich erinnere mich genau daran, weil sie ein iPhone benutzten, ein Gerät, das ich erst durch sie kennenlernte.

Andrew und Tom folgten mir in mein zwanzig Hektar großes Gehege, wo wir ein Känguru suchten, das möglicherweise trächtig war und uns zu seltenen Filmaufnahmen verhelfen könnte. Was für ein Drehbeginn! Die beiden müssen schrecklich gelitten haben. Selbst mir war es zu heiß. Wir entdeckten Abi unter einem Baum am Rande einer savannenartigen Fläche, hielten Abstand und setzen uns im Schatten auf Klappstühle. Trotz der Hitze und obwohl uns Myriaden von Fliegen zu schaffen machten, verzogen meine Gäste keine Miene. Als erfahrene Tierfilmer waren sie an solche Härten gewöhnt wie auch daran, sich Wochen, wenn nicht Monate zu gedulden, bis ihnen etwas vor die Linse kam, was sich zu filmen lohnte.

Wir folgten Abi fünf Tage lang rund um die Uhr. Aber das erhoffte Geburtsspektakel blieb vorerst aus. So wurde es Zeit, dass wir uns auf andere Einstellungen konzentrierten.

Den ersten Monat nutzten Andrew, Tom und ich als eine Art Kennenlernphase. Wir unterhielten uns über Kricket, kochten und aßen am Lagerfeuer und kamen natürlich auch immer wieder auf Kängurus zu sprechen. Schnell schlossen wir Freundschaft. Andrew und Tom sorgten dafür, dass ich mich nicht unwohl vor der Kamera fühlte. Die beiden rieten mir, mich nicht zu verstellen oder gar ein zweiter David Attenborough sein zu wollen, sondern ich selbst zu bleiben.

„Stell dir vor, du sprichst mit uns und niemandem sonst", sagte Andrew.

Das tat ich, und es funktionierte.

Es half mir sehr, dass die beiden sich so für das Thema und den Busch begeisterten. Sie verliebten sich regelrecht ins Outback und konnten den atemberaubenden Anblick des Sternenhimmels kaum fassen.

Und dann ging es ja auch noch um die Kängurus. Anfangs hatten Andrew und Tom einige Probleme, die Tiere in ihren wechselnden Haltungen und Posen mit der Kamera einzufangen. Relativ einfach ist es, sie aus mittlerer Entfernung in weiten Sätzen über die Steppe springend aufzunehmen. Nahaufnahmen sind jedoch recht schwierig, da sich die Roos vor allem auf und ab bewegen. Andrew und Tom experimentierten viel.

Für die Filmaufnahmen nutzten wir meist die goldene Stunde am frühen Morgen, wenn es nicht so heiß und das Licht besonders günstig war, sowie den späten Nachmittag. Was ich unbedingt verdeutlichen wollte, war, dass es außer mir rund zwanzig weitere Tierpfleger in Alice Springs und Umgebung gab und dass viele weitaus länger in dem Job tätig waren als ich. Insbesondere wollte ich auf zwei Frauen aufmerksam machen, die mir ans Herz gewachsen waren.

Da war zum einen Cynthia, die Matriarchin unserer Zunft, an die man sich wandte, wenn man Rat, medizinische Hilfe oder einfach nur eine Tasse Kaffee und ein bisschen quatschen wollte. Als pensionierte Krankenschwester war sie nach Jahren der Berufstätigkeit in Queensland nach Alice zurückgekehrt. Inzwischen um die siebzig, war sie seit Kurzem Vorsitzende von Wildcare.

Seit rund fünfzig Jahren kümmerte sich Cynthia um Tiere. Sie war immer hilfsbereit und ließ sich nie beirren. Während der vielen Male, die wir uns gegenseitig unterstützt haben, hat sie mich mit ihrer Energie stets angesteckt. Sie umsorgte ständig an die zwölf oder noch mehr Joeys, ohne darüber ihre Enkel, ihre Kinder und ihren Mann zu vernachlässigen. Sie war unermüdlich und folgte einem einfachen Prinzip: Weise niemanden ab, der Hilfe nötig hat. Inzwischen betrachtete ich diese bemerkenswerte Frau als meine inoffizielle Großmutter.

Die andere Pflegerin, die mich stark beeinflusst hat, war Anne-Marie, ebenfalls eine ausgesprochen unkonventionelle Frau. Als ich sie zum ersten Mal traf, war sie um die fünfzig, hatte sehr lange blonde Haare, lackierte Fingernägel, eine Tätowierung auf dem Rücken und einen Stall voller Tiere, darunter ein Chihuahua mit Irokesenfrisur. Quicklebendig und immer in Bewegung, arbeitete sie unter anderem als Fußpflegerin und Hundefriseurin. Ich fand sie großartig, denn sie war ein echter Outback-Typ, der jedem sagen würde: „Was ihr von mir denkt, ist mir egal; ich lebe so, wie es mir gefällt."

Ich kannte Anne-Marie auch als sehr mitfühlende Person. Früher hatte sie als Pflegemutter etliche Kinder betreut, und auch heute noch stand ihre Tür offen für alle, die Hilfe benötigten.

Es ergab sich auch bald eine Gelegenheit, beide Frauen in die Filmaufnahmen zu „Kangaroo Dundee" einzubeziehen: ein Roadkill. Ich wurde gefilmt, wie ich ein Joey aus dem Beutel seiner toten Mutter zog. Ich nannte den Kleinen William und wollte ihn nicht allein, sondern in Gesellschaft von seinesgleichen aufwachsen lassen. Weil ich aber zu dieser Zeit kein anderes Jungtier in Pflege hatte, wandte ich mich an Cynthia und Anne-Marie, weil wir uns in ähnlichen Situationen schon öfter gegenseitig geholfen hatten. Cynthia pflegte gerade ein Dutzend

Babys und war froh, mir zwei überlassen zu können, die ungefähr so alt wie William waren, etwa fünf Monate. Daisy war als Überlebende eines Verkehrsunfalls in der Nähe des Uluru gerettet worden, Amy hatte ihre Mutter bei einer Treibjagd verloren.

Die drei Kleinen kamen großartig miteinander klar. Sie waren glücklich in ihren jeweiligen Taschen und machten erste Gehversuche in dem kleinen Garten hinter meiner Hütte. Daisy genoss es sichtlich, bemuttert zu werden. Wenn ich mit ihr schmuste, saugte sie an einem meiner Hemdknöpfe wie an einer Zitze. Leider humpelte sie ein wenig, wahrscheinlich wegen eines Gelenkproblems, das ihr aber sonst offenbar keine Schwierigkeiten bereitete.

DANK DER DREI ZÖGLINGE konnte ich meine mütterliche Seite vor der Kamera ausspielen. Ich bin überzeugt davon, dass viele Männer eine solche Seite haben, sie aber, aus welchen Gründen auch immer, nicht ausleben. Mir fällt das nicht schwer, ich muss deshalb meine Männlichkeit nicht in Zweifel ziehen. Vielmehr glaube ich, dass mein Verhalten typisch männlich ist und in Einklang mit einer jahrtausendealten Tradition und kulturellen Prägung steht: Ich schaffe Lebensmittel herbei, sorge für Unterschlupf und biete der Familie Schutz. Die Mütterlichkeit mag manchen Kerlen unangebracht erscheinen, ist aber nach meinem Dafürhalten unabhängig von Geschlecht und sexueller Orientierung Ausdruck von Stärke, weil sie versucht, einem jungen, verletzlichen Lebewesen zu einem möglichst guten Start ins Leben zu verhelfen.

Wegen dieser fürsorglichen Haltung jungen Kängurus gegenüber habe ich nach der Ausstrahlung von „Kangaroo Dundee“ heftige Kritik einstecken müssen. Was ein paar Leute wohl besonders irritiert hat, ist das letzte Mittel, auf das ich zurückgreife, wenn ich mit einem Baby fernab jeglicher Zivilisation unterwegs bin und das Kleine so geschwächt ist, dass es nicht einmal den Kopf heben kann, um Wasser aus meiner hohlen Hand zu trinken. Dann verhalte ich mich wie eine echte Kängurumutter und lasse es mir den Speichel aus dem Mund lecken – vorausgesetzt, es zeigt keine Symptome einer ansteckenden Krankheit. Ärzte und Veterinäre haben mir davon abgeraten, aber wenn es einem Kleinen über eine Durststrecke hinweghilft, mache ich das weiterhin. In all den Jahren hat es mir nicht geschadet, wohl aber viele Babys dazu gebracht, mich als ihre echte Mutter anzuerkennen während jener Phase, da sie besonders viel Liebe und Unterstützung brauchten. Ich bin stolz darauf, dass ich dies nicht aus Büchern, sondern durch eigene Anschauung im Outback gelernt habe.

William, Daisy und Amy zählten zu den Stars von „Kangaroo Dundee“, aber wer die Sendung gesehen hat, wird sich daran erinnern, dass nicht alles nach Plan lief. Als ich den Garten hinter der Hütte anlegte, auf einer Fläche von der Größe zweier Tennisplätze, beschloss ich, einen grobmaschigen Zaun zu spannen, der für kleinere Tiere, zum Beispiel Goannas und Bartagamen, passierbar sein würde. Sie sollten Zugang haben, weil sie helfen, Giftschlangen in Schach zu halten.

Ich kam mit der Arbeit gut voran, doch dann schlug mir die Natur ein Schnippchen. An einem Vormittag fing es plötzlich an zu brausen, als ob eine Rinderherde auf meine Hütte zustürmte. Heiße Wirbelwinde, die wir in Australien Willy-Willys nennen, fegten herbei und rührten Staub und Sand meterhoch auf. Meist sind diese Windhosen harmlos, aber manche können Furcht erregend sein. Meine drei Joeys jedenfalls gerieten in Panik und sprangen ziellos hin und her.

Ein Willy-Willy traf die Hütte. Sand prasselte gegen das Wellblech. Es gelang mir, Amy und William zu erwischen und sie nach drinnen in Sicherheit zu bringen. Dann rannte ich wieder hinaus und sah, dass sich Daisy mit einem Bein im Zaun verfangen hatte. Obwohl ich mich vorsichtig näherte, um sie nicht zu erschrecken, wurde sie ganz hektisch und versuchte, sich loszureißen. Als ich sie befreit hatte, musste ich feststellen, dass sie sich am Bein verletzt hatte und nicht mehr stehen konnte. Ich rief auf der Stelle in der Tierklinik an, es hieß, dass sie frühestens in zwei Stunden an der Reihe sei. Mir blieb nichts anderes übrig, als zu warten. Ich versuchte, Daisy einen Verband anzulegen, aber sie sträubte sich mit aller Kraft dagegen. Ich schaffte es schließlich doch, hielt sie an mich gedrückt und hoffte, sie auf diese Weise zu beruhigen. Sie leiden zu sehen, schmerzte mich.

„Tun Sie bitte alles, was in Ihrer Macht steht“, bat ich die Tierärztin, als wir endlich im Behandlungszimmer waren. Sie tastete das verletzte Bein ab und schien sofort zu wissen: Der Knochen, kaum dicker als ein Zweig, sei nicht nur gebrochen, sondern zersplittert wie ein Glas, das zu Boden gefallen war.

„Lassen Sie sie hier. Wir werden ein paar Röntgenaufnahmen machen und uns dann bei Ihnen melden“, sagte sie.

Es war später Nachmittag, als sie anrief: „Können Sie herkommen?“

„Wie geht es ihr?“

„Kommen Sie her, und wir werden alles besprechen.“

Damit war der Fall klar.

Als ich eintraf, zeigte man mir auf einem Computerbildschirm die Röntgenaufnahmen. Die Tierärztin, eine sehr rücksichtsvolle Frau, versicherte mir, alles versucht zu haben. Sie hatte sogar zwei Spezialisten aus anderen Kliniken konsultiert, aber auch von ihnen nur eine negative Prognose zu hören bekommen. Selbst wenn der Knochen heilen sollte, würde Daisys Bein nicht mehr voll belastbar sein und immer wehtun. An eine zukünftige Auswilderung war nicht zu denken, aber auch mein Tierheim kam nicht mehr infrage. Immerzu Schmerzen zu leiden, mochte ich Daisy nicht zumuten. Es gab nur eine vernünftige Entscheidung. Sie musste eingeschläfert werden.

Ich begrub sie in der Nähe der Hütte unter einem wunderschönen Eisenholzbaum, der seitdem „Daisys Baum" heißt.

Der Verlust hat mich sehr getroffen. Wenn es an diesem schrecklichen Ereignis etwas Positives gab, dann vielleicht die Botschaft im Film: Tierpflege und -fürsorge sind nicht nur rosig und voller Glücksmomente.

Daisys Tod war das einzig Traurige an „Kangaroo Dundee". Andrew und Tom filmten später Williams und Amys Entlassung in die Freiheit, die wie immer auf Viehweiden in der Nähe einer Wasserstelle stattfand.

Die Filmszenen, die wir uns vorgenommen hatten, waren alle im Kasten, bis auf eine: der Vorgang einer Geburt. Andrew und Tom blieben noch den ganzen Sommer. Dann flogen sie nach England zurück mit dem Versprechen, im Winter wiederzukommen. Ich nahm mir vor, während ihrer Abwesenheit das Paarungsverhalten meiner Kängurus zu dokumentieren. Mit etwas Glück würden wir schließlich mit der Kamera zur richtigen Zeit am richtigen Ort sein.

Kapitel 14

Zu den größten Vorzügen meines Tierheims zählt, dass ich Kängurus beobachten kann, wann immer mir danach ist. Der Beobachtungsposten liegt gleich vor der Hintertür meiner Hütte. Wie versprochen führte ich Tagebuch über Rogers Beziehungen zu den Weibchen seines Rudels.

Im Laufe der Zeit fand Roger heraus, dass er sich nicht ausschließlich der Werbung widmen konnte, sondern auch auf der Hut vor den anderen Männchen sein musste, insbesondere vor Monty, der geschlechtsreif wurde. Wenn Monty unter Missachtung der Paarungsetikette einem Weibchen nachstellte, war Roger mit wenigen Sprüngen zur Stelle und erklärte seinem Sohn die Rangfolge. Monty schlich sich dann wie ein eingeschüchtertes Hündchen mit eingezogenem Schwanz davon.

Als Andrew und Tom für weitere Aufnahmen wieder zurück waren, teilte ich ihnen mit, dass sowohl Naomi als auch Berry möglicherweise befruchtet worden waren. Die dreiunddreißig Tage Tragzeit waren vorüber, also stand eine Geburt unmittelbar bevor. Wir folgten Berry vier Tage durchs Gehege, hatten aber keinen Erfolg. Kaum hatten wir unsere Aufmerksamkeit von ihr abgewendet, brachte Berry wie zum Hohn in aller Stille einen kleinen Sohn zur Welt. Ich nannte ihn Red.

Ein paar Tage später fiel mir auf, dass sich Zoe, eines der jüngeren Mitglieder des Rudels, ungewöhnlich verhielt. Ich hatte sie erst vor Kurzem zusammen mit ihrem Stiefbruder Charles, dem sie sehr nahestand, im großen Gehege ausgesetzt. Zoe leckte sich immer wieder den Beutel. Ich schaute in meinem Tagebuch nach und las, dass sich Roger vor etwa einem Monat auffällig oft in Zoes Nähe aufgehalten hatte. Ich berichtete Andrew und Tom davon, woraufhin wir nun Zoe im Auge behielten. Durch meine Lektüre, aus Fernsehdokumentationen und Gesprächen hatte ich erfahren, dass Kängurus nur tagsüber gebären. Nachts wäre es für das Neugeborene, das in den Beutel hochklettern muss, viel zu kalt.

WIR OBSERVIERTEN ZOE seit zwei Tagen, als sie, nur etwa hundert Meter von meiner Hütte entfernt, unverkennbar deutlich auf ihren Beutel fokussiert war. Ich rief Andrew an, der sich nach den anstrengenden Tagen und Nächten in seinem Cottage ausruhte. Es war später Nachmittag. „Möglich, dass ich mich irre", warnte ich.

„Halt die Augen offen. Man kann nie wissen", antwortete Andrew.

Kaum hatte ich aufgelegt, steckte Zoe ihren Kopf in den Beutel und verharrte rund dreißig Sekunden in dieser Position, ehe sie sich wieder aufrichtete. Wenige Minuten später tauchte Zoe wieder ab.

Dann scharrte sie eine Kuhle in den Boden und legte sich hinein. Plötzlich stand sie auf, so schnell, als wäre sie von Ameisen gebissen worden, und steckte wieder den Kopf in den Beutel. Ich rief Andrew an, berichtete ihm von den jüngsten Entwicklungen. Minuten später rannten Andrew und Tom mit ihrer Ausrüstung auf mich zu. Normalerweise sah man sie nur schlendern.

Wir filmten Zoe aus einer Entfernung von nicht mehr als zehn Metern. Sie putzte immer noch fieberhaft ihren Beutel. Dann gab es ein Zeichen, das keinen Zweifel mehr zuließ: Zoe bewegte sich auf eine Kuhle zu, in der die Mitglieder des Rudels häufig ruhten, um die Tageshitze zu überstehen. Ich hielt die Luft an, als sie sich sitzend und mit dem Schwanz zwischen den Beinen in Gebärstellung brachte. Das ging schnell! Soweit ich wusste, nahm eine Geburt, die mit dem Putzen des Beutels begann, normalerweise Stunden in Anspruch. Zoe verschwand wieder mit dem Kopf in ihrem Beutel. Zog ihn hervor, steckte ihn wieder hinein. Andrew und Tom waren wie ich voll angespannter Erwartung. Die Sonne ging unter.

Ohne erkennbaren Grund stand Zoe plötzlich auf und fing an zu grasen. Nonchalant, als wäre nichts geschehen, hüpfte sie von einem Grasbüschel zum anderen. Wir waren verblüfft und wagten nicht, uns von der Stelle zu rühren. Fünfzehn Minuten verstrichen, ohne dass sie einen Blick in ihren Beutel geworfen hätte. Was war los?

„Vielleicht ist es erst morgen so weit", sagte ich zu Andrew und Tom. „In der Nacht passiert es jedenfalls nicht. Lasst uns gehen."

„Machst du Witze?", fragte Tom.

„Glaub mir, heute tut sich nichts mehr. Kommt, trinken wir ein Bier."

Tom war anderer Meinung. Also blieben wir noch eine Weile und warteten. Es wurde kühler. Bald würden die Temperaturen auf ungefähr acht Grad absinken, was alles andere als ideal wäre für ein Kängurubaby bei seiner anstrengenden Kletterpartie in die Sicherheit des Beutels. Nach einer halben Stunde hörte Zoe zu fressen auf. Sie legte sich auf die Seite, pflegte wieder ihren Beutel, stand auf und machte sich jetzt energisch mit der Zunge daran zu schaffen. Wir hatten Glück, dass der Vollmond das Licht der Filmleuchte verstärkte, die Andrew eingeschaltet hatte. Ich sagte zu ihm: „Wenn sie jetzt doch niederkommen sollte, widerspricht das allem, was ich gelesen habe."

Der Mond stieg höher und höher. Er verbreitete ein wunderschönes Licht. Die Luft war frisch und still. Jedes Geräusch, das wir verursachten, schon der leiseste Schritt, ließ Zoe vor Schreck zusammenfahren.

„Wir sollten lieber die Schuhe ausziehen", flüsterte ich.

Auf Socken über mein Gelände zu gehen, empfiehlt sich eigentlich nicht. Im Gras verbirgt sich nicht nur Kängurumist, sondern auch so manches Reptil. Wir taten es trotzdem und wurden belohnt. Zoe ließ sich in eine sandige Kuhle fallen. Wir waren nur etwa fünf Schritte von ihr entfernt, hatten aber nicht den besten Blick, weil sie nicht zur Ruhe kommen wollte, sich immer wieder erhob und alle fünf Sekunden eine andere Position einnahm. Sie wirkte regelrecht verstört.

Nach zahllosen Positionswechseln verharrte sie plötzlich. Andrew und Tom filmten aus unterschiedlichen Blickwinkeln. Einer von ihnen erwischte den entscheidenden Augenblick: Ein rosafarbenes Gummibärchen mit Armen, aber ohne Beine kletterte auf den Beutelrand zu. Selten war ich so aufgeregt wie in diesem Moment. Auch Andrew und Tom kamen aus dem Staunen nicht mehr heraus. Die lange Wartezeit hatte sich gelohnt. Zoe tat mir leid, denn die Geburt hatte ihr offenbar schwer zugesetzt. Man sollte meinen, dass es ein Leichtes wäre, ein so winziges Baby zur Welt zu bringen, aber Zoes Verfassung erzählte eine andere Geschichte. Für mich war das Ganze wieder einmal eine sehr lehrreiche Erfahrung. Für die junge Kängurumutter bestimmt auch.

WIR WOLLTEN das Verhalten des Rudels bei Dunkelheit filmen, aber nicht nur wegen der schwierigen Lichtverhältnisse waren die Nachtaufnahmen alles andere als einfach für Andrew und Tom, und ich hoffe, die Zuschauer wissen das zu schätzen. Das größte Problem war Roger, und wir überlegten, wie wir das am besten anstellten, ohne Roger in das kleine Gehege zu verbannen. Er sollte mit ins Bild, doch wir befürchteten, dass er ruppig werden könnte und auch vor einer fünfzigtausend Pfund teuren Kamera nicht haltmachen würde.

Zu unserem Schutz errichtete ich einen beweglichen Drahtzaun, hinter dem wir uns verschanzen konnten. Wir benutzten ihn, als Andrew im September zum dritten und letzten Mal für Filmaufnahmen anreiste. Für Tom, der verhindert war, sprang Ian Clarke ein, ein ehemaliger Bauingenieur, der sich zum Tontechniker hatte umschulen lassen. Ihm verdanke ich unter anderem, dass mein alter Kia noch läuft.

Wir warteten die Vollmondphase ab. So leise wie möglich zu sein war Voraussetzung, denn Kängurus können nicht besonders gut sehen, verlassen sich vornehmlich auf ihre riesigen Ohren und nehmen jedes noch so leise Geräusch wahr. Wir hatten den beweglichen Zaun an einer günstigen Stelle auf freiem Savannengelände mit nur wenigen Bäumen aufgebaut. Geplant war, dass Andrew und Ian allein dahinter zurückblieben und ich in meiner Hütte auf ihren Anruf wartete, um sie nach getaner Arbeit abzuholen.

Die Filmaufnahmen begannen, und alles lief nach Plan. Ich stand noch eine Weile Wache vor dem Zaun und vergewisserte mich, dass Roger anderweitig beschäftigt war. Er graste in einigem Abstand mit den anderen Mitgliedern des Rudels, die als wunderschöne Silhouetten im Mondlicht zu sehen waren. Ich ließ Andrew und Ian allein und ging zur Hütte. Alles war friedlich und still.

Doch plötzlich wurden Schreie laut, und eine verängstigte Stimme rief: „Brolga! Roger hat uns entdeckt!“

Ich rannte hin und sah, dass Roger einen Teil des Zauns niedergerissen hatte und, zur vollen Größe aufgerichtet, weiteren Schaden zu verursachen drohte. Ehe die beiden eine Abreibung bekamen, sprang ich wie ein Matador – oder vielleicht eher wie ein Rodeo-Clown – in den Ring, lenkte Roger ab und gab Andrew und Ian Gelegenheit, ihre Ausrüstung zu schnappen und zur Hütte zu laufen. Ich konnte nur hoffen, dass sich Roger mit mir zufriedengab und darauf verzichtete, den beiden zu folgen. Im Zickzackkurs brachte ich mich schließlich selbst in Sicherheit. Offenbar beruhigt, kehrte Roger zu seinem Rudel zurück.

Sobald ich daran denke, muss ich lachen.

DIE DREHARBEITEN dauerten insgesamt dreieinhalb Monate. Andrew konnte es kaum erwarten, die Endfassung zu sehen. Ich wusste nicht, womit ich rechnen sollte. Ich hatte keinen Fernseher. Nicht einmal einen Lichtschalter!

Dann erreichte mich ein Anruf von Andrew, der mir berichtete, dass er und die BBC sich Gedanken darüber machten, wer als Sprecher für unseren Film infrage komme. Am Ende entschied man sich für eine englische Stimme, und zwar für die der Schauspielerin Juliet Stevenson. Ich hatte, um ehrlich zu sein, noch nie von ihr gehört, was bei meiner abgeschiedenen Lebensweise aber auch nicht weiter verwunderlich war. Man sagte mir nur, sie sei sehr bekannt aus Film und Fernsehen.

Ich wusch wieder Busse und hatte das auch schon in den drehfreien Zeiten gemacht, in denen Andrew nach England zurückgekehrt war. Es gefiel mir, meine Jobs wiederaufzunehmen und ein paar Dollar zu verdienen. Während der Filmarbeiten hatten mir der Centre Bush Bus und vor allem Tahnee gefehlt. Ich hegte Gefühle für sie, und es schien, dass sie ähnlich für mich empfand. Wir flirteten miteinander, waren aber immer noch in der unkomfortablen Situation, in der man sich fragt, ob man sich zur Begrüßung die Hand geben, sich umarmen oder einen Kuss tauschen sollte. Abgesehen davon hatte mir Tahnee unschätzbare Dienste erwiesen, indem sie den E-Mail-Kontakt zwischen Andrew und mir ermöglicht hatte. Sie war fantastisch. Bis zu diesem Zeitpunkt war für sie in Bezug auf uns nicht allzu viel zu tun gewesen, doch das sollte sich ändern.

Kapitel 15

Anfang 2013, zwei Wochen vor Ausstrahlung des ersten Teils von „Kangaroo Dundee" im britischen Fernsehen, rief Andrew an.

„Wir haben unseren Dokumentarfilm ein paar BBC-Leuten vorab gezeigt. Sie waren begeistert. Ich glaube, er wird großen Zuspruch finden. Du solltest dich darauf einstellen. Es wäre gut, wenn du dir eine Website einrichten würdest. Die Leute werden mit dir Kontakt aufnehmen und dich näher kennenlernen wollen."

Normalerweise reichte es aus, wenn Tahnee sich um mein E-Mail-Konto kümmerte, denn es gingen nur alle Jubeljahre Mails für mich ein. Auch wusste ich nicht recht, wozu ich einen Internetauftritt brauchte, nahm aber das Angebot eines Freundes an, der mir eine einfache Website zu gestalten versprach. Als er jedoch hörte, dass die BBC im Spiel war, empfahl er mir professionelle Hilfe. Also zweigte ich einen für mich ziemlich hohen Geldbetrag ab und wandte mich an einen Webdesigner. Tahnee erstellte zusätzlich eine Facebook-Seite für mich und mein Tierheim. Ich hatte von Facebook gehört, wusste aber nicht, was es damit auf sich hatte. Auf den Rat eines anderen Freundes hin kaufte ich mir ein iPhone, das zu bedienen mir ein Dritter beibringen musste. Mit Glasfaserverkabelung und ausreichender Feldstärken für den Mobilfunk war auch Alice Springs im einundzwanzigsten Jahrhundert angekommen. So wurde selbst ich plötzlich hoch technisiert. Ich sah mein ruhiges Leben bedroht.

DIE ERSTE einstündige Episode wurde in Großbritannien am Abend des 26. Januar ausgestrahlt, also zu einer Zeit, da in Australien schon der nächste Tag begonnen hatte. Gegen sechs in der Früh rief Emma an, die in ihrem Auto irgendwo in Queensland unterwegs war. Sie skypte mit ihren Eltern in England, die gerade „Kangaroo Dundee“ im Fernsehen sahen und ihre Webcam so ausgerichtet hatten, dass Emma auf ihrem Laptop das Schauspiel mitverfolgen konnte. Ich war beeindruckt. Natürlich war auch ich jetzt gespannt, den kompletten Film zu sehen.

Ungefähr eine Stunde später meldete mir mein iPhone den Eingang einer E-Mail. Sie war von irgendeinem Menschen aus Yorkshire, der den Dokumentarfilm gesehen hatte und mir Komplimente machte. Ich steckte das Handy weg und dachte nicht weiter darüber nach. Nach einer Weile aber überkam mich die Neugier. Ich rief Tahnee an und fragte sie, ob ich vorbeikommen könne. Als ich anderthalb Stunden später bei ihr war, zählte mein Postfach sage und schreibe 618 E-Mail-Eingänge. Ich werde diese Zahl nie vergessen. Dann wollte ich einen Blick auf meine Website werfen.

„Scheint abgestürzt zu sein. Dabei ist sie angeblich für jede Menge Klicks ausgelegt“, sagte Tahnee.

Mir war die ganze Angelegenheit völlig schleierhaft. Wir machten uns über die E-Mails her, doch sobald wir eine gelesen hatten, zeigte das Postfach zehn neue an. Da wusste ich, dass etwas Außergewöhnliches geschah. Kaum war meine Website nach Stunden wiederhergestellt, stürzte sie erneut ab, diesmal für einen ganzen Tag. Selbst als mein Web-Designer für maximale Belastbarkeit sorgte, kam es immer wieder zu Abstürzen. Auf meinem E-Mail-Konto waren inzwischen Aberhunderte neuer Zuschriften eingegangen, darunter viele wunderschöne Zeilen. Leute bedankten sich, manche sagten, sie fühlten sich inspiriert. Ich war überwältigt, ja fassungslos.

Zahllose Zuschauer erkundigten sich nach Daisy. Die erste der beiden Folgen endete ausgerechnet an der Stelle, da Daisy in der Tierklinik einer ungewissen Zukunft entgegenblickte. Nach der zweiten Folge, die Daisys Schicksal aufklärte, machte sich ein Wandel in den Reaktionen bemerkbar. Manche Zuschauer unterstellten mir Grausamkeit und meinten, Daisy könnte noch leben, wenn ich es gewollt hätte. Zum Glück blieben 99 Prozent der Zuschriften positiv. Mich erreichten zu diesem Zeitpunkt rund sechshundert E-Mails am Tag.

Unter den Zuschriften waren auch Anbandelungsversuche und Heiratsanträge. Die vielen Zuschriften schmeichelten mir, brachten mich aber auch in Verlegenheit. Mir kam das alles lächerlich vor. Dass die Zuschauer Gefallen an den Sendungen fanden, nun ja, das konnte ich verstehen. Aber an mir mochte allenfalls attraktiv sein, dass ich mich im Unterschied zu vielen anderen Männern nicht scheute, Gefühle zu zeigen.

Mich überraschte auch, wie oft man mich als Aushängeschild für irgendwelche Projekte zu gewinnen versuchte. Ich lehnte durchweg ab, denn erstens hatte ich meinen eigenen Kampf zu führen, und zweitens wollte ich mich nicht als Umwelt- und Tierschützer oder Aktivist vereinnahmen lassen. Wer mich so sieht, hat mich missverstanden.

Außer E-Mails und Telefonanrufen erreichten mich auch zuhauf Briefe. Trotz all der freundlichen Zuschriften bedurfte es einer Begegnung in meinem vertrauten Umfeld, damit mir die Reaktionen in Großbritannien vollauf bewusst wurden. Ich war in Alice und kaufte ein, als vier englische Rucksacktouristinnen auf mich zukamen und fragten: „Sind Sie Kangaroo Dundee?“

„Äääh, ja, ähm …“

Die jungen Frauen grinsten. „Toll!“

Sie packten ihre Kameras aus, schossen Fotos von mir wie eine Horde losgelassener Paparazzi und baten Passanten, Aufnahmen von uns allen zu machen. Ich dachte noch, großartig, vier hübsche Mädchen lassen sich mit mir fotografieren, als sie übereinstimmend meinten: „Unsere Mütter werden begeistert sein.“

Mitunter wurde es mir zu viel. Alles in allem war ich froh, in dem abgelegenen Nest von Alice Springs zu leben und nicht in großstädtischer Umgebung, wo mich sehr viel mehr Leute erkannt hätten. Ich blieb lieber anonym und beließ alles beim Alten. Allerdings gebe ich gern zu, dass meine neue Popularität auch Vorteile mit sich brachte. Zum Beispiel schrieb mir Juliet Stevenson, die Sprecherin des Films, eine wundervolle E-Mail, in der sie den Film lobte und mich zum Abendessen einlud, falls ich irgendwann einmal in England sein sollte. Ich war hin und weg. Und dann kam es noch toller: Der Agent von Tony Robinson nahm Kontakt mit mir auf und sagte, Tony würde gern, wenn er demnächst in Australien sei, ein Bier mit mir trinken. Ich hatte den Namen zwar schon gehört, wusste aber nicht auf Anhieb, wer dieser Tony war, googelte ihn und stellte fest, dass er den Baldrick in Rowan Atkinsons Comedy-Reihe „Blackadder" gespielt hatte. Mein Bruder Ron und ich waren große Fans von „Blackadder" gewesen, und die Aussicht darauf, mit Baldrick ein Bier zu trinken … Nun, was gäbe es Tolleres?

ANGEBLICH sahen rund 1,8 Millionen Menschen beide Folgen, die von BBC2 und BBC HD mehrere Male wiederholt wurden und außerdem online zu sehen waren. Wenige Monate nach der Ausstrahlung in Großbritannien zeigte ABC, das australische Äquivalent zur BBC, „Kangaroo Dundee" auch auf unserem Kontinent. Wieder waren die Reaktionen sehr heftig. Es meldeten sich unter anderem verschiedene Känguru-Experten, die sagten, ich mache dies und jenes falsch. Mit den Jahren habe ich gelernt, dass Lehrbücher nur Anstöße vermitteln können und dass man letztlich aus eigener Erfahrung Schlüsse ziehen muss und dann schon erkennen kann, wie erfolgreich man ist.

Abgesehen von einigen kritischen Einwänden, durfte ich mich alles in allem aber bestätigt sehen. Meine Nachricht hatte Hunderttausende im ganzen Land erreicht. In etlichen Interviews konnte ich vor und nach Ausstrahlung der Fernsehsendung über Print- und Funkmedien zusätzlich Werbung betreiben und viel mehr Menschen für die Rettung von verwaisten Kängurubabys gewinnen, als es in meinem kleinen Rescue Centre jemals möglich gewesen wäre.

„Kangaroo Dundee" war bald auch in anderen Ländern zu sehen, so etwa in Kanada, Spanien, Portugal und Frankreich. Darüber hinaus erhielt ich Zuschriften von Leuten aus Dänemark, der Schweiz und Deutschland. In den USA wurde „Kangaroo Dundee" beim International Wildlife Film Festival in Montana als beste TV-Serie ausgezeichnet und erzielte die beste Jurybewertung.

Und wie fiel mein persönliches Urteil aus? Als Tom und Andrew mir eine Kopie des Films schickten, hätte ich es mir am liebsten mit meiner Familie in Perth angesehen, was aber nicht möglich war, weil ich mich um meine Roos kümmern musste. In meiner Hütte gab es keinen Stromanschluss, also auch keinen DVD-Player und keinen Fernseher. Blieb mir nur die Möglichkeit, zu Tahnee zu gehen. Es war das erste Mal seit Jahren, dass ich fernsah.

Ich war tief beeindruckt, wie perfekt Andrew und Tom die Schönheit meiner Kängurus und ihres Geheges in Szene gesetzt hatten. An mehreren Stellen hatten Tahnee und ich Tränen in den Augen.

Ich habe das alles bis heute noch nicht richtig verdaut. Wenn ich

Roger mit mir kämpfen und mich in die Flucht schlagen sehe, stehen mir nach wie vor die Haare zu Berge, und ich begreife, warum ausgerechnet diese Szene unter den Zuschauern so beliebt ist.

Der eindrücklichste und wirkungsvollste Moment von „Kangaroo Dundee" hatte aber weder etwas mit mir noch den Kängurus zu tun, und er fiel mir auch erst auf, als die zweite Folge in Australien ausgestrahlt wurde. Wegen der Musikrechte hatte die ABC-Version einen anderen Soundtrack als die BBC. Von einem Stück in der Aussie-Version war ich richtig enttäuscht: Es war ein langsames klassisches Stück zur Untermalung einer Sequenz, die meine Kängurus im Schatten eines Baumes ruhend zeigte. Meine ablehnende Haltung änderte sich aber, als ich einen Anruf von Mum erhielt, die mit Dad zu Hause in Perth die Sendung im Fernsehen verfolgt hatte. Sie weinte.

„Wer hat die Musik zu den schlafenden Kängurus ausgewählt?", wollte sie wissen.

„Keine Ahnung. Warum fragst du?"

„Es ist die ‚Träumerei'."

Das Stück, das bei der Beerdigung von Uncle Ross gespielt worden war, weil er es so sehr geliebt hatte. Ich war bei der Auswahl der Musik zu „Kangaroo Dundee" nicht gefragt worden und bin mir sicher, diesen Titel Andrew und Tom gegenüber nicht erwähnt zu haben. Es war einfach ein wunderbarer Zufall. Für mich offenbarte sich darin der Geist von Uncle Ross, ohne den es mein Tierheim nicht gegeben hätte. Wenn ich den Leuten diese Geschichte erzähle, weinen manche, andere schütteln ungläubig den Kopf. Ich lächle einfach und hoffe, dass ich Uncle Ross stolz mache mit dem, was ich erreicht habe.

Kapitel 16

Seit der Ausstrahlung von „Kangaroo Dundee" hat sich mein Leben verändert, sowohl im Großen wie im Kleinen. Zum einen lebe ich jetzt in einer Beziehung. Ob bei der Arbeit für Centre Bush Bus oder beim Durchsehen all der E-Mails und Briefe, die mich erreicht hatten, in Tahnees Gesellschaft fühlte ich mich zunehmend wohl und glücklich. Unsere Freundschaft vertiefte sich, bis ich mich eines Tages öffnete und ihr sagte: „Ich möchte, dass wir mehr sind als Freunde." Glücklicherweise empfand sie genauso.

Sich auf mich und meine kleinen Joeys einzulassen ist bestimmt nicht leicht, aber Tahnee schätzt und respektiert meine Arbeit. Sie kommt vom Land, aus New South Wales, und liebt Tiere. Von Anfang an hat sie klargemacht, dass sie voll und ganz am Betreiben des Tierheims beteiligt sein wollte. Und sie hat sich sofort an die Arbeit gemacht, Milch für die Babys zubereitet und sich um sie gekümmert. Es gefällt uns beiden, die Joeys im Haus zu haben. Sie sind für uns wie eine Familie. Mir ist klar, dass ich in dieser und vieler anderer Hinsicht unglaublich großes Glück habe. Tahnee ist eine ganz besondere Frau.

Ich weiß jetzt, wie es ist, ein wenig berühmt zu sein. Man hat mich sogar gebeten, der Jury einer Heimtier-Show in Darwin beizutreten. Ich bin dankbar für das Renommee, denn es hat meinen Känguru-Waisen eine weltweit hörbare Stimme gegeben. Genau das wollte ich. Nach den Dreharbeiten öffnete ich mein Tierheim wieder für Besucher. Jetzt wissen sehr viel mehr Leute von den Sonnenuntergangstouren durch das Freigehege, was sich aber finanziell nicht auszahlt. Das Tierheim ist weder Zoo noch Wildpark, und ich möchte das Leben der Kängurus nicht stören, indem ich an ihnen zu verdienen versuche. Roger und sein Rudel stehen an erster Stelle. Universitäten haben mich kontaktiert und angefragt, ob Studenten zu mir kommen und das Verhalten der Tiere erforschen könnten. Ich lehne solche Ersuche ab, weil ich meine Kängurus lieber selbst beobachte, und zwar nach meiner eigenen Methode. Ich schreibe nicht alles auf, sondern ziehe es vor, hinzuschauen und aufzugreifen, was mir auffällt. Die Kängurus sind die Experten, nicht ich.

DIE KÄNGURUS erstaunen mich immer wieder – wie überhaupt alles, was die Natur hervorbringt. Ein Känguruweibchen kann ein Joey gerade in die Selbstständigkeit entlassen haben und das nächste in seinem Beutel nähren, während gleichzeitig ein drittes in seiner Gebärmutter entsteht. Und was noch fantastischer ist: Das Weibchen kann das Zellwachstum eines Embryos bis zu acht Monate lang pausieren lassen, wenn die Umstände es dazu zwingen. Es wartet dann auf günstigeres Wetter. Ich hatte von diesem Phänomen in Büchern gelesen, bevor ich es bei Ella miterleben durfte.

Der Reproduktionszyklus von Kängurus hat noch einen faszinierenden Aspekt, der kaum bekannt ist. In „Kangaroo Dundee“ wird gezeigt, wie Zoe mit ihrem Baby niederkommt. Mir fiel auf, dass sie sich nach der Geburt einen kleinen weißen, knapp einen Zentimeter langen Pfropfen aus dem Fell leckte. Ich hatte davon in Büchern gelesen, einen solchen „Tampon“ aber noch nie gesehen. Die Forschung ist sich nicht einig, doch gehen manche Experten davon aus, dass das Männchen nach vollzogener Paarung das Weibchen damit verschließt, um eine eventuelle Befruchtung durch andere Männchen zu verhindern.

ÜBER ROGER habe ich schon häufig den Kopf schütteln müssen. Er kann so widersprüchlich sein, ein muskelstrotzender, wutschnaubender Anführer einerseits und andererseits ausgesprochen zärtlich im Umgang mit Joeys, die noch im Beutel stecken. Dann ist er mir gegenüber besonders aggressiv. Er nimmt seine Rolle als Beschützer seiner Familie sehr ernst.

Am Abend eines sehr heißen Tages saß ich vor meiner Hütte und trank ein Bier, nachdem ich von der Arbeit bei Centre Bush Bus zurückgekehrt war. Ich hatte gerade einen Eimer Kraftfutter ausgestreut, an dem sich an die zwanzig Roos gütlich taten. Der Sonnenuntergang war prächtig. Die meisten Weibchen hatten ein Baby. Plötzlich tauchte aus Naomis Beutel ein kleiner Junge auf, noch sehr unsicher auf den Beinen, aber offenbar von einem starken Willen angetrieben. Naomi liebt Kraftfutter – Getreide mit Melasse und etwas Salz. Sie ließ es sich schmecken und kümmerte sich nicht weiter um ihren Sohn. Er sprang an die hundert Meter weit fort, aber Naomi blieb ungerührt. Ich fing an, mir Sorgen zu machen, vor allem als ich ihn schreien hörte: „Hair, hair, hair!" Naomi reagierte nicht. Als ich aber einen Blick auf das Rudel warf, fiel mir auf, dass sich Roger aufgerichtet und die Ohren gespitzt hatte. Alle fraßen, nur Roger nicht. Er eilte los, um seinen verlorenen Sohn zurückzuholen. Was dann passierte, zählt zu dem Erstaunlichsten, was ich in puncto Känguruverhalten jemals beobachtet habe: Roger stieß den kleinen Burschen mit der Schnauze in Richtung Rudel vor sich her. Wäre mir diese Szene beschrieben worden, hätte ich sie kaum geglaubt, aber ich sah sie mit eigenen Augen. Der Kleine hüpfte, kam aber auf seinen wackligen Beinen immer wieder vom Kurs ab. Roger schloss dann zu ihm auf und trieb ihn in die richtige Richtung, wie ein Hütehund, der ein verirrtes Schaf zur Herde zurückführt. Kaum war der Kleine wieder bei seiner Mutter, schlüpfte er eilig zurück in den Beutel, während Roger die unterbrochene Mahlzeit fortsetzte. Verhielt sich jedes Kängurumännchen so, oder hatte Roger seine eigene Art? Wie dem auch sein mochte, es war faszinierend, ihn zu beobachten.

FÜR DEN männlichen Nachwuchs der Kängurufamilie dreht sich alles darum, groß und stark zu werden, um sich gegen andere im Kampf zu behaupten. In freier Wildbahn kommt für jeden die Zeit, da er sein Rudel verlassen und sich anderen Männchen anschließen muss, in der Regel Zweijährigen, die eine Junggesellengruppe bilden. In ihr wird ständig gerangelt. Die Kontrahenten versuchen, den Gegner umzuwerfen, ehe sie sich auf den Schwanz setzen und mit den Beinen austreten. So trainieren sie jahrelang, bis sie es schließlich mit einem Alphatier aufnehmen können. Roger legt sich wahrscheinlich deshalb so gern mit mir an, weil es in seinem Rudel keine ernst zu nehmenden Herausforderer gibt.

Wenn ich nachts in meiner Hütte liege, höre ich häufig Kampfgeräusche und zischende Drohlaute. Die dynamischen Beziehungen im Gehege sind andere als in freier Wildbahn, weil ich eingreifen und entscheiden kann, wer sich wo aufhält. Wenn Monty zu frech wird, sehe ich mich gezwungen, ihn auszubremsen. Inzwischen muss ich zudem darauf achten, dass es nicht zu Inzucht kommt, denn manche von Rogers Töchtern sind bald geschlechtsreif. Auch aus diesem Grund habe ich eine Option auf weitere achtzig Hektar Land erworben, die ich gern einhegen würde. Schon bald werde ich Männchen und Weibchen voneinander trennen müssen.

Die Beziehungen zwischen den Weibchen gestalten sich nicht annähernd so kämpferisch. Tatsächlich können mehrere Generationen einer Familie über Jahre friedlich miteinander auskommen. Kein Zweifel, Ella ist das Chefweibchen des Rudels und kommt in der Rangordnung gleich hinter Roger. Zur Fütterungszeit am Abend warten alle, bis Ella ihren Platz eingenommen hat. Möchte sie tagsüber an einer bestimmten Stelle ruhen, die belegt ist, setzt sie sich auch gegen die größeren Jungs durch. Hat sie den Eindruck, dass ihr nicht der nötige Respekt entgegengebracht wird, stützt sie sich auf ihren Schwanz, richtet sich auf und zischt bedrohlich.

Ich habe ein besonderes Verhältnis zu Ella und Abi. Ich glaube, die beiden sehen in mir einen Artgenossen. Ungefähr einmal in der Woche lege ich mich zu ihnen in den Schatten eines Baumes. Ich streichle ihre Köpfe, und es kann sein, dass ich darüber einschlafe. Für sie stelle ich nicht die geringste Gefahr dar. Nie laufen sie vor mir davon. Die anderen Roos halten Abstand zu mir. Zwischen Ella, Abi und mir aber herrscht ein über die Jahre gewachsenes Vertrauen, das mir eine Sonderstellung einräumt. Trotzdem werde ich es nicht überstrapazieren, insbesondere dann nicht, wenn Joeys im Spiel sind.

Ein Joey, das in meinem Gehege ausschließlich von seiner natürlichen Mutter betreut aufwächst, könnte, wenn es alt genug ist, durchaus in die Freiheit entlassen werden. Aber unsere Tierschutzgesetze lassen das nicht zu. Wer hier geboren wird, muss bleiben. Auch aus diesem Grund muss ich für Geburtenkontrolle sorgen. Ich will nicht, dass sich zu viele Tiere das Gehege teilen müssen.

Ich lerne nicht nur von den Tieren, wenn ich ihr Verhalten studiere, sondern erfahre auch eine Menge über mich und die Herausforderungen, die mich geprägt haben. Ich entwickle mich als Mensch weiter.

Es war natürlich nicht immer leicht, in derart bescheidenen Verhältnissen zu leben. Ich lagere Tierfutter und Heu in der Hütte, um es vor den Elementen zu schützen. Das wiederum lockt Mäuse an, die sich in den Hohlräumen der Außenwände häuslich einrichten. Nachts geben sie eine Art Rockkonzert, oder sie veranstalten Olympische Spiele und laufen um die Wette. Bei dem Krach kann ich kaum schlafen. Mäuse locken außerdem Schlangen an. Entdecke ich eine, halte ich Abstand und versuche, ihren Anblick zu genießen. Ich bewundere sie als Geschöpf, lasse sie aber in Frieden, denn sie will nichts mit mir zu tun haben und ich nichts mit ihr.

Manchmal habe ich in meiner Hütte das Gefühl, in der Falle zu sitzen. Letzten Sommer, gleich nach Neujahr, stiegen die Temperaturen auf über vierzig Grad, und das siebzehn Tage in Folge. In der Hütte war es noch heißer, mittags bis zu fünfundvierzig Grad. Es gab kein Entrinnen. Wenn ich in die Stadt fahren wollte, um mich im klimatisierten Shopping-Center ein wenig abzukühlen, streikte mein Wagen wegen Überhitzung. In Ermangelung eines Kühlschranks packte ich meine Lebensmittel und Getränke in eine mit Eis gefüllte Kühltasche, doch es dauerte nicht lange und das Eis war geschmolzen.

Und es gibt auch keine Heizung, die ich im Winter aufdrehen könnte. Klirrende Kälte in der Nacht ist keine Seltenheit. Wenn ich eingekuschelt in meinem Bett liege, frage ich mich oft, was ich da mache. Aber noch nie sind meine Zweifel so stark gewesen, dass ich meine Zelte hätte abbrechen wollen, denn bei allen Härten führe ich doch das Leben, das mir immer vorschwebte.

Das Wetter und seine Auswirkungen sind und bleiben eine große Herausforderung. Ein Blitz kann Flächenbrände auslösen. Mein Gehege war glücklicherweise noch nie betroffen. Hoffentlich bleibt das so. Es war meine Entscheidung, Kängurus in Gefangenschaft zu halten, also bin ich im Katastrophenfall für sie verantwortlich. Ich bin darauf vorbereitet. Mein Swimmingpool enthält knapp zehntausend Liter Wasser, meine Regentonne fünfhundert Liter, und ich habe ein Bataillon von Freunden und Nachbarn, die ich jederzeit telefonisch um Hilfe bitten kann. Das kleine Gehege ist außerdem mit Sprinklern ausgestattet. Zur Not könnte ich meine Roos dort zusammentreiben und auf sie aufpassen. Wenn es unumgänglich wäre, würde ich sie in den Busch entlassen.

Kurz nach meinem Einzug in die Hütte bot mir ein ehemaliger Kollege einen Generator an, den er nicht mehr brauchte. Toll, dachte ich. Was ich nicht bedacht hatte, war, wie laut so ein Ding knattert. Kaum dass ich die Maschine zum Laufen gebracht hatte, schaltete ich sie wieder aus. Ruhe ist mir sehr viel wichtiger als Strom.

Seit der Gründung des Baby Kangaroo Rescue Centre habe ich jede Menge Ungewöhnliches erlebt, Gutes wie Schlechtes, und was ich dadurch an Wissenswertem über die Pflege verwaister Joeys gelernt habe, hätte ich nie für möglich gehalten. Ich fahre nach wie vor Patrouille. Ich war jemand, der einfach nur im Busch leben wollte, möglichst allein, und sich dabei um Kängurus gekümmert hat. Bis die BBC kam. Ich habe es nie darauf angelegt, eine so breite Öffentlichkeit zu erreichen, aber jetzt hoffe ich sehr, dass die Menschen sehen, was ich tue und wofür ich stehe. Ich ziehe Kängurubabys auf und versuche, anderen damit ein Vorbild zu sein.

Ebenso wichtig ist mir, dass auch die Arbeit meiner Kollegen und Mitstreiter wertgeschätzt wird. Ich freue mich, dass seit der Ausstrahlung von „Kangaroo Dundee" die Zahl der Babys, die Pflegern zur Aufzucht anvertraut werden, sowie die der Pfleger deutlich zugenommen hat.

Wer Pflegeverantwortung trägt, sieht sein Engagement auf die Probe gestellt. Man muss die verschiedenen Anforderungen des modernen Lebens, also beispielsweise zur Arbeit zu gehen und Rechnungen zu bezahlen, unter einen Hut damit bringen, sich gleichzeitig dem Tier zu widmen, das man freiwillig zu sich genommen hat. Pfleger wenden dafür nicht zuletzt ihr eigenes Geld auf. Tierpfleger gehören einer besonderen Spezies an. Wir brauchen ein dickes Fell, auch wegen all der „Experten", die immer alles besser wissen und mit den Methoden, die wir anwenden, nicht einverstanden sind. Meine Faustregel lautet: Was gut für die Tiere und für dich ist, hat seine Richtigkeit.

Auch ich hatte und habe meine Kritiker, bin aber durchaus zufrieden mit dem, was ich erreicht habe, als Retter wie als Pfleger und Betreiber eines eigenen Tierheims. Ich gebe unumwunden zu, dass nicht immer alles so läuft, wie man es sich vornimmt. Vor Kurzem fiel mir auf, dass Charles, Zoes bester Freund, eine Vorderpfote hängen ließ, als er von mir gefüttert werden wollte. Sie war gebrochen. Der Tierarzt, den ich kommen ließ, legte ihm einen Gipsverband an, der nach sechs Wochen wieder abgenommen werden sollte. Ich fand, dass dazu der Arzt nicht kommen musste, das würde ich selbst schaffen. Charles war mit einigen anderen Männchen im kleinen Gehege. Ihn einzufangen würde kein Problem sein. Das hatte ich schon viele Male getan.

Diesmal aber wurden in Charles, sonst einem ausgesprochen zahmem Tier, alle wilden Instinkte wach. Als er mich sah, nahm er Reißaus, schlug wütend mit den Sohlen auf, rannte los und prallte mit solcher Wucht gegen einen Zaunpfosten, dass er sich das rechte Bein und die Schulter brach. Die Verletzungen waren so schwerwiegend, dass ich Charles einschläfern lassen musste. Es war schrecklich, dieses prächtige Tier, das ich von klein an aufgezogen hatte, auf diese Weise verenden zu sehen.

Zum Glück werden solche traurigen Episoden immer wieder durch Erfolgsgeschichten wettgemacht, die mich froh stimmen: Roger, obwohl rauflustig, ist ein liebevoller Vater; Ella und Abi sind schön und herzig; Molly Fleur ist nach einem entsetzlichen Start jetzt so glücklich; Zoe, deren durchlöchertes Ohr mich immer an ihre Herkunft erinnern wird … Ich bin dankbar, Anteil an ihrem Leben zu haben. Sie haben aus mir einen besseren, verständnisvolleren Menschen gemacht.

UND IN ZUKUNFT? Einen Teil der Spenden, die „Kangaroo Dundee" mir eingebracht hat, habe ich in ein Gehege für bedrohte Schwarzfuß-Felskängurus investiert. Ich hätte es gern, dass sich mein Rudel vergrößert und mehr Platz zur Verfügung hat. Gleichzeitig träume ich von einem Reptilienpark, einem Ort, der dem natürlichen Habitat von Reptilien entspricht. Er würde nicht Millionen von Gästen im Jahr anlocken, und ich würde auch kein Geld damit verdienen wollen. Es käme mir vielmehr darauf an, zu zeigen, dass wir im Interesse der Tiere, wenn sie denn in Gefangenschaft leben müssen, ein paar Schritte zusätzlich gehen sollten. Belohnt werden wir mit dem fantastischen Anblick einer umhergleitenden Schlange. Darin sehe ich meine Aufgabe: aufgeschlossenen Zuhörern bewusst zu machen, worauf sie sich einlassen, wenn sie sich ein Haustier zulegen. Wir können alle ein paar Gedanken mehr in das Wohlergehen unserer Tiere investieren. Ich glaube, das würde nicht zuletzt uns Menschen guttun, als Gesellschaft wie als Individuen. Auch in dieser Hinsicht versuche ich, mit gutem Beispiel voranzugehen.

Mein größter Wunsch ist es, ein Krankenhaus für Wildtiere zu bauen. Natürlich ist mir klar, dass ein solches Vorhaben in einer entlegenen Gegend wie Alice Springs jede Menge logistischer Probleme aufwirft. Jedenfalls werde ich mich schlaumachen.

Persönlich stehen bedeutende Veränderungen für mich an. Meine verwaisten Joeys und ich wohnen jetzt bei Tahnee. Schon als Kind und Heranwachsender habe ich immer davon geträumt, unter freiem Sternenhimmel zu kampieren. Das werde ich auch weiterhin tun, weil ich so gestrickt bin. Aber ich habe jemanden gefunden, mit dem ich zusammenleben möchte, und gemeinsam werden wir auf uns zukommen lassen, was die Zukunft bringt. Letztlich gefällt es ja auch mir, auf einen Elektroschalter zu drücken und zu sehen, dass es hell wird, oder zu spüren, dass es warm wird. Wir haben glücklicherweise eine Bleibe in der Nähe des Freigeheges gefunden, und das Bett in der Hütte steht mir weiterhin zur Verfügung, wenn das Rudel intensivere Aufmerksamkeit braucht.

Ich bin sehr glücklich über das Leben, das ich führe. Ich bin eine Känguru-Mum. Ob ich es nicht bedaure, keine eigenen Kinder zu haben, werde ich immer wieder gefragt. Nun, ich glaube, dass ich seit nunmehr zwanzig Jahren ein liebender Elternteil für Waisenkinder bin, die ohne meine Liebe nicht überlebt hätten. Warum bezeichne ich mich als eine Mutter und nicht als Vater? Roger hat mir sattsam vor Augen geführt, dass Dads kämpfen, schrecklich eifersüchtig sind und sehr aggressiv sein können. Als Mutter trage ich das Baby im Beutel durch die Gegend, gebe ihm Milch zu trinken, nehme es auf den Arm, wenn es schreit, und sorge dafür, dass es unabhängig wird.

Mutter zu sein für ein verwaistes Kängurubaby ist für mich die lohnendste Erfahrung überhaupt. Dass ich mich mit einem Kängurubaby so eng verbunden fühlen kann, liegt sicherlich in meiner Kindheit begründet, in der Liebe und Fürsorge, die mir meine Eltern haben zukommen lassen. Manchmal frage ich mich schon, ob es da draußen Kängurus gibt, die sich mit vergleichbarer Dankbarkeit an mich erinnern.

BETTINA TIETJEN
Unter Tränen gelacht
MEIN VATER, DIE DEMENZ UND ICH

Auch wenn der Kopf nicht mehr wie gewohnt „funktioniert“, kann das Leben doch noch lebenswert sein. Die Liebe, das Lachen, das Weinen, die Freude, die Trauer, die Lust – all das ist weiterhin da, oft sogar stärker und intensiver als vorher.

Bettina Tietjen

Prolog

Als am Sonntagabend gegen 22 Uhr mein Handy klingelt, weiß ich noch nicht, dass dieser Anruf mein Leben verändern wird. Ich bin müde, habe sieben Tage am Stück moderiert und freue mich auf mein Sofa.

Die Mailbox piept. Na und? Wer stört schon um diese Zeit. Eigentlich habe ich überhaupt keine Lust, es herauszufinden, greife aber aus Gewohnheit trotzdem nach meinem Handy und höre mir die Nachricht an.

„Guten Abend, Frau Tietjen, hier spricht die Polizei Wuppertal. Wir befinden uns im Haus Ihres Vaters. Es gab einen … Zwischenfall. Wir bitten dringend um Rückruf."

Ich starre fassungslos mein Handy an. Mein Vater ist zu diesem Zeitpunkt sechsundachtzig Jahre alt. Er hat Demenz im fortgeschrittenen Stadium, lebt aber noch in seinem Reihenhaus in Wuppertal und wird rund um die Uhr von zwei lettischen Frauen betreut, die sich abwechseln. Zwei Häuser weiter wohnt meine jüngere Schwester Dagmar, die aber momentan in Afrika im Urlaub ist und dort meistens kein Netz hat. Vor einer Woche war ich noch bei ihm, um nach dem Rechten zu sehen. Da war alles noch so weit in Ordnung.

Ich rufe zurück. Mein Herz klopft. Ich befürchte das Schlimmste.

„Frau Tietjen? Die Nachbarn Ihres Vaters haben uns benachrichtigt. Wir haben seine Betreuerin hier bewusstlos vorgefunden, sie war volltrunken und hat sich mehrfach im Wohnzimmer übergeben. Sie wurde ins Krankenhaus abtransportiert. Ihr Vater wird gerade von der Nachbarin ins Bett gebracht. Können Sie bitte sofort kommen?"

Gott sei Dank! Er lebt noch.

„Äh, ich wohne in Hamburg, das kann dauern …", höre ich mich stammeln.

„Das ist schlecht. Die Nachbarn sind alle hier, möchten Sie jemanden sprechen?"

Ich verlange nach dem einzigen Nachbarn, den ich näher kenne. Er erklärt mir, so knapp es geht, was passiert ist: Mein Vater hat gegen 21 Uhr völlig verwirrt bei der Nachbarin zur Linken geklingelt und gesagt, er wolle ins Bett. Als sie ihn zurückbringen wollte, war die Haustür ins Schloss gefallen, und niemand öffnete, obwohl innen alles hell erleuchtet war.

Eine kleine Delegation von eilig zusammengerufenen Nachbarn schlich sich daraufhin durch den Garten an und entdeckte beim Blick durchs Wohnzimmerfenster Fürchterliches. Auf dem Teppich lag ein regloser Frauenkörper. Zu sehen waren nur die Beine – der Rest war vom Sofa verdeckt. Es half kein Klopfen, kein Rufen und kein Hämmern – da regte sich nichts. Nach kurzem Beratschlagen wählten sie die 110. Und die Polizei tat, was in so einem Fall getan werden muss.

Eine Viertelstunde später sah die kleine Siedlung aus wie ein Tatort: Polizei, Blaulicht, Feuerwehr, Notarzt. Im Handumdrehen wurde die Tür aufgebrochen – und da lag sie. Zum Glück nicht tot, aber so betrunken, dass sie nicht mehr ansprechbar war.

Mein armer Vater war in seiner Verwirrung natürlich als Zeuge völlig ungeeignet. Also wurde getratscht und spekuliert und währenddessen hektisch nach meiner Telefonnummer gesucht.

Ich bitte den netten Nachbarn, so lange bei meinem Vater zu bleiben, bis wir da sind, lasse mir von der strengen Polizistin noch nahelegen, „dieses Arbeitsverhältnis so schnell wie möglich zu beenden …“, und springe mit meinem Mann ins Auto.

Als wir gegen zwei Uhr nachts in Wuppertal ankommen, öffnet uns überraschenderweise die Missetäterin höchstpersönlich die Tür. Anna ist völlig zerknautscht und zerknirscht. Sie hat schon alle Spuren beseitigt. Offenbar hat sie sich aus dem Krankenhaus still und heimlich weggeschlichen. Der Nachbar guckt ratlos, mein Vater schläft.

„Ich nix wissen, was passiert. Haben getrunken Brandy mit Freundin. Ich sonst nie trinken. Ehrlich!“ Sie schluchzt. „Nach Trinken ich noch mit Opa spazieren. Danach ich nix mehr wissen.“ Todmüde nehme ich sie in den Arm, dann gehen wir alle schlafen.

Am nächsten Morgen berate ich mich mit meinem Mann. Mein Vater steht seit fast einem Jahr auf der Warteliste eines Hamburger Seniorenheims ganz bei mir in der Nähe. Meine Schwester drängt schon länger darauf, dass ich ihn zu mir hole. Seit dem Tod unserer Mutter vor mehr als zwanzig Jahren kümmert sie sich um ihn. Die fortschreitende Demenz, das ständige Kontrollieren der sprachlich und fachlich oft überforderten Pflegerinnen, das Gefühl, dass die ganze Verantwortung auf ihren Schultern lastet – all das macht ihr zu schaffen und zehrt an ihren Kräften. Dass sich etwas ändern muss, war schon länger klar. Über den Zeitpunkt hat jetzt der Zufall entschieden.

Ich rufe im Altenheim an und schildere den Fall. Eine Stunde später der Rückruf: „Sie können Ihren Vater mitbringen, wir haben einen Platz zur Kurzzeitpflege für ihn.“

Anna ist fassungslos und kaum zu trösten. Ich erkläre ihr, dass die Situation nach diesem Zwischenfall nicht zu halten und das Vertrauensverhältnis massiv gestört sei. Sie versteht das nicht und will nicht zurück nach Lettland. „Wir uns immer kümmern um Opa. Opa nix Heim. Lieber hier mit Anna bleiben.“

Es bricht mir fast das Herz, aber ich sehe keine andere Lösung. Sympathie hin oder her, ich kann meinen alten orientierungslosen Vater nicht länger mit einer Frau alleine lassen, die mal eben so an einem Sonntagnachmittag eine Flasche Brandy kippt und danach komplett die Kontrolle über sich und ihren Schützling verliert. Ich gebe ihr das Geld für den Bus nach Hause, packe meinem Vater den Koffer und ihn ins Auto.

Bei herrlichem Wetter drehen wir noch mal eine Runde durch das wunderschöne Bergische Land, meine Heimat. Sein ganzes Leben hat mein Vater hier verbracht. All das hier sieht er wahrscheinlich zum letzten Mal. Es ist ein Aufbruch ins Unbekannte.

Es treibt mir die Tränen in die Augen. Mein Vater dagegen sitzt ganz entspannt auf dem Beifahrersitz neben meinem Mann und betrachtet die grünen Hügel mit den Fachwerkhäusern.

„Schön hier“, sagt er. „Ich bin mir gar nicht sicher, ob ich hier schon mal war.“

Was ich in diesem Moment noch nicht ahne: Sein Umzug nach Hamburg wird mein Leben nicht nur sehr verändern, sondern auch bereichern. Ein neuer Abschnitt beginnt. Für zwei Jahre und sieben Monate.

Kommt denn hier keiner?

Das Foyer des Seniorenheims ist hell und einladend, durch eine breite Fensterfront sieht man den bunt bepflanzten Garten. WILLKOMMEN BEI UNS!, steht auf dem Plakat am Eingang neben dem Zeitungsständer mit der Heimzeitschrift. *Tüdelig – na und?* heißt das Monatsblättchen. Na, die nehmen es hier offenbar mit Humor.

Wir werden gebeten, in einer Sitzecke Platz zu nehmen. Während wir warten, studiere ich die gerahmten Bilder an der Wand gegenüber. Alle leitenden Angestellten sind dort mit Foto abgebildet, daneben hängen jede Menge Zertifikate, die vom Medizinischen Dienst der Krankenversicherung regelmäßig an alle Pflegeeinrichtungen vergeben werden. Ich sehe nur „sehr gut“ in allen Bereichen, was mich in diesem Moment beruhigt.

All das hatte ich mir schon einmal aufmerksam angesehen, vor einem Jahr, als ich nach einer Unterkunft für meinen Vater in meiner Nähe suchte. Auf den Internetseiten der Hamburger Gesundheitsbehörde wurden unter der Rubrik „spezielle Demenzbetreuung" in meiner unmittelbaren Umgebung nur zwei Heime aufgeführt, eins davon war dieses hier.

„Kommt denn hier keiner?", fragt mein Vater leicht ungehalten. Er weiß zwar nicht, wo er ist, erwartet aber, dass sich jemand um ihn kümmert. In seiner Jugend hatte man Personal: Köchin, Kindermädchen, Gärtner, Putzfrau. Die wohlhabenden Eltern machten sich selbst nicht die Finger schmutzig. Den leicht arroganten Befehlston hat er sich wohl schon als Kind angewöhnt. Die Demenz hat ihn zwar sehr viel weicher und nachgiebiger werden lassen, aber ein bisschen Herrenreiter blitzt gelegentlich noch auf.

„Herzlich willkommen in unserem Haus, Herr Schniewind!"

Eine kleine, durchtrainierte Frau um die vierzig hat sich neben meinen Vater gehockt. Ihre schwarz gefärbten Haare sind raspelkurz geschnitten, die Schläfen sind rasiert. Sie hat auffällig blaue Augen und einen offenen, klaren Blick. Leise, aber deutlich und freundlich spricht sie meinen Vater an und fragt, wie es ihm gehe. Er sei sicher noch müde von der langen Fahrt und brauche erst mal ein bisschen Ruhe. Sie stellt sich vor als Frau Platt, Heimleitung, und legt ihre Hand auf seinen Arm. Mein Vater lächelt. Er scheint sie sympathisch zu finden. Und das, obwohl ihre Fingernägel schwarz lackiert sind und sie einen dicken silbernen Totenkopfring am Mittelfinger trägt. Eine solche Erscheinung hätte ihn früher gleich skeptisch gemacht.

Frau Platt erklärt kurz, was jetzt auf uns zukommt: Mein Vater bekommt erst einmal ein Doppelzimmer zugewiesen, das er alleine nutzen kann. Für vier Wochen – die sogenannte Kurzzeitpflege.

„Verstehen Sie, Herr Schniewind? Damit Sie erst mal sehen können, ob es Ihnen hier überhaupt gefällt!"

Mein Vater schaut etwas irritiert und nickt. Die Chefin lächelt und stellt uns dann eine attraktive junge Frau vor, die sich gerade zu uns gesellt hat: „Das ist Frau Fedder, unsere Pflegedienstleiterin. Sie wird Sie jetzt zum Wohnbereich bringen."

Frau Fedder ist groß und kräftig, hat einen wilden blonden Lockenkopf und fröhliche braune Augen. In der einen Hand hält sie eine Tüte mit Weingummis und ein Handy, mit der anderen schüttelt sie meine Rechte. Ich muss einen Schmerzensschrei unterdrücken, so einen Händedruck haben sonst nur Bodyguards.

„Herzlich willkommen!" Als sie den Blick meines Vaters sieht, der sich an die Weingummis geheftet hat, hält sie ihm die Tüte hin. „Die hab ich immer dabei“, sagt sie grinsend, „kommt super an bei Menschen jeden Alters!“

Wir fahren mit dem Aufzug in die zweite Etage: Wohnbereich 2.

„Das ist der sogenannte beschützte Bereich“, erklärt die Pflegedienstleiterin. „Hier leben vierunddreißig demenziell veränderte Menschen in Doppel- oder Einzelzimmern in einer Art Wohngemeinschaft. Der Jüngste ist erst siebenundvierzig Jahre alt, die Älteste hunderteins.“

Auch hier ist alles modern und geschmackvoll eingerichtet, es gibt zwei große Aufenthaltsräume mit Küchenbereich, Esstisch und Sitzgruppe. Alles ist liebevoll dekoriert im Retrostil: hier ein altes Transistorradio, da ein Herd aus Omas Zeiten, ich sehe auch ein Grammofon, ein Klavier und Blumen auf den Tischen.

Mein erster Blick fällt auf einen alten Mann im Rollstuhl. Er ist an eine Art Tropf angeschlossen, guckt apathisch, sein Mund steht offen. Er sieht aus wie ein Gespenst.

Frau Fedder sieht meinen Blick, streichelt dem Mann liebevoll über die Wange und beugt sich zu ihm hinunter: „Na, Herr Subowski, Sie sehen ja wieder fit aus! Immer schön aufpassen, dass hier kein Unbefugter den Flur betritt.“

Der Mann hebt kurz die Hand und verzieht den Mund zu etwas, das man mit viel Fantasie als Lächeln interpretieren könnte. „Herr Subowski ist schon zweiundneunzig“, sagt sie, während sie mit großen, energischen Schritten den Flur entlanggeht. „Er hat vor Kurzem eine PEG, also eine Magensonde, gelegt bekommen. Seit er künstlich ernährt wird, ist er wieder richtig aufgeblüht.“ Ich drehe mich vorsichtig noch mal um. Also, wenn so „aufgeblüht“ aussieht, befindet sich mein Vater ja offensichtlich noch in Höchstform.

Auf dem Weg zum Zimmer rollt uns ein anderer Mitbewohner entgegen und strahlt mich an. „Hallooooo! Kannst du mir helfen?“

„Was möchten Sie denn?“, frage ich leicht verunsichert.

„Zigaretten!“, ruft er fröhlich und krallt sich an meinem Arm fest.

„Nun lass mal los, Arthur!“, sagt Frau Fedder lachend und schiebt uns weiter den Flur entlang. „Das ist unser Schwerenöter Arthur. Er quatscht jede Frau an, entweder will er rauchen oder heiraten.“

Das Zimmer ist groß und fast leer. Bett, Nachttisch, Kleiderschrank, Stuhl. Na ja, es ist ja nur vorübergehend. Nachdem wir von den Pflegern begrüßt und eingewiesen wurden, kehrt erst einmal Ruhe ein. Ich beobachte meinen Vater. Wie nimmt er das hier auf? Versteht er, was gerade passiert? Ist er traurig, böse, durcheinander? Ist er so weit, den Umzug ins Altersheim zu akzeptieren?

Er sitzt auf dem einzigen Stuhl und guckt aus dem Fenster in den Garten. Dann dreht er sich zu mir um. „Scheiße!“, sagt er.

Ich bin nie ganz sicher, was er meint, wenn er flucht. Das ist eine Angewohnheit, die mit fortschreitender Demenz immer schlimmer geworden ist. Niemals hätte er solche Ausdrücke in seinem früheren Leben benutzt, nur nachts, in seinen Albträumen, brach es manchmal aus ihm heraus. Tagsüber aber war alles, was sich „nicht gehörte“, tabu.

„Ach was, Vati, alles wird gut. Guck mal, wie schön die Sonne scheint! Ich packe jetzt erst mal deinen Koffer aus.“

Ich täusche gute Laune vor, trotzdem bin ich irgendwie deprimiert. Das hier ist jetzt also sein Zuhause. 47 Jahre hat er in seinem Reihenhaus gewohnt, seit dem Tod meiner Mutter vor über zwanzig Jahren allein, mal abgesehen von dem Jahr mit Iveta und Anna, den beiden Lettinnen. 47 Jahre umgeben von den vertrauten Möbeln, den Bildern an den Wänden, derselben Straße, demselben Garten, demselben Blick aus dem Fenster. Und jetzt diese Entwurzelung. Habe ich das richtig gemacht? Hätten wir möglicherweise mehrere Fachkräfte fest anstellen müssen, die vierundzwanzig Stunden für ihn da gewesen wären? Das wäre allerdings finanziell kaum zu stemmen gewesen. Oder doch ein Heim im vertrauten Wuppertal?

Diese Zweifel werden mir von jetzt an immer wieder kommen. Aber immer sind auch schnell die Gegenargumente bei der Hand: Er merkt nicht mehr wirklich, wo er ist. Für ihn sind (fast) alle Menschen immer wieder neu und fremd. Die Gruppe und das umfangreiche Unterhaltungsprogramm werden ihn aufmuntern. Er ist hier umgeben von Fachkräften, die etwas von Demenz verstehen, dazu gehören Ergotherapeuten, Musiktherapeuten, Logopäden und Krankengymnasten. Es gibt Vorträge, Filmvorführungen, Spiele, Ausflüge und Feste. Es ist das Konzept dieses Seniorenheims, die alten Menschen nicht zu isolieren, sondern sie am sozialen Leben teilhaben zu lassen, wann immer es geht. Direkt neben dem Haus fließt ein kleiner Bach, über den eine Holzbrücke führt, am Ufer steht eine einladende Bank. Gegenüber ist ein großer Park, da kann ich mit ihm spazieren gehen.

Und das Wichtigste: Er ist jetzt hier bei mir. Ich kann mich kümmern und muss nicht ständig mit schlechtem Gewissen bei meiner Schwester anrufen und meinen übervollen Terminkalender nach Tagen durchforsten, an denen ich mich nach Wuppertal absetzen kann.

„So, Vati. Morgen mache ich dir erst mal einen schönen Osterstrauch. Und in zwei Wochen holen wir deine Möbel, damit du es hier richtig gemütlich hast!“ Er guckt teilnahmslos.

Eine hübsche Pflegerin streckt den Kopf durch die Tür: „Herr Schniewind? Möchten Sie etwas essen? Es gibt Schnitzel mit Bratkartoffeln."

Sofort hellt sich sein Blick auf. „Essen gut! Ich Hunger", sagt er und folgt der Pflegerin, ohne sich nach mir umzudrehen.

Schon wenige Tage nachdem Lettland bei meinem Vater eingezogen war, hatte er das gebrochene Deutsch der beiden Frauen übernommen, als handelte es sich um eine neue Fremdsprache. Er redet seitdem fast nur noch so, was zwar irgendwie komisch, aber angesichts seiner humanistischen Bildung und seines recht differenzierten Wortschatzes auch schade ist.

Am Nachmittag setzen wir uns in den Garten in die Sonne und füllen gemeinsam den umfangreichen „Biografie-Bogen" aus, den hier jeder neue Bewohner beim Einzug bekommt. „Um eine individuelle Pflege für Ihren Angehörigen gewährleisten zu können, sind sowohl medizinische Daten als auch Angaben zu Lebenseinstellung, Lebensgeschichte, Erlebnissen und Erfahrungen sowie Wünschen und besonderen Gewohnheiten hilfreich." Also vermerke ich unter anderem, dass mein Vater gern klassische Musik hört, Zeitung liest, Schlips trägt, regelmäßig den Gottesdienst besucht, jeden Morgen duscht, gerne Schokolade isst und mit Leib und Seele Architekt war.

Was ich zuerst für eine etwas lästige Formsache gehalten habe, hat sich im Lauf seines Aufenthalts vielfach bewährt. Bis zuletzt wurde mein Vater zum Beispiel mit Zeichenblock und Stiften ausgestattet und zum Skizzieren animiert, ein Angebot, das er immer gern annahm.

Ich bleibe an diesem ersten Tag bei meinem Vater, bis er ins Bett geht. Das Gefühl, eine vertraute Person bei sich zu haben, tut ihm sicher gut.

In der Hoffnung, dass es meinem alten Daddy in seinem neuen Kuckucksnest gut geht, fahre ich erschöpft nach Hause.

Reißbrett? Scheißbrett!

Ich schlafe schlecht in dieser ersten Nacht. Schweißgebadet werde ich immer wieder wach. War es die richtige Entscheidung? Wird die Entwurzelung die Demenz nicht beschleunigen? Vielleicht geistert mein Vater jetzt durch die Flure des Wohnbereichs auf der Suche nach irgendeiner vertrauten Stimme oder einem bekannten Gesicht.

Vielleicht hat er wieder einen seiner Albträume, die mich meine Kindheit und Jugend über begleitet haben wie dunkle Schatten. Gruselig war das, wenn meine Schwester und ich mitten in der Nacht wach wurden durch die Schreie aus dem Elternschlafzimmer nebenan. Laut, kaum verständlich und mit angstverzerrter Stimme rief mein Vater Wortfetzen in die Dunkelheit, Flüche, Hilferufe, Beschimpfungen.

„Du Drecksau! Satan! Luzifer! Lass mich in Ruhe!"

Dazwischen leise die beschwichtigende Stimme meiner Mutter, die versuchte, ihn zu wecken, ihn zu retten aus seiner unterbewussten Not. Manchmal kuschelten wir Kinder uns aneinander, hielten uns die Ohren zu und warteten, bis der Spuk vorbei war. Am nächsten Morgen erschien der nächtliche Schrecken immer harmlos, er wurde sogar beim Frühstück fröhlich thematisiert. „Vati hat mal wieder geträumt", spöttelte meine Mutter. „Weißt du eigentlich, dass du wieder um dich geschlagen hast? Ich hatte Mühe, dich zu bändigen." Er lachte dann verlegen und sagte: „Tja, ich weiß auch nicht, was mich da wieder geritten hat. Immer diese Kriegsbilder. Ich hatte wohl wieder Angst."

Kein Wunder, dass der Krieg meinen Vater immer wieder heimgesucht hat. Wie viele Männer seiner Generation hätte er eigentlich eine Therapie gebraucht, um die schrecklichen Erlebnisse zu verarbeiten. Als er eingezogen wurde, war er gerade mal achtzehn Jahre alt. Er ging zur Marine und wurde schnell zum Offizier befördert. Die Anfangszeit verlief friedlich, sein Schiff war in der Bretagne auf Beobachtungsposten. An Bord ging es offenbar, so erzählte er später manchmal verschämt, recht derb zu. Es wurde viel geraucht und getrunken, und die Witze, die nach Mitternacht die Runde machten, schockierten den Sohn aus gutem christlichem Haus. Natürlich konnte er das damals nicht zugeben, als piepjunger Offizier musste er ja mithalten.

Als der Krieg und Hitler schon in den letzten Zügen lagen, wurden bekanntlich die Menschen zu Tausenden aus den Ostgebieten übers Meer vor den Russen gerettet – für viele eine Flucht in den Tod. Mein Vater war nicht auf der *Wilhelm Gustloff*, aber auf einem der anderen Schiffe, die versenkt wurden. Er hat immer nur bruchstückhaft darüber gesprochen, aber so viel ist bei mir hängen geblieben: das brennende Schiff, um ihr Leben schreiende Menschen, Chaos und Todesangst. Um welches Schiff es sich damals handelte, wie genau er es geschafft hat zu überleben – ich weiß es nicht. Aber die Erinnerung an das Grauen, das er als sehr junger Mann damals nicht verkraften konnte, ist bei ihm offenbar nur sehr langsam verblasst.

„Hat mein Vater laut geträumt, haben Sie Geräusche aus seinem Zimmer gehört?", frage ich die erste Pflegekraft, die mir über den Weg läuft, als ich am nächsten Morgen den Wohnbereich betrete. „Nein, davon ist mir nichts bekannt, soweit ich das in den Notizen sehe, hat er eine ruhige Nacht verbracht."

Die junge Frau stellt sich vor: „Ich bin Nadine, die Wohnbereichsleiterin. Wann immer Sie Probleme oder Fragen haben – ich bin jederzeit für Sie da."

Ich muss erst mal schlucken. Nadine sieht aus wie einundzwanzig, macht aber einen entschlossenen und selbstbewussten Eindruck.

„Wo finde ich denn meinen Vater?", frage ich freundlich und verdränge sofort den Gedanken, dass sie eventuell zu jung für diesen verantwortungsvollen Job sein könnte.

„Ihr Vater ist in seinem Zimmer, er war ein bisschen müde, in einer halben Stunde gibt es dann Mittagessen."

Ich sehe auf die Uhr: fünf vor elf. An diesen neuen Rhythmus wird er sich wohl erst gewöhnen müssen.

Als ich vorsichtig die Tür zu seinem Zimmer öffne, scheint mir die Sonne ins Gesicht. Südseite – da schimmert sogar das schlichte Einheitsmobiliar in schmeichelhaftem Licht. Mein Vater liegt auf dem Bett und guckt mich mürrisch an.

„Na, wie hast du geschlafen?", will ich wissen.

„Gut."

„Und sonst?"

Keine Antwort. Er dreht den Kopf und sieht aus dem Fenster.

„Weißt du, wo du bist?", frage ich vorsichtig.

„Ich nicht weiß."

„Wie ist denn das Personal hier so?" (Ich weiß ja, dass er alle, die ihn umgeben, automatisch für Untergebene hält.)

„Geht so."

Kurz angebunden heute, aber das ist ja auch kein Wunder nach dem ganzen Wirbel.

Ich packe meine Osterdekoration aus und mache mich gerade daran, das Zimmer durch einen gigantischen Kirschzweigstrauch zu verschönern, da unterbricht er mich ganz unromantisch: „Ich muss mal."

Zielstrebig steuert er die Tür an, auf der ein großes Schild mit einer unverkennbaren Toilette prangt.

„Scheißhaus!", sagt er grinsend und drückt die Klinke herunter. Verblüfft gucken wir uns an – abgeschlossen! Nanu?

„Hallo", rufe ich zögernd, „ist da jemand?"

Nach einer langen Pause eine zitternde Frauenstimme: „Jaaa. Ich bin hier."

Verwirrt blicke ich zu meinem Vater. Er guckt teilnahmslos.

„Würden Sie bitte mal die Tür öffnen?", frage ich.

„Das geht nicht“, kommt es sehr verhalten zurück.

„Bitte! Machen Sie doch auf, ich helfe Ihnen!“, flöte ich.

Ganz langsam dreht sich der Schlüssel. Die Tür öffnet sich einen Spalt – im Badezimmer steht eine zierliche weißhaarige Dame. Mit weit aufgerissenen Augen sieht sie mich an. In der einen Hand hält sie einen verschlissenen Teddy, den sie fest an sich presst. Mit der anderen versucht sie, ihre Hose festzuhalten, die herunterzurutschen droht.

„Was wollen Sie hier?“, fragt sie schüchtern. „Das ist mein Zimmer.“

Ich versuche, die kotverschmierte Toilette zu ignorieren, und kämpfe gegen die Übelkeit, die der Geruch in mir auslöst. „Kommen Sie mit mir, Sie haben sich wohl im Zimmer geirrt“, sage ich beruhigend und versuche, die kleine Dame behutsam aus dem Zimmer zu führen.

„Nein!“, ruft sie entschlossen. „Ich wohne hier! Das ist mein Zimmer. Und könnten Sie vielleicht jemanden holen, ich kann so nirgendwo hingehen, ich …“ Sie sieht an sich herab, und ich bemerke erst jetzt, dass sie völlig beschmutzt ist.

Seufzend mache ich mich auf die Suche nach Hilfe.

„Oh, Frau Becker! Sie hat sich im Zimmer geirrt, das kommt hier häufig vor“, sagt der junge Pfleger mit einem Lächeln. Ein netter Kerl, groß, schlank, muskulös und offensichtlich gut gelaunt. Der Mann liebt seinen Beruf, das merkt man sofort. „Ich hole schnell Gummihandschuhe, dann bringe ich das wieder in Ordnung.“

Während Frau Becker und das Badezimmer wieder in ihren Originalzustand versetzt werden, bringe ich meinen Vater in den Speiseraum. Ein geschmackvoll eingerichtetes Zimmer mit großem ovalem Esstisch, einem altmodischen Ofen, Klavier, Sitzgruppe, Plattenspieler und Bildern an der Wand. Auf dem Tisch dampft schon die Gulaschsuppe – so habe ich mir das vorbildliche Seniorenwohnheim vorgestellt.

Mein Vater bekommt einen Platz zugewiesen, aber als ich mich zu ihm setzen will, sieht mich Nadine streng an: „Frau Tietjen, es ist bei uns nicht üblich, dass Angehörige während der Mahlzeiten anwesend sind. Das ist zum einen unfair gegenüber den Bewohnern, die keinen Besuch haben, zum anderen irritiert es das Personal, wenn Töchter, Söhne oder Ehepartner sich ständig einmischen. Das sind Erfahrungswerte, glauben Sie mir!“ Ihr entschiedener Ton duldet keinen Widerspruch.

„Bekommt er ein Lätzchen?“, frage ich zögernd mit Blick auf seinen Kaschmirpullunder. „Er kleckert oft beim Essen.“

„Selbstverständlich. Allerdings nennen wir das hier ‚Kleidungsschutz‘, im Interesse der Würde des Bewohners.“

Na, hier ist wohl erst mal Unterordnen angesagt. Ich küsse meinen Vater auf die Stirn und warte in seinem Zimmer auf ihn.

Ich betrachte die Fotos, die ich beim hastigen Auszug eingepackt und jetzt überall im Zimmer meines Vaters verteilt habe, um einen Hauch von Heimat zu verbreiten. Viele kleine Silber- und Goldrahmen, die ganze Familie lächelt mich an – meine Mutter liebte es, alles mit Fotos und Bildern zu dekorieren. Auch für meinen Vater waren Fotos immer wichtig, seine riesige Diasammlung füllte Schränke.

Zum Glück hat mein Vater in seinen noch geistesklaren Rentnerjahren seine gesamte Diasammlung auf Papier abziehen lassen und ordentlich sortierte und beschriftete Alben angelegt. Als hätte er geahnt, dass diese Bilder am Ende seines Lebens mal eine wichtige Rolle spielen würden – als Erinnerungs-Eckpfeiler, um sein Leben zu rekonstruieren.

Ein ganz wesentliches Teil in diesem Puzzle ist seine Frau Marianne, meine Mutter. Von ihr, dem Menschen, der ihm am nächsten stand, gibt es hier die meisten Fotos. Aber merkwürdigerweise ist sie auch die Einzige, die er auf diesen Bildern immer seltener erkennt. Für mich ist es immer wieder ein kleiner Schock, wenn er bei unserem kleinen Ritual „Wer ist wer?" sämtliche Verwandten von seiner Mutter über Cousins, Cousinen, Onkel und Tanten identifizieren kann und nur bei Bildern meiner Mutter ins Zögern kommt.

„Wer ist das, Vati?"

„Ich nicht weiß!"

„Guck doch mal genau hin, das ist doch deine …?"

„Schwester?", fragt er unsicher.

Manchmal fasse ich es nicht. Die Frau, mit der er über dreißig Jahre lang verheiratet war, die er geliebt hat, mit der er drei Kinder gezeugt hat – ausgerechnet die erkennt er nicht mehr? Er guckt mich dann manchmal zerknirscht an, als hätte er ein schlechtes Gewissen.

„Meine Frau?", fragt er vorsichtig.

„Ja! Das ist Mami!", freue ich mich dann.

Ach ja, meine Mutter! Da sitze ich zwischen Tisch und Bett und Osterstrauch, starre auf die alten Fotos und werde sentimental. Seit mehr als zwanzig Jahren ist sie nun schon tot – und sie fehlt mir immer noch. Fröhlich war sie, temperamentvoll und stark. Sie hat das Leben und die Menschen geliebt, trotz aller Schicksalsschläge, die sie einstecken musste. Erst ist ihr erster Mann nach kurzer Ehe weggestorben. Ein Blinddarmdurchbruch. Da war sie erst sechsundzwanzig.

Jahre später, die neue Ehe mit meinem Vater, neues Glück, drei Töchter und dann die nächste Prüfung: Meine jüngste Schwester stirbt mit zwei Jahren. Sie hatte einen bösartigen Tumor an der Niere, der viel zu spät erkannt wurde. Eine Katastrophe, die unsere ganze Familie

Mein Vater mit meiner kleinen Schwester Dagmar

Immer für uns da: meine Mutter mit Dagi (rechts) und mir (links)

Trotz großer Gegensätze verband meine Eltern eine innige Liebe.

in den Grundfesten erschüttert hat und im Unterbewussten bis heute nachwirkt. Und schließlich hat meine Mutter selbst gegen den Krebs kämpfen müssen – und trotz aller Zuversicht am Ende verloren.

„So, Herr Schniewind, hier ist Ihr Zimmer, da ist auch Ihre Tochter! Am besten ruhen Sie sich jetzt erst mal ein bisschen aus."

Ich schrecke aus meinen Gedanken hoch. Nadine schiebt meinen Vater sanft in Richtung Bett. Er sieht satt und zufrieden aus.

„Ich müde, ich heia!", sagt er.

„Machen Sie ruhig ein paar Besorgungen, Frau Tietjen, heute Nachmittag lernen Sie dann unseren Ergotherapeuten kennen!"

Meinem Vater scheint das sehr recht zu sein, er hat im Moment nur Augen für Nadine. Die energische Art liegt ihm, da lässt dann wohl doch meine Mutter aus weiter Ferne grüßen.

Was für ein Glück, dass ich in dieser Woche nicht arbeiten muss! Dass ich von Montag bis Freitag keinen einzigen Termin auf dem Zettel habe, kommt wirklich selten vor. Wer hätte sich sonst gekümmert? Meine Schwester ist im Urlaub, die Kinder sind in der Schule. Und mein Mann hatte nie ein besonders herzliches Verhältnis zu seinem Schwiegervater und ist deswegen als einfühlsamer Demenzbegleiter in dieser Lebensphase denkbar ungeeignet.

Als ich im Auto sitze, piept mein Handy. Eine SMS aus Afrika: Wie geht's euch? Hab gerade mal Netz. Mit Vati alles o. k.?

Ach du meine Güte! Mir wird vor Schreck ganz heiß. Wie verhalte ich mich jetzt? Wie wird meine Schwester reagieren, wenn ich sie mal eben auf die Schnelle zwischen Elefanten und Löwen mit der Neuigkeit überrasche, dass ihr Vater nicht mehr in Wuppertal wohnt? Warum sie jetzt beunruhigen? Ändern lässt sich sowieso erst mal nichts. Ich packe mein Handy wieder in die Tasche und beschließe, die SMS zu ignorieren. Wenn sie bald keinen Empfang mehr hat, erledigt sich die Sache hoffentlich von selbst.

Als ich nachmittags wieder im Heim aufkreuze, sitzt mein Vater im Garten im Strandkorb. Vor ihm steht eine Tasse Kaffee, und er ist dabei, ein riesiges Stück Käsetorte zu verspeisen. Neben ihm sitzt ein dunkelhaariger junger Mann und spricht mit ihm. Als die beiden mich sehen, lächeln sie mich an. Es ist das erste Mal, dass mein Vater in seinem neuen Zuhause nicht mürrisch guckt.

„Ich bin Andreas", stellt der junge Mann sich vor, „ich gehöre zum Ergotherapeuten-Team. Sie erkennen uns an den hellblauen T-Shirts, das Pflegepersonal trägt ja immer Rot."

Der Mann ist mir auf Anhieb sympathisch. Er hat ein offenes, freundliches Gesicht und eine angenehme Stimme.

„Herr Schniewind und ich haben uns schon ausgetauscht, er war ja bei der Marine, und ich interessiere mich auch für große Schiffe."

Dann wendet er sich wieder meinem Vater zu: „Ihre Tochter sieht aber Ihrer Frau Marianne sehr ähnlich."

Oha! Dieser Andreas hat seine Hausaufgaben gemacht. Mein Vater ist erst einen Tag hier, und er hat offenbar schon genau seinen Lebenslauf studiert und sich aufmerksam die Fotos im Zimmer angesehen.

An der Reaktion meines Vaters sehe ich, dass die Bemerkung gerade etwas in ihm ausgelöst hat. Er nickt und lächelt unsicher. Dann verzieht er das Gesicht, als ob er gleich weinen würde, seine Augen füllen sich mit Tränen. „Ähnlich, ja. Sehr ähnlich", sagt er und guckt mich durchdringend an.

Diese Gratwanderung zwischen Lachen und Weinen, zwischen Freude und Betrübtheit beobachte ich immer häufiger an ihm. Ich nehme ihn in den Arm.

„Wie ist Ihr Eindruck?", erkundige ich mich bei Andreas. „Wie lange wird es wohl dauern, bis er sich eingelebt hat?"

„Das ist ganz unterschiedlich. Meistens bringt aber der Einzug ins Pflegeheim erst mal einen sogenannten Demenzschub mit sich, weil ja zur allgemeinen Orientierungslosigkeit noch die fremde Umgebung hinzukommt. Das ist ganz normal, deshalb kümmern wir uns am Anfang um die neuen Mitbewohner etwas intensiver. Aber Ihr Vater macht auf mich einen ganz aufgeräumten Eindruck. Ich habe ihm schon gesagt, dass ich demnächst seine Hilfe als Architekt brauche."

Ich sehe ihn verständnislos an.

„Das haben wir ja schon abgemacht, Herr Schniewind, dass Sie für uns ein schickes Vogelhaus entwerfen. Wir besorgen für Sie ein Reißbrett und Stifte."

Gespannt blicke ich meinen Vater an. Ob er das verstanden hat?

„Reißbrett? Scheißbrett!", ruft er laut und kriegt sich vor lauter Freude über diesen gelungenen Witz kaum wieder ein.

Andreas grinst und entschuldigt sich, weil eine alte Dame energisch an seinem Ärmel zupft. „Bringst du mich jetzt endlich nach Hause?", fragt sie. „Ich warte hier schon seit Stunden, und ich hab doch noch so viel zu erledigen." Sie trägt Perlenohrringe, ist perfekt frisiert und elegant gekleidet. „Wissen Sie, ich war nur vorübergehend hier, weil ich im Krankenhaus war", flüstert sie mir verschwörerisch zu. „Das dürfen die anderen hier aber nicht wissen."

Irritiert blicke ich zu Andreas. Der lächelt nur und schüttelt kaum merklich mit dem Kopf.

„Erst muss Ihr Bein mal richtig ausheilen, Frau Gottlob“, sagt er und nimmt ihren Arm. „Wir zwei gehen jetzt mal nach oben und spielen eine Runde Karten.“

Was für ein angenehmer Mensch! Man spürt sofort, wie sehr er in seinem Beruf aufgeht, wie liebevoll er sich diesen verwirrten alten Menschen nähert, wie ernst er sie nimmt und ihnen ihre Würde lässt. Selbst bei meinem Vater, der eigentlich sehr lange braucht, bis er mit jemandem warm wird, hat er sofort den richtigen Ton angeschlagen. An Vatis Kinn klebt noch ein Klecks Käsekuchen, als er dem ungleichen Paar wohlwollend hinterherblickt und mich dann fragt: „Was jetzt?“

„Jetzt gehen wir ein bisschen spazieren, damit du die neue Umgebung kennenlernst!“, sage ich schwungvoll, wische ihm mit einem Stofftaschentuch (davon hatte er zeitlebens immer eins in der Hosentasche und mindestens fünfzig im Schrank) den Mund ab und mache mich mit ihm auf in den benachbarten Park.

„WEISST DU, wo wir sind?“, frage ich meinen Vater.

„Elberfeld?“, überlegt er zögernd.

„Nein, wir sind in Hamburg“, verbessere ich ihn. „Du wohnst jetzt gleich bei mir um die Ecke, ich habe dich hergeholt, damit wir uns öfter sehen können.“

„Mach keinen Quatsch!“, erwidert er und guckt mich schief an.

Ich muss lächeln. Diesen Satz sagt er nur, wenn er gute Laune hat, das war schon früher so. „Nee, kein Quatsch, Vati. Ich wohne doch da vorne, erinnerst du dich?“

Wie aus der Pistole geschossen, kommt meine genaue Anschrift mit korrekter Hausnummer und Stockwerk zurück.

„Wie heißt du, und wie alt bist du?“, teste ich weiter. Mit diesen Standardfragen versuche ich, genau wie mit den Fotos, regelmäßig, sein Gedächtnis auf Trab zu halten.

„Burchard Schniewind, geboren am 27. April 1924.“

Sehr richtig. Auf dem Weg zum Park studiert er aufmerksam die Nummernschilder der vorbeifahrenden Autos.

„Hh, hh, hh! Hahahahaha!“, ruft er erfreut. „Hier ist ja was los!“

Eine Joggerin mittleren Alters überholt uns.

„Dicker Arsch!“, ruft mein Vater laut und zeigt mit dem Finger auf die Frau.

„Vati“, ermahne ich ihn empört, „das sagt man doch nicht!“

„Warum denn nicht? Stimmt doch!“, murmelt er verständnislos.

Diese Hemmungslosigkeit! Es ist eine Begleiterscheinung der Demenz, an die ich mich nur schwer gewöhnen kann. Es kommen Instinkte durch, die mein Vater jahrzehntelang so gut vor allen verborgen hat, dass wir manchmal glaubten, so etwas wie Lust und Begehren sei bei ihm genetisch nicht angelegt. Hinzu kam der selbst auferlegte religiöse Verzicht auf „Fleischeslust“, wie es in der Bibel heißt.

Bevor hier Missverständnisse aufkommen: Mein Vater war kein verkappter Mönch, er hat nur eines Tages den Weg zu einer religiösen Gemeinschaft gefunden, die ihm geholfen hat, seine persönlichen und durch den Krieg bedingten Traumata halbwegs in den Griff zu bekommen. Eine kleine freikirchliche Gemeinde in Wuppertal, die – übrigens bis heute – ihr Leben streng danach ausrichtet, was wörtlich in der Bibel geschrieben steht.

Ich habe als Kind viele Stunden im Kreis dieser gläubigen Menschen verbracht, erst passiv und gehorsam, dann zunehmend kritisch und aufbegehrend, am Ende ratlos angesichts dieser Kombination aus religiöser Einfalt und fröhlicher Selbstgewissheit. Dazu muss man wissen: Wenn man ihre Regeln ernst nimmt, ist in dieser Welt eigentlich alles verboten, was Spaß macht. Kein Fernseher, kein Radio, kein Kino. Bücher nur dann, wenn sie sich mit dem Herrgott beschäftigen. Für die Frauen gilt: kein Schmuck, keine Schminke, keine Hosen, keine Kurzhaarfrisur. Flirten, Küssen, Sex vor der Ehe: tabu!

Im Gottesdienst sitzen Männer und Frauen getrennt voneinander. Frauen haben während des Gebets den Kopf mit einem Tuch zu bedecken und zu schweigen, außer beim Singen! Als Teenager war der Gesang der einzige Lichtblick in dieser für mich beklemmenden Umgebung. Die Predigten hatten alle denselben Tenor: Wir Christen sind hier auf der Erde nur auf Durchgangsstation. Wenn wir uns an Gottes Gesetze halten, haben wir es im Himmel eines Tages besser.

Mein Vater hat sich in dieser Gemeinde aufgehoben gefühlt. Die selbst auferlegte Askese kann man deuten, wie man will, ihm hat sie offenbar durchs Leben geholfen. Vieles von dem, was er sich in seinem früheren Leben versagt hat, hat er aber in den Jahren der Demenz nachgeholt. Übrigens ist er da keine Ausnahme, wie ich im Wohnbereich 2 noch häufig beobachten werde. Da wird nicht nur ungeniert geguckt, sondern auch mal angefasst und gestreichelt.

„Was jetzt?“ Mein Vater zupft mich am Ärmel.

Wir sind an einem Aussichtspunkt angelangt, zu dem uns unsere Spaziergänge noch sehr oft führen werden. Eine verwitterte Tafel erinnert an Kaiser Wilhelm II. Früher muss man von hier einen tollen Ausblick auf die Stadt gehabt haben, heute versperren hohe Bäume und Industrieschornsteine die Sicht.

„Wir wollen unseren alten Kaiser Wilhelm wiederhaben!“, singt mein Vater plötzlich und lacht. Eingehakt wandern wir zurück zum Heim. Als wir vor der Tür stehen, buchstabiert er laut, was dort in großen Buchstaben steht: „S-e-n-i-o-r-e-n-h-e-i-m“, und guckt mich verständnislos an. „Hier wohnst du jetzt, Vati“, sage ich, „das habe ich dir doch erzählt. Dein Zimmer ist in der zweiten Etage.“ Er schüttelt den Kopf und lässt sich nur widerwillig von mir durch die Eingangshalle ziehen. Er hat bereits wieder alles vergessen, was er hier heute erlebt hat. Die Menschen, die er kennenlernte, das Zimmer, das Essen – alles weggewischt, ausgelöscht. Ich kenne das ja nun seit Jahren – und doch überrascht es mich immer wieder aufs Neue.

Beim nächsten Ton ist es …

Gute Nachrichten, Frau Tietjen!“ Frau Platt, die Heimleiterin, ist am Telefon. „Im Wohnbereich 2 ist eine Bewohnerin überraschend verstorben. Das klingt natürlich jetzt ein bisschen makaber, aber für Sie heißt das, Ihr Vater könnte schon jetzt in ein Einzelzimmer umziehen. Das würde allerdings bedeuten, dass Sie sich von der Kurzzeitpflege verabschieden und eine endgültige Entscheidung treffen müssten, ob Ihr Vater hier dauerhaft einzieht.“

So schnell hatte ich damit nicht gerechnet. Er ist jetzt seit einer knappen Woche hier, und bisher weiß meine Schwester noch nichts von der Umsiedelung. Ihre wiederholten SMS habe ich so vage beantwortet, dass sie schon Verdacht geschöpft hat und sich fast jeden Tag meldet.

„Ohne meine Schwester kann ich das nicht entscheiden“, sage ich, „können Sie das Zimmer so lange frei halten, bis sie aus dem Urlaub zurück ist?“

„Klar, das ist möglich.“

Ich telefoniere mit Luise, einer Cousine meiner Mutter, die zwanzig Jahre älter ist als ich. Sie lebt in Heidelberg und steht Dagmar und mir sehr nahe. Als unsere Mutter krank wurde, hat sie sich rührend um sie gekümmert und war nach ihrem Tod auch meinem Vater eine große Stütze. Er war bei ihr und ihrem Mann immer willkommen, auch noch in den schwierigen Zeiten. Luises Rat ist mir wichtig.

„Du musst es Dagi jetzt sagen“, meint sie, „ich habe das Gefühl, sie ahnt sowieso, dass irgendwas nicht stimmt.“

UNSER FAMILIENNETZWERK hat eigentlich immer sehr gut funktioniert. Dagi zog nach Wuppertal, als meine Mutter an Krebs erkrankt war. Sie wollte näher bei meinen Eltern sein und kaufte mit ihrem Mann ein Reihenhaus in direkter Nachbarschaft zwei Häuser weiter. Ich empfand das natürlich als große Erleichterung, ich lebte damals in Berlin und war froh, sie als verlässlichen „Stützpunkt" in der Heimat zu wissen. Weit über den Tod unserer Mutter hinaus war das eine perfekte Lösung. Heute denke ich, dass es wichtig gewesen wäre, meiner Schwester schon viel früher meine Anerkennung für ihren Einsatz zu zeigen.

Nachdem mein Vater die Trauer überwunden hatte, kam er als Witwer ganz gut zurecht. Im Grunde war er ja zeit seines Lebens ein Einzelgänger. Dass meine Schwester mit ihrer Familie nebenan wohnte, kam ihm sehr gelegen. Da war immer jemand, wenn er Gesellschaft oder vielmehr Versorgung brauchte. Aber wenn er wollte, hatte er seine Ruhe. Keiner redete ihm rein, wenn die kaputte Glühbirne im Badezimmer wochenlang nicht ausgetauscht wurde.

Er ging rüber und klingelte, wenn ihm danach war – ob die anderen in dem Moment auch Lust auf Opa hatten, das war ihm schnuppe. Eine Geduldsprobe für meine Schwester und ihre Familie. Die beiden Töchter mochten ihren Opa sehr, aber wenn er ausgerechnet in dem Moment hereinplatzte, wenn ein attraktiver Typ zum ersten Mal auf einen Kaffee vorbeigekommen war und er den dann auch noch mit Fragen wie: „Was studieren Sie denn? Ach, BWL, das ist ja ziemlich geistlos" nervte, war die Stimmung, gelinde gesagt, gelegentlich gereizt.

„Irgendwas stimmt nicht mit Vati", sagte meine Schwester eines Tages am Telefon. „Er hat doch immer das Garagen-Konto unserer Siedlung verwaltet. Und da herrscht jetzt das totale Chaos. Ich blicke gar nicht mehr durch. Offenbar hat er seit Jahren alles durcheinandergebracht, die Nachbarn beschweren sich schon."

Wir einigten uns damals darauf, dass sie die Sache überprüfen sollte – niemand von uns hatte auch nur den Hauch einer Ahnung, dass es sich um Demenz handeln könnte. Er war doch erst dreiundachtzig und geistig und körperlich topfit! Und doch schwebte seitdem ein Schatten über unserer Familie ... All diese Erinnerungen – sie werden mich noch oft beschäftigen.

DOCH JETZT BESICHTIGE ICH erst mal das neue Zimmer im Seniorenheim. Es ist etwas kleiner als das Doppelzimmer, aber immerhin gut zwanzig Quadratmeter groß. Der Blick aus dem Fenster ist schön, man sieht große alte Bäume, einen Spielplatz und viele fröhlich tobende

Kinder. Ich male mir aus, an welche Stelle seine Möbel kommen und wo seine Bilder am besten zur Geltung kommen würden.

Erst jetzt bemerke ich, dass hier noch die Möbel der Verstorbenen stehen, es hängen sogar noch Fotos an der Wand. Eigentlich ist es pietätlos, hier schon hereinzuplatzen, aber so ist nun mal das Leben. Eines Tages werden andere im Zimmer meines Vaters stehen und den Einzug ihres dementen Angehörigen planen.

Apropos – wo ist er eigentlich? In seinem Zimmer ist niemand, und zum Glück hat sich auch keiner auf der Toilette verbarrikadiert. Als ich ein paar Klamotten in den Schrank räumen will, schlägt mir ein stechender Geruch entgegen. Was zum Teufel ist das? Ich durchsuche den Schrank und entdecke auf dem Boden etwas, das entsetzlich stinkt und ziemlich eindeutig nach einem … na ja … Häufchen aussieht. Wie ist das möglich? Hat etwa mein Vater …?

Ich laufe hektisch zur diensthabenden Aufsicht, heute ist es eine Frau mittleren Alters, die einen sehr erfahrenen und resoluten Eindruck macht. Sie hat die grauen Haare zum Pferdeschwanz gebunden, trägt eine rote Brille und ist gerade dabei, etwas in den Computer zu tippen.

„Was ist denn los, Frau Tietjen?“, fragt sie und stellt sich vor als Frau Hübner.

„Da … da … ist ein Haufen. Ich meine, äh, Kot … also kann es sein, dass irgendjemand den Kleiderschrank meines Vaters mit der Toilette verwechselt hat?“, stammle ich.

„Oh!“, sagt sie und verdreht die Augen. „Schon wieder. Warten Sie, ich komme mit.“ Mit Gummihandschuhen, Wurzelbürste und einem Wassereimer bewaffnet, entfernt sie das Häufchen des Anstoßes und versprüht dann großzügig ein Duftspray im Zimmer.

„Das wirkt super“, beruhigt sie mich, „das beziehen wir aus dem Ausland, wir haben so viele Marken ausprobiert, aber das hier ist unschlagbar. Ist Ihnen schon aufgefallen, dass es hier bei uns nirgendwo nach Urin riecht? Das liegt natürlich an der Hygiene, aber auch an diesem Wunderspray.“

Ich nicke. Eigentlich interessiert mich aber viel mehr als das Duftgeheimnis die Frage, wie dieses Missgeschick passieren konnte und wer dahintersteckt. „Kommt so was häufig vor?“, frage ich.

„Nein, aber ab und zu. Wir wissen auch, wer der Übeltäter ist. Herr Schultze, eigentlich ein ganz ruhiger, freundlicher Bewohner. Wenn er sich unbeobachtet fühlt, schleicht er in die Zimmer der anderen. Er liebt es, seine Notdurft irgendwo zu verrichten, wo es absolut verboten ist. Besonders gern pinkelt er in den Aufenthaltsraum oder an die Gummipflanzen. Wahrscheinlich denkt er dann, er ist im Wald.“

Fassungslos sehe ich Frau Hübner an. Sie erzählt das mit einer Selbstverständlichkeit, wie andere über ihren Einkauf oder das neueste Kuchenrezept berichten.

„Tja, Frau Tietjen." Sie lächelt. „Das ist hier unser Alltag. Das ist nun mal der Demenzbereich, da muss man vieles einfach so hinnehmen. Und abschließen können wir die Zimmer nicht, das würde die Bewohner komplett durcheinanderbringen."

Auf dem Weg zum Aufenthaltsraum kommt mir ausgerechnet besagter Herr Schultze entgegen. „Moin!", ruft er fröhlich und guckt mich an, als wüsste er, dass ich soeben sein Werk entdeckt habe. „Nee, nee, Klaus", sagt Frau Hübner streng und gibt ihm einen Klaps auf den Arm, „die Hose bleibt jetzt zu! Denk gar nicht erst dran!"

„Respekt", sage ich, „ich finde es bewundernswert, wie Sie die Ruhe bewahren. Und dass Sie trotz dieser Zwischenfälle immer in einem herzlichen Ton mit den Menschen sprechen."

Sie streift sich die Gummihandschuhe ab und sieht mich mütterlich an: „Ach, wissen Sie, unser Job wird zwar nicht so toll bezahlt. Aber ich möchte trotzdem mit niemandem tauschen. Ich mache das jetzt schon seit dreißig Jahren. Und ich freue mich jeden Tag auf die Arbeit. Man bekommt von diesen Menschen so viel zurück. Das gilt ganz besonders für die Dementen. Sie glauben gar nicht, wie viel Spaß wir hier haben. Sie werden auch noch viel zu lachen haben, das verspreche ich Ihnen!"

In der Hoffnung, dass diese bevorstehenden frohen Momente nur wenig mit Exkrementen anderer Bewohner zu tun haben werden, suche ich nach meinem Vater. Er sitzt mit den anderen in einem Stuhlkreis. In der Mitte steht eine junge Frau mit zwei Hunden. Langsam geht sie von einem zum anderen und stellt die Hunde als Billy und Bobby vor. Jeder darf die Tiere nach Herzenslust streicheln.

„Das ist die Hundetherapeutin", klärt mich Frau Hübner auf. „Sie kommt einmal in der Woche. Die Tiere haben auf viele demente Menschen eine ganz faszinierende Wirkung. Sie erinnern sie an ihre eigenen Haustiere oder auch an die Kindheit."

Ich beobachte, dass tatsächlich viele selig lächeln und die Hunde kraulen und liebkosen. Und mein Vater?

Wir hatten nie Haustiere, mal abgesehen von zwei Hamstern und Guppys. Auch im Elternhaus meines Vaters waren Tiere tabu.

Als er an der Reihe ist, verschränkt er demonstrativ die Arme. „Das ist Billy, Herr Schniewind, möchten Sie ihn mal streicheln?", fragt die Therapeutin freundlich. Er schüttelt energisch den Kopf und sieht die hübsche junge Frau an, als wäre er eher daran interessiert, mit ihr Zärtlichkeiten auszutauschen.

Als er mich entdeckt, hellt sich sein Blick sofort auf. Er winkt und guckt, als würde er diesen Sitzkreis gern so bald wie möglich verlassen. Ich erlöse ihn und begleite ihn in sein Zimmer.

„Spielen wir eine Runde ‚Stadt, Land, Fluss'?", frage ich. Ich habe von zu Hause einen Block und Stifte mitgebracht. Er nickt. Das Spiel ist eine gute Gedächtnisübung, und es ist ganz erstaunlich, was er dabei noch an Wissen aus den hintersten Gehirnwindungen herausholt. Er weiß zwar nicht mehr so genau, wie man eine Hose anzieht oder ein Hemd zuknöpft, aber dass Ginster eine Pflanze mit G ist und der Po ein Fluss mit P, das sitzt! Auch beim Zusammenzählen der Punkte schwächelt er nicht, am Ende hat er mich sogar geschlagen und freut sich.

Auch seine Handschrift ist noch erstaunlich sicher und gut lesbar. Außer seiner Unterschrift schreibt er alles in großen Druckbuchstaben, am liebsten mit einem Zeichenstift. Noch bis vor Kurzem hat er jeden Tag stichwortartig in seinen „Christlichen Losungen" zusammengefasst. Fein säuberlich kann man Band für Band nachlesen, wie er die vergangenen zwanzig Jahre verbracht hat. Sehr aufregend ist das nicht, aber aufschlussreich. „Frühstück. Einkaufen. Geldautomat. Mittagessen. Spaziergang am Rhein. Schwimmen. Abends Bibelstunde." Bis auf „Telefonat mit Tina oder Luise", „Essen bei Dagi", „Sauna" oder „Kaffeetrinken mit Habbel und Gisela" gibt es keine großen Ausschläge. Ein- bis zweimal im Jahr eine Urlaubsreise, entweder mit seiner Cousine Lilli an den Tegernsee oder alleine auf Borkum. Und dann gab es natürlich die regelmäßigen Ausflüge nach Hamburg oder Heidelberg zu mir und Luise. Wenige Höhen, wenige Tiefen, ein Leben, geprägt von steter Regelmäßigkeit.

Emotionen kommen in diesen Aufzeichnungen nicht vor, nicht einmal beim Tod meiner Mutter. Das hat mich zunächst geschockt, aber mittlerweile leuchtet mir ein, dass ein Mensch, der nicht über seine Gefühle spricht, sie auch nicht schriftlich artikulieren kann und will. Er hat diese Notizen nur als Gerüst gebraucht, um seinem Leben eine äußere Ordnung zu geben. Dazu passt auch sein penibel eingehaltener Tagesrhythmus: um halb sieben aufstehen, ausgiebige Morgentoilette, duschen, anziehen. Um neun Uhr Frühstück, um eins Mittag. Abendessen spätestens um sieben, weil an mindestens zwei Wochentagen abends um acht die Gemeinde ruft. Letzte Handlung vor dem Schlafengehen: den Wetterdienst und die Zeitansage anrufen. Man will ja wissen, was einen am nächsten Tag erwartet. Und ganz wichtig: Alle Uhren müssen auf die Sekunde richtig gehen. „Beim nächsten Ton ist es … zehn Uhr, fünf Minuten und zwanzig Sekunden. Piep."

Als Kinder haben wir diese Rituale geliebt. Als mein Vater dann aber mit zunehmender Demenz zwanzig bis dreißig Mal am Tag die kostenpflichtigen Nummern anrief, haben uns diese fest zementierten, irgendwann sinnlos gewordenen Gewohnheiten beinahe wahnsinnig gemacht.

Doch das ist alles vorbei, heute muss ich ihn sogar daran erinnern, seine geliebte Losung zu lesen.

„Komm, wir gehen ein bisschen raus in den Garten", schlage ich meinem Vater vor.

Im Innenhof ist ordentlich was los. Fast alle Holzbänke und der Strandkorb sind besetzt. Wir finden ein lauschiges Plätzchen am Springbrunnen und sehen uns um. „Wie gefällt dir eigentlich die Architektur, Vati?", frage ich ihn, denn ich weiß, dass das noch immer eins der Themen ist, die ihn am meisten interessieren.

Mein Vater ist Architekt mit Leib und Seele. Schon als ganz kleiner Junge, so wird es kolportiert, wollte er immer nur Häuser bauen. Mit Klötzen, mit Steinen, mit Holz – mit allem, was er finden konnte, wurden Gebäude kreiert, am Anfang ganz einfache, später immer aufwendigere. In die Textilfirma seines Vaters einsteigen wie seine Brüder? Das kam für ihn nicht infrage, was allerdings bei Eltern und Geschwistern nicht wirklich auf Verständnis stieß. „Mit Architektur kann man doch kein Geld verdienen, Junge!"

Viel Geld hat er in der Tat nie verdient. Ihn hat das nie gestört, nur meine Mutter hat es manchmal bedauert. Zum Glück konnte sie gut wirtschaften. Den größten Teil seines Berufslebens hat er als angestellter Architekt hauptsächlich Freizeitbäder und Sportanlagen entworfen. Ob ihn das gewurmt hat? Vermutlich ja, sicher fühlte er sich zu Höherem berufen. Nach außen hat sich das hauptsächlich daran gezeigt, dass er an den Werken der anderen selten ein gutes Haar ließ.

„Na ja", höre ich ihn in diesem Moment sagen, „das sind ja lauter weiße Kästen mit Löchern drin. Nicht gerade originell."

Alles klar. Die Hybris hält sich noch. In seinem Fall werte ich das als ein gutes Zeichen.

Uns gegenüber sitzen zwei Frauen um die achtzig, die sich sehr angeregt unterhalten. Beide haben einen Gehwagen vor sich geparkt, der hier ohnehin der wichtigste Begleiter zu sein scheint. Es ist kaum jemand in Sicht, der wie mein Vater noch in der Lage ist, sich ohne Hilfe fortzubewegen.

Die beiden blicken zu uns rüber und winken freundlich. Offenbar haben sie meinen Vater gerade als neuen Bewohner identifiziert. Ich winke lächelnd zurück.

„Wer ist das?", fragt mein Vater irritiert.
„Zwei Damen, die auch hier wohnen, Vati", sage ich.
„Wieso wohnen?" Er guckt mich verwirrt an. „Ich nicht hier wohne."
Seufzend stehe ich auf und fasse ihn am Arm. „Komm, wir gehen mal zu den Kaninchen." Mitten im Garten steht ein großer Käfig. HIER WOHNEN LINDA, LIANE, LEO UND LUDWIG, steht auf einem Schild. Viele Bewohner lieben diesen Käfig. Sie stehen lange davor und beobachten aufmerksam jede Bewegung der Tiere.
„L-i-n-d-a", buchstabiert mein Vater. „L-i-a-n-e." Er sieht mich erstaunt an. „Wer ist das?"
„Das sind die Kaninchen, Vati", erwidere ich geduldig.
„So ein Quatsch!", sagt er und zieht mich weiter.

ICH BRINGE meinen Vater zum Speiseraum. Er hat jetzt schon seinen Stammplatz, zu erkennen an dem laminierten Telleruntersetzer, auf dem groß und deutlich sein Name steht.
„S-c-h-n-i-e-w-i-n-d", liest er vor und fängt sofort an, sich ein Leberwurstbrot zu schmieren.
Als ich gehe, sieht er mir kauend hinterher und wirkt relativ ungerührt. Essen war ihm schon immer sehr wichtig. Unmengen kann er verspeisen, ohne ein Gramm zuzunehmen. Dabei kam es ihm nie besonders auf den Geschmack an – Hauptsache, es war genug da.
„Guten Appetit!", rufe ich, winke und fahre nach Hause.
Auf der Terrasse sitzt mein Mann schon mit Freunden, das Essen steht auf dem Tisch. „Na, wie war's?"
Ich trinke ein Glas Wein. „Intensiv!", sage ich und spüre, dass diese neue Situation mich mehr anstrengt, als ich mir eingestehe.
Tag für Tag vier bis fünf Stunden mit meinem Vater zu verbringen, das hat es seit meiner Kindheit nicht gegeben. Es strengt an, aber es tut auch gut. Irgendwie habe ich das Gefühl, mir selbst auf der Spur zu sein.

Sah ein Knab ein Röslein stehn

Es ist Karfreitag, der höchste kirchliche Feiertag des Jahres. Dies war immer ein sehr wichtiger Tag früher bei uns zu Hause. Man trauerte, weil der Herr Jesus an diesem Tag verstorben war, um unserer Sünden willen. Ohne Zweifel ein einschneidendes Ereignis in der Menschheitsgeschichte, und bis heute glaube ich daran, dass ohne Jesus vieles schlechter gelaufen wäre auf diesem Planeten. Ich glaube auch an Gott und die Vergebung der Sünden und das ewige Leben und so weiter. Ich kann gar nicht anders, es sitzt alles viel zu tief. Aber ich glaube nicht, dass man Karfreitag von morgens bis abends Trübsal blasen soll, nicht laut sprechen und lachen darf, aber sehr laut die „Matthäuspassion" hören muss.

So war es aber damals im Reihenhaus in Wuppertal-Elberfeld. Einen Fernseher hatten wir ohnehin nicht, im Radio lief nur Trauermusik. Meine Mutter war zunächst mit ihrer Frisur und dann mit Kochen beschäftigt, mein Vater saß zusammengekauert vor dem Plattenspieler und hörte Bach. Wir Kinder langweilten uns.

Heute, im April 2011, ist Karfreitag ein fröhlicher Tag. Das findet offensichtlich auch mein Vater, der die kirchlichen Highlights nicht mehr so richtig auf dem Zettel hat. Die Sonne scheint, im Foyer des Altersheims ist ein reichhaltiges Büfett aufgebaut, und im Innenhof sind die Tische österlich eingedeckt. Viele Menschen haben sich eingefunden, und wir reihen uns mit unseren Tellern in die Schlange ein. Ich merke meinem Vater an, dass er nicht versteht, was sich hier gerade abspielt.

„Du kannst dir jetzt etwas zu essen nehmen", sage ich, „und dann suchen wir uns draußen einen Tisch und lassen es uns gut gehen." Er guckt ungläubig auf das Speisenangebot, das vor uns auf dem Büfett ausgebreitet ist: Rührei, Würstchen, Fisch, Kartoffeln, Fleisch, Obst, Kuchen ... Ich merke, dass er nervös wird.

„Was denn", fragt er. „Was ich hier soll? Was jetzt?"

Offenbar ist er überfordert – es sind zu viele Menschen und zu viele Eindrücke. Also suchen wir uns erst einmal einen freien Tisch. Neben einem sympathisch aussehenden Ehepaar ist noch Platz.

„So, Vati, setz dich mal, ich hole dir was zu essen!" Eilig laufe ich zurück zum Büfett und hoffe, dass er nicht wegläuft. Es ist ja alles so neu für ihn. Wieder fühle ich mich wie seine Mutter – an diesen Rollentausch muss ich mich noch gewöhnen.

Als ich mit zwei vollgehäuften Tellern zurückkomme, sitzt er stumm und missgelaunt neben den Tischnachbarn. In dem Moment, als er das Essen sieht, hellt sich sein Blick auf. Während ich meinen Vater und mich erst einmal vorstelle, schaufelt er Brötchen, Matjes und Rührei in sich hinein.

„Sind Sie ... ich meine, wohnen Sie hier?", frage ich. Die beiden passen irgendwie nicht hierher, sie sind vielleicht Mitte sechzig und wirken noch sehr agil. „Wir sind nur zu Besuch", sagt der Mann lächelnd. In diesem Moment taucht plötzlich Frau Platt, die Heimleiterin, hinter ihm auf. „Alles okay bei euch, Papa?", fragt sie. „Das sind meine Eltern. Sie kommen manchmal hierher und gucken, was ich so mache", sagt sie. „Geht's Ihrem Vater gut hier bei uns?"

Da bin ich im Moment nicht ganz sicher. Er kaut und kaut an seinem Würstchen – und plötzlich steckt er die Hand in den Mund, fummelt ein bisschen herum … und fördert eine Zahnprothese zutage. Eine kleine Brücke, die er schon ewig trägt, zwei Zähne, eine Drahtspange. Als sie da so neben dem Teller liegt, voller Essensreste, sieht sie ziemlich sperrig und vor allem unappetitlich aus.

„Vati“, zische ich, „bitte steck das wieder in den Mund!“

„Kein Thema“, beschwichtigt mich Frau Platt, „das erledige ich mal schnell.“

Sie schnappt sich die Prothese, läuft zur Toilette und kommt zwei Minuten später wieder. „So, Herr Schniewind, alles wieder sauber!“

Kommentarlos setzt sich mein Vater die Zahnprothese wieder ein und isst weiter. Dass die Heimleiterin sich persönlich so engagiert, überrascht mich. „Ich war selbst mal Altenpflegerin“, sagt sie, als hätte sie meine Gedanken lesen können, „nur wenn man die Basis kennt, weiß man, was im entscheidenden Moment zu tun ist.“

Während mein Vater das Essen genießt, führt Frau Platt mich kurz und energisch in die Hintergründe des Pflegewesens ein. Es gibt offenbar viele Defizite, zu wenig Personal, zu wenig Geld, zu viele sinnlose Vorschriften … Erst als ihre Mutter ihr etwas ins Ohr flüstert, stutzt die Heimleiterin.

„Oh, Frau Tietjen, Sie sind beim Fernsehen? Tut mir leid, aber Ihre Sendung habe ich noch nie gesehen, wir sind hier so eingespannt.“

Und dann entrüstet sie sich erst mal ordentlich über die Berichterstattung der Medien zum Thema Pflege. Immer nur Negatives sei da zu erfahren, von der Pflegerin, die reihenweise Alte vergifte, bis hin zu Foltermethoden und Handgreiflichkeiten gegenüber dementen Menschen. „Aber über die positiven Beispiele wird fast nie berichtet! In der Altenpflege liegt sicher so manches im Argen, aber es gibt auch unter uns viele, die ihre Arbeit mit viel Liebe und Leidenschaft machen. Die müssen Sie mal zeigen! Nur so kann man auch mehr junge Menschen für den Pflegeberuf begeistern.“ Während dieses Plädoyers wischt sie kurz ein Häufchen Rührei vom Schoß meines Vaters, das ihm im Eifer aus dem Mund gefallen ist. „Wissen Sie, ich liebe meinen Beruf“, sagt sie, „aber manchmal werden einem von oben echt Steine in den Weg gelegt. Und damit meine ich nicht mal meinen Chef, sondern den Gesetzgeber!“ Ich will gerade fragen, wie sie sich immer wieder motiviere, da springt sie auf und läuft zum Nebentisch, wo Arthur gerade eine Tasse Kaffee umgestoßen hat.

„Kein Thema, Arthur!“, ruft sie und wechselt in Windeseile Tischtuch und Servietten aus. „An solchen Tagen mag ich es nicht, wenn hier nur alles mit Papier und Plastik eingedeckt wird. Ein bisschen feierlich soll es schon sein, das ist auch für die Bewohner wichtig. Dann muss eben mal eine Waschmaschine mehr angeworfen werden."

Diese Frau ist wirklich außergewöhnlich. Sie sieht anders aus, als man sich eine Heimleiterin vorstellt. Und sie ist auch anders: engagiert, idealistisch, kämpferisch. Bestimmt macht sie sich mit ihrer Art nicht nur Freunde, denke ich, während ich sie beobachte.

In einer Ecke des Gartens haben sich jetzt zwei Musiker aufgebaut, betagte Herren in eleganten schwarzen Anzügen und weißen Hemden. Mit Keyboard und Geige beginnen sie zu spielen: „La Paloma ohé, einmal muss es vorbei sein …" Und wie von einem unsichtbaren Dirigenten angeleitet, fangen plötzlich all die grauhaarigen Menschen um mich herum an mitzusingen: „… nur Erinn'rung an Stunden der Liiiebe bleibt noch an Land zurück!"

Ich sehe meinen Vater an. Seinem glücklichen Gesichtsausdruck nach zu urteilen, fühlt er sich gerade richtig wohl. „Seemannsbraut ist die See, und nur ihr kann ich treu sein …", schmettert er jetzt. Was ihm wohl dabei durch den Kopf geht? So schrecklich seine Kriegserlebnisse bei der Marine auch gewesen sein müssen, zum Meer und zu großen Schiffen hat er sich sein Leben lang hingezogen gefühlt.

Es ist faszinierend, was bekannte Melodien bei dementen Menschen auslösen. Alles, was weit in die Vergangenheit reicht und tief sitzende Erinnerungen und Gefühle weckt, tut offenbar der Seele gut.

Die Zweimannkapelle musiziert noch lange an diesem sonnigen Karfreitag. Nach dem reichlichen Essen und einem Gläschen Sekt, das meinen Vater und mich in einen leicht beschwingten Zustand versetzt hat, habe ich das Gefühl, hier schon ein bisschen zu Hause zu sein.

ALS ICH meinen Vater am späten Nachmittag schließlich nach oben bringe, damit er sich von all den Eindrücken erst einmal erholen kann, spricht mich im Flur eine putzige alte Dame an. Sie ist klein und pummelig, hat einen Pagenschnitt und guckt mich verschmitzt aus riesengroßen Augen an. „Mama?", fragt sie. „Mamaaa! Bringst du mich jetzt endlich ins Bett? Ich warte schon soo lange auf dich!" Ihr Stimmchen ist ganz hell und quietschig, wie bei einem Kind, dabei ist sie bestimmt schon weit über achtzig. „Nee, Emma, die Mama kommt erst später, aber du kannst mit mir gehen, wir beide bereiten schon mal alles vor", höre ich hinter mir jemanden sagen. Es ist Andreas. Er nimmt die kleine Frau liebevoll an die Hand und spaziert mit ihr den Flur entlang.

Später merke ich, dass Emma fast jede Frau für ihre Mama hält und es liebt, wenn man darauf eingeht und ein Weilchen von Mutter zu Kind mit ihr plaudert. Eine ganz entzückende Person, die ich auf Anhieb ins Herz schließe.

Auf dem Weg zum Zimmer fällt mir plötzlich etwas auf: eine Bushaltestelle in Originalgröße, mit einer Bank davor. Mitten auf dem Flur. Bin ich jetzt selbst schon dabei, den Verstand zu verlieren? Mit meinem Vater im Schlepptau schaue ich mir die Erscheinung aus der Nähe an. Tatsächlich, es ist keine optische Täuschung. Sogar ein Fahrplan hängt da. „Wann kommt der Bus?“, fragt mein Vater neugierig.

„Sie gucken so ungläubig, Frau Tietjen.“ Amüsiert beobachtet mich Nadine. „Das gibt es mittlerweile in vielen Seniorenheimen, damit hat man in der Demenztherapie gute Erfolge erzielt. Es reicht den Bewohnern, wenn sie da einfach sitzen können und warten. Dass der Bus nie kommt, merken sie gar nicht.“

„Wir nehmen einen Bus später, Vati“, höre ich mich sagen, während ich ihm helfe, sein Zimmer zu finden.

„Wann kommst du wieder?“, fragt er, als er auf dem Bett liegt.

„Morgen. Dann gehen wir zu den Nachbarn zum Osterfeuer.“

„Warum erst morgen?“ Es gefällt ihm offensichtlich nicht, dass ich mich jetzt verabschiede. Sofort meldet sich wieder mein schlechtes Gewissen. Aber schließlich habe ich ja auch noch einen Mann und zwei Kinder, die auch das Recht haben, mit mir Zeit zu verbringen.

„Ich muss jetzt nach Hause, Vati.“ Er guckt verwirrt.

„Wieso nach Hause? Wir hier zu Hause.“

Ich versuche, ihn abzulenken: „Wie war noch mal das Witzgedicht mit dem Knaben und dem Röslein?“ Mit so einem Nonsens kann man ihn immer zum Lachen bringen.

„Leck mich am Arsch und bieg mich nicht, die Welt ist kugelrund. Sah ein Knab ein Röslein stehn von hundertachtzig … von hundert… hun…“ Na bitte, es funktioniert immer. Mein Vater schüttelt sich vor Lachen, prustet und kichert, er kriegt sich gar nicht wieder ein. „… von hundertachtzig Pfund!“, ruft er schließlich, während ihm die Lachtränen über die Wangen laufen. Keine Ahnung, aus welchen Tiefen seiner Kindheit er diesen Spruch ausgebuddelt hat und was daran so lustig ist – aber er liebt ihn. Jetzt schnell raus aus dem Zimmer, bevor er wieder ins Grübeln kommt.

Dieser Zwiespalt, das Hin-und-hergerissen-Sein zwischen meinem Vater und meiner eigenen Familie, wird mich von jetzt an begleiten.

„Wie geht es Opa?“, fragt meine Tochter, als ich nach Hause komme. Bisher habe ich die Kinder noch nicht ins Heim mitgenommen. Sie sind zwar zu diesem Zeitpunkt schon vierzehn und sechzehn Jahre alt und kommen mit der fortschreitenden Demenz des Großvaters auch einigermaßen zurecht, aber so viele „verrückte“ alte Menschen auf einmal mochte ich ihnen doch noch nicht zumuten. „Ganz gut“, sage ich, „aber er muss sich erst einleben.“

Kaum habe ich mich gesetzt, klingelt mein Handy. „Dagi“ erscheint auf dem Display. Wahrscheinlich spürt sie, dass ich in diesen Tagen oft an sie denke. Seufzend drücke ich auf „Anruf annehmen“.

„Tina? Was ist denn bei euch los, warum antwortest du so komisch? Ist irgendwas mit Vati?“

Ich schlucke und erzähle ihr dann in knappen Worten, was passiert ist. „Sobald du zurück bist, müssen wir endgültig entscheiden, ob er hierbleibt. Aber im Grunde ist die Entscheidung schon gefallen, oder?“

Sie klingt einerseits fassungslos, andererseits auch erleichtert. „Ja, dann sollte das wohl so sein, dass ich nicht da war.“

„Es gibt im Leben eben keine Zufälle“, sage ich, „wahrscheinlich hat der liebe Gott dich extra in die Wüste geschickt, damit du Vati besser loslassen kannst!“

Wo steht eigentlich mein Auto?

Als ich Vati am nächsten Tag zum Osterfeuer abhole, macht er einen aufgeräumten Eindruck. Offenbar hat er gut geschlafen und den Tag halbwegs genossen.

„Wo steht eigentlich mein Auto?“, fragt er, als wir das Heim verlassen.

„Du hast dein Auto verkauft, Vati“, sage ich und bugsiere ihn in meinen kleinen Fiat.

„Verkauft? Dummes Zeug!“ Er glaubt mir nicht.

Mir fällt ein, was ich in Büchern über Demenz gelesen und in Gesprächen immer wieder gehört habe, aber im Umgang mit ihm immer wieder vergesse: Man soll dementen Menschen nie widersprechen, sie nicht korrigieren, nicht belehren oder zurechtweisen. Das gibt dem anderen ein Gefühl von Ohnmacht und Unterlegenheit. Er fühlt sich dann schuldig und glaubt, alles falsch zu machen und dem Leben nicht mehr gewachsen zu sein. Dabei will man ja als Angehöriger genau das Gegenteil erreichen. Der andere soll sich nicht ausgegrenzt fühlen, sondern dazugehörig. Daher soll man den Dementen immer bestätigen und loben und stets bemüht sein, das noch vorhandene geistige Potenzial zu stärken!

„Dein Auto steht in der Garage“, korrigiere ich mich schuldbewusst, „heute nehmen wir mal meins.“

Er wurstelt am Sicherheitsgurt herum und versucht, seine langen Beine unterzubringen. „Eng!“, sagt er vorwurfsvoll. „Das ein Spielzeugauto?“

Als wir den Garten der Nachbarn betreten, sind die meisten schon da. Seit Jahren zünden wir hier traditionell am Ostersamstag unser Feuer an. Um die dreißig Menschen, Erwachsene, Jugendliche und Kinder, versammeln sich, essen, trinken, quatschen und freuen sich, dass der Frühling kommt. Zu später Stunde holen ein paar von uns die Gitarren raus, und dann singen wir zusammen die alten Lieder. „The House of the Rising Sun", „Suzanne", „The Boxer" und so weiter.

Fast jedes Jahr kam mein Vater uns Ostern besuchen, weil meine Schwester meistens mit ihrer Familie verreist war. Die Freunde kennen ihn alle, mit vielen hat er früher Gespräche geführt und eindringliche Fragen gestellt, wie das so seine Art war.

Jetzt wird er von den Nachbarn freundlich begrüßt. Er guckt irritiert, offenbar hat er nicht die geringste Ahnung, um wen es sich handelt. Als er allerdings das Feuer sieht, hellt sich sein Blick auf. „Osterfeuer!", ruft er und geht mit großen Schritten auf die Flammen zu. Ich kann ihn gerade noch daran hindern, mit einem großen Satz über das noch übersichtliche Feuer zu springen. Irgendwann hat er mir mal erzählt, dass das in seiner Jugend ein großer Spaß war.

Während ich ihm ein gemütliches Plätzchen in der ersten Reihe einrichte und ihn mit Essen und Getränk versorge, spricht ihn einer unserer Freunde an. „Na, Herr Schniewind, wie schön, dass Sie jetzt hier in Hamburg wohnen, so nah bei Ihrer Tochter!"

„Hamburg?", nuschelt mein Vater verständnislos. „Wieso Hamburg? Ich nicht weiß. Ich nicht kenne. So ein Quatsch!"

Ich beruhige ihn und erinnere ihn daran, dass er schon oft hier in diesem Garten war. Natürlich hat er das total vergessen, aber als ihn ein Nachbar, mit dem er sich früher oft unterhalten hat, anspricht, huscht ein Lächeln über sein Gesicht.

Ich weiß noch genau, wie mein Vater sich vor zwei, drei Jahren angeregt mit ihm über Stuttgart, die Uni dort und irgendwelche architektonischen Besonderheiten ausgetauscht hat. „Ich weiß gar nicht, was du hast", sagte er damals, „dein Vater ist doch topfit im Kopf, von Demenz ist da rein gar nichts zu merken." Na warte, dachte ich, der Abend ist noch nicht zu Ende. Und prompt bekam ich kurz darauf mit, wie mein Vater den Mann in exakt dasselbe Gespräch verwickelte, das er eine Stunde vorher schon mal mit ihm geführt hatte. Am Blick, den der Freund mir aus den Augenwinkeln zuwarf, sah ich, dass er jetzt begriffen hatte, was los war.

Die perfekte Tarnung, darin war mein Vater immer ganz groß. Normalität vortäuschen, Konversation betreiben und die anderen im Glauben lassen, alles sei im grünen Bereich. So lange, bis kein Vertuschen mehr möglich war.

Zufrieden kaut er an seiner Bratwurst, trinkt ein Schlückchen Rotwein und blickt ins Feuer. Die Freunde kümmern sich rührend um ihn. Ich erinnere mich, wie mein Vater noch vorletztes Jahr hier Seite an Seite mit dem Vater eines Freundes am Feuer saß. Beide derselbe Jahrgang, der andere Mann allerdings noch im Vollbesitz seiner geistigen Kräfte, zwar schon ein bisschen wackelig auf den Beinen, aber war das nicht das kleinere Übel?

Heute ist der andere schon tot. Unerwartet und plötzlich ist er gestorben, und wir vermissen ihn in dieser Runde. Und mein Vater sitzt hier neben mir, verwirrt, aber quietschvergnügt. Warum mit dem Schicksal hadern? Es kommt sowieso anders, als man denkt.

Als ich ihn gegen 23 Uhr im Heim abliefere, herrscht dort schon lange Nachtruhe. Ich bringe ihn schnell ins Bett. Bevor er wieder fragen kann, wohin ich gehe, schleiche ich mich aus dem Zimmer.

Durch die Dunkelheit stapfe ich zurück zum Osterfeuer.

AM OSTERSONNTAG merke ich meinem Vater an, dass ihn die letzten Tage angestrengt haben. Als ich in sein Zimmer komme, sind die Vorhänge zugezogen, er liegt im Bett und schläft tief und fest. Ich lasse ihn noch ein bisschen liegen und spaziere im österlich dekorierten Flur herum.

Im Aufenthaltsraum treffe ich Andreas, der gerade dabei ist, mit Emma und Frau Gottlob einen Hefezopf zu backen. „Sind Sie eigentlich immer hier?“, frage ich erstaunt.

„Nee“, sagt er lachend, „nächstes Wochenende ist meine Kollegin wieder aus dem Urlaub zurück, dann mache ich ein paar Tage frei.“

„Wie viele Ergotherapeuten arbeiten denn hier?“, will ich wissen.

„In diesem Wohnbereich sind wir zu zweit, insgesamt besteht unser Team aus fünf Leuten. Allerdings halten nicht alle so lange durch wie ich. Man muss die Alten schon ins Herz schließen, sonst geht das nicht … Emma! Gib bitte Frau Gottlob ihren Teig zurück, du hast doch dein eigenes Stück!“

Emma kichert und stopft sich schnell ein Stück Hefeteig in den Mund. „Mama!“, kräht sie fröhlich, als sie mich sieht. „Mama, da bist du ja!“ Ich setze mich neben sie und helfe ihr, die Teigrolle zu einem Stück Zopf zu flechten. Das scheint ihr zu gefallen. Sie sieht mich von der Seite an. „Du bist ’ne ganz Liebe!“, sagt sie lächelnd.

„Sehen Sie, Frau Tietjen“, meint Andreas grinsend, „ich sag doch, der Job macht Spaß!“

„Warum werden eigentlich manche Bewohner vom Personal geduzt und andere gesiezt?“, frage ich ihn.

„Das machen wir ein bisschen nach Gefühl. Es hängt von den Gewohnheiten der Leute ab und von dem, was uns die Angehörigen berichten. Bei Ihrem Vater würde ich nicht auf die Idee kommen, ihn zu duzen. Er hat so was Vornehmes an sich."

Als ich ihm erzähle, wie erschöpft mein Vater wirkt, berichtet er mir, dass er morgens schon mit ihm im Ostergottesdienst war. Auch die regelmäßigen Kirchgänge sind fester Bestandteil des ergotherapeutischen Angebots und werden von vielen Heimbewohnern gern genutzt.

„Ihrem Vater scheint das sehr gut gefallen zu haben! Er konnte alle Lieder auswendig und hat ganz laut das Vaterunser mitgebetet."

Das beruhigt mich. Kein Wunder, dass er nach dem Mittagessen erst mal ein bisschen Ruhe brauchte.

Als er wieder frisch ist, helfe ich ihm beim Anziehen. Mit dem Krawattenknoten hat er schon leichte Schwierigkeiten, kriegt ihn aber beim dritten Anlauf hin. Bevor wir gehen, betrachten wir uns im Spiegel.

„Na, wie gefällst du dir?", frage ich.

„Sehr gut!", sagt er. „Gepflegt!" Ein korrektes äußeres Erscheinungsbild ist ihm immer sehr wichtig gewesen, sicherlich ist ihm das schon früh zu Hause anerzogen worden. Außer im Urlaub oder bei der Gartenarbeit habe ich meinen Vater selten ohne Hemd und Krawatte gesehen. In dem Demenzwohnbereich scheint er der Einzige mit dieser Angewohnheit zu sein.

ERSCHÖPFUNG hin, Erschöpfung her – die fünf Etagen hoch zu unserer Dachgeschosswohnung schafft er noch locker. Das muss er auch, wir haben nämlich keinen Aufzug. Gespannt beobachte ich, wie er auf die Kinder reagiert.

„Hallo Opa!" Verlegen begrüßen die beiden ihn mit Küsschen.

„Das sind Theo und Pia, Vati, deine Enkelkinder", sage ich.

„Enkelkinder. Theo, Pia", wiederholt er und mustert die beiden eindringlich. Mit demselben konzentrierten Blick begutachtet er die Wohnung, die Möbel, die Bilder und meinen Mann, der in diesem Moment das Zimmer betritt.

„Guten Tag, Herr Direktor!", ruft mein Vater ihm entgegen.

Wir müssen alle lachen. So nennt er seine beiden Schwiegersöhne immer. Zuerst war es nur ein Spaß, mittlerweile ist es praktisch, weil ihm ihre Namen wahrscheinlich komplett entfallen sind. Wir setzen uns an den Kaffeetisch, und er fängt in Windeseile an, den Kuchen zu verputzen. Nach dem dritten Stück hält er kurz inne.

„Du sprechen Altgriechisch?", fragt er meinen Sohn.

„Nein, Opa, das gibt es an unserer Schule nicht."

Mein Vater legt die Kuchengabel weg und wischt sich den Mund ab.

„Achtung, jetzt kommt's wieder!“, flüstert meine Tochter mir ins Ohr.

„Andra moi ennepe, Mousa, polytropon, hos mala pola planchtä, epei Trojäs, hieron ptoli-ethron eperse ...“, rattert er den Beginn der „Odyssee“ von Homer runter, rasend schnell und sehr routiniert.

Nach ein paar Minuten hört er auf und guckt zufrieden in die Runde. Dieser Text gehört neben Christian Morgenstern, Eduard Mörike und diversen Quatsch-Gedichten aus der Schulzeit zu seinem festen Repertoire.

„Toll, Vati! Dass du das immer noch auswendig kannst!“, lobe ich ihn. Seine humanistische Bildung, Latein und Altgriechisch, sitzt bei ihm genauso fest wie Englisch und Französisch.

„Opa, wie ging noch mal das Lateinische mit dem Stock?“, fragt meine Tochter vergnügt.

Wie aus der Pistole geschossen, kommt die Antwort: *„Hic, haec, hoc,* ich nehm mir einen Stock. *Sum, fui, esse,* ich hau dir in die Fresse!“

Die Kinder lachen sich kaputt. Das mögen sie an Opa. Früher war er meistens ernst und streng, aber ab und zu blitzte das Schelmische durch. Dann sprang er schon mal mit ihnen auf das Kinderkarussell oder erzählte ihnen kleine Witzchen aus seiner eigenen Kindheit. Jetzt ist er meistens der Schelm, das Strenge ist komplett verschwunden.

Nach dem Kaffeetrinken holt mein Sohn ein Puzzle, das die Kinder meinem Vater mal geschenkt haben. Ein Foto, das wir während der Fußball-Weltmeisterschaft 2006 von ihm gemacht haben. Er trägt einen riesigen Brasilien-Hut und lacht fröhlich. Früher hat er gern und oft gepuzzelt, wenn er hier zu Besuch war. Mit fortschreitender Demenz hatte er damit immer größere Schwierigkeiten. Jetzt bekommt er ohne Hilfe nicht mal mehr die wenigen Puzzleteile zusammen, die sein Konterfei ergeben. Trotzdem scheint es ihm Freude zu bereiten zuzusehen, wie das Bild allmählich Form annimmt.

„Mach keinen Quatsch!“, sagt er und zeigt auf das Foto. „Schniewind!“

Meine Tochter klatscht in die Hände: „Ja, Opa, das bist du.“

Bevor wir aufbrechen, um bei dem schönen Wetter noch ein bisschen an der Elbe spazieren zu gehen, mache ich mit ihm noch mal einen Rundgang durch die Wohnung. „Irgendwie bekannt“, sagt er. Er kann es zwar nicht mehr richtig artikulieren, aber ich merke ihm an, dass diese Umgebung ihm vertraut ist. Er scheint sich hier wohlzufühlen.

Wäre es besser für ihn, ich würde ihn hier zu mir nach Hause holen? Aber wer soll sich kümmern, wer übernimmt die Pflege und die Beschäftigungstherapie, die ihm im Heim geboten werden? Wer kocht die Unmengen, die er täglich verspeist? Es geht einfach nicht anders. Immer wieder diese Selbstvorwürfe. Ob das jemals aufhören wird?

Der Elbspaziergang hat nicht den gewünschten Erfolg. Meinem Vater hat der Tag anscheinend doch sehr zugesetzt. Er geht stark nach vorn gebeugt, das macht er immer, wenn er erschöpft ist. Der Speichel rinnt ihm aus dem Mund. Ich komme kaum mit dem Taschentuch hinterher.

Dieser Speichelfluss ist auch ein Symptom der Demenz, das nach und nach immer schlimmer wurde. Ob es sich dabei um eine Nebenwirkung der leicht sedierenden Medikamente handelt, die er vor einiger Zeit verschrieben bekam, damit er nachts wenigstens ein paar Stunden am Stück schlafen kann? So genau kann einem das niemand sagen, auf jeden Fall ist es immer dann besonders stark, wenn er müde oder emotional erregt ist. Er ist so schwach auf den Beinen, dass er nicht mal mehr Augen für die großen „Pötte" hat, die an uns vorübergleiten.

Auf der Rückfahrt hat mein Vater immerhin noch die Kraft, zu fragen, ob es sich bei dem Auto um einen Automatikwagen handle. Als ich ihn in seinem Zimmer ausziehe, schlägt mir ein unangenehmer Geruch entgegen. Ich habe total vergessen, seine Windel zu wechseln. Er trägt sie schon seit Stunden. Und jetzt ist natürlich das Malheur passiert!

„Ich mal groß muss", sagt er. Dazu ist es leider schon zu spät. Es ist mir unangenehm, jetzt eine Pflegekraft zu Hilfe zu rufen, schließlich fühle ich mich schuldig an dem, was in die Hose gegangen ist. Also muss ich da jetzt durch, es ist ja nicht das erste Mal. Ich wasche ihn, ziehe ihm den Schlafanzug an und packe die beschmutzte Wäsche in eine Plastiktüte. Dann lüfte ich durch und verabschiede mich – es gefällt ihm ganz und gar nicht, dass ich jetzt gehe. Der Besuch bei uns hat ihn wieder ein Stück weit von seinem neuen Zuhause weggerückt. „Bis morgen, Vati, das war ein schöner Tag", sage ich und hoffe, dass er bald einschläft.

Als ich zu Hause in den Sessel sinke, merke ich, wie sehr dieser Nachmittag auch an meinen Kräften gezehrt hat.

Der Architekt jedoch entfloh

Ich sitze neben meiner Schwester auf dem Bett meines Vaters. Wir sind erschöpft vom Umzug. Gleich nach ihrer Rückkehr aus Afrika hat sie ihr Auto bis oben hin mit Möbeln, Bildern und Büchern vollgepackt und ist nach Hamburg gekommen.

Wir haben das Zimmer schön eingerichtet, an den Wänden hängen seine Lieblingsgemälde, im Regal stehen Bildbände, Gedichtsammlungen und Fotoalben, und natürlich fehlen auch der CD-Player und seine Klassik-CDs nicht. Vor dem Fenster steht der Ohrensessel, den er von seinen Eltern geerbt hat, daneben der kleine Esstisch aus Mahagoni mit zwei Stühlen, den meine Mutter so mochte. Auf dem Boden haben wir den dunkelroten Perserteppich ausgerollt, obwohl das eigentlich wegen der Rutschgefahr verboten ist. Wir haben Frau Platt aber davon überzeugen können, dass unser Vater Teppiche gewohnt und zwar wackelig im Kopf, aber noch nicht in den Beinen ist.

Zum Glück konnten wir hier ganz in Ruhe herumräumen, Andreas hat unseren Vater zu einem Diavortrag über Florenz mitgenommen – auch so etwas gehört hier zum Unterhaltungsangebot. Meine Schwester ist beruhigt, sie hat genau wie ich das Gefühl, dass unser Vater hier in guten Händen ist.

„Wann hat das eigentlich alles angefangen?", frage ich.

Meine Schwester überlegt: „Als ich festgestellt habe, was für ein heilloses Durcheinander auf diesem Garagen-Konto herrschte."

Lange davor gab es aber bereits andere Merkwürdigkeiten in seinem Verhalten, die wir alle unterschätzt und falsch eingeordnet hatten. Dagi und ich sind uns einig, dass wir zum Beispiel die Einkaufswut unseres Vaters als Alterstick eingestuft und erst einmal für ärgerlich, aber relativ harmlos gehalten haben. Genauso wie die ständigen Autofahrten in die Stadt, meistens zum Geldautomaten. „Manchmal ist er drei Mal am Tag da gewesen und hat jedes Mal zwanzig Euro abgehoben", sagt meine Schwester, „und immer hat er im absoluten Halteverbot direkt vor der Bank geparkt – das gab Knöllchen ohne Ende!" Mindestens drei Mal wurde die Karte eingezogen, weil er die Geheimzahl nicht mehr wusste.

Die Demenz schleicht sich in den Alltag ein, ohne dass man sie bemerkt. Der Betroffene spürt wahrscheinlich als Erster, dass irgendwas nicht stimmt. Wenn er wie mein Vater alleine lebt, lassen sich die Symptome am Anfang noch gut überspielen.

Ich überlege, wann mir bei seinen Besuchen in Hamburg zum ersten Mal aufgefallen ist, dass mit ihm etwas nicht in Ordnung war. Wenn er beim Essen die Kinder nach der Schule oder ihren Hobbys befragte, war er oft seltsam unkonzentriert. „Opa, das hab ich dir doch gerade schon erzählt, dass ich Saxofon spiele!", sagte mein Sohn empört.

Überhaupt verbreitete er zunehmend schon kurz nach seiner Ankunft schlechte Stimmung. Immer hatte er irgendwas zu kritisieren, sei es unsere Einrichtung oder die Großzügigkeit der Wohnung. Ich habe das damals als Teil seiner ohnehin ziemlich negativen Lebenseinstellung hingenommen.

Der ältere Herr, der da gerade von Andreas ins Zimmer gebracht wird, strahlt allerdings im Moment wie ein Honigkuchenpferd.

„Na, Vati, war der Vortrag über Florenz interessant?", frage ich.

„Florenz?", fragt er verblüfft zurück. „Ich nicht weiß." Und dann trällert er: „Das machen nur die Beine von Doloores …"

Wir gucken uns an und zucken mit den Schultern.

„Na, da freut sich aber jemand, dass die beiden Töchter zu Besuch sind!", sagt Andreas mit einem Lächeln und verabschiedet sich. Offensichtlich gefällt Vati die Zimmereinrichtung. „Haus im Holz!", ruft er und zeigt auf das Foto seines Elternhauses, das wir über seinem Bett aufgehängt haben. So wurde die hübsche Villa tatsächlich immer genannt, weil sie von vielen großen alten Bäumen umgeben war. „Wo ist denn dein Zimmer?", fragt meine Schwester. Sofort zeigt er auf ein Fenster in der ersten Etage. Da hat er in der Tat als Junge gewohnt.

Jetzt wandert sein Blick an der Wand entlang. Nachdenklich betrachtet er das Porträt, das eine Wuppertaler Malerin namens Sulamith Wülfing von ihm gemalt hat, als er noch ein kleines Kind war. Ein süßes Kerlchen mit schulterlangen blonden Locken steht da in Pumphose, unter dem einen Arm ein Auto, unter dem anderen ein Spielzeughaus aus Holz. „Burchard Schniewind", sagt er und tippt auf den Lockenkopf. Wie ähnlich er meiner Schwester sieht! Auch sie ist blond und blauäugig, auch sie ist dieser schlanke, asketische Typ. Ihre langen Haare bindet sie meistens zu einem Zopf zusammen, sie kleidet sich lässig-sportlich und immer geschmackssicher. Wenn man beobachtet, wie die beiden miteinander umgehen, spürt man, wie vertraut sie sind. Kein Wunder, dass sie sich denselben Beruf wie ihr Vater ausgesucht hat. Auch sie ist Architektin mit Leib und Seele. Verständlicherweise hat sich in all den Jahren, die sie so dicht beieinander gewohnt haben, eine sehr enge Bindung zwischen Vater und Tochter entwickelt, die auch ohne viele Worte funktioniert.

„Na, Schniewind", sagt sie und lacht. „Alles klar bei dir?"

Er nickt. „Bis auf das, was unklar ist." Ein fehlerfreier Satz! Das kommt selten vor in diesen postlettischen Zeiten. Meine Schwester drückt ihm jetzt Block und Zeichenstift in die Hand. „Hier, das habe ich dir mitgebracht. Zeichne mal dein Haus!"

Mit sicherer Hand fängt er an, seine Linien zu ziehen. Gerade Linien, alles akkurat und maßstabsgetreu. Während ich zusehe, wie er konzentriert bei der Sache ist, fällt mir „Der Lattenzaun" ein, eines der vielen Gedichte von Christian Morgenstern, die mein Vater geliebt und schon in meiner Kindheit gern mit uns zusammen aufgesagt hat.

Es war einmal ein Lattenzaun,
mit Zwischenraum, hindurchzuschaun.

Ein Architekt, der dieses sah,
stand eines Abends plötzlich da –
und nahm den Zwischenraum heraus
und baute draus ein großes Haus.
Der Zaun indessen stand ganz dumm,
mit Latten ohne was herum,
ein Anblick grässlich und gemein.
Drum zog ihn der Senat auch ein.
Der Architekt jedoch entfloh
nach Afri- od- Ameriko.

Mein Vater ist auch entflohen, Gott weiß wohin. Jedenfalls können wir ihm dorthin nicht folgen.

„Haus fertig", sagt er und zeigt uns seine Zeichnung. Meine Schwester und ich schauen uns nur stumm an. Das Haus hat keinerlei Ähnlichkeit mit dem Reihenhaus, in dem er die vergangenen 47 Jahre verbracht hat. Sein Haus sieht exakt so aus wie die stattliche Villa auf dem Foto über seinem Bett. Er hat sein Elternhaus gemalt.

Einerseits sind wir schockiert darüber, dass so kurz nach seinem Umzug sogar die Erinnerung an das Haus, in dem er so lange gelebt hat, verschwunden ist. Andererseits sind wir aber auch erleichtert. Denn wenn er ständig von seinem Haus sprechen und danach suchen würde, wäre das ein Grund mehr, sich Sorgen zu machen.

Das „Haus im Holz" war großbürgerlich und geschmackvoll eingerichtet, es hatte viele Zimmer, hohe Decken, Kristalllüster, Mahagonimöbel und an den Wänden düstere Ölgemälde, von denen die Vorfahren streng auf das Geschehen herabblickten. Das Wohnzimmer war mit einer stattlichen Bibliothek ausgestattet voller Gesamtausgaben der deutschen Klassiker, Kunstbänden, Lexika – eben allem, was der Bildungsbürger Anfang des 20. Jahrhunderts so brauchte. Es gab einen offenen Kamin, auf dem Sims chinesische Vasen, an den Wänden Kupferstiche, viele Sofas und Fauteuils, in denen man als Kind versank, und einen runden Esstisch mit hohen Stühlen, der nur zu offiziellen oder feierlichen Anlässen benutzt wurde.

Viele Stunden habe ich als Kind in diesem imposanten Haus zugebracht, habe mit meiner Schwester im Garten getobt oder in den Zimmerfluchten Verstecken gespielt. Vor unserer „Omama" hatten wir großen Respekt. Sie war eine hochgebildete Frau mit angeborener Autorität. Groß gewachsen, schlank und immer leicht distanziert. Sie hatte nicht nur Abitur gemacht, sondern sogar studiert, was sehr ungewöhnlich war

Der kleine Burchard Schniewind

Als 18-jähriger Marinesoldat

Das Elternhaus, das sogenannte „Haus im Holz"

Meine Großeltern in ihrem Wohnzimmer

für eine Frau Jahrgang 1895. Meinen Großvater habe ich leider nie kennengelernt, er starb kurz nach meiner Geburt.

Sie müssen strenge Eltern gewesen sein. Die vier Kinder, drei Jungen und ein Mädchen, hatten zu gehorchen. Am Tisch wurde gerade gesessen und ordentlich mit Messer und Gabel gegessen. Sprechen durften bei Tisch nur die Eltern. Ich weiß das alles von meinem Vater, den wir Kinder immer mit Fragen danach bedrängt haben, wie es denn gewesen sei, in so paradiesischen Zuständen aufzuwachsen. Aber alles, was wir von ihm erfuhren, klang mehr nach Zwang als nach Paradies.

Für das Emotionale war das Kindermädchen zuständig. „Okkau" nannten die Kinder sie. Eigentlich hieß sie Fräulein Brockhaus. Von ihr hat mein Vater oft gesprochen. Sie war da, wenn es den Geschwistern mal schlecht ging, wenn sie krank waren oder nicht schlafen konnten. Sie tröstete, liebkoste und erzählte Geschichten. Die Eltern fühlten sich dafür offenbar nicht zuständig.

Warum ich das alles erzähle? Weil ich auf der Suche nach Erklärungen für die Persönlichkeitsveränderung meines Vaters durch die Demenzerkrankung bin. Ist es vielleicht so, dass ein Mensch, der von Kindheit an gelernt hat, sich zusammenzureißen, sich an Regeln zu halten und seine Gefühle unter Kontrolle zu haben, instinktiv versucht, gegen all das aufzubegehren? Hatte mein Vater nicht als alter Mann offensichtlich Spaß daran, ungezogen, unflätig, albern und unvernünftig zu sein?

ALS MEINE SCHWESTER und ich an diesem Abend nach dem Einrichten des Zimmers noch zusammensitzen, fragt sie: „Was machen wir eigentlich mit dem Haus?" Meinen Vater haben wir nach einem ausgedehnten Spaziergang und einem „upgegradeten" Abendessen auf seinem schicken neuen Zimmer mit Räucherfisch, Kartoffelsalat und Erdbeeren zum Nachtisch zufrieden ins Bett gebracht.

Das Haus – früher oder später werden wir es verkaufen müssen, weil vom Erlös der Aufenthalt im Seniorenheim finanziert werden muss. Das ist immerhin ein stattlicher Betrag von dreitausend Euro im Monat. Tausend davon übernimmt die Pflegekasse*, bleiben für uns zweitausend. Und das ist erst die erste Pflegestufe. Bei Stufe 3 liegt der Eigenanteil bei fast 2800 Euro monatlich. Da kann im Laufe der Jahre eine ganz beträchtliche Summe zusammenkommen.

Zuerst einmal muss unser Elternhaus leer geräumt werden. Da kommt ein Haufen Arbeit auf uns zu, vor allem auf meine Schwester. Vom Kel-

* Diese Zahlen betreffen das alte Pflegegesetz. Anm. d. Red.

ler bis zum ausgebauten Dachboden ist es mit Sachen vollgestopft – was sich eben so anhäuft in fast fünfzig Jahren.

„Streng genommen, dürfen wir das Haus aber gar nicht verkaufen, das weißt du doch, oder?“, sagt meine Schwester. Das stimmt. In der Vorsorgevollmacht (zu der wir ihn nur sehr schwer überreden konnten) hat er uns alle Rechte übertragen – bis auf den Immobilienverkauf.

Mein Vater war in puncto Altersvorsorge leider ein großer Verdränger. Dass er irgendwann nicht mehr in der Lage sein könnte, über sein Leben selbst zu bestimmen, war für ihn undenkbar. Schwäche, Kontrollverlust, ohnmächtig anderen ausgeliefert sein, und sei es nur den eigenen Kindern – das konnte und wollte er sich nicht vorstellen. Hätte er sich zu irgendeinem Moment auf Gespräche über dieses Thema eingelassen, wäre es für uns leichter gewesen, all diese Entscheidungen in seinem Sinne zu treffen. So konnten wir immer nur nach – wie heißt es so schön? – bestem Wissen und Gewissen handeln und hoffen, dass er es auch so gewollt hätte.

Hab mich verlaufen, ich Blödmann

Ein Montagmorgen drei Wochen später. Mein Vater scheint sich ein bisschen an das Heimleben gewöhnt zu haben, allerdings kommuniziert er nach wie vor wenig mit den anderen Bewohnern des Hauses. Auch mir ist es mittlerweile halbwegs gelungen, meinen Vater in meinen Alltag zu integrieren. Ich versuche, täglich bei ihm vorbeizuschauen. Wenn ich arbeiten muss, sind die Besuche zwangsläufig relativ kurz. Entweder fahre ich morgens vor der Arbeit hin oder abends nach 20 Uhr, dann herrscht im Heim allerdings schon Nachtruhe.

Als ich heute den Aufenthaltsraum betrete, sitzt er im Sessel und kämpft mit der Zeitung. Meine Schwester hat veranlasst, dass die *Westdeutsche Zeitung*, die er seit Jahrzehnten abonniert hat, hierher nachgeschickt wird. Die Seiten des Lokalteils sind um ihn herum verteilt, er ist gerade dabei, aufmerksam eine Wurstreklame zu studieren.

Bevor ich ihn begrüßen kann, durchdringt eine klagende Stimme den Raum: „Wo sollen wir hin?!“, ruft sie. „Was soll aus uns werden?!“ Ich drehe mich um. Die Stimme gehört zu einer zarten Frau mit einem schönen, fast faltenfreien Gesicht. Sie hat die Haare zu einem Knoten hochgesteckt, und ihre graublauen Augen blicken durch mich hindurch.

„Was sollen wir jetzt tun?!“, ruft sie, und dann wieder: „Wo sollen wir hin?!“ Die Situation ist mir ein bisschen unheimlich. Vor allem weil jetzt eine andere Frau anfängt, mit einer unnatürlich hohen Stimme eine

Kindermelodie zu summen. Eigentlich eine ganz normale Szene in dem Demenzwohnbereich, trotzdem muss ich mich immer wieder darauf einstellen.

An Frau Schröders philosophisch anmutende Klagerufe werde ich mich schnell gewöhnen, sie wiederholen sich gebetsmühlenartig, Stunde für Stunde, Tag für Tag. Dass ihr nicht jedes Mal jemand auf ihre immer wiederkehrenden Fragen antwortet, ist zwar kein Wunder, aber auch irgendwie tragisch.

„Wie siehst du denn aus?", frage ich meinen Vater, als er die Zeitung sinken lässt und mich erfreut ansieht. Er trägt eine viel zu kurze blaue Jogginghose, das Hemd ist schief zugeknöpft und hängt heraus. Seine Haare stehen wirr zu Berge. Außerdem ist er schlecht rasiert und hat mehrere blutige Krusten am Kinn.

„Ich nicht weiß", antwortet er.

„Komm mal mit", sage ich empört und mache mich auf den Weg zu seinem Zimmer. Auf dem Flur kommt uns Nadine entgegen. „Was ist das denn für eine Hose?", frage ich ungehalten. „So was trägt mein Vater nicht. Und was ist bitte schön mit seinem Gesicht passiert?"

„Oh, das tut mir leid", entschuldigt sie sich. „Ich hatte keinen Frühdienst, ich sehe mal im Computer nach, wer ihn heute Morgen zurechtgemacht hat."

Jede Pflegekraft muss am Ende der Schicht genau dokumentieren, was sie gemacht hat, jeder Arbeitsschritt wird schriftlich festgehalten. Das ist gesetzlich vorgeschrieben, um Transparenz zu schaffen und die Abläufe im Heim kontrollierbar zu machen.

„Tom war zuständig", sagt Nadine. „Er ist noch nicht lange hier. Manche Männer haben einfach keinen Sinn für Klamotten. Wenn Sie wüssten, wie der sich privat anzieht, würde Sie nichts mehr wundern! Und was die Rasur angeht: Er hat hier notiert, dass der Elektrorasierapparat auf den Boden gefallen ist. Danach hat er wohl nicht mehr richtig funktioniert, daher die Blessuren." Sie rät mir, einen Nassrasierer zu kaufen, der habe sich in der Demenzpflege bewährt.

„Und warum sieht mein Vater heute so schmuddelig aus?", frage ich. „Hat er denn nicht geduscht?"

„Also täglich duschen, Frau Tietjen, das ist hier wirklich nicht drin. Wissen Sie, wie wenig Zeit ein Pfleger pro Bewohner hat? Eine gründliche Wäsche schaffen wir nur ein- bis zweimal in der Woche."

Ich schlucke und beschließe, ihr nicht vorzurechnen, wie viel Geld mein Vater monatlich dafür bezahlt, dass er hier versorgt wird, schließlich ist sie nicht verantwortlich für den Personalschlüssel. Darüber muss ich mich mal in Ruhe mit Frau Fedder und Frau Platt unterhalten.

„Kommen Sie doch am Sonntag zum Angehörigentreffen“, höre ich eine freundliche Stimme sagen. Neben mir steht die Tochter von Frau Gottlob. „Wir setzen uns einmal im Monat bei Kaffee und Kuchen mit der Wohnbereichsleitung und einem Ergotherapeuten zusammen und besprechen, was uns auf dem Herzen liegt. “ Ich notiere mir den Termin und ziehe mit meinem Vater von dannen, mir bleibt nicht mehr viel Zeit, um ihn umzuziehen, da ich zur Arbeit muss.

„Schwebebahn!“, sagt er stolz, als wir an seinem Zimmer angelangt sind. Tatsächlich klebt an seiner Tür ein großes buntes Foto von der Schwebebahn, dem berühmten Wuppertaler Wahrzeichen. Jeder Bewohner hat so ein Bild mit einem Erkennungsmerkmal an der Tür, mit dessen Hilfe er sein Zimmer identifizieren kann.

Als ich meinem Vater seine Cordhose anziehen will, stelle ich fest, dass sie zu eng geworden ist, ich bekomme den Knopf nicht mehr zu. Auch die zweite und die dritte Hose passen nicht mehr. Kein Wunder, dass Tom heute Morgen zur Jogginghose von Herrn Schultze gegriffen hat.

Mein Vater hat in den ersten Wochen hier offenbar ordentlich zugelegt. Aber dass sein dunkelblauer Wollpullunder plötzlich auf Kindergröße zusammengeschrumpft ist, hat damit nichts zu tun. Den hat offensichtlich jemand zu heiß gewaschen. Genau wie seine Brieftasche. Das kleine schwarze Lederetui gehört zu den Dingen, von denen er sich niemals freiwillig trennen würde. Ausweise, Karten und Geld habe ich vorsichtshalber entfernt und durch Spielkarten ersetzt.

Jetzt liegt das gute Stück völlig verschrumpelt und noch feucht auf seinem Nachttisch. Es hat wohl jemand übersehen, als die schmutzige Wäsche eingesammelt wurde. „Heute ist kein guter Tag“, schimpfe ich leise vor mich hin, als das Telefon klingelt. Luise, die Cousine meiner Mutter, ist dran. Eigentlich haben wir den Anschluss nur ihretwegen ins Zimmer legen lassen. Sie ist nämlich der einzige Mensch, der meinen Vater am Telefon noch in ein halbwegs sinnvolles Gespräch verwickeln kann. Keine Ahnung, wie sie das seit Jahren schafft. Luise muss eine spezielle Fragetechnik entwickelt haben, mit der sie ihn regelmäßig dazu bringt, ihr Dinge zu erzählen. Wahrscheinlich liegt es daran, dass sie mal Sozialpädagogik studiert hat.

Auch wenn mein Vater bei ihr und ihrem Mann in Heidelberg war, hat sie es immer geschafft, ihn bei Laune zu halten. Museumsbesuche, Wanderungen, Städtetouren – jedes Mal ließ sie sich ein Unterhaltungsprogramm für ihn einfallen. Und er schien das mehr zu genießen, als wenn er dasselbe hier bei mir in Hamburg geboten bekam.

Vielleicht hat er uns Töchtern gegenüber eine andere Erwartungshaltung. Dass wir uns kümmerten und es noch immer tun, nimmt er als selbstverständlich hin. Luises Einsatz honoriert er mehr, weil er für ihn etwas Besonderes ist.

„Heute hab ich mich zum ersten Mal richtig geärgert“, berichte ich ihr und erzähle, was passiert ist. „Mach dich nicht verrückt“, beschwichtigt sie mich, „das sind auch nur Menschen, die mal Fehler machen.“

Ich ziehe meinen Vater aufs Sofa und drücke ihm den Hörer in die Hand. „Hallo?“, sagt er fragend. Und kurz darauf sehe ich, wie er aus dem Fenster guckt und dann konzentriert in die Muschel spricht: „Wetter scheiße. Wind. Regen. Alles grau in grau.“

Luises Methode funktioniert offenbar noch immer. Dann kann ich mich ja beruhigt auf den Weg in den Sender machen.

Auf dem Flur fängt mich Nadine ab: „Frau Tietjen, bitte kaufen Sie Ihrem Vater nicht nur einen Nassrasierer, sondern auch ein paar neue Hosen, er hat schon fünf Kilo zugenommen.“ Als ich eine spitze Bemerkung über Pullunder und Brieftasche fallen lasse, erklärt sie mir, dass die Waschküche keine Zeit für Wollwaschgänge habe und ich daher bitte darauf achten solle, dass alles bei vierzig Grad waschbar sei. „Die Sache mit der Brieftasche tut mir leid. Da hat jemand vergessen, die Taschen auszuleeren.“

Es überrascht mich, dass mein Vater so schnell zugenommen hat. Er hat immer viel gegessen, allerdings hat er sich sonst auch mehr bewegt. Ich habe nicht die Zeit, jeden Tag zwei bis drei Stunden mit ihm spazieren zu gehen, so, wie Iveta und Anna das gemacht haben.

An seinem Essverhalten ließ sich übrigens die beginnende Demenz auch gut beobachten. Jahrelang hatte er sich früher selbst versorgt, notgedrungen musste er als Witwer kochen lernen. Am Wochenende aß er bei meiner Schwester.

Nach und nach stellte sie fest, dass er sich immer weniger aus seiner Tiefkühltruhe bediente, sondern zum Essen ins Restaurant fuhr. Er genoss es, mit dem Auto Ausflüge zu den hübschen Ausflugslokalen im Bergischen Land zu machen und da zu stattlichen Preisen zu speisen, wie man an den Quittungen ablesen konnte, die er manchmal herumliegen ließ: Suppe, Schnitzel, Nachtisch, Limo, Kaffee: 35 Euro. Salat, Rinderfilet, Eis, Cola, Kuchen, Kaffee: 47 Euro! Dazu die Tankbelege.

„Wenn das so weitergeht, ist er bald pleite!“, sagte meine Schwester am Telefon. Sie fing an, täglich für ihn mit zu kochen, und stellte ihm das Essen zum Aufwärmen hin. Das klappte manchmal, aber immer häufiger auch nicht. Es kam vor, dass sie am Ende der Woche das Essen verschimmelt im Schrank vorfand. Er hatte es nicht angerührt und war stattdessen wieder im Restaurant gewesen. Auf diese Weise wurde es immer schwerer zu kontrollieren, wie regelmäßig er aß.

Manchmal war er den ganzen Tag lang unterwegs. Besorgt fuhr meine Schwester dann abends mit dem Auto seine gewohnten Strecken ab. Ein Handy hatte er zwar, weigerte sich aber, es zu benutzen, vielleicht auch, weil er es schon gar nicht mehr konnte. Wenn er dann irgendwann nach Einbruch der Dunkelheit zurückkam und sie ihn fragte, wo er gewesen sei, reagierte er oft gereizt: „Ich war essen, wieso?" Wo, konnte er nicht mehr sagen.

Auch das Einkaufen klappte immer schlechter. Es kam vor, dass er vier Mal am Tag in den Supermarkt fuhr und jedes Mal dasselbe kaufte. Also fing meine Schwester an, für ihn mit einzukaufen. Er ging immer häufiger zu ihr rüber, klingelte nicht mehr, sondern kam mit seinem Schlüssel einfach ins Haus. Manchmal führte das zu ziemlich unangenehmen Situationen. „Neulich wollte er gar nicht wieder gehen", erzählte sie mir bei einem unserer immer häufigeren Telefonate. „Irgendwann machte er Anstalten, ins Bett zu gehen. Als ich ihm gesagt habe, dass er nebenan wohnt, war er ganz erstaunt. Er hat dann gelacht. Das macht er immer, wenn ich ihn bei etwas ertappe."

Wir einigten uns darauf, ihn genauer zu beobachten, weil uns sein Verhalten immer dubioser vorkam. Vor sechs, sieben Jahren war zwar auch schon von Demenz die Rede, aber längst nicht im selben Maße wie heute. Und dass mein Vater jedes Gespräch über seinen Zustand abblockte, machte die Sache für uns nicht leichter.

„Was hältst du eigentlich von Essen auf Rädern?", fragte ich ihn, als ich mal wieder für ein Wochenende bei ihm zu Besuch war. Ich saß ihm im Restaurant gegenüber und sah zu, wie er mit einem Affenzahn eine riesige Portion Rheinischen Sauerbraten mit Kartoffelklößen in sich hineinschaufelte. Mir fiel auf, dass er kaum kaute, sondern alles hinunterschlang. Manchmal schluckte er erst nach der dritten oder vierten Gabel, wenn wirklich nichts mehr in den übervollen Mund hineinpasste.

„Essen auf Rädern?" Er sah mich erstaunt an. „Unsinn. Da muss ich mich ja an die Zeiten halten. Die kommen immer schon um elf Uhr. Da bin ich meistens unterwegs."

„Wo bist du denn immer?", fragte ich.

„Unterwegs eben. Und ich hab keine Lust, mich nach denen zu richten. Prost!" Hastig trank er sein Radler leer.

„Aber sie können das Essen doch vor die Tür stellen, und dann machst du es dir warm, wenn du wiederkommst", schlug ich vor.

Offenbar hatte er keine Lust auf dieses Thema. „Außerdem schmeckt das nicht. Hab's schon mal ausprobiert."

Auch behutsame Versuche, ihn in ein Gespräch über seinen Zustand zu verwickeln, schlugen fehl. „Ich bin vergesslich geworden“ oder „Manchmal habe ich Orientierungsschwierigkeiten“ waren die einzigen gelegentlichen Zugeständnisse, die man ihm entlocken konnte.

Nachdem er erstaunlich lange gebraucht hatte, um in seinem Stammlokal den Weg von der Toilette in die Gaststube wiederzufinden („Hab mich verlaufen, ich Blödmann“), fuhren wir mit seinem Auto über die Landstraße zurück. Er saß am Steuer, und mir fiel auf, wie sicher er noch fuhr, trotz der schlechten Beleuchtung. Allerdings ein bisschen zu schnell für sein Alter – und die Vorfahrtsregelung legte er recht großzügig aus.

„Eigentlich ist er doch noch ganz gut drauf“, sagte ich damals zu meiner Schwester.

„Ja, wenn du zu Besuch bist. Dann reißt er sich ja auch zusammen“, antwortete sie genervt. „Wenn ich mit ihm alleine bin, verhält er sich ganz anders.“

Das ist ein Problem, über das ich viel zu selten nachgedacht habe, das aber viele Angehörige von Demenzkranken kennen.

Richtig besorgniserregend wurde sein Verhalten, als er mit vierundachtzig plötzlich wieder meinte, ins Architekturbüro gehen zu müssen. Pünktlich um acht Uhr fuhr er jeden Morgen los, immerhin war es eine halbe Stunde Fahrt dorthin. Jeder Versuch, ihn daran zu hindern, war zwecklos. Ohnehin waren meine Schwester und mein Schwager um diese Zeit selbst schon aus dem Haus. Wie genau die ehemaligen Kollegen auf sein tägliches Erscheinen reagierten, haben wir nie erfahren. Jedenfalls kam er immer nach ein bis zwei Stunden wieder zurück.

„Du musst nicht mehr arbeiten, Vati“, sagte ich ihm am Telefon. „Du bist vierundachtzig, du hast in deinem Leben genug getan.“

„Wirklich nicht? Aber ich muss doch Geld verdienen!“

„Du bekommst doch deine Rente!“

Schweigen am anderen Ende der Leitung. „Bist du da ganz sicher?“

„Ja. Ganz sicher!“

Leider nützten diese Telefonate genauso wenig wie die Predigten meiner Schwester. Er hatte ja am nächsten Morgen alles wieder vergessen und machte sich erneut zur Arbeit auf.

Meine Schwester beschloss, eine Neurologin zurate zu ziehen. Wie meine Schwester mir dann am Telefon erzählte, absolvierte er alle gängigen Demenztests widerwillig, aber relativ reibungslos – relativ. „Sie sagt, er befindet sich genau an der Grenze zur Demenz. Er kriegt alles noch so gerade eben hin. Man kann ihn also noch nicht wirklich als dement bezeichnen, aber lange wird das nicht mehr dauern.“

Wir beschlossen damals, ihn noch allein in seinem Haus wohnen zu lassen, meine Schwester aber zu entlasten und ihn, so oft wir es zeitlich einrichten konnten, zu mir nach Hamburg oder zu Luise nach Heidelberg zu holen. Immerhin konnten wir ihn davon überzeugen, für diese lange Strecke den Zug zu nehmen.

EINE BUNTE RUNDE hat sich hier versammelt. Außer Nadine und Andreas sitzen etwa zehn Angehörige um den Kaffeetisch herum. Ich stelle mich kurz vor und erzähle, warum mein Vater hier ist.

Als ich von meinen Wäsche- und Rasurproblemen berichte, stimmt mir die Tochter von Frau Gottlob eifrig zu: „Wissen Sie, so zufrieden ich im Großen und Ganzen mit diesem Heim auch bin, was mich stört, ist die Fluktuation. Da sind immer mal wieder Pfleger dabei, die ihren Job schlampig machen."

Nadine lächelt gequält. Sie sei froh, dass die Hälfte des Personals seit der Eröffnung des Heims vor vier Jahren noch dabei sei. Das sei schon ungewöhnlich viel. „Sie glauben gar nicht, wie schnell das Personal in anderen Seniorenheimen wechselt. Viele arbeiten mit Zeitarbeitsfirmen oder ungelernten Hilfskräften, die das Wort Demenz nicht einmal buchstabieren können. Das würde für die Leitung unseres Hauses niemals infrage kommen."

Eine jüngere Frau beschwert sich, dass schon wieder ein Kissen und ein Paar Sandalen aus dem Zimmer ihrer Großmutter verschwunden sind. „Ich habe alles abgesucht, sogar im Müll habe ich nachgesehen – die Sachen sind spurlos verschwunden!"

So ist das nun mal, wenn vierunddreißig demente Menschen zusammenleben. Mein und dein ist Schnee von gestern. Daran werde ich mich wohl genauso gewöhnen müssen wie an den ungeduschten Vater.

„Wie oft besuchen Sie eigentlich Ihre Mutter?", frage ich Frau Gottlobs Tochter.

„Im ersten Jahr war ich jeden Tag hier", sagt sie. „Sie tat mir einfach leid. Jetzt komme ich drei- bis viermal in der Woche, öfter schaffe ich es nicht. Ich habe ja noch einen Job und meinen Mann zu versorgen."

Nadine erklärt uns, dass zu häufige Besuche manchmal auch kontraproduktiv sein können. Für die dementen Menschen sei es oft leichter, sich in der Gruppe einzuleben, wenn sie nicht andauernd von ihren Angehörigen herausgerissen und in eine ganz andere Welt entführt würden, sagt sie. Trotzdem habe ich spätestens nach zwei Tagen Pause das Gefühl, nach dem Rechten sehen zu müssen.

„Wollen wir sie jetzt reinholen?", fragt Nadine nach einer Stunde.

Wir nicken. Nachdem wir uns in Ruhe ausgetauscht haben, erweitern wir unseren Kreis. Jetzt können unsere Väter, Mütter und Großeltern sich dazugesellen und sich auch ein Stück Kuchen gönnen. Es wird eine fröhliche Runde.

„Wollen wir nicht noch was singen?“, fragt Andreas.

„Jaaa. Singen!“ Eine Frau, die Wagner heißt, klatscht begeistert in die Hände.

„Komm, Wolfgang, Du kannst doch so gut Klavier spielen!“, sagt Andreas und klopft einem fein aussehenden alten Herrn auf die Schulter. Das muss Herr Braband sein, der ehemalige Musiklehrer. Seine Tochter hat mich vor einer Woche angesprochen, sie war ganz beunruhigt, weil ihr Vater sie plötzlich nicht mehr erkannt hatte. Das war aber zum Glück nur vorübergehend. Jetzt steht er auf und geht zum Piano. Routiniert und flink gleiten seine Finger über die Tasten: „An der Eck steiht 'n Jung mit'n Tüddelband ...“ Sofort stimmen alle ein. Das kennt sogar mein Vater, schließlich ist er oft genug in Hamburg gewesen. Zum Abschluss schmettern wir alle „Hänschen klein!“ und schunkeln dazu.

Zu Hause erzähle ich meinem Mann und den Kindern ganz beglückt von dem netten Nachmittag. „Mama, manchmal habe ich das Gefühl, du würdest da selbst gern einziehen“, spöttelt meine Tochter. Sie war mittlerweile auch schon ein paarmal bei Opa und fühlt sich inmitten der verhaltensauffälligen alten Menschen noch ziemlich unwohl. Sie zieht sich mit meinem Vater in sein Zimmer zurück und liest ihm etwas vor. Er freut sich immer, wenn sie kommt. Als sie ihn beim letzten Mal gefragt hat, ob er sie erkenne, hat er sie mit mir verwechselt. Da wir uns sehr ähnlich sind, ist das auch nicht wirklich erstaunlich.

Ich weiß auch nicht, warum ich mich manchmal so wohlfühle im Kreis dieser verwirrten Senioren. Sie haben so etwas rührend Kindliches an sich. Die Gefühle liegen offen: Alles spiegelt sich in ihren Gesichtern, ob Freude, Schmerz, Furcht oder Verspieltheit. Sie sind dankbar, wenn man ihnen zuhört, auch wenn das, was sie erzählen, keinen Sinn ergibt. Es reicht schon, einfach da zu sein und zu lächeln.

Vielleicht bin ich nicht ganz normal, aber ich hatte noch nie Probleme mit Menschen, die häufig in unserer Gesellschaft an den Rand gedrängt werden – egal ob alt oder jung. Meiner Schwester geht es genauso. Schon während unserer Schulzeit haben wir an den Wochenenden im Altersheim gejobbt und auch regelmäßig unsere Großeltern betreut. Und wir haben jahrelang als ehrenamtliche Betreuerinnen Freizeiten für körperbehinderte Kinder und Jugendliche begleitet. Eins haben wir da fürs Leben gelernt: Die vermeintlich Schwachen sind oft die Stärkeren.

Habt ihr noch was Süßes?

Als wir den Wohnbereich betreten, erschrecke ich. Vorne im Flur steht ein kleines Tischchen mit einer brennenden Kerze, daneben ein gerahmtes Foto. Das ist doch … Herr Subowski! Der Mann im Rollstuhl mit der Magensonde, den ich am allerersten Tag dort sitzen gesehen habe.

„Er ist vergangene Nacht von uns gegangen“, sagt Frau Hübner, die meinen betretenen Blick sieht. „Er ist ganz friedlich eingeschlafen. Er war schon über neunzig und am Ende bettlägerig. Immer wenn jemand im Wohnbereich stirbt, stellen wir ein Foto auf und zünden einen Tag lang eine Kerze an. So können sich alle ganz in Ruhe verabschieden.“ Eine schöne Sitte. Das kenne ich sonst nur aus Hospizen.

Mein Vater guckt irritiert, sagt aber nichts. „Komm, Vati, wir spielen noch ein bisschen Denkfix!“, rufe ich und ziehe ihn weiter. Denkfix ist ein uraltes Spiel aus meiner Kindheit. Es besteht aus einer kleinen Drehscheibe und einem Stapel grüner Spielkärtchen. Mit meinem Vater spiele ich die vereinfachte Version. Ich nehme eine Karte vom Stapel und lese vor: „Wer oder was fliegt?“ Dann muss er die Drehscheibe in Bewegung setzen und warten, bis das Guckfenster über einem Buchstaben zum Stillstand kommt. „K!“, rufe ich. Er denkt angestrengt nach.

„Kuckuck!“, sagt er schließlich.

„Super, Vati!“ Nächste Karte. „Welches Gefühl hast du gerade?“

Er dreht wieder am Rad. Bei „B“ kommt die Scheibe zum Stehen. Sein Blick wandert zu den Bäumen vor dem Fenster.

„Bescheuert!“, sagt er und lacht in sich hinein.

„Was wünschst du deinem Nachbarn?“ Drehen. Ein „S“.

„Scheiße!“

Jetzt geht das wieder los. „Vati! Nun reiß dich mal zusammen, so was wünscht man seinem Nachbarn nicht!“ Als er sich von seinem Lachanfall wieder beruhigt hat, lese ich vor: „Berg oder Gebirge!“ Drehen: „Z“.

„Zugspitze!“ Na, das kam ja zügig. Wir spielen noch eine Weile.

Als er auf die Frage „Was möchtest du werden?“ beim Buchstaben „W“ die Antwort „wahnsinnig“ gibt, habe ich das Gefühl, den Zenit des heutigen Gute-Laune-Nachmittags allmählich überschritten zu haben. Es ist ohnehin Zeit zum Abendessen.

Als ich ihn im Speiseraum abliefere, fällt mir ein netter Pfleger auf, den ich noch nicht kenne. Er geht besonders liebevoll mit den ihm Anvertrauten um. „Kommen Sie, Herr Schniewind“, sagt er, „heute leckere Kartoffelsalat mit Wurst!“

Ich stelle mich vor und frage, ob er hier neu sei. „Nein", meint er lächelnd, „schon drei Jahre hier, hatte sechs Wochen Urlaub, war zu Hause in Polen, muss auch mal sein!"

„Das ist unser Tomek!", sagt Frau Wagner und strahlt ihn verliebt an.

Ein äußerst sympathischer Mensch, dieser Tomek. Er hat etwas Gütiges an sich, einen hellen, offenen Blick. Heute verabschiede ich mich mit dem Gefühl, dass mein Vater in den besten Händen ist.

ZU HAUSE überlege ich mit meinem Mann, was wir an seinem Geburtstag veranstalten werden. „Sein" Geburtstag ist nämlich auch der meines Vaters. Über den Geburtstag hinaus haben sie auch einige andere Gemeinsamkeiten: Beide sind stur, treu und zuverlässig. Fromm ist mein Mann allerdings nicht, auch äußerlich gibt es keinerlei Ähnlichkeiten.

Der 87. meines Vaters ist also gleichzeitig der 51. meines Mannes. Bisher hat uns diese Kollision nie groß gestört, da meine Schwester Vatis Geburtstag fast immer in Wuppertal ausgerichtet hat.

„Am besten bescheren wir nachmittags euch beide mit Apfelkuchen, und abends machen wir dann eine Party", schlage ich vor. Mein Mann ist einverstanden. Sein Geburtstag war ihm noch nie besonders wichtig. Hierin unterscheidet er sich allerdings sehr von meinem Vater, der immer großen Wert auf diesen Tag gelegt hat.

Gestern hat er auf meine Frage nach seinem Geburtstagswunsch plötzlich ganz konkret geantwortet: „Auto! Geräumig!"

Manchmal frage ich ihn, welches Auto er im Moment fahre. Komischerweise sagt er meistens: „Mercedes!", obwohl er sein Leben lang Opel gefahren ist. Wahrscheinlich erfüllt er sich damit im Geiste einen lang gehegten Traum.

Apropos Auto: Wieso gibt es bis heute eigentlich keine gesetzliche Vorschrift, die regelt, bis wann man in Deutschland auf den Straßenverkehr losgelassen werden darf? Man könnte ab einem gewissen Alter regelmäßige Nachprüfungen vorschreiben, eine Art TÜV für Senioren am Steuer. Damit würde man die Angehörigen entlasten, die in ständiger Angst leben, dass etwas Schlimmes passiert.

Jahrelang haben wir es trotz seiner zunehmenden Demenz einfach nicht übers Herz gebracht, unserem Vater sein liebstes Spielzeug wegzunehmen. Jeder Versuch, ihn dazu zu bringen, den Schlüssel von sich aus abzugeben, wurde von ihm störrisch abgeschmettert. Sein Auto war, ganz typisch für die Kriegsgeneration, ein Statussymbol. Er fuhr sogar noch selbst in Urlaub.

Nach seinem vorletzten Borkum-Urlaub kam er uns auf dem Rückweg besuchen. Er war braun gebrannt, wirkte aufgeräumt und entspannt.

Auffällig war, dass er keinerlei Kommentare mehr zur Qualität des Essens abgab. Früher hatte er sich immer sehr anerkennend zur Gourmetküche meines Mannes geäußert: „Hervorragend, Herr Direktor!“ Jetzt aß er so schnell, als hätte er eine Hungersnot hinter sich.

„Was gibt's Neues?“, nuschelte er kauend.

Als wir von unserem geplanten Wochenende in Barcelona erzählten, zeigte er keinerlei Reaktion und war mit seinen Gedanken offensichtlich ganz woanders. Obwohl er bei uns ja eigentlich das Fernsehen immer verweigert hatte, konnten die Kinder ihn an diesem Tag überreden, mit ihnen noch den Film „Die fantastische Reise der Vögel“ zu gucken. Er war total begeistert.

Nachdem er sich eigentlich schon in sein Bett im Gästezimmer zurückgezogen hatte, kam er meinen Mann und mich noch mehrmals im Schlafanzug im Wohnzimmer besuchen. „Habt ihr noch was Süßes?“, fragte er schelmisch grinsend. Klarer Fall von Heißhunger. Wir stellten ihn mit Schokolade und Keksen zufrieden. Zehn Minuten später hörten wir wieder das Geräusch von nackten Füßen auf dem Parkett. Vorsichtig guckte er um die Ecke: „Habt ihr noch was Süßes?“

Er kam dann noch zweimal, bis um Mitternacht endlich Ruhe war. Da hatte er auch alle Süßigkeitsreserven weggefuttert.

Das Wuppertaler Reihenhaus ist mittlerweile schon halb leer geräumt. Meine Schwester ist fleißig dabei, alles auszusortieren und durchzusehen. Es ist sehr viel Arbeit und für sie eine intensive Reise in die Vergangenheit. Sie hat viele Schwarz-Weiß-Fotos aus der Kindheit und Jugend meines Vaters gefunden und mir geschickt. Auf manchen erkennt er alle, mit anderen kann er gar nichts anfangen. Nur sich selbst erkennt er immer sofort. *„Moi-je!“*, sagt er und tippt auf sein Gesicht. Warum auf Französisch, kann er selbst nicht erklären. Auch uralte Briefe hat meine Schwester entdeckt, die mein Vater an seine Mutter geschrieben hatte, als Kind aus dem Ferienlager und als junger Soldat aus dem Krieg. Offenbar hatte er immer Heimweh.

Da ist es doch irgendwie schön zu sehen, dass er heute glaubt, wieder in seinem Elternhaus angekommen zu sein.

Heute ist Tanztee im Seniorenwohnheim. Als ich den zum Ballsaal umfunktionierten Speiseraum betrete, ist die Party schon im Gange. Alles ist hübsch dekoriert, es gibt Kaffee und Kuchen, vorne haben sich die beiden Musiker, die ich bereits vom Oster-Brunch kenne, aufgebaut. Sie spielen schon wieder „La Paloma“.

Um Tisch 5 herum hat sich der Demenzwohnbereich versammelt,

jedenfalls diejenigen, die noch halbwegs mobil sind. Frau Gottlob trägt ihre Perlenohrringe und ein elegantes schwarzes Kleid. Frau Wagner hat den rotesten aller Lippenstifte aufgelegt. Und selbst Arthur, der mir schon von Weitem sein „Hallooooo!" entgegenruft, ist heute ordentlich gekämmt. Auch mein Vater sieht heute ausgesprochen gut aus: Die neue Hose sitzt perfekt, die Krawatte auch. Und zur Feier des Tages hat man ihm seine dunkelblaue Klubjacke angezogen.

„Na, Vati, wie geht's?"

„Gut!"

Für seine Verhältnisse ist das geradezu euphorisch. Meistens bekomme ich nämlich ein freundliches „Beschissen" zu hören.

Während die Pfleger emsig zwischen den Tischen hin- und herlaufen und dafür sorgen, dass jeder ein Stück Torte auf dem Teller hat, versuche ich, an unserem Tisch die Konversation in Gang zu bringen. Ich bin halt Moderatorin, Berufskrankheit. Nur dass das bei dementen Menschen nicht so flott funktioniert.

Die Band spielt jetzt lauter. Das erste Paar dreht ein paar Runden. Es sieht sehr routiniert aus. Nach und nach gesellen sich immer mehr dazu, Andreas schnappt sich gerade Frau Gottlob und führt sie zur Tanzfläche. „Wollen wir auch mal?", frage ich meinen Vater.

Ich habe mit ihm zuletzt auf meiner Hochzeit getanzt. Es macht richtig Spaß, auch wenn es sich nicht wirklich um Walzer handelt. Wir drehen uns einfach nur im Kreis. Mein Vater hat jetzt ganz rote Wangen und scheint es zu genießen.

„Herr Schniewind, wie wär's mit einem Tänzchen mit Frau Wagner?", fragt Andreas. „Sie hat früher Turnier getanzt!" Zögernd legt er seinen Arm um ihre Taille. Sie strahlt. Und tatsächlich: Als sie sich ein bisschen beschnuppert haben, klappt der Walzer gar nicht mal so schlecht. Die beiden würden ganz gut zusammenpassen, denke ich. Wenn sie morgen nicht schon wieder vergessen hätten, dass sie sich jemals begegnet sind.

Ein paar Tänzchen später ist der Saal bei „Auf der Reeperbahn nachts um halb eins" angelangt. Dabei ist es doch erst halb sechs. Zeit zum Abendessen.

DRAUSSEN fängt mich die blonde Pflegedienstleiterin ab: „Ich habe gehört, dass Sie sich neulich über den Zustand Ihres Vaters geärgert haben. Das kann immer mal passieren, sollte es aber eigentlich nicht. Um so was zu verhindern, gibt es ja die Dokumentation."

Dokumentation. Immer wieder höre ich dieses Wort. Frau Fedder sieht meinen fragenden Blick.

„Haben Sie einen Moment Zeit, Frau Tietjen? Dann schicken Sie Ihren Vater doch zum Abendessen, und Frau Platt und ich führen Sie kurz in die Geheimnisse der Dokumentation ein."

Abgemacht. Ich überlasse meinen Vater seiner Wohngruppe und folge den beiden Frauen ins Büro.

„Gucken Sie mal", Frau Fedder hat ihren Computer hochgefahren, „für jeden Bewohner gibt es hier einen eigenen Ordner. Dort wird minutiös der Tag festgehalten. Die Pfleger müssen nach ihrer Schicht praktisch jeden Handgriff, den sie gemacht haben, mit der jeweiligen Uhrzeit zu Protokoll geben. Ich demonstriere Ihnen das mal anhand der Akte Ihres Vaters. Die anderen darf ich Ihnen aus Datenschutzgründen nicht zeigen."

Ich staune. Eine Excel-Tabelle gibt Auskunft darüber, was Pfleger Karsten heute im Frühdienst mit meinem Vater gemacht hat. Pro Pflegeverrichtung ist die Minutenzahl, die er dafür brauchen darf, genauestens vorgegeben.

Aufstehen: 2 Minuten.

Wasserlassen, Stuhlgang: 6 Minuten inklusive Intimhygiene, Reinigen der Toilette, Spülung.

Gesichts- und Handwäsche: 4 Minuten.

Zahnpflege: 5 Minuten.

Kämmen: 3 Minuten.

Rasieren: 5 Minuten.

Ankleiden: 10 Minuten.

Ich rechne nach. 35 Minuten ohne Duschen. Dazu kommen noch die Medikamentenvergabe und der Gang zum Speiseraum, den die meisten nicht alleine bewältigen können. In der Frühschicht arbeiten sechs bis acht Pflegekräfte und zwei Azubis. Wenn jeder der vierunddreißig Bewohner morgens so viel Zeit in Anspruch nimmt, braucht das Team zweieinhalb Stunden, bis alle am Frühstückstisch sitzen.

„Theoretisch ja", sagt Frau Platt. „Aber erstens braucht nicht jeder so viel Hilfe wie Ihr Vater. Und außerdem haben Sie ja neulich gesehen, dass hier auch manchmal geschummelt wird. Wenn das mehrmals vorkommt, fliegt es aber auf."

Die Dokumentationspflicht, erklären mir die Frauen, wurde eingeführt, um Schlamperei und Nachlässigkeit im Pflegewesen zu verhindern. Nach diversen Skandalen wegen Verwahrlosung sowie körperlicher und seelischer Misshandlung in Seniorenheimen soll dieses System für Transparenz sorgen.

„Sehen Sie", sagt Frau Fedder und zeigt mir ein Foto. Darauf ist der rechte Fuß meines Vaters zu sehen. Am Knöchel hat er einen kleinen roten Fleck. „Eine Druckstelle. Das müssen wir beobachten. Wahrscheinlich sind die neuen Schuhe, die Sie mitgebracht haben, etwas zu eng." Ich sehe sie verdutzt an. „Auffällige Körperstellen werden regelmäßig fotografiert. Dekubitus ist ein großes Problem in Seniorenheimen. Wenn wir vermeiden wollen, dass sich jemand wund liegt, müssen wir kleine Auffälligkeiten genau beobachten."

In einer anderen Spalte ist eingetragen, wie viel Milliliter mein Vater getrunken und was er gegessen hat. Ein Viertelliter Kakao, zwei Brötchen mit Marmelade, eins mit Käse. Ein Becher Joghurt. „Puh!", stöhne ich. „Der gläserne Alte. Wie lange braucht denn ein Pfleger, um das alles so genau festzuhalten?"

„Das ist ja die Krux", sagt Frau Platt. „Die Idee der Dokumentation ist an sich sinnvoll. Leider ist das Ganze aber im Lauf der Zeit immer kleinteiliger und mühsamer geworden. Mittlerweile braucht ein Pfleger schon fast genauso viel Zeit, um alles aufzuschreiben, wie für seine eigentliche Arbeit. Das Protokollarische darf aber doch eigentlich nicht wichtiger werden als die Pflege an sich." Ich frage mich, wie eine Pflegekraft, die erst seit ein paar Jahren in Deutschland ist, sprachlich überhaupt in der Lage sein soll, diese Anforderungen zu erfüllen.

Frau Platt redet sich in Rage. Sie empört sich über politische Entscheidungen von Menschen, die nie ein Altersheim von innen gesehen haben. Und über Angehörige, die dem Pflegepersonal durch permanente Vorwürfe und Beschwerden das Leben zusätzlich schwer machen.

Ich staune nur noch: Traumberuf Altenpfleger. Um die 2600 Euro brutto verdient eine examinierte Fachkraft, die Pflegehelfer bekommen etwa 1850 Euro im Monat – inklusive Zulagen. Dafür müssen sie nicht nur schwere körperliche Arbeit leisten, sie müssen auch psychologisch feinfühlig, geduldig und freundlich sein. Sie müssen immer damit rechnen, kontrolliert zu werden. Und sie müssen in der Lage sein, alles, was sie tun, zu Protokoll zu geben.

Frau Platt zeigt mir den Personalschlüssel, an dem sie sich orientieren muss. Er erscheint mir äußerst kompliziert: Da gibt es eine vorgeschriebene Mindestanzahl an Pflegekräften, gestaffelt nach Pflegestufen der Bewohner. Wer sich sklavisch daran hält, kann bei hundertprozentiger Auslastung vielleicht einen maximalen Gewinn erzielen. Hat man aber wie im Fall von Frau Platt den Anspruch, Menschen, die ihre letzten Lebensjahre in einem Altersheim verbringen, Lebensqualität auf höchstmöglichem Niveau zu bieten, muss man feilschen, jonglieren und geschickt kalkulieren können.

Ein Beispiel: Die meisten Bewohner ziehen mit Pflegestufe 1 ein, liegen aber beim Pflegeaufwand schon bei Pflegestufe 2. Bis die Höherstufung beantragt und genehmigt ist, gehen viele Wochen ins Land. Viele Angehörige und Betreuer sträuben sich aus finanziellen Gründen lange gegen eine höhere Pflegestufe. Den personellen Mehraufwand des Heims in dieser Überbrückungszeit bezahlt niemand.

Seit diesem Gespräch habe ich noch größeren Respekt vor der Arbeit, die hier geleistet wird. Und ich bin überzeugt davon, dass angesichts des demografischen Wandels andere Wege gegangen werden müssen. Immer mehr Menschen werden zwangsläufig in Pflegeheimen leben, weil alle immer älter werden und kaum noch Jüngere nachkommen, die die Rundumversorgung übernehmen können. Entweder müssen neue Modelle des Zusammenlebens her, es gibt ja vorbildliche Pilotprojekte. Oder die Heime müssen mit mehr Geld und weniger sinnlosen Vorschriften ausgestattet werden, sonst wird irgendwann niemand mehr Lust haben, Altenpfleger zu lernen.

Wie geht es dir? Mir geht es bekloppt!

Heute ist der große Tag: der Geburtstag meines Vaters und der meines Mannes. Meine Schwester kommt. Als ich Vati abholen will, ist er offensichtlich gut gelaunt.

„Wir haben schon gesungen!“, ruft Tomek mir entgegen. Auf dem Tisch stehen eine Kerze, daneben ein Bildband über Hamburg und ein selbst gebackener Kuchen.

„Den bekommt hier jedes Geburtstagskind“, sagt Andreas.

„Geburtstag!“, strahlt mein Vater.

„Wie alt bist du denn geworden, Vati?“ Kleine Gedächtniskontrolle.

„Ich nicht weiß.“ Das sagt er aus reiner Bequemlichkeit.

„Wann bist du denn geboren?“, bohre ich nach.

„27. April 1924“, rattert er herunter.

„Genau. Und jetzt haben wir 2011. Wie alt bist du dann, rechne mal nach!“

Er runzelt die Stirn und denkt nach. „Siebenundachtzig?“, fragt er dann zögernd. Volltreffer. Wir freuen uns beide darüber.

Ich helfe ihm in seine schönste Frühlings-Feiertags-Garderobe, hake mich bei ihm unter, und wir machen uns auf zur Geburtstagsfeier bei mir zu Hause.

Nachdem er die Kerzen ausgepustet, die Geschenke (kein geräumiges Auto, dafür vier Bildbände, drei Krawatten, Zeichenstifte und ein Oberhemd) ausgepackt und fünf Stücke Kuchen verputzt hat, lässt er sich zufrieden in seinen Lieblingssessel fallen. Viele Stunden hat er in

Den Geburtstag zu feiern war meinem Vater immer wichtig; rechts ist meine Schwester Dagmar zu sehen.

Der Zeichenstift hat ihn bis zum Schluss begleitet: mein Vater beim Skizzieren.

Selbstporträt mit trauriger Selbsterkenntnis …

den vergangenen Jahren in diesem Sessel verbracht, mal lesend, mal schlafend, mal mosernd. Jetzt schließt er, offenbar ermattet, die Augen.

Für meine Schwester und mich ist das ein vertrauter Anblick. Das plötzliche, für alle unerwartete Kurznickerchen, in welcher Umgebung auch immer, ist eine typische Eigenheit unseres Vaters. Da konnte noch so viel Besuch da sein, ob Kindergeburtstag, Weihnachten oder Beerdigung – egal, mein Vater nahm sich seine Mütze Schlaf. Power-Napping nennt sich das heutzutage.

Mein Schwager entdeckte eines Tages eine sichere Methode, ihn aufzuwecken. Er bellte. Laut und durchdringend. Das funktionierte überraschenderweise immer. Heute verzichten wir auf dieses Aufweckritual. Soll er doch schlafen. Hauptsache, er fühlt sich wohl.

Wir betrachten währenddessen ein paar seiner Zeichnungen, die er in den vergangenen Wochen angefertigt hat. Normalerweise zeichnet mein Vater immer Menschen im Profil: Männer mit Glatze und großer Nase. Sie sehen alle aus wie er. Über eins dieser Selbstporträts hat er mit krakeliger Schrift „Doofmann" geschrieben und das Wort dann wieder durchgestrichen. Offenbar gibt es auch in diesem Stadium der Demenz noch Momente, in denen er seinen Zustand reflektiert.

Auf dem nächsten Blatt ist der Grundriss eines großen Gebäudes zu sehen. Möglicherweise ein Entwurf für einen imaginären Architekturwettbewerb. Auch lange nach seiner Pensionierung hat er immer wieder an solchen Wettbewerben teilgenommen.

Da kommt ein herzhaftes Gähnen aus dem Sessel nebenan. „Hallo, Vati, du hast heute Geburtstag!", rufe ich.

„Mach kein Quatsch!", sagt er.

Nach einem gemütlichen frühen Abendessen rezitiert er noch ein bisschen Christian Morgenstern. Gut gelaunt hakt er sich bei meiner Schwester unter, die ihn zu Fuß zurück ins Altersheim bringt. Erst zwei Stunden später – die Geburtstagsparty meines Mannes ist bereits in vollem Gange – kommt sie wieder.

„Das war hart", sagt sie. „Er war völlig durcheinander und hat überhaupt nicht eingesehen, warum er da jetzt bleiben soll. Seine Windel war total nass, ich hab ihn erst mal abgeduscht, der nette Pfleger Tomek hatte gerade alle Hände voll zu tun …"

Meine Schwester wirkt erschöpft. Jedes Mal wenn sie hier ist, kümmert sie sich besonders intensiv um unseren Vater. Jetzt, wo sie ihn nicht mehr täglich um sich hat, fehlt er ihr wahrscheinlich trotz allem ein bisschen. Wenn ich die beiden beobachte, fällt mir immer auf, was für ein eingespieltes Team sie doch sind. Heute Abend war der Übergang von dieser Vertrautheit zu der für ihn immer noch fremden Umgebung im Seniorenheim wohl etwas zu viel.

In solchen Momenten bohrt sich wieder das schlechte Gewissen ins Bewusstsein. Warum haben wir es nicht geschafft, ihn in der Mitte unserer Familie aufzufangen? Aber das Problem, dass der Familienverbund durch die räumliche Trennung nicht mehr so funktioniert wie früher, haben heutzutage viele Menschen.

NUN MACHEN SIE sich mal nicht verrückt wegen Ihrer Sommerferien, Frau Tietjen!" Frau Platt kann gar nicht verstehen, warum ich Bedenken habe, meinen Vater vier Wochen lang ohne mich zurückzulassen. „Er ist doch jetzt schon monatelang hier. Wir kümmern uns besonders intensiv um ihn, versprochen!"

Bei dem derzeitigen schönen sommerlichen Wetter versuche ich, mindestens jeden zweiten Tag mit meinem Vater ein paar Runden durch den Park oder um den kleinen See zu gehen. Er ist noch sehr gut zu Fuß und beobachtet alles um ihn herum genau. Der Kaiser-Wilhelm-Aussichtspunkt gehört zu unseren Standard-Ausflugszielen. Warum auch immer, der Name des Kaisers löst bei ihm ganz unterschiedliche Emotionen aus. Manchmal kommen ihm die Tränen, wenn er mir den Text auf der Tafel vorliest. Manchmal muss er furchtbar lachen. Und gelegentlich wird er wütend und schimpft: „Nicht mehr alle Tassen im Schrank, der Kaiser Wilhelm! Nicht mehr ganz gescheit!" Auf meine vorsichtige Nachfrage, was der Kaiser ihm denn getan habe, kommt leider nichts.

Oft singen wir zusammen, das liebt er. „Wenn die bunten Fahnen wehen" zum Beispiel, „Kein schöner Land in dieser Zeit" oder den Kanon „Froh zu sein bedarf es wenig". Dass die anderen Spaziergänger manchmal komisch gucken, wenn wir fröhlich schmetternd vorbeigehen, stört mich schon lange nicht mehr.

Auch wenn ich mit ihm ins Café gehe, lasse ich ihn ganz in Ruhe seine Schwarzwälder Kirschtorte essen. Da fällt schon mal ein Bissen von der Gabel. Und ohne Kaffeeflecke lassen wir die Tischdecke nie zurück. Früher wäre mir das alles unangenehm gewesen. Heute weiß ich, wie wichtig es ist, mit einem dementen Menschen dahin zu gehen, wo das „normale" Leben tobt. In Parks, in Supermärkte, in Kirchen, Cafés und Restaurants. Und zwar nicht nur für die Betroffenen, denn nur so können auch die Menschen, die noch nie mit dem Thema Demenz in Berührung gekommen sind, diese verstehen lernen.

Dieser erste gemeinsame Sommer in Hamburg ist eine wichtige und schöne Zeit für uns beide. Wir genießen die Stunden zusammen, und ich habe das Gefühl, ihm näherzukommen als in den Jahren zuvor. Er ist schutzbedürftig, aber trotzdem noch würdevoll, auch wenn er sich nicht mehr auf demselben hohen Niveau artikulieren kann wie früher.

BEVOR ich in die Ferien nach Korsika aufbreche, vergewissere ich mich noch mal, dass mit meinem Vater alles in Ordnung ist.

Als ich mich am Tag unserer Abreise von ihm verabschiede, ist mir mulmig zumute. „Ich fahre jetzt in Urlaub, Vati“, sage ich, „in vier Wochen bin ich wieder da.“

Er nickt und fragt: „Wohin?“

„Korsika.“

„Wie weit?“, fragt er interessiert.

„Tausendvierhundert Kilometer.“

„Donnerwetter!“, sagt er. „Ich noch nie auf Korsika.“

Ich umarme ihn und gebe ihm einen Kuss. Plötzlich habe ich einen Kloß im Hals. Wer weiß, ob ich ihn wiedersehe. In diesem Alter kann ja schnell was passieren. „Bis bald, Vati“, sage ich.

„Bis bald“, antwortet er ungerührt und wendet sich wieder dem Fernseher zu.

ALS ICH meinen Vater nach vier Wochen Urlaub zum ersten Mal wieder besuche, blickt er nur kurz von seiner Zeitung auf.

„Hallo Vati“, sage ich, „ich war einen Monat lang nicht hier, ist dir das aufgefallen?“ Er überlegt kurz und lacht.

„Aufgefallen!“, sagt er.

Will er mir nur einen Gefallen tun? Oder hat er etwas vermisst? Anzusehen ist ihm nichts. Er wirkt gut gelaunt und gepflegt. Trotz großer Hitze hat er diverse Ausflüge ins Umland gut überstanden.

Auch Luise erzählt mir am Telefon, er sei während ihres Besuchs guter Dinge gewesen. Sie ist ganz beeindruckt von dem Seniorenheim. „Sehr freundliches Personal“, sagt sie, „und alles so sauber!“ Nur mit den dementen Mitbewohnern kann sie nicht so viel anfangen: „Im Gegensatz zu dir kann ich mich nicht so darauf einlassen. Der Anblick deprimiert mich irgendwie. Vielleicht weil ich schon älter bin und ein bisschen Angst habe, dass mir so was auch bald blühen könnte.“

Ich freue mich jedenfalls, dass Frau Wagner, Emma und Konsorten alle noch wohlauf sind.

VATERS SCHWESTER GISELA hat ihren Besuch angekündigt. Sie ist schon über neunzig, glasklar im Kopf, aber nicht mehr gut zu Fuß. Die Reise von Wuppertal nach Hamburg ist für sie eine aufregende Angelegenheit. Aber es ist ihr ein Anliegen, ihren kleinen Bruder noch mal zu sehen. Zumal er ihr einen Brief geschrieben hat, den ich für ihn abgeschickt habe. „Liebe Gisela! Ick sitz an Tisch und esse Klops. Uff eenmal klopts. Ick jehe raus und kieke. Und wer steht draußen? Icke! Wie geht es dir? Mir geht es bekloppt. Gruß an Habbel und mich vom bescheuerten Onkel Buka und Genossen."

Das Gedicht gehört zu seinem Standardrepertoire. Das mussten wir uns als Kinder schon immer anhören, wahrscheinlich hat er es auch von seinem Vater überliefert bekommen. Habbel ist der Spitzname seines jüngeren Bruders und Buka sein eigener.

Vielleicht haben diese Zeilen seiner Schwester ja einen Schrecken eingejagt, und sie will ihren bescheuerten Bruder noch ein letztes Mal treffen, bevor er ganz ins Nirwana abtaucht. Seine beiden Geschwister haben die Veränderung ihres Bruders recht ungerührt hingenommen. Jahrelang hatten die drei sich in unregelmäßigen Abständen zum Essen getroffen. Sehr innig war das Verhältnis zueinander nicht, vor allem mein Vater war in dieser Runde eher der Außenseiter. Und je weniger zurechnungsfähig er wurde, desto geringer schien das Interesse der beiden anderen, sich mit ihm auszutauschen.

„Er redet ja immer dasselbe", sagte meine Tante fast vorwurfsvoll zu mir am Telefon. „Und wenn man ihn korrigiert, ist er beleidigt."

Seufzend versuchte ich ihr damals zu erklären, dass es sich um ein Krankheitsbild handle und ein bisschen Geduld und Nachsicht helfen würden. Leider beides keine herausragenden Eigenschaften der Familie – mein Vater übrigens inbegriffen.

Nun also kommt sie zu Besuch. Wir haben uns im Altersheim verabredet. Ich bin gespannt auf die Begegnung, immerhin haben die beiden sich mehr als ein halbes Jahr nicht gesehen. Und siehe da: Kaum betritt sie sein Zimmer, fängt er an, gleichzeitig zu weinen und zu lachen.

„Hallo Buka", sagt sie, „weißt du, wer ich bin?"

Er nickt unter Tränen. „Gisela!", ruft er.

Auch wenn sie nicht der emotionale Typ ist, rührt sie das offensichtlich. „Wie geht's dir?", fragt sie.

„Scheiße!", kommt es prompt zurück.

„Na, dann ist ja alles beim Alten", kommentiert sie trocken.

Wir verbringen zwei gemütliche Stunden zusammen, betrachten alte Fotos und erzählen uns Geschichten von früher. Das heißt, meine Tante und ich erzählen, mein Vater hört zu und lacht gelegentlich. Als sie eine Szene aus ihrer gemeinsamen Kindheit schildert, offenbar ein Schlüsselmoment – beide standen in ihren Gitterbettchen, und meine Tante zupfte unerlaubterweise Tapetenfetzen von der Wand –, muss er wieder weinen.

„Okkau“, sagt er plötzlich.

„Ja, Buka, das war unser Kindermädchen, die mochten wir sehr, nicht wahr?“

„Geu, geu, geu“, murmelt mein Vater.

„Das hat sie immer gesagt, wenn wir uns wehgetan hatten“, erklärt meine Tante.

Dann redet er weiter, für mich völlig unverständliches Zeug: „Kotsche Globa. Kabauz Dingedinges Müppel!“ Kaum ist es raus, bekommt er einen Lachkrampf. „Ka…ka…kabauz…“, er schnappt nach Luft, „Dinge…Dinges…“, Tränen laufen ihm über die Wangen, dieses Mal eindeutig Lachtränen. Er kann sich kaum noch halten.

Meine Tante und ich sehen uns ratlos an. „Also da kann ich auch nicht weiterhelfen“, sagt sie. „Das hab ich noch nie gehört!“

Als mein Vater sich halbwegs beruhigt hat, frage ich ihn, was dieses Kauderwelsch denn zu bedeuten habe. „Nichts!“, sagt er fröhlich.

Ich weiß nicht, wie oft ich diesen Nonsensspruch danach noch von ihm gehört habe und nichts damit anfangen konnte. Bis eines Tages die Aufklärung von seinem Bruder kam. Zu seinem 88. Geburtstag schrieb der nämlich: „Lieber Buka! Ich denke oft an unsere Kinderzeit und unseren albernen Spruch: Kotsche Kloba, kabautzige Dinges Möpel.“ Es muss eine Art Geheimsprache zwischen den Brüdern gewesen sein, an der beide offenbar noch als alte Männer einen Mordsspaß hatten.

Als Tante Gisela sich verabschiedet, bin ich von uns dreien wohl diejenige, der am wehmütigsten ums Herz ist. Dass die beiden sich noch mal wiedersehen werden, ist unwahrscheinlich. „Solange es dir beschissen geht, bin ich beruhigt, Buka“, scherzt sie. Sie umarmen sich, und sie verspricht, den jüngsten Bruder Herbert zu grüßen.

Wo wir gerade bei frühsten Erinnerungen sind: Mein Vater hat immer betont, dass er kein Nazi war. Er hat sich dafür geschämt, dass er als 18-Jähriger naiv wie so viele auf die Versprechungen des Hitler-Regimes hereingefallen war. Und in seinen Albträumen hatte er ein Leben lang mit den Erlebnissen dieser Zeit zu kämpfen. Trotzdem gab es im Zuge der Demenz eine Phase, in der er die jugendlichen Jahre der Begeisterung für Hitler noch mal durchlebte. So begrüßte er uns während eines Hamburg-Besuchs morgens plötzlich mit einem gut gelaunten „Heil Hitler!“ Wenn ich schimpfte, hörte er auf, grinste aber verstohlen. Er hatte offensichtlich Spaß daran, etwas politisch Unkorrektes zu tun. Gott sei Dank ging diese für uns alle äußerst unangenehme Phase relativ schnell vorüber.

Tante Gisela hat uns ein Buch über Wuppertal mitgebracht. Darin sind viele alte Schwarz-Weiß-Bilder von markanten Gebäuden in seiner

Heimatstadt abgebildet. Vor allem die Schwebebahn hat es meinem Vater angetan. Und wenn dann auch noch das Bild vom Kaiser und seiner Frau kommt, die mal zu Gast in Wuppertal waren, muss er jedes Mal weinen. Der Kaiser ist ihm, wie auch unsere Spaziergänge zu der Gedenktafel immer wieder zeigten, irgendwie wichtig.

The so-called Brandenburg Concerts

Wir haben letzte Woche im Wohnbereich 2 Zuwachs bekommen: Finchen ist eingezogen. Finchen heißt eigentlich Josefine, ist 87 und ein Sonnenschein. Jeder, der nicht flüchtet, wird von ihr umarmt und geküsst. Sie lacht viel und redet noch mehr – leider in einer Fantasiesprache, die niemand versteht. Das stört sie aber nicht. Finchen ist klein, geht gebückt und hat strähnige graue Haare.

Alle würden sie uneingeschränkt lieben – wenn da nicht auch eine Schattenseite wäre. Finchen versteckt Sachen. Sie meint das natürlich nicht böse. Aber seit sie da ist, fehlt ständig etwas. Die Uhr meines Vaters ist verschwunden, seine Brille auch. Seine Hausschuhe habe ich zum Glück im Besenschrank wiedergefunden.

Wertsachen und Bargeld, das hat Frau Fedder mir gleich am ersten Tag klar gesagt, sollte man nicht im Zimmer lassen. Zu groß sei die Gefahr, dass sie von dementen Mitbewohnern verschleppt und an unauffindbaren Orten deponiert würden. Finchen ist da nicht die Einzige. „Sogar im Feuermelder haben wir mal nach Monaten eine Brille wiedergefunden“, verriet Frau Fedder mir damals, „und Herr Schultze hat sein Gebiss mal im Blumentopf vergraben, und wir haben es erst entdeckt, als er schon ein neues hatte!“

Finchen räumt auch gern auf, früher war sie mal Hausmädchen. Als wir eines Abends gerade auf Vatis Zimmer zu Abend essen, kommt sie plötzlich herein. „Hallo Finchen“, sage ich, „du hast dich im Zimmer geirrt, ich bringe dich mal rüber.“ Sie schüttelt energisch den Kopf. Als ich sie vorsichtig an der Hand fasse, reißt sie sich los und fängt an, in Windeseile das Bett meines Vaters komplett zu zerwühlen, alle Bezüge und das Betttuch abzuziehen ... um dann alles mit seligem Lächeln wieder in Ordnung zu bringen.

„Who is this person?“, fragt mein Vater interessiert, möchte also wissen, wer das ist.

Neuerdings sprechen wir ab und zu englisch oder französisch miteinander. Das macht ihm Spaß, und ich habe festgestellt, dass er bei Fremdsprachen den Satzbau noch perfekt beherrscht.

„She lives here", antworte ich, also, dass sie hier lebt.
„I don't know her", sagt er, er kenne sie nicht, und isst weiter.
Da im Hintergrund Bach läuft, frage ich: *„Do you like Bach?"*
„Oh yes, I like it very much!", kommt es prompt von ihm zurück, er möge ihn sehr. *„Especially the so-called Brandenburg Concerts"* – besonders die „sogenannten" Brandenburgischen Konzerte.
Da sitze ich nun bei Geigenklängen, mache gepflegten Small Talk auf Englisch mit meinem Vater, der der deutschen Sprache kaum noch mächtig ist – und im Hintergrund wuselt eine kleine fremde Frau emsig zwischen den Laken um sein Bett herum und kommentiert ihre Arbeit in einer Sprache, die klingt, als wäre sie gerade von einem anderen Planeten eingeschwebt.
Träume ich? – Nein, das hier ist die Welt der Demenz.

ES IST OKTOBER und damit mal wieder Urlaubszeit. Wir wollen in die Toskana. Da es sich nur um zwei Wochen handelt und meine Schwester in Wuppertal auf „Stand-by" ist, mache ich mir dieses Mal keine großen Sorgen. Beim letzten Mal hat ja auch alles gut geklappt.
Und dann kommt einer dieser Momente, die sich bei mir tief eingebrannt haben. Wir sind an einem Traumstrand, es ist ungewöhnlich heiß für Oktober in Italien, dreißig Grad im Schatten. Ich komme gerade aus dem Wasser, da klingelt mein Handy.
„Platt hier. Entschuldigen Sie bitte, Frau Tietjen, dass ich Sie im Urlaub störe." Das Herz rutscht mir in die Hose. Warum ruft sie mich hier an? Ich habe doch die Telefonnummer meiner Schwester im Heim hinterlegt. Es muss also etwas Schlimmes sein.
„Ihr Vater ist im Krankenhaus. Er hat plötzlich keine Luft mehr bekommen und ist zusammengebrochen. Er war ganz blau angelaufen und sah nicht gut aus." Ich spüre, wie mein Herz auf einmal rasend schnell schlägt. „Wo … wo ist er denn jetzt? Wie geht es ihm?", stottere ich aufgeregt. „Das ist es ja", sagt sie. „Ich war im Krankenhaus, aber die geben mir keine Auskunft, weil ich keine Angehörige bin."
„Ich rufe sofort meine Schwester an", antworte ich gehetzt. „Ich melde mich wieder." Als ich gerade auflegen will, sagt sie: „Einen Moment noch, Frau Tietjen. Machen Sie sich jetzt bitte keine Vorwürfe. Wenn Ihr Vater gehen will, dann tut er das vielleicht bewusst, wenn Sie nicht da sind. Das ist oft so. Menschen verabschieden sich manchmal unverhofft von dieser Welt. Das muss man so akzeptieren."
Das will ich jetzt nicht hören. Ich bin noch nicht so weit.
Zum ersten Mal, seit er in Hamburg ist, gerät mein Vater in eine wirklich bedrohliche Situation. Und das ausgerechnet in dem Moment,

wo ich im Urlaub bin. Das ist die Ironie des Schicksals. Jetzt muss doch wieder meine Schwester ran. Ich telefoniere mit ihr und bitte sie, so schnell wie möglich nach Hamburg zu fahren.

AM SPÄTEN ABEND endlich der ersehnte Anruf. „Also“, sagt Dagi, „du wirst mir nicht glauben, was ich dir jetzt erzähle. Als ich hier ankam, waren alle ganz aufgeregt. Intensivstation, Sauerstoffmaske, Schläuche, Tropf, überall piepende Monitore. Mittendrin Vati. Er guckte mich ratlos an. Offensichtlich hatte er keine Ahnung, was Sache war, aber er hat mich ganz eindeutig erkannt.“

Was sie dann berichtet, ist filmreif. Nach stundenlangem Rätseln, was meinem röchelnden und nach Luft ringenden Vater fehlen könnte, machten die Ärzte schließlich eine Bronchoskopie – und wurden fündig. Irgendwo zwischen Kehlkopf und Bronchien steckte … seine Zahnprothese! Offensichtlich hatte sie sich gelöst und war ihm beim Essen oder beim Husten buchstäblich in den falschen Hals geraten. Wie das sperrige Teil überhaupt so weit kommen konnte, ist rätselhaft. Auf jeden Fall hatte sie sich verkeilt, und seitdem rang er um Luft.

„Die Ärzte haben das Ding mit einer Zange rausgeholt. Er hat jetzt eine sogenannte Aspirationspneumonie. Eine Lungenentzündung, die durch eingeatmete Fremdkörper in der Lunge entsteht. Anscheinend haben sich da neben der Prothese auch noch Essensreste eingeschleust. Er hatte über vierzig Grad Fieber und war sehr geschwächt. Jetzt hat sich sein Zustand einigermaßen stabilisiert.“

Der Oberarzt, erzählt sie, habe sie auf lebensverlängernde Maßnahmen angesprochen. „Die dachten, er schafft das nicht. Steht davon was Konkretes in der Patientenverfügung?“ Leider nein. Alle Entscheidungen in Bezug auf ärztliche Versorgung und Pflegebedürftigkeit hat unser Vater in der Vorsorgevollmacht seinen Töchtern überlassen.

Für den Rest des Urlaubs hängt eine dunkle Wolke über der toskanischen Idylle. Immerzu muss ich an meinen Vater denken. Jeden Abend telefoniere ich mit meiner Schwester. „Es geht ihm ganz gut“, sagt sie. „Tagsüber beschäftigen wir uns mit Bildern von früher. Er erkennt alle und ist äußerst gesprächig. Es ist fast, als hätte er eine Erinnerungsspritze bekommen.“

Ob das am Schock liegt?

„Er spricht in ganzen Sätzen, erzählt komische Geschichten von Onkeln und Tanten aus der Kindheit und sagt die Weihnachtsgeschichte auf. Er hat sogar nach dir gefragt. Als ich gesagt habe, dass du in Italien bist, hat er gesagt: ‚Ah ja, Cortina d’Ampezzo, da ist die Luft ganz hervorragend!‘“

Das macht mir alles ein bisschen Angst. Es kommt ja vor, dass Menschen einen Vitalitätsschub haben, kurz bevor sie sterben.

„Also, nach Sterben sieht das hier wirklich nicht aus“, beruhigt mich meine Schwester.

ALS ICH zurück in Hamburg bin, führt mich mein erster Weg ins Krankenhaus. Meine Schwester ist schon abgereist, Vati ist auf die Innere verlegt worden.

Als ich das Zimmer betrete, trifft mich fast der Schlag. Drei Betten auf gefühlten zwanzig Quadratmetern. Es riecht muffig. Im vorderen Bett liegt mein Vater, sein Blick streift mich flüchtig und bleibt dann wieder höchst konzentriert am Fernseher über dem Bett seines Nachbarn hängen. Ein Stummfilm. Der junge Mann nebenan hat nämlich Kopfhörer auf. Im Bett ganz hinten liegt ein alter Mann im OP-Kittel. Er blickt mich an wie einen unerwünschten Eindringling.

„Wie geht's dir, Vati?“, frage ich und versuche, den unerfreulichen Anblick zu verdrängen.

„Scheiße!“, sagt er.

Dieses Mal kann ich ihn gut verstehen.

Ich will mir die Hände waschen und suche das Badezimmer – vergeblich. Drei Männer und weder Waschbecken noch Toilette. Empört stürme ich auf den Flur und suche einen Arzt.

„Das kann nicht angehen“, bearbeite ich die erstbeste Ärztin, die mir begegnet, „bitte sorgen Sie dafür, dass mein Vater ein Einzelzimmer bekommt. Er ist orientierungslos und ist mit der Situation im Dreibettzimmer total überfordert.“

Die Ärztin reagiert freundlich und verständnisvoll: „Ich werde tun, was ich kann, aber wir sind hier völlig überlaufen. Wir haben einfach nicht genug Zimmer.“

„Ich bezahle natürlich die Differenz“, sage ich. Vielleicht liegt es ja daran, dass mein Vater in der gesetzlichen Krankenkasse ist und keine Zusatzversicherung abgeschlossen hat.

„Das ist nicht das Problem“, antwortet die Ärztin müde. „Wir haben keinen Platz. Selbst wenn der Scheich von Abu Dhabi ankäme, müssten wir ihn erst einmal in einem Mehrbettzimmer einquartieren.“

Ich entschuldige mich beschämt für meine Überreaktion und eile zurück zu meinem Vater. Er guckt mich überrascht an. Natürlich weiß er nicht mehr, dass ich vor fünf Minuten schon mal bei ihm war. Ich setze mich an sein Bett und halte seine Hand. Er sieht nicht schlecht aus. Seine Plauderphase scheint allerdings vorbei zu sein. Auf alle Fragen antwortet er einsilbig, seine Augen wandern immer wieder zum Fernseher seines Bettnachbarn. Ich erkläre dem jungen Mann noch kurz, dass mein Vater dement ist und er bitte klingeln soll, wenn er sich eigenartig verhält, und verabschiede mich nach Hause.

ALS ICH am nächsten Tag die Station betrete, ist das Bett meines Vaters leer. Erschrocken suche ich die Stationsschwester.

„Glück und Unglück liegen manchmal dicht beieinander", sagt die junge Frau, als könnte sie Gedanken lesen. „Vergangene Nacht ist überraschend eine Patientin verstorben. Deshalb konnten wir Ihren Vater auf ein Einzelzimmer verlegen." Ich spüre, wie mir vor Scham eine Hitzewelle ins Gesicht steigt. So habe ich das nicht gemeint.

„Danke", sage ich, „ich sehe mal nach, wie es ihm geht." Er liegt im Bett und blickt mich aus wachen Augen an. „Gut!", antwortet er, als ich ihm die obligatorische Frage nach seinem Befinden stelle. Erstaunlich. Wenn irgendwo das Wörtchen „Sch…" angebracht wäre, dann hier. Kahle Wände, hässliches Mobiliar, ungeputzte Fenster. Er trägt keinen Schlafanzug, sondern eine Art OP-Kittel, der hinten offen und nur im Nacken zusammengebunden ist. Auf dem Nachttisch stehen zwei Plastikschalen mit einem undefinierbaren Brei.

„Hast du Hunger, Vati?", frage ich. „Hunger!", antwortet er.

In diesem Moment betritt eine Schwester den Raum. „Ihr Vater darf vorläufig nur breiige Nahrung zu sich nehmen", sagt sie streng. „Das haben die Ärzte nach Rücksprache mit der Logopädin so beschlossen. Die Gefahr, dass er sich wieder verschluckt, ist sonst zu groß!"

Als ich ihm gerade die Schüssel und den Löffel reichen will, nimmt sie mir beides aus der Hand. „Nein! Er muss das Essen angereicht bekommen. Wenn er selbst isst, besteht die Gefahr, dass er schlingt. Und dann hat er ratzfatz wieder was in der Lunge!"

„Wer füttert ihn denn?", frage ich.

„Wäre schön, wenn Sie das machen könnten", sagt die Schwester, „wir haben bei unserem Personalschlüssel wirklich wenig Zeit."

„Hunger!", ruft mein Vater wieder.

Ich gebe ihm sein püriertes Essen, Löffel für Löffel, bis er satt ist. Warum wir alle so in Sorge um ihn sind, versteht er offensichtlich nicht. Er schluckt vorsichtig und trinkt nach jedem Löffel einen Schluck Wasser, anscheinend, um das Essen hinunterzuspülen.

Jetzt erst fällt mir auf, dass er unrasiert und ungekämmt ist. Bestimmt hat ihm auch niemand die Zähne geputzt. Ich kontrolliere seine Windel. Die ist trocken. Na, immerhin. Ich mustere die kahlen Wände. Es ist richtig trostlos hier. Ich muss dafür sorgen, dass mein Vater schnell wieder in die heile Welt seines Seniorenheims entlassen wird.

Wie aufs Stichwort klopft es in diesem Moment an der Tür. „Herein!“, rufe ich. Hinter einem großen Blumenstrauß tauchen zwei vertraute Gesichter auf. Frau Platt und Frau Fedder. „Na, Herr Schniewind?“, sagt die Pflegedienstleiterin lachend und streichelt ihm über die Wange. „Was machen Sie denn für Sachen?“ Sichtlich erfreut, lächelt er die blond gelockte hübsche Frau an. Es sieht aus, als würde er sie erkennen. Frau Platt holt eine Packung Pralinen aus der Tasche und legt sie auf den Nachttisch.

„Er darf das nicht essen“, wende ich ein, „erst einmal nur breiige Nahrung, sagt die Logopädin. Und er muss gefüttert werden.“

„Aha.“ Frau Platt guckt skeptisch. Ihr Vertrauen in das Krankenhauspersonal scheint nicht groß zu sein.

„Ich muss eigentlich zur Arbeit“, sage ich, „aber ich habe kein gutes Gefühl dabei, ihn alleine zu lassen. Ich glaube, hier hat niemand Zeit, sich so um ihn zu kümmern, wie er es gewohnt ist.“

„Deshalb sind wir ja hier“, sagt Frau Platt. „Das Problem kennen wir. Was glauben Sie, in welchem Zustand wir unsere Bewohner manchmal nach einem längeren Krankenhausaufenthalt zurückbekommen? Wund gelegen, abgemagert, ungepflegt. Die meisten Krankenhäuser sind ohnehin schon überfordert, mit dementen Patienten aber erst recht.“

Die beiden Frauen machen sich daran, meinen Vater wieder ordentlich herzurichten. Sie waschen ihn gründlich, rasieren und kämmen ihn, putzen ihm die Zähne und ziehen ihm einen Schlafanzug an. Er lässt das offensichtlich sehr gern mit sich geschehen.

„Gehen Sie ruhig zur Arbeit, Frau Tietjen“, sagt Frau Platt jetzt. „Wir kümmern uns um ihn. Drängen Sie bei den Ärzten darauf, dass Ihr Vater so schnell wie möglich entlassen wird.“

Als ich gerade gehen will, kommt die Stationsschwester herein. „Was ist denn hier los?“, fragt sie. Sie scheint nicht begeistert darüber zu sein, dass ihr jemand ins Handwerk pfuscht.

„Wir helfen nur ein bisschen“, sagt Frau Fedder. „So viel, wie hier zu tun ist, da kann ein Patient ja vor drei Uhr nachmittags keine Körperpflege erwarten“, fügt sie schnippisch hinzu.

Ich spüre Spannung in der Luft. Krankenhäuser und Pflegeheime sind sich nicht grün, das bekomme ich in diesem Moment zum ersten Mal vor Augen geführt. Beide Seiten weisen sich oft gegenseitig die Schuld zu, machen dem anderen Vorwürfe, und es herrscht ein Kompetenzgerangel. Das sollte nicht so sein, denn beide Institutionen sind aufeinander angewiesen.

„Ich bin nicht verantwortlich für den Stellenschlüssel der Klinik“, sagt die Schwester und sieht mich achselzuckend an, „aber medizinisch ist Ihr Vater hier bestens versorgt.“

Auf dem Flur spreche ich die Ärztin an. „Wann wird mein Vater entlassen?"

„Wenn die Entzündungswerte abgeklungen sind", sagt sie. „Ich kann ja gut verstehen, dass Sie ihn gern schnell wieder in seiner gewohnten Umgebung hätten, aber das muss medizinisch zu verantworten sein. Ihr Vater ist siebenundachtzig und hatte eine schwere Lungenentzündung. Es wird dauern, bis er wieder auf den Beinen ist."

Das stellt sich als klare Fehleinschätzung heraus. Drei Tage später löffelt mein Vater bereits eigenständig Brei, Suppe und Joghurt und geht an meinem Arm über den Flur spazieren. Er ist ein echtes Stehaufmännchen. Noch zwei Tage, dann kann er heim ins Heim.

Vielleicht ist es genau dieser Charakterzug, der ihn am Leben gehalten und verhindert hat, dass die Demenz schon viel früher von ihm Besitz ergriffen hat. Solange es ging, hat er sich von Krankheit und Gedächtnisverlust weder beeindrucken noch einschränken lassen. Das ist seine Art, dem Schicksal zu trotzen.

IM SOMMER 2008, da war er vierundachtzig, fuhr er zum letzten Mal nach Borkum. Wir hatten zwar Bedenken, ihn allein mit dem Zug dort hinfahren zu lassen, aber da es sich immer um dasselbe Hotel handelte, nahmen wir an, dass man ihn dort kannte und auch mit seinen gelegentlichen geistigen Aussetzern umgehen konnte.

Die Telefonate ließen auch keine Auffälligkeiten erkennen. „Ich war schwimmen. Die Sonne scheint. Das Essen ist gut ...", was man eben üblicherweise an Urlaubsinformationen austauscht. Bis zu dem Tag, als ich stundenlang versuchte, ihn auf seinem Zimmer zu erreichen, und er nicht abnahm. Als er um zehn Uhr abends noch immer nicht da war, rief ich die Rezeption an.

„Haben Sie eine Ahnung, wo mein Vater sein könnte?"

„Nein, er ist wohl spazieren. Aber ...", der Mann am anderen Ende räusperte sich, „es ist vielleicht besser für Ihren Herrn Vater, wenn er nicht mehr alleine verreist." Ich schluckte. „Wahrscheinlich wissen Sie das nicht, aber er hat in der Woche vor seinem Urlaub hier etwa dreißig Mal angerufen, um seine Buchung zu bestätigen. Das hält unseren Betrieb ziemlich auf."

Ich erinnere mich genau daran, was mir in diesem Moment durch den Kopf schoss: Wieso muss mich ein wildfremder Hotelportier darauf aufmerksam machen, dass mein Vater neben der Spur läuft? Schuldgefühle und Gewissensbisse waren meine erste Reaktion.

Im Nachhinein finde ich aber, wir haben es genau richtig gemacht. Wir haben ihn nicht weggesperrt und behandelt wie ein krankes Kind, sobald er anfing, merkwürdig zu werden. Wir haben ihm seine Freiheit und Würde gelassen, selbst zu entscheiden, wie er leben wollte – solange es irgendwie möglich war. Dass die „normale" Welt um ihn herum damit gelegentlich Probleme hatte … na und?

Eine Stunde später war er übrigens zurück auf seinem Zimmer.

„Wo warst du denn so lange?", fragte ich schon fast hysterisch.

„Essen, wieso?" Er klang ganz ruhig.

„Aber du hast doch Halbpension gebucht!"

„Ja und? Man wird ja wohl auch mal woanders essen dürfen … Übrigens komme ich morgen auf dem Rückweg zu euch nach Hamburg."

Wie bitte? Er war doch erst seit vier Tagen auf Borkum und wollte zwei Wochen bleiben.

„Hab schon alles gepackt." Er klang fröhlich. „Hier ist nix los."

Immerhin kam er wohlbehalten bei uns an, verhielt sich aber auffällig. Er tigerte zwischen den Räumen hin und her und war offensichtlich desorientiert. Schon nach der ersten Nacht hörten wir ihn morgens um sieben im Wohnzimmer rumoren. Als ich aufstand, saß er in Schlips und Anzug neben seinem gepackten Koffer.

„Vati, was soll das denn?", fragte ich gähnend. „Du wolltest doch ein paar Tage bleiben."

„Dummes Zeug", sagte er unwirsch, „ich muss nach Hause. Ich hab zu tun."

„Was denn?" Ich sah ihn verwirrt an.

„Steuererklärung." Da wurde mir klar, dass es in diesem Zustand wenig Sinn hatte, mit ihm zu diskutieren.

„Lass uns erst mal gemütlich frühstücken", beschwichtigte ich ihn.

Immerhin gelang es mir, seine Rückreise noch etwas hinauszuzögern. Das war ein hartes Stück Arbeit, denn auch an den kommenden drei Tagen saß er um sieben Uhr gestiefelt und gespornt im Wohnzimmer und wollte los. Am Abreisetag selbst wollte er schon zwei Stunden vor der Abfahrtszeit aufbrechen, obwohl man von uns bis zum Bahnhof mit dem Auto maximal eine Viertelstunde braucht. Immer wieder holte er sein Zugticket aus der Tasche und überprüfte Datum, Uhrzeit, Reservierungsdaten und Gleisnummer.

Entnervt fuhr ich schließlich mit ihm los. Eine halbe Stunde vor der Abfahrt standen wir auf dem zugigen Gleis und warteten. Alle drei Minuten zog er das Ticket aus der Manteltasche und las mir nervös vor: „IC Nummer 486. Abfahrt 10.35 Uhr. Wagen 12, Sitzplatz 72."

Es fiel ihm in dieser Stresssituation sichtbar schwer, die Contenance zu wahren. Vorsichtshalber hatte ich ihm einen Zettel mit seinem Namen, Adresse und Dagis Telefonnummer in die Jackentasche gesteckt. Bisher war er zwar immer am richtigen Bahnhof ausgestiegen, wo meine Schwester auf ihn wartete. Aber man wusste ja nie.

Dagi hatte schon mehrfach versucht, bei der Deutschen Bahn Hilfe zu bekommen – jedoch vergeblich. Personal, das beim Ein- und Aussteigen behilflich sei, stehe nur körperlich oder geistig behinderten Personen zur Verfügung, hieß es. Ein dementer Mensch fällt auch hier durchs Raster. Doch dieses Mal ging zum Glück alles gut, und er kam wohlbehalten in Wuppertal an.

KURZ nach seiner letzten Reise nach Borkum hatte ihm seine Hausärztin eine Überweisung für den Neurologen ausgestellt. Meine Schwester und ich nahmen uns beide frei, weil wir unseren Vater bei diesem wichtigen Arztbesuch gemeinsam begleiten wollten. Schließlich hatten wir ihn ja auch schon lange genug hinausgezögert.

„Vati, wir gehen heute zum Neurologen. Wir müssen mal untersuchen lassen, was mit deinem Kopf los ist."

Die Sprechstundenhilfe führte uns in ein geräumiges, zweckmäßig möbliertes Büro. „Guten Tag, mein Name ist Winter." Ein schlanker Mittfünfziger im weißen Kittel mit freundlich-distanziertem Gesichtsausdruck begrüßte uns. „Wenn es Ihnen recht ist, würde ich gern zunächst mit Ihrem Vater sprechen, danach mit Ihnen allen und am Schluss mit Ihnen beiden allein", sagte er und sah uns aus irritierend grünen Augen an.

Meine Schwester und ich nickten und nahmen auf zwei Stühlen an der Wand Platz, während mein Vater sich auf den Stuhl direkt gegenüber von Dr. Winter setzte.

„Wie heißen Sie?", startete der das Gespräch.

„Burchard Schniewind."

„Wann sind Sie geboren?"

„27. April 1924."

„Wo wohnen Sie?"

Auch wenn er manchmal Schwierigkeiten hatte, nach Hause zu finden, konnte er die Adresse fehlerfrei nennen.

„Haben Sie Kinder?"

Die Antwort kam prompt: „Zwei Töchter."

Auch unsere Namen und Berufe konnte er fehlerfrei aufsagen. Ich fühlte mich wie bei einer Prüfung und spürte Schweißtropfen auf meiner Stirn. Dabei war ich doch nur Beisitzerin.

„Haben Sie Enkel?" Diese Frage war schon schwieriger für ihn. Er bejahte, musste aber bei der Zahl und den Namen passen.

„Zeichnen Sie bitte mal eine Uhr, Herr Schniewind!" Das sind die Klassiker in der Demenzdiagnose: Uhr zeichnen, Uhrzeit erkennen,

Zahlenreihen merken, Einkaufslisten abspeichern und wiedergeben. Mein Vater nahm konzentriert den Bleistift in die Hand und zeichnete eine runde Uhr. Zahlen, Striche, Zeiger – alles korrekt. Bei der Frage nach der aktuellen Uhrzeit sah er den Arzt überrascht an. „Zwanzig vor zwölf", sagte er nach einem kurzen Blick auf sein Handgelenk. „Was soll der Quatsch?"

Auch die Zahlenaufgabe löste er souverän. Dann kam die Einkaufsliste dran: Apfelsinen, Brot, Kartoffeln, Salat, Kekse, Kaffee, Wurst, Limonade, Käse, Zitronen, Butter, Mehl.

„Mehl, Butter, Zitronen, Käse ...", das bekam er nach längerem Nachdenken noch zusammen. Der Rest war wie weggeblasen.

„Leben Sie allein, Herr Schniewind?", fragte der Neurologe jetzt.

„Ja!"

„Und kommen Sie ohne Hilfe zurecht?"

„Ja, sehr gut. Ich fahre Auto und kaufe ein, ich koche und führe den Haushalt." Das klang glaubwürdig und gut vorbereitet. Leider entsprach es natürlich ganz und gar nicht der Realität. Ich spürte, wie meine Schwester sich neben mir zusammenreißen musste, um meinem Vater nicht ins Wort zu fallen.

„Und was machen Sie beruflich?"

„Architekt", kam es prompt.

„Arbeiten Sie noch?"

Mein Vater überlegte kurz. „Gelegentlich."

„Welche Jahreszeit haben wir denn, Herr Schniewind?"

Schweigen. Der Blick aus dem Fenster half ihm nicht weiter: eine Hausfassade. Keine Bäume und kein Himmel zu sehen.

„Frühling?", fragte er zögernd. Voll daneben. Es war November.

Im kurzen Gespräch zu viert wurde dann schnell klar, dass unser Vater sich ständig zu rechtfertigen versuchte, sobald wir sanft auf seine Defizite zu sprechen kamen. Und immer wenn wir seiner Darstellung der Dinge („Ich fahre mehrmals im Jahr mit dem Auto in Urlaub. Ich nehme noch an Architekturwettbewerben teil. Ich wasche und bügle alles selbst.") widersprachen, sah er uns verunsichert von der Seite an.

Als der Arzt ihn schließlich zu weiteren Untersuchungen der Sprechstundenhilfe übergeben hatte, konnten wir offen reden. Detailliert schilderte meine Schwester, wie der Alltag tatsächlich ablief.

Dr. Winter nickte verständnisvoll. „Es ist ganz normal, dass die Betroffenen bei diesen ersten Arztbesuchen all ihre Kraft aufbringen, um die Fassade aufrechtzuerhalten", sagte er. „Ihr Vater ist allerdings ein bemerkenswerter Fall. Viele Hürden, an denen andere in diesem Demenzstadium längst scheitern, überwindet er noch ganz lässig. Zeichnen, rechnen,

Dinge einordnen, spontan reagieren – das klappt noch hervorragend. Er fährt ja offenbar auch noch sicher Auto."

„In welchem Stadium befindet er sich denn?", fragte ich.

„Die Demenzforschung ist noch nicht sehr weit", sagte der Arzt, „aber man geht ganz grob von drei Stufen aus: leicht, mittel und schwer. Auf den ersten Blick wirkt es so, als wäre Ihr Vater ein leichter Fall im Anfangsstadium. Bei näherem Hinsehen merkt man aber, dass die Demenz doch schon weiter fortgeschritten ist." Dr. Winter nahm ein Blatt Papier und einen Stift. „Sehen Sie", sagte er und zeichnete etwas, das aussah wie eine verunglückte Dax-Kurve, „das hier ist ein Eisberg. Der Berg soll ein Sinnbild für das intellektuelle Potenzial Ihres Vaters sein. Der Berg ist im Begriff zu schmelzen. Aber bis er weg ist, wird es noch eine ganze Weile dauern. Je mehr Substanz vorhanden ist, desto länger dauert es, bis nichts mehr da ist. Bei manch einem anderen wäre von dem Eisberg in diesem Stadium nur noch eine Pfütze übrig."

Schön und gut. Es war einigermaßen beruhigend, dass bei unserem Vater noch ein gewisser Vorrat im Oberstübchen vorhanden war. Aber was bedeutete das ganz praktisch? Was war jetzt zu tun?

„Wir werden alle möglichen neurologischen Routineuntersuchungen vornehmen", sagte der Arzt freundlich. „Dazu gehört auch die Hirndruckmessung und gegebenenfalls ein Kernspin des Gehirns."

„Kann man denn das Fortschreiten nicht durch Medikamente verzögern?", fragte meine Schwester.

„Nicht wirklich", sagte Dr. Winter, „ich kann Ihnen Ginkgo-Extrakt verschreiben, das soll gut sein fürs Gehirn. Und Reminyl, das fördert die Hirndurchblutung. Ansonsten kann Ergotherapie hilfreich sein. Verschreibe ich Ihnen auch gern."

Dagmar und ich waren noch nicht wirklich zufrieden mit dieser Auskunft. „Kann man ihn noch alleine zu Hause lassen? Welche Betreuungsmöglichkeiten gibt es?", fragte meine Schwester. „Am besten wenden Sie sich an die Pflegeberatungsstelle der Stadt Wuppertal. Die können Ihnen bestimmt weiterhelfen." Der Arzt blickte dezent auf die Uhr. Natürlich. Wir waren ein Routinefall.

Während Vati die verschiedensten Untersuchungen über sich ergehen ließ, gingen wir Schwestern draußen spazieren. Es war ein herrlicher Herbsttag. „Wir müssen versuchen, jemanden zu finden, der dich entlastet", sagte ich zu meiner Schwester, „jedenfalls ein paarmal in der Woche." Wir waren uns einig, dass die zeitintensive Betreuung unseres Vaters auf mehrere Schultern verteilt werden musste. Der Zeitpunkt war gekommen, an dem nicht alles so weiterlaufen konnte wie bisher.

Als wir unseren Vater schließlich abholten, bekamen wir die Diagnose schwarz auf weiß in die Hand gedrückt: „Senile Demenz vom Alzheimer-Typ… Psychisch ist Herr S. ruhig, primär gut differenziert, um eine Fassade bemüht. Ausgeprägte Kurzzeitgedächtnisstörungen sind klinisch nachvollziehbar, mäßige kognitive Störungen sind vorhanden und auch alltagsrelevant. Das Kritikvermögen ist eingeschränkt. Auffassungsvermögen, Ein- und Umstellfähigkeit sind erhalten. Affektiv schwingbar und ausgeglichen bagatellisiert er die Erkrankung."

BEI DER ENTLASSUNG aus dem Krankenhaus nach der Aspirationspneumonie drückt mir der Stationsarzt die Unterlagen für den Hausarzt in die Hand. „Ihr Vater sollte Krankengymnastik verschrieben bekommen und weiter logopädisch betreut werden", rät er mir. „Feste Nahrung ist nicht gut für ihn. Er kann jederzeit wieder Essen in die Luftröhre und damit in die Lunge bekommen. Ob er die nächste Aspirationspneumonie wieder so gut übersteht, ist fraglich."

„Aspirations… was?", fragt mein Vater interessiert.

„Wir müssen aufpassen, dass du dich nicht wieder verschluckst, Vati", erkläre ich ihm und gehe mit ihm zum Parkplatz. „Wo steht noch mal mein Auto?", fragt er und blinzelt unternehmungslustig in die Herbstsonne.

Im Heim werden wir fröhlich von Andreas begrüßt. Er ist gerade dabei, mit Frau Gottlob, Frau Wagner und Arthur Kürbisse auszuhöhlen. „Setzen Sie sich zu uns, Herr Schniewind!"

„Aber Sie müssen bitte aufpassen, dass er sich nichts davon in den Mund steckt", sage ich, „er darf sich auf keinen Fall wieder verschlucken!"

Am Nachbartisch sitzt Finchen und faltet fleißig Papierservietten.

„Toll machst du das!", ruft Andreas ihr zu.

„Asabamitschu!", antwortet sie fröhlich.

„Was soll aus uns werden?", klagt es aus dem Ohrensessel hinten links. „Wo sollen wir hin?"

„Mamaaaa", quiekt Emma, die gerade hereinkommt, „da bist du ja endlich! Er ist ein ganz Lieber", sagt sie dann leiser und streichelt meinem Vater über die Glatze. Ihm ist das offenbar nicht unangenehm.

Wir sind wieder zu Hause.

Die sind ja alle plemplem

Meine Tochter Pia geht jetzt regelmäßig ihren Opa besuchen. An die Mitbewohner hat sie sich halbwegs gewöhnt. Sie hat viel Empathie für diese alten Menschen und beobachtet sie genau, aber ihre Zuneigung beschränkt sie lieber auf ihren Großvater.

Leider kommt es im Wohnbereich 2 selten vor, dass sich Jugendliche hierher verirren. Wenn, dann sind es Praktikanten oder Auszubildende. Die einzigen Enkelkinder, die ich hier außer meinen Kindern und Nichten gelegentlich sehe, gehören zu Herrn Braband, dem Musiklehrer. Um ihn herum versammelt sich regelmäßig die ganze Großfamilie, insgesamt müssen es mindestens fünfzehn Personen sein. Da wird gepicknickt, gesungen, gelacht und gefeiert, was das Zeug hält. Zu fortgeschrittener Stunde setzt Herr Braband sich im Aufenthaltsraum ans Klavier, und alle singen. Neulich habe ich gesehen, wie sie zu „Meine Oma fährt im Hühnerstall Motorrad" eine Polonaise gemacht haben. Toll! Wenn alle Familien so mit der Demenz umgehen würden, wären unsere Seniorenheime Orte reinen Frohsinns.

Doch zurück zu meiner Tochter. Sie spielt mit Opa. Seit ihm das Puzzeln schwerfällt, hat sie eine spezielle Memory-Variante entwickelt. Sie legt alle Karten aufgedeckt auf den Tisch, und er muss die Paare finden. Das macht ihm Spaß. Genauso wie fernsehen. „Gute Zeiten, schlechte Zeiten" oder „Alles, was zählt". Wenn meine Tochter das (nicht ganz uneigennützig) einschaltet, guckt er sehr aufmerksam zu. „So ein Quatsch!", kommentiert er das Geschehen zwar gelegentlich. Wenn sie ihn aber fragt, ob sie ausschalten solle, schüttelt er energisch den Kopf.

Ich rechne es meiner Tochter hoch an, dass sie sich die Zeit nimmt, sich auf ihren Opa einzulassen. Er ist ihr ja nicht wirklich vertraut. Dazu hat sie ihn in den Zeiten, als er geistig noch voll auf der Höhe war, zu selten gesehen. Sie hat damit weniger Schwierigkeiten als mein Sohn Theo, der mehr auf Distanz geht – vielleicht weil er Angst hat, den Respekt vor seinem Großvater zu verlieren, wenn er ihn in diesem Zustand sieht.

Bei einem gemeinsamen Besuch mit meiner Tochter fällt mir das merkwürdige Trinkverhalten meines Vaters auf. Nach jedem Bissen Kuchen greift er zur Kaffeetasse. Er führt sie zum Mund, als ob er trinken würde, schluckt aber nicht. Danach lässt er die Tasse wieder sinken. Sekunden später dasselbe. Ich sehe besorgt meine Tochter an.

„Das macht er öfter, Mama", sagt sie. „Er tut so, als ob er trinkt, aber in Wirklichkeit fließt da nichts."

Ich bin ja froh, dass er überhaupt wieder feste Nahrung zu sich nehmen darf. Nachdem er aus dem Krankenhaus entlassen worden war, haben wir auf den Rat der Ärzte hin eine Schluckdiagnostik durchführen lassen. Eine für ihn unangenehme Untersuchung, für die wir zusammen mit der Logopädin einen Hals-Nasen-Ohren-Arzt aufsuchen mussten.

Geduldig ließ mein Vater es über sich ergehen, dass ein Schlauch mit einer kleinen Kamera in seinen Rachen eingeführt wurde. Dann musste er verschiedene Nahrungsmittel zu sich nehmen. Ein Stück Banane, einen Bissen Weiß- und Graubrot, einen Löffel Joghurt, Apfelsaft. Der Arzt und die Logopädin beobachteten auf dem angeschlossenen Monitor genau, wie lange es dauerte, bis er die gekaute Nahrung durch Schlucken in seiner Speiseröhre weitertransportierte.

„Der Schluckreflex ist auf jeden Fall noch da", sagte der Arzt. „Ihr Vater kann feste Nahrung zu sich nehmen, Sie müssen nur darauf achten, dass er immer wieder mit einem Getränk nachspült. Das wird er ganz automatisch machen, weil es ihn stört, wenn in der Speiseröhre etwas festsitzt."

„Also besteht keine Gefahr, dass er wieder Essen in die Lunge bekommt?", fragte ich.

„Das kann man nicht hundertprozentig ausschließen. Aber das kann auch passieren, wenn er nur noch durchpassierte Nahrung zu sich nimmt. Festes Fleisch sollte man pürieren und auf Schwarzbrot, Nüsse, Äpfel und so weiter verzichten. Ansonsten kann er alles essen. Auf diese Weise erhalten Sie ihm ein Stück Lebensqualität."

Als ich jetzt sehe, wie mein Vater nur noch mechanisch die Tasse zum Mund führt, ohne zu trinken, bekomme ich Angst.

„Trinken, Vati", fordere ich ihn auf, „du musst trinken!"

„Tasse leer", sagt er.

Ich sehe, dass seine Kaffeetasse zwar nicht leer, aber nur noch zu einem Drittel gefüllt ist, und gieße nach. Jetzt nimmt er einen großen Schluck.

„Wir müssen immer darauf achten, dass die Tasse ganz voll ist", sagt Frau Hübner, die gerade neben mir steht. „Dann fällt ihm das Trinken leichter. Das ist bei anderen dementen Bewohnern auch so."

Als mein Vater schließlich im Bett liegt, erzähle ich Andreas von dem Trinkproblem. Er holt einen Plastikbecher aus einem Schrank. „Gucken Sie mal", sagt er, „den habe ich selbst gebastelt. Ich nenne ihn den Andreas-Demenzbecher-Spezial." Der Becher hat einen schrägen Boden, vorne höher als hinten. „So braucht man ihn nur ein kleines bisschen zu kippen, auch wenn nicht mehr so viel Flüssigkeit drin ist. Funktioniert super. Ich würde mir den Becher gern patentieren lassen, bisher hatte aber niemand Interesse daran."

Als ich mich vorne im Flur von Frau Hübner verabschiede, fällt mir auf, wie sehr sie mich an die erste Betreuerin meines Vaters erinnert. Ihn möglicherweise auch, denn er scheint sie sehr zu mögen. Immer wenn er sie sieht, lächelt er.

DAMALS, kurze Zeit nach dem Neurologenbesuch, gaben meine Schwester und ich eine Anzeige in der *Westdeutschen Zeitung* auf: „Suchen für unseren demenzkranken Vater liebevolle, geduldige Betreuerin für mehrere Stunden täglich."

Wir erhielten mehr Bewerbungen als erwartet. Viele der Damen kamen allerdings nicht infrage, da sie uns zu jung, zu unerfahren oder zu unseriös erschienen. Dagi engagierte schließlich eine sympathische, sehr patent wirkende Rentnerin. Sie hieß Frau Rieger, war sechsundsechzig Jahre alt und hatte schon eine gebrechliche alte Dame bis zu deren Tod gepflegt.

Wir konnten damals gar nicht einschätzen, ob unser Vater eine fremde Person in seinem Haus überhaupt so ohne Weiteres akzeptieren würde. Aber Frau Rieger schaffte es, schon beim Vorstellungsgespräch den richtigen Ton zu treffen. Und obwohl sie eigentlich nicht sein Typ war (klein, grauhaarig, Pferdeschwanz, Brille), fand er offenbar Gefallen daran, dass wieder eine Frau im Haus war. In welcher Beziehung sie zu ihm stand, ob nun Bedienstete oder Freundin, war ihm nicht ganz klar, aber er ließ sich widerspruchslos von ihr versorgen.

Frau Rieger kam dreimal die Woche für zweieinhalb Stunden. Sie kochte, was meine Schwester ihr aufschrieb, aus den Zutaten, die meine Schwester eingekauft hatte. Leider hatte sie weder Auto noch Führerschein. Sie spielte mit meinem Vater Gesellschaftsspiele und ging mit ihm spazieren. Eine Rundumentlastung war das natürlich nicht, aber ein Anfang war gemacht.

Blieb noch die Frage nach der Finanzierung. Ein Anruf bei der Kasse ergab, dass wir im Fall unseres Vaters Anspruch auf die sogenannte Pflegestufe 0 hatten, die bei „erheblich eingeschränkter Alltagskompetenz" gilt, und einen Demenzzuschuss von monatlich zweihundert Euro beantragen konnten.

Der Antrag meiner Schwester wurde genehmigt, allerdings mit dem Zusatz, dass dieses Geld nur mit offiziell zugelassenen Pflegeeinrichtungen abgerechnet werden durfte. Bei denen lag der Stundensatz bei 18,50 Euro. Das macht knapp elf Stunden im Monat. Um wenigstens in den Genuss dieses Geldes zu kommen, mussten wir Frau Rieger auf dem Umweg über einen Pflegedienst engagieren, was für sie wiederum bedeutete, dass sie Abgaben zahlen musste – ein kompliziertes Verfahren.

„An den Tagen, wo Frau Rieger nicht kommt, habe ich Vati jetzt bei einer Tagespflege-Einrichtung angemeldet", berichtete meine Schwester am Telefon. „Das geht von morgens um neun bis nachmittags um vier. Mal sehen, wie er damit umgeht."

Muss ich erwähnen, dass mein Vater den angebotenen Fahrdienst zu der Senioreneinrichtung nicht in Anspruch nehmen wollte, sondern lieber mit seinem eigenen Auto dort hinfuhr? Den Weg kannte er, das Heim befand sich praktischerweise in der Nähe seines Elternhauses.

„Na, Vati, wie war's?“, fragte meine Schwester erwartungsvoll, als er nach seiner Premiere nach Hause kam.

„Zum Kotzen langweilig. Die sind ja alle nicht mehr ganz richtig im Kopf!“, lautete die unerfreuliche Antwort.

„Was habt ihr denn so gemacht den Tag über?“

„Nichts.“

„Aber da steht doch zum Beispiel ‚Lesekreis‘ auf dem Programm“, sagte meine Schwester, schon leicht verzweifelt.

„Lesekreis“, lachte mein Vater verächtlich, „da hört doch keiner zu. Alle sind nur mit sich selbst beschäftigt. Genau wie ich.“

Eine glasklare Analyse seiner Situation. Die half uns nur in diesem Moment nicht weiter. Ein paar Tage lang ließ er sich auf diese neue Freizeitbeschäftigung ein. Dann kam nachmittags der Anruf bei meiner Schwester: „Ihr Vater ist verschwunden. Nach der Mittagspause war er plötzlich nicht mehr da!“

Natürlich tauchte er Stunden später wieder zu Hause auf, als wäre nichts gewesen. „Die sind da ja alle plemplem!“, sagte er auf die Frage, was er sich denn dabei gedacht habe. „Bescheuerte Spiele. Dazu hab ich keine Lust.“ Na gut. Frau Rieger ja, Tagespflege nein. Das mussten wir erst einmal so hinnehmen.

Ich versuchte, meine Termine so zu legen, dass ich häufiger in Wuppertal sein konnte. Das reichte natürlich nicht, um die Tage zu überbrücken, an denen Frau Rieger nicht da war und meine Schwester arbeiten musste. Eine große Hilfe waren in dieser Zeit meine beiden Nichten. Nach der Schule kümmerten sie sich um ihren Opa, gingen mit ihm spazieren, spielten mit ihm Gesellschaftsspiele und kontrollierten, ob er gegessen hatte. Die beiden Mädchen nahmen die Veränderung ihres Großvaters mit einer Selbstverständlichkeit hin, die ich bis heute bewundernswert finde.

Gelassen reagierten sie auch auf seine gelegentliche Aggressivität, eine für uns neue Begleiterscheinung seiner Erkrankung. Weil er merkte, dass sich nicht mehr alles überspielen und verharmlosen ließ, wurde er auf sich selbst wütend.

„Wieso denn nicht?“, entgegnete er gereizt, wenn man ihn fragte, warum er sein Essen im Kühlschrank verschimmeln lasse, „lass das mal meine Sorge sein.“

Dagi war dazu übergegangen, ihm überall Zettel hinzulegen, um ihn an alles zu erinnern. „Morgen 8 Uhr Frau Rieger!“, stand da oder: „Essen steht in der Mikrowelle!", oder: „Heute Abend 20 Uhr Versammlung!" Ob er diese schriftliche Kommunikation überhaupt noch verarbeiten konnte, wussten wir nicht.

„Am besten funktioniert es, wenn ich ihn anrufe", meinte meine Schwester. „Ich sage ihm immer fünf bis zehn Minuten vorher Bescheid, wenn er zum Beispiel zum Gottesdienst abgeholt oder zur Ergotherapie gebracht wird. So lange schafft sein Kurzzeitgedächtnis das gerade noch. Apropos Gedächtnis: Nächste Woche haben wir den Termin bei der Pflegeberatung, ich hoffe, du hast dir den Tag frei gehalten!"

Im selben Telefonat überbrachte sie mir die Hiobsbotschaft, dass Frau Riegers Tage bei uns leider gezählt waren. Sie musste sich einer komplizierten Bandscheibenoperation unterziehen.

Alles gut, wenn auch manchmal kein Sinn dabei herauskommt

Ich hole meinen Vater zum Zahnarzttermin ab, zu dem mir Frau Hübner neulich geraten hat. Weil die, wie ich finde, beste aller Zahnärztinnen ein wenig außerhalb praktiziert, steht uns eine längere Autofahrt bevor. Mein Vater ist guter Laune. Sehr aufmerksam betrachtet er die Landschaft rechts und links der Autobahn. „Lüneburger Heide?", fragt er. Ich stutze. Woran hat er das erkannt? Sonst kann er nicht mal einen Ahorn von einer Kastanie unterscheiden. Und jetzt, trotz der Geschwindigkeit, sieht er, dass neben der A7 die Heide blüht? „Moderne Architektur!", sagt er und zeigt auf irgendwelche Gebäude.

„Viel los hier", kommentiert er den Verkehr um uns herum und fixiert dann mein Armaturenbrett, „das ein Automatik?" Der Ausflug scheint ihm zu gefallen. Er weiß ja noch nicht, was ihm bevorsteht.

„Na, Herr Schniewind", begrüßt die Zahnärztin meinen Vater freundlich (sie ist natürlich von mir vorgewarnt), „mögen Sie sich mal ganz gemütlich in diesen Sessel setzen?"

Ich habe damit gerechnet, dass er Schwierigkeiten macht. Stattdessen lehnt er sich seelenruhig im Stuhl zurück und sperrt den Mund auf.

„Prima!", freut sich die Ärztin und begutachtet, was sie zwischen den nicht mehr ganz taufrischen Zahnreihen zu sehen bekommt. „Ein Zahn ist völlig hinüber, der muss sofort gezogen werden, hinten rechts noch eine Füllung, der Rest ist so weit okay", sagt sie und schaut mich fragend an. „Kann man das Ihrem Vater zumuten?"

„Versuch macht klug", sage ich.

Wie ich meinen Vater kenne, steckt er das locker weg. Und tatsächlich, er erträgt alles klaglos. Wichtig ist nur, dass er mich zwischendurch immer mal wieder im Blickfeld hat. Ich nicke und lächle ihm zu.

Eine gute Stunde später sind wir mit allem durch. Der faule Zahn ist raus. „Das Gröbste ist gemacht", sagt die Ärztin, „jetzt wird er erst mal Ruhe haben. Aber natürlich nicht auf Dauer bei der Zahnsubstanz und der nicht mehr ganz so optimalen Pflege." Ich erzähle ihr, dass einige Bewohner im Demenzbereich bereits alle Zähne gezogen bekommen haben, weil sie völlig marode und entzündet waren und zum Kauen ohnehin nicht mehr taugten.

„Davon halte ich nichts", sagt sie. „Das wird in Seniorenheimen häufig gemacht, aber ich bin der Meinung, je länger man Zähne im Mund hat, desto mehr Lebensqualität." Ich sehe das genauso. Frau Hübner, die übrigens mittlerweile die Leitung des Wohnbereichs übernommen hat (Nadine hat gekündigt, sie ist schwanger), ist anderer Meinung. „Sehen Sie doch mal, wie gut es Frau Gottlob geht, seit sie keine Zähne mehr hat", meinte sie neulich zu mir. „Sie hat keine Schmerzen mehr und hat wieder zugenommen, seit sie das pürierte Essen problemlos schlucken kann. Nur das Äußere hat sich verändert. Aber mal ehrlich, Frau Tietjen, wen stört das? Frau Gottlob selbst bestimmt nicht. Und die Kinder müssen, was das Äußere angeht, dann eben Abstriche machen, zugunsten ihrer Mutter."

Ich bin sicher, dass mein Vater durchaus noch registriert, wer oder was ihm im Spiegel entgegenblickt. Und es ist ihm bestimmt nicht egal, ob dieses Gegenüber noch Zähne im Mund hat oder nicht.

Als ich mit meinem Vater zurück im Heim auf seinem Sofa sitze und warte, dass die Betäubung abklingt, fragt er: „Was gibt's Neues?"

Diesen Satz habe ich lange nicht von ihm gehört.

„Bald ist Weihnachten", sage ich, „dann kommt Dagi!"

„Dagi", wiederholt er, und seine Augen leuchten.

„Sollen wir Dagi mal einen Brief schreiben?", frage ich.

„Brief schreiben", er nickt. Ich drücke ihm ein Blatt Papier und einen Stift in die Hand und widme mich meinem vibrierenden Handy.

Zwanzig Minuten später ist er fertig. Er zeigt mir, was er geschrieben hat: *Liebe Dagi, wie geht es Dir, mir geht es gut. Mit dem Zusatz, dass ich keine Zahnschmerzen habe. Alles gut, wenn auch manchmal kein Sinn dabei herauskommt.*

Zuweilen macht mein Vater mich sprachlos.

Als ich mich verabschiede, mache ich schon wieder den alten Fehler und sage: „Bis morgen!"

„Wann?", fragt er. „Wie viel Uhr?"

Man soll gegenüber dementen Menschen eigentlich keine Daten und

Uhrzeiten erwähnen, damit können sie nichts mehr anfangen, und es bringt sie durcheinander. Tatsächlich fragt mein Vater nur nach, wenn ich einen konkreten Tag erwähne. Wenn ich einfach nur Tschüss sage, gibt er sich damit zufrieden. Leider vergesse ich das immer mal wieder.

„Ich komme um neun Uhr", sage ich jetzt, und das stimmt sogar. Da bin ich nämlich mit einer Gutachterin vom Gericht verabredet. Es geht um den Hausverkauf. Ein Rechtsanwalt hat meiner Schwester und mir geraten, für die Abwicklung eine von uns beiden zur rechtlichen Betreuerin unseres Vaters erklären zu lassen. Vorher wird vom Gericht geprüft, ob der Hauseigentümer einverstanden beziehungsweise wirklich nicht mehr in der Lage ist, diese Angelegenheit selbst zu regeln. Und auch der Wert des Hauses muss vor dem Verkauf von einem unabhängigen Gutachter geschätzt werden. Das ist natürlich gut so und im Interesse wehrloser alter Menschen, die manchmal leider vor ihren eigenen Familienmitgliedern beschützt werden müssen.

ALS ICH die Dame vom Gericht am nächsten Morgen treffe, erklärt sie mir noch einmal freundlich, dass es hier nicht um Argwohn oder Misstrauen gehe, sondern nur um gesetzliche Vorschriften. Ich schildere ihr kurz die Situation und begleite sie dann zum Zimmer meines Vaters.

„Guten Tag, Herr Schniewind", sagt sie, „ich komme vom Gericht, wie geht es Ihnen?" Mein Vater mustert sie kritisch. Ich warte gespannt. Bitte jetzt nicht das böse Wort! Er überlegt.

„Gut", sagt er schließlich.

Die Gutachterin versucht behutsam, ihn in ein Gespräch über das Wetter, die Jahreszeit und Hamburg im Allgemeinen zu verwickeln. Leider völlig ergebnislos. Mein Vater ist wortkarg und steuert zur Konversation nicht mehr als ein gelegentliches „Ich nicht weiß!" bei.

Die Gutachterin sieht mich vielsagend an und kommt dann zum Kern der Sache. „Herr Schniewind, Sie haben doch ein Haus in Wuppertal."

„Haus?", fragt mein Vater erstaunt. „Wuppertal?"

„Ja, ein Reihenhaus, in Wuppertal-Elberfeld." Sie nennt die Adresse. „Dort haben Sie sehr lange gewohnt. Ihre Töchter möchten es jetzt verkaufen, um die Miete für dieses schöne Zimmer zu finanzieren."

Mein Vater sieht jetzt aus dem Fenster, scheint gar nicht zuzuhören. „Reihenhaus? Ich nicht weiß. Ich kein Haus", sagt er abwesend.

So geht das noch ein paarmal hin und her.

„Ich kann ja mal rausgehen", schlage ich vor. Nicht dass der Eindruck entsteht, er sage das nur mir zu Gefallen. Oder gar aus Angst vor mir. Die nette Dame nickt.

Nach zehn Minuten verlässt die Gutachterin das Zimmer meines Vaters. „Alles in Ordnung, Frau Tietjen“, sagt sie. „Das hat schon alles seine Richtigkeit. Ihr Vater kann sich offenbar an das Haus und alles, was damit zusammenhängt, gar nicht mehr erinnern. Ich werde das so bestätigen, dann wird es beglaubigt, und alles geht seinen Weg.“

Meine Schwester kann also das Haus verkaufen. Vor ein paar Wochen bin ich in Wuppertal gewesen, um zusammen mit ihr die restlichen Sachen durchzusehen und aufzuteilen. Möbel, Geschirr, Bilder, Bücher – alles eben, was sich im Lauf der Jahrzehnte angesammelt hat. Vieles hatte Dagi schon im Vorfeld aussortiert.

Es ist schon komisch, das Elternhaus, in dem man seine Kindheit und Jugend verbracht hat, plötzlich so kahl und leer zu sehen. Da stand ich nun mitten im ehemaligen Wohnzimmer, vor mir die vergilbte Raufasertapete, lauter helle Vierecke dort, wo früher die liebevoll zusammengetragene Bildersammlung meiner Mutter gehangen hatte. Auf dem Boden die in die Jahre gekommene Auslegeware, darauf das Hab und Gut meiner Eltern, verpackt in ordentlich beschrifteten Umzugskartons. Mir kamen die Tränen. Das ist es also, was vom Leben bleibt, dachte ich. Ein verwohntes Reihenhaus mit engen Räumen und einem kleinen Garten. Wie vergänglich, wie relativ ist das, was wir vorübergehend für Glück halten.

Aber dann fiel mir ein, wie schön und idyllisch ich meine Kindheit in Erinnerung habe, genau hier, in diesem Haus mit Garten. Wir haben stundenlang draußen gespielt, wir haben Freunde eingeladen, es wurde gekocht, gelacht und geredet. Auch in der Zeit, als wir schwieriger wurden und Teenagerprobleme hatten, konnten wir immer am Küchentisch mit unserer Mutter diskutieren und unser Herz ausschütten. Es war ein offenes und gastfreundliches Haus, auch als Erwachsene sind wir immer gern zu Besuch gekommen. Und die Zimmer habe ich nie als zu klein empfunden, sondern als gemütlich und geschmackvoll eingerichtet. Selbst in all den Jahren, als mein Vater hier alleine residierte, habe ich mich wohlgefühlt. Es wäre falsch und ungerecht, das alles infrage zu stellen, nur weil diesem Haus jetzt die Seele fehlt.

Während wir schweren Herzens aufteilten, was nun mal aufgeteilt werden musste („Nimm du die Goethe-Gesamtausgabe, ich nehme die Kunstmappe, das blaue Geschirr hätte ich gern, du willst ja lieber die silbernen Teller …“), fiel uns ein, welches Chaos wir hier hinter den scheinbar ordentlichen Kulissen vorgefunden hatten, als wir zwischen Neurologenbesuch, Pflegeberatung, Tagespflege und Frau Rieger versucht hatten, das „System Vati“ zu durchschauen.

Wir hatten uns immer schon über die Berge von Zeitschriften gewundert, die sich in seinem Wohnzimmer türmten. Von *Geo Special* über *mare* bis hin zu diversen Bau- und Architektur-Fachblättern fand sich dort alles. Bei der Durchsicht seiner Unterlagen stellten wir fest, dass er insgesamt neunzehn Magazine abonniert hatte, offensichtlich die meisten davon am Telefon. Erstaunlicherweise ließen sich die meisten auch problemlos telefonisch wieder kündigen. Ein Zeitschriftenverlag oder -vertrieb braucht offenbar nur einmal die Kontodaten eines Kunden und kann dem „Opfer" dann ein Abo nach dem anderen andrehen, ohne jegliche weitere schriftliche Bestätigung.

Fassungslos blätterten wir auch in dem Ordner, in dem mein Vater fein säuberlich seine Telefonrechnungen abgeheftet hatte. Anfangs waren da noch gelegentliche Telefonate mit Hamburg oder Heidelberg und ein paar Ortsgespräche aufgelistet, dann irgendwann nur noch kostenpflichtige 0900er-Nummern. Wetterdienst und Zeitansage. Manchmal im Minutenabstand, auch mitten in der Nacht.

„Ich konnte ihm das einfach nicht abgewöhnen", sagte meine Schwester. „Dass ein Anruf 24 Cent pro Minute kostet, war ihm egal."

Ich bin in die Erinnerungen an mein Elternhaus versunken, als ich mich von der Gutachterin verabschiede, die sich noch mit Frau Fedder unterhalten hat.

„FRAU TIETJEN", sagt Frau Fedder jetzt, „kann ich Sie mal kurz sprechen?" Ich folge ihr ins Büro.

„Wir würden gern für Ihren Vater die Pflegestufe 2 beantragen. Sind Sie damit einverstanden?" Ich bin verblüfft. Jetzt schon? Laut Definition muss man doch dafür schwer pflegebedürftig sein.

„Ist mein Vater schon so ein schwerer Fall?", frage ich. „Na ja", sagt Frau Fedder, „Sie haben ja gemerkt, wie viel Zeit allein die Grundpflege bei Ihrem Vater in Anspruch nimmt. Da kommt man auf weit mehr als die vorgeschriebenen zwei Stunden täglich. Trotzdem wird nur Pflegestufe 1 bezahlt. Wenn wir jetzt die Höherstufung beantragen, dauert es wochenlang, bis sie – hoffentlich – genehmigt wird."

„Aber warum werden denn die dementen Menschen nicht von Anfang an richtig eingestuft?", frage ich. „Alles ein Rechenexempel", meint die Pflegedienstleiterin und streicht sich eine blonde Locke aus der Stirn, „und auch ein emotionales Thema. Die Kassen wollen natürlich so wenig wie möglich bezahlen. Und die Angehörigen möchten so spät wie möglich Hilfe in Anspruch nehmen. Das ist ja alles auch immer mit vielen Telefonaten und Papierkram verbunden."

Viele Angehörige der Heimbewohner, erzählt Frau Fedder mir, seien strikt gegen eine Höherstufung, weil damit ja auch die Heimkosten stiegen. Auch auf uns kämen etwa 330 Euro monatlich mehr zu. Wir können das vom Geld unseres Vaters aus dem Hausverkauf problemlos finanzieren, aber das geht natürlich nicht jedem so.

„Von mir aus können Sie das gern beantragen", sage ich. Frau Fedder bietet mir ein Weingummi an und guckt auf ihren Pieper. „Ich muss los", sagt sie, „wir haben einen Neuzugang."

Die Pflegestufen sind ein kompliziertes und ärgerliches Thema. Schon die Pflegestufe 1 mussten wir für unseren Vater hart erkämpfen.

Nachdem meine Schwester den Antrag gestellt hatte, kündigte der MDK (der Medizinische Dienst der Krankenversicherung) seinen Besuch an. Diese Einschätzung des eigenen Zustands durch einen Fremden muss für den Betroffenen wohl die zweitschlimmste Prüfung nach dem Neurologenbesuch sein.

Da schickt die Krankenkasse jemanden, der bis ins kleinste Detail abfragt, wozu der Antragsteller noch in der Lage ist. Von der Intimpflege über die Nahrungsaufnahme bis hin zur Fortbewegung und Kommunikation wird der gesamte Tagesablauf durchgecheckt. Das ist demütigend für den Dementen und nervenaufreibend für die Angehörigen. Denn beide verfolgen ja in dieser Situation diametral entgegengesetzte Interessen. Der Geprüfte will so selbstständig wie möglich erscheinen und bietet all seine Kraft auf, um Normalität vorzutäuschen. Sohn, Tochter oder Ehepartner wollen aber beweisen, dass es enorme Defizite gibt und Hilfe dringend benötigt wird. Zu diesem Interessenkonflikt innerhalb der Familie kommt noch das bereits erwähnte Interesse der Kassen. Und leider gibt es Prüfer, die dieses Anliegen sehr ernst nehmen und darüber das Wohl des Patienten aus den Augen verlieren.

Bedauerlicherweise traf auf den Mann, der bei meinem Vater klingelte, genau das zu. „Er war unfreundlich und unsympathisch", erzählte meine Schwester mir später, „ich hatte von Anfang an das Gefühl, dass er mir misstraute. Stundenlang hat er sich alles angesehen und uns mit Fragen gelöchert. Wie und wo Vati schläft, wie und wo er sich wäscht und anzieht, rasiert, was er isst und so weiter."

Unser Vater hatte offenbar den Ernst der Lage sofort gespürt. „Schon nach zwei Minuten hat er den Mann gefragt, ob er so eine Art Polizist sei. Du kannst dir ja vorstellen, dass Vati alles gegeben hat, um zu zeigen, was er noch draufhat."

„Hast du denn nicht widersprochen?", fragte ich. „Doch, natürlich, ich hab ihn immer wieder korrigiert. Aber es ist ja nun mal so, dass er einiges noch allein macht. Ich kaufe ein, ich wasche und koche, räume die Spülmaschine ein und aus, lege ihm seine Klamotten hin, rasiere ihn nach, mache seine Zahnprothese sauber, helfe beim Zähneputzen. Aber anziehen und duschen kann er sich selbst. Und auf der Toilette kommt er auch noch halbwegs alleine klar."

„Was hat er denn dazu gesagt, dass Vati noch Auto fährt?", fragte ich zaghaft.

„Ich glaube, das hat ihm den Rest gegeben. Er hat gefragt, ob wir ihn zum Narren halten wollen. Pflegestufe 1 beantragen und noch mit dem Opel durch die Gegend kutschieren. ‚Soll das ein Witz sein?', meinte er. Der mochte uns einfach nicht. Genauso wenig wie wir ihn."

Ich fragte nach den Medikamenten. Nachdem mein Vater einmal die Dosierung seiner Herzmittel auf lebensgefährdende Weise durcheinandergebracht hatte, musste dreimal am Tag meine Schwester oder eine andere Betreuungsperson die Einnahme kontrollieren. „Das gehört anscheinend alles nicht zur Grundpflege." Meine Schwester lachte bitter. „Wir bekommen die Pflegestufe niemals, nicht von diesem Blödmann."

Schon ein paar Tage später kam die Ablehnung ins Haus geflattert. Zusammen mit einem zwölfseitigen Gutachten. An dessen Ende das unbarmherzige Fazit: „Zeitaufwand Grundpflege: 4 Minuten pro Tag. Zeitaufwand Hauswirtschaft: 43 Minuten pro Tag. Eine Pflegestufe kann zum jetzigen Zeitpunkt nicht vorgeschlagen werden. Hilfe ist vorwiegend im Bereich der hauswirtschaftlichen Versorgung erkennbar." Immerhin fand sich in der Fußnote noch die Bemerkung: „Mittelfristig Zunahme des Hilfebedarfes nicht auszuschließen bzw. wahrscheinlich. Termin für Wiederholungsbegutachtung."

Da standen wir nun. Mit einem uneinsichtigen, unselbstständigen, aber unverdrossen Auto fahrenden Vater mit „erheblich eingeschränkter Alltagskompetenz". Ohne Pflegestufe. Mit stolzen zweihundert Euro Zuschuss monatlich. Und einer rückenkranken Frau Rieger, deren Nachfolge so schnell wie möglich organisiert werden musste.

Bin ich jetzt ein Mensch ohne Auto?

Jetzt steht erst mal das Fest der Liebe ins Haus. „Wir feiern hier immer am Heiligabend vormittags", klärt mich Frau Hübner auf. „Das ist am praktischsten. So können die Mitarbeiter und auch die Angehörigen in Ruhe danach zu Hause bescheren."

Wunderbar. So können wir ganz entspannt den Baum schmücken und meinen Vater dann zur Kirche abholen.

Den Weihnachtsgottesdienst genießt mein Vater in vollen Zügen, er singt laut mit und lauscht andächtig der Weihnachtsgeschichte. Nach dem Gottesdienst werden zu Hause Geschenke verteilt, dann wird gegessen, getrunken und viel gelacht. Wir sind vierzehn Personen, auch Luise ist mit Mann und Sohn gekommen. Wie immer herrscht fröhliches Chaos, was mein Vater zu genießen scheint. Irgendwann schläft er in seinem Lieblingssessel ein, auf seinen Knien der tonnenschwere Fotoband „Die Erde von oben“, ein Geschenk von Dagi.

„Weißt du noch“, frage ich Luise, „wie wir Vati damals am ersten Weihnachtstag zu dir gebracht haben, als er schon so durcheinander war?“ Meine Tante nickt. Sie sitzt am Tisch, raucht eine Zigarette und sieht nachdenklich meinen schlafenden Vater an. Ihre dunkel gefärbten Haare sind wie immer zu einer lässigen Hochfrisur zusammengesteckt, sie trägt einen indianisch anmutenden Kaftan. Diese Frau ist einfach cool – und das mit Anfang siebzig.

„Ja, das war das letzte Mal, dass er Weihnachten bei uns war“, erinnert sie sich. „Er wollte ständig abreisen, jeden Morgen stand er mit seinem gepackten Koffer da. Ich weiß gar nicht, wie ich es geschafft habe, ihn immer wieder zum Bleiben zu überreden.“

Es war schwierig, die Wochen zu überbrücken, in denen Frau Rieger nicht mehr da und noch kein Ersatz für sie gefunden war. Mein Vater wurde immer unberechenbarer – und unkontrollierbarer. Zweimal noch probierte meine Schwester es mit einer anderen Tagespflegeeinrichtung, jeweils ohne Erfolg. Er konnte und wollte sich damals noch nicht darauf einlassen. Dazu war er noch zu agil und zu sehr Herr seiner Sinne.

Anders reagierte er auf die Ergotherapie und Krankengymnastik. Da konzentrierte man sich ja voll auf ihn und seine noch vorhandenen Fähigkeiten. Sämtliche Übungen an den Turngeräten absolvierte er souverän. Er war erstaunlich beweglich für einen Mann in seinem Alter. Aber kaum hatte er die Praxis verlassen, wusste er schon nicht mehr, was er eben dort gemacht hatte. „Ergometer?“, fragte er. „Was ist das?“ Dabei hatte er gerade mindestens fünf Kilometer darauf zurückgelegt.

Seine Vergesslichkeit brachte ihn schließlich auch um sein Auto. Eines Tages kam er mal wieder sehr spät von einem seiner Ausflüge zurück. Er war unversehrt, aber sein Auto nicht. Die rechte vordere Seitenscheibe fehlte. Sie lag auf dem Beifahrersitz, als ein Haufen kleiner Glassplitter. Außerdem war eine Beule in der Kühlerhaube.

„Vati!“, rief meine Schwester erschrocken. „Was ist passiert?“

„Nichts ist passiert, wieso?“, fragte er gereizt.

„Da ist eine Beule. Und die Scheibe fehlt! So kannst du doch nicht weiterfahren!“, sagte Dagi empört.

„Warum denn nicht?“, reagierte er pampig.

„Ich habe nichts aus ihm rausbekommen. Er hatte keinerlei Erinnerung“, erzählte meine Schwester mir. „Ich bin dann die ganze Strecke noch mal abgefahren und habe überall gefragt, ob ein Unfall beobachtet wurde, aber ich habe nichts finden können. Das Auto ist jetzt in der Werkstatt. Den Schlüssel gebe ich ihm nicht mehr wieder."

Wir waren uns einig, dass jetzt endgültig der Moment gekommen war, unserem Vater das Auto wegzunehmen. „Wir lassen den Wagen einfach erst mal in der Garage stehen", sagte meine Schwester, „dann kann er ihn sehen, kommt aber nicht mehr rein. Mal gucken, wie er das aufnimmt."

Er gab nicht einfach auf, sondern versuchte täglich, das Auto mit seinem Haustürschlüssel zu öffnen. Wenn er merkte, dass das nicht klappte, ging er zu Fuß los. Nach ein paar Monaten verkauften wir das Auto. Als meine Schwester ihm von dem Verkauf erzählte, reagierte er verdutzt.

„Dann bin ich also jetzt ein Mensch ohne Auto?", fragte er.

„Ja", sagte sie und lachte, „aber du bist immerhin noch ein Mensch mit Garage!"

Überraschenderweise gab er sich damit erst einmal zufrieden. Seine täglichen Arztbesuche absolvierte er jetzt zu Fuß.

Richtig wütend wurde er nur einmal. Als er wieder mal entdeckte, dass sein Auto nicht mehr in der Garage stand, stürmte er erbost bei meiner Schwester ins Wohnzimmer und fragte, was sie damit gemacht habe. Überflüssig zu erwähnen, dass sie es ihm schon mehrfach erklärt und er auch nicht protestiert hatte.

„Das haben wir verkauft, Vati", sagte sie, „das weißt du doch."

„Ihr könnt doch nicht einfach mein Auto verkaufen", rief er, „dazu habt ihr kein Recht!"

„Das Geld ist auf deinem Konto", entgegnete sie ruhig.

„Ihr hört von meinem Anwalt", sagte er mit zitternder Stimme und knallte die Tür hinter sich zu.

Am nächsten Tag war der Spuk wieder vorbei. Er erwähnte das Auto lange Zeit gar nicht mehr. Und dann nur noch, wenn er sich laut fragte, wo er es noch mal geparkt habe.

Kurz darauf engagierte meine Schwester über einen Pflegedienst Frau Siebel. Sie hatte Erfahrung in der Demenzbetreuung, war freundlich, seriös und sehr gewissenhaft. Mein Vater schien sie nicht ganz so zu mögen wie Frau Rieger, weil ihr das Mütterliche fehlte, aber er ließ sich darauf ein, mit ihr regelmäßig Zeit zu verbringen.

„DIESE FRAU SIEBEL war Gold wert", sagt meine Schwester. Wir sitzen noch immer unterm Weihnachtsbaum und betrachten unseren schlafenden Vater. „Sie hatte immer tolle Ideen, um ihn geistig zu fordern. Jedes Mal brachte sie ein anderes Spiel mit."

Plötzlich schreckt Vati hoch. „Die Erde von oben“ fliegt in hohem Bogen nach unten und begräbt den Plätzchenteller unter sich. „Was jetzt?“, fragt er und sieht uns alle überrascht an. Er überlegt kurz und fängt unvermittelt an zu rezitieren:

„In der Bahnhofshalle, nicht für es gebaut,
geht ein Huhn
hin und her …
Wo, wo ist der Herr Stationsvorsteh'r?
Wird dem Huhn
man nichts tun?
Hoffen wir es! Sagen wir es laut:
dass ihm unsre Sympathie gehört,
selbst an dieser Stätte, wo es – ‚stört‘!“

Wir müssen alle lachen. Es ist eins seiner Lieblingsgedichte. Das hat er sogar im Halbschlaf noch parat.

„Morgenstern. Hört man immer gern“, kommentiert Luise trocken, „und wer bringt ihn jetzt zurück ins Heim?“

„Wir machen das“, sagen meine Nichten spontan. Sie sehen ihren Opa ja nur noch selten und freuen sich, wenn sie ihn ein bisschen umsorgen können. Wir machen noch ein paar Gruppenfotos und entlassen die Mädels mit Vati in Richtung Seniorendomizil.

Wir reden noch lange über früher an diesem Heiligabend. Erinnern uns an Kindheitsrituale und an Weihnachten zu Hause.

FÜR FRAU PLATT ist es eine Sache der Ehre, dass im Seniorenheim zünftig Silvester gefeiert wird, aber natürlich nicht um Mitternacht, da sind die alten Herrschaften ja längst im Bett. Für 17 Uhr ist die Party angesetzt. Neben Büfett, Sekt, Livemusik und dem üblichen Programm gibt es heute noch ein Bonbon: „Dinner for One“ auf der Großbildleinwand. Mein Vater als Fernsehneuling kann mit Miss Sophie gar nichts anfangen, ganz im Gegenteil zu seinen Mitbewohnern. Die meisten amüsieren sich königlich über Mr Winterbottom & Co.

Am Tisch nebenan schwebt Arthur im siebten Himmel. Er wird flankiert von Frau Wagner und Frau Gottlob, außerdem tätschelt ihm gerade Frau Fedder die Wange und steckt ihm eine Weingummi-Fledermaus zu. Er guckt, als könnte er sich gerade gar nicht entscheiden, welche der drei Damen er als Erste zum Traualtar führen möchte.

Gegen 19 Uhr erreicht die Feier ihren Höhepunkt: ein Feuerwerk im Innenhof. Aufmerksam betrachtet mein Vater aus sicherer Entfernung, wie es knallt und kracht und bunt explodiert. „Frohes neues Jahr, Vati!“, rufe ich. Ist doch egal, dass es noch ein paar Stunden sind bis zum Jahreswechsel. Ich bin froh, dass wir beide es bis hierher halbwegs unversehrt geschafft haben. Immerhin sind es jetzt schon mehr als acht Monate, die wir so nah beieinander in Hamburg verbracht haben.

„Frohes Neues“, sagt er und starrt auf die Funken. Als das Feuerwerk erloschen ist, spricht er mich zur Feier des Tages auf Lateinisch an: *„Unus ignis quis vir multum ab audere et exclamavit: ‚studium fuga, meum prohibere!‘“*

Mit meinen Lateinkenntnissen ist es seit dem großen Latinum zwar nicht mehr weit her, aber die Übersetzung dieses Vati-Kalauers bekomme ich allemal noch hin: „Ein Feuer wer Mann viel vom wagen und sagt: Eifer Flucht mein hindern.“ Das ist ein großer Spaß aus seiner Schulzeit. Damals hat man gern um die Ecke gelacht.

Als mein Vater schon lange schläft, tanzen wir zu später Stunde bei Freunden ins neue Jahr.

Das hat doch alles keinen Sinn

Ein Anruf reißt mich morgens um acht Uhr aus dem Schlaf. Das Altersheim. Immer wenn diese Nummer aufleuchtet, bekomme ich einen Schrecken. Das Handy liegt jede Nacht neben meinem Bett, falls etwas mit Vati ist.

„Wir mussten Ihren Vater ins Krankenhaus bringen lassen“, Frau Hübner klingt atemlos. „Er ist auf dem Flur gestürzt und hat sich leicht erbrochen. Da mussten wir schnell reagieren.“

Das klingt nicht gut. Ich springe aus dem Bett, ziehe mich in Windeseile an und mache mich auf den Weg.

Die ersten Monate des neuen Jahrs sind so glatt und unbeschwert verlaufen, dass es mir schon nicht geheuer war. Mein Vater hat stetig zugenommen und war meistens guter Dinge. Wir haben Ausflüge unternommen, manchmal sogar an die Elbe. Körperlich ist er in bester Verfassung. Das Essen klappt auch ganz gut, auch wenn man ihn immer häufiger zum Trinken animieren muss. Als ich ihn neulich besuchen kam, musste ich ihn überall suchen. Plötzlich ging die Tür zum Nachbarzimmer auf. Fröhlich kam er mir zusammen mit Frau Wagner entgegenspaziert. Offenbar wird also doch gelegentlich untereinander kommuniziert, nur nicht, wenn ich dabei bin.

Und nun das. Warum ist er nur gestürzt? Offenbar hat niemand gesehen, wie er gefallen ist. Er lag plötzlich da.

Als ich mit Panik im Blick in die Notaufnahme gelaufen komme und nach meinem Vater frage, beruhigt mich eine junge Ärztin gleich: „Keine Sorge, Ihrem Vater geht es gut, Frau Tietjen“, sagt sie. „Er spricht zwar kein Wort mit uns, macht aber einen sehr wachen Eindruck.“ Sie bringt mich zu ihm.

Da sitzt er aufrecht im Bett und sieht mich ganz erfreut mit seinen blauen Augen an. Er hebt die Hand und winkt mir zu.

„Hallo Vati“, rufe ich, „was machst du denn für Sachen?“

„Sachen?“, fragt er und zuckt mit den Schultern. „Ich nicht weiß.“

Logisch. Blöde Frage von mir. Woher soll er denn wissen, was passiert ist. Schnee von gestern, längst vergessen.

„Oh, Sie können ja doch sprechen, wie erfreulich“, meint die Ärztin lächelnd. „Wir erleben das hier in der Notaufnahme immer wieder“, sagt sie. „Demente Patienten werden aus den Seniorenheimen hierhergeschickt. Und dann liegen sie hier völlig orientierungslos und sprechen nicht oder geben nur Kauderwelsch von sich. Das hält auf und erschwert die Diagnose. Und für die alten Menschen ist das natürlich auch schlimm. Aber viele haben keine Angehörigen, die sich kümmern.“

Zu meiner großen Erleichterung hat mein Vater sich offenbar nichts gebrochen oder geprellt, das steht schon mal fest. Bleibt die Frage, warum er sich erbrochen hat. „Wir wollen vorsichtshalber den Kopf röntgen und ein EKG machen“, sagt die Ärztin. „Es könnte ja auch ein leichter Schlaganfall gewesen sein, obwohl er nicht danach aussieht. Das kann allerdings jetzt eine ganze Weile dauern.“ Und weg ist sie.

Ich flöße meinem Vater Tee ein und gebe ihm eine Banane zu essen. Er betrachtet sehr interessiert das Krankenzimmer und liest mir laut vor, was auf den Schildern an den Schubladen steht. „Gummihandschuhe. Einwegspritzen. Watte.“ Das hier scheint für ihn eine willkommene Abwechslung zu sein.

Nach einer halben Stunde sagt er plötzlich: „Das hat doch alles keinen Sinn!“ Ich erschrecke. Ein fehlerfreier Satz. Aber was will er mir damit sagen? Ist er auf einmal lebensmüde? „Wie meinst du das, Vati?“, frage ich ihn.

Er sieht mich mürrisch an. „Hier kommt ja keiner“, sagt er. Mir fällt ein Stein vom Herzen. Typisch mein Vater.

Über mangelnde Aufmerksamkeit können wir uns allerdings in den folgenden dreieinhalb Stunden nicht mehr beklagen. Die Ärzte untersuchen äußerst gewissenhaft, ob irgendetwas Ernsthaftes vorliegen könnte, finden aber letztlich nichts.

„Ihr Vater ist in einem sehr guten Allgemeinzustand. Warum er sich übergeben hat, können wir uns nicht erklären, vielleicht hat er einfach beim Frühstück etwas nicht so gut vertragen“, sagt der Oberarzt. „Jedenfalls können Sie ihn guten Gewissens wieder mitnehmen.“

Was für ein Aufwand für eine solche Diagnose! Kein Wunder, dass die Krankenkasse später auf einem ganz detaillierten „Sturzprotokoll“ besteht. Aber besser so als umgekehrt. Arm in Arm marschieren wir zu meinem Auto – Glück gehabt.

ALS WIR zurück ins Heim kommen, sind alle erleichtert. „Halten Sie uns bitte nicht für hysterisch“, sagt Pfleger Karsten, „aber wir müssen auf Nummer sicher gehen. Lieber schicken wir einen Bewohner einmal zu früh ins Krankenhaus als zu spät.“

Er ist gerade dabei, zusammen mit Andreas die Reisegruppe für den darauffolgenden Tag zusammenzustellen. Es geht zum NDR, ich habe eine Führung organisiert. Alle, die noch halbwegs gehen können und aufnahmefähig sind, dürfen mit, auch die anderen Wohnbereiche sind eingeladen. Das sorgt für Aufregung. Auch wenn im Heim eine Menge geboten wird, so ein Blick hinter die Kulissen des Fernsehens ist für die meisten hier etwas ganz Besonderes.

Am nächsten Tag nehme ich die große Gruppe in der Eingangshalle des Senders in Empfang.

„Jetzt wollen Sie doch bestimmt alle mal das berühmte rote Sofa sehen, oder?“, fragt Herr Behrens, der freundliche Kollege vom Besucherservice. Alle nicken begeistert. Die Sendung „DAS!“, die ich seit mehr als zwanzig Jahren moderiere, erfreut sich großer Beliebtheit, vor allem bei den älteren Zuschauern. Deshalb bin ich im Altersheim ja auch bekannt wie ein bunter Hund. Im Gänsemarsch folgt mir die Seniorengruppe ins Studio. Alles ist noch im Ruhezustand, auch das rote Sofa, auf dem ich jeden Abend live einen Gast empfange. Ehrfürchtig bleiben die Besucher stehen. „Das ist ja kleiner, als ich dachte“, sagt eine Dame und betrachtet neugierig Scheinwerfer und Kameras. „Darf man sich da mal draufsetzen?“, fragt Frau Wagner und zeigt auf das Sofa. „Natürlich“, sage ich.

Frau Wagner, Frau Gottlob, die Schultzes und mein Vater sind die einzigen Bewohner des Demenzbereichs, die mitfahren konnten. Meinem Vater sehe ich an, dass er überhaupt nicht begreift, wo er sich befindet und was hier vor sich geht. Bevor er dement wurde, hat er ja so gut wie nie ferngesehen, mein Beruf hat ihn weder besonders beeindruckt noch interessiert. Und wenn er mich heutzutage im Fernsehen sieht, verwirrt ihn das. Er guckt sich lieber Volksmusik, Vorabendserien oder Naturfilme an.

„Komm, Vati“, sage ich, „setz dich auch mal aufs rote Sofa. Das ist mein Arbeitsplatz." Er guckt skeptisch und setzt sich vorsichtig neben mich.

„Arbeitsplatz?", wiederholt er fragend.

„Ja, ich bin doch Fernsehmoderatorin", sage ich.

Um mich herum hat sich jetzt die ganze Gruppe versammelt, inklusive Andreas, Bianca und Karsten. Jeder will ein Foto von sich mit Frau Tietjen auf dem roten Sofa. Ich freue mich, dass alle so viel Spaß haben. Dieser Ausflug ist in erster Linie ein Erlebnis für die anderen Heimbewohner. Bevor ich mich wieder in die Redaktion begebe, winke ich der aufgeräumten Truppe hinterher, die von Herrn Behrens noch den Rest der NDR-Sehenswürdigkeiten gezeigt bekommt.

Als ich am nächsten Tag ins Altersheim komme, überreicht mir schon im Foyer eine Dame ganz aufgeregt einen Zettel. Sie war gestern auch dabei. „Hier, Frau Tietjen, ich habe unseren Ausflug für Sie in Gedichtform zusammengefasst. Vielleicht kann Andreas das ja sogar für unseren Heimchor vertonen!" Ich bedanke mich und lese den Text. Er endet mit den Zeilen: „Wir haben Platz genommen auf der Roten Couch, mit viel Humor klang dieser Ausflug aus. Es war ein toller Tag für uns, glücklich fuhren wir nach Haus!" Herrlich. Irgendwie erinnert mich das an die Zeit der Poesiealben.

Immer wieder stelle ich fest, wie viel Glück wir mit diesem Heim haben. Dass es auch ganz andere Beispiele gibt, haben meine Schwester und ich gesehen, als wir uns damals, als mein Vater noch in Wuppertal lebte und immer pflegebedürftiger wurde, im Bergischen Land mindestens zehn Altersheime angesehen haben. Das war kein schönes Erlebnis. Für uns war es sogar so abschreckend, dass wir uns entgegen der Empfehlung des netten Pflegeberaters erst einmal ganz klar gegen eine Heimunterbringung unseres Vaters entschieden haben.

Ich, du, er – ich nicht weiß!

Es gibt mal wieder etwas zu feiern im Seniorenheim: das alljährliche Sommerfest. Vor ein paar Wochen hat Frau Platt mich gefragt, ob ich die Moderation übernehmen würde. Ein Angebot, das ich nicht ablehnen konnte. „Ich habe einen Frauen-Shanty-Chor engagiert und eine Band. Außerdem dachte ich an eine Talkrunde. Könnten Sie vielleicht einen prominenten Gast organisieren?" Sie sah mich erwartungsvoll an: „Unser Traum wäre natürlich Carlo von Tiedemann." Wie ein Duracell-Hase stand sie vor mir, energiegeladen vom Kopf bis in die Zehenspitzen.

Jetzt ist es also so weit. Im Garten ist eine große Bühne aufgebaut, zum Glück ist sie überdacht, denn es nieselt. Ringsherum sind weiße Pavillons aufgestellt, Heizpilze inklusive. Während die Band Schlager aus den Fünfzigerjahren spielt, versammeln sich nach und nach Heimbewohner und Gäste. Als gerade eine riesige Torte angeliefert wird, geht plötzlich ein Raunen durch die Menge.

„Da ist Carlo!“, ruft einer. Wie elektrisiert drehen sich alle Köpfe zur Tür. Tatsächlich: zerzauste weiße Haare, jungenhaftes Grinsen unterm Schnauzer, fröhliche Augen – da ist er, der Publikumsliebling.

„Jupp jupp, Alter!“, ruft er und klopft einem Herrn im Rollstuhl, der voller Bewunderung zu ihm aufschaut, ermunternd auf die Schulter. „Schön hier, Leute!“ Es ist beeindruckend, was für eine Ausstrahlung dieser Mann hat. Seine ansteckend gute Laune überträgt sich augenblicklich auf seine Umgebung. Selbst diejenigen, die sonst nur griesgrämig vor sich hin starren, lächeln plötzlich.

„Hallooooo, Carlo! Kannst du mir helfen?“ Arthur bahnt sich mit seinem Rollstuhl eine Schneise durch die Menge. Bevor er Carlo fragen kann, ob er ihn heiraten will, nehme ich meinen Kollegen beim Arm und bringe ihn zur Bühne.

„Kann ich noch mal kurz zur Toilette?“, fragt er. „Danach könnt ihr über mich verfügen.“ Als er zurückkommt, klebt schon eine Traube von weißhaarigen Groupies an seinen Fersen. „Hiiilfee“, ruft er lachend, „Opi wird gleich vernascht!“

Die Talkrunde besteht neben Carlo, Frau Platt und mir aus dem Chef der Seniorenheimkette, Andreas, einer langjährigen Pflegerin und einer hundertjährigen Bewohnerin. Was als heiterer Small Talk beginnt, bekommt plötzlich Brisanz, als das Gespräch auf Personalmangel und Gehälter kommt.

„Ein paar mehr Pfleger wären schon gut“, kritisiert die Hundertjährige, die einen sehr aufgeweckten Eindruck macht. „Die jungen Leute sind ja alle sehr nett, aber manchmal muss ich ewig warten, bis mir mal jemand aus dem Sessel hilft.“

Der Chef windet sich, Frau Platt schwitzt, das Publikum klatscht. „Ich habe auch den Eindruck, dass es ein paar mehr Angestellte sein könnten“, stimme ich zu und sehe den Herrn erwartungsvoll an. Er soll sich ruhig rechtfertigen, schließlich ist er derjenige, der an diesem Heim am meisten verdient.

Der Boss reagiert ausweichend: „Also, am wichtigsten ist ja, dass das Betriebsklima stimmt. Wenn die Angestellten gern zur Arbeit gehen und genug Wertschätzung erfahren, ist das Gehalt zweitrangig. Und besser als in diesem Haus kann die Stimmung ja kaum sein“, anerkennend sieht er Frau Platt an, „aber natürlich ist immer Luft nach oben, was die Personaldecke angeht.“

„Was heißt das denn?“, bohre ich nach. „Stellen Sie im nächsten Monat mehr Pfleger ein?“

„Äh, na ja“, druckst er herum, „das kann ich jetzt so auf die Schnelle nicht …“

Na klar. Ich habe nichts anderes erwartet. Aber Schwamm drüber. Heute soll ja gefeiert werden.

Wir tauschen uns darüber aus, was das Leben im Altersheim dem Leben in den eigenen vier Wänden voraushaben kann. „Was ich hier alles geboten bekomme“, sagt die fitte Greisin, „könnte ich alleine niemals organisieren. Im Großen und Ganzen ist das schon eine gute Alternative, zu Hause bin ich trotz Pflegedienst einfach nicht mehr zurechtgekommen.“

Carlo, sonst ja bekannt für seine flapsigen Sprüche, bekennt, dass in seinem Alter manchmal auch düstere Gedanken aufkommen. Angst vor Krankheit und Tod lassen sich nicht immer verdrängen, auch wenn man beliebt, berühmt und gut situiert ist. „Ich hoffe, dass ich die Gene meines Vaters habe“, sagt er, „dann werde ich uralt und bleibe bis zum Schluss Herr meiner Sinne. Aber falls nicht … man muss immer dankbar und demütig sein, solange es einem gut geht!“ Dafür erntet er stürmischen Applaus.

Während wir weiterreden, schweift mein Blick übers Publikum. Das Pflegepersonal, die Besucher und die „jüngeren“ Alten hören interessiert zu. Aber der Rest, mein Vater inbegriffen, scheint nicht mehr so recht folgen zu können.

Vati sitzt in der ersten Reihe. Er fixiert irgendetwas hinter mir, was ihn zu faszinieren scheint. Ich drehe mich um. Kein Wunder: der Frauenchor „Wilhelmsburger Inseldeerns“! Lauter pralle Damen in bonbonfarbenen Kleidern haben sich schon in Position gebracht. Ich nehme es mal als dezenten Hinweis darauf, dass man jetzt wieder zum unterhaltsamen Teil des Tages übergehen könnte.

Das findet Carlo offenbar auch. Er schnappt sich zwei der Damen und improvisiert ein spontanes Tänzchen. Die beiden sind bestimmt schon über sechzig, quietschen aber wie Teenager.

Als der Chor dann loslegt mit „Das machen nur die Beine von Dolores“, geht ein Ruck durch die Menge. Sofort wird geschunkelt und mitgesungen. Ich setze mich kurz zu meinem Vater, der jetzt einen zufriedenen Eindruck macht. Nur das Schunkeln ist nicht seine Welt. Unwirsch zieht er seinen Arm weg, als Frau Wagner ihn zum Mitmachen animieren will.

Während mein Vater weiter dem Chor lauscht und dabei interessiert die Beine der Sängerinnen mustert, bringe ich Carlo zum Ausgang.

Als das Fest sich dem Ende zuneigt, alle Lieder gesungen sind und die Torte weggeputzt ist, bringe ich meinen Vater auf sein Zimmer. Nach so einem turbulenten Tag braucht er immer noch ein bisschen Zweisamkeit, um wieder zur Ruhe zu kommen.

„Was jetzt?", fragt er, als wir nebeneinander auf seinem Sofa sitzen.

„‚Herr von Ribbeck'?", frage ich. Das Gedicht von Theodor Fontane gehört zu seinen Favoriten. Ich habe es ihm bestimmt schon Hunderte Male vorgelesen, er kann es auswendig mitsprechen. Er nickt. „Ribbeck! Fontane. Gut", sagt er und verschränkt die Arme. Das macht er immer häufiger in letzter Zeit. Vor allem beim Essen ist es ziemlich unpraktisch, wenn er sich nach jedem Bissen wieder in diese Verweigerungshaltung zurückzieht.

Das Essen wird ohnehin immer mehr zur Geduldsprobe. Für zwei Schnitten Brot, ein Schälchen Joghurt und eine Tasse Tee braucht er ewig. Er mümmelt stundenlang, sammelt das zerkaute Essen im Mund und schiebt es mit der Zunge hin und her. Manchmal, wenn ich ihn besuche, sitzt er als Einziger noch am Tisch und kämpft mit dem Rest seiner Mahlzeit. Oder er sitzt mit verschränkten Armen da und starrt regungslos den halb vollen Teller an. Neulich konnte ich es mir nicht verkneifen, Frau Hübner darauf aufmerksam zu machen: „Wenn ich es richtig sehe, ist die Pflegestufe 2 jetzt genehmigt. Also hat er ja wohl Anspruch auf intensivere Betreuung. Oder gilt das nicht für die Mahlzeiten?" – „Sie haben ja recht", murmelte sie, „aber Tomek konnte nicht länger danebensitzen, er musste anfangen, die anderen für die Nacht vorzubereiten." Womit wir wieder beim Thema Personalmangel wären. Weniger als eine halbe Stunde ist für die „mundgerechte Zubereitung einer Hauptmahlzeit und die Nahrungsaufnahme" pro Bewohner vorgeschrieben. Bei fortgeschrittener Demenz ist das völlig unrealistisch.

Ich schlage den Gedichtband auf, und wir starten unser kleines Ritual: „Herr von Ribbeck auf Ribbeck im Havelland", lese ich.

Er fährt fort: „Ein Birnbaum in seinem Garten stand."

Ich eine Zeile, er eine. Immer abwechselnd. So haben wir uns das angewöhnt. Allerdings müssen wir zwischendurch immer wieder eine Pause einlegen. Spätestens bei der Zeile „Lütt Dirn, kumm man röwer, ick hebb 'ne Birn" ist es nämlich um ihn geschehen. Er muss weinen. Ähnlich wie beim „Erlkönig" rührt auch dieses Gedicht bei ihm irgendetwas an, das ganz tief sitzt.

Am meisten setzt ihm die Stelle zu, als der alte Ribbeck stirbt: „Da sagte von Ribbeck: ‚Ich scheide nun ab. Legt mir eine Birne mit ins

Grab.'" Danach ist er immer ganz aufgelöst und braucht ein Taschentuch. Aber auch wenn es ihn emotional aufwühlt, er liebt dieses Gedicht. Vom ersten bis zum letzten Wort. Und jedes Mal wenn wir am Ende angelangt sind – „So spendet Segen noch immer die Hand des von Ribbeck auf Ribbeck im Havelland." –, seufzt er noch mal kurz und guckt mich irgendwie erleichtert an. Als wollte er sagen: „Siehst du, die paar Tränen lohnen sich. Hinterher geht's einem besser!"

Bevor ich aufbreche, sehen wir uns noch mal das große Familienfoto an, anhand dessen ich immer prüfe, ob er noch jedes von früher vertraute Gesicht dem richtigen Namen zuordnen kann. „Hilde, Herbert, Gisela, meine Mutter, Ingeborg, Paul-Werner ...", das läuft wie am Schnürchen. Plötzlich stockt er. Ausgerechnet in dem Moment, als ich mit dem Finger auf sein eigenes Gesicht auf dem Foto tippe. Er zögert.

„Wer ist das, Vati?", frage ich verwundert. Es ist noch nie vorgekommen, dass er an dieser Stelle nicht reflexartig *„Moi-je"* sagt. Jetzt schweigt er hartnäckig. „Vati!", ermahne ich ihn und vergesse kurz, dass ich das nicht tun soll. Ich halte ihm das Foto vor die Nase. „Das *musst* du doch wissen!" Energisch zeige ich auf sein Konterfei.

„Wer ist das da?" Er sieht mich an.

„Du!", sagt er.

„Nein, das bist du!", widerspreche ich verwirrt.

„Ja, du!", sagt er wieder. So geht das noch ein paarmal hin und her. Ein geradezu dadaistischer Dialog. Er glaubt, er sei ich, und ich erkläre ihm, ich sei nicht er, sondern *er* sei er.

Als ich das Bild wieder beiseitelege, schüttelt er den Kopf. „Ich, du, er", murmelt er vor sich hin. „Ich nicht weiß." So kann man eine Identitätskrise auch auf den Punkt bringen.

Leicht beunruhigt, verabschiede ich mich von ihm.

Ich kann ja wohl noch alleine mit der Bahn fahren!

Es ist wieder passiert. Dieses Mal kommt der Anruf aus dem Heim, als ich gerade in der Redaktionskonferenz sitze. „Fedder hier, Frau Tietjen. Ihrem Vater geht es nicht gut. Er hat hohes Fieber und röchelt. Es gibt den Verdacht auf Lungenentzündung. Wir haben den Krankenwagen gerufen. Können Sie kommen?"

Mein Herz schlägt schneller. Ich habe heute Abend eine Livesendung vor mir. Ich rufe meinen Mann an und bitte ihn, erst einmal ins Krankenhaus zu fahren und die Zeit zu überbrücken, bis ich mich loseisen kann. Dann bitte ich meinen Chef, Ersatz für mich zu suchen. Er reagiert verständnisvoll. „Fahr ins Krankenhaus“, sagt er, „dein Vater braucht dich jetzt, wir kriegen das hier schon hin!“

Ich eile zu meinem Vater in die Notaufnahme. Er liegt in einem Bett auf dem Flur. Seine Haare stehen wirr vom Kopf ab, und er trägt ein hellgrünes Krankenhausnachthemd. Auf seiner Stirn stehen Schweißperlen, und er ist sehr blass. Trotzdem lächelt er schwach, als er mich sieht. „Scheiße!“, sagt er und hebt leicht den Arm. Ich tupfe ihm die Stirn ab und suche einen Arzt. Ein junger Mann im Kittel mit einem Stethoskop um den Hals kommt mir entgegen.

„Sind Sie eine Angehörige?“, fragt er und deutet auf meinen Vater.

„Ich bin die Tochter“, sage ich. „Was ist los mit meinem Vater?“

„Allem Anschein nach eine Aspirationspneumonie“, antwortet er nach einem kurzen Blick auf seinen Notizblock. „Die Röntgenaufnahme der Lunge deutet darauf hin. Allerdings müssen wir noch einige Untersuchungen machen, bevor er auf die Station verlegt werden kann.“

Heute ist die Notaufnahme bis zum Bersten gefüllt. Überall um uns herum sind stöhnende Menschen, besorgte Angehörige, piepende Monitore sowie Ärzte und Schwestern, die eiligen Schrittes zwischen den Betten hin- und herlaufen. Ich setze mich auf die Bettkante. Plötzlich nimmt mein Vater meine Hand. Er sieht mich an. In seinem Blick liegt Furcht. „Alles wird gut, Vati“, sage ich und streichle seinen Arm.

Fünf Stunden später ist mein Vater komplett gescannt, durchleuchtet und im Computer abgespeichert. Zwischendurch haben wir lange Leerlaufzeiten in Kauf nehmen müssen, aber zumindest wurde irgendwann sein Bett vom Flur in ein Krankenzimmer geschoben.

Immerhin hat sich der Zustand meines Vaters stabilisiert, das Fieber ist runtergegangen. Er soll auf die Lungenstation verlegt werden.

Als gegen 23 Uhr endlich der Pflegetransport kommt, um ihn dort hinzubringen, sind wir beide eingenickt. Während ich den Männern folge, die meinen Vater durch die kafkaesk anmutenden endlosen Flure der Klinik schieben, frage ich gähnend, ob diese Warterei in der Notaufnahme eigentlich normal sei. „Wie lange haben Sie gewartet?“, fragt einer der beiden Männer. „Fünf Stunden? Da haben Sie noch Glück gehabt. Der Schnitt liegt bei sechs bis sieben Stunden. Es ist immer viel los hier. Und wir sind das einzige Transportteam. Zaubern können wir auch nicht.“

Als wir auf der Lungenstation ankommen, rührt sich erst einmal gar nichts. „Hallo?!“, ruft der Pfleger. „Ich hab hier einen Neuzugang!“ Erst nach mehrmaligem Klingeln und nachdrücklichem Rufen kommt eine Schwester um die Ecke. Sie sieht müde und schlecht gelaunt aus.

„Neuzugang?“, fragt sie lakonisch und nimmt dem Pfleger die Unterlagen aus der Hand. Uns würdigt sie keines Blickes. Als ich gerade sagen will: Mein Vater heißt ... und er hat ..., dreht sie uns bereits den Rücken zu. „Zimmer neunzehn“, sagt sie und ist verschwunden.

„Na toll“, murmelt der Pfleger, „blöde Kuh, die kommt bestimmt wieder von so einer Zeitarbeitsfirma. Na, dann wollen wir mal.“ In Zimmer neunzehn liegt ein jüngerer Mann. Er schläft. Ungerührt macht sich der Pfleger an seinem Bett zu schaffen und fängt an, ihn aus dem Zimmer zu schieben. Verschlafen öffnet der Mann die Augen.

„Was ... was ... ist hier denn los?“, fragt er verblüfft.

„Tschuldigung, wir haben hier einen Neuzugang. Ich krieg das Bett nur ins Zimmer geschoben, wenn ich Sie vorher raushole.“

Flink und geübt rangieren die beiden Transportpfleger hin und her, bis das Bett meines Vaters am Fenster steht und das Bett des Nachbarn wieder an seinem Platz. „Na, dann gute Nacht!“, sagen sie und entschwinden zum nächsten Patienten.

Ich bin erschöpft und entsetzt. Mein Vater ist achtundachtzig, dement und hat eine Lungenentzündung. Und hier gibt es keine Menschenseele, die sich für ihn und sein Schicksal interessiert.

Ich laufe über die Flure und suche so lange, bis ich die Nachtschwester finde. „Kann ich mich darauf verlassen, dass regelmäßig jemand nach meinem Vater sieht?“, frage ich. „Ja, ja“, sagt sie, „jetzt mal keine Panik, ich mach den Job schon seit vierzig Jahren!“ Ich gebe meinem Vater einen Gutenachtkuss und schleiche nach Hause.

AM NÄCHSTEN MORGEN rufe ich auf der Station an. Ich will wissen, ob sich sein Zustand verbessert hat.

„Rufen Sie in zwei Stunden noch mal an“, sagt eine äußerst unfreundliche Stimme. „Im Moment hat kein Arzt Zeit. Visite.“

„Ja, aber“, stammle ich, „es wird doch wohl eine Schwester oder einen Pfleger geben, die mir kurz berichten können, wie es ihm geht.“

Die Stimme am anderen Ende wird ungehalten. „Die haben jetzt auch keine Zeit. Ich sag doch, rufen Sie später noch mal an!“

„Ich verlange, dass jetzt sofort jemand ans Telefon geholt wird, der mir kurz Auskunft über den Zustand meines Vaters geben kann“, sage ich wütend. „Er ist dement und hat eine Lungenentzündung!“

„Moment.“ Leises Stöhnen. Dann Schritte. Stille.

Ein paar Minuten später meldet sich eine Männerstimme. Sie klingt verbindlich. „Pfleger Michael hier, was kann ich für Sie tun?“ Noch einmal frage ich, jetzt wieder freundlich, wie mein Vater die Nacht überstanden hat. „Ganz gut“, sagt der Mann, „das Fieber ist runter, und er macht einen relativ wachen Eindruck. Für genauere Informationen müssten Sie dann nach der Visite vorbeikommen und den Arzt fragen.“

Na bitte. Geht doch.

Auf dem Weg ins Krankenhaus fahre ich im Heim vorbei, weil ich ein paar Sachen für meinen Vater mitnehmen will, unter anderem seinen CD-Player. Dann hat er wenigstens Bach und Mozart bei sich. Als ich am Aufenthaltsraum vorbeikomme, sehe ich Frau Hübner und frage sie: „Wie ist das denn passiert? Hat er etwas Falsches gegessen?"

„Keine Ahnung, Frau Tietjen", sagt sie unkonzentriert. Sie versucht gerade, Finchen daran zu hindern, die Tischdecke mitsamt halb vollen Bechern vom Couchtisch zu ziehen. „Er hat ganz normal gegessen und getrunken. Aber natürlich kann es mal passieren, dass er sich verschluckt oder einen zu großen Bissen nimmt, wenn gerade niemand hinsieht. Finchen!!! Nein!" Jetzt ist es passiert. Alles ist mit Wasser und Kakao übergossen, nicht nur das Sofa und den Fußboden hat es getroffen, auch Frau Gottlob ist klatschnass. „Verdammt!", schimpft Frau Hübner. „Welcher Idiot hat denn hier die Tischdecke hingelegt?"

Ich überlasse sie ihrem Tagewerk und mache mich auf den Weg zu meinem Vater. Als ich im Krankenhaus die Tür zu Zimmer neunzehn öffne, bekomme ich einen Schrecken. Er ist weg. Dieses Krankenhaus treibt mich noch in den Wahnsinn!

„Keine Sorge, Frau Tietjen", sagt eine sanfte Stimme hinter mir. „Sie sind doch Frau Tietjen, oder?" Ich drehe mich um. Eine sehr freundlich aussehende Schwester steht vor mir. Sie ist um die fünfzig. Streng, aber wohlwollend sieht sie mich über den Rand ihrer Brille an. „Wir haben ihn auf Zimmer vierundzwanzig verlegt, da haben wir ihn besser im Blick. Es ist ein Einzelzimmer. Kommen Sie mal mit." Erleichtert folge ich ihr.

„So, Herr Schniewind, Ihre Tochter ist hier", sagt sie. Mein Vater sitzt im Bett. Er hängt am Tropf, sieht aber ganz aufgeräumt aus. Natürlich ist er weder rasiert noch gekämmt, aber das kenne ich ja schon.

„Wie geht's dir, Vati?", frage ich und packe seine Sachen aus.

„Gut!", sagt er. Ich putze ihm die Zähne, kämme und rasiere ihn. Das scheint er sichtlich zu genießen.

„Hast du schon was gegessen?", frage ich.

Er sieht mich ratlos an. „Ich nicht weiß", brummt er.

Ich mache mich auf die Suche nach einem Arzt und werde fündig. Ein junger Mann, der ziemlich gestresst wirkt.

„Ihr Vater ist auf dem Wege der Besserung", sagt er. „Er hat für sein Alter eine erstaunlich gute Konstitution. Trotzdem ist das Grundproblem nicht gelöst. Die Logopädin sagt, er kann breiige Nahrung zu sich nehmen, am besten immer unter Aufsicht. Aber eines Tages wird er wahrscheinlich wieder aspirieren, denn er hat diese Veranlagung. Das Essen gerät bei ihm schnell mal in den falschen Hals."

Ich muss unwillkürlich schlucken. „Kann man denn gar nichts machen?“, frage ich. „Was ist denn mit einer PEG?“ Ich habe über die sogenannte perkutane endoskopische Gastrostomie etwas gelesen und weiß, dass in vielen Altersheimen von dieser Ernährungsmethode Gebrauch gemacht wird, oft leider aus Bequemlichkeit. Menschen mit starken Schluckbeschwerden können so über eine Sonde, die durch die Haut direkt in den Magen eingeführt wird, mit Nährstoffen und Flüssigkeit versorgt werden. Frau Platt und Frau Fedder sind zwar keine großen Befürworterinnen dieser Methode, wenden sie aber in extremen Fällen auch an.

„Natürlich kann man darüber nachdenken“, sagt er achselzuckend, „aber auch damit kann es passieren. Vielleicht verträgt er die Sondennahrung ja nicht, vielleicht muss er aufstoßen oder erbrechen. Das kann alles passieren. Ich würde es erst einmal so versuchen. Wenn er sich weiter so gut erholt, kann er in ein paar Tagen wieder raus.“

Leider muss ich zur Arbeit. Meinem Vater scheint es gut zu gehen. Er sieht fern, und die Tür zu seinem Zimmer hat die Schwester offen gelassen, damit sie ihn im Vorbeigehen sehen kann.

„Kurve noch mal gekriegt“, sage ich zu meiner Schwester, als wir abends telefonieren. „Aber irgendwann werden wir entscheiden müssen, ob wir eine Sonde legen lassen. Ich weiß nicht, wie viele Lungenentzündungen er in seinem Alter noch verkraftet.“

„Was sagt denn der Hausarzt dazu?“, fragt Dagi. Hausarzt ist ein großes Wort für den Mann, der für Hunderte Senioren zuständig ist. Ich habe ihn noch nicht einmal zu Gesicht bekommen, sondern nur mal mit ihm telefoniert. „Ich rufe ihn an“, sage ich, „aber ich hab das Gefühl, Vati kommt schnell wieder auf die Beine.“

„Er ist eben ein Stehaufmännchen“, sagt meine Schwester und lacht.

STEHAUFMÄNNCHEN – das erinnert mich an seine letzte Reise von Wuppertal nach Hamburg, die er noch alleine mit dem Zug bewältigte. „Irgendwie kommt es mir hier bekannt vor“, sagte er, als wir mit dem Auto vom Bahnhof zu mir fuhren. „Toller Wagen, ist das ein Automatik?“

Beim Abendessen wirkte er genervt und unkonzentriert. Die Reise hatte ihn wohl doch ziemlich angestrengt. „Muss das hier so laut sein?“, fragte er, als die Kinder sich angeregt unterhielten. Ich merkte, wie sich seine Stimmung automatisch auf mich übertrug.

„Könnt ihr nicht mal ein bisschen leiser sein?“, fuhr ich die Kinder an. „Ihr könnt euch doch auch mit Opa unterhalten!“ Sie sahen mich erstaunt an. „Opa interessiert sich doch gar nicht für uns“, sagte mein Sohn leise mit einem Seitenblick auf seinen Großvater, der gerade dabei war, mit Messer und Gabel sein indisches Hähnchencurry zu zermetzeln.

„Wohnt ihr eigentlich schon lange hier?", fragte mein Vater jetzt mit vollem Mund. „Hier kommt mir alles so unbekannt vor."

Die Kinder verdrehten die Augen und verzogen sich in ihre Zimmer. Mein Mann und ich bemühten uns den Rest des Abends, ein Gespräch in Gang zu bringen. Mein Vater saß mit abwesendem Blick da und schien uns gar nicht zuzuhören.

Mitten in der Nacht, als wir alle längst schliefen, schreckten mein Mann und ich plötzlich hoch.

„Da ist jemand", flüsterte ich, „bitte guck mal nach, vielleicht ein Einbrecher!" Mein Mann quälte sich aus den Kissen. Ich hörte laute Schritte, Gemurmel und Türenklappen.

Nach einer Weile kam er wieder. „Dein Vater", erklärte er, „er stand splitterfasernackt im Flur und suchte seinen Schlafanzug. Den hatte er sich wohl ausgezogen. Er lag vor dem Bett. Jetzt ist alles wieder okay Ich hab ihm noch einen Schokoriegel gegeben, er hat gefragt, ob …"

„… wir noch was Süßes haben, alles klar", stöhnte ich.

Noch bevor die Kinder aufstehen mussten, hörten wir meinen Vater auf und ab gehen. „Mama", sagte meine Tochter kurz nach sieben, „Opa ist fix und fertig angezogen, sein Koffer steht da. Er will schon wieder abreisen." Das kannten wir ja bereits.

Den Rest des Tages hatte ich komplett durchgeplant. Nach dem Frühstück gingen wir erst mal shoppen. Mein Vater brauchte dringend ein neues Jackett.

Nächster Programmpunkt war die Kunsthalle, wo wir uns eine Ausstellung mit Zeichnungen von italienischen Meistern wie Raffael und Michelangelo ansahen. Viele der Werke waren noch nie vorher zu sehen gewesen. Mein Vater lief im Eilschritt an den Raritäten vorbei und verharrte nur kurz vor dem ein oder anderen Bild.

„Kenn ich alles schon", kommentierte er flüchtig, „hab ich schon mal in Italien gesehen." Ich war mir sicher, dass das nicht stimmte. Es wurde immer schwieriger, ihm noch eine Freude zu machen oder ihn für irgendetwas zu begeistern. Mir war zwar klar, dass das alles auf die fortschreitende Demenz zurückzuführen war, trotzdem machte es mich traurig und auch wütend.

Am nächsten Tag war Wochenende, die Kinder mussten also nicht zur Schule, und so nötigte ich die ganze Familie, mit Opa einen Ausflug nach Sankt Peter-Ording zu machen. Die Fahrt dorthin dauerte zwar, aber ich wusste, dass er den endlosen Strand dort sehr mochte.

Im Auto schlief mein Vater sofort ein. Er musste wieder sehr unruhig geschlafen haben, denn ich hatte ihn laut träumen gehört. Außerdem war er schon seit Stunden auf den Beinen.

„Heute Morgen um fünf hab ich komische Geräusche aus Opas Zimmer gehört“, sagte mein Sohn, „irgendwas quietschte die ganze Zeit. Ich bin aufgestanden und hab nach ihm geguckt.“

„Und“, fragte ich erschrocken, „was war’s denn?“

„Er stand vor dem Fenster und drehte die ganze Zeit mit den Händen am Rollo. Er hat wohl nicht kapiert, dass man an der Schnur ziehen muss. Ich hab ihn überredet, sich wieder hinzulegen, es war ja noch stockdunkel draußen.“ Mein Sohn sah mich ein bisschen ratlos an: „Ich glaube, er dachte, es wäre schon längst Tag.“

„Danke, mein Schatz“, sagte ich, „das war sehr lieb von dir! Opa bringt manchmal Tag und Nacht durcheinander.“

Als wir in Sankt Peter-Ording ankamen, schien die Sonne vom strahlend blauen Himmel. Es war ein herrlicher Tag, und wir freuten uns auf den Strand. Doch kaum waren wir ausgestiegen, rief mein Vater, der die ganze Fahrt über geschlafen hatte: „Hunger! Kann man hier mal irgendwo einkehren?“ Ich spürte, wie die Wut in mir hochstieg. „Nein! Wir haben gerade erst gefrühstückt“, keifte ich ihn an. „Schließlich sind wir nicht zum Essen hierhergefahren, sondern zum Spazierengehen.“

Überrascht sah er mich an. „Hast du schlechte Laune?“, fragte er.

„Nein, du hast schlechte Laune“, schimpfte ich, „und die überträgt sich auf uns alle!“

Schweigend stapften wir zum Strand.

„Nun beruhige dich mal, mein Schatz“, beschwichtigte mich mein Mann. „Du weißt doch, dass dein Vater das nicht absichtlich macht.“

Ich musste mich zusammennehmen, um nicht in Tränen auszubrechen. „Ja, aber ein Miesepeter war er auch vorher schon.“

Es wurde dann trotzdem noch ein sehr schöner Tag. Die Kinder spielten mit meinem Vater Ball, und wir konnten ihn kaum davon abhalten, sich einen Strandsegler zu mieten. Wir lenkten ihn schließlich mit einer großen Portion Pannfisch ab.

Wieder zurück in Hamburg, feierten wir abends in den fünfzehnten Geburtstag meines Sohnes hinein. Es gab Sekt und Kuchen, und wir sangen „Happy Birthday“. Mein Vater war schon im Schlafanzug und fragte immer wieder, wie alt Theo denn nun sei und ob der denn nicht allmählich mal ins Bett müsse. Als das Geburtstagskind dann die Musik aufdrehte, wollte Opa plötzlich tanzen. Nie werde ich die Szene vergessen, als wir alle völlig losgelöst zu Lady Gagas „Poker Face“ übers Parkett hüpften, mein Vater und ich in einer filmreifen Kombination aus Walzer und Polka. Die Kinder trauten ihren Augen kaum. „Was ist denn plötzlich mit Opa los?“ Meine Tochter lachte sich schlapp.

Es war ein Moment der Ausgelassenheit, der für den Stress und Ärger der vorhergehenden Tage wieder entschädigte. Wir haben ihn alle genossen. In dieser Nacht schlief mein Vater bis morgens um neun durch. Die Achterbahn der Gefühle hatte ihm offenbar auch zugesetzt.

„Na, Vati", fragte ich ihn beim Frühstück, „schön getanzt gestern?"

„Getanzt?" Er sah mich verwirrt an. „Wieso getanzt?"

„Wir haben doch in meinen Geburtstag reingefeiert, Opa", sagte mein Sohn. „Weißt du das nicht mehr?" Mein Vater überlegte mit gerunzelter Stirn. „Nein. Ich kann mich nicht erinnern", sagte er. Ich holte mein Handy und zeigte ihm die Fotos, die mein Mann von uns beim Tanzen gemacht hatte. „Mach kein Quatsch!", sagte mein Vater und musste lachen. „Moi-je! Im Schlafanzug. Scheint ja lustig gewesen zu sein!" Er versuchte gar nicht mehr, seine Vergesslichkeit zu leugnen.

NACHMITTAGS stand seine Abreise bevor. Wie immer wollte er mindestens eine Stunde vorher zum Bahnhof los. Nervös sortierte er seine Fahrkarte und die Reservierung.

Als der Zug endlich kam, waren wir schon völlig durchgefroren. Ich stieg mit ihm ein, weil ich sichergehen wollte, dass er auf dem richtigen Platz landete. Außerdem wollte ich den Zettel mit Zielbahnhof und Telefonnummer vorsichtshalber dem Schaffner in die Hand drücken.

Als ich den Mann endlich gefunden hatte, reagierte der äußerst unfreundlich. „Was heißt hier dement", sagte er, „dann müssen Sie eben mit dem Auto fahren. Für Altenbetreuung habe ich keine Zeit. An Ihrer Stelle würde ich mal zusehen, dass Sie hier rauskommen, der Zug fährt gleich ab."

Hektisch bahnte ich mir den Weg zur Tür. Doch die war schon verriegelt. „Lassen Sie mich bitte raus!", rief ich dem Schaffner zu.

„Zu spät, die Tür kann ich nicht mehr öffnen", sagte der ungerührt.

Der Zug rollte schon. „Hilfe", rief ich, „ich muss hier raus, ich hab Termine!" Die anderen Passagiere sahen mich amüsiert an. Mir war klar, dass ich einen völlig schwachsinnigen Eindruck machen musste.

Resigniert trottete ich zu meinem Vater und setzte mich auf den Platz gegenüber. Es blieb mir nichts anderes übrig, als bis Bremen mitzufahren. Mein Vater sah mich erstaunt an. „Was machst du denn hier?"

„Ich begleite dich bis Bremen", flüsterte ich. Man musste ja nicht den gesamten Großraumwagen auf uns aufmerksam machen.

„Also das wäre aber wirklich nicht nötig gewesen", sagte mein Vater kopfschüttelnd. „Ich kann ja wohl noch alleine mit der Bahn fahren!"

Als ich mich gerade halbwegs beruhigt hatte, kam der Schaffner, um die Fahrkarten zu kontrollieren. „Wenn Sie mich jetzt allen Ernstes nach meinem Zugticket fragen, bekomme ich auf der Stelle einen Schreikrampf!", zischte ich. Er trollte sich. In Bremen bat ich den Sitznachbarn meines Vaters, doch bitte darauf zu achten, dass er in Wuppertal-Hauptbahnhof aussteigen musste. Dann stieg ich selbst aus und machte mich auf den Rückweg nach Hamburg.

„Er ist gut hier angekommen", beruhigte meine Schwester mich abends am Telefon.

„Ich bin mit den Nerven am Ende", sagte ich. „Ich finde ihn wahnsinnig anstrengend."

„Ach nee", erwiderte sie ironisch, „da bist du nicht die Einzige!"

Hier sitzt eine fremde Frau

Mein Vater hat sich zum Glück wieder sehr gut erholt, von der Lungenentzündung ist ihm nichts mehr anzumerken. Ich habe mit dem Hausarzt gesprochen. Er macht einen ganz vernünftigen Eindruck, ist aber bei der Vielzahl der Patienten natürlich gar nicht in der Lage, auf jeden Einzelnen intensiv einzugehen, und er muss sich weitgehend auf die Einschätzung des Pflegepersonals verlassen. „Lassen Sie Ihren Vater hauptsächlich pürierte Nahrung essen, Joghurt und Quark, aber ruhig auch mal eine Schnitte Weißbrot oder ein Stück Sahnetorte. Hauptsache, er trinkt ausreichend, damit das Essen gut rutscht. Ich hoffe, dass die Pfleger darauf achten." Das hoffe ich auch.

„Der Arzt erscheint Ihnen vielleicht oberflächlich", sagte Frau Fedder mir neulich, „aber wir sind froh, dass wir ihn haben. Es gibt immer weniger praktische Ärzte, die überhaupt bereit sind, Hausbesuche in Seniorenheimen zu machen. Das lohnt sich finanziell nicht." Jetzt verstehe ich auch, warum so oft der Notarzt oder der Krankenwagen gerufen wird. Es gibt niemanden, der „mal eben" vorbeikommt und den Patienten so gut kennt, dass er beurteilen kann, was zu tun ist. Wahrscheinlich ließe sich sonst jede zweite Krankenhauseinweisung vermeiden. Was das für Kosten sparen würde!

Geistig hat mein Vater leider weiter abgebaut. Kreuzworträtsel überfordern ihn, auch „Stadt, Land, Fluss" dauert immer länger.

Seine Lieblingsbeschäftigungen sind nach wie vor Singen, Zeichnen und Gedichte rezitieren. Leider ist die „Odyssee" mittlerweile im Nirwana verschwunden, aber Goethe, Schiller und Morgenstern stehen wie Felsen in der Brandung des Vergessens.

An diesem Tag möchte ich ihn mal wieder mit zu uns nach Hause nehmen. Ich will sehen, ob er die vielen Treppenstufen noch schafft.

Der Aufstieg zu unserer Dachgeschosswohnung ist mühsam. Immer wieder müssen wir stehen bleiben. Es strengt ihn sichtlich an, und er schnappt nach Luft. Als wir endlich oben sind, setze ich ihn in seinen Lieblingssessel, wo er, wen wundert's, sofort einschläft. Später hören wir Musik und sehen Fotos an. Es fühlt sich gut an, meinen Vater mal wieder hier zu haben.

Gegen Abend mache ich ihm etwas zu essen, weiches Brot mit Schmierkäse, Apfelmus und Tee. Ich stelle ihm alles hin und drehe ihm kurz den Rücken zu, um die Spülmaschine auszuräumen. Als ich fertig bin und wieder zu ihm gehe, traue ich meinen Augen nicht.

Er sieht mich an und kaut. Aus seinem Mund hängt der Faden vom Teebeutel mit dem Darjeeling-Zettelchen. „Vati", rufe ich entsetzt und eile zu ihm, „was machst du denn, du kannst doch nicht den Teebeutel essen!" Ich versuche, ihm den Beutel aus dem Mund zu ziehen, aber er beißt fest zu und kaut weiter. „Mach bitte den Mund auf", sage ich streng und versuche, mit beiden Händen seine Zähne auseinanderzubiegen – doch zwecklos.

„Mama", ruft mein Sohn, der gerade ins Zimmer kommt, „was machst du da mit Opa?" – „Er isst gerade einen Teebeutel, ich weiß nicht, ob das schädlich ist. Ich habe Angst, dass er sich daran wieder verschluckt!" Endlich macht er den Mund auf. Ich hole mit den Fingern den in Fetzen zerkauten Beutel heraus und klaube die Teeblättchen von seiner Zunge. „Igitt!", sagt Theo. Als der Mund leer ist, greift mein Vater völlig ungerührt zur Tasse und trinkt einen Schluck.

„Alles okay, Vati?", frage ich. „Lecker!", sagt er und greift nach der Papierserviette. Bevor er davon ein Stück abbeißen kann, räume ich alles, was ihm gefährlich werden könnte, vom Tisch. Wenn so etwas auch im Heim passiert, ist es nur eine Frage der Zeit, bis er das nächste Mal Fremdkörper in der Lunge hat.

Als ich ihn wieder im Altersheim abliefere, sagen wir noch gemeinsam unser „Wuppertal-Gedicht" auf. Das ist so ein kleines Ritual, mit dem ich mich jetzt fast immer von ihm verabschiede: „En Stuhl, en Stuhl! Ich kann nicht mehr! Hach nee, wat bin ich runter! Hier, nimm mich dat Paket mal ab! Dat auch! En bisken munter! War einer hier? Is wat passiert? Hat niemand uns geschrieben? Hat Güsken auch die Milch geholt? Nee, wat war dat ne Himmelfahrt! Wär ich doch tuhuus geblieben."

Es ist angelehnt an das Gedicht eines bergischen Heimatdichters, der unter dem Pseudonym Waldemar von Wichelkus geschrieben hat, und es war das Lieblingsgedicht meiner Großtante Mathilde. Sie konnte genau wie meine Großeltern mütterlicherseits noch fließend Platt. Jedes

Meine Tochter Pia besuchte ihren Opa regelmäßig im Seniorenheim und machte gern Späße, wie hier mit dem Fotoapparat.

Mein Sohn Theo beim Spaziergang mit dem „kleinen" Opa

Meine Nichte Pauline betrachtet Fotos mit dem Opa.

Meine Nichte Annalena freut sich, ihren Großvater mal wiederzusehen, der viele Jahre ganz in der Nähe ihrer Familie wohnte, bevor er ins Seniorenheim nach Hamburg zog.

Mal wenn mein Vater das Gedicht aufsagt, bekommt er gute Laune und muss kichern.

DER SATZ „Wär ich doch zu Haus geblieben" entbehrt nicht einer gewissen Ironie. Tja, was wäre wohl, wenn er zu Hause geblieben wäre?

Man kann nicht behaupten, dass wir es nicht versucht hätten, meine Schwester und ich.

Eines Abends, als er noch in Wuppertal lebte, rief sie mich mal wieder erschöpft an. Sie hatte ihn nach langer Suche in seinem fast fünf Kilometer entfernten Stammlokal gefunden – und das, obwohl Ruhetag war. Die Besitzer waren gerade beim Abendessen, hatten ihn hereingelassen und ihm Grünkohl serviert.

„Da saß er seelenruhig und kaute genüsslich auf seinem Kassler rum", sagte Dagi. „Stell dir vor, er ist bei minus 16 Grad in der Dunkelheit den ganzen weiten Weg durch den Wald und über die Landstraße zu Fuß gegangen. Währenddessen saßen wir zu Hause und haben auf ihn gewartet. Der Mann macht mich fertig."

Spätestens in diesem Augenblick waren wir uns einig, dass die stundenweise Betreuung durch Frau Siebel oder wen auch immer nicht mehr ausreichte. Wir brauchten eine neue Lösung. Und zwar schnell.

„Lass es uns doch mal mit einer Frau aus Osteuropa versuchen", sagte ich. „Das ist zwar gesetzlich eine Grauzone, aber es machen immer mehr Leute. Und es scheint gut zu funktionieren. Dann ist rund um die Uhr jemand bei ihm. Er wird versorgt und kann in seinen eigenen vier Wänden bleiben, und du wirst entlastet."

Meine Schwester war skeptisch. „Wer sagt uns denn, dass die in der Demenzbetreuung qualifiziert sind?", fragte sie. „Die meisten können ja noch nicht mal richtig Deutsch. Und einen Führerschein haben sie auch oft nicht." Sie klang entmutigt.

„Ich mache mich mal schlau", sagte ich.

Bei der Recherche im Internet stellte ich fest, dass es unendlich viele professionelle Vermittler von „Betreuerinnen" gibt. Sie kommen aus Polen, Russland, Lettland, Estland, Litauen, Ungarn oder Gott weiß woher. Sie bleiben immer für ein paar Monate und wechseln sich untereinander ab. Die besseren Agenturen bieten auch ausgebildete Kranken- und Altenpflegerinnen an, das ist alles eine Frage des Preises. Ich telefonierte viel herum, füllte Anforderungsformulare aus, verglich Preise und erkundigte mich bei Bekannten und Kollegen, die schon einschlägige Erfahrungen mit diesem Thema hatten. Fazit: Für 1000 bis 1500 Euro im Monat konnte man eine Hilfskraft engagieren. Reisekosten, Krankenversicherung, Kost und Logis kamen natürlich noch dazu. Wie viel von diesem Geld der Vermittler einsteckte und was den Frauen blieb, war undurchsichtig.

Wir fanden schließlich Anna und Iveta. Nicht über eine Agentur, sondern über einen privaten Kontakt eines Freundes meines Schwagers nach Lettland. Ihr Schwestern-Modell – drei Monate die eine, drei Monate die andere – hatte sich schon mehrfach bewährt.

Es kam der Tag, an dem Iveta, die ältere der beiden Schwestern, in Wuppertal eintraf.

„Na, wie ist sie denn so?“, wollte ich wissen, als Dagi anrief.

„Oh, sie ist sehr nett!“, kam es zurück. „Wir haben Kaffee getrunken und alles ausgepackt, Vati war auch dabei. Ich habe ihr alles gezeigt, und dann haben wir zu Abend gegessen. Iveta spricht auch gar nicht so schlecht Deutsch.“

„Und?“, fragte ich. „Das klingt doch alles super.“

„Ja, ja“, sagte meine Schwester, „das Problem ist nur, dass ich jetzt gehen möchte, und Vati will, dass die fremde Frau auch geht.“ Aha. Das war zwar zu befürchten gewesen, aber ich hatte natürlich gehofft, dass es anders kommen würde.

„Ich gebe ihn dir mal“, sagte Dagi. „Na, Vati“, fragte ich, „wie ist denn Iveta so?“ Er klang sehr aufgebracht, fast schrie er in den Hörer. „Ich kenne keine Iveta. Hier ist eine wildfremde Frau, die hier übernachten will. Ich möchte das nicht. Das kommt überhaupt nicht infrage!“

„Aber Vati“, zwitscherte ich, „wir haben das doch hundertmal besprochen, das ist deine neue Angestellte. Sie soll für dich kochen und putzen und den Haushalt machen, sie soll dich ein bisschen entlasten!“ Kurzes Schweigen. Dann wieder Protest: „Aber hier sitzt eine fremde Frau. Ich kenne die gar nicht. Die will hier einziehen. Die soll wieder gehen!“

So ging das eine ganze Weile hin und her. Mit Engelszungen versuchte ich, ihn davon zu überzeugen, dass es eine gute Idee war, Iveta bei ihm einzuquartieren. Schließlich nahm meine Schwester wieder den Hörer. „Was soll ich deiner Meinung nach jetzt machen?“, fragte sie. „Das mit den Osteuropäerinnen war schließlich deine Idee!“

Na toll. „Am besten, sie verriegelt ihre Tür und geht ins Bett, irgendwann wird er sich schon an sie gewöhnen“, schlug ich zögernd vor.

Am nächsten Morgen rief ich an und erkundigte mich, wie die Nacht gelaufen sei. „Er hat sich beruhigt“, sagte Dagi, „allerdings hat Iveta diese Nacht Todesängste ausgestanden, weil er andauernd aufgestanden ist und an ihrer Tür gerüttelt hat. Er hat sich anscheinend gewundert, warum da abgeschlossen war. Sonst stehen ja immer alle Türen offen.“

DIE ZWEIER-WG mit Iveta funktionierte besser, als es der Auftakt vermuten ließ. Die füllige Lettin war eine herzensgute Person. Sie nannte meinen Vater immer nur „Opa“, weil sie seinen Namen nicht aussprechen konnte. Sie verwöhnte ihn nach Strich und Faden, kochte Unmengen zu essen. Nachmittags gab es selbst gebackenen Kuchen. Mein Vater brauchte keinen Finger mehr im Haushalt zu rühren. „Opa, bitte setzen!“, sagte Iveta, wenn er nur den Versuch machte, einen Teller in die Spülmaschine zu stellen. Das war zwar gut gemeint von ihr, aber nicht so gut für die Selbstständigkeit meines Vaters. Sie putzte das Haus blitzblank, ging jeden Tag stundenlang mit ihm spazieren und begleitete ihn zur Ergotherapie und zur Gymnastik. Er hatte sich offenbar mit ihrer Anwesenheit abgefunden und fing schon kurz nach ihrer Ankunft an, ihre Art zu sprechen zu imitieren – oder zu parodieren?

Als ich nach Wuppertal kam und Iveta zum ersten Mal begegnete, lachte sie mich mütterlich an. „Kommen Sie bitte“, sagte sie, „Sie essen bitte. Habe ich gekocht leckere lettische Essen. Opa auch kommen. Bitte setzen, Opa!“ Widerspruchslos setzte mein Vater sich hin und ließ sich bedienen. Iveta erzählte von ihrer Familie und dass sie immer Sehnsucht nach ihr hatte. Sie zeigte mir Fotos von ihren hübschen Töchtern und ihrem Mann. „Mein Mann nix Arbeit“, sagte sie, „deshalb ich arbeiten in Deutschland. Meine kleine Schwester auch Mann nix Arbeit. Wir uns immer abwechseln.“ Versonnen betrachtete sie die Fotos und hatte dabei Tränen in den Augen.

„Opa essen!“, forderte sie meinen Vater auf. „Immer schön essen, dann werden uralt!“ Mein Vater grinste. „Ich jetzt schon uralter Opa!“, sagte er. „Nix alt“, entgegnete Iveta lächelnd, „erst wenn hundert Jahre, dann uralt!“ Beide lachten. Sie machten den Eindruck, als wären sie schon ganz gut aufeinander eingespielt.

Als mein Vater und ich später noch im Wohnzimmer saßen und die Lettin sich in ihr Zimmer zurückgezogen hatte, erkundigte ich mich, wie er denn Iveta finde.

„Iveta?“, fragte er. „Ich nicht kennen. Ich hier ganz alleine.“

AN IVETA muss ich immer denken, wenn ich den polnischen Pfleger Tomek reden höre. Er spricht zwar besser Deutsch, hat aber einen ähnlichen Satzbau.

„Kommen Sie bitte, Herr Schniewind“, sagt er, als ich Vati abends im Heim besuche und gerade gehen will, „noch nix Bett. Machen wir heute Kinoabend!“ Ich gucke ihn verblüfft an.

„Ja, gibt schönen Film mit Heinz Rühmann. ‚Die Feuerzangenbowle‘. Andreas hat Leinwand und Projektor mitgebracht. Gibt auch Cola und

Chips!" Chips! Bloß nicht. Tomek sieht meinen Blick und winkt ab. „Nein, für Ihre Vater wir haben Schokoladenpudding. Keine Sorge."

Andreas hat im Aufenthaltsraum schon alles aufgebaut. „Feiern Sie neuerdings Mitternachtspartys?", frage ich. Immerhin ist es schon acht. Für Altersheimverhältnisse mitten in der Nacht. „Nein", sagt Andreas, „Frau Platt hat angeordnet, dass der Spätdienst zweimal in der Woche verlängert wird. So können wir mit den Bewohnern, die noch nicht müde sind, nach dem Abendessen noch was Schönes machen."

Auf den Sofas und Sesseln haben es sich die üblichen Verdächtigen gemütlich gemacht. Arthur trinkt ein Bier und sieht sich suchend nach jemandem um, bei dem er eine Zigarette schnorren kann. Frau Wagner isst Chips und trinkt Cola Zero. Herr Schultze döst vor sich hin, hat aber ein paar Salzstangen in der Hand. Ich platziere meinen Vater vorsichtig in einem Sessel und bringe alle feste Nahrung aus seiner Reichweite. Dann wünsche ich allen einen schönen Abend und gehe.

Ich muss dann los aufs Schiff

Finchen ist weg. Ich bin ganz geschockt, als Frau Hübner mir das erzählt. Sie ist in ein anderes Heim verlegt worden.

„Warum denn?", frage ich. „Sie war doch Everybody's Darling!"

„Wie man's nimmt", sagt die Wohnbereichsleiterin, „sie konnte ganz entzückend sein. Aber sie hatte auch eine andere Seite. In den letzten Wochen ist sie immer öfter handgreiflich geworden und hat andere Bewohner regelrecht tyrannisiert. Vor allem Emma hatte sie auf dem Kieker. Ständig war sie in ihrem Zimmer, hat das Bett abgezogen und alles durcheinandergebracht. Und wenn Emma protestierte, hat sie ihr eine gescheuert."

Entsetzt sehe ich Frau Hübner an.

„Tja", sagt sie, „und unsere kleine Emma ist nun mal das geborene Opfer. Sie dachte, Finchen sei ihre Mama und sie habe irgendwas angestellt." Also musste Finchen ausquartiert werden.

„Wo ist sie denn jetzt?", frage ich. Irgendwie tut es mir leid um sie.

„In einer geschlossenen Einrichtung", sagt Frau Hübner, „die sind auf solche Fälle spezialisiert und haben auch mehr Personal."

An Finchens Stelle ist eine andere, nicht minder auffällige Dame getreten: Frau Wollny – klein, schwächlich und sehr betreuungsintensiv. Sie trägt immer einen grauen Jogginganzug und knallgrüne Filzschlappen. Ihre Haare sind für ihr Alter sehr lang und immer ein bisschen fettig. Von morgens bis abends jammert sie laut vor sich hin. Irgendwas ist immer. Entweder hat sie Hunger, obwohl das Essen vor ihr steht, oder sie muss dringend zur Toilette, wo sie eigentlich gerade erst war.

Ich bin hier, um meinen Vater zum Spazierengehen abzuholen. In letzter Zeit drehen wir nicht mehr ganz so große Runden, da es für ihn zu anstrengend ist. Wir haben es auch schon mit einem Gehwagen versucht, aber damit kommt er nicht gut zurecht. Zum einen ist die Standardgröße für ihn zu niedrig, und außerdem stolpert er immer über die Räder.

Heute wollen wir an die Elbe fahren. Es ist sehr kalt draußen, weshalb ich ihn warm einpacken muss. Zuerst die dicken Winterstiefel. Das dauert, weil er nicht mehr von allein die Füße in die Schuhe steckt. Man muss mit dem Schuhanzieher und viel Kraft nachhelfen. Danach bin ich schon nass geschwitzt. Dann der Pullover. Beim Versuch, ihm sein dickes Fleece überzuziehen, verheddert er sich auf halber Strecke mit den Armen, und sein Kopf bleibt unter dem Pullover stecken. Er ist ein bisschen ungelenkig geworden. Ich zerre an den Ärmeln, aber er rührt sich nicht.

„Vati", sage ich und wische mir die Schweißtropfen von der Stirn, „hilf doch mal mit! Wir müssen deinen Kopf da wieder rauswursteln." Ich höre, wie er unter dem Pullover leise vor sich hin lacht. „Scheißpullover!", sagt er und kriegt sich gar nicht wieder ein. Ich muss mitlachen.

Meinen Vater in mein kleines Auto zu bugsieren und vor allem, ihn da wieder herauszubekommen, wird auch immer schwieriger. Bevor ich um den Wagen herumgelaufen bin, versucht er auszusteigen, obwohl er noch halb im Sicherheitsgurt hängt. Jedes Mal habe ich Angst, dass er sich mit Händen und Füßen verhakt und mit dem Kopf auf dem Pflaster landet.

Dieses Mal geht alles gut. Wir haben am Museumshafen geparkt und gehen Richtung Elbstrand. Am Wasser weht ein eisiger Wind. Schon nach ein paar Hundert Metern haben wir beide knallrote Nasen.

„Guck mal, Vati", sage ich und zeige auf ein großes Containerschiff, das gerade vorbeifährt, „ein richtig dicker Pott!" Er blinzelt. „Kalt!", sagt er. „Brrrrrrr! Eisekalt." Recht hat er, trotzdem ziehe ich ihn weiter. Jetzt sind wir nun mal hier und müssen das Beste daraus machen. Wir stapfen durch den Sand.

„Kommt es dir hier bekannt vor?", frage ich und tupfe ihm den Speichel ab, damit er an seinem Kinn nicht zu Eiszapfen gefriert. „Unbekannt", sagt er bibbernd. „Kalt!"

Seufzend sehe ich ein, dass es keinen Sinn hat, diesen Ausflug noch lange auszudehnen. Eine Erkältung ist das Letzte, was wir gebrauchen können. Und offensichtlich ist der Marineoffizier auch heute ganz und gar nicht an den Ozeanriesen vor seiner Nase interessiert.

Als wir frierend zum Auto zurückgehen, kommt uns eines der AIDA-Kreuzfahrtschiffe entgegen. „Weißt du noch, wie du mal mit dem Schiff nach Dover gefahren bist?“, frage ich meinen Vater. Zweimal ist er auf diesem Weg von Hamburg nach London gereist, um dort an einer Bibelkonferenz teilzunehmen. Die Überfahrt hat ihn damals fasziniert und wahrscheinlich im positiven Sinne an alte Zeiten erinnert. *„I don't know“*, sagt er. *„I think I've never been in England.“*

Ich werfe ihm einen verblüfften Seitenblick zu. Falsche Antwort (Ich weiß nicht, ich glaube, ich war noch nie in England), aber immerhin auf Englisch.

Ich muss an einen panischen Anruf von seiner lettischen Pflegerin Iveta denken. „Bitte sprechen mit Opa“, sagte sie und klang ganz aufgelöst, „Opa wollen kommen nach Hamburg. Ich sagen, nix gehen, aber Opa immer wollen auf Schiff!“

„Was ist los, Vati?“, fragte ich. „Ich muss los“, sagte er, „muss mich melden und an Bord gehen. In Hamburg. Muss mich da registrieren lassen. Höchste Zeit.“ Ich verstehe. Er denkt, es ist Krieg und er wird eingezogen. In Hamburg ging es damals los.

„Der Krieg ist vorbei, Vati“, beruhigte ich ihn, „das hast du alles hinter dir. Du brauchst nicht mehr aufs Schiff.“

„Nix vorbei!“, widersprach er mir ungehalten. „Es geht gerade erst los. Die warten auf mich. Ich muss los. Nach Hamburg. Aufs Schiff.“

„Nein!“ Ich versuchte, gelassen zu bleiben. „Ich bin ja in Hamburg, hier ist kein Kriegsschiff. Das wüsste ich doch. Glaub mir, Vati.“

„Ich muss mich da aber melden, ich muss jetzt los.“ Unfassbar, wie hartnäckig er war. Nach einer Viertelstunde hatte er immer noch nicht eingesehen, dass er unrecht hatte. Blöderweise musste ich ins Studio, meine Sendung ging bald los.

„Gib mir bitte noch mal Iveta“, sagte ich.

„Iveta? Wer ist das? Hier ist niemand.“

Ich stöhnte leise. Iveta war schon fast drei Monate bei ihm. „Vati, bitte geh mal rüber in die Küche und guck nach. Da muss jemand sein. Eine blonde Frau, deine Hausangestellte!“ Ich hörte Schritte, ein leises Klirren und Radiomusik. Das musste sie sein. „Hallo?“, hörte ich meinen Vater sagen. „Meine Tochter am Telefon. Ich muss dann los aufs Schiff ...“

Als ich nach meiner Sendung besorgt anrief, hatte er sich wieder beruhigt. „Opa nix mehr im Krieg“, sagte Iveta lachend. „Jetzt essen. Gleich kommen Frau Maria und holen ihn ab zum Beten.“

Die beiden Lettinnen erwiesen sich als goldrichtig für die Betreuung unseres Vaters in dieser Phase. Auch die jüngere Schwester, Anna, kam sehr gut mit ihm zurecht.

Anna kam eines Tages auf die Idee, meinen Vater ab und zu vor den Fernseher zu setzen, wenn er unruhig war. Als er eines Abends wieder mal im Dunkeln alleine irgendwohin aufbrechen wollte, schleppte sie kurzerhand den riesigen Fernsehapparat aus ihrem Zimmer nach unten ins Wohnzimmer und stellte ihn an. Es lief gerade der „Musikantenstadl". „Opa setzen! Gucken", befahl sie, und er gehorchte. An diesem Abend muss mein Vater sein Herz für die Volksmusik entdeckt haben. Seitdem saßen die beiden oft Seite an Seite auf dem Sofa, aßen Kekse und sahen sich irgendwelche Musiksendungen an. Beides, sowohl die Liebe zur leichten Musik als auch die Lust an der Glotze, gehörte von da an zu ihm.

„Mir ist aufgefallen, dass Opa schon wieder so komisch röchelt", sagt meine Tochter, als sie von einem ihrer wöchentlichen Besuche im Altersheim zurückkommt. Ich erschrecke. Röcheln ist kein gutes Zeichen. Das klingt nach Lunge.

Als ich am nächsten Tag nachfrage, beruhigt mich Frau Hübner: „Er röchelt manchmal, wenn er nicht richtig abhustet. Dann sammelt sich Schleim im Hals. Das hat wohl auch mit der Demenz zu tun. Genauso wie er vergisst, sein Essen runterzuschlucken, vergisst er auch, sich zu räuspern."

Trotzdem hatte meine Tochter wohl das richtige Gespür. Denn keine Woche später hat er plötzlich wieder hohes Fieber. Alles geht von vorne los. Notarzt. Krankenwagen. Notaufnahme. Dieses Mal habe ich frei, und so kann ich mit meinem Auto direkt hinterherfahren.

„Da sind wir wieder", sage ich zum diensthabenden Arzt. Es ist derselbe wie letztes Mal. „Kann man diese endlose Zeit hier in der Notaufnahme nicht verkürzen?", frage ich. „Wir wissen doch, dass es wieder eine Aspirationspneumonie ist, ob durch Schleim oder durch Essen hervorgerufen, ist doch egal. Kann er nicht sofort auf die Lungenstation verlegt werden?"

Der Arzt sieht mich mitleidig an. „Nein, das geht nicht", sagt er. „Die Anamnese muss hier stattfinden, dafür haben die Stationsärzte keine Zeit."

Als mein Vater endlich auf der Lungenstation landet, ist wenigstens nicht mehr alles fremd. Der junge Arzt hat wieder Dienst, auch ein paar Schwestern und Pfleger sind alte Bekannte.

Dieses Mal dauert es länger, bis mein Vater wieder auf den Beinen ist. Die Lungenentzündung hat den Körper sehr geschwächt. Außerdem nimmt er kaum mehr feste Nahrung zu sich, sondern wird nur über den Tropf ernährt. Ich versuche, jeden Tag ein bis zwei Stunden bei ihm zu sein, und auch mein Mann und die Kinder besuchen ihn.

Netterweise kommen auch Frau Platt und Frau Fedder wieder gelegentlich vorbei, um ihn frisch zu machen und ein bisschen zu verwöhnen.

Als er zurück im Altersheim ist, nimmt er zwar schnell wieder zu, trotzdem dauert es, bis er wieder bei Kräften ist. Ich beschließe, mich einfach über jeden Tag zu freuen, den ich sorgenfrei mit ihm verbringen kann. Die nächste Lungenentzündung kommt bestimmt.

Sie kommt – und zwar zur Unzeit. Einen Tag bevor wir in den Urlaub fahren wollen, macht mein Vater einen angeschlagenen Eindruck. Er hat kein Fieber, ist aber geschwächt, und sein Atem rasselt.

„Ich habe kein gutes Gefühl“, sage ich zu meinem Mann. Ich habe mich abends von meinem Vater verabschiedet, und Frau Platt hat versucht, mich zu beruhigen: „Wenn es ihm schlechter geht, kann ihm auch der Hausarzt ein Antibiotikum verschreiben. Was die im Krankenhaus mit ihm machen, können wir hier auch. Fahren Sie in Urlaub, Sie haben sich die Erholung verdient!“

Es ist alles reisefertig. Das Wohnmobil ist bis obenhin vollgepackt, und die Fähre nach Korsika ist gebucht. Wir wollen frühmorgens los.

„Was willst du denn tun?“, fragt mein Mann. „Du kannst doch nicht hierbleiben, neben ihm sitzen und warten, bis er Fieber bekommt.“ Also fahren wir um acht Uhr los. Wir sind kaum auf der Autobahn, da klingelt mein Handy. Das Altersheim, Wohnbereich 2.

„Hübner hier. Frau Tietjen, wir mussten die Notärztin rufen. Sie möchte Sie sprechen.“ Ungewöhnlich, das gab es noch nie.

„Hallo“, sagt eine strenge Stimme, „spreche ich mit der Tochter von Herrn Schniewind?“

„Ja“, stottere ich, „ich bin gerade auf dem Weg in die Sommerferien.“

„Aha. Ich wüsste gern, ob es eine Patientenverfügung für Ihren Vater gibt. Wegen lebensverlängernder Maßnahmen.“

„Wie bitte?“, frage ich. „Was soll das denn? Gestern Abend war mein Vater zwar etwas angeschlagen, aber er lag keineswegs im Sterben!“

„Ihr Vater hat hohes Fieber und Wasser in der Lunge. Er hat ein sehr schwaches Herz und ist fast neunzig. Es kann gut sein, dass sich sein Zustand in den nächsten Tagen so verschlechtert, dass entschieden werden muss, wie es mit ihm weitergehen soll. Deshalb frage ich nach der Patientenverfügung.“

Wasser in der Lunge? Das hatte er noch nie. Und sein Herz macht ihm trotz des Herzinfarkts seit mehr als zwanzig Jahren keine Probleme. Der Ton dieser Frau gefällt mir nicht. Will sie mir Angst einjagen? Oder ein schlechtes Gewissen einreden? Dann ist ihr beides gelungen.

„Es gibt nur eine Generalvollmacht, was medizinische Maßnahmen angeht", sage ich. „Mein Vater hat meiner Schwester und mir die Entscheidungshoheit übertragen. Wir können in seinem Sinne entscheiden, was das Beste für ihn ist."

„Gut, dann tun Sie das. Auf Wiederhören."

Ich sehe meinen Mann an und breche in Tränen aus.

„Ich muss zurück", schluchze ich, „ich kann Vati unmöglich in diesem Zustand alleinlassen." Mein Mann nimmt die nächste Ausfahrt und dreht um. Eine halbe Stunde später sind wir wieder zu Hause. Kurze Krisensitzung. Ich habe mich wieder gefangen.

„Ich bleibe, bis es Vati besser geht. Dann komme ich mit dem Flugzeug hinterher", sage ich.

Schweren Herzens willigen mein Mann und die Kinder ein und fahren wieder los.

ALS ICH im Heim ankomme, liegt mein Vater im Bett und schläft. Frau Hübner hat schon Feierabend, denn sie hatte die Nachtschicht. Frau Platt und Frau Fedder sind auch nicht da, es ist ja Samstag. Also muss ich mich mit der einzigen examinierten Pflegekraft austauschen, die hier ist: die junge Marina.

„Was war denn das für eine Ärztin?", frage ich sie. „Kennen Sie die?"

„Moment", sagt sie und blättert in den Unterlagen. „Sie heißt Schneider, eine praktische Ärztin hier aus der Gegend. Ich kenne sie nicht."

„Sie hat mir einen Riesenschrecken eingejagt", sage ich. „Was hat sie meinem Vater denn verschrieben?" Marina blättert wieder.

„Ein Antibiotikum und ziemlich starke Entwässerungstabletten. Er hat ja angeblich Wasser in der Lunge." Ich nehme das erst einmal so hin und kümmere mich um meinen Vater, so intensiv es geht. Als er aufwacht, füttere … pardon, hier im Heim sagt man ja „anreichen", also reiche ich ihm Brei und Tee an. Wir hören Bach, und ich lese ihm „Ribbeck" und „Erlkönig" vor. Wie gut, dass ich hiergeblieben bin.

„Schauen Sie mal, Frau Tietjen", sagt Frau Platt am nächsten Tag. Sie ist extra gekommen, obwohl Sonntag ist, um nach meinem Vater zu sehen. „Ich habe hier etwas für Sie, das vielleicht Ihren Vater schnell wieder zu Kräften bringen kann." Sie zeigt mir eine Plastikdose mit der Aufschrift „Gemüsesuppe".

„Das ist eine Art Astronautennahrung für Menschen, die nichts Festes mehr schlucken können. Sie ist hochkalorisch und sehr nährstoffreich. Die gibt es in den unterschiedlichsten Geschmacksrichtungen. Wollen Sie das mal ausprobieren? Ist allerdings relativ teuer."

Ich bin einverstanden. Beim Mittagessen probieren wir es gleich aus. Ich schiebe meinen Vater im Rollstuhl in den Speiseraum, damit er sich noch nicht zu sehr anstrengt. Aber er macht schon einen deutlich besseren Eindruck als am Vortag. Und er hat offensichtlich großen Appetit. Die in der Mikrowelle erhitzte „Gemüsesuppe" scheint ihm zu schmecken. Ich habe beschlossen, solange ich hier bin, meinem Vater jede Mahlzeit selbst anzureichen.

AM NÄCHSTEN TAG geht es meinem Vater schon viel besser. Das Antibiotikum hat offenbar angeschlagen, und er kann schon wieder an meinem Arm über den Flur spazieren. Ich bin erleichtert, wage es aber noch nicht, meine Abreise in Erwägung zu ziehen.

Am nächsten Tag spreche ich mit dem Hausarzt und schildere ihm die Begegnung mit der Notärztin. „Kann es sein, dass mein Vater Wasser in der Lunge hat?", frage ich.

Er schüttelt den Kopf. „Das glaube ich nicht. Es war bestimmt wieder eine Lungenentzündung. Aber ich muss die Kollegin in Schutz nehmen, der rasselnde Atem ist ein typisches Symptom für beides. Er soll ruhig die Entwässerungstabletten noch ein paar Tage nehmen, sie scheinen ihm ja nicht geschadet zu haben."

Wir unterhalten uns noch eine Weile über meinen Vater und die Gesamtsituation. Ich merke ihm an, dass er ihn zwar kennt, aber mit den Einzelheiten nicht sehr vertraut ist. Trotzdem ist er freundlich und zugewandt, er nimmt meinen Vater sogar in den Arm.

„Machen Sie sich nicht allzu große Sorgen, Frau Tietjen", sagt er lächelnd, „Ihr Vater ist nun mal hochbetagt, aber er macht keinen schlechten Eindruck. Toll, dass Sie hiergeblieben sind, aber jetzt können Sie ganz beruhigt in den Urlaub fahren!"

ERLEICHTERT buche ich abends einen Flug. In der Hoffnung, dass alles glatt läuft, verabschiede ich mich nach Korsika.

Während des Urlaubs telefonieren meine Schwester und ich im Wechsel täglich mit dem Altersheim. Wir bekommen immer dieselbe Auskunft: Keine besonderen Vorkommnisse, es geht ihm gut.

Du bist hübsch. Willst du mich heiraten?

Als wir aus Korsika zurück sind, führt mich mein erster Weg ins Altersheim. Mein Vater sieht mich erfreut an, wirkt aber nicht gerade fit. Er ist blass und atmet schwer. Man hört, dass er wieder Schleim auf den Bronchien sitzen hat. Ich umarme ihn.

„Wie geht's dir, Vati?", frage ich.

„Gut!“, antwortet er mit belegter Stimme.

„Du musst husten“, sage ich, „kräftig abhusten, sonst wirst du den Schleim nicht los!“

Er hüstelt zweimal. Nichts passiert.

„Noch mal!“, sage ich und klopfe ihm auf den Rücken. Mit großen Augen sieht er mich an. Beunruhigt fahre ich nach Hause.

Als ich am nächsten Tag in der Maske sitze, kommt der befürchtete Anruf.

„Wir müssen den Krankenwagen rufen“, sagt Frau Hübner, „Ihr Vater hat plötzlich wieder hohes Fieber, und er röchelt seit einer Stunde ganz extrem. Tut mir wirklich leid, dass das so kurz nach Ihrem Urlaub passiert!“

„Ja gut“, sage ich und kämpfe gegen die Tränen an. „Ich fahre nach der Sendung sofort zu ihm.“

Die Kollegen ringsum sehen mich mitleidig an. Seit Monaten bekommen sie unweigerlich mit, wie ich emotional zwischen Hochs und Tiefs hin- und herkatapultiert werde.

„Ist wieder was mit deinem Vater?“, fragt die Maskenbildnerin, während sie mich abpudert. „Also ich bewundere das ja, wie du dich um ihn kümmerst!“

„Ist doch selbstverständlich“, murmle ich. Aber jetzt will ich nicht darüber reden. Ich muss mich auf die Sendung konzentrieren. Eigentlich bin ich ja Weltmeisterin im Verdrängen. Das muss ich in meinem Job auch sein. Meine Aufgabe ist es, gute Laune zu verbreiten. Es gibt aber Momente im Leben, in denen das schwerfällt.

Nach der Arbeit eile ich ins Krankenhaus. Dieses Mal sehe ich kein bekanntes Gesicht in der Notaufnahme. Ein sympathischer dunkelhäutiger Arzt nimmt mich in Empfang.

„Ihrem Vater geht es schlecht“, sagt er und sieht mich ernst an, „er hat hohes Fieber und eine Lungenentzündung. Aber das ist nicht alles. Er ist total dehydriert. Es sieht aus, als hätte er über einen längeren Zeitraum kaum Flüssigkeit zu sich genommen.“ Er nimmt mich mit zu einem Bett zwischen zwei Vorhängen. Da liegt mein Vater. Er hat eine Sauerstoffmaske auf, ist an diverse Schläuche und Monitore angedockt und hechelt merkwürdig. Er hat die Augen geschlossen. Ich sehe den Arzt erschrocken an.

„Was ist mit ihm los?“, frage ich. „Warum atmet er so schnell? Das sieht ja aus, als würde er hyperventilieren.“

„Sein Körper ist extrem geschwächt und kämpft jetzt gegen die Infektion an“, sagt der Arzt ruhig.

„Wird er das schaffen?“, frage ich mechanisch. Ich möchte eigentlich weinen, kann es aber nicht. Ich funktioniere nur noch. Mein Vater tut mir so wahnsinnig leid, wie er da zwischen all den Apparaten liegt.

„Da wage ich keine Prognose", sagt der Arzt.

Wenigstens ist er ehrlich. Ich setze mich ans Bett und halte die Hand meines Vaters. Er öffnet die Augen nicht.

„Na komm, Vati", sage ich leise, „das schaffst du schon! Du bist doch ein Kämpfer."

Er schafft es. Mal wieder. Auf der Station wird er spätabends in einem Einzelzimmer einquartiert.

„Das Fieber ist runter", sagt die Nachtschwester, „und Flüssigkeit bekommt er jetzt über den Tropf. Das wird schon!"

Völlig erschöpft komme ich um Mitternacht nach Hause.

„Das kann doch nicht ewig so weitergehen", sage ich zu meinem Mann, „das ist jetzt schon die dritte Lungenentzündung in diesem Jahr, wie soll denn ein so alter Mensch das verkraften?" Wir sind beide ratlos. Und mich quält das schlechte Gewissen. Hätte ich diesen Rückfall verhindern können, wenn ich nicht in den Urlaub gefahren wäre?

AM NÄCHSTEN MORGEN fahre ich gleich ins Krankenhaus und suche einen Arzt. Stationsarzt, Oberarzt, Chefarzt, das ist mir mittlerweile alles egal – Hauptsache, ich finde ein offenes Ohr.

Ein junger Weißkittel mit zerzausten blonden Haaren und schelmischem Blick begrüßt mich. „Ihr Vater hat die Nacht gut überstanden", sagt er fröhlich, „jetzt müssen wir nur überlegen, wie es weitergeht."

„Was schlagen Sie denn vor?", frage ich.

„Na ja", sagt er und wird plötzlich ganz ernst, „es gibt zwei Möglichkeiten. Entweder wir päppeln ihn auf, entlassen ihn, und es geht weiter wie bisher. Das heißt, in absehbarer Zeit aspiriert er wieder, und alles geht von vorne los."

„Oder?", frage ich.

Der Arzt fährt sich mit der Hand durch den Wuschelkopf. „Oder aber Sie entscheiden sich, eine PEG legen zu lassen. Wissen Sie, was das ist?" Ich nicke. „Der Vorteil ist, dass er mit allen Nährstoffen versorgt wäre, die er braucht. Und auch mit Flüssigkeit. Offenbar hat Ihr Vater im Heim viel zu wenig getrunken. Sonst wäre er nicht so ausgetrocknet gewesen."

„Einer Ihrer Kollegen hat mir aber vor Monaten gesagt, eine Magensonde sei auch nicht die ultimative Lösung. Kann er damit nicht auch aspirieren?", frage ich.

„Klar kann das passieren", räumt der Arzt ein, „aber es ist sehr viel unwahrscheinlicher, als wenn er sich weiter oral ernährt. So eine PEG ist schnell gelegt, das ist keine große Sache. Trotzdem ist das eine Grundsatzentscheidung, die Sie gemeinsam mit Ihrer Familie treffen sollten. Wenn Ihr Vater Ihnen die Entscheidung über solche lebenswichtigen Dinge überlassen hat, müssen Sie überlegen, was in seinem Sinne wäre." Er drückt mir eine Broschüre in die Hand. „Da steht alles drin, was Sie wissen müssen", sagt er und verabschiedet sich.

Zu Hause lese ich mir alles genau durch. Außerdem recherchiere ich im Internet. Offenbar handelt es sich um ein sehr umstrittenes Thema. Die einen sind radikal gegen eine derartige künstliche Lebensverlängerung, weil sie den Organismus durcheinanderbringt und den Menschen daran hindert, eines natürlichen Todes zu sterben. Die anderen sind der Meinung, dass jeder Mensch das Recht hat, seine Zeit auf Erden auszuschöpfen, solange es möglich ist, und sei es dank medizinischem Hightech.

Ich berate mich am Telefon mit meiner Schwester. Wir holen verschiedene Meinungen ein. Und natürlich bitte ich auch Frau Platt um ihren Rat.

„Jeder Mensch ist anders", sagt sie, „da gibt es keine Grundsatzentscheidung. Aber vom Gefühl her würde ich mich im Fall Ihres Vaters dafür entscheiden. So, wie ich ihn kennengelernt habe, wäre das auch sein Wunsch."

Ich beschließe, eine Nacht darüber zu schlafen.

Am nächsten Morgen ruft mich Frau Platt an. „Frau Tietjen", sagt sie ganz aufgeregt, „ich habe gestern Abend noch ziemlich lange in der Akte Ihres Vaters gelesen. Es hat mir keine Ruhe gelassen, dass er so dehydriert war. Laut Dokumentation hat er immer ausreichend Flüssigkeit zu sich genommen."

„Na ja", sage ich, „Sie wissen doch selbst, dass das, was da eingetragen wird, nicht immer so stimmt ..."

„Nein", sagt sie. „Ich habe gestern entdeckt, dass Ihr Vater die ganzen vier Wochen über täglich diese hoch dosierten Entwässerungstabletten genommen hat. Der Arzt hat das Rezept offensichtlich immer wieder verlängert. Da ist es natürlich kein Wunder, dass er dehydriert ist. Die Tabletten haben ihm das Wasser förmlich aus dem Körper gezogen. Und das bei dieser Hitze!"

Ich bin fassungslos. „Ja, aber ... wieso hat das denn niemand gemerkt?", frage ich.

„Das verstehe ich auch nicht", sagt sie. „Eigentlich hätte das den Pflegefachkräften auffallen müssen. Das ist ganz klar menschliches Versagen. Von den Ärzten, aber auch auf unserer Seite."

Als ich das im Krankenhaus anspreche, sagt der Arzt kopfschüttelnd:

„Das ist ja ein Ding! Warum wurde das denn bitte schön verschrieben?“

Ich erzähle ihm von dem angeblichen Wasser in der Lunge.

„Erstens glaube ich nicht, dass er Wasser in der Lunge hatte. Und außerdem muss man das Mittel doch nach Abklingen der Symptome wieder absetzen.“

Wir gehen zusammen zu meinem Vater. Er hat die Augen geschlossen und sieht blass aus.

„Seine Werte sind schon deutlich besser“, sagt der Arzt, „erstaunlich, über welche Kraftreserven Ihr Vater in seinem Alter noch verfügt.“

„Hallo Vati!“, sage ich.

Er öffnet die Augen und sieht mich überrascht an.

„Wie geht's dir heute?“, frage ich zögernd.

Die Antwort kommt leise, aber unmissverständlich: „Beschissen!“

„Na, dann wollen wir mal sehen, ob der alte Johann Sebastian da was ausrichten kann“, sage ich lächelnd und schließe seinen CD-Player an.

„Ich glaube, die PEG würde ihm guttun“, sage ich am Telefon zu meiner Schwester, „wenn er sich schon mit einer ganz normalen Infusion so schnell erholt.“

Sie stimmt mir zu. Wir beschließen, es mit der künstlichen Ernährung zu versuchen.

Zwei Tage später wird er entlassen. Der Eingriff ist schnell und reibungslos verlaufen. Er hat nun eine Art Ventil in der Bauchdecke, an das ein Schlauch angeschlossen werden kann. Auf diesem Wege wird die Sondennahrung zugeführt.

„Die Dosis muss erst ganz niedrig sein und dann allmählich erhöht werden“, hat der Arzt uns erklärt. „Vielleicht verträgt er das Produkt auch am Anfang nicht. Das muss man ausprobieren. Wichtig ist, dass der Behälter nur angeschlossen wird, wenn er sitzt. Der Oberkörper sollte mindestens in einem Winkel von fünfunddreißig Grad aufgerichtet sein. Sonst besteht die Gefahr, dass die Nahrung wieder zurückfließt und er sich verschluckt. Und was dann passiert, wissen Sie ja.“

Mit dem Krankentransport fahren wir beide zurück ins Altersheim. Mein Vater trägt Mantel und Hut und sieht interessiert aus dem Fenster.

Das Heimpersonal geht routiniert mit der PEG um. Im Handumdrehen ist sie angeschlossen, jetzt muss sich nur der Organismus meines Vaters umstellen. Ich werde mich daran gewöhnen müssen, ihn in Zukunft häufig in Begleitung eines Metallständers anzutreffen, an dem ein Plastikbeutel mit einer bräunlichen Flüssigkeit hängt, die durch einen dünnen Schlauch in seinen Magen rinnt. Mit einem Minicomputer wird die Durchlaufmenge gesteuert.

„Was ist denn eigentlich mit seinen Geschmacksnerven und dem Speichelfluss?", frage ich die Pflegedienstleiterin. „Mein Vater hat ja immer gern gegessen. Wird ihm das nicht fehlen?"

„Das Problem lösen wir mit Honig oder Nutella", sagt Frau Fedder, „oder auch mit etwas Zitrone oder Orange. Das schmeckt und wird in so geringen Mengen gegeben, dass er es nicht in den falschen Hals bekommen kann. Nur mit den Weingummis ist es jetzt leider vorbei."

Mit der PEG beginnt für meinen Vater ein neues Leben. Und zwar im doppelten Sinne. Er kann und darf nichts mehr essen. Das fehlt ihm möglicherweise, auch wenn er nicht im Speiseraum ist, wenn die anderen ihre Mahlzeiten zu sich nehmen. Was aber viel wichtiger ist: Er blüht regelrecht auf. Innerhalb kürzester Zeit nimmt er zu, bekommt wieder eine rosige Gesichtsfarbe und tankt förmlich Kraft. An meinem Arm kann er wieder problemlos herumlaufen. Sogar geistig ist eine Verbesserung zu beobachten. Er spricht wieder mehr und lacht häufig. Es ist, als hätte man ihm eine Energiespritze verpasst.

Als ich eines Morgens in den Aufenthaltsraum komme, traue ich meinen Augen nicht. Mein Vater sitzt im Sessel in der Ecke und hat eine riesige Babypuppe im Arm. Er lächelt mich an.

„Was ist das denn?", frage ich verblüfft.

„Baby!", sagt mein Vater. Ich sehe ihn verwirrt an. Für Puppen hat er sich nun wirklich noch nie interessiert. Als Karsten meinen Blick sieht, grinst er.

„Das ist sein neues Spielzeug", sagt er, „er liebt die Puppe und will sie gar nicht wieder hergeben."

„Und stellen Sie sich vor, Frau Tietjen", erzählt mir die Pflegerin Marina, „was er gestern gemacht hat. Er hat mich geküsst und gesagt: ‚Du bist hübsch! Willst du mich heiraten?' Wir mussten so lachen! Ich habe ihm einen Korb geben müssen, bin ja schon vergeben."

„Mein Vater kommt mir vor wie eine Primel, die kurz vor dem Verwelken war und dann wie durch ein Wunder noch mal aufgeblüht ist!", sage ich zu Frau Platt, als ich eingehakt mit Vati in den Garten gehe.

„Sehen Sie", sagt sie schmunzelnd, „in manchen Fällen kann so ein Schlauch im Bauch glücklich machen. Wie lange, weiß man nicht. Aber es geht ja um das Hier und Jetzt!"

Schön wär's, wenn der Herrgott es so einrichten könnte, dass mein Vater bis zum Schluss in diesem erfreulichen Zustand bleibt!

Und was ist mit mir?

Zwei Tage später will ich meinen Vater zum – kein Scherz – Oktoberfest abholen. Das ist auch so eine Idee von Frau Platt und ihren kreativen Ergotherapeuten. Einmal im Jahr wird im Hamburger Seniorenwohnheim auf Bayern gemacht. Im Foyer ist schon alles mit weißblauen Fähnchen dekoriert, es riecht nach Weißwurst, und aus den Lautsprechern kommt Blasmusik.

Ich „stöpsle" meinen Vater von seiner PEG ab (wie das geht, hat Frau Hübner mir gezeigt), ziehe ihm ein frisches Hemd und seinen dunkelblauen Pullunder an und gehe mit ihm nach unten in den Festsaal. Ein Fässchen Bier wird angezapft, auf den Tischen stehen Brezen, das Personal ist zünftig angezogen und verteilt die Weißwürste. Alles perfekt. Blöd ist nur, dass mein Vater sich aufs Zugucken beschränken muss. Aber da er, seit er die PEG hat, noch nie den Wunsch geäußert hat, etwas zu essen oder zu trinken, dachte ich, er vermisse es vielleicht gar nicht mehr. Und die Feste hier im Heim mag er ja eigentlich immer.

Ich habe für ihn „Proviant" mitgebracht, ein Döschen mit Nutella, eins mit Honig und ein paar Stäbchen, mit denen ich ihm die Süßigkeiten auf die Zunge streiche. Konzentriert beobachtet er das Treiben um sich herum.

Andreas hält eine kleine Rede. „O'zapft is!", ruft er, und alle heben ihre Gläser.

Da stupst mein Vater mich plötzlich von der Seite an. „Und was ist mit mir?", fragt er.

Ich bin perplex.

„Vati", sage ich, „du darfst doch nichts essen und trinken, sonst verschluckst du dich und bekommst wieder eine Lungenentzündung!"

Er sieht mich verständnislos an. Ich tunke rasch ein Wattestäbchen in ein Glas Rotwein und drücke es in seinem Mund aus. Er saugt daran und macht dann den Mund wieder auf. „Aaaaah!", sagt er. Noch ein paar Tröpfchen. Das funktioniert ganz gut. Er gibt sich damit zufrieden. Auch wenn es ihm mit seiner Magensonde wirklich gut geht – in diesem Moment tut er mir unendlich leid.

Als wir wieder oben sind, rezitieren wir noch ein bisschen Morgenstern, dann ist er müde. Ich lasse ihn mit der Sendung „Länder, Menschen, Abenteuer" allein, während die letzte Nahrungsration des Tages durchläuft.

Draußen stolpere ich über eine völlig derangierte Frau Wollny. Obenherum trägt sie noch ihren Jogginganzug, untenrum nur noch eine überdimensionale Unterhose, die mal weiß war, jetzt aber, sagen wir, bräunlich eingefärbt ist. Sie riecht sehr streng.

Karsten eilt herbei. Er hat die Gummihandschuhe schon an. Er sieht meinen konsternierten Blick und flüstert mir über die Schulter hinweg zu: „Sie zieht sich immer die Windeln aus."

WIE GUT, dass wir nicht in die Zukunft sehen können! Sonst wäre ich wohl auch nicht eine Woche nach dem „Oktoberfest" noch mal für zwölf Tage nach Südfrankreich gefahren.

Zehn Tage lang geht alles gut. Dann kommt der Anruf von meiner Schwester: „Ich bin in Hamburg. Vati ist im Krankenhaus. Er hat sich erbrochen, röchelt und hat Fieber. Das war es dann wohl mit dem Zwischenhoch", sagt sie nüchtern.

Ich verstehe das nicht. Warum immer, wenn ich im Urlaub bin? Das kann doch kein Zufall sein. Will der liebe Gott höchstpersönlich mir etwa ein schlechtes Gewissen einreden?

Als wir auf der Rückfahrt sind, kommt eine weitere Hiobsbotschaft per SMS. ER HAT JETZT AUCH NOCH EINEN MULTIRESISTENTEN KEIM, schreibt meine Schwester, MUSS ISOLIERT LIEGEN.

Auch das noch! Ich weiß aus vielen unserer Sendungen, wie gefährlich diese Krankenhauskeime sind und wie schwer man sie wieder loswird.

Als wir in Hamburg ankommen, fahre ich sofort ins Krankenhaus.

„Bitte beachten Sie die Sicherheitsvorkehrungen", sagt die Schwester, als ich hereinstürme. „Ihr Vater hat einen hoch ansteckenden Keim. Wir machen bei jedem Patienten, der eingeliefert wird, routinemäßig einen Test. Wahrscheinlich hat er ihn aus dem Seniorenheim importiert." Na, daran habe ich meine Zweifel. Es kann genauso gut sein, dass er sich den Keim bei seinem letzten Krankenhausaufenthalt eingefangen und ihn dann mit ins Altersheim genommen hat. Nicht von ungefähr spricht man ja vom „Krankenhauskeim". Auf einem Tischchen vor seinem Zimmer liegen ein Stapel OP-Kittel, Gummihandschuhe, Mundschutz und Schutzhauben für die Haare.

„Muss ich das etwa alles anziehen?", frage ich die Schwester.

„Ja, das müssen Sie", sagt sie streng. „Es handelt sich um einen gefährlichen Keim, wir möchten nicht, dass er sich hier weiterverbreitet. Und wenn Sie das Zimmer verlassen, bitte alles in den Mülleimer und die Hände desinfizieren."

Seufzend verkleide ich mich und betrete als eine Mischung aus Marsmensch und Fernsehserien-Ärztin das Zimmer meines Vaters.

„Hallo Vati“, nuschle ich unter der Atemmaske, „da bin ich wieder. Was gibt’s Neues?“

„Nichts Neues“, haucht er und sieht mich an, als käme ich von einem anderen Stern. Verständlich. Es ist zum Heulen. Jetzt kann ich meinen Vater noch nicht mal umarmen.

„Du hast einen Keim“, versuche ich, ihm die Situation zu erläutern, „der ist sehr ansteckend, deshalb muss ich dieses Zeug hier tragen.“

Er nickt. Irgendetwas ist anders als vor dem Urlaub. Seine Wangen sind eingefallen. Sein Mund steht weit offen. Der Atem rasselt. Mit einem Mal sieht er aus wie ein Mensch, der nicht mehr lange zu leben hat.

Die Rahmenbedingungen für eine schnelle Erholung sind diesmal denkbar schlecht. Er ist völlig isoliert, die paar menschlichen Wesen, die er gelegentlich zu sehen bekommt, müssen ihre Gesichter hinter weißen Schutzmasken verbergen. Der Blick aus dem Fenster ist genauso trostlos wie das Krankenzimmer. Sein Mund ist ausgetrocknet, er ist zu schwach, um sich im Bett umzudrehen oder aus eigener Kraft aufrecht hinzusetzen. Er spricht kaum noch, und wenn, dann flüstert er.

Seine Nierenwerte sind schlecht, außerdem können die Ärzte sich den hohen Natriumgehalt in seinem Blut nicht erklären. Außer mir kommt niemand zu Besuch, denn ich möchte nicht riskieren, dass die Kinder sich mit dem Keim infizieren. Wenn ich arbeiten muss, sieht er stundenlang fern oder hört Musik. Die Schwestern kommen nur, um die PEG ein- und auszuschalten oder um Nase und Mund zwecks „Keimsanierung“ zu behandeln.

Eine Woche später darf mein Vater endlich das Krankenhaus verlassen. Der Keim ist zwar noch da, aber die Sanierung kann auch im Altersheim fortgesetzt werden.

„Wir müssen unbedingt verhindern, dass er noch mal ins Krankenhaus kommt“, sage ich abends am Telefon zu meiner Schwester, „es muss doch eine andere Möglichkeit geben, ihn ärztlich mit dem Nötigsten zu versorgen.“

„Was machen wir eigentlich Weihnachten?“, fragt Dagi. „Luise hat schon angekündigt, dass sie nicht kommen will. Sie sagt, sie hält es nervlich nicht aus, wenn Vati an seinem Schlauch zugucken muss, wie wir alle essen und trinken.“

„Also darüber mache ich mir jetzt wirklich noch keine Gedanken“, sage ich gereizt. Es ist Ende Oktober. Was ich denke, spreche ich nicht aus. Ich halte es für unwahrscheinlich, dass mein Vater Weihnachten noch erleben wird.

Legt mir eine Birne mit ins Grab

Im Heim ist schon alles für seine Rückkehr vorbereitet. Frau Hübner und Karsten empfangen uns vermummt und helfen den Sanitätern, ihn sanft auf sein Bett zu legen. Mein Vater macht einen schwachen und müden Eindruck.

„Wir ziehen Ihnen jetzt erst mal einen Schlafanzug an, Herr Schniewind", sagt Frau Hübner, „dann können Sie ein Schläfchen machen." Mithilfe mehrerer Kissen, Schaumgummirollen und einer Nackenstütze betten die beiden ihn bequem. „Wir müssen jetzt, wo er mehr Zeit im Bett verbringt, darauf achten, dass er sich nicht wund liegt", erklärt mir Karsten.

„Gehen Sie denn davon aus, dass er nicht wieder aufsteht?", frage ich erschrocken. „Wir wollen doch erreichen, dass er wieder auf die Beine kommt, oder?"

„Doch, doch", beruhigt mich Frau Hübner, „aber Sie sehen ja, wie schwach er ist. Er hat auch sehr abgenommen. Wir machen das ganz behutsam."

Ich bleibe noch eine Weile bei ihm und fahre dann nach Hause. Meine Tochter sieht mich besorgt an. „Was ist mit Opa?", fragt sie. „Kann ich jetzt auch mal wieder zu ihm?" Sie spürt, dass sich etwas verändert hat. Auch mein Sohn hatte ein merkwürdiges Gefühl, als er vor einem Monat für längere Zeit nach Kanada aufgebrochen ist. Beim Abschied von seinem Großvater war er sehr traurig. Möglicherweise hat er schon geahnt, dass er ihn nicht mehr wiedersehen würde.

Mit meinem Mann überlege ich, was wir tun können, damit mein Vater für den Rest seines Lebens Ruhe vor Notärzten, Krankenwagen und Notaufnahmen hat.

Seit einiger Zeit bin ich Schirmherrin des DRK-Hospizes für Hamburgs Süden. Es ist zu diesem Zeitpunkt zwar noch nicht eröffnet, aber ich weiß durch meine Gespräche mit den sehr engagierten Mitarbeitern, dass südlich der Elbe auch sogenannte ambulante Palliativ-Teams im Einsatz sind. Das sind Ärzte und Krankenschwestern, die auf die Behandlung und Versorgung todkranker Menschen spezialisiert sind. Sie betreuen die Patienten zu Hause und sind rund um die Uhr abrufbereit. Ihre wichtigste Aufgabe ist es, dafür zu sorgen, dass Schwerstkranke die letzte Lebensphase so schmerzfrei wie möglich und in Würde in ihrer vertrauten Umgebung verbringen können.

Bisher habe ich meinen Vater noch gar nicht in diesem Zusammenhang gesehen. Jetzt schon. Noch am selben Abend spreche ich mit einer Ärztin aus dem Palliativ-Team und schildere ihr die Situation: „Ich würde meinen Vater noch nicht als sterbend bezeichnen. Aber ich bin auf der Suche nach einem Arzt, der auch dann kommt, wenn kein Hausarzt erreichbar ist, und der verhindern kann, dass wieder der Blaulicht-Stoßtrupp anrückt. Wenn es das Hospiz schon gäbe, würde ich ihn sofort dorthin verlegen lassen."

Die Ärztin ist nett und verständnisvoll. Sie erklärt mir allerdings, dass mein Vater gar keinen Anspruch auf einen Hospizplatz hätte. Wer im Altersheim lebt, muss dort auch bleiben. Die Krankenkassen gehen davon aus, dass die Heim-Infrastruktur ausreicht, um einen alten Menschen bis zum Tode mit allem zu versorgen, was er braucht.

„Ich bin auch nicht sicher, dass Ihr Vater schon ein Fall für unser Palliativ-Team ist", sagt sie, „aber ich komme morgen vorbei und schaue ihn mir an."

AM NÄCHSTEN TAG treffe ich mich mit der Ärztin im Zimmer meines Vaters. Er sieht deutlich besser aus als am Vortag und deutet sogar ein Lächeln an.

Nachdem sie ihn untersucht hat, liest die Ärztin sich aufmerksam seine Krankenakte durch. „Tja", sagt sie schließlich, „im Moment sind die Werte ganz in Ordnung, Blutdruck und Temperatur auch, seine Bronchien scheinen frei zu sein. Ich finde, er sieht auch ganz rosig aus. Da sich aber der Zustand erfahrungsgemäß bei ihm auch sehr schnell wieder ändern kann, schlage ich vor, dass wir uns mit dem Hausarzt darauf einigen, dass wir ihn bei der Betreuung Ihres Vaters unterstützen. Dann brauchen Sie sich keine Sorgen mehr zu machen. Bei uns ist vierundzwanzig Stunden lang jemand erreichbar. Wir kommen sofort, wenn Hilfe gebraucht wird."

Das klingt sehr beruhigend. Ich stelle die Ärztin Frau Platt und Frau Fedder vor. Beide sind froh über das Angebot. „Ich arbeite schon lange daran, enger mit den Palliativ-Ärzten zusammenzuarbeiten", sagt Frau Platt, „denn natürlich ist der Bedarf an Medikamenten, die einem das Ende des Lebens erleichtern, in so einem Altersheim groß. Aber ich muss da Überzeugungsarbeit leisten. Die Krankenkassen wollen das oft nicht bezahlen, viele Hausärzte sehen die Palliativ-Ärzte als Konkurrenz. Und auch unser Pflegepersonal ist skeptisch. Aber sie müssen einfach einsehen, dass sie in puncto Sterbebegleitung noch einiges lernen können."

Wir einigen uns darauf, dass ab sofort, wenn bei meinem Vater Not am Mann ist, nicht der Krankenwagen gerufen, sondern die Nummer des Palliativ-Teams gewählt wird. Die Ärztin verspricht, sich mit dem

Hausarzt auszutauschen und am nächsten Tag Medikamente für den Ernstfall zu bringen. Ich bin erst einmal beruhigt.

IN DEN nächsten beiden Wochen macht mein Vater tatsächlich kleine Fortschritte. Er nimmt wieder ein bisschen zu und kommt immerhin so weit zu Kräften, dass er wieder für ein paar Stunden täglich das Bett verlassen und im Rollstuhl sitzen kann. „Mobilisieren" nennt sich das im Pflegejargon. Einziges Problem: Viel Ablenkung bringt auch die Mobilisierung nicht, denn wegen seines Keims darf er das Zimmer nicht verlassen.

Einmal in der Woche wird ein Abstrich gemacht, um zu prüfen, ob die Keimsanierung schon Erfolg gehabt hat. Ungeduldig warte ich auf grünes Licht, um endlich mal wieder mit ihm rausgehen zu können.

Zwei Wochen später ist es endlich so weit. „Juchhu! Du darfst wieder an die frische Luft, Vati!", sage ich, ziehe ihn warm an und schiebe ihn in den Garten. Er scheint sich auch darüber zu freuen. Interessiert sieht er sich um. Ich singe ihm „Kein schöner Land" vor und höre an den leisen Brummgeräuschen, die er von sich gibt, dass er versucht, so gut es geht, mitzusingen. Gelegentlich lacht er auch wieder und zeigt deutliches Interesse an Fotos und seinen Lieblingsgedichten.

„Gott sei Dank", sage ich zu meinem Mann, „ich glaube, jetzt können wir alles gelassen auf uns zukommen lassen. Er hat wieder ein bisschen Lebensfreude. Was auch immer passiert, er wird nicht leiden müssen."

AM SONNTAGMORGEN, kurz nachdem wir aufgestanden sind und noch im Bademantel gerade frühstücken wollen, klingelt das Telefon.

„Hübner hier." Schon an ihrem schrillen Tonfall höre ich, dass Gefahr im Verzug ist. „Ihr Vater hat seit gestern Nachmittag kein Wasser mehr gelassen. Er ist ganz heiß. Da stimmt was nicht, ich habe Angst, dass er einen Nierenstau bekommt. Er braucht sofort einen Blasenkatheter!"

Ich bin verblüfft. „Und warum rufen Sie nicht das Palliativ-Team an?", frage ich. „Das war doch alles so abgesprochen."

„Hab ich ja. Seit über einer Stunde rufe ich bei dieser Nummer an. Da geht keiner ran!" Sie ist völlig außer sich. Verständlicherweise.

Ich beruhige sie und versuche es selbst, telefoniere überall herum, komme aber auch nicht weiter, weil bei all meinen Kontaktpersonen die Mailbox läuft. Logisch, es ist Sonntag.

Dann klingelt noch mal mein Handy. Wieder ist Frau Hübner dran: „Also, Frau Tietjen, ich rufe jetzt den Notarzt. Ihr Vater bekommt sonst einen Nierenkollaps. Und dafür möchte ich nicht verantwortlich sein!"

Von mir aus soll sie ihn rufen. Wer den Katheter legt, ist mir egal. Hauptsache, kein Krankenhaus.

Während ich mich so schnell wie möglich anziehe, ruft die Palliativ-Ärztin zurück. Ich hatte eine Nachricht auf ihrem Privat-Handy hinterlassen. Sie versteht überhaupt nicht, warum wir niemanden erreichen konnten. Die Kollegen am 24-Stunden-Telefon waren die ganze Zeit da.

Schnell ins Altersheim. Als ich aus dem Auto steige, steht ein Notarztwagen vor der Tür. Eine Frau kommt aus dem Haus und macht Anstalten einzusteigen. Das muss die Ärztin sein, die Frau Hübner gerufen hat.

„Halt", rufe ich und laufe auf sie zu, „kommen Sie gerade von meinem Vater, Herrn Schniewind?" Ich stelle mich vor.

Die Ärztin sieht mich mit einem merkwürdigen Blick an. „Ja", sagt sie, „ich habe ihm gerade einen Katheter gelegt. Wir haben übrigens schon mal telefoniert", sagt sie, „im Sommer. Da waren Sie gerade auf dem Weg in den Urlaub."

Ein Schreck durchzuckt mich. Diese Stimme! Bei mir schrillen alle Alarmglocken. Natürlich, das ist die Ärztin, die mir damals das Gefühl vermittelt hat, ich ließe meinen sterbenden Vater allein zurück. Als sie jetzt weiterspricht, wird sie mir noch unsympathischer.

„Wer hat denn zugelassen, dass Ihr Vater eine PEG gelegt bekommt?", fragt sie mit strafendem Blick. „Haben Sie eigentlich schon mal was von menschenwürdigem Sterben gehört?"

Mir fehlen die Worte. Kurz überlege ich, ob ich sie beschimpfen oder einfach losheulen soll. Ich entscheide mich für Ersteres.

„Was reden Sie da eigentlich?", fauche ich. „Sie kennen weder mich noch meinen Vater noch irgendwelche Einzelheiten seiner Krankheitsgeschichte. Ich habe dafür gesorgt, dass mein Vater palliativ betreut wird, damit er nicht von Ihnen und Ihren Kollegen zum Sterben ins Krankenhaus geschickt wird. So viel zum Thema Menschenwürde."

In diesem Moment tauchen neben uns zwei freundliche junge Frauen auf. Sie stellen sich als Schwestern des Palliativ-Teams vor. Offenbar sind sie von der Palliativ-Ärztin benachrichtigt worden und wollen jetzt den Katheter legen. Das hat ja nun diese Ärztin schon erledigt. Mein Kopf dröhnt. Was für ein Durcheinander!

„Palliativ-Teams", sagt die Ärztin und lacht abfällig, „so etwas Überflüssiges. Was die können, kann jeder vernünftige Hausarzt. Menschen zu Hause beim Sterben zu begleiten – das gehört ja wohl zu den selbstverständlichen Aufgaben jedes verantwortungsvollen Mediziners."

„Ach ja?", sage ich und wende mich dem Palliativ-Team zu. „Leider zu spät", sage ich, „ich muss klären, was da schiefgelaufen ist."

Oben im Wohnbereich checke ich die Telefonnummern und entdecke einen Zahlendreher. Logisch, dass niemand abgehoben hat. Ich beruhige die völlig aufgelöste Frau Hübner und hoffe, dass so eine Panne nicht noch mal vorkommen wird.

Der Zustand meines Vaters hat sich durch den Katheter schlagartig verbessert. Was mir aber Sorgen macht, ist sein Mund. Dadurch, dass er immer offen steht, sind die Mundschleimhäute völlig ausgetrocknet. Und obwohl sie von den Pflegern regelmäßig befeuchtet werden, sammelt sich innerhalb kürzester Zeit Schleim in der Mundhöhle, der an den Zähnen und am Gaumen kleben bleibt. Er lässt sich nur sehr schwer entfernen. Mithilfe von Wattestäbchen, Zahnbürste und kleinen Holzspachteln versuche ich, meinen Vater davon zu befreien. Ein schwieriges Unterfangen, zumal er immer wieder den Mund zumacht und mein „Werkzeug" zwischen seinen Zähnen einklemmt.

JE SCHLECHTER es meinem Vater geht, desto dünnhäutiger werde ich. Das bekommt meine Familie zu spüren, aber auch Freunde und Kollegen merken es mir an. Ich bin gereizt, ungeduldig und auch ungerecht.

Auch die Pflegerinnen und Pfleger müssen damit leben. Eines Tages – ich bin mal wieder in Eile und will auf dem Weg zur Arbeit nach meinem Vater sehen – finde ich ihn um halb zwölf noch unrasiert und ungewaschen im Schlafanzug im Bett vor. Sein Mund ist völlig verkrustet.

Erbost stelle ich die nächstbeste Person zur Rede, die mir über den Weg läuft: Marina. „Was soll das?", schimpfe ich. „Warum liegt mein Vater um diese Zeit noch im Bett? Er soll mobilisiert werden. Und wie er aussieht. Haben Sie ihn schon abgeschrieben, oder was?"

Die junge Pflegerin läuft rot an und stammelt herum. Ich knöpfe mir Frau Hübner vor. „Ich habe keine Zeit, mich den ganzen Tag darum zu kümmern, dass mein Vater gut versorgt ist", sage, nein, keife ich, „dafür sind Sie schließlich zuständig! Gerade jetzt, wo es ihm schlechter geht, muss ich mich darauf verlassen können, dass er nicht allein gelassen wird!"

Als ich im Sender an meinem Schreibtisch sitze, schäme ich mich für meine Überreaktion. Ich telefoniere mit Frau Platt und erkläre ihr, warum ich mich geärgert habe. „Machen Sie sich keine Vorwürfe", beruhigt sie mich, „das ist ganz normal. Ich habe schon mit den Leuten von Wohnbereich 2 gesprochen. Übrigens habe ich bei der Krankenkasse eine Vernebelungsmaschine für Ihren Vater beantragt. Damit könnte man seinen Mund dauerhaft befeuchten. Vielleicht bekommen wir das ja genehmigt."

Ich kann mich nicht mehr richtig auf meinen Job konzentrieren, dauernd muss ich an meinen Vater denken. Vernebelung, Katheter, Mobilisierung, menschenwürdiges Sterben – lauter Begriffe, die in meinem Kopf herumspuken und mich überfordern. Das Leben ist schon manchmal kompliziert. Aber das Sterben ist noch komplizierter.

AN EINEM meiner freien Tage hole ich Vati ab und schiebe ihn im Rollstuhl durch den benachbarten Park. Es ist ein klarer, sonniger Herbsttag. Er ist gut gelaunt, sieht aber schlecht aus. Seine Wangen sind eingefallen, und er hat wieder abgenommen. Eigentlich unerklärlich, weil er ja regelmäßig seine Nahrungsdosis zugeführt bekommt. Vielleicht verwertet sein Körper sie nicht mehr so richtig, möglicherweise läuft sein ganzer Organismus schon auf Sparflamme. Der Blasenkatheter wurde zum Glück wieder entfernt.

„Kommt dir das hier bekannt vor?", frage ich ihn, als wir am Aussichtspunkt mit der Kaiser-Wilhelm-Gedächtnistafel stehen. Er guckt erst auf die Tafel, dann sieht er mich an.

„Wir wollen unseren alten Kaiser Wilhelm wiederhaben", flüstert er kaum verständlich und verzieht den Mund zu einem angedeuteten Grinsen. Ich setze mich auf eine Bank und parke seinen Rollstuhl neben mir. Wir sehen zu, wie sich hinter den Bäumen die goldene Sonne allmählich verabschiedet.

Leider ist das Glück nicht von Dauer. Am Wochenende ist meine Schwester zu Besuch, ich muss wieder arbeiten.

Kurz bevor ich auf Sendung gehe, ruft sie mich an. „Ich bin mit Vati in der Notaufnahme", sagt sie.

„Das glaube ich jetzt nicht", sage ich.

„Leider doch", erwidert sie, „die Nieren haben wieder Komplikationen gemacht, ein Harnstau. Es musste wieder ein Katheter her. Das Palliativ-Team ist angerückt, aber ohne Arzt. Und die Schwester hat es nicht geschafft, den Katheter zu legen. Das war wohl ziemlich knifflig. Also mussten wir hierher."

Heißt das etwa, dass die ganzen Bemühungen, ihm das Krankenhaus zu ersparen, umsonst waren? Ich bin verzweifelt. Und ich habe nicht einmal Zeit, darüber nachzudenken, weil ich gleich Sendung habe.

Als ich nach der Sendung im Auto sitze, rufe ich meine Schwester an. Als sie abnimmt, jagt sie mir einen Schrecken ein. „Es geht ihm plötzlich ganz schlecht", ruft sie aufgeregt, „die Ärztin sagt, wir müssen auf der Stelle über lebensverlängernde Maßnahmen entscheiden, sein Kreislauf bricht gerade zusammen. Da kommt sie gerade angelaufen … Tina, ich muss zu ihm, ich glaube, er stirbt!" Stille. Sie hat aufgelegt.

Da sitze ich nun im Auto, zu allem Überfluss ist auch noch Stau vorm Elbtunnel. Mein Vater stirbt, und ich kann nichts machen. Nichts! Die Tränen fließen mir über das Gesicht.

Eine halbe Stunde später platze ich verweint in die Notaufnahme, in der festen Überzeugung, meinen Vater nur noch tot vorzufinden.

„Kommen Sie mit, die beiden sind hier vorne“, sagt die Krankenschwester und bringt mich in ein Zimmer.

Mein Vater sitzt auf dem Bett und lächelt mich wach an. Daneben meine Schwester, die sehr erleichtert aussieht. „Alles wieder im grünen Bereich“, sagt sie. „Es gab eine kurze Panik, weil seine Werte kollabiert sind, aber dann hat er sich überraschenderweise wieder gefangen. Er hat jetzt einen Katheter. Die Frage ist nur, wie wir ihn hier schnellstmöglich wieder rauskriegen.“

Die Notärztin hat mitgehört. „Wenn Sie Ihrem Vater das Krankenhaus ersparen möchten, nehmen Sie ihn noch heute Nacht wieder mit“, sagt sie. „Wenn erst mal der Apparat hier angelaufen ist, ist es zu spät. Dann durchläuft er alle Untersuchungen und landet wieder auf irgendeiner Station.“

Also nichts wie weg hier.

Nach diesem Zwischenfall verläuft alles friedlich. Eine Woche vergeht. Mein Vater verbringt den größten Teil des Tages im Bett, wird aber für zwei bis drei Stunden täglich in den Rollstuhl gesetzt. Mittlerweile ist es ein Spezial-Rolli mit Extrakopf- und -fußstütze und weichen Polstern. Darin kann ich ihn herumfahren, und auch meine Tochter dreht mal eine Runde mit ihm über den Flur. Viel mehr ist ihm nicht zuzumuten, denn er wirkt angestrengt. Ich lese ihm vor und versuche, ihm ab und zu noch ein paar Worte zu entlocken.

Als ich eines Morgens aus dem Aufzug komme, erschrecke ich. Da sitzt er im Aufenthaltsraum in seiner gewohnten Ecke. Blass und ein bisschen gespenstisch sieht er aus, der Mund steht weit offen, neben ihm steht der Ständer mit dem Beutel.

Diese Szene kommt mir irgendwie bekannt vor. Natürlich: Herr Subowski. Der Mann, der mir als Erster aufgefallen ist damals, als mein Vater hier eingezogen ist. Genau so saß er da. Der Anblick hat mich damals geschockt. Jetzt hat Vati dasselbe Schicksal ereilt.

Hätten wir es verhindern können? Hätten wir ihm die Nahrungsaufnahme verweigern sollen in einem Moment, als er offensichtlich noch Freude am Leben hatte? War die kurze, intensive Phase des Aufblühens die künstliche Lebensverlängerung wert?

Einmal am Tag kommt die Schwester vom Palliativ-Team und guckt, ob er irgendetwas braucht. Eines Nachmittags, als mein Vater gerade eingeschlafen ist, kommen wir näher ins Gespräch.

„Wie sind Sie zu diesem Job gekommen?“, frage ich sie. „Ist es nicht deprimierend, von morgens bis abends sterbenskranke Menschen vor Augen zu haben?“

Sie lächelt und antwortet: „Nein, ganz im Gegenteil. Es macht friedlich und dankbar. Und es lehrt einen, das Leben rechtzeitig schätzen zu lernen und nicht erst dann, wenn die Tage gezählt sind."

Ich bewundere jeden, der es aushält, anderen beim Sterben zuzusehen, und daraus auch noch Kraft für das eigene Leben schöpfen kann.

Manchmal sitze ich nur still am Bett meines Vaters und halte seine Hand. Ab und zu macht er die Augen auf und sieht mich erstaunt an. Weiß er, dass sein Leben zu Ende geht? Sein Blick verrät es mir nicht.

Er bekommt immer schwerer Luft, sein Atem rasselt zusehends.

„Ist das schon das sogenannte Todesrasseln?", frage ich ängstlich.

„Glaube ich nicht", antwortet die Schwester und misst Fieber, „es sieht ganz so aus, als bahnte sich da wieder eine Lungenentzündung an. Soll er in seinem Zustand noch mal ein Antibiotikum nehmen, oder wollen Sie darauf verzichten? Das müssen Sie entscheiden."

Ich zögere.

„Was wäre die Alternative?", frage ich.

„Er bekommt ein Medikament, das ihn ein bisschen schläfrig macht, sonst nichts. Alles andere entscheidet sein Körper allein."

Ich überlege kurz. Ist das schon Sterbehilfe? Unterlassene Hilfeleistung? Oder einfach nur der natürliche Lauf der Dinge?

Ich rufe meine Schwester an. Wir sind beide der Meinung, dass der Zeitpunkt gekommen ist, an dem wir loslassen müssen. Unser Vater ist neunundachtzig und hat aufgehört zu kämpfen. Also kein Antibiotikum mehr.

Es ist der erste Advent. Ich zünde die erste Kerze an und lege Bach auf. Ich kann zwar nicht Tag und Nacht hier sein, aber sooft es geht. Mein Vater macht einen ruhigen und ganz zufriedenen Eindruck. Ab und zu säubere ich seinen Mund und reibe ihm Brust und Rücken mit Franzbranntwein ein, damit er ein bisschen freier atmen kann.

So kann also das Ende aussehen, denke ich. Ganz unspektakulär. Ohne Schmerzen, ohne große Gefühle, ohne letzte Fragen. Wenn diejenigen, die sich nach der Alzheimer-Diagnose umbringen, wüssten, dass es das hier ist, was sie erwartet – würden sie es trotzdem tun?

ZUM LETZTEN MAL sehe ich meinen Vater am Montagvormittag. Er sitzt im Bett, sieht mich erstaunlich klar an und flüstert mir kaum hörbar ein Gedicht ins Ohr von den Möwen, die alle aussehen, als ob sie Emma hießen. Ich muss schmunzeln und lese ihm den „Ribbeck" vor. Er hört aufmerksam zu. An seinen Lippenbewegungen sehe ich, dass er alles mitspricht. Geht es etwa doch noch einmal bergauf mit ihm?

Gegen Mittag muss ich zur Arbeit.

„Ich muss jetzt los, Vati", sage ich, „halt die Ohren steif! Morgen früh komme ich wieder. Ich hab dich lieb!" Er sieht mich an und nickt.

Ich mache noch ein Foto von ihm. Als ich das Altersheim verlasse, habe ich ein gutes Gefühl.

Nachts um eins klingelt mein Handy.

Epilog

Warum habe ich dieses Buch geschrieben?

Eines Tages, als mein Vater noch lebte, saß ich in der Talkshow meines Kollegen Markus Lanz und erzählte von dem Projekt „Konfetti im Kopf", auf das ich durch die Begegnung mit dem Hamburger Fotografen Michael Hagedorn aufmerksam geworden war. Ziel dieser Initiative ist es, einer breiten Öffentlichkeit zu zeigen, wie ein fröhliches, lebensbejahendes Miteinander von dementen und nicht dementen Menschen aussehen kann.

Das war Wasser auf meine Mühle! Ich berichtete, dass auch ich in all den Stunden, die ich mit meinem Vater und seinen Mitbewohnern verbracht habe, eine geradezu kindliche Freude an den kleinen, aber oft wesentlichen Dingen des Lebens entdeckt habe. Dass ich begriff, was ich niemals für möglich gehalten hätte, als unsere Familie die Diagnose Demenz wie ein Hammerschlag traf: Auch wenn der Kopf nicht mehr wie gewohnt „funktioniert", kann das Leben doch noch lebenswert sein. Die Liebe, das Lachen, das Weinen, die Freude, die Trauer, die Lust – all das ist weiterhin da, oft sogar stärker und intensiver als vorher.

Meine „Vati-Konfetti-Botschaft" ist damals angekommen – bei einer aufmerksamen Lektorin. Sie schlug mir vor, daraus ein Buch zu machen. Solange mein Vater noch lebte, war ich dazu nicht in der Lage, weil mir jegliche emotionale Distanz zu dem Thema fehlte. Aber nach seinem Tod hatte ich auf einmal viel Zeit – Zeit, über all das nachzudenken, was ich mit ihm erlebt hatte. Zeit, mit anderen Menschen darüber zu sprechen, und ich war erstaunt, wie viele von diesem Thema betroffen sind. Und fast jeder ist verunsichert, hat Ängste und Fragen, über die er sich nicht zu sprechen traut.

Wie verhält man sich gegenüber einem geliebten Menschen, der sich mehr und mehr von der Person entfernt, die er sein Leben lang zu sein schien? Wie bleibt man ihm trotzdem nahe? Und was ist, wenn es einen irgendwann selbst treffen sollte?

Den Verstand zu verlieren ist für die meisten von uns eine Schreckensvision. Dass sich allmählich alles zersetzt und auflöst, was man sich in all den Jahren an Lebenserfahrung, Bildung und Wissen aufgebaut hat, kann und will man sich nicht vorstellen. Natürlich ist unser Verstand wichtig. Aber letzten Endes ist er nicht so unverzichtbar, wie wir glauben. Wichtiger ist es, geliebt und gehalten zu werden. Von Menschen, die die Zeit und den Mut haben, den letzten Weg mitzugehen – auch ins gänzlich Unbekannte.

Dieser Weg ist nicht leicht. Wenn der Demenzkranke den eigenen Partner und die Kinder nicht mehr erkennt, aggressiv und ungerecht wird, fällt es schwer, unverdrossen weiter zu lieben. Ich verstehe und akzeptiere auch, dass sich nicht jeder in gleichem Maße auf die Welt der Demenz einlassen kann.

Mir und meiner Schwester hat es sehr geholfen, dass mein Vater die letzten zweieinhalb Lebensjahre in einem professionell und liebevoll geführten Seniorenheim gelebt hat. Auf diese Weise mussten wir Töchter uns nicht mit den körperlich und seelisch kräftezehrenden pflegerischen Tätigkeiten verausgaben, sondern konnten die freien Stunden mit unserem Vater so unbeschwert wie möglich verbringen. Ob Heim, Demenz-WG oder häusliche Pflege, niemand braucht sich dafür zu schämen, sich helfen zu lassen.

Jede einzelne Demenzerkrankung verläuft unterschiedlich. Die familiäre Situation, die Ausprägung der Krankheit, die Anforderungen, die sich daraus ergeben, all das lässt sich natürlich nur bedingt verallgemeinern. Trotzdem gibt es viele Gemeinsamkeiten. Die Familien, Partner, Kinder oder andere Angehörige müssen Phasen des Streits, der Schuldzuweisungen und der verletzten Gefühle gemeinsam durchstehen. Wenn man all das zulässt und sich mit der neuen Situation offen auseinandersetzt, zerstört die Krankheit die Familie nicht, sondern kann sie sogar enger zusammenschweißen. Demenz kann zur Katastrophe werden oder zur Chance, es kommt darauf an, wie wir damit umgehen.

Ich möchte mit diesem Buch nichts beschönigen oder verharmlosen. Die Geschichte meines Vaters soll informieren und aufklären. Aber sie soll auch ermutigen und zum Schmunzeln bringen. Demenz gehört zum Leben wie die Geburt und der Tod. Es kann jedem von uns passieren, dass wir eines Tages in einen anderen Bewusstseinszustand hinübergleiten. Machen wir das Beste daraus.

„Scheiß drauf!“, würde mein Vater sagen. Dann würde er sich ausschütten vor Lachen über diese kleine Ungezogenheit. Und ich würde ein Tränchen verdrücken und mitlachen.

ÜBER DIE AUTOREN

David Good, geboren 1984, ist das älteste von drei Kindern eines amerikanischen Ethnologen und einer Frau aus dem indigenen Yanomami-Stamm in Venezuela. Da die Mutter die in den USA lebende Familie verließ, als er sechs war, lehnte Good lange alles ab, was mit seiner Yanomami-Herkunft zu tun hatte. Seit er 2011 schließlich seine Mutter aufsuchte und mehrere Wochen bei ihrem Stamm lebte, fasziniert ihn „sein Volk". Um das einmalige Erbe dieses Stammes zu schützen und zu fördern, hat Good, der in den USA Biologie studiert, die Non-Profit-Organisation „The Good Project" gegründet. Informationen dazu finden sich auf der englischsprachigen Website der Organisation unter https://jointhegoodproject.com

Volker G(ustav) Heinz, Jahrgang 1943, ist internationaler Rechtsanwalt. In den Jahren 1965/66 war er in einer Gruppe von Fluchthelfern in Ostberlin aktiv. Durch seine Tätigkeit verhalf er insgesamt 66 DDR-Bürgern über die Grenze. Der Impuls, ein Buch über diese Zeit zu schreiben, kam durch seine Kinder. Als er das Bundesverdienstkreuz für „enorme Zivilcourage und großen Freiheitswillen" bekommen hatte, „haben sie quasi ultimativ verlangt, dass ich endlich das Buch schreibe". Um die Beteiligten zu schützen, änderte er ihre Namen, nur die Personen des öffentlichen Lebens „haben ihren wahren Namen behalten". Seit 1973 lebt und arbeitet Volker G. Heinz in Berlin und London.

1972 kam **Chris Barns** in Perth zur Welt, und er ist davon überzeugt, dass seine Eltern mit ihrer liebevollen Erziehung den Grundstein dafür gelegt haben, dass er sich seit vielen Jahren aufopferungsvoll um verwaiste Kängurubabys kümmert. Seit 2005 lebt der Tierpfleger auf einer Farm in Alice Springs, wo er eine Aufzuchtstation für gerettete Kängurubabys betreibt. Mittlerweile hilft ihm dabei seine Frau Tahnee Passmore. Sein Engagement wurde in dem zweiteiligen BBC-Dokumentarfilm „Kangaroo Dundee“ festgehalten, der so großen Anklang fand, dass 2016 eine dritte Folge davon ausgestrahlt wurde. Die Aufzuchtstation kann man als Tourist besuchen, Informationen findet man unter: www.kangoroosanctuary.com

Bettina Tietjen, geboren 1960, studierte Germanistik und Romanistik, bevor sie als Moderatorin, Reporterin und Autorin für den RIAS Berlin, die Deutsche Welle, den WDR und verschiedene Printmedien arbeitete. Seit 1993 moderiert sie beim NDR die Fernsehsendung „DAS!“, außerdem eine Freitagabend-Talkshow zusammen mit Alexander Bommes. Bei NDR 2 ist sie auch im Radio mit „Tietjen talkt“ zu hören. Die Moderatorin lebt mit ihrer Familie in Hamburg. Im Buch über ihren Vater schilderte sie ihre Erlebnisse so authentisch wie möglich, zum Schutz der Persönlichkeitsrechte wurden lediglich einige Namen und Personenbeschreibungen leicht geändert. Das Buch widmete sie ihren Eltern.